中国方言系統論

漢語系諸語の分岐と粤語の成立

濱田武志
Takeshi Hamada

東京大学出版会

本書は第7回東京大学南原繁記念出版賞を受けて刊行された.
This volume is the seventh recipient of the University of Tokyo
Nambara Shigeru Publication Prize.

Cladisitcs in Sinitic Languages:
A Comparative and Phylogenetic Approach to
Southern Chinese Varieties (Yue and Guinan Pinghua)
Takeshi Hamada
University of Tokyo Press, 2019
ISBN978-4-13-086055-0

まえがき

　本書は，漢語系諸語（中国語の諸方言）の一種である「粵語(えつご)」と「桂南平話(けいなんへいわ)」の言語史を解明すべく，「粵語・桂南平話の共通祖語である『粵祖語』の再建」や，「粵語・桂南平話内部の系統関係の推定」を行っている．しかし本書の真の狙いは，粵祖語の姿かたちや粵語・桂南平話の系統樹について「解答」を提示することよりも，むしろ，どのように問題に向かえばよいのかを追求することにあるといってよい．粵語・桂南平話の言語史研究という具体的・個別的な問題を通じて，「いかにして『分岐学』を漢語史研究に導入するか」という抽象的・理論的な問題に迫ることが，本書の目標である．

　本書に限らず，漢語系諸語の諸変種を対象とする多くの研究は，「中国語の多様性」という，とても大きな問題に対する興味を有している．多様性を考察する方法はさまざまであるが，本書は中国大陸の周辺的な地域である「華南」に注目し，同地の最も主要な言語の1つである粵語，そして粵語との近縁性が強く推定される桂南平話を考察の対象とした．
　漢語系諸語の話者は長い時間をかけて，中国大陸の内部で移動を繰り返してきた．そして，漢語系諸語が分布域を広げるのに伴って，多くの非漢語が漢語へと同化された．華南は，漢語系諸語の分布域の南端であるばかりでなく，数多くの非漢語が分布する地域でもあり，「百越」と呼ばれた南方地域のかつての言語的多様性を，現代人のわれわれに想像させてくれる．歴史的観点から見れば，華南とは，漢語系諸語が打ち寄せる波のように四方に拡大する，最前線の地であるといえる．
　粵語・桂南平話は，確かに漢語系諸語の一種でこそあるものの，粵語・桂南平話をほかの諸変種から切り離して考えること——すなわち，粵語・桂南平話に固有の歴史を考察すること——の重要性を，ここで強調しておかねばならない．「中国語は多様である」という言葉は，「中国語」と呼称される諸変種同士の関係が，類似性や共通性のみによって語りつくせるものでないことを含意している．漢語系諸語の中から，言語史について一定の排他性をもつ集団を見出し，その集団1つ1つについて通時的研究を行うことは，漢語系諸語全体の歴史を解明するための不可欠な前提である．
　ところが，その不可欠な前提を用意することは必ずしも容易でない．集団の排他的な歴史を語る方法として最もわかりやすいものは，系統樹による表現である．言語の関係を系統樹で語る最も古い実践は，印欧語研究で見られる．印欧語は，話者がユーラシア大陸の

各地に比較的短期間のうちに拡散したという歴史をもつがゆえに，系統樹で印欧祖語（Proto-Indo-European）以降の歴史を語ることが比較的容易である．翻って漢語系諸語は，中国大陸——広大ではあるが，ユーラシア大陸と比べることはできない——の内部で長期にわたり人口移動を繰り返した結果として，異なる系統に属する変種同士が頻繁に接触を繰り返し，系統的に単一な下位集団を画定すること自体が難しくなってしまった．これが，漢語系諸語で系統を論じたり，下位集団の共通祖語を再建したりするのが難しい理由である．

粤祖語の再建や粤語・桂南平話の系統推定は，「粤語・桂南平話の固有の言語史を明らかにする」という，単純明快な目標をもった行為である．ところが，例えば「フェルマーの最終定理」のように，「見た目は簡単そうだが，実はとんでもない難問」という問題が人文学にもあり，粤語・桂南平話史の研究もまた——フェルマーの最終定理には到底及ばないが——こうした難問の1つである．そこで本書は，「分岐学」という離散数学的な，電子計算機の計算力を恃んだ方法を用いることにしたのである．

分岐学は，この「人間離れ」した問題を解決するための「大道具」である．ロケットに乗れなかったアリストテレスやガリレオが月の石をとってこられなかったように，清代生まれの言語学者である趙元任（Yuen Ren Chao. 1892-1982）がたとえ100人いたとしても，「大道具」にあたるものがなかった当時において，粤語・桂南平話の精密な系統仮説を提示することはできなかったであろう．

ただし本書は，分岐学を用いた言語史研究に対して，「条件つきの賛成」という立場をとっている——この「条件」が厳しいとみるか，緩いとみるかは，読者各位の間で意見が一致しないかもしれないが——．分岐学が漢語系諸語研究に，そう単純には導入できないことについては，本文中で紙幅を割いて論じようと思うが，端的にいえば，人文学は数学と違って「わからない」が最良の答えである場合が往々にしてあるので，理学的な方法がもたらした結論が，ある種の智慧としての沈黙を不用意に破ってしまっていると解釈できてしまう事態が起こり得るために，われわれは慎重かつ冷静に分岐学という方法に向き合う必要があるのである．別のいい方をするならば，粤語・桂南平話の系統仮説を提示できるかもしれない方法を得たからといって，それは現代の研究者が趙元任よりも賢明である証拠にはならないということである．

将棋棋士の羽生善治によれば，ITとネットの進化によって将棋の変化に起きた最大の変化は，将棋が強くなるための高速道路が一気に敷かれたことだという．しかし，高速道路を走り抜けた先では大渋滞が起きている，とも同時に語った．将棋の研究は，歴史言語学と前提も目標も大きく異なっているものの，この言葉は，人間が計算機という武器を手に入れることの意味を，的確かつわかりやすく表現している．

この言葉を本書の議論に引きつけるならば，計算機が何らかの系統樹を吐き出してくれたとしても，最終的にそれに対峙するのはやはりわれわれ人間（専門家）なのであって，たとえ結論を提示することが簡単になったとしても，「問題を解決すること」は，実は簡単になっていないのである．人文学にはどうしても人間にしかできないことがあって，計算機は——万能でないがゆえに——それが何なのかをわれわれに示唆してくれているので

はないか，と筆者は考えている．

*

　第1章では議論全体の導入として，漢語系諸語で比較研究を行うことの意義を概説する．第2章は，本書の議論に関連する先行研究についてまとめている．第3章では，本書が用いる分岐学など，系統樹を導き出すための理学的な手法について論じている．第4章で粤祖語の再建初案を提示しているが，これは本書が最終的に提示する粤祖語の姿では決してない．第4章の再建初案は，続く第5章で粤語・桂南平話の系統樹を推定したり，第6章で粤祖語を本格的に再建したりするための，一種の作業仮説としての役割を担っている．第7章は，漢語系諸語全体の中で粤語・桂南平話がどのように位置づけられるかを検討しつつ，系統樹を本位に漢語史を考察することの意義について論じている．第8章では，本書全体の議論を振り返った．

　附論1は，本書の分析対象となった変種の分布地点や「形質行列」を示すとともに，得られた粤祖語の再建形を各語（字）について挙げている．附論2は，本書の用いた数学的概念についてまとめている．附論3は，第3章の議論の補助として，系統と分類とが相異なる概念であることを例示すべく，コケ植物（bryophyte）の分類や系統の研究史について簡単にまとめた．附論4では，本書を通読するのに必要な「中国音韻学」の知識を最小限に抑えて解説した．ただし，附論4は中国語学を専門としない読者を対象に，本書を通読する際の煩わしさを軽減することを目的としたものであり，多くの重要な概念について説明を省いてある．中国語学を志す初学者は，これを学習材料とせず，師に就いて学ぶか，または附論4の冒頭に示した概説書や入門書を参考にするよう，強く勧める．

　なお，本書は分岐学そのものの理論や方法の「洗練」ではなく，「導入」を目的として著されたものである．理学的な分野を専門とする読者にとって，本書の説明は，入門以下の内容が目につくことと思う．この意味で本書は，見た目よりも原始的な内容が盛りこまれた，そしてオーソドックスな方法をとった一冊のつもりである．

目　次

まえがき　i
凡　例　viii

第1章　漢語系諸語比較研究の意義 …………………………………… 001

1.1　漢語系諸語とは　　001
1.2　粤語，平話とは　　003
1.3　漢語系諸語と系統論　　007

第2章　粤語・桂南平話の比較研究——先行研究について ………………… 011

2.1　早期の報告・研究　　011
2.2　漢語系諸語における比較研究　　012
2.3　漢語系諸語における分岐学的研究　　014
2.4　非分岐学的な理学的方法による系統論　　016

第3章　系統を推定する方法 …………………………………………… 019

3.1　問題の所在　　019
3.2　共通祖語の再建と漢語系諸語　　023
3.3　系統について　　026
　　3.3.1　分岐学とは／3.3.2　分類と系の概念的相違／3.3.3　系統論と中古音
3.4　系統推定の方法論　　045
　　3.4.1　系統推定に用いるデータの性質と差異／3.4.2　最節約法の基づく理論的根拠／3.4.3　最節約法によって得られる系統の信頼性／3.4.4　小　括
3.5　粤語・桂南平話への分岐学の導入　　054
　　3.5.1　祖語の再建とHTUの形質状態の決定／3.5.2　粤祖語再建の諸問題

第4章　粤祖語の音類を求める——粤祖語の再建初案 …………………………… 071

4.1　粤祖語の再建初案の体系　071

4.2　長介音韻母　074

4.3　硬口蓋韻尾　079
　　4.3.1　*aŋ/c ／4.3.2　*ɪːəŋ/c ／4.3.3　*iŋ/c

4.4　宕攝開口三等莊組　081

4.5　破擦音の系列数——舌尖母音の問題　082

4.6　通攝三等牙喉音　084

4.7　果攝開口一等　085

4.8　唇歯鼻音　086
　　4.8.1　各方言の実現形式／4.8.2　西南官話起源説の検証／4.8.3　チワン語からの傍証／4.8.4　唇歯鼻音の総括

4.9　*z-の問題　095

4.10　云母・以母　096

4.11　二重子音について　097

第5章　分岐学的分析による系統推定 …………………………………………… 099

5.1　形　質　100
　　5.1.1　いかに形質を選択するか／5.1.2　いかに形質状態を定義するか／5.1.3　系統推定に形質として用いる音変化／5.1.4　系統推定に形質として用いない音変化

5.2　系統推定の実践　114
　　5.2.1　単系統群の発見のための分岐学的系統推定——ステップ1／5.2.2　分岐学外の知見の援用——ステップ2／5.2.3　部分木の固定——ステップ3／5.2.4　周辺方言との比較——ステップ4

5.3　粤語・桂南平話の系統樹　128

第6章　粤祖語の再建 …………………………………………………………… 137

6.1　再建形の決定に関する理論的問題　137
　　6.1.1　分類①〜③——漢語系諸語の共通祖語再建において樹形が持つ意味／6.1.2　分類④——形式の並行的な獲得について／6.1.3　分類⑤——「有音無字」の語彙について／6.1.4　分類⑥——特定方言に固有と思しき語（字）について

6.2　粤祖語再建案　147
　　6.2.1　声　母／6.2.2　韻　母／6.2.3　声　調

6.3　調　値　217
　　6.3.1　中央値計算による調値復元・再建／6.3.2　最頻値計算による調値復元・再建

6.4 再建結果のまとめ　235
6.4.1　単系統群 A の共通祖語／6.4.2　単系統群 B の共通祖語／6.4.3　単系統群 C の共通祖語／6.4.4　単系統群 D の共通祖語／6.4.5　単系統群 E の共通祖語

第7章　漢語史の中の粤祖語 …………………………………………… 245

7.1　「非粤語的」な粤祖語　245

7.2　粤語・桂南平話の言語史　246
7.2.1　粤祖語と非漢語の関係／7.2.2　粤祖語を漢語系諸語の中に位置づける方法

7.3　系統樹から見た「方言」とは　258

第8章　分岐学的分析の可能性と限界――結びにかえて …………………… 263

附論1　各語（字）の再建形，各 OTU の形質行列および方言分布図　267
附論2　数学的概念の定義一覧　327
附論3　分類と系統の概念的差異について――コケ植物を例として　333
附論4　本書の通読に必要な中国音韻学の概念・用語　347

参考文献　361
あとがき　381
索　引　385

凡 例

記 号
- 再建形にはアステリスク*を先頭に記す．ただし，中古音の推定音価にはアステリスクを記さない．
- 言語音を記すとき，音声表記の場合はブラケット［ ］で，音韻表記の場合はスラッシュ／／で，それぞれ音声記号をくくっている．ただし原則として，再建された言語形式にはこれらの記号を用いない．
- 音声記号には IPA (International Phonetic Alphabet. 国際音声記号) を用いる．ただし，舌尖母音 (apical vowel) を表すために，IPA に登録されていない ［ɿ］（IPA の ［z̩］ に相当）や ［ʮ］（IPA の ［z̩ʷ］ に相当）を混用することがある．
- 「X の後，Y の前」という環境下で，A が B となる言語変化は，
    A＞B／X ＿＿＿ Y
  と表記する．必要に応じて，X や Y，または X と Y の両方を記さないこともある．
  また，Y には音節境界を表すシャープ記号「#」を用いることがある．
- 気息性 (aspiration) を表す記号は "ʰ" に統一している．
- 変調を起こしている語（字）には，調類の代わりに，末尾にアステリスク*を記して，原調を保っていない旨を明記する．

略 号
- 印欧祖語 (Proto-Indo-European) を指示するときに，略号 "PIE" を用いることがある．

引用文献
- 本文中で文献を引用する際，日本語の文献の著者名は苗字のみを記し，中国語の文献の著者名はフルネームを記す．従って，日本人が著者であっても，中国語で書かれている文献は著者のフルネームを記して引用している．
- 巻末の「参考文献」で，中国語で書かれた文献は，著者名の拼音（ピンイン）（中華人民共和国で用いられる，中国語（標準語）のローマ字表記体系）表記にもとづき，アルファベット順で排列してある．ただし日本人の人名は，日本語のローマ字表記をとる．例えば，「濱田」は Bīntián ではなく Hamada として排列してある．

第1章

漢語系諸語比較研究の意義

1.1 漢語系諸語とは

　中国大陸最南部である華南（広東省，広西壮(チワン)族自治区）は，「漢語系諸語（Sinitic languages)」や複数の語族に属する非漢語が分布する，言語的に多様な地域である．

　漢語系諸語とは，漢語の諸方言の総体を指す語である．漢語系諸語の具体的な指示対象は，いわゆる「中国語（Chinese language）」の指示対象とほぼ同一である．「中国語」は日本において，狭義には中華人民共和国の標準語「普通話（普通话）」を指すことが多い．そして広義には，広域にわたり分布する多様な方言種や，さまざまな形で今日に伝わる過去の言語資料から存在を窺い知ることができる変種をも含む，時空間上かなりの幅がある言語集団を指す．漢語系諸語は，この広義の「中国語」におおよそ一致する．「中国語」がこの言語集団を社会的観点から単一の言語と捉えているのに対して，「漢語系諸語」は複数の言語の集合体として当該言語集団を捉えている．もとより「言語」と「方言」とは，純粋な言語学的判断によって区別されるものではなく，社会的・政治的な文脈の中ではじめて両者の違いが存在する．

　本書の用いる分岐学的分析はそもそも，「言語種・方言種」の定義を前提としていないのであって，従って本書は，「漢語系諸語がいくつの『言語』から構成されている言語集団なのか」「漢語系諸語の内部のとある言語集団が『言語』か『方言』か」「粤(えつ)語は一つの言語か」といった問いに対して答えを与える意図も用意もないことを，あらかじめ固く断っておく．なお本書では，印欧語族に属する言語を印欧語と呼んだり，ロマンス諸語に属する言語をロマンス語と呼んだりするのと同様に，漢語系諸語を「漢語」と呼ぶこともある[1]．

　なお，Sinitic が漢語系諸語を指す術語に用いられる例は，Shafer (1966) など，言語分類体系内での分類群の名称として用いたものが知られる．Chappell (1992) は，従来のChinese language に代替する明確な意図を持って Sinitic languages を術語として使用した，

---

[1] 漢語系諸語の状況をロマンス諸語になぞらえて説明した文献には，Kratochvil (1968: 15-16) や DeFrancis (1984: 54-57) がある (Chappell 1992)．また，中国語学では一般に，例えば「粤語，呉語，湘語，……」といったように，接尾辞「〜語」を付した名称を，漢語系諸語に用いることがあるが，その一方で，「粤方言，呉方言，湘方言，……」という用語法も同時に行われている．このように，1つの分類群に「語」と「方言」の両方を使い得るため，専門外の研究者の混乱をしばしば招くことがある．

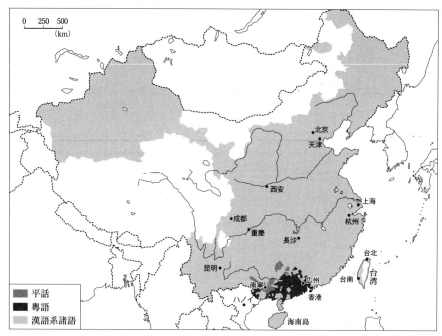

図1-1　漢語系諸語の分布域（中国社会科学院，澳大利亚人文科学院《中国语言地图集》を基に作成）

最初の先行研究である（遠藤雅裕2011）．一方，日本語の先行研究では，橋本（1978; 1981）が鍵括弧つきの「中国語」をもってその言語的な非単一性を表現している例がある．Sinitic languagesの訳語として「漢語系諸語」という語を用いた論著は，早くは吉川（2007; 2009a）などがある．同義の類語として「漢語系言語」（遠藤雅裕2010; 2011）や，「漢語諸語」（遠藤雅裕2014），「漢諸語」（遠藤雅裕2016）などが知られる．

　漢語系諸語は主に中国大陸に分布している．中華人民共和国の民族識別工作では，国内に56の民族が存在するとされ，最大の話者数と分布域を持つ「漢族」が漢語系諸語の主な話者である．漢族以外の民族（少数民族）が漢語系諸語の変種を母語や第二言語として話す場合もある．

　漢語の「十大方言」のうち8つが，長江以南の大陸東南部に集中している．大まかに，官話や晋語を北方系，その他を南方系と捉えることが多い．四川省や貴州省，雲南省など，地理的には南方であっても，北方系の変種が話されている地域もある．

　「華南」（広東省・広西壮族自治区）は，多様な言語が混在する中国大陸の中でも，言語状況の大変複雑な地域の1つである．華南には，粤語の他にも客家語，閩語，平話，官話と，5つもの漢語系言語が分布している．また，広東省北部，広西壮族自治区北部，湖南省南部という地理的に連続した地域には，方言分類上の議論が絶えない変種が多数分布している．漢語系諸語のみならず，華南に分布する少数民族言語，すなわち非漢語もまた多様である．中国大陸の南方は，人口規模の小さい民族集団が点在しており，単に漢語系諸語と非漢語とが分布域を重ね合うだけでなく，異なる非漢語同士が集住していることも少なくない．

華南は，元来数多くの非漢語の話者「百越」の居住地であった．しかし，北方からの漢族の人口移動に伴って，次第に漢語の分布域へと転じていった．華南は，「北方から南方へ」という漢族の移住の最前線である．

華南において漢語系諸語と非漢語とは，長年にわたって互いに影響を及ぼしあいながら存在し続けてきた．言語の分布域は複雑に入り組み合い，かつ互いに重なりあっている．本書は，華南を代表する言語である「粤語（Yue）」や，粤語に類する「平話（Pinghua）」——平話の中でも，特に粤語との近縁性が推定される「桂南平話（Guinan Pinghua）」——を，主要な対象としている．粤語・桂南平話の成立には，非漢語，特にタイ系言語の関与が疑われている．漢語系諸語の中でも，特に粤語・桂南平話について通時的研究を行う意義の1つは，漢語と非漢語の接触過程を解明することにあり，それはすなわち，「漢語系諸語」という言語集団がどのように形づくられたのかを明らかにすることにほかならない．

1.2 粤語，平話とは

本節では，「粤語」と「平話」の概略をまとめる．

「粤語」とは，広東省を中心とする華南や華僑社会で使用される，漢語系諸語の一種である．「粤語」という名称は学術用語であり，現地では「白話」（「話し言葉」の意），「広東話」などさまざまな呼称を持つ．なお，日本で使われる「広東語」という言葉は，珠江三角洲の権威変種（後述の「広府片」に属する）を指している．

Asher et al. (2007: 161) は粤語の話者人口を 6200 万人としており，イギリスやフランスの人口に匹敵する．広州や香港など，珠江三角洲に分布する，いわゆる「広府片」に属する変種は，華南においてリンガフランカ（共通語）としての機能を持ち，社会的に通用性の高い権威変種である．広州や香港の変種は，単に話し言葉として重要な地位を占めているのみならず，書面語としての「中国語（中文）」を朗読する役割も担い得る——すなわち，常用性の低い字についても読音が確立している——変種である．現代，特に香港においては，広東語（中文）の使用領域は行政や教育から日常生活に至るまで，広い範囲に及んでおり，公用語としての地位を持っている（廣江 et al. 2009）．このような背景から，粤語の標準変種は，広州方言と見なされることが多い．この認識は方言学においても同様であって，「粤語」という言語について論ずる際，広州方言をその代表例として提起することが一般的である（例えば，袁家驊 1960; 1983）．

粤語は独自の書記体系を有しており，規範的な漢字から逸脱した「方言字」などと呼ばれる漢字——学術的には「変形漢字・変用漢字」（西田 2001）の一種として呼称される字——が，音声言語としての粤語を表記するために，前近代から用いられていた．早期の例を挙げるならば，例えば，招子庸の『粤謳』（道光8年（1828年））などの伝統的説唱文学を記録したものや，粤語の語学書類，粤語訳の聖書など——いわゆる，早期粤語資料——などから，変形漢字・変用漢字の例を確認することができる．このような言語表記の方法の伝統は断絶することなく受け継がれており，新聞や雑誌，ブログなどでも，変形漢字・変用漢字の使用を，今日においても実際に目にすることができる（藤塚 1987, Bauer 1988,

片岡 1999,黃小婭 2000; 2001,Cheung et al. 2002,吉川 2002a; 2013; 2009a; 2016a; 2016b; 2017,包睿舜 et al. 2003,周无忌 2003,周柏胜 2003,Snow 2004,帕维尔 2005,李婉薇 2011; 2017,小田 2013 などを参照）.

「粤」という言葉は今日，広東省の異称として用いられており，広東省と広西壮族自治区を総称して「両粤」と呼ぶこともある．『漢書』の「地理志」にはすでに，「粤」の地名としての用例が見られる．なお，「粤」は「越」と同音であり，しばしば文献中で互いに通用する．この「越」は中国大陸南方の「夷狄」の総称であり，『史記』がいうところの「百越」や，現代の国名「越南（ベトナム）」の「越」が，これに相当する．「粤」は集団名であるとともに地域名でもある．

粤語は北方の漢語系諸語と，言語的に大きく異なる．例えば高田（1997）や平田（2001）が論じているように，広東や福建の出身者は「訛り」が強いという理由で，雍正 6 年（1728 年）以降，官員の言語が矯正の対象となっている．広東人向けに編纂された官話の教本「正音書」も多い（高田 1997）．

粤語の言語体系上の特徴については，詹伯慧（1981: 165-166）が以下のようにまとめている．

（１）　韻母（rhyme. 音節全体から音節先頭子音と声調とを除いた部分）や声調の数が多い．
（２）　非・敷・奉母（唇歯阻害音）と曉・匣母（声門摩擦音）の合口韻（先頭が円唇後舌狭母音の韻母）とが合流して唇歯音で実現する．
（３）　溪母（k^h-）の合口韻の一部が f- で実現する．
（４）　微母（唇歯鼻音）が m- で実現し，明母（両唇鼻音）と同音で実現する．
（５）　多くの地点で破擦音の系列はただ 1 つだけである．
（６）　見組（軟口蓋音）が k-, k^h-, h- で実現する．ただし，溪母が f- で実現することがある（上記（３）を参照）．
（７）　多くの地点で舌尖母音（apical vowel）がない．
（８）　円唇前舌母音 œ の系列を持つ．
（９）　分布域の約半分で，側面摩擦音 [ɬ] が見られる（中古音の心母 s- に由来）．
（10）　一部の地区では撮口呼（円唇前舌母音で始まる韻母）がない．
（11）　韻尾 -m, -n, -ŋ, -p, -t, -k を保存している．
（12）　声調は一般に 8〜10 声．

「平話」は広西壮族自治区の北部や南西部に分布しており，一般に，北部の変種は「桂北平話」，南西部の変種は「桂南平話」と呼ばれている．Asher et al.（2007: 161）では平話の話者人口は 200 万人とされている．ただし，「平話」と分類されている変種の中には，平話という呼称を持たないものもある（松本光太郎 1997）．

平話が方言分類体系の中で分類群として提起されたのは比較的新しい．管見の限りにおいては，広西師範学院中文系《广西汉语方言概要》編集組（1960）が平話を粤語と異なる存在として扱っているのが最初である．同書は同時に，桂北平話と桂南平話の差異が大き

いこと，そして，桂南平話が粤語と多くの共通点を持つことを早くも指摘している．

　平話の分類体系上の位置づけについては，今なお活発な議論が行われている．例えば，前掲書や，これに続く楊煥典 et al. (1985: 185-188)，李榮 (1989: 259) は，平話を粤語から独立した分類群と見なしたうえで，さらに平話を桂北平話と桂南平話に下位分類する．張均如 et al. (1996) や梁敏 et al. (1999)，韋樹関 (1996) もまた見解を同じくし，さらに粤語と平話の言語特徴上の差異を論じている（韋樹関 1999 は桂北平話を湘語に分類し，「平話」には桂南平話のみを含めることを主張する）．張均如 (1982) は，少数民族言語の「壯語」（以下，チワン語）が持つ漢語由来の借用語を根拠に，平話が粤語よりも古い起源を持つことを主張している．

　ところが覃远雄 (2000) や伍魏 (2001)，謝建猷 (2001: 75-76; 2007: 28-91; 116-117)，詹伯慧 et al. (2003)，張敏 et al. (2003) などは，平話全体ではなく桂南平話について，粤語との間に類似性が見られることを主張する．余靄芹 (1991) は，粤語と平話との関係について直接論じてはいないものの，桂南平話を粤語とともに分類の対象に含めている．梁金榮 (2000) や詹伯慧 (2001)，麦耘 (2010; 2017)，余瑾 (2016: 172-174; 477-482)，侯興泉 (2016: 304-332) は桂北平話も含めた平話全体を粤語の一派としている．謝建猷 (2007) は桂北平話と桂南平話とを同一の分類群にまとめずに，桂南平話は粤語に含め，桂北平話は湖南省南部の「湘南土話」（湖南省南部に分布する，十大方言のいずれにも帰属せしめられていない方言集団）と一群にまとめることを提唱する．李連進 (2003) は平話全体を，粤語と対等な1つの分類群と考え，李連進 (2000a: 1-44; 2000b; 2005; 2007) や李小凡 (2012) はさらに平話を，内陸部に分布する粤語の一派である「勾漏片」をも内包する，巨大な分類群と捉える見解を提示している（李連進 2007 は，さらに湘南土話や，「粤北土話」（広東省北部に分布する十大方言のいずれにも帰属せしめられていない方言集団）をも，平話に取りこんでいる）．また，王福堂 (2001) や甘于恩 et al. (2005) のように，平話を粤語から独立した方言と考えつつも，平話の分類体系上の地位については判断を差し控える先行研究もある．

　平話が粤語と異なる分類群として認識されるとき，全濁声母（有声阻害音）の無声無気音化という特徴が，しばしばその基準とされる．しかし，この「全濁声母の無声無気音化」という特徴が持つ漢語系諸語を分類する力が，今日の方言学で一般に信じられているほどに普遍的なものなのか，疑いを容れる余地は十分にある（麦耘 2017）．

　平話の分類上の位置づけについてはさまざまな見解が並存しているものの，本書の研究対象は系統であって，分類ではない．従って，本書は粤語と平話との分類上の問題を解決することを，まったく企図していない．ただ，桂北平話と桂南平話との間の言語的な隔たりが大きく，そして，粤語により近いのは桂南平話である蓋然性が高い．そこで本書は，平話のうち，桂南平話を粤語と系統的に近縁な変種と推定し，桂南平話の変種と粤語の変種とをともに議論の対象とする．ただし，広西壮族自治区賀州市，鐘山県，富川県，および，湖南省江華瑤族自治県は，桂北平話や湘南土話の分布域とされているものの，同地域には，比較言語学的観点から見て，広東省連山壮族瑤族自治県の粤語と系統を同じくしていると判断せざるを得ない変種が分布している．濱田 (2012b) などでは，これらの地域の変種を，江華瑤族自治県や富川県の変種の名称である「梧州話」にちなみ，「梧州話型

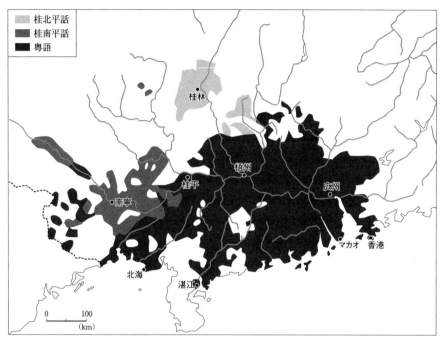

図 1-2　中国大陸東南部の漢語系諸語の分布域（中国社会科学院，澳大利亜人文科学院《中国语言地图集》を基に作成）

粤語方言」と総称している．梧州話型粤語方言は，「崇母・船母・禪母・澄母，從母・邪母がそれぞれ合流し，なおかつ無声摩擦音声母をとる」「匣母が一律に摩擦成分を持たない」「流攝・深攝・臻攝の開口三等見・群母字で口蓋化が発生している」「效攝と咸攝とを除く外転開口一等が前舌母音を主母音にとる」「效攝一等が単母音化する」「宕攝開口三等と梗攝開口二等とが，介音-i-の有無によって対立する」「外転三四等入声字が一律に上陰入で実現する」「非末尾の声調が中和する連読変調を持つ」といった特徴をすべて共有する，同質性の高い方言集団である．なお，广西师范学院中文系《广西汉语方言概要》編輯組（1960: 粤 2-粤 5; 粤 61-粤 83）は，富鐘県鐘山鎮（現在の鐘山県鐘山鎮）の方言「富鐘方言」について，入声韻尾の喪失などの「粤語らしからぬ」特徴を有していることに明確に言及しつつも，同方言を平話ではなく粤語の一種，すなわち，桂南粤語の第三区に属する方言として分類している．

梧州話型粤語方言を除く桂北平話や湘南土話，ならびに粤北土話については，粤語や桂南平話との起源の異同については暫時判断を保留し，本書の議論の対象としない．また，広東中部の東江流域に分布する諸方言には，粤語と客家語との間で分類上の問題が存在するが（刘叔新 2007 など），客家語全体との比較を経ずして結論を下すことはきわめて難しいため，分析の対象から暫時除外しておく．ちなみに，Skinner（1977: 214-215）が示す「自然地理学的大地域」（physiographic macroregion．地方レベルでの人文・経済活動の最大範囲）の 1 つである，'Lingnan'（嶺南）の中核地域は，本書の分析対象とする粤語・桂南平話の主要な分布域と，おおよそ一致している．

1.3 漢語系諸語と系統論

　中国大陸の言語の中でも特に活発に研究が行われている漢語系諸語も，その歴史について今なお未解明の部分が多い．湘南土話，粤北土話，桂北平話といった，分類上の帰属の論争が続く方言群の存在は，華南の言語史の複雑さを端的に表している．しかし，かといって「華南の言語の状況は複雑であり，華南，ひいては中国大陸の言語史は複雑である」という言葉をもって結論とすることを，筆者は良しとしない．現実や現象がもとより複雑なものである以上，かかる命題は同語反復にほかならない．

　言語学では，通時的研究の手法として比較言語学が確立している．共通祖語を娘言語から再建したり，共通祖語からの言語変化をもとに系統樹を推定したりする行為は，言語学において広く行われている．しかし漢語系諸語研究では，その研究規模の大きさとは裏腹に，比較言語学的手法や系統論が他言語の研究に比して，さほど活発に論ぜられてこなかった．その理由は，比較言語学的研究を実践することを困難ならしめる言語史的事情が，漢語系諸語にあったためである．そして，伝統的な音韻研究の手法を継承し発展させたものが，代替の方法として今日の音韻史研究に用いられている．

　漢語系諸語の歴史は，断続的な拡散と複雑な人口移動によって特徴づけられる．截然と分岐した印欧語と異なり，漢語系諸語の話者は中国大陸内部で人口移動を繰り返した．そのため，系統の異なる漢語系諸語同士が頻繁に接触を起こし，その結果として，異なる系統の間で借用や並行的言語変化が，数多く発生したと考えられる．比較研究において祖語再建の議論を正当ならしめるには，当該の祖語の娘言語が過不足なく選択されている必要があるが，しかし漢語系諸語においては，娘言語の選択自体が困難なのである．

　この難点を克服するために用いられたのが，伝統的な音韻学と方言学とが融合した手法である．韻書（発音辞典の一種）や韻図（五十音図のごとく，字音に従って漢字を排した図）の類から，旧時代の音を研究する学問を音韻学と呼ぶ．字音の研究は「小学」の一種として古くから存在しており，特に清朝において隆盛した．

　「切韻系韻書」から復元される「中古音」は，漢語系諸語の音韻史研究において最も重要な概念の1つである．それは中古音が，確実な根拠をもって復元できる体系であり，かつ，多くの諸変種が共通に遡り得る，十分な古さを持っているためである．閩語等を除く大多数の漢語系諸語は，中古音に遡ると考えても矛盾がない（Handel 2010 など）．そのため，ある変種と中古音とを比較すれば，その変種がいかなる言語史を経てきたのかを論ずることができる．現代の通時的な方言研究では，ほとんど例外なく中古音との対応関係について言及がある．

　しかし中古音を用いた通時的研究には，2つ問題がある．1つは，中古音の現実性の問題，もう1つは，中古音と現代語との中間段階の欠落である．

　韻書や韻図などの音韻資料の編纂には，規範意識が深く関与する．韻を定める動機は詩作，ひいては，詩を作って科挙に及第することにある．もちろん，中古音がまったく何の根拠もない架空の体系であると強弁することは決してできない．ただし，「中古音が多くの現代語が遡り得る体系である」ということと「多くの現代語の共通祖語が中古音であ

る」ということとは，まったく別である．これが1つ目の問題である．

　もう1つの「中間段階の欠落」という問題は，漢語系諸語の下位集団それぞれの歴史を論ずるうえでの障碍となる．もし仮に，粤語・桂南平話の起源をでき得る限り古くに求めようとするならば，中古音やそれに類する体系を提示すればよい．しかし，中古音から粤語・桂南平話への変遷を追うだけでは，粤語・桂南平話の言語史を十分に解明したとはいえない．粤語・桂南平話の個別的言語史の議論は，粤語・桂南平話がその他の漢語系諸語といかなる関係にあるのか，すなわち，粤語・桂南平話がその他の漢語系諸語と共有していない歴史とは何かを論ずることと，互いに表裏をなしている．中古音のみを介して現代の漢語系諸語同士の関係を論ずるならば，「根」である中古音と「末端」である現代の漢語系諸語との間にある中間段階の言語史について，沈黙することになる．

　粤語・桂南平話の歴史を論ずる行為とは，粤語・桂南平話に属する諸方言のみが排他的に共有する歴史を明らかにする行為である．そのためには中古音と粤語・桂南平話との間の中間段階の姿が明らかになっていなくてはならない．粤語・桂南平話の独自の歴史を解明するには，粤語・桂南平話のみが娘言語である共通祖語を再建する必要がある．漢語系諸語で比較言語学的研究を実践する意義とは，まさにこの中間段階の時代に，新たな参照点を創出することにある．特に華南においては，音声言語を反映した古い時代の言語資料に乏しい．比較研究による祖語再建の意義は大きい．

　粤語・桂南平話の共通祖語は，粤語・桂南平話の諸方言が共通に遡り得る体系のうち，最も新しいものであることが望まれる．粤語・桂南平話であれ，その他の漢語系諸語であれ，畢竟「漢語」である以上，ある共通の起源を有しているはずである．従って，粤語・桂南平話の諸方言だけが遡り得て，他の漢語系諸語が遡り得ない体系こそが，粤語・桂南平話の排他的な言語史の参照点としてふさわしい．粤語・桂南平話の言語史を考察するには，少なくとも中古音より新しい共通祖語を再建しなくては不足である．すなわち，粤語・桂南平話の共通祖語の再建には，中古音という upper bound が課せられているのである．この意味において，中古音より古い段階に起源を求めねばならない閩語等の系統論と，粤語・桂南平話の系統論とは，互いに異なる状況に置かれ，互いに異なる課題を抱えているといえよう．

　言語の系統論とは，比較言語学的視点に立った通時的研究の一種である．もちろん，系統論だけで言語同士の通時的関係を論じきることは到底不可能であるし，系統論の実践の困難さは言語によって異なる．しかし，系統論の方法論それ自体は普遍性を有している．上述のように，漢語系諸語はたしかに系統論の実践しにくい言語ではあるが，系統論を実践する意義はたしかに存在する．本書は，従来の研究が直面してきた，漢語系諸語において比較言語学的分析を実践する困難を克服する方法の1つとして，分岐学（cladistics）[2]の知見と方法を導入することを提唱する．分岐学を導入する理由の詳細については第3章に譲るが，分岐学は，諸方言がどのような歴史を互いに共有しあってきたのかという歴史を，客観的基準に従って導き出す手段を比較言語学に提供する．

---

2) 本書では三中（1997）などに従い，cladistics の語は分岐学と訳す．

そして本書は，祖語の再建にとどまらずに，現代語同士の系統関係（系統仮説）の推定をも試みる．系統樹の「樹形」の解明は，ただ単に粤語・桂南平話の拡散・分岐の歴史を推定することだけを目標としているわけではない．樹形は，祖語の体系の復元に直接かかわる情報を有している．系統樹は，通時的研究の結果として得られるものではあるが，それと同時に，通時的研究の手段としても用いることができるのである．

　本書は，粤語・桂南平話という方言集団の共通祖語を再建するという個別的研究の性質を持つと同時に，分岐学を漢語系諸語の通時的研究に導入する方法および意義を考察する，理論的側面をも有する．本書の持つ2つの性質はいずれも，漢語系諸語の経てきた歴史をより確実に推定しようという，1つの動機に起因している．

第2章

粤語・桂南平話の比較研究
先行研究について

　粤語の研究史を詳述することは本書の目的ではなく，また，それだけで単著を編み得るほどの巨大な主題である．本章では，粤語・桂南平話の比較研究に直接関連する先行研究についてまとめる．

2.1　早期の報告・研究

　口語としての粤語を反映した資料にはさまざまなものがあり，古くは，一種の語彙集である屈大均の『廣東新語』（康熙39年（1700年）序）や地方韻書（方言音に基づいた韻書）の『分韻撮要』（刊行年未詳）などが知られる．このほかにも，明清代の地方志に記載された断片的な記述（波多野1963），粤謳や南音，木魚歌，龍舟歌などの伝統的な説唱文学を記録した文献（波多野1970-1971; 1974: 423-549; 1977a; 1977b, Eberhard 1971; 1972, 梁培熾1978; 1988, 譚正璧 et al. 1982, 金 et al. 1995 など），各種の白話小説（叶春生1996: 315-337, Hanan 2000, 游汝杰 2002: 198-199, 宋莉华2012 など），一種の語学書や諺解本（許雪航（刊年未詳），余靄芹 2000b），ローマ字や漢字による口語訳聖書（游汝杰2002: 86-96; 116-119, 梁慧敏2011 など）を，挙げることができる．ただ，粤語の音声的側面を観察する場合には，漢字文献よりもむしろローマ字のような表音文字による文献の方が，よりさまざまな情報を得やすい．

　欧文文献のうち，一種の辞書である Morrison (1828) が，粤語資料の最古のものとされることが一般的である．ただし，Morrison (1828) 以前にも粤語を記録した複数の資料が現存しており，今日では，Joshua Marshman の著した *The works of Confucius containing the original text, with a translation: Vol. 1; to which is prefixed a dissertation on the Chinese language and character* と，*Dissertation on the characters and sounds of the Chinese language, including tables of the elementary characters, and of the Chinese monosyllables* が，より古い資料として知られている（吉川雅之2009b; 2014）．Morrison (1828) 以降にも，Williams (1856), Chalmers (1859), Lobscheid (1866-1869; 1871), Eitel (1877) などの辞書類や，Bridgman (1841), Williams (1842), Devan (1847), Bonney (1853; 1854), Lobscheid (1864), Deanys (1874), Ball (1888 (2nd ed.); 1894; 1902 (2nd ed.)), Jones et al. (1912) などの語学書類といった，大量の欧文文献が存在している．こうした，20世紀初頭以前の主に

欧文による粤語の記録は，一般に早期粤語資料と呼称される．

粤語の近代的な方言研究の初期には，Parker (1880)，Lockhart (1882)，Don (1883)，Ball (1889; 1890; 1896; 1900)，Saunders (1896) など，西洋人の手による各地の音韻体系の記述報告などが知られるほかにも，陳澧 (1892)，詹憲慈 (1924; 1931)，王力 (1928)，戴仲傑 (1929)，Wang (1932)，孔仲南 (1933)，李一民 (1933)，Tsen (1936)，黄錫凌 (1940)，岑麒祥 (1946)，王力 et al. (1949; 1950a; 1950b)，Chao (1947)，趙元任 (1948; 1951a; 1951b)，廣東省人民政府教育廳 (1953)，魏曾山 (1953)，黄典誠 (1954)，劉進 (1955-1956) など，『某某人怎樣學習普通話』のシリーズである王力 (1955) や黄伯榮 (1957) が上梓されるころには，すでに数多くの論著が存在していた．

これらの欧文および中文による研究の隆盛から理解されるように，粤語——なかでも広州方言——に関する知識水準や研究蓄積は，新中国成立以前において，すでに相当程度に達していた．この事実が意味するのは，粤語が古くから世に知られた漢語系諸語の変種であること，そして，「粤語」という概念それ自体もまた古くから広く認知されていたということである．方言分類が本格化するよりも遥か以前に，すでに学術的文脈において「粤語」という言葉が所与のものとなっていたように見え，興味深い．ただし，「粤語」という言葉それ自体，「『粤』（広東の略称）の地で話されている言語」を指す用法と，1つの分類群に対して与えられた固有名詞的な用法とがあり得ることには注意せねばならない．

「粤語」は近代的中国語学の黎明期ですでにごく自然に用いられていた言葉であり，「粤語」という概念それ自体が挑戦を受けたことはなかった．ただ，その指示対象の大小の問題については，少なからぬ研究が——特に「平話」との関係に関する議論の中で——蓄積されている（粤語と平話とに関する分類上の論争については第1章第2節を参照）．なお，粤語研究の初期の成果は，社会的・経済的な重要地域である沿岸部に集中しており，広西の方言に関しては，劉策奇 (1925) や王力 (1928)，陳柱 (1928; 1943)，Wang (1932) などがあるものの，平話の分布域である内陸地域の研究は相対的に後発のものとならざるを得なかった．

2.2 漢語系諸語における比較研究

切韻系韻書から導き出される音韻体系を推定した Karlgren (1915-1926) 以降，方言史研究は次第に，西洋の言語学と中国の伝統的な音韻学（等韻学，古音学，今音学）とを総合した方法が，最も一般的なものとなる．Karlgren (1915-1926) は，過去の漢語系諸語の音韻体系の具体的音価を言語学的に推定した最初の研究であり，同書以降，中古音再建をはじめとする近代的な音韻史研究が開始する．ただ，Karlgren (1915-1926) は中古音再建に華南の言語データをあまり用いておらず，同書が網羅的に提示する字音のうち，粤語・桂南平話に含まれる方言のものは，広州方言のみである．

比較言語学の手法をもってその共通祖語「粤祖語 (proto-Yue)」を再建した先行研究は McCoy (1966) が最古であり，Tsuji (1980)，余靄芹 (2000a; 2006)，Huang (2009) が同論文に続く．McCoy (1966) は珠江三角洲諸方言に加え，四邑片の諸方言を主な手がかりとし

て粤祖語を再建しており，Tsuji (1980) は広西壮族自治区の諸方言のデータを用いつつ，McCoy (1966) の再建案の改良を試みている．Tsuji (1980) の McCoy (1966) との最も顕著な差異の1つは，有声声母の存在を認めている点にある．余靄芹（2000a）は声調を，余靄芹（2006）は声母をそれぞれ再建しており，同氏による韻母再建案の全容は未だ示されていない（Yue (Yue-Hashimoto) 2002 には試験的な再建案として，粤祖語の韻母の一部が示されている）．余靄芹（2006）は破擦音・摩擦音を3系列再建しており，余靄芹（2006）の粤祖語は少なくとも声母に関して，McCoy (1966) や Tsuji (1980) よりも古い特徴を示しているといえる．Huang (2009) は余靄芹（2006）の示す分類体系に基づいて娘言語を選択し，中古音を参照せずに現代語の実現形のみから粤祖語の韻母を再建することを試みている．

Huang (2009) が McCoy (1966) や Tsuji (1980) と大きく異なる点の1つは，四邑片の外転三四等に見られる二重母音の実現形が，粤祖語より後の時代に発生した音変化と考えている点である．また，Huang (2009) は広州での陰入分裂の様式を根拠として，粤祖語の主母音に［＋ATR］のものと［－ATR］のものとがあったと想定している．Huang (2009) が四邑片の二重母音の形式を改新的なものと判断した理由は，多くの方言で並行的に二重母音が単母音化したと考えるのは不自然である，という判断の結果である．ただし，［ATR］の値がいくつかの方言における陰入分裂と関係がある可能性はあるが，しかし，［ATR］ですべての方言の陰入分裂を説明することは難しい．今日，広州方言とは異なった様式で陰入が分裂する粤語は多数知られている（王莉宁 2011 など）．広州方言に見られる陰入分裂のみを粤祖語の主母音の音価を推定する根拠と見なす理由は，Huang (2009) の中で語られていない．また，侯兴泉（2015）は，粤語勾漏片（広東西部～広西東部にかけて分布する諸方言の分類名）と桂南平話がともに遡る共通祖語の存在を想定し，その共通祖語の調値（声調の具体的実現形式）を再建している．

粤祖語再建の試みそれ自体は過去に例があるものの，粤祖語の娘言語同士の系統関係については先行研究が少ない．管見の限りでは，郭必之（2006）が珠江三角洲の粤語諸方言について，最節約性の原理を採用して珠江三角洲の諸方言の系統を導くことを試みた例がある．Yue-Hashimoto (1988)，余靄芹（1991）による粤語の方言分類は，分類を主題にしてはいるものの，その背景に系統関係に対する関心が認められる．両論文ではさまざまな基準を立てて方言分類を試み，その結果，四邑片諸方言を含む方言グループとそれ以外とを大別している．しかし，両論文は方言同士の類似性に立脚して分類を行ったものであり，厳密な意味での系統を論じているものではない．これは，両論文の基本的枠組みを継承した分類体系を提示する余靄芹（2006）でも同様である．

その他の漢語系諸語について，比較言語学的観点に立って祖形再考を試みた研究の代表例を挙げるならば，官話等については Baxter (1999; 2000; 2006) が，江淮官話については Coblin (2000) が，客家語については O'Connor (1976) や 严学宭 (1986)，李玉（1986）が，贛語については Coblin (2015) が，長江流域の漢語については Coblin (2000; 2004; 2005; 2006a; 2008a; 2008b; 2010) や Simmons et al. (2006) が，徽語については Coblin (2007) が，湘語については Coblin (2011) が，呉語については Ballard (1969)・钱乃荣（1990; 1991; 1992a）が，北部呉語については Simmons (1999) が，呉語西北片については秋谷裕幸（2003）が，

閩語全体については王 (1969)・Norman (1973; 1974; 1981)・Chang (張光宇) (1987)・Handel (2003) 等が，閩中語については秋谷裕幸 (2010d) が，閩東語については秋谷裕幸 (2010a; 2010b; 2010c; 2013; 2018) が，それぞれ知られている．閩語を除く現代の漢語系諸語全体の共通祖語再建の試みには，Norman (2003; 2006)・顧黔 (2014) があり，そして，閩語をも含み得る，より古い体系を Norman (2014) が示している．また，祖語の音韻体系を示してはいないが，董同龢 (1959) は 1950 年代の早きにおいて，現代語から出発して閩語の歴史研究を試みたという点で出色である．

閩語は漢語系諸語の中でも，系統論や祖語再建の議論が特に活発に行われている．特に，Norman (1974) によって閩北語の共通祖語の声母に関する議論が提起されて以降，閩語にまつわる系統論的研究は活発化した．Norman (1974) の再建形に対しては，余靄芹 (1976) や李如龙 (1985)，平田昌司 (1988)，陳忠敏 (1993)，王福堂 (1999: 78-103) 等で反論が行われている．

Norman (1974) 以降，漢語系諸語について比較言語学的研究を行う行為そのものについての議論も活発に行われている．Norman et al. (1995) や 罗杰瑞 (1998) は，中古音のように韻書や韻図などから導き出される音韻体系を，現実の言語音のように扱う研究方法の問題点について論じ，比較言語学的方法によって現実の言語の歴史を追求することの重要性を主張する．秋谷裕幸 et al. (2012) は Jerry Norman による一連の比較研究を支持し，漢語系諸語で比較言語学的研究を行うことの重要性と正当性を論ずる．これに対しては陈忠敏 (2013) が言語層の立場から異議を唱えている．陈忠敏 (2013) に対しては Handel (2015) が再反論を行っている．そもそも漢語系諸語の言語史を樹形の形で表現することそれ自体に対しては，少なからぬ先行研究が批判的立場をとっている．中国語学では比較言語学や系統樹に代わるモデルとして言語層を用いて言語史を論ずるのが一般的である．比較言語学的研究と言語層的研究の間の論争については，3.4.2.c) で改めて触れる．

2.3 漢語系諸語における分岐学的研究

Baxter (2006) と Ben Hamed et al. (2006) は，計算機を用いた分岐学的分析を漢語系諸語について行っている．Baxter (2006) は官話を中心とする，より北方の変種を分析対象としているが，方法自体は本書と同じく，共通祖語を再建 (Baxter 2000) したうえで，共通祖語から娘言語への音変化を形質に選択している．Baxter (2000) は，官話として分類されている諸方言を娘言語に用いて共通祖語を再建しているが，その共通祖語は，一部の非官話の祖体系としても見なし得る音韻体系を有している．同論文はその共通祖語をマクロ官話祖語 (Proto-Macro-Mandarin) と呼称している．マクロ官話祖語の娘言語として洛陽方言，蘭州方言，済南方言，保山方言，南京方言，合肥方言，揚州方言，如皋方言，長沙方言，杭州方言の 10 方言を OTU (operational taxonomic unit. 系統推定を行う対象．ここでは，娘言語のこと．3.3.1 参照) に用い，29 の逆転不能の形質で最節約的系統樹を求めている．そして，得られた 5 つの最節約的系統樹を総合して，黄河流域の北方と長江流域の南方の 2 つに系統が分岐しているという結論を下す．ただし，広大な範囲に広がる北方漢

語の系統を論ずるのに，Baxter (2000; 2006) の示す諸方言のみで十分であるかは不明である[1]．また，系統樹の樹形（topology）の信頼性を検定しようと再標本化を行っているが，29 個の派生形質（うち 1 個は，系統推定に情報を与えない「固有派生形質」（3.3.1 参照）なので，共有派生形質は 28 個）に基づく系統推定について統計的検定を行うのが，方法として妥当なのかという疑問は残る．また，最節約的な系統樹，およびそれに準ずる系統樹は，樹形が互いに類似する傾向があることがすでに知られている（三中 1993）．従って，最節約的な系統樹が互いに似ていることそれ自体は，系統推定の結果の妥当性を保証しない．まずは共通祖語の提示と，そしてより多くの OTU を用いた分析の提示とが待たれる．

　Ben Hamed et al. (2006) は，漢語系諸語全体について，系統樹を導き出すことを試みている．同論文は Старостин (1991) に引かれる Yakhontov (Сергей Евгеньевич Яхонтов) の単語リスト 35 語，Swadesh の単語リスト 100 語ならびに 200 語の 3 通りの語彙データから形質行列を作成し，それを近隣結合法と最節約法との両方を用いることで，外群の Old Chinese を含む 24 個の OTU について，あわせて 6 通りの系統樹を導き出している．しかしながら，得られた系統樹の樹形の信頼性の低さを同論文が自ら示したうえで，漢語系諸語の言語史を系統樹の形で説明することそれ自体について否定的な見解を提出している．そして，漢語史の分析には，系統樹よりもむしろ網状図の方が適切であると結論づけている．ただ，「信頼できるたしかな系統樹が得られない」ことと「系統樹は漢語史を説明できない」ということとは，そもそも互いに別の次元に属する問題であると考えられる．また，24 という OTU の数が，漢語系諸語の系統を包括的に語るのに，十分な数といえるかどうかもわからない．

　そもそも，——これは Ben Hamed (2006) に限った話ではないが——語彙データに基づく漢語系諸語の理学的言語史研究それ自体が，どこまで信頼の置けるものなのか，という根本的な問題も残る．音韻体系が 1 つの比較的強固な体系性を有した存在である一方で，語彙は体系性が遥かに低い．しかし，得られる形質の数，あるいは，形質の得やすさ，という観点から見れば，音韻よりもむしろ語彙の方に軍配が上がるであろう．塩基配列やアミノ酸配列のような分子データの異同に基づく分析を言語学・中国語学にも導入しようとするならば，語彙の方がデータとしては使いやすい．然れども，「語彙データから形式行列を作ることができる・語彙データから形質行列を作りやすい」ということと，「信頼できる系統樹を作るには，語彙データを用いるべきである」ということとは，当然ながら互いに異なっている．漢語系諸語研究における系統論的実践を否定するには，さらに多くの根拠を示す必要があるであろう．

---

[1] 10 という数字は，市販のパーソナルコンピュータで網羅的探索（exhaustive research. 考え得るすべての樹形を虱潰しに探索する方法）を行う際に対象にできる OTU の数の，現実的な上限に近い数字である．

2.4　非分岐学的な理学的方法による系統論

　漢語系諸語以外で分岐学的に系統を論じた先行研究には，印欧語で Ringe et al. (2002) や Rexová et al. (2003) があるが，研究量から見れば，分岐学よりもむしろベイズ法（最尤法の一種であり，系統樹の蓋然性を統計的に計算する方法．最尤法については第 3 章第 4 節参照．印欧語では Chang et al. 2015 などがある）による系統推定が主流派をなしているように見える．なお，漢語系諸語では，最尤法およびそれに類する方法を用いた系統推定は，管見の限りでは試みられていない．

　ただし，Pereltsvaig et al. (2015: 53-156) は，Gray et al. (2003) および同論文と手法を同じくするベイズ法の実践に対して，否定的な見解を示しており，これらの研究が，語彙のみに基づく系統推定を行っていること，言語データに対する解釈（保守的形式と改新的形式の判定など）が不適当であること，借用語の判定が不確かであること，非理学的分析を導入する以前に立証された考察結果と相反する樹形が得られたことへの検討が不十分であることなど，さまざまな問題点を指摘している．

　本書が用いる方法はベイズ法ではなく分岐学である．しかし，Pereltsvaig et al. (2015) による痛烈な批判は，理学的分析を導入する際には等しく傾注する必要があるといえよう．分岐学を用いて言語の系統を推定するには，共通祖語から各娘言語への変化を数値化し，形質行列（3.3.1 参照）というデータを作る作業が必要であるが，しかし当然，言語変化の何もかもを数字で完全に表現することは，きわめて困難である．また，形質行列は，保守的特徴と改新的特徴とを正確に区別することは当然として，言語変化の過程を正確に反映するものでなくてはならない．Pereltsvaig et al. (2015) の批判の眼目とは，分析対象であるデータが不確かであるならば，その結果である系統樹もまた信頼できないものとなるということ，そして，分析者は系統樹を信頼できるものとするために，その推定の前提としてのデータに対しても責任を負わねばならないということにある．これらの主張は，結局のところ，非理学的アプローチを専らとする研究者にとっては，まったくもって贅言を要しないものである．分岐学を用いた系統推定であっても同様に，たとえまったく言語学的・中国語学的に不適当な仮定から分析を出発させたとしても，何らかの「もっともらしい」系統樹を導き出すことができてしまうという問題が存在することは変わらない．この問題は，第 5 章第 1 節で改めて論ずる．

　理学的方法により漢語系諸語間の関係を提示することを試みた理学的研究は，大きく，木（tree）を自ら導き出すことを目的とした研究と，先行研究が示す既存の木を所与のものとして用いつつ，言語データと系統樹とから新たな情報を引き出すことを試みた研究とに分けることができる．前者の例には，Lu et al. (1985)，马希文 (1989)，郑锦全 (1988)，Cheng (1982; 1991; 1992)，王士元 et al. (1992)，Wang et al. (2004)，Ben Hamed (2005)，Baxter (2006)，Ben Hamed et al. (2006)，Tang et al. (2009)，Szeto (2015) などがある．後者の例は，Minett et al. (2003)，List et al. (2014)，List (2015) などがあり，系統樹が表しきれない言語間の関係性を論ずるという動機から枝と枝との水平的なつながりを考察の対象とする[2]．

第 4 章で行われる系統推定の実践の中でも述べるように，分岐学的分析は必ずしも万能ではない．分岐年代がきわめて遅いような場合には，音韻より語彙や文法を手掛かりとした非分岐学的な方法の方がより意味のある分析が行える可能性がある．事実，Hsieh (1973) による方言分類の手法は音韻変化の非斉一性を手掛かりとして，変化の斉一的でない語彙を取り上げ，それを分類の基準として採用している．音変化の非斉一性を利用して方言間の関係を推定する方法は，分岐学的分析の手に余るような強い近縁性を持つ方言同士に効力を発揮する可能性がある．分岐学的分析があらゆる場合に有効であるとは限らない．しかし，分岐学的分析に限界があるからといって，クラスタリングによる分類を系統の代替物としたり，系統と同一視したりすることは難しい[3]．本書と同じく粤語や桂南平話を考察対象としている Szeto (2015) は，粤語と桂南平話の系統樹を，語彙をデータとした近隣結合法（第 3 章第 4 節参照）によって導き出しており，その分析結果から，粤語と桂南平話の近縁性，粤語と桂北平話の非同質性，粤語勾漏片に属する方言の多様性について主張している．Szeto (2015) の平話に関する主張は本書の前提とも合致しており，また，粤語勾漏片の内部の多様性についても，多くの研究者の実感あるいは直感とも一致する見解であると筆者は考える．ただ，最節約的な原理によって方言間の系統樹が導き出すことが可能な状況において，Szeto (2015) のように類似度に基づいた方法を，本書は敢えてとることをしない．

　Norman et al. (1995) や罗杰瑞 (1998) の中に，まず分類から系統の議論を出発させる姿勢が見出される点は興味深い．分類と系統とは互いに異なる概念であり，分類は言語種・方言種の実在性を出発点とするが，系統は言語種・方言種を必要としない．系統推定が必要とするのは，最節約性と共有派生形質である．分類は種を前提とする体系であるが，系統は発見された単系統群（系統樹において，ある中間段階と，その中間段階の子孫すべてを含む集合．3.3.1. 参照）が単位である．漢語系諸語の歴史研究に必要なのは，単系統群と，単系統群の根である祖体系，そして，単系統群内部の系統樹である．大量の離散数学的な計算による，より妥当な系統仮説の発見という方法は，20 世紀においては実行に多大な困難を伴っていた．この技術的制約を踏まえるならば，罗杰瑞 (1998) 等の姿勢はある意味で当然であり，当時においては系統推定の最適な方法であった．

　今日の計算機の計算能力は，当時において不可能であった方法を可能とし，単系統群の発見，妥当な系統樹の発見を可能としたのである．しかし，高い計算速度が獲得できたか

---

2) ただ，先行研究が引用する木の中には，純然たる系統樹——すなわち，系統を表現することを目的として導き出された木——だけでなく，分類体系を木の形に置換したものが含まれることもある．印欧語の場合はともかく，漢語系諸語の場合は，分類体系をそのまま系統樹として用いることは困難である．その原因はさまざまであるが，最も重要な点を 1 つ挙げるならば，漢語系諸語の分類それ自体が，系統論的な論理に則って行われたものでないことに尽きる．この問題の詳細は 3.3.2 にて論ずる．

3) クラスタリングは，距離法（distance method. 第 3 章第 4 節を参照）の手法をとる表形的な分析方法である．クラスタリング分析を行う先行研究が少なくないのは，最節約的系統推定に比べて計算量が遥かに少なくて済むことが挙げられよう．このような利点があるので，現代ほど計算機が発達していなかった時代では，表形的クラスタリングは現実的な分析手段であったと考えられる．だが，それだけが理由ではなく，系統に基づかない横の影響関係や並行的な変化が，印欧語に比べて，より多く発生していたと推定されることもまた，理由の 1 つだったのではないかと考えられる．

2.4　非分岐学的な理学的方法による系統論　　017

らといって，系統論に関する問題が直ちに解決することはない．系統推定を行うには，計算を行う前提となる綿密な言語学的・中国語学的考察と，その考察結果を反映するための，分岐学的分析に対する理解が欠かせない．

第3章

系統を推定する方法

3.1 問題の所在

　比較言語学は 1786 年，ウィリアム・ジョーンズ卿がサンスクリットとギリシア語，ラテン語について，その類似性を偶然とは考え難いものと考えて，三者の共通祖先の存在を仮定したことをもって，その萌芽とすることが多い．これ以前にも，ヨーロッパの諸言語が何らかの親類関係を有すると考えた研究や，今日の比較言語学につながる方法それ自体はすでに存在していたが（Campbell et al. 2008: 13-47），ともかく，ウィリアム・ジョーンズ卿以降，類似から見出される規則性・法則性，共通祖語の姿，共通祖語から現代の言語への変遷，といった事柄を学問的関心の対象とする研究が深化していったのである．

　一方，漢語に対する学問の目は，印欧語とは異なる歴史を持つ．漢語系諸語の空間的広がりや，漢語系諸語の内部の言語的多様性は，古来自明であった．古くは紀元前後，揚雄の『方言』すなわち『輶軒使者絶代語釋別國方言』において，国名や地域名を挙げて広範な地域の諸方言の語彙を報告している．近くは『正音咀華』の刊行に見られるように，中原とは差異の著しい漢語が華南に存在していたこと，そしてその中原の言語と大きく異なる言語を，紛れもなく「漢語」の一種であると見なす態度が存在していたことを，われわれは容易に見出せる．そもそも『切韻』が編まれたのも，当時の音声言語としての漢語が持っていた多様性が認識されていたことが，その背景となっている．すなわち，「漢語は多様である」という事実認識と，「その多様な存在は 1 つの集団としてまとめることができる」という暗黙裡の判断とが，自明のものとして今日に至るまで共有され続けている[1]．

　中国の伝統的な学問では，「小学」が漢語の言語体系そのものに対する分析や考察を担った．より厳密には，言語体系というよりも，漢字の字形・字音・字義を関心の対象としたといった方が正確であるが，今日の言語学に最も近いことをしていたのは，小学であったといって大過あるまい．小学が漢語という言語それ自体に関心を寄せる動機は，儒教経典の正確な理解にある．例えば，字音に関していうならば，『詩経』のようなきわめて重

---

[1] このことは，「漢語」と「非漢語」との境界が常に明確に意識せられてきたか，言語体系それ自身を観察することで「漢語」と「非漢語」との間に厳密に境界線を引き得るか，といった問題とは，また別のものとして考えねばならない．

要な文献を読む際にも，音の問題は避けて通ることができない．

　ここで注意すべきは，「言語は変化する」という発想が，必ずしも自明でないということである．韻文である『詩経』の押韻状況は，後代の文人の言語感覚——あるいは，「今音」（切韻系韻書の字音）——から逸脱することが少なからずある．それに対して何らかの学問的な解釈を与えることが，必然的に要求せられるのである．そこで，「協韻説」——押韻のために，字音を臨時に読み替えていたとする説——が，遅くとも六朝期には確立していた（頼 1956: 57-58）．現代のわれわれから見れば，「『詩経』が反映する古い時代と後の時代との間に，何らかの言語変化（音変化）が発生したために，新しい時代の人間から見れば，もはや『詩経』の押韻が成立しなくなってしまっていたのであろう」と推定することができよう．しかし，古今の音の違いを認めて協韻説を否定する学説が完成するには，明代の陳第などを待たねばならなかった（頼 1956: 69-71）．

　「今音では解釈しきれない古の条理が存在する」という認識が確立したとしても，当然ながら，「古の言語音（字音）は，性格も種類も違う多種多様な根拠を用いることで，正確に復元することができる」という現代言語学のような考え方を，誰もが直ちにするようになるわけでないことは，想像に難くない．音韻学史を概観することは本章の趣旨でないが，協韻説が否定された後の中国音韻学には，「考古」と「審音」という2つの立場——考古が古音の推定から今音を排除し，古の資料から古音を求めようとするのに対して，審音は古の条理を求めるのに今の条理を利用する方法である（頼 1956: 72-73）——があって，等韻学——字音を図表の形に排列して秩序立てる学問——が，特に審音の側で行われていたということは，注意しておく必要があろう（平田 1979: 34-36）．ただ，そうであるからといって，審音を現代の言語学により近い学問として単純に位置づけることは難しい．清代の江永の審音が「今」を手掛かりに「古」に迫るといっても，その「今」とは現代語ではなく，切韻系韻書から導き出される「今音」のことであって，そして歴史的音変化という観念も未だ存在していなかった（頼 1956: 72-74; 平田 1979: 36-40）．

　現代の中国語学のように，過去と現代の変種とを結びつけて，その関係を論ずることができるようになったのは，西洋の学問が本格的に中国に衝撃を与えていた清代末期，章炳麟が『新方言』や『文始』を著して，現代の諸方言の語彙に基づいた語源考証を行って以降のことである（平田 2014: 313-317）．今日では，中古音や上古音を復元するために，韻書や『詩経』などのみならず，韻図，現代語，域外漢字音，簡帛資料，チベット・ビルマ語派の諸言語の語形などのさまざまな手掛かりを，われわれは用いている．今や入門者ですら，『広韻』や『韻鏡』を参照しながら音韻学を学んでいくわけであるが，このような「小学の蓄積を利用して歴史言語学的な考察を行う」という行為は過去において必ずしも当然のものではなかった．この事実は，漢語史研究の方法を考えるうえで，知っておく価値が大いにある．

　このような学問的，歴史的背景を踏まえるに，例えば北京語と上海語と広東語の同源性の是非を論ずるのは，意味のあることとは認識されなかった．上古や中古の豊富な古典の存在や，訓詁学の成熟という学問的基礎も相まって，漢語の音韻研究は，西洋の比較言語学と接触したその当時においてすでに，かつて存在した古形の推定という点に学問的関心

が置かれていた．自分たちの知る言語よりも「完璧で豊富で精巧な」言語——サンスクリット——を，全世界への進出の過程で新たに「発見」したのが西洋であるならば，学問の立脚点に，規範的で権威的で，圧倒的なまでの文学上の蓄積を誇る古の言語——文語としての漢文——が，所与のものとしてすでに存在しているのが中国なのである．そもそも漢民族にとっては，自分たち同士が「相互に言葉が通じるとか通じないとかいった問題は，二の次であった」（橋本 1983: 9）．現代の多様な漢語系諸語を学術的に認識しようとするとき，その漢語系諸語同士を「いかに祖先・子孫関係で結びつけるか（漢語系諸語の関係を系統論的に考察できるか）」に対して強い関心が向けられないのは，必然といえる．

　現代の漢語研究においても，漢語系諸語の分類に関する研究は，系統に関する研究を数量で圧倒している．この事実は，漢語が印欧語に比して比較言語学的研究を行いにくいという，純粋に学問的な事情も関与していると考えられる．中国大陸は歴史上，数知れない断続的な人口移動の存在が知られる．「北方から南方への移動」という大まかな傾向こそ認め得ようが，何らかの単純な図式で漢語系諸語の移動，および，漢語系諸語の話者の移動のすべてを説明することは難しい．

　しかし，娘言語として選択した諸言語の共通祖語の姿や，その共通祖語から娘言語に至るまでの言語史を復元するという，比較言語学の関心事項は，漢語においても同様に重要であると筆者は考える．多くの方言の仮説的な祖語と見なし得る中古音や，より古い段階の体系である上古音のみを参照点として方言の歴史を論ずるのでは，現代方言同士の関係を考察するに十分とは言えない．中古音とはまた異なる参照点を設けることで，より精密な形で漢語史を異なった側面から俯瞰することが可能となる．中古音と異なる参照点を創出する方法の1つとして，比較言語学は力を発揮するのである．

　印欧語も漢語系諸語も，系統を論ずる原理は共通であり，そして同一の原理に則った分析が実際に可能である．例えばアルメニア語は，他の印欧語と大きく異なる外貌を持つ．アルメニア語比較研究では，できる限りその古形を求めてアルメニア祖語を再建し，そのうえで，既存の系統樹の中に組みこもうとする．一方，粤語・桂南平話は，一見して漢語系諸語の1つであることが明白である．粤語・桂南平話の比較研究では，可能の限り新しい共通祖語を再建したうえで，内部の系統樹を推定しようとする．アルメニア語比較研究と粤語・桂南平話比較研究は，好対照をなしている．しかし，比較研究の基本原則は，アルメニア語であろうと粤語・桂南平話であろうと，変わるところがない．

　アルメニア語はアルメニア共和国およびその周辺地域，そして域外のアルメニア系移民によって話される，印欧語の一種である．アルメニア語は古来よりペルシア語を中心にさまざまな言語から借用語を受容しており，固有語の割合は大きくない．アルメニア語がペルシア語の一派でないことを示した Hübschmann (1877) の重要な仕事の1つは，アルメニア語の固有語を大量の借用語から区別することであった．同書の議論は，アルメニア語学の進展ゆえに修正を迫られこそすれ，音変化の規則でもって固有語の分別を行うという手法それ自体は，正当なものである．ペルシア語もアルメニア語と同様に印欧祖語に遡る言語である以上は，固有語とペルシア語由来の借用語を弁別するには，印欧祖語に由来するらしく見える語を単純に集めてみるだけでは，当然不可能なのである．系統的に無関係

でない言語から大量の借用語を受け入れているというアルメニア語の状況は，多くの漢語方言が，同じく漢語の系統に属している別の変種の形式（字音）を数多く受け入れている状況と類似している．

アルメニア語にせよ漢語系諸語にせよ，系統的に近縁の言語から多くの語を借用している中で，固有の語を同定するという作業は，結局のところ，語の歴史の問題——etymology の問題（Godel 1975: 64）——として受け止めることができる．娘言語間の対応関係を解明し，祖語からの音変化の規則を説明することで，語1つ1つの起源を明らかにできるのである．いかなる言語を分析対象とするにせよ，このようにして起源を明らかにされた語1つ1つが，祖語再建や系統推定の根本材料となる．

アルメニア語比較研究が漢語系諸語の比較研究に対して示す教訓は，系統研究は対応関係に立脚したものであるということ，そして，系統研究は形式の類似とは異なる次元に位置しているということである．例えば PIE *sw-, *tw->kʿ-や，*dw-,*-dw->erk-, -rk-といった，祖形からの大幅な改新の例（Meillet 1936: 50-51; Godel 1975: 83-85）があったとしても，そこに規則が見出され，祖語からの規則的音変化の結果として説明できるならば，表面的な異質性はアルメニア語が印欧語族に属するという判断を妨げない．この考え方は，比較研究の科学性を担保する原則であり，印欧語の比較研究にのみ限られたものではない．

漢語系諸語で比較研究を行うにあたっても，表面的な形式の異同ではなく，音対応をもとに議論が行われなければならない．湖南省江華瑤族自治県に分布する粤語「梧州話」を例に挙げる．同県西部の平地に分布する変種は，音節末閉鎖音の脱落や，それに伴う多くの韻母の合流が観察される．粤語・桂南平話において，韻尾（coda）の喪失という音変化は，当該方言の外貌を著しく異質ならしめるものである．しかし，梧州話は近隣地域の粤語方言との間に整然とした対応関係が見出される（濱田 2012a）．系統の観点に立つならば，梧州話は粤語の一方言であると考えねばならない．梧州話が粤語の一種であると証明されたことで，江華瑤族自治県西部の梧州話に見られる著しい改新は，一種の地域的特徴として後天的に獲得されたものであることが明らかとなった（濱田 2012a; 濱田 2012b）．他言語・他方言との表面的な類似または相違は，系統を解明する力を持たないのである．

類似度の大小は，系統の遠近とは異なる次元に属する尺度である．第2章で言及したような，方言間の言語体系の類似性をもとに方言をクラスタリングする研究は，ともすると本書が用いる分岐学的分析と似た操作を行っているようにも見える．しかし，こうした表形的（phenetic）な方法は，系統のようなものを近似することが，場合によってはあり得るかも知れないが，究極的には系統推定とは相容れない操作を行っている．木（tree）は高い表現能力を有している．木は，時間的事物である系統を表現することもできれば，時間とは無関係な表形的分類を表現することもできる．すなわち，系統は木で表現できるが，しかし木で表現できるものがすべて系統であるとは限らないのである．本書は，方言間の類似度（定義された方言間の距離）を用いるのではなく，第3節に述べる「最節約性（maximum parsimony）」に基づいた系統推定を行う．

本章は，本書が共通祖語を再建する方法，ならびに，各地の変種について系統樹の樹形

を推定する方法について論ずる．第2節では，そもそも漢語系諸語において共通祖語を再建するという行為が，どのような意味を持っているのかについて論ずる．

第3節では，系統という概念について厳密に述べたうえで，本書の行おうとする系統推定がどのような営為であるのか説明し，分岐学と比較言語学とが根本的原理を違えていないことについて考察する．音対応に基づく議論というアルメニア語比較研究の基礎がHübschmannによって示されたならば，系統研究の理論面を深化させたのはMeilletである．Meillet (1908: 10) は系統の議論において，共有されている改新の重要性を明示している．共有される改新を系統推定に用いる方法は，実は，本書が行う系統推定の基本原理である分岐学（cladistics. 3.3.1で詳述）の原則の1つでもある．

第4節では，分岐学的分析によって系統を推定する方法，すなわち，系統樹の樹形を求める方法について論ずる．本書の中でもとりわけ理学的な内容の多い節であるものの，その主張は，分岐学的分析が，人間がふだん当たり前に行っている推定行為をより厳密かつ抽象的にしたものにほかならない，というこの一点に集約される．

第5節では，実際に分岐学的分析を粤語・桂南平話について導入するうえで，先んじて解決せねばならない諸問題について考察する．

3.2 共通祖語の再建と漢語系諸語

そもそも印欧語族の比較研究は，まず文献資料に残された言語データを根拠とするところから始まったのであって，例えばオーストロネシア語族なりアルゴンキン語族なりですでに実践されてきている，実際に観察可能な現代の言語を出発点とする方法は，相対的にみれば新しい．比較言語学の誕生した印欧語族でさえも，口語として観察されるデータのみから共通祖語を再建しようとすれば，多大なる困難に直面することは想像に難くない．現代のロマンス諸語を比較しても，古典ラテン語の言語体系から隔たった共通祖語を得ることしかできないであろう．

比較研究が，文献に残るデータを参照するということそれ自体は，決して異常なことではない．しかし，印欧語研究でヴェーダ文献や粘土板の上に刻まれたヒッタイト語を参照する行為と，漢語研究で『広韻』や『韻鏡』を参照する行為とは，互いに性質が異なる．『広韻』や『韻鏡』は，音韻体系を整理する強い意図をもって編纂されたものである．言語学の立場から見れば，これらは通時的研究を行うにあたって全幅の信頼を置くことを躊躇させる資料であるといえる．それでは，なぜ中国語学の立場では，中古音を参照することが正当化されるのであろうか．

この問題を考えるには，まず現代のものではない，過去のデータを参照するという行為そのものの意味に立ち返らなければならない．過去のデータが現代のデータと根本的に異なる点の1つは，観察可能性の高低である．現代のデータは，例えば現地に入って言語調査を行うなどしてデータそのものについて反証を行うことが，原理的には可能である．一方，過去のデータは一般に，時間的距離ゆえに，データの作成者が直接見聞きしたデータそのものに，現代の人間が触れることはきわめて難しい．もっとも，第三者がデータその

ものに触れることがきわめて難しいという点では，例えば危機言語や，近代的な記述研究が行われた後に死語となった言語でも，同様のことがいえる．

　もう1つ，過去のデータが持つ現代のデータとの違いは，データを記述する方法である．記述言語学に関していうならば，現代人が自らの研究のためにインプットしたりアウトプットしたりするデータは一般に，使用法が確立した記号体系——多くの場合，IPA（国際音声記号．International Phonetic Alphabet）——で表現されている．このような記号体系によらないデータは，表記者が意図した具体的音価を，閲覧者が正確に復元することができない可能性がある．

　ただ，たとえIPAであっても，記号の使い方は万人の間でまったく差異がないわけではない．音声学的訓練を十分に受け，なおかつ野外調査の豊富な経験を持った言語学者を3人集めて，ある言語音をIPAで記させたとしても，その結果は三者三様となる可能性が十分にある．また，そもそも音響音声学的に寸分違わぬ同一の言語音を複数回調音すること自体がきわめて困難である以上，ある1つの記号に対応する言語音を完全に一意に定義することもまたきわめて困難である．インプット／アウトプットの一意性の保証が原理的にきわめて困難である以上，IPAなどの記号体系で記された言語データもまた，解釈結果の無謬性が保証されているとはいえない．自ら調査した言語データのみを用いて共通祖語を再建することの方法論的な妥当性は，まさにこの点に存する．すなわち，言語データをアウトプットする記録者（言語の調査者）と，娘言語の情報をインプットする閲覧者（祖語の再建者）が同一であることで，記号の意図と解釈との間に生じ得る隔たりを，排除することができるのである．もっとも，この利点は「記号の正確な使用が実現する」ことで生じているというよりも，むしろ「閲覧者・再建者が記録者・調査者の脳内に残る記憶に直接アクセスすることができる」ことによって実現していると言わねばならない．このとき，IPAの一意性は論文の内部においてこそたしかに実現しているが，しかし，調査データや再建結果を見る第三者に対する伝達の無謬性は，やはり実現していない．

　以上からわかるのは，「比較研究に供せられるデータは，たとえ過去の言語データであっても，現代の言語データであっても，それを参照する人物が行う解釈の信頼性という点で，必ずしも圧倒的な断絶があるわけではない」ということである．中古音は，言語体系の復元根拠たる音韻資料が過去の資料であるという理由のみによって，現代の言語データに比して信頼性が著しく低いと考えることはできないのである．

　その一方で，比較研究における過去の言語データは，現代の言語データに比して，共通祖語の年代に近いという有利な点がある．過去の言語データが持つ，目標物に対する時間的距離の近さは，共通祖語再建の精度を高めることがあり得る．しかし，注意せねばならないのは，再建される共通祖語とはそもそも，ある一時代のある体系を投影した存在にすぎず，それはあくまでも，実在の体系とは区別されるものである．従って，当然ながら，過去の言語データは共通祖語の代替物と考えることはできない．中古音が現代の諸変種の過去の一状態そのもの，もしくは，過去の一状態の投影物と考えることは，比較言語学の論理を使って，比較言語学にとって受け入れられない命題を肯定しようとする行為であるといえる．

中古音は，文献資料が示す情報から「帰納」される体系である．一方，共通祖語とは，比較言語学の論理，すなわち，「アブダクション」(3.3.1 参照）による仮説発見の論理によって導き出される体系である．両者は，別の論理によって得られたものである．中古音を現代の多くの諸変種の仮説的な祖先段階と仮想する論理は，『広韻』を読むための論理とも，共通祖語を再建するための論理とも，直接的には関係がないはずなのである．中国語学が中古音を参照点として用いているのは，論理的帰結によって中古音が現代語の多くの諸変種の過去における一状態であることが確認されたためではなく，音韻史を研究するためのプロトコルとして現実に機能するという経験が蓄積され続けているためである．そして，その経験の連鎖の始まりが，Karlgren (1915-1926) である．

　それでは，中古音と現代語とが互いにどのような関係で結ばれているのかを厳密に論証することなくして，中古音が参照点として機能しているのはなぜなのであろうか．直感的にいうならば，それは中古音が現代の多くの諸変種に対して十分に古いためである．すなわち，一般に，中古音が持たない対立は，現代の多くの諸変種においても確認されず，現代の多くの諸変種に見られる対立は，中古音においても確認されるためである．ただ，中国語学の立場から見れば有利な，中古音のこの特徴を利用する方法は，言語学的な立場からは大きな問題を含むように見える．

　ここで，議論の前提として 2 つの仮定を置きたい．1 つは，言語体系は一般に，変化を蓄積する——過去に発生した変化は後の時代にも受け継がれる——ということ，そしてもう 1 つは，言語は単線的に変化する存在ではない——古生物学で，ヒトの祖先は現在のチンパンジーでは決してなく，「ヒトとチンパンジーが共通に遡る動物」であると考えるのと同様に，現在直接観察できる言語同士は，一方をもう一方の祖先／子孫と同一視することはできない——ということである．この 2 つの仮定から導き出されるのは，中古音と現代のさまざまな変種との関係を精密に推定する手段を，われわれが容易に手にすることはできないということである．

　例えばゴート語は，既知のゲルマン語の中でも保守的な特徴を色濃く残しているとはいえども，それと同時に，ゲルマン祖語の段階以降にさまざまな変化を経験しており，ゴート語は他のゲルマン語と共有する歴史や，ゴート語に固有の歴史を経験している．Schleicher (1860) 以降広く受け入れられる分類では，ゴート語は現存するすべてのゲルマン語——西ゲルマン語または北ゲルマン語——とは別の道を歩んだ言語と解釈され，その結果として「東ゲルマン語」という独自の地位を与えられている．その一方で中古音は，「中古音と現代の変種 X とが共有する歴史」や「中古音に固有の歴史」といったものを，見出すことが難しい．中古音は，漢語系諸語全体の中で，どのように位置づけられるべき体系なのか，推定する根拠に乏しいのである．中古音は，もとよりゲルマン語にとってのゲルマン祖語でないばかりでなく，ゴート語ですらもない．

　以上の議論をまとめるならば，中古音が現代の諸変種の多くが遡り得る古体系であるとする仮説に対して，言語学が積極的な肯定をしにくい理由は，まずそもそも文献資料に基づく体系である中古音を祖体系と考える行為それ自体が，比較言語学の論理に違背するも

のであるということ，第二に，中古音と現代の諸変種との関係性を論ずるための根拠が乏しいことが挙げられる．さらに補うならば，中古音の実在性すらも，その人工性ゆえに疑い得るのであって，中国語学のように，「中古音に人工性があるか否か」もしくは「中古音に人工性がどれほどあるか」という問題を差し置いてもなお，中古音を通時的研究の参照点とせねばならない動機が，言語学にはないのである．言語学と中国語学との間にある方法論上の間隙は，2つの学問それぞれがよって立つ，基礎の部分に根差している．

さて，ゴート語の例を挙げた段で，ゴート語の「他のゲルマン語と共有する歴史」「固有の歴史」という表現を用いた．もしも，各変種が歩んだ道程だけを考えるのであれば，このような「共有」であるとか「固有」といった概念は必要ない．しかし，変種同士の関係[2]を論じようとするならば，ある変種とまた別のある変種とが何を共有し，何を共有しないのか，という情報が不可欠である．実は，この共有する／共有しないという情報から導き出されるものこそが，「系統」なのである．

中国語学も，系統という概念を用いていないわけではない．閩語を中古音の体系からの変化で説明できない変種ととらえる判断は，より厳密に言い換えるならば，中古音が経験した歴史の中には，閩語は経験していないものも存在するという根拠に基づいて，「中古音は閩語にとっての仮説的な祖先段階と考え得る」という命題を否定する行為であるといえる．

続く第3節で，粤語・桂南平話の系統を論ずる前段階として，系統という概念そのものについて議論を行う．そして，第3節の最後で，「系統」という観点から漢語系諸語を捉えたとき，中古音がどのような存在と見ることができるかについて，簡単にまとめたい．

3.3 系統について

本書は，粤語・桂南平話の共通祖語「粤祖語」を再建することとともに，粤祖語の娘言語同士の系統関係を推定することをも，最も重要な目標としている．その理由は，系統樹を得ることが言語史の一端の解明につながるばかりでなく，系統樹からは，さまざまな言語史上の情報を引き出すことができるためである（詳細は第6章に譲る）．

実際に粤語・桂南平話の系統関係について考察する前に，本章では，系統論の理論的基礎について述べる．まず，本書の系統推定が基づく理論である分岐学（cladistics）の概要を論じ，そのうえで，系統が分類とまったく異なる概念であることについて論ずる．

本章で説明するように，分岐学（cladistics）という方法を本書は使用している．分岐学は，主に生物史の分野で用いられるものである．第2章でも述べたように，分岐学を用いた言語・方言の系統推定を行った研究は，すでに複数存在している．しかし，「生物と同

---

2) 本書では，「関係」という言葉は2通りに用いられる．1つは，数学的概念としての「関係」（附論2を参照）である．もう1つは，より日常的な概念としての「関係」であり，これは，関係を結ぶ当事者以外の第三者の存在があって，初めて存在し得るものである．例えば，「AとBは同じ集団Xに属する個体である」という関係は，集団Xという概念，あるいは，集団Xに属しない具体的事物などといったものが存在することで成立している．

じような方法で，言語の系統を考えてよいのか」という方法論上の問題は，分岐学を用いた言語研究それ自身のみによって解決することは難しい．同源語はベイズ法などでしばしば系統推定の根拠とされるが，しかし，同源語を塩基やアミノ酸の等価物と見なすことが本当に許されるのか，再考の余地があると考えられる（Pereltsvaig et al. 2015: 60）．語彙は塩基配列のように線状的には秩序立てられないし，また，語彙の構成要素である語それ自体の置換がなかったとしても，語の意味や用法の変化もまた，語彙の変化の1つの形である．「方法Pが現象Aを説明するための最適な方法である」，「現象Aと現象Bとの間に，アナロジーが成立する」という2つの命題からは，「方法Pが現象Bを説明するための最適な方法である」という結論を導くことができない．当然，方法Pを現象Bに用いた結果得られる仮説Hが，現象Bにとって最良の仮説である保証はどこにもない．過度のアナロジーはかえって望ましからざる結果を生むことがある．言語学と生物学とは，互いに異なる点があって当然である．例えば，生物学のいう「隠蔽種」は，言語学にその同等の概念を見出すことが，果たしてできるであろうか．すなわち，「ある言語が，実は外見上ほとんど見分けがつかない2つの変種から構成されていた」などという言説が成り立つことはあり得るのだろうか．言語学が生物学の方法を援用し得る根拠は，両者の類似性というよりはむしろ，方法の普遍性にこそ求められる．本書は随所で生物学に関する話題を提起しているが，これは生物学と歴史言語学とのアナロジーを示そうとしているのではなく，むしろ，方法の普遍性を強調することをその狙いとしている．

　さて，手近な植物図鑑（岩槻邦男編『日本の野生植物　シダ』新装版，平凡社，1999年，33頁）を参照すると，「生物を分類するのは，生物が地球上に発生して以来三十数億年の間背負い続けてきた生命が，どのように進化してきたかを追跡するためであり，生命の歴史的側面を解明することを目的とする．だから，唯一正しい自然分類系があるはずなのだが，現在の生物学はまだそれを明らかにし得ない」（傍点は引用者）とある．このような主張の背景には当然，「リンネ以来現在に至るまで行われている入れ子構造的な分類体系によって，生物史を表現することが可能であり，そして，そのような入れ子構造的な分類体系が参照するところの，最も適当な系統樹を生物に想定することが可能である」という信念が存在している．

　シダは，自然界においても雑種がしばしば生まれる植物である．事実，同書でもこの直後に，自然雑種や，収斂的な進化——網状進化——によって種同士に網目状の類縁関係が生じることについて言及している．それでもなお，生物史の記述を可能ならしめる系統樹を，分類の前提として認めることができるのはなぜであろうか．それは，たとえ種分化が截然と起きている場合であっても，収斂的に起きている場合であっても，分化の進展する先には，明確な種同士の隔絶が期待されているからではないであろうか．すなわち，仮に生物種のグラデーション的な分化が発生し得るとしても，それは生物史の長いスパンで見れば，微視的に観察され得る副次的現象として扱うことが許される，という信念——巨視的に見れば，系統樹は生物史を十分に語ることができる，という信念——があるのではないか．

例えば，ヒカゲノカズラ（Lycopodium clavatum）とスギナ（Equisetum arvense）ほどに大きく隔たった植物の間に，交雑が発生することを予想する研究者が，世界広しといえども，さすがにいないであろう．しかし，翻って言語では交雑や収斂はしばしば発生するものであって，互いに遠い系統に属した言語・方言同士であっても，相互に影響を与えたり，混成的な言語を生ぜしめたりすることは，可能である．言語と生物は，系統推定のための前提条件に大きな違いがあることは，否定することができない．それでも，言語であれ生物であれ，系統の推定という行為が可能なのは，その推定の論理それ自体が個別性に依拠しないものだからである．

3.3.1 分岐学とは

　系統は，歴史の共有関係を表現する形式である．系統とは，第一義的に時間的事物である．系統の存在を直接的に，そして物質的に反映したものは存在しない．従って系統とは観察の対象ではなく，推定（inferring）の対象である．時間の中に見出される事物である系統を推定する行為とは，すなわち，歴史を扱う科学の営みの一種として見なすことができる．歴史科学は正誤ではなく蓋然性の高低を論ずる．再現性を求めることが不可能な歴史科学においては，アブダクション（abduction. 規則と結果とから，仮定としての事例・事実を導く論理. 仮説発見の論理）という，帰納（induction. 事例・事実と結果とから規則を導く）や演繹（deduction. 規則と事例・事実とから結果を導く）と異なる推論が行われているのであり，系統推定という営為もまた，アブダクションの論理に則って行われる（三中 1997: 42）．

　推定される系統には，より妥当なものと，より妥当でないものとがある．系統仮説は，さまざまに推定し得る．系統仮説を選択する際に則る原則は，最節約性（maximum parsimony）または最節約原理（principle of parsimony）と呼ばれる．直観的にいえば，最節約性に則った仮説推定は，複数の系統仮説のうち，より少ない回数の変化を想定するものを，より妥当な推定結果として判断する，という方針をとっている．

　最節約的な判断は必ずしも非日常的な思考ではなく，より少なく仮定を置くというオッカムの剃刀（Occam's razor）の考え方に基づく行為の1つである．言語学は，偶然に別個に獲得したとは考えにくいような特徴を，複数の言語が共有しているとき，それらの言語が何らかの共通の起源を有するのではないか，という推論を行うことができる．サンスクリットとギリシア語，ラテン語に仮説的な共通祖先を推定するウィリアム・ジョーンズ卿の仮説は，最節約性に基づく推論の結果にほかならない．

　系統推定を行うにあたり，複数の仮説から1つを選択するための原則が最節約性である．そして，個々の仮説を構築するための原則は，共有される改新のみを系統推定の根拠として利用することである．

　英語とドイツ語とフランス語を例に挙げて説明すると，「足」という語について，英語とドイツ語とフランス語の共通祖語である印欧祖語の再建形 *ped-（以下，印欧祖語の再建

形は Fortson 2010 による）が，すでに得られていると仮定する．英語 'foot' とドイツ語 'Fuß' では *p が f に変化しているが，フランス語 'pied' では *p- は p- のまま保存されている．すなわち，英語とドイツ語は *p->f- という改新を共有している．このとき，*p->f- という改新は，英語とドイツ語とが，フランス語に対して系統的に互いに近縁であることの根拠となり得る．このような，複数の娘言語が共有する，共通祖先に見られない改新的特徴を，共有派生形質（synapomorphy）と呼ぶ．

他の例を挙げるならば，客家語における全濁（有声阻害音）声母が一律に無声有気音化する現象もまた，客家語全体に見られる改新的形質として，客家語が単一の祖語に遡ることを支持する根拠になる可能性がある（O'Connor 1976 の再建する客家祖語（Proto-Hakka）の段階において，全濁声母の無声有気音化はすでに発生している）．ただし，ある特徴が改新的または保守的であるのか，という問題については，少なくとも言語を分析対象とする場合において，分析方法それ自身がアプリオリに決定することが困難である．OTU（系統樹の端点．後述）が言語ならば，言語学的判断によって，OTU の共通祖先がいかなる状態にあったのかが解明されたうえではじめて，各 OTU の各特徴が改新的であるか保守的であるかが決定される．

さらに別の例を挙げる．「馬」 *ekuos に遡る，古典ラテン語 'equus' と古典アルメニア語 'ēš'，古典ギリシア語 'hippos'（ἵππος），サンスクリット 'aśva-' を比較することを考える．印欧祖語の再建形の母音 *e は，古典ラテン語と古典アルメニア語では e で実現しているが，サンスクリットでは a で実現し，古典ギリシア語では i で実現している．このとき，古典ラテン語と古典アルメニア語は，*e の保存という特徴を共有している．

しかし，この特徴は古典ラテン語と古典アルメニア語の系統的近縁性を証明しない．保守的特徴の共有は，歴史の共有関係について情報を与えないのである．複数の娘言語が共有する，共通祖先から受け継いだ保守的特徴を，共有原始形質（symplesiomorphy）と呼ぶ．漢語系諸語の例を挙げるならば，呉語や所謂「老湘語」の全濁声母が有声音で実現するという現象は，呉語や老湘語の系統上の単一性を証明するものではない．生物学でも同様に，配偶体を主とする世代交代が生活環に見られるという特徴を共有していても，それが植物全体の中で保守的特徴と位置づけられるならば，コケ植物という分類群が系統を反映した分類群であることの証拠とならないのである．

また，分析対象の娘言語のうち，1つのみに見られる改新的特徴もまた，系統推定について情報を与えない．「馬」の例を再び挙げるならば，古典ラテン語と古典アルメニア語，サンスクリットのうち，サンスクリットだけが *e>a という改新を経ている．この改新は，サンスクリットが他の3言語から早期に分岐したことの証拠にはまったくならない．このような，ただ1つの娘言語にしか見られない改新的特徴を，固有派生形質（autapomorphy）と呼ぶ[3]．

---

3) もちろん，分析対象の娘言語にアヴェスタ語なりヒンディー語なりを加えれば，*e>a という改新はもはや固有派生形質ではなくなり，共有派生形質と見なされる．*e>a は，アヴェスタ語やヒンディー語とサンスクリットが，他言語に対して排他的に互いに近縁な関係にあることの証拠となり得る．

このように，系統推定は，最節約性と共有派生形質の利用という2つの原則に基づいて行われている．この2つの原則に基づいて系統推定を行う方法を，分岐学（cladistics）といい，また，その系統推定の方法それ自体を，最節約法（maximum parsimony method. MP法）と呼ぶ．そして，系統樹とは，複数ある分析対象同士について想定し得る歴史の共有関係を図像的に表現したものであり，最良の系統樹とは，歴史の共有関係として考え得るさまざまな仮説のうち，最も妥当な――信頼性の高い――ものを表現した系統樹であるといえる．

先にも述べた通り，系統とは「在る」ものではなく「見出す」ものである．生物の系統の場合はたまたま，歴史の共有関係は交配の歴史――あるいはより直接的に，形質の交代の歴史や塩基配列の置換の歴史――という，時間軸上のより物質的な事件の復元にも近似することができる．一方，言語の系統は，やはり歴史の共有関係を表現するものではあるが，しかし，何らかの物理的現象の近似物と読み替えることは，そう容易ではない．より直感的な述べ方をするならば，「系統樹が持っている歴史の説明力は，生物に対するものよりも言語に対するものの方が弱い」といえよう．例えば，言語の系統樹の分岐は「言語の移動」――そもそも，「言語の移動」という表現自体が曖昧性を多分に含む――や「話者の移動」の過程を反映している保証はどこにもないのである．「漢語系諸語の話者は，印欧語の話者のような拡散・分岐の仕方をしていないという物質的な歴史上の事実があるから，系統論は成立しない」という論理の組み立て方は，通用しない．

生物の単純な系統推定の例を挙げて説明を続ける．ヒトとイヌとニワトリの三者についてその系統関係を推定するとき，ヒトとイヌは「胎盤の獲得」という改新的特徴を共有していることがわかる（ただし，「胎生」「卵生」という特徴が，改新的特徴なのか，それとも保守的特徴なのか，あらかじめ判明していることが，分析の前提である）．系統推定の際に参照される特徴のことを形質（character）と呼び，どちらが改新的形質（apomorphy. 派生形質）または保守的形質（plesiomorphy. 原始形質）かを判断すること（character argumentation）を極性（polarity）の決定と呼ぶ．

図3-1に示す仮説AとBのうち，変化を1回想定する仮説Aが，変化を2回想定する仮説Bより，妥当な推定として選択される．胎盤を通じて受精卵を胎内で育てるという，偶然に独立に発生するとは考えにくい変化を，より少ない回数発生したと想定する仮説が，より妥当な仮説なのである．ニワトリに対して排他的にイヌとヒトの共通の祖先を認めるならば，胎盤の獲得はイヌとヒトの共通祖先の段階でたった1回だけ発生したと想定すれば済むので，イヌとヒトがニワトリに対して排他的に共通の祖先に遡ると推定できる．このとき，イヌとヒトは排他的にある共通の祖先を有しており，イヌとヒトはニワトリに対して系統的にまとまっているといえる．

実際の系統推定では，使用される共有派生形質は普通，1つではなく複数である．複数の共有派生形質を用いて系統推定をするとき，一般に，ある共有派生形質については最節約的である樹形が，他のある共有派生形質についても最節約的であるとは限らない．再びヒト，イヌ，ニワトリの例を挙げよう．もし「二足歩行をするか否か」という新たな特徴

図3-1　ヒト，イヌ，ニワトリの系統仮説 A, B

について同様に系統推定を行うならば[4]，仮説 A は 2 回，仮説 B は 1 回，それぞれ改新を想定することになる．「胎盤の獲得の有無」と「二足歩行をするか否か」の 2 つを用いて系統推定を行うならば，仮説 A は 1+2=3 回，仮説 B は 2+1=3 回，それぞれ改新を想定することになる．すなわち，仮説 A と B が同等に妥当な仮説ということになってしまう．ところが，「横隔膜の獲得の有無」や「乳腺の獲得の有無」，「体毛の獲得の有無」——羽毛と体毛は異なる身体組織である——などを追加するならば，これらの新たな共有派生形質について最節約的な樹形は，ヒトとイヌが単系統群をなす仮説 A によって示されている．仮説 B は「二足歩行をするか否か」というたった 1 つの共有派生形質についてのみ最節約的であるが，仮説 A はその他の多くの共有派生形質について最節約的である．変化の回数が最小のものを選択するという基本原則に則るならば，当然仮説 A がより妥当と判断される．

現実の系統推定では，OTU も形質も大きな数になるため，人力による計算ではなく，計算機と計算アルゴリズム（3.4.3 で詳述）を用いる．機械とアルゴリズムの計算力を用いるには，「どの形質がどの OTU に共有されているか」という情報が，数値化されている必要がある．そこで，こうした情報は一般に，行列（matrix）の形で一括して表現される．すなわち，縦横の一方に OTU をとり，もう一方に形質をとった行列を分析対象とするのである．形質を獲得しているか否かは，数値によって示される．この値を形質状態（character state）と呼ぶ．形質状態は一般的に，当該の共有派生形質を有していなければ 0 と定義され，有していれば 1 と定義される．多段階的に形質状態を定義する必要があるならば 2, 3, ……という形質状態が定義されることもある．このようにして作られる行列を，形質行列（character matrix）と呼ぶ．例えば，OTU として $A, B, C, \ldots$ が存在し，形質として $p, q, r, \ldots$ を選択し，形質 $p, q, r, \ldots$ の形質状態が A において $Ap, Aq, Ar, \ldots$ であるとき，形質行列は以下のようになる．

$$\begin{pmatrix} Ap & Aq & Ar & \cdots \\ Bp & Bq & Br & \cdots \\ Cp & Cq & Cr & \cdots \\ \vdots & \vdots & \vdots & \ddots \end{pmatrix}$$

系統樹は，言語同士が歴史を共有していることを，分岐点の共有によって表現する．先の英語とドイツ語とフランス語の例を再び挙げるならば，英語とドイツ語の歴史共有関係は，系統樹上で，英語を表す端点（terminal node）とドイツ語を表す端点を，1 つの共通

---

[4] ヒトの二足歩行とニワトリの二足歩行は仕組みが互いに大きく異なる．本来ならば「二足歩行をするか否か」という特徴を系統推定に利用することは，生物学的知見に基づいて，直ちに却下されることであろう．

の節点(node)で結ぶことで表現されている．分岐学では一般に，端点はOTU (operational taxonomic unit)と呼ばれ，分岐点はHTU (hypothetical taxonomic unit)と呼ばれる．すなわち，OTUとは，系統推定を行う際に分析の対象となる，具体的な個々の存在のことであり，HTUとは，OTU同士を結んでいる仮想的・仮説的な中間段階のことである．

分岐学では，あるHTUおよびそのHTUから伸びる部分木（partial tree．ある1本の木の中に含まれている，ある1つの節点，およびその節点から末端側にあるすべての節点と枝からなる木のこと．厳密な定義は附論2を参照）に含まれる，すべてのHTU・OTUを元とする集合を，単系統群（monophylyまたはmonophyletic group）という．すなわち，単系統群は，1つの節点と，その節点のすべての子孫を含む集合のことである．系統樹は1つ以上の単系統群から構成されているのであって，系統樹の樹形は，単系統群同士がどのようにつながりあっているかによって決定される．つまり，分岐学的分析による系統樹の樹形の推定とは，単系統群を発見する行為である．図3-2において，太線で囲まれたHTU・OTUは，1つの単系統群を構成している．なお，ある単系統群にとって系統上最も近縁な単系統群を，その単系統群の姉妹群（sister group）という．

単系統群は図3-2で四角に囲まれている3つだけではない．言語A・B・C・D・EはQおよびQより先端側に伸びる節と枝を含む，より大きな単系統群に含まれている．同様に，言語A・B・C・D・E・FはP以下の単系統群に含まれている．このように，単系統群は，入れ子の構造をとることができる．

図3-3の太線で囲んだグループは，「1つの分岐点と，その分岐点を含むすべての子孫を含む」という単系統群の定義に外れている．言語D・Eは，Sを最新の共通祖先に持つが，Sの子孫であるTに連なる単系統群がグループから除外されているためである．同様に，言語C・D・E・Fは，Pを最新の共通祖先に持つが，Pの子孫であるRに連なる単系統群がグループから除外されているため，単系統群としてまとめられない．このように，ある単系統群からより小さい1つの単系統群を除外したグループを，側系統群（paraphylyまたはparaphyletic group）と呼ぶ．単系統群は，ある節点を指定すれば，その成員が自然と過不足なく定義される集合であったが，しかし側系統群は，単系統群の中から，さらにまた別の節点を選択してはじめて成り立つ集団であるという意味で，人為的に定義

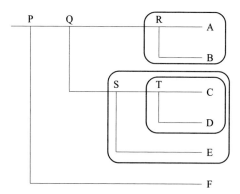

図3-2　単系統群の例

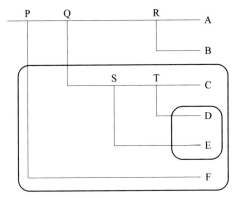

図3-3 側系統群の例

される集合と捉えることができる.

　人為的グループの例をもう1つ挙げる.例えば言語B・CはQを最新の共通祖先に持つが,Qと,Qの子孫であるR,A,S,T,D,Eが太線の中にない（図3-4）.このように,2つ以上の単系統群——OTU単独であっても,1つの節点である以上,1つの単系統群と見なすことができる——をあわせて1つのグループと定義したとき,もしそれらの単系統群が共有する最新の共通祖先の子孫がすべて含まれていないならば,そのグループは多系統群（polyphyly または polyphyletic group）と呼ばれる.これもやはり,節点を1つ指定するだけでは定義できないという意味で,人為的な集合といえる.

　側系統群は単系統群から減算的に定義され,多系統群は加算的に定義される.側系統群も多系統群も,1つの節点を指定するだけでは定義できないという点で共通している.ただ,側系統群も多系統群も共に人為的グループであるものの,両者は常に厳密に区別できるとは限らない.側系統群と多系統群とをどう区別するにせよ,分岐学的に意味があるのは,「その集合が単系統群か,それとも非単系統群か」という違いのみであり,側系統群も多系統群も,系統を反映しないという点で,本質上変わるところがない.

　以上,分岐学の基本的諸概念についてまとめた.次に,分岐学が言語学と基本原理を共有していることについて論じたい.

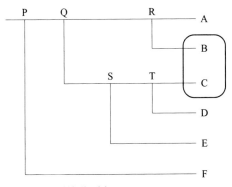

図3-4 多系統群の例

印欧語の関係を枝分かれ（branching）の形で表現する方法は，古くは Schleicher（1861）等に見られる．Schleicher（1861）は，各言語を木の中に定位する tree（Stammbaum）model を示している．しかし，どのように樹形を決定するかという方法の厳密化は，Meillet を待たねばならない．Meillet（1908: 10）は，言語をグルーピングする根拠として言語間が共有する改新を用いることを言明すると同時に，変化の回数をより少なく推定することの重要性や，並行的に発生しやすい変化を議論から排除する必要性にも言及する．

　起源の単一性を証明する根拠として共有される改新を用い，変化をでき得る限り少ない回数で説明しようとするという系統推定の原則が，Meillet によって分岐学の創始よりも古くに言明されていたことは強調に値する．分岐学の出発点とされる Hennig（1950）に Meillet（1908）は半世紀ほど先立っているのである．言語の系統推定は，表面的特徴の単純な利用による表形的な（phenetic）グルーピング作業からいち早く脱却し，系統樹は言語間の時間軸上の関係を表現する手段としていち早く洗練されていたのである．

　例えば，ゲルマン語とアルメニア語との間には互いによく似た子音推移が見られ，ゲルマン語の第一次子音推移と並行する形で，アルメニア語でも印欧語の無声破裂音が無声有気破裂音や無声破擦音に，有声無気破裂音が無声無気破裂音に，有声有気破裂音が有声無気破裂音に，それぞれ変化する現象が見られる[5]．しかし，これをもって直ちにゲルマン語とアルメニア語との近縁性を主張することはできない．それは，両者の近縁さの根拠となるべき改新がこのほかに挙げ難く（ただし Godel 1975 はアルメニア語がバルト語，スラヴ語，ゲルマン語と，印欧祖語 *a：*o の対立を失うという改新を共有する，と述べる），その一方で，palatal の歯擦音化や labiovelar と velar の合流といった改新がサタム語群の諸言語と共有されるなど，ゲルマン語以外の言語との間に改新の共有が多く見られるためである．また，アルメニア語の語末音節の消失や PIE *dw-, *-dw->erk-, -rk-といったアルメニア語に独特の改新は，アルメニア語の印欧祖語からの変化の激しさを物語ることはあっても，アルメニア語と他言語との近縁性を何ら物語ることはない．以上より，「ゲルマン語とアルメニア語との間に近縁な関係がある」とする仮説は，高い蓋然性を認め難いという結論が得られる．以上の推論は，比較言語学本来の分析方法の範疇から，いささかもはみ出るものではない．

　比較言語学の原理は言語の別を超え，生物学等の他の学問とさえも共有されるものである．ただ，漢語系諸語の場合は比較言語学の実践を妨げる要因が，印欧語の場合よりも多いために，粵祖語の再建を行うためには，議論を抽象化・厳密化ならしめる方法が必要となっているにすぎない．漢語もまた古くより膨大な文献資料を有する言語の１つであり，音韻体系について考察を可能とする資料もまた少なくないが，しかし，華南に分布する漢語系諸語についていうならば，当地の言語史を追跡するにあたって利用可能な資料は限定的である．分岐学は，粵語・桂南平話の抱える不利の点を克服するための方法でもある．

　最後に附言するならば，分岐学による比較言語学の方法の抽象化は，粵語・桂南平話の

5）　本書では glottalic theory については触れない．

研究という個別の事例に対応するためだけのものではない．分岐学は系統を推定して系統樹を得ることを目的とする．しかし分岐学的分析は，tree model ばかりでなく，Schmidt (1872) が提示する wave model とも，理念は通じていると考えることもできる．wave model は変化1つ1つについてその発生・未発生の境界を示し，それを1枚の図の上に重複させるという方法で，言語間の関係を図像化するものであるが，分岐学は正に，互いに一致するとは限らない複数の派生形質の共有状況から，いくつも考えられる系統樹のうちどれが最も妥当であるのかを選択する行為である．分岐学が導き出す木は，確かに1本の木にすぎないのかも知れないが，しかしそれは膨大な数の仮説を比較したうえで描かれたものであって，一般的な tree model 的な思考ではほとんど考慮されないような仮説すらも俎上に乗せたうえで，弾き出された仮説である．そして，第5章第3節で示すように，複数の系統樹は離散数学的・グラフ理論的操作によって，網状図として統合することも可能である．この意味において，分岐学は tree model と wave model の両者の考え方を，離散数学の力で統合する可能性を有しているといえる．分岐学的分析の導入とは，比較言語学が自身の原則を徹底することで行き着き得る，1つの可能性である．

3.3.2 分類と系統の概念的相違

分岐学は，OTU 間の歴史共有関係を，先述の2つの原則——最節約性と，共有派生形質の排他的な参照——に基づいて推定する．そして，OTU 間の歴史共有関係は，単系統群という形で表現される．1つの系統樹の中で，単系統群同士は必ず，互いに完全に一致する ($A=B$) か，一方が一方を完全に内包する ($A \subset B$ または $B \subset A$) か，もしくは互いに素 ($A \cap B = \emptyset$) である．

このように，単系統群同士の関係は，論理式で表現でき，1つの系統樹によって表現されている OTU 同士の関係は，オイラー図の形に置き換えることもできる（図3-5）．このようなオイラー図は，入れ子になった分類 (classification) の構造を表現することができる．なお，同図は，(F ((A, B) (E (C, D)))) とも表現できる．

では次に，HTU も含めたうえで，単系統群同士の関係をオイラー図で表現することを考えよう（図3-6）．すると，試行錯誤を繰り返しても，オイラー図はすべての HTU を適切に定位することができないことに気づく．例えば Q は，もし R・A・B と同じ円に含め

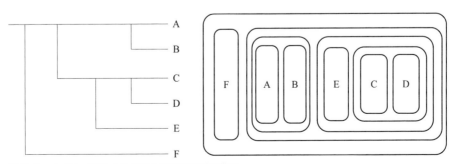

図3-5　オイラー図による OTU の系統関係の表現

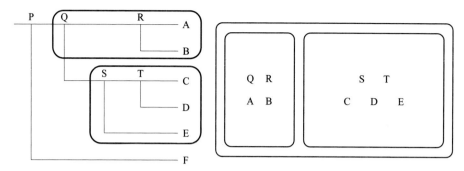

図3-6 オイラー図によるQおよびQの全子孫の関係の表現例

てしまったならば，その円はQの子孫であるはずのSやSの全子孫を含まないことになる．Qの子孫を網羅していない集合Q・R・A・Bは，もはや単系統群ではない．

そこで，例えば図3-7のように，QをRやSと同列に並べる方法——HTUを，その直接の子孫2つとともに3分岐（ternary branching）させる方法——もあるかもしれない．しかしこの方法では，QがRとSの直接の祖先であるという情報が失われてしまい，オイラー図をもとの系統樹に復元することが不可能になる．このオイラー図から復元されるものは，系統樹のようで系統樹でない木にほかならない．

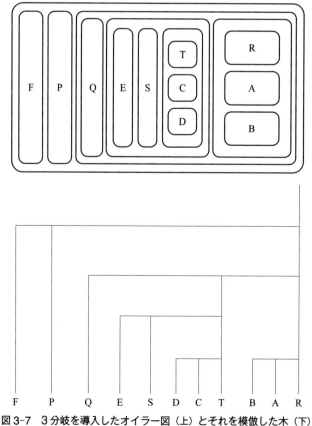

図3-7 3分岐を導入したオイラー図（上）とそれを模倣した木（下）

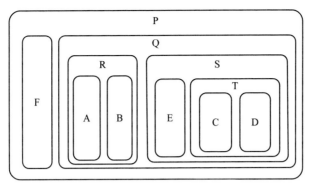

図 3-8　HTU をラベル化したオイラー図

　もし，系統樹の樹形の情報をまったく欠損することなく，しかも HTU をも含めたすべての節点を1つのオイラー図の中に表現しようとするならば，その HTU は，オイラー図の円に貼りつけられるラベルとして――すなわち，OTU とは明確に区別して――表現するほかない（図 3-8）．すなわち，系統を完全に反映した分類を実現しようとするならば，単系統群ごとにラベルを1つずつ用意し，そのラベルを対応するオイラー図の円の上に貼りつける，という行為をせざるを得ないのである．

　なお，HTU が OTU と同等に扱うことができないのは，過去の事物であることが原因なのではない．例えば鳥類は「始祖鳥と現生鳥類の最新の共通祖先に遡る単系統群に含まれるすべての生物」として定義されているが（Chiappe 1997: 32），化石種である始祖鳥は，HTU ではなく OTU として扱われる（Padian et al. 1998）．化石種や絶滅種であれ，文献に残る死語であれ，それらは HTU として扱われない．

　ただ，系統樹の情報を欠損なく反映させる分類は，新たな OTU の追加に対して脆弱である．既存の系統樹に新たな OTU を1つ付け加える方法は，2つある．1つは，既存の枝の上に新たな HTU を生ぜしめて，その HTU と新たな OTU とを結ぶか，もしくは，既存の HTU のどれかを3分岐にしたうえで，新たな OTU をそこに結びつけるかである．後者の方法ならまだしも，前者の場合，分類体系の階層構造が変化を強いられることになる．分類とは未知の事物を既知の類（class）にあてる行為であって，分類対象が増えるたびに体系自身が変化をしていては，それは本末転倒といわざるを得ない．

　以上より，分類は時間軸上の関係のすべてを反映することができず，そして，系統と分類とを一致させようとすると，分類体系を脆弱ならしめざるを得なくなることが理解される．分類は，系統とは原理や目的を異にする概念なのである[6]．

　さて，ここで系統と分類の違いについて，紙幅を割いて説明をしておきたい．その理由は，第一に，本書が粤語・桂南平話の既存の分類を否定する目的を持たないことを示すた

---

[6]　そもそも「分類は系統を反映していなくてはならない」という判断それ自体の是非は，分類の論理も系統の論理も答えを出すことができない．系統を部分的に反映するものとして分類を構築すべきか否かは，系統の論理と直接関係しない問題である．

めである．そして第二に，系統推定は，旧来の分類と互いに衝突し合うかのような結論を時に下すことがあり，分類体系と本書の結論との一致・不一致が，本書の議論の妥当性を左右しないことを確認するためである．

　例えば印欧語では，palatal と velar，labiovelar の3系列の分合を根拠として，ケントゥム語群とサタム語群という2つのグループが想定され，それぞれが西部，東部の言語集団として考えられていた．しかし，トカラ語やヒッタイト語といった，palatal が velar と合流する言語の発見によって，ケントゥム語群の分布域が東部地域にも拡大し，その結果，サタム語群に起きた改新が起こらなかった言語としてケントゥム語群が捉えなおされることとなる (Fortson 2010: 58-59)．ケントゥム語群という集団が系統を反映したものであることを，palatal の音変化で証明することはできなくなった．しかしケントゥム語群とサタム語群という集団名は，当該言語が経た音変化の一部をわかり易く表現することができるという点で，分類単位の一種としては有用であり，これらの語群が今なお名称として用いられる所以である．印欧語の系統関係は，こうした分類とはまた別の次元の問題であり，例えば，サタム語群に属するはずのアルメニア語と，ケントゥム語群に属するはずのギリシア語との近縁性が論ぜられているのは，系統と分類という行為が，互いに本質を異にしていることを端的に表しているといえよう．

　分類と系統の本質的相違は，印欧語に限定されるものではなく，強い一般性を有している．附論3にて，コケ植物を例とした分類と系統の概念的相違に関する議論をまとめたが，コケ植物 (bryophyte) の分類上の位置づけや，コケ植物内部の分類は，植物学的知見が新たに得られるとともに変遷を続けた．とりわけ，分子系統学の発展により塩基配列の情報をデータとして使用できるようになったこと，そして，分岐学の考え方である「単系統群のみが系統にとって意味のあるグループである」という考え方が分類に応用されて，「分類群は単系統群にのみ認められるべきであって，側系統群や多系統群は分類群から排除されねばならない」という考え方が分類に採用されるようになったことの2つが，コケ植物という分類群の解体という根本的変革を——少なくとも一時的には——もたらすに至った．

　もし仮に，コケ植物を分類群として認めないという結論を受け入れるならば，「コケ植物の系統的単一性の根拠の1つとなり，コケ植物とシダ植物の系統的近縁性の根拠ともなった，『配偶体の体制が優位な胞子体・配偶体の世代交代』という特徴はどのように理解されるのか」「長らく蘚類と苔類を1つに合わせた分類群を設けてきたこれまでの分類の意味とはいったい何だったのか」そして，「ナンジャモジャゴケが，数多くの専門家をして長年分類上の帰属を悩ましめ，胞子体が見つかるまで蘚類と苔類とで分類に結論を下せなかったのはなぜだったのか」という，当然の疑問が生ずる．これらに対して分岐学は，「分類に有効な特徴が系統にも有効とは限らない．その理由は，分類と系統が根本的に相異なるためである」という回答を与えるであろう．形質を適切に選択しなければ，系統の推定は誤ったものになってしまう．

　また，分類は一般に何らかの基準に基づいてグルーピングを行うが，「分類基準それ自体をいかに選択するか」というメタ的な基準に，十分な客観性を担保することは難しい．

換言するならば，分類の基準選択の論理から，恣意性を完全に排除することは容易なことではないのである．一方，最節約性に基づく仮説の選択は，離散数学的操作によって行われている．分岐学が導き出した結論は，その妥当性について反証を行う余地がある．系統推定の過程は，分類の過程とは異なり，透明化が可能である．仮説選択の根拠が数学的に示せる分岐学は，「反論しやすい仮説」を提示するのに適した方法の1つである．

　方言の分類体系や，方言区画を所与のものとして思考する方法論は，本書とは相容れない．生物学では，「種」に実在性を認めるかという問題についてさまざまな議論が存在しており[7]，ましてや種の上位の分類単位に対して，生物学上の実体を認めることはより一層難しい．言語学において，生物学の「種」に相当する概念が果たして定義できるのか，そして——殊に言語の系統の推定という営みにおいて——そのような概念の定義が学問的意味を持つのかは疑問である．ましてや，生物種の上位の分類体系に相当する言語集団について何らかの実存性を認める根拠は，未だ見出すことができない[8]．分類を，系統推定の結果を否定するための根拠とすることは難しい．

　系統仮説の間には妥当性の高低の違いがあり，最良の仮説が存在する．しかし，分類は唯一でなければならないわけではなく，「最良の分類」を決定するための明確な論理も見出しがたい．例えば日本語諸方言の分類には，東条（1953）の分類もあり，金田一（1964）の分類もあるように，視点，あるいは目的に従って各種の見方があってよいのであり，方言分類が複数併存することは，学問上問題がある状態とは決していえない．系統と違って，分類には目的がある．分析や研究の動機や目的に従って，有用で有効な分類は異なり得るのである．新たに言語を分類したり，既存の分類を参照したりする行為は，分類の結果をまったく所与のものとして扱わない限りにおいて正当である．研究対象がどのような特徴を持つ言語・方言なのかが判然とせぬままでは，必然，その研究も困難なものとならざるを得ない．分類は，研究者にとって研究対象を認識するための体系でもある．いかに分類が主観性を脱し得ないものだからといって，分類を徹底的に排除しようと考えることは正当とはいえない．

　漢語系諸語の例を挙げる．中国大陸において，方言を分類するという営みは古くから存在する．揚雄の『方言』による，地理的区分に基づく方言分類の実践は，『方言』以前にすでに，漢語系諸語の話者が自らの言語の多様性に対して何らかの素朴な認識上の枠組みを有していたことを推測せしめる．しかし，漢語系諸語の包括的な分類は，前近代におい

---

[7] 種の定義については，Mayr（1942）の生殖隔離による定義が広く知られる．しかし，有性生殖をしない生物も存在しており，また，異種間での交雑で稔性（繁殖可能性）のある子が生まれるという事実もある．種分類に関する困難な問題の例としては，同胞種（形態上は区別が難しいが，生殖的には隔離している，互いに近縁な種（馬渡 1975: 24））の存在が挙げられる．生物種の定義には複数の種類があり，形態学的種概念（morphological species concept），進化学的種概念（evolutionary species concept），系統学的種概念（phylogenetic species concept），凝集的種概念（cohesion species concept）などが知られる（石井 et al. 2009: 260，巌佐 et al. 2013: 619，伊藤 2013: 20-25 など）．
[8] 進化論以降の生物分類は，系統を反映しようと改められ続けている．しかし進化論以前の，例えばリンネの提唱する分類体系は，たとえその分類体系が「入れ子構造」を持っていたとしても，進化や系統と当然無縁である．入れ子構造は，系統を反映する目的のものもあれば，系統とまったく無関係のものもある．

てほとんど実現されることはなかった．西欧の近代的学問の受容を経た後の黎明期の研究例を挙げるならば，章炳麟[9]の『檢論』所載の「方言」に見られる9分類や，同じく章炳麟の『訄書』所載の「方言」に見られる10分類（胡以魯の『國語學草創』（第8編）が示す10分類と同様），黎錦熙の『新著國語教學法』に見られる12分類，王力（1936-1937）などにみられる5分類などが，わずかに知られる（林語堂 1929: 3-4，牛文青 1947，張世祿 1963: 348; 359）．これらの分類は，王力のものを除いて，後の時代の分類体系とは基本的に断絶している．

　また，19世紀以降，方言の分類も含んだ，欧文による方言研究が蓄積されており，主に中国大陸沿岸部——西洋人にとって最も接触しやすい地域——に関する言語知識が，相当豊富になっていたことが知られる（林語堂 1925: 6）．漢語系諸語の多様性が19世紀の欧米人にとって共通認識となっていたことは，明確である[10]．また，例えば後藤（1908）は，諸方言を「官話」と「方言」に大別したうえで，「方言」が東南沿海諸地方に限定されることを述べる．そして，浙江方言（上海方言，寧波方言，温州方言を含む），福建方言（福州方言，厦門方言，汕頭方言を含む），広東方言（広州方言と客家方言を含む）に分類している（後藤 1908: 121-131）．近代的な漢語方言研究の萌芽よりも前に，漢語系諸語内部の多様性は，漢語に関する知識を有する者にとって明白の事実であったと考えられる．しかし，こうした経験的知見に基づく分類は，あくまでも点と点を線で結ぶがごときものであって，漢語系諸語の分布域全体を覆うものではない．当然ながらこのような分類は，漢語系諸語全体を一手に体系化せんという企図に基づいて行われたものでもない．

　趙元任（1928: 88）によって，中古音の全濁声母（有声阻害音）の実現形式が，方言の分類基準としてはじめて提示された[11]．趙元任は引き続き，言語データに基づいて制作された，漢語系諸語にとってはじめての言語地図を1934年に著し（丁文江 et al. 1934），華北官話，華南官話，呉方言，閩方言，客家方言，粤方言，海南方言の7分類を提示している（Chao 1948: 6-7 では，粤語，贛客家語，厦門・汕頭方言，福州方言，呉語，湘語，北方官話，南方官話，西南官話の9分類に改まっている）．現代の漢語分類の基礎を定めた論文であるLi (1937) は，北方官話（Northern Mandarin group），東方官話（Eastern Mandarin group），西南官話（Southwestern Mandarin group），呉語（*Wu* group of dialects），贛客家語（*Kan-Hakka* group），閩語（*Min* group），粤語（Cantonese group），湘語（*Hsiang* group），いくつかの孤

---

9) 興味深いのは，中国の知識人の手による漢語系諸語の包括的な分類を行った章炳麟が，比較言語学の影響を受けていたこと，そして，章炳麟が現代の直接観察可能な言語変種を考察対象とするという，清代以前の学問ではあり得ない研究を行っていたという事実である（平田 2014: 313-317）．
10) 例えば，Edkins (1853: 12) が示す各地の調値の一覧表では，南京，北京，河南，山東，四川，蘇州，上海，寧波，厦門，漳州の変種が挙げられている．
11) 有声声母の音変化や，声母の音韻的性質を条件とする声調分裂は，単に漢語系言語ばかりでなく，タイ系言語をはじめとする非漢語にも広く見られるものである．非漢語の通時的音韻研究もまた，漢語系諸語と共調する形で進歩し得たといえる．また，全濁声母の実現形式による分類という基準は呉語や客家語を他方言から排他的に区別する際などには大きな力を発揮するが，後に見るように，少なくとも粤語においてはこの基準をもって単系統性の証拠とすることはできない．全濁声母の実現形式による分類は，その分類上の意義の重要性と系統上の扱いにおいて，Hofmeisterによる世代交代に基づく植物の分類と比べられよう．なお，趙元任（1928: 88）自身が，同書の定める呉語の定義が絶対的なものでなく，将来において改められ得ると述べていることは，強調せねばならない．

立した群（certain isolated groups）の9つを分類群として提示し，そして孤立した群として，安徽省南部や湖南省，広西省東北部の諸方言を例示している．現代に通ずる漢語の分類体系の基本が，Li (1937) の段階ですでにでき上がっていたことがうかがい知られる（張琨 1992: 1）．

　新中国成立後，方言研究の蓄積は大きく量的進歩を遂げるが，しかし，方言分類が本質的な変化を蒙ったことを示す，積極的証拠は見出しがたい．董同龢（1953）は，北方官話，西南官話，下江官話，呉語，湘語，客家語，贛語，粵語，閩語の九分類を提示しているが，分類の基本的枠組みは Li (1937) と大きく食い違うものではない．董同龢（1953）と Li (1937) との間の最も大きな違いは，客家語と贛語とを分けるか否かであるが，しかし董同龢（1953: 87）自身は贛語と客家語や西南官話との類似性に言及するほかは，贛語の言語特徴や分類基準などについて具体的に論じていない．王力（1950: 5-11）では，王力（1936-1937）と同様に，漢語系言語を，官話，呉語，閩語，粵語，客家語の「五大方言」に分類したうえで，方言の分類方法について呉語の例を挙げて論じている．同書は呉語について，①全濁声母と対応する有声音 b‘-, d‘-, g‘-, v-, z- を持っている，②韻尾に -m/p, -t, -k を持たない，③声調数が6以上で去声が2つに分裂している，という定義を設け，江蘇省丹陽方言のような①以外を満たす方言については「準呉語」と呼ぶほかないとする．分類という行為の困難さについては同書でも言明されるところであるが，しかし，果たしてその呉語の定義がいかにして導き出されるものかについては言及がなされていない．李方桂（Li 1937）は湘語を独立の分類群として扱い，王力（1936-1937; 1950）は湘語を認めず官話に含めているが，2つの分類の優劣を決定できる何らかの客観的基準を提示することは難しい．

　また，丁邦新（1982）は Li (1937) と Forrest (1948)，董同龢（1953），袁家驊（1960），詹伯慧（1981）がそれぞれ提示する方言区分の条件を対照し，五者が共通に区分条件として採用するのは，「中古音の全濁閉鎖音」「中古音の閉鎖音韻尾」「中古音の鼻音韻尾」の3つの通時的音変化のみとする．そこで丁邦新（1982）は，方言を区分する条件を合理的に選択するために，通時的により早期の音変化で大方言を，より晩期の音変化で小方言を，それぞれ区分するという原則を提唱している．ここには，方言の時間的変遷と方言分類体系との一致を図る意図がうかがわれる．しかし丁邦新（1982）には，「官話・呉語・湘語・贛語・客家語・閩語・粵語」といった，漢語系諸語の分類群の存在を議論の前提として認めたうえで，それらの所与の分類群を上手く弁別するための条件を探索し検証する，という考察姿勢がうかがわれる．

　ここにおいて指摘せねばならないのは，現行の方言分類が持つ分類基準の妥当性は，分類群を公理としたうえで確保されていることである．言い換えるならば，分類基準によって分類群が導き出されているのではなく，分類群から分類基準が帰納されているのである．分類群や分類体系を前提視する限り，「なぜこのように分類せねばならないのか」という問いには，明確な答えを出すことは難しい．丁邦新（1982）の議論は，アプリオリに方言分類の基準を発見して，その基準に従って分類群を画定する行為が，漢語系諸語においては必ずしも容易でないことを示唆している．そして結局，今日の「十大方言」が中国社会

科学院 et al. (1987-1988) および李荣 (1989) によって示されてからは，分類体系の大きな変動は見られない．例えば粤語や平話について，「平話」の解体や「平話」の粤語への吸収などに関する大きな論争がありこそするものの，その議論の中からは，「粤語」そのものを廃するなど，分類体系そのものを揺るがすような提案がなされる様子はない[12]．

　以上に見たように，客観的に観察可能で明確な方言分類の基準は，容易に見つけることができない．それでは，漢語系諸語の分類という行為は，そもそも何を出発点として行われているのであろうか．例えば生物の分類が前提としているものは明らかである．進化論的立場に立った分類は，「全生物は，ある何らかの秩序の下に体系づけることができる」という前提に立ち，生物種を入れ子構造の中に定位させ，最終的にすべての生物種を含んだ巨大な分類体系を構築することを目的とする．ここでいう「何らかの秩序」とは，生物の誕生から今日に至るまでの進化という，古今の生物の間に結ばれる時間的関係を指す．しかし，漢語系諸語の分類は生物の分類と性質が異なっている．

　今日に至るまで，方言分類に関する先行研究は枚挙に暇がないにもかかわらず，しかし，漢語系諸語の方言分類では，方言群同士の集合論的関係についてはあまり注目しない傾向がある．特定の地点の方言が方言群 A に属するか B に属するかという考察や，漢語系諸語全体をいくつに分類するかという分類体系そのものに関する議論は数多い．例えば，平話が粤語から独立した言語集団か否か，同様に徽語（安徽・浙江・江西省界地域）が呉語（江蘇省～浙江省）から，晋語（山西省およびその周辺）が官話（主に中国大陸北方一帯）から，それぞれ独立した言語集団か否か，という議論は，しばしば行われる．この議論はすなわち，漢語系諸語を「七大方言」に分類するか「十大方言」に分類するか（あるいは「八大方言」「九大方言」），という分類群の増減に関する議論である．このように，分類群間の比較は盛んに議論される．ただ，既存の分類群同士をより上位の新たな分類群でまとめようとしたり，分類群同士の包含関係を積極的に論じたりすることは，——漢語系諸語を Northern group と Central group, Southern group の3つに分類する Norman (1988) を例外の1つとして——あまり行われていない[13]．分類群間の関係の比較の例には，例えば「A語とB語の関係は，それ以外の任意の2言語の関係よりも近い」「X語とY語はともに1つの上位分類群を構成すると考えるのが妥当である」といったような議論が挙げられる．分類群同士の包含関係は，分類群の増減という動機がある限りにおいて興味の対象とされる．例外として，閩語が他言語に比して保守性を持つことがしばしば強調されるのは，中古音という研究の蓄積のきわめて多い，時間軸上の参照点が存在するからである．分類

---

12) そもそも，もし仮に「平話」が分類群としての地位を失って，粤語に吸収されるなどして消滅したとしても，それは粤語と平話が区分される以前の体系に戻るにすぎないのであって，分類体系そのもののまったく新たな提唱とは，やはり異なるのである．

13) 丁邦新 (1982: 258) は，より早い時期に発生した変化をより大きな分類群の分類基準に，より遅い時代に発生した変化をより小さな分類群の分類基準に，それぞれ用いるという考え方を提出している．この思考は，分類群の階層性と時間とを結びつけるという方法で，変種間の関係に秩序を与えようとするものであって，系統論にも通じるところがある．ただ，分類群そのものの存在に対しては，限定的な文脈——例えば，平話は粤語か否か，晋語は官話か否か，徽語は呉語か否か，など——でしか主題としてとり上げられない傾向がある．

群同士の関係が論ぜられないという事実は，ある時点で大枠が決定した分類体系，研究者自身が持つ漢語系諸語に対する認知的枠組みが，本質的改変を経ることなく今日に継承されていることを意味している．特に，漢語系諸語の分類において「入れ子構造」の分類が発達していない点は注目する価値があるが，この巨大な問題に答えを与えるには，研究史的考察，あるいは思想史的考察が必要になるであろう[14]．

ここで指摘しておくべきは，たとえ漢語系諸語の方言分類がどのような論理を持つにせよ，その分類の結果の無謬性を無条件に受け入れることは難しいということである．方言学は，強い政治的・社会的要求（例えば，周祖謨1954，袁家驊1960: 14-15）の下に方言の記述報告が増大する，新中国成立以後の発展期よりも前に，方言の分類体系をすでに成立させていた．しかし，研究が当時に比して遥かに成熟した現在においてもなお，方言分類の問題を完全に解決することは難しい．ましてや，方言分類の成立時，中国全土の漢語系諸語の知識はより一層限定されたものであった[15]．従って，当時に作り上げられた分類体系は，仮にどれほど堅牢な論理を携えていたとしても，その前提である漢語系諸語全体の姿が明瞭でなかった以上，その依拠する論理自身が要求する最良の分類結果が得られていない可能性が，十分にあるのである．

方言分類の歴史についてはこれ以上考察しないが，ここで確認しておきたいのは，今日まで行われてきている漢語系諸語の分類は，漢語系諸語の系統論と，二重の意味で直接的関係を持たないということである．すなわち，系統そのものと系統に基づく分類とがもとより互いに異なる概念であり，そのうえ，漢語系諸語の分類体系が漢語系諸語の系統を積極的に反映する目的で構築されたことを示す証拠もないのである．分類と系統という2つの考え方は，方言学において相互に衝突したり排斥したりすることなく並立し得る．従って，得られた系統樹の樹形が旧来の方言分類と齟齬を来すような結果を得たとしても，それを理由として，系統推定の研究の意義が損なわれることはない．

3.3.3 系統論と中古音

分岐学を導入するうえで，本章第1節の末尾で提起した，漢語系諸語にとって中古音がどのような存在といえるのかという問題を，今一度考えておきたい．

中古音は，漢語系諸語の過去の姿を一定程度，投影したものといえる．ただ，先述の通

---

14) 漢語方言学において，方言分類・方言区画を所与のものとしてさまざまな言語現象が議論される傾向があるのは，唯物論的弁証法（自然界は入れ子状の階層として構造化される（三中2009: 171））やルイセンコ，ラマルク進化論と何らかの関係がある可能性を，筆者は疑う．例えば，1970年代に出版された高等教育機関で使用されていた生物学の教科書（四川大学生物系植物遺伝組1979）は，メンデルを批判した上で，メンデルと並列する形でルイセンコを紹介している．当時は，文化大革命が終結に向かい，方言学をはじめとする人文諸学が復興する時期であるが，そのような比較的最近の時期においてもなお，今日の進化論的常識と親和しない思想が中国大陸に広く行われていた可能性が窺われることは，大変興味深い．
15) 雑誌『中国語文』で1959年に，方言調査が一応の結実を見たことが宣言されるが（方祖燊1959），それは，言語政策を遂行するうえでの基礎を築いたという意味であって，それが学問的な必要を満たしたかどうかは，また別の問題である．

り，言語学的な観点から見れば，中古音を祖語と同一視することは不可能であるし，かといって，中古音と現代の諸変種との間に共有される歴史を見出すこと——すなわち，中古音と現代の諸変種との系統関係を論ずること——もまた難しい．その一方で，中国語学は，中古音は漢語系諸語の過去の情報を示すものとして，参照価値の高いものと見なしている．

分岐学では，系統を推定したい分析対象である「内群」（ingroup）に含まれない分類群「外群」（outgroup）が，内群の系統樹が根を作ることを可能とする（内群と外群については3.5.2.b) を参照）．比較研究から得られる共通祖語だけでなく，音韻資料から得られる中古音もまた OTU の1つとして扱い得る以上，原則的には，ともに外群として採用することができる存在である．ただ，言語学の観点から見れば，漢語系諸語の系統樹の中に中古音を定位することは困難であり，中古音は安易に外群として採用することが難しい OTU であるといわざるを得ない．仮に中古音を外群とすることが正当化できたとしても，中古音は内群にとって，かなり遠い位置に定位される蓋然性が高く，少なくとも，姉妹群として中古音を採用することはきわめて難しいであろう．

一方で，中国語学の観点から見れば，中古音は形質の選択や形質状態の定義を行う根拠を提供する存在であるがゆえに，中古音が重視される．単系統群を見出すことそれ自体が容易でなく，樹形を推定することも難しい漢語系諸語にとって，中古音を参照する行為とは，樹形が不明の状態にもかかわらず，形質の選択の根拠，そして形質状態の定義の根拠を，先んじて手に入れる方法と見なすことができる．そして，中古音に基づいた形質の選択や形質状態の定義が妥当性を持つと判断することの根拠は，究極的には，経験的な知識に基づいているのである．

以上を総合するならば，外群たる中古音がもたらし得る情報に対して，言語学は信頼度をより低く，中国語学は信頼度をより高く，それぞれ見積もっているのである．言語学にとっては，樹形もわからない状態で，形質の選択や形質状態の定義を地位不明の外群に依拠している状態は，危険な行為として認識されるであろう．中国語学の目から見れば，中古音を分析の場から遠ざける行為は，せっかく示された外群比較の情報をむざむざと見すごしているように映るであろう．

このように，分岐学に基づく抽象化を経たうえで中古音を捉えなおしてみると，中国語学の側には，中古音を外群として用いる論理はあるが，しかし，中古音よりも内群に近い位置にある外群——本書の場合は粵祖語——を用いてはいけないとする論理は，実は存在しないのだ，ということに気づく．中国語学が依拠する基礎の部分からは，系統論の実践を否定する論理を，積極的に導き出すことはできないのである．ただ，あるいは，「漢語系諸語の変種同士の関係は，一元的な系統樹では記述しきれない．従って，系統樹を描く行為は，漢語系諸語の歴史を不完全な形に歪めて表現することにほかならない」という反論があるやもしれない．しかし，「系統樹が歴史のすべての側面を体現しない」ということと，「系統樹を推定することに意味がない」ということとは，まったく別である．系統樹の語り得ることは，有限である．本書の目的の1つは，方法の有限性を受け入れたうえで，方法が持つ可能性と向きあうことである．

系統推定の困難さが，漢語系諸語と印欧語とで同等とは限らない．しかし，「漢語系諸

語」「印欧語」という言語種の違いや，漢語系諸語と印欧語の経てきた言語史の違いは，それぞれの言語集団の系統を論ずる方法論的相違を正当化することには直結しない．なぜならば，まったくの反復になるが，「系統」という概念は，印欧語に特有のものではなく，言語や生物など，歴史を対象とする科学に普遍的なものだからである．

3.4 系統推定の方法論

　OTU の系統関係を推定して系統樹を作成する手法は，これまで数多く開発されてきた．形態学的形質を根拠として系統関係を推定する方法として，今日の分岐学につながるものが Hennig (1950) によって提唱されて以降，最尤法（maximum likelihood method. ML 法），距離法（distance method. 距離行列法 distance matrix method とも．距離法は，非加重平均結合法（unweighted pair-group method using arithmetic average. UPGMA 法），最小二乗法（least squares method. LS 法），最小進化法（minimum evolution method. ME 法），近隣結合法（neighbor-joining method. NJ 法）などのさまざまな方法を含む）などがこれまでに知られる（根井 et al. 2006: 93-95; 99-127）．系統推定の方法は，生物学，特に塩基配列やアミノ酸をデータとして系統推定を行う「分子系統学」において発展してきた．本節では，粤祖語を共通祖先とする単系統群内部の系統関係の解明に，どの方法を応用するのが適当かについて論ずる．

　最節約法は，各 OTU の形質状態が生じるにあたって必要な変化の回数を各系統樹について計算し，変化の回数が最小となる系統樹を選択する方法である（根井 et al. 2006: 131）．例えば，n 個の OTU に共有される変化が，それぞれまったく別個に発生したものと考えるならば，n 回の変化を想定しなければならない．しかし，もしそれら n 個の OTU が排他的に共通の祖先を共有しており，その共通祖先の段階で1回だけ変化が発生し，それが子孫の n 個の OTU に引き継がれていると考えるならば，変化の回数を1回と見なすことができる．このように，変化の回数が少ないほど望ましいと判断する原則が最節約性である．最節約性の原則に基づいて，想定する変化の回数ができ得る限り少なくて済む系統樹を選択する方法が，最節約法である．

　最尤法は，まず，1つの形質について各 OTU の形質状態が生じる期待値（＝尤度．L_k で表す）を計算する．その上で，全形質の尤度の積をその系統樹全体の尤度とする――一般に，尤度の対数をとって得られる対数尤度 $logL=\sum_{k=0}^{n}logL_k$ を，計算の対象とする――．尤度は系統樹の枝の長さ（枝長）をパラメータとしており，枝長の値を動かして得られた，尤度の最大値を最大尤度値（ML 値）とする．この最大尤度値を，考え得る全系統樹について計算し，最も高い ML 値をとる系統樹を選択する（以上，根井 et al. 2006: 169-173 に基づく）．一言でいえば，OTU が今ある形質状態になる確率が一番高くなる系統樹を導き出す方法が，最尤法である．

　距離法にはさまざまな方法があるが，いずれの手法も，OTU のすべての組み合わせについて何らかの距離（進化距離）を計算し，それを距離行列とした上で，そのデータを用いて計算を行った結果，最良の値を示す系統樹を選択する（根井 et al. 2006: 99）．計算方法

は手法によってさまざまに異なる．

　これらの手法のうち，いずれを言語の系統推定に応用するかを決定するにあたり考えねばならないのは，各手法が分析対象とすることができるデータの性質，そして，各手法が基づく理論的根拠，そして，各手法によって推定される系統仮説の信頼性である．

3.4.1　系統推定に用いるデータの性質の差異

　距離法には，最節約法や最尤法に比して計算量が少ないという長所がある．Sober (1988: 201) は，距離法とは OTU の形質状態ではなく，分類群の対ごとに計算された全体的非類似度を距離のデータと見なす考え方であり，この点で，全体的類似度をもとに系統推定を行う表形的分析と同じ立場に立つと述べる．距離法が非類似度を根拠にクラスタリングするのに対し，数量分類学は類似度の高さを根拠にクラスタリングする．距離法は，表形的分析・数量分類学と本質を共有しているものであるといえる．

　全体的非類似度，すなわち各 OTU の距離を行列の形に排したものである距離行列は，形質行列から導き出すことができる．しかし逆に，距離行列から形質行列を復元することはできない．距離法でデータを扱おうとすると，情報の不可逆的な減損を引き起こしてしまうのである．Sober (1988: 202 [2010: 242]) が述べるように，「単系統群の推定が目的の体系学者にとって，種間の類縁度はどうでもいいこと」であり，「問題となるのは，ある2種が他の種を含まずに互いにより近縁であるかどうかという点」である．後にも述べるように，粤語・桂南平話の系統推定に使うことができる形質の数は，生物の系統を推定する場合に比して，はなはだ小さい．ただでさえ少ない情報を不可逆的に減損させるのみならず，「OTU 同士が似ているかどうか」という，系統を推定するうえでは本質的でない要因によって樹形が左右される可能性がある以上，本書は距離法を採用することができない．

　一方，最尤法は，その理論的根拠を確率論や統計学的分析に置いており，得られた系統樹の樹形・枝長の推定，および推定された樹形・枝長の確からしさの判定を，統計的計算として行うことができる．最尤法とは，最も確率（蓋然性）の高い系統樹を選択する方法である．

　最尤法が確率を計算するためには，変化の発生それ自体について確率をパラメータとして与えることが必要である．例えば，塩基配列をデータとして用いるならば，アデニン，チミン，グアニン，シトシンの4つの塩基が形質状態として定義され，そして，ある塩基から別の塩基へと変換する相対的な頻度を，12通り数値化することができる[16]（根井 et al. 2006: 175-177）．しかし，本書の行うように，言語変化——なかでも音変化——を系統推定の直接の根拠とするならば，音変化に確率の概念を導入せねばならない．音変化の確率を事前に予測し数値化するのは難しい．第2章にて言及したように，多くの研究が確率論

---

[16]　12という数字は，ある塩基が別の塩基に置換されるときの，置換前と置換後の塩基の対の総数である．4個から2個を選んで得られる順列の総数は，$P(4,2)=\frac{4!}{2!}=12$ である．なお，ある塩基が置換されずに保存される確率は，当該の塩基が別の塩基に置換される確率の総和を1から引くことで，一意に求めることができる．

的方法——特に，最尤法を改良したベイズ法——を用いる場合に語彙を分析の対象としているのは，語彙が音韻と違って要素同士の独立性が高く，確率の概念を導入しやすいためであると考えられる．ただ，そもそも語彙に基づく系統推定という行為そのものへの批判があることに目をつぶったとしても，語彙変化の確率をもとに漢語系諸語の系統を論じようにも，過去の音声言語を反映した言語資料に乏しい粤語・桂南平話では，確率論的な方法の実践は，目下容易でないと考えられる．

もともと，形態学的特徴を分析するための方法として確立した（根井 et al. 2006: 131）最節約法は，整数回発生した変化の回数の最小値を求めるという営みであり，その意味において，離散数学を理論的背景としているといえる（三中 1997: 222）．最節約法の導き出す系統仮説は，いかなる形質分布の確率をも導く力を持たない（Sober 1988: 150-151）．最節約法は，確率を原理とする最尤法と本質をまったく異にしている．

最節約法には，すべての形質を均等に重みづけして扱う非加重最節約法と，形質ごとに重みづけを変える加重最節約法の2種類があるが，加重最節約法はいかなる重みづけが妥当かを事前に知ることができないという問題点がある（根井 et al. 2006: 154）．本書で採用し得る最節約法は，必然的に非加重最節約法の1つに絞られる．従って本書は，非加重最節約法を用いて粤語・桂南平話の系統推定を行うこととする（以下，特に断らない場合，非荷重最節約法を「最節約法」と呼称する）．なお，三中（1997: 295）は，塩基配列やアミノ酸配列以外のデータを用いるにあたっては，最節約法が目下唯一の選択されるべき方法であると述べている．また，最節約法は中間段階の形質状態を復元する力を持っている（三中 1993: 233）という点でも，言語研究にとっては有利である（事実，本書でも，樹形から粤祖語の情報を引き出すことができている．詳細は第6章第1節，第3節を参照）．

以下，特に最節約法を中心に，その理論的根拠や系統推定能力について論じていく．

3.4.2 最節約法の基づく理論的根拠

最節約法では，変化の回数が少ないほど，より妥当な系統樹であるとされる．この原則に則るならば，「複数のOTUに見られるにもかかわらず，当該OTUの共通祖先に由来しない改新」すなわち「ホモプラシー（homoplasy．同形形質．相似）」[17]を，可能な限り少ない回数で説明できる系統樹が，妥当な系統樹として選択される．最節約法を導入するにあたり考察しておかねばならないのは，「『変化の回数が少ないほど妥当である』という最節約性を原理として採用することそれ自体が，なぜ妥当といえるのか」という問題である．

最節約法に基づく系統推定では一般に，複数のさまざまな形質を推定の根拠として選択

---

17) より厳密には，ホモプラシーはその成因から，「並行現象（parallelism）」や「収斂（convergence）」，「逆転（reversal）」に分けることができる．並行現象は，ある改新が共通祖先の同一の形質に由来するが，その改新が祖先からの分岐後に独立に発生している現象をいう．収斂とは，ある改新がそもそも，共通祖先の同一の形質に由来しない現象（例えば，タコの目とネコの目は，どちらも光を感知する器官だが，起源はまったく別である）をいう．逆転とは，改新を経験した後にその改新と真逆の改新が発生することで，見かけ上，保守的特徴を呈している現象をいう．

する．ある1つの形質のみについて最節約的である系統樹は，別のある1つの形質のみについて最節約的である系統樹と，互いに一致しないことがある．互いに整合するとは限らない複数の系統仮説の中から最終的に1つ以上の結論を導くことができるのは，「全体の変化の回数が最も少なくても済む系統仮説が最良である」という理論上の前提があるからである．しかし，この前提の正しさは，データから保証されるわけではない（Sober 1988: 11）．現実に，複数の異なる生物種が並行して何らかの派生形質を獲得することは，当然にあり得る．また，進化にせよ日常的出来事にせよ，現象は最節約的に発生しているわけではない．すなわち，「進化は最節約的に起こるものである．だから，最節約性を根拠とする系統推定が最も信頼できる」という論理は，前提が誤っているがゆえに，結論もまた誤っている．

　最節約法が成立するにあたって，ホモプラシーが生じないプロセスは十分条件なのであり（Sober1988: 13-36），必要条件ではない．最節約法は，現象全般が最節約的に進むことを，前提としているのではないのである．従って，「言語変化においてホモプラシーが稀である」「言語変化が最節約的に発生してきたと考えるモデルが，言語学的に妥当である」といったような議論は，最節約法の導入に必要とされていない（Sober1988: 135-141）．「最節約仮説は仮定の数を最小化（minimize）するが，最小性（minimality）を仮定しているわけではない」（Sober1988: 136 [2010: 169]）のである．

　それでは，最節約性を仮説選択の根拠とすることの妥当性は，どのように保証されるのであろうか．目下，最節約法による系統推定の方法は，その正しさを立証することも，誤りを立証することも，ともになされてもいない．Felsenstein (1978) は最節約法が最尤法に劣る結果を示す場合（いわゆる「Felsenstein 領域」．三中 1997: 232-233; 293-295，根井 et al. 2006: 131-132）のあることを示しており，最節約性という原理に基づく系統推定が，必ずしも万能でないことがここに端的にうかがわれる．ほかにも，真の系統樹よりも樹長が短く推定される現象（三中 1997: 284）や，枝長の長い者同士または短い者同士が誤って結びつけられる長枝誘引（long-branch attraction）および短枝誘引（short-branch attraction）の傾向の存在（根井 et al. 2006: 132; 210）が指摘されている．「最節約性を推定原理とした方法は，正しい結論を導くか否か」という，巨大な命題の真偽を判定する方法は，未だ知られていない．

　確率を根拠とする最尤法も，最節約性を根拠とする最節約法も，時間軸上でOTU同士

表3-1　最節約法・最尤法・距離法の特徴

	最節約法	最尤法	距離法
原理	最節約性	確率（尤度）	非類似度（距離）
計算量	膨大	膨大	比較的少ない
分析対象	形質行列	形質行列	距離行列
言語への応用上の問題	形質選択が難しい	変化モデルを作らねばならない	元データからの情報損失が多い
その他	中間段階の形質状態を復元できる	変化の確率を定義しやすいデータに有効	クラスタリングの手法はさまざま

を結ぶ関係の複数の仮説について，その妥当性を評価する目的を持つ点で一致している．しかし，最節約性と確率（蓋然性）とは互いに異なっている．ここで確認すべきは，「信頼性・妥当性」と蓋然性とは互いを等号では結べないこと，「信頼性・妥当性」は蓋然性以外の方法でも評価することができるということである．

各手法の性質や特徴を簡単に表にまとめると，表3-1のようになる．

3.4.3 最節約法によって得られる系統の信頼性

a) 発見的探索

最節約法の妥当性にまつわる原理的問題のほかにも，最節約法が推定する系統の信頼性に関連して，さらに考えるべき問題が残されている．それは，系統推定に必要な計算量という現実的な問題である．最節約法では，現実的な時間内に最節約的な系統樹を発見するために，探索の工夫が行われることがある．時間を短縮した探索で得られた最節約的系統樹が真の最節約的系統樹か，直接検証することは難しい．以下，この問題について論ずる．

樹形と各OTUの形質状態とが与えられたときに，樹長が最小になるような各HTUの形質状態を，MPR（most parsimonious reconstruction）という．MPR問題（most parsimonious reconstruction problem）は，考え得る全樹形についてそれぞれの最小樹長を比較し，最小樹長の値が最も小さい樹形をすべて探索する，という問題である．MPR問題は，NP完全問題（多項式計算時間（入力 n に対して多項式の形で書き表される計算時間）では解決できない問題．n の自然数乗の計算時間で答えを求めることができない問題）であることがすでに知られている（三中 1997: 223-224）．

もし，考え得るすべての系統樹を網羅的探索（exhaustive search．虱潰しに探索する方法）や，分枝限定検索（branch-and-bound search）などの網羅的探索に準ずる方法をもって，すべての樹形について計算を行うならば，すべての最節約的系統樹を必ず発見することができる．しかし，網羅的探索やそれに準ずる方法をとった探索は，膨大な計算量を必要とする．OTUの数を m としたとき，考えられる有根系統樹（根を持つ系統樹．3.5.2.b)を参照）の数は，

$$1\cdot 3\cdot 5\cdot \cdots\cdot (2m-3)=\frac{(2m-3)!}{(m-2)!\ 2^{m-2}}$$

という式で求められる（Cavalli-Sforza et al. 1967）．計算に要する時間量は，多項式時間や指数時間（指数の形（自然数の n 乗）で書き表される計算時間のこと．多項式時間よりも大きい）よりもさらに大きい，階乗時間となる．m の値の増加につれて，問題を解くための計算時間が爆発的に増大する，いわゆる「組み合わせ爆発」と呼ばれる事態が発生する（三中 1997: 238-239）．OTUの数がわずかに増加するだけで，計算機の性能をいくら向上させても到底追いつかないほどに，答えを求めるのに必要な計算量が急激に増大してしまうのである．そこで，網羅的探索などの代わりに，発見的探索（heuristic search）と呼ばれる，最節約樹が発見されそうな樹形にあたりをつけて探索を行う方法がある．

以下に，系統樹を検索するための具体的アルゴリズムを説明する．アルゴリズムでは無

根系統樹が生成される．まず，網羅的探索法と同様にすべての最節約的系統樹を発見できることが保証されている，分枝限定検索のアルゴリズムについて説明する（根井 et al. 2006: 140-143 に基づく）．このアルゴリズムは，OTU を付加する順番を決定する前半（ステップ 1～6）と，実際に最節約的系統樹を検索する後半（ステップ 7～11）に分けられる．

1. 3 個の OTU からなる「第一核系統樹」を作る．
   （計算の便宜上，この 3 個は，第一核系統樹の樹長 L が最大またはおおよそ最大になるように選ぶ）
2. 第一核系統樹の 3 つの枝の 1 つに，残余の OTU の 1 つを配置し，最節約法で樹長を計算する．得られる 3 つの樹長のうち，最小の値を記録する．
3. 残余のすべての OTU についてステップ 2 を行う．そして，記録された値が最大となった OTU を，はじめに第一核系統樹に加える OTU として決定する．
   （2 から 3 を最大最小アルゴリズム（max-mini algorithm）という）
4. ステップ 3 で選んだ OTU を加えた 4 つの OTU からなる系統樹を，次の核系統樹（全部で 3 つ）として，再びステップ 2～3 の最大最小アルゴリズムを適用し，次に加える OTU を決定する．
5. ステップ 4 で選んだ OTU を加えた 5 つの OTU からなる系統樹を，次の核系統樹（全部で 3×5＝15 個）とする．
6. すべての OTU について追加順序が決定されるまで同様の作業を繰り返す．
7. 「仮の最節約的系統樹（temporary MP tree）」を，後述する分枝限定様アルゴリズムなどの何らかの方法を用いて定め，その樹長 L_U を求める．これを，樹長の上限とする．また，第一核系統樹を構成する 3 つの OTU を a, b, c とし，ステップ 1～6 で付加する順番が決定された OTU を d, e（d, e の順で付加）とする．
8. 第一核系統樹 A に d を付加して得られる系統樹を，系統樹 B, C, D とする．

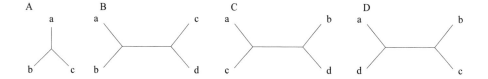

   まず，系統樹 B の樹長 L を計算する．$L > L_U$ のとき，系統樹 B に e を付加して作られる系統樹はすべて無視される．$L \leq L_U$ のとき，系統樹 B に e を付加して作られる系統樹 5 つを作成したうえで，これら 5 つの系統樹の樹長 L をそれぞれ計算する．そして，最小の L 値を示す（1 つ以上の）系統樹を発見する．
9. ステップ 8 で得られた L の値が，
   ・$L > L_U$ ならば，系統樹 B に OTU を付加して作られる系統樹はすべて無視する．
   ・$L = L_U$ ならば，その L をとる系統樹を最節約的系統樹の候補として記録する．
   ・$L < L_U$ ならば，その L をとる系統樹を仮の最節約的系統樹とした上で，L_U をその L で置き換える．

10. ステップ 8～9 の手続きを，系統樹 C, D について行う．
11. 最終的に最節約的系統樹の候補として記録されている系統樹が，最節約的系統樹である．

発見的探索法の 1 つとして根井 et al. (2006: 146-149) が示す，「分枝限定様アルゴリズム (branch-and-bound-like algorithm)」は以下の通りである．分枝限定探索と同様に，分枝限定様アルゴリズムは，OTU の付加する順番を決める前半（ステップ 1～6）と，実際に OTU を付加していく後半（ステップ 7～14）に分けることができる．

1. 3 個の OTU からなる「第一核系統樹」を作る．
2. 第一核系統樹の 3 つの枝の 1 つに，残余の OTU の 1 つを配置し，最節約法で樹長を計算する．得られる 3 つの樹長のうち，最小の値を記録する．
3. 残余のすべての OTU についてステップ 2 を行う．そして，記録された値が最小となった OTU を，はじめに第一核系統樹に加えるものとして決定する．
   （2 から 3 を最小最小アルゴリズム（mini-mini algorithm）という）
4. ステップ 3 で選んだ OTU を加えた 4 つの OTU からなる系統樹を，次の核系統樹（全部で 3 つ）として，再びステップ 2～3 の最小最小アルゴリズムを適用し，次に加える OTU を決定する．
5. ステップ 4 で選んだ OTU を加えた 5 つの OTU からなる系統樹を，次の核系統樹（全部で 3×5＝15 個）とする．
6. すべての OTU について追加順序が決定されるまで同様の作業を繰り返す．
7. 第一核系統樹を構成する 3 つの OTU を a, b, c とし，ステップ 1～6 で付加する順番が決定された OTU を d, e, f（d, e, f の順で付加）とする．
8. 第一核系統樹 A に d を付加して得られる系統樹を，系統樹 B, C, D とする．

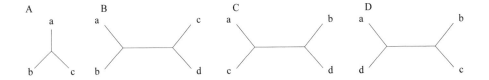

   系統樹 B の樹長 L を計算する．この L の値を，はじめに付加する OTU である d を付加する場合の「局所上限（local upperbound）」L_1 として記録する．
9. 2 番目に付加する OTU で e を，系統樹 B の a の枝に付加して，系統樹 E(1) を作る．系統樹 E(1) の樹長 L の値を，第 2 番目の OTU 付加の局所上限 L_2 として記録する．

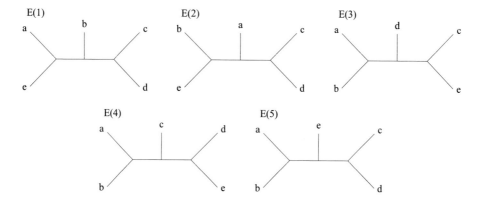

10. 最後のOTUであるfを付加する．この際，系統樹E(1)にfを付加して得られるすべての系統樹7つについて，樹長を計算する．そして，最小の樹長を示す系統樹を選んで，これを仮の最節約的系統樹と呼び，その樹長を仮の上限L_Uとする．

11. 最後から2番目に付加するOTUであるeを，枝aではなく枝bに付加した系統樹E(2)について，樹長Lを計算する．このとき，
    - $L>L_2$ならば，系統樹E(2)にfを付加して作られる系統樹はすべて除外される．
    - $L=L_2$ならば，系統樹E(2)にfを付加して作られるすべての系統樹で樹長Lを計算し，L_Uより小さいLを示す系統樹がある場合，その系統樹を新たな仮の最節約的系統樹とした上で，L_UはそのLで置換される．
    - $L<L_2$ならば，局所限界L_2はLで置換される．そして，系統樹E(2)にfを付加して作られるすべての系統樹の樹長Lを計算し，L_Uより小さいLを示す系統樹がある場合，その系統樹を新たな仮の最節約的系統樹とした上で，L_UはそのLで置換される．

12. ステップ11の手続きを，系統樹E(3)，E(4)，E(5)について行う．そして，1つ以上の仮の最節約的系統樹を決定する．

13. 系統樹C，Dについて，ステップ11～12の手続きを行う．

14. 最終的に仮の最節約的系統樹とされる1つ以上の系統樹が，本アルゴリズムが選択する系統樹である．

発見的探索法は，速やかに系統樹を検索できるという利点がある一方で，局所的極大値に到達することはできても，その局所的極大値が大域的最大値であることが保証されない（Sober 1988: 164，三中 1997: 242-243，根井 et al. 2006: 140）という欠点がある．発見的探索法が発見する最良の系統樹は，探索の始め方によって条件づけられた領域内での最良の値を示しているのである．この欠点を補うために，発見的探索によって得られた系統樹に対して分枝交換（branch swapping）を行って大域的最大値を発見する方法がとられる．分枝交換の規模が大きい程，局所的極大値をとる系統樹をとる危険性が小さくなるが，その代償として，計算時間が増大する．

　計算時間の問題を解決する切り口として，ある種の統計的検定をもって最節約的系統樹

を評価する方法が，自ずと期待されるが，少なくとも漢語系諸語の系統を論ずるにあたっては，その有用性について本書は慎重な態度をとりたい．最節約法であっても，系統推定に塩基配列やアミノ酸配列を利用しているならば，ブートストラップ法（Bootstrap method．ブートストラップ検定 Bootstrap hypothesis test とも）という検定手段を利用できる．ブートストラップ法とは，系統推定に用いた n 行の形質行列からランダムに n 回だけ重複を許して行を選び取り，選び取った行からなる形質行列を用いて系統推定を試みることで，樹形の信頼性を測定する方法である．信頼性が高い分岐ほど，ブートストラップ法による支持率も高い．ブートストラップ検定が使える条件は，①与えられたデータが独立かつ同一の分布に従うこと，②ブートストラップ検定に用いる与えられたデータが，その背後にある母集団からの無作為標本であること（三中 1997: 268）の2つである．ブートストラップ法は，内部の枝それぞれについてブートストラップ信頼値（Bootstrap confidence value）を計算し，樹形の信頼性を測定することも可能である（根井 et al. 2006: 202）．しかし言語の系統を論ずるには必然的に，生物学でいうところの形態学的形質，すなわち，通時的変化を手掛かりとすることになる．系統推定に有効な通時的変化をどれほどかき集めたとしても，塩基やアミノ酸に匹敵する量（少なくとも数百）を挙げることは困難であろう．

b）ホモプラシーとホモロジー

　最節約法の下で最良とされる系統樹は，ホモプラシーを最小限に抑えた系統樹である．問題は，与えられた派生形質がホモプラシーなのか，それとも，ホモロジー（homology．相同形質．共通祖先に由来する改新）なのか，系統推定の前には判断することができない点にある．「ホモプラシー」「ホモロジー」という語で指し示しているのは，形質そのものではなく，形質の一致についてなのであって（Sober 1988: 34-35），系統樹の推定が行われたうえではじめて，両者は区別される．すなわち，推定する系統樹の違いによって，ある共有派生形質がホモプラシーと判断されたりホモロジーと判断されたりするのである．

　しかし，ある単系統群のすべてのOTUに共有されている改新が，ホモロジーであるとは限らない．すなわち，ある改新が真にホモロジーであるか，それとも，すべてのOTUに並行的に発生したホモプラシーであるか，系統樹は語る術を持たない．より厳密にいうならば，「系統仮説はホモプラシーを演繹するが，ホモロジーを演繹しない」という非対称性が存在しているのである．例えば，((A, B), C) という系統樹（Cが最初に分岐し，最後にAとBが分岐した系統樹）について，BとCに共通して見られる派生形質は，ホモプラシーであることが要求される．しかし，AとBに共有される派生形質については，ホモロジーであることもホモプラシーであることも，要求されていない．系統仮説は，それと整合する形質がホモプラシーであろうがなかろうが，真となり得るのである（Sober 1988: 131）．ある系統仮説において単系統群を構成している全OTUに共有されている改新を分析者が観察したとき，それは自動的にホモロジーであると判断されることになるが，しかし，歴史上の事実として当該の形質が本当にホモロジーであることを完全に保証することは，究極的には不可能ということである．

3.4.4 小 括

最節約法が必ずしもあらゆる他の系統推定方法に対して優越しているわけでないことは，最節約法が誤りを導く Felsenstein 領域の存在などから理解される．また，OTU の数が増加するほど，最良の系統樹を発見するための計算量は爆発的に増大するという，計算上の問題もまた，系統推定を困難ならしめる要因の 1 つである．そのうえ，ホモプラシーをホモロジーから完全に区別する力を，最節約法が有しているわけでもない．しかし，距離法や最尤法を採用することは，その方法自身が抱える制約ゆえに，困難であるといわざるを得ない．従って，本書は最節約法を目下最良の方法として選択する．

3.5 粤語・桂南平話への分岐学の導入

本節では，分岐学を言語学に導入することに伴う，言語学固有の問題について論ずる．

分岐学は離散数学的操作で系統樹を探索する．しかし，系統樹の探索に数学的方法を導入しようとも，それによって直ちに客観的な系統推定が保証されるわけではない．系統推定に用いる形質そのものをどのように立てるかについて，分析者の主観をまったく排除することは難しい．形質を立てるという系統推定の基礎において精密な言語学的洞察はすでに前提とされている．離散数学に基礎を置くところの分岐学の理論を比較言語学に導入したとしても，系統推定は，離散数学を援用して言語学的考察を行う，紛れもない言語学の営みであり続けている．

3.5.1 祖語の再建と HTU の形質状態の決定

祖語の再建と系統の推定は，異なる行為である．例えば，附論 3 で示したように，たとえコケ植物が側系統群であるという系統仮説が受け入れられたとしても，陸上植物の古い段階の形態については，なお多くの問題が残り続ける．すべてのコケ植物の配偶体は，分枝せず，配偶体が分枝しないというコケ植物の性質は，保守的特徴を保存したものと一般に考えられる．ところが，Okano et al. (2009) はヒメツリガネゴケ（蘚類）について，ポリコーム 2 抑制複合体遺伝子を欠失させることで，（受精を経ずに配偶体から分化した）胞子体の分枝が観察されたと報告する．また，Shaw et al. (2011) は，「苔類，蘚類，ツノゴケ類のすべてにおいて胞子体は無分枝であるからといって，陸上植物の基部においても胞子体が無分枝であったとは限らない」という仮説を，Okano et al. (2009) を傍証材料の 1 つとして引用しつつ提唱する．「分枝する胞子体を持つ」という形質状態を祖先種に認める仮説は，系統樹の持つ情報のみからは導き難い，分子生物学の著しい発達を待たねば到底得られない仮説である．動物の例を挙げるならば，ヒトとイヌ，ニワトリはいずれも鼓膜を有するが，Kitazawa et al. (2015) によれば，哺乳類と双弓類（鳥類や爬虫類を含む単系統群）は，互いに独立に鼓膜を獲得し，哺乳類と双弓類の共通祖先の段階では鼓膜が獲得されていなかったという．この判断は系統樹の情報のみによっては得ることができない．

同様に，現在のロマンス諸語の情報のみを手掛かりとしてその共通祖語を再建したとしても，古典ラテン語の近似的な祖語を得ることは困難である．格変化を保持するルーマニア語等を手掛かりとしても，格組織の完全な復元は不可能であり，各言語・方言で並行的に発生した格組織の単純化という変化を，現代語のみから追跡することはできない．しかし，そうであるからといって，ロマンス諸語の間の系統関係が解明不能ということにはならない．格組織の（部分的）保存という性質が原始形質であると判断することは，決して難しくないであろう．改新的特徴の共有を根拠とする系統関係の推定と，原始形質の同定を含む作業である祖語の再建は，要求される情報が異なる．従って，系統関係と祖語との関係は，どちらか一方が得られればもう一方も自動的に得られる，というものではない．

言語学固有の問題について論ずる前に，分岐学的分析一般における HTU の形質状態の推定について述べる．HTU の形質状態の復元方法には，Farris (1970) が提唱したアルゴリズムを Swofford et al. (1987) が一般化したものがある[18]．Swofford et al. (1987) のアルゴリズムを以下に説明する．本書では，Swofford et al. (1987) のアルゴリズムは，二重語の存在判定や，声調の調値の復元に応用される（第 6 章第 1 節，第 3 節を参照）．

まず，Farris interval と呼ばれる集合を求めるアルゴリズムを示す．

○アルゴリズム 1 ── Farris interval を求める

Farris interval とは，MPR を求めるアルゴリズムに用いられる，分岐点の形質状態の集合である（Farris 1970）．Farris interval は閉区間の形で表わされ，例えば $S_i=[a,b]$ は S_i が実数 a から b の間の数を形質状態に含む集合であることを意味する．

1. 末端の節点 $i \in V_0$ に対し，S_i を $S_i=\{x_i\}$ と定義する．
   x_i は節点 i の形質状態であり，S_i は x_i の形質状態の集合を表す閉区間である．
2. 分岐点 k について，もしその直近の子孫である $g(k)$ および $h(k)$ の形質状態の集合 $S_{g(k)}$ および $S_{h(k)}$ がすでに定義されており，自分自身の形質状態の集合 S_k が未定義であるならば，S_k を $S_k=S_{g(k)} \circ S_{h(k)}$ と定義する．すなわち，
   a. もし $S_{g(k)} \cap S_{h(k)} \neq \emptyset$ ならば，$S_k=S_{g(k)} \cap S_{h(k)}$ を計算する．
   b. もし $S_{g(k)} \cap S_{h(k)} = \emptyset$ ならば，閉区間 $[a,b]$ または $[b,a]$ のうち，最小のものを S_k とする．ただし，$a \in S_{g(k)}, b \in S_{h(k)}$．
3. $n-2$ 個のすべての分岐点の形質状態の集合が定義されるまで，ステップ 2 を繰り返す．

次に，MPR に関する定理を示す（証明は略す）．

---

[18] いうまでもないことであるが，分岐学的に復元できる HTU の形質状態は数値である．Swofford et al. (1987) の方法は，一般的な比較言語学的手続きの代替物にはならない．

○定理

少なくとも1つの木のMPRにおいて節点kに与えられる形質状態x_kの集合（＝節kのMPR集合）を$\mathscr{S}_k$と定義するとき，集合$\mathscr{S}_k$は以下の式で与えられる（Sの定義はアルゴリズム2を参照）．

$$\mathscr{S}_k = (S_{g(k)} \circ S'_{g(k)}) \cap (S_{h(k)} \circ S'_{h(k)}) \cap (S_k \circ S'_k)$$

以上を踏まえたうえで，各分岐点の具体的なMPR集合を求めるアルゴリズムを以下に示す．

○アルゴリズム2——MPR集合を求める

ある樹形のある節点のMPRは，たった1つとは限らない．節点kのMPR集合（MPR set）とは，ある系統樹で求められるMPRのうち，少なくとも1つ以上のMPRで，節点kに定義される形質状態すべてを元とする集合である．以下のアルゴリズムを適用することで，すべての分岐点のMPR集合が求められる．

1. $S'_k = \{x_\rho\}$，$k = \delta$と定義する．（ρは根であり，δは最初の二分岐である）
2. $S'_{g(k)}$，$S'_{h(k)}$を，それぞれ$S'_{g(k)} = S_{h(k)} \circ S'_k$，$S'_{h(k)} = S_{g(k)} \circ S'_k$と定義する．
3. $\mathscr{S}_k$を以下のように計算する．
   $$\mathscr{S}_k = (S_{g(k)} \circ S'_{g(k)}) \cap (S_{h(k)} \circ S'_{h(k)}) \cap (S_k \circ S'_k)$$
4. すべての分岐点について計算が終わるまで，ステップ3を末端に向かって繰り返す．

次に，Swofford et al. (1987) の提示している，アルゴリズムの導入例を引用する．図3-9において，1から7はOTU（7は根），8から12はHTU（分岐点）をそれぞれ表す．丸括弧に囲まれた数字は，各節点の形質状態を表す．

ある特定のHTU kのMPRを求めるだけならば，kを最初の分岐点として系統樹を変形（rerooting）し，kが3つの子孫を持つような木を作る．そして，kの直接の子孫となったu, v, wのFarris interval S_u, S_v, S_wを求めたうえで，$\mathscr{S}_k = [(S_u \circ S_v) \circ S_w] \cap [(S_u \circ S_w)$

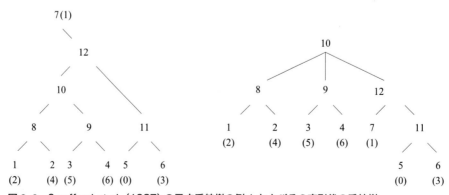

図3-9　Swofford et al. (1987) の示す系統樹の例1およびその変形後の系統樹

$\circ S_v]\cap[(S_v\circ S_w)\circ S_u]$ という計算を行えばよい．

例えば，HTU 10 の MPR を求めることを考えよう．すると，以下に示すように，変形を経て 10 の直接の子孫となった HTU8, 9, 12 の Farris interval は [2,4]，[5,6]，[1,1] となり，$\mathscr{S}_{10}=[2,4]$ となる．

$$\begin{aligned}\mathscr{S}_{10}&=[(S_8\circ S_9)\circ S_{12}]\cap[(S_8\circ S_{12})\circ S_9]\cap[(S_9\circ S_{12})\circ S_8]\\&=([4,5]\circ[1,1])\cap([1,2]\circ[5,6])\cap([1,5]\circ[2,4])\\&=[1,5]\cap[2,5]\cap[2,4]\\&=[2,4]\qquad\qquad\cdots\cdots(a)\end{aligned}$$

また，もしすべての HTU の MPR を求めるならば，Farris interval S_k をすべての分岐点について定義したうえで，アルゴリズム 2 を適用する．例えば $\mathscr{S}_{12}$ は，

$$\begin{aligned}S'_{10}&=S_{11}\circ S'_{12}=[0,3]\circ[1,1]=[1,1]\\S'_{11}&=S_{10}\circ S'_{12}=[4,5]\circ[1,1]=[1,4]\\\mathscr{S}_{12}&=(S_{10}\circ S'_{10})\cap(S_{11}\circ S'_{11})\cap(S_{12}\circ S'_{12})\\&=([4,5]\circ[1,1])\cap([0,3]\circ[1,4])\cap([3,4]\circ[1,1])\\&=[1,4]\cap[1,3]\cap[1,3]\\&=[1,3]\end{aligned}$$

同様に，$\mathscr{S}_{10}$ は，

$$\begin{aligned}S'_8&=S_9\circ S'_{10}=[5,6]\circ[1,1]=[1,5]\\S'_9&=S_8\circ S'_{10}=[2,4]\circ[1,1]=[1,2]\\\mathscr{S}_{10}&=(S_8\circ S'_8)\cap(S_9\circ S'_9)\cap(S_{10}\circ S'_{10})\\&=([2,4]\circ[1,5])\cap([5,6]\circ[1,2])\cap([4,5]\circ[1,1])\\&=[2,4]\cap[2,5]\cap[1,4]\\&=[2,4]\qquad\qquad\cdots\cdots(b)\end{aligned}$$

10 の MPR のみを求めた式（a）と，すべての HTU の MPR を求めた式（b）が，同一の値を導き出していることを，ここで確認しておこう．式（a）と式（b）は，本質的に同一の手続きを行っているのである．

1 つ以上の HTU の MPR が複数の形質状態を元として持っているとき，当該の系統樹には最節約的再建——各 HTU の MPR の組み合わせ——が複数存在する．以下，系統樹の最節約的再建を系統樹の MPR と呼び，当該系統樹のすべての MPR の集合を，系統樹の MPR 集合と呼ぶ．

Swofford et al. (1987) は，系統樹の MPR のうち，最も多くの並行現象（parallelism. 3.4.2 脚注 17 を参照）を認めるものを導き出す手法として，DELTRAN (delayed transformation optimization) を提示している．そして同論文は，Farris (1970) の示したアルゴリズムが，

最も多くの逆転（reversal．3.4.2 脚注 17 を参照）を認める最節約的再建を導き出していることを証明し，これを ACCTRAN (accelerated transformation optimization) と名づけている．DELTRAN のアルゴリズムは以下の通りである (Swofford et al. 1987)．

1. すべての分岐点 k について，先述のアルゴリズムを用いて $\mathscr{S}_k$ を求める．
2. はじめに $k=\delta$ とする（δ は最初の分岐点）．
3. x_k を，$\mathscr{S}_k$ に含まれる形質状態のうち，$|x_k - x_{f(k)}|$ が最小の値をとるものとする（f は祖先関数）．
4. すべての分岐点について，δ から末端に向かってステップ 3 を適用する．

DELTRAN の手法を直感的に説明するならば，各分岐点の再建を，直近の祖先分岐点にできる限り近づけようとすることで，結果的に，OTU につながる末端の枝に「しわ寄せ」がいく再建となっているのである．一方 ACCTRAN の手法は，系統樹全体の最節約的再建のうち，各分岐点の MPR の中から可能な限り直近の祖先分岐点から離れた形質状態をとるものを，根の方から順に選んでいることになる．その結果，OTU に近い値が根の方へ，根の方へと押しやられていくことで，逆転が最も多発する再建が得られるのである．

再び Swofford et al. (1987) の提示する例を引用する．中括弧および大括弧に囲まれた数字は節の形質状態の集合を，それぞれ表している（図 3-10）（形質状態の集合の元が 1 つである場合は中括弧を，形質状態の集合が閉区間で表される場合は大括弧を用いる）．

A は各節点の Farris interval を，B は HTU の MPR 集合を，それぞれ記したものである．ただし，閉区間 $[a, b]$ は無限個の実数を含んでしまうので，「$x_i \in [a, b]$ は OTU に表れている形質状態のみに限る」という制約を設ける．このとき，この系統樹には，図 3-11 に示す計 8 通りの MPR が考えられる．

DELTRAN のアルゴリズムをこの系統樹に適用すると，まず $\mathscr{S}_{12}$ は 1 が選択される．そして $\mathscr{S}_{11}$ は 1，$\mathscr{S}_{10}$ は 2 がそれぞれ選択され，そして，$\mathscr{S}_8$ は 2 が選択される（$\mathscr{S}_9$ は {5} なので，如系統樹のすべての MPR でも 5 で一定）．従って，DELTRAN で得られる系統樹の MPR は図 3-11 の 1. に示されるものである．

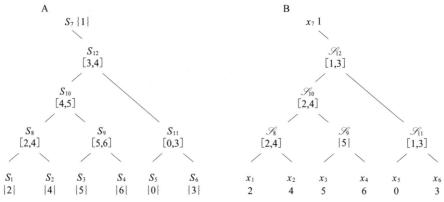

図 3-10　Swofford et al. (1987) の示す系統樹の例 2

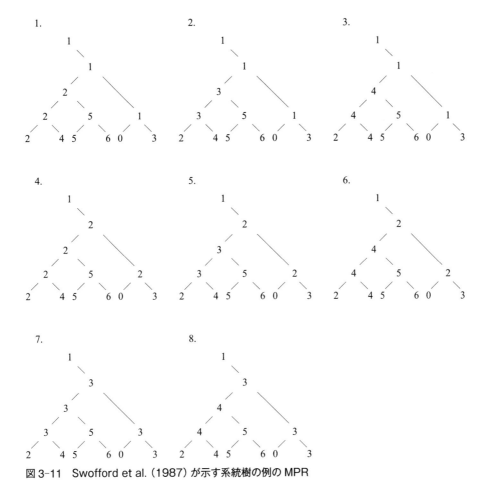

図 3-11 Swofford et al.（1987）が示す系統樹の例の MPR

　ACCTRAN のオリジナルである Farris (1970) は，根に近い分岐点から順に，各分岐点の Farris interval が元とする形質状態のうち，直近の祖先分岐点と最も近い値をとるものを選択するというアルゴリズムを示しているが，この方法は，各 HTU の直近の祖先分岐点から離れた形質状態を，当該の HTU の MPR の中からとるよう，根の方から順に計算し，その結果得られる系統樹の MPR を選択する方法と本質的に変わらない．Farris (1970) の方法で HTU の形質を決定するならば，まず S_{12} は 3 が選択され，次いで S_{10} は 4 が，S_{11} は 3 がそれぞれ選択され，そして S_8 は 4 が，S_9 は 5 が，それぞれ選択される．これは，系統樹の MPR 8. と一致している[19]．

　ただし，本書では逆転不可能の形質を系統推定に採用している．Swofford et al. (1987) が示す形質状態復元のアルゴリズムは，逆転を認めないモデル（Camin et al. 1965 など）の

---

19) DELTRAN も ACCTRAN も，根の位置が事前に定まっていないと実行できないアルゴリズムである．Swofford et al. (1987) は，根の位置が定まっていない場合に各分岐点の形質状態を決定するアルゴリズムとして，MINF アルゴリズム（minimum f-value algorithm）を提示している．

もとでは適用できないため，粤祖語の音韻体系の形質状態を復元するのに使うことができないが，先述の通り，第6章第1節，第3節でSwofford et al. (1987) のアルゴリズムを応用している．

3.5.2 粤祖語再建の諸問題

実際に粤祖語を再建するにあたっては，ここまで述べてきた方法論や原則に加えて，なお注意すべき事柄がいくつか存在する．以下に逐一論ずる．

a) 娘言語の選択の問題

粤祖語の再建ならびに粤語・桂南平話の系統推定を行ううえでの最初の課題は，「粤祖語の娘言語をどのように選択するか」である．3.3.2でも述べたように，系統と分類とは互いに本質を異にする概念であり，従って，祖語の娘言語の選択範囲が方言分類上の区分と一致しているからといって，その選択が正しいという保証はない．漢語系諸語では，単系統群を分析に先んじて発見するのは困難である．そもそも，「粤語」や「桂南平話」という分類群が系統を反映しているか否かすらも未証明である．粤祖語の再建を行うには，粤祖語の娘言語の範囲について，ある程度の主観性を伴った判断を行わざるを得ない[20]．

漢語系諸語以外の例を挙げよう．例えばLi (1977) やPittayaporn (2009) は，タイ祖語 (Proto-Tai) を再建するにあたり，何がタイ祖語の娘言語であるかについて，判定に迷った形跡は窺われない．その理由は，娘言語の持つ系統的排他性が，タイ系言語においては自明だからである．アルメニア語の場合も，アルメニア語を印欧語の一種と判断すること，アルメニア語を他の印欧語から区別すること自体にはあまり大きな問題が生じないであろう．

しかし，漢語系諸語で比較言語学を実践する場合，漢語系諸語の全体の中から一部のみを選択してそれを娘言語と見なし，その一部の言語について祖語の再建と系統の推定を試みねばならないという，独特の問題を抱えることになる．粤語や桂南平話に方言分類上は属さないが，しかし系統上は近縁関係にある方言が存在している可能性は排除できない．反対に，粤語・桂南平話と分類されている変種の中には，異なる系統に属するものが混在している可能性もある[21]．

Baxter (2000) と同様に，選択した娘言語から共通祖語を再建した結果，その共通祖語の体系が，娘言語として選択しなかった言語すらも十分に遡り得るものとなった，という事態は大いにあり得る．その場合には，分岐学ではなく言語学に基づく判断によって，その選択から漏れていた言語を，新たに当該の祖語の娘言語に付け加えることを検討せねばならない．もしその選択から漏れていた言語が新たに娘言語に追加されるならば，当該の

---

20) 濱田 (2013a; 2014a) では広東北部の粤語方言を，粤北土話との関係が未証明であるという理由で，粤祖語再建に用いることを保留している．
21) この可能性は，系統推定の結果得られる樹形によって検証できる可能性がある．

方言が共通祖語の他の娘言語とどのような系統関係によって結ばれているのか，すなわち，当該の方言をも含めて系統推定を再び行い，全OTU・HTUを結ぶ系統樹がどのような樹形を持つのかを改めて明示することではじめて，粤祖語を共通祖先とする単系統群の中に，当該の方言を定位することができたといえるのである．

　共通祖語の娘言語に含まれる変種と含まれない変種とを選別するにあたっては，変種間の系統関係が重要な意味を持つ．すなわち，娘言語に含まれるべきでない変種をも含めて系統推定を行った場合，娘言語に含まれるべき変種が，含まれるべきでない変種に対して，系統上排他的な地位を持つこと——含まれるべき変種が1つの単系統群を成し，含まれるべきでない変種が早々に分岐している樹形をとること——が期待される．粤語や桂南平話の諸方言間の系統関係を求める問題と，粤語・桂南平話がそもそも単系統群であるかどうか判定する問題とは，不断に相互参照を求められているのである．

　娘言語に含めるべき変種と含めるべきでない変種とを過不足なく画定するための明確な基準を，祖語の再建に先立って得ることはできない．1つまたは複数の基準をもって，時間的根拠に基づき漢語系諸語を弁別しようとすると，うまくいかないことが往々にしてある（Sagart 1998, Branner 2000 など）．ある基準が単系統性の判定に有効であることを実証しようとする行為は，倒錯的である．本書が第1章で「梧州話型粤語方言」と他とを分かつ基準について述べているが，こうした知見は，当該の諸変種に観察者が同質性を見出した後に行われた帰納の結果物なのであり，そして，同質性を見出す行為を可能とする目は，当該の変種を観察者である筆者自身が自ら調査した経験からの帰納の結果物である．まさしく生物の分類の実践と同様に，「経験からの帰納」は，透明ならしめることがきわめて難しい．

　あえて筆者自身の体験を努めて感覚的に述べることで，具体例を示したい．筆者は湖南省江華瑤族自治県で「梧州話」の調査を行った．その後，周辺地域の変種を記述する論著を目にすると，「この変種は，梧州話の仲間だ／仲間ではない」という，いささか直感めいた，しかし比較的強い信念を伴った実感が，得られるようになった．その実感とは，「この変種のこの語は，梧州話を調べたときに自分も耳にしたことがある」「この変種の調値は全体的に，梧州話の何某の変種のものとよく似ている」といった，自身が親しく体験した事象と，密接に結びついている[22]．もちろん，「実感」だけでは，到底学問と呼べる段階には至らないので，研究者はそこに何らかの論理を構築する必要がある．その結果として，「梧州話の仲間」とそれ以外の変種とを分かつ，明確な基準を提示することができるかも知れない．しかし，その基準はあくまでも事後的に，帰納的に発見されたものであって，基準を見つける論理の出発点には，「何某の変種は，梧州話の仲間なのではないか」という，演繹的でも帰納的でもない思考によって見出された仮説が存在している．

　梧州話型粤語方言は相当に同質性が高いため，「基準」を見つけ出すことが比較的容易である．しかし，観察の対象が粤語全体にまで広がると，基準を見出す論理の構築は，文

---

[22] 恐らく，同様の言語調査を行ったことがある研究者には，類似の体験の記憶が広く共有されているのではないかと，筆者は想像する．

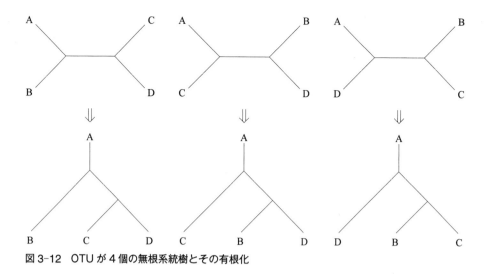
図3-12 OTUが4個の無根系統樹とその有根化

字通り人間離れした難しい作業になってしまう．これこそが，粤語・桂南平話の単系統性を断定し難い，根本的な理由の1つである．

b) 外群比較の問題

　言語の系統樹にはふつう，根（root）がある．しかし，3.4.3.a）で述べたように，系統樹を推定するアルゴリズムでは一般に，まず「無根系統樹（unrooted tree）」（根が未指定の系統樹）が生成される．その系統樹に根をつける作業を経てはじめて「有根系統樹（rooted tree）」が生成されるのである．アルゴリズムではただ単に，枝の上に想定しなくてはならない変化の数が最小となる樹形が得られるのみであって，枝の伸びる方向は根の位置が定まってはじめて決定される．例えば，OTUが4個である無根系統樹は，3通りの樹形が考えられる．4個のOTU A〜Dのうち，もしAが根として指定されたならば，これらの樹形はそれぞれ図3-12の下段のように変形することができる．

　根の位置を決めるには，一般に，外群（outgroup）の存在を要する．外群とは，単系統群の外部に系統上位置すると考えられる，分析対象外のOTUのことである．反対に，分析の対象となっている分類群は，内群（ingroup）と総称される．先の図3-12の例に即していうならば，BとC，Dが内群であるのに対して，Aは外群である．そして，形質の極性決定（3.3.1参照）は一般に，外群比較を行うことで可能となる（外群比較による極性決定のアルゴリズムについては，Maddison et al. 1984に詳しい）．ただ，言語について分岐学的分析を行う場合，外群比較を待たずとも言語変化の方向性が判明することが一般的である．

　漢語系諸語の系統推定において，外群比較に関する最大の問題は，「最も適当な外群をいかに選ぶか」である．粤語・桂南平話の系統関係を考えるにあたっては，外群を粤語・桂南平話以外の漢語系諸語から選ばねばならない．しかし，粤語・桂南平話以外の漢語系諸語の系統関係は未解明である．また，中古音は隋唐代の音韻体系であり，参照するには時代や地理的距離が大きく隔たっている．そこで本書では，事前に再建した粤祖語の再建初案（濱田 2013a; 2014a）をもとに形質を選択することで，この問題を解決する．粤祖語の

再建初案は，内部の系統関係については未証明のままに，中古音と粤祖語の規則的対応関係を求めているに留まった，粤祖語の姿を粗描したものにすぎないが，各方言の形質状態を定義する役目は十分に果たすことができる．なお，本書において粤祖語は，OTU の 1 つとして外群の位置に置かれるとき，すべての形質の形質状態が 0 である OTU として機能する．

　ここで附言せねばならないのは，言語の系統樹の場合，比較言語学的な方法によって再建される内群全体の共通祖語は，HTU と同一視することはできないということである．確かに共通祖語は，娘言語を手掛かりとして得られる仮想的，あるいは仮説的な存在である．しかし，HTU も共通祖語もともに仮想的であるとはいっても，分岐学が系統樹を形作る論理と，比較言語学が体系を復元する論理とは，互いに独立に動いているのであって，比較言語学が再建した共通祖語が，系統樹上で分岐をしている正にその瞬間の体系を反映している保証はどこにもないのである．再建という手続きによってもたらされる体系とは，分岐する節点そのものを代表しているというよりは，むしろ，その節点よりも少し前の一段階を反映したものであるはずなのである．そもそも共通祖語とは，すべての娘言語が共通に遡り得る，過去に存在した具体的な体系の投影物である．共通祖語が仮想的である理由は「体系の不完全な復元」だからであって，HTU が仮想的である理由とは，根本的に異なっている．

c) 言語層

　漢語系諸語は一般に，複数の「言語層」と呼ばれるものを内部に有しているとされる．特に音韻について，「言語層」("语音层次")という言葉は，過去において同じ読音を持っていた字が，ある 1 つの体系中で共時的に複数の異なる読音を持っている現象を指し表す（王福堂 2003: 1-2）．

　言語学では，同一の起源に遡るにもかかわらず，互いに異なる形式と意味を持つ単語が 1 つの言語に共時的に併存する現象を二重語（doublet）と呼んでいる（亀井孝 et al. 1996: 1036-1037）．例えば英語には，shirt と skirt, short のように，互いに起源を同じくする語の組が見られる．他にも，ラテン語 discus（円盤）に由来する語として dish, dais, desk, disc の 4 つがあるが，dish はラテン語から古英語に借用され，dais は古期フランス語の語形 'deis'（演壇）に起源を持ち，desk はイタリア語 'desco'（机）に由来し，disc はラテン語から現代語に直接借用された形式である（Ernest 1912: 128; 138）．

　言語層は doublet の概念をさらに一歩進めて，doublet となっている形式それぞれが，中原の権威的変種が各時代に有していた形式を反映していると想定する．そして，各時代の形式の集合 1 つ 1 つを「層」として捉え，そして各方言はこうした「層」が複数集まって成り立っている，という方言観を中国語学はとっている．「層」の違いは，その来源である中央変種の時代の新旧の違いとして解釈されるのである[23]．

　例えば上海語では，「日」という語（字）に /ɲiʔ/ と /zəʔ/ という 2 通りの実現形が見ら

---

23) 王福堂（2003）は，基層（substratum）もまた一種の言語層であると述べている．

れる（以下，上海語の言語データは钱乃荣 1992b によるが，音韻解釈に基づいて一部表記を改める）．どちらの形式も，中古音に遡ると考えられる形式である（平山 1967: 145-148 に基づく推定音価は ȵiĕt）．しかし，両者は来歴が互いに異なっている．/ɲiʔ/ は上海語固有の形式と考えられ，より口語的な語彙に出現する傾向があるが，/zəʔ/ はある時代に北方漢語から受容した形式と考えられ，より非口語的な語彙に出現する傾向がある．同様に「人」（平山 1967: 145-148 は ȵiĕn）にも /ɲiŋ/ と /zəŋ/，「兒」（平山 1967: 145-148 は ȵiĕ）にも /ɲi/ と /ɦər/ があるように（「兒」の声母が /z/ でないのは北方語の音変化に起因する），起源を同じくしながら，異なる形式で現れ，異なる用法で用いられる言語形式のペアが存在する．ただし，すべての語（字）に 2 通りの形式が見られるわけではなく，「讓」/ɲiaŋ/（平山 1967: 145-148 は ȵiɑŋ）や「熱」/ɲiʔ/（平山 1967: 145-148 は ȵiɛn）「辱」/zoʔ/（平山 1967: 145-148 は ȵiok）のように，1 つの形式しか報告されない語（字）もある．そして，「日」/ɲiʔ/「人」/ɲiŋ/「兒」/ɲi/「讓」/ɲiaŋ/「熱」/ɲiʔ/ が 1 つの言語層を構成し，「日」/zəʔ/「人」/zəŋ/「兒」/ɦər/「辱」/zoʔ/ がもう 1 つの言語層を構成しているという解釈が帰納的に行われている．中原の変種（北方語）では中古音の日母（ȵ）が鼻音成分を失って摩擦音化する歴史を経ているので，「日」/ɲiʔ/ に代表される言語層はより古く，「日」/zəʔ/ に代表される言語層はより新しいものと捉えられる．

以上の例に見るように，漢語系諸語では，中古音との規則的な対応関係から期待される形式に一致しない，より新しい形式や，より古い形式が，各言語・方言に含まれているのがふつうである．そして，より古い形式は，より古い時代の中央の形式が伝播してきたものであり，より新しい形式は，より新しい時代の中央の形式が伝播してきたものである，という考え方を言語層はとる．

あたかも日本漢字音の漢音と呉音とが恣意的に交替できないのと同様に，一語（字）の持つ複数の形式のうち，どれが出現するかは，語ごとに決定しているのが一般的である．より書面語的・非日常的な語に出現する字音を「文読」，より口語的・日常的な語に出現する字音を「白読」と呼び，一字が文読と白読とを有している現象を「文白異読」と呼ぶ．一般に，白読はより古い言語層に，文読はより新しい言語層に，それぞれ属していると想定されることが多い[24]．

上海語のように，声母が ɲ- である形式と z- である形式が二重語として対になっている現象は，上海語を含む「呉語」に広く観察されている．このとき，「呉語の諸方言は 2 つの言語層を共有している」と述べることができる．例えば，「上海語の「日」/ɲiʔ/ は，呉語の一種である蘇州語の「日」/ɲiəʔ/ と同一の言語層に属し，上海語の「日」/zəʔ/ は，蘇州語の「日」/zəʔ/ と同一の言語層に属する」といういい方が可能である（蘇州語のデータは钱乃荣 1992b による）．つまり，「呉語は中古音の日母が ɲ- で実現する古い言語層と，日母が z- で実現する新しい言語層が，積もり重なって成立している言語である」という説明ができる．

---

[24] ただし，文白異読と言語層の相違とが，常に単純に対応しているわけではない．詳細は王福堂（2009）などを参照．

言語層に基づく通時的分析では，方言・言語間の歴史共有関係は「言語層の共有」によって論ぜられる．比較言語学が一般に，対応関係を根拠とした共通祖語の再建によって歴史共有関係を論証しようとするのとは，方法が異なっているのである．

　言語層は，漢語系諸語全体の言語史を統一的に論ずる目的をもって各変種の通時的分析をするには，有効な概念である．漢語系諸語の通時的研究では，比較言語学的分析では説明しにくい，対応関係の不規則性を説明するための方法として，「言語層」を用いることが広く行われている．漢語系諸語の各方言を，複数の言語層が集積した結果として成立したものと捉える言語観は，系統樹という言語史モデルや，比較言語学という言語を祖先・子孫関係で関係づける理論と，必ずしも親和性が高くない．このような背景ゆえに，中国語学では言語層に基づいた通時的考察を行うのが一般的であり，漢語系諸語を比較言語学的に分析することへの否定的見解が，数多く見られる．言語層を本位に通時的分析を行う立場（例えば張琨 1984; 1991，徐通鏘 1991: 97-100，何大安 2002 など）では，先に言語層を判別したうえで，各言語層の起源を解明する方法がとられている．言語層に基づく通時的分析では，共通祖語の形式を再建するのではなく，各言語層の来歴を推定したうえで，当該方言の成立史を論ずる方法をとる．

　ただし，言語層に基づく議論の正当性が保証されるには，1つ条件がある．それは，言語層同士の差異が，純粋に時代の相違によって説明できることである．つまり，変種のどの言語層もみな，ある1つの中心から供給されたものであって，言語層同士が互いに異なる形式をとっている理由が，その中心で発生した言語変化に求められる限りにおいて，言語層は各方言の成立過程を正確に分析することができるのである．しかし，秋谷裕幸 et al. (2012) が指摘するように，漢語の波状的な伝播の波の起源を一点に求めることの妥当性は，未だ証明されていない．

　漢語系諸語で比較言語学的研究を行うことの妥当性を主張する秋谷裕幸 et al. (2012) に対しては，陈忠敏 (2013b) が言語層の立場から異議を唱えている．陈忠敏 (2013b) による理論面に関する反論の要点を示すならば，同論文は Meillet (1925 [1967]) を引きつつ，「共通祖語の単一性は比較言語学の前提であって，閩祖語のように，再建された祖語が外来の成分を含有しているのは，比較言語学の前提に違背している」と述べる．しかし，Meillet (1925) の論旨を文脈から判断するならば，同書は形態法のような「閉じた体系」について，2つの祖体系を想定することを問題視していると考えられる．陈忠敏 (2013b) への再反論である韓哲夫 (2015: 330) が述べているように，複数の言語層を内包することは，共時的な体系性が欠落していることを決して意味していない（李如龍 2006: 52 なども参照）．たとえ，1つの体系の中にいくつかの「言語層」を認めることができたとしても，共時的には1つの言語体系を構成している[25]．

　言語層は，音韻体系という閉じた体系の複数性ではなく，より開かれた体系である語彙の複数性を指した概念である．たとえ語彙の借用が祖語の段階ですでに発生していたとい

---

25) 例えば台湾語などのように，文読音と白読音とが互いに大きく異なる変種もあるが，それでも，台湾語の音韻は1つの体系の形に落としこむことが可能である．

う推定結果が得られようとも，それは比較言語学の手法の欠陥を指摘することにはならない．例えば Pittayaporn (2009) でタイ祖語に再建形が与えられる語の中には，漢語からの借用語である蓋然性がきわめて高いものが見られる．しかしこのような再建を指して，Pittayaporn (2009) が「2 つの祖体系を想定」した事例と見なすことはできないであろう．韓哲夫（2015: 330）も述べるように，そして，本書でも繰り返し述べてきたように，漢語系諸語の歴史が異系統間の変種の頻繁な相互接触によって特徴づけられているとしても，それは「漢語系諸語で系統を論ずることが無意味だ」ということを，決して意味しない．

　陈忠敏（2013b）はほかにも，何九盈（2004）に対する反論である陈忠敏（2007）を自ら引用しつつ，「比較研究は必ずしも，下位から上位へと順次に祖語の再建を行うこと（"層級比較"）で成功するわけではない．閩祖語の再建もまた，閩南語や閩東語など，各分類群の共通祖語の再建に先立って行われている」と述べて，「より小さな集団から共通祖語の再建をはじめ，最終的に全体の共通祖語を導き出す」という一般的な祖語再建の手続きとは異なる，「言語間に親族関係が存在することが確実であるという前提のもと，分析対象の言語が経た音変化を，より遠縁の言語を参照することで明らかにする」（陈忠敏 2007: 403）という方法（"跨級比較"）の妥当性について論じている．例えば田口（1998）が，王輔世 et al.（1995）によるミャオ・ヤオ祖語（Proto-Hmong-Mien）再建の手続きの問題点の 1 つとして，ミャオ語派（語支）・ヤオ語派（語支）それぞれの共通祖語の再建に先んじて，ミャオ・ヤオ祖語を求めていることを指摘しているように，より小さな集団から順に共通祖語を再建する方法が，最も信頼性の高い再建結果をもたらす．ミャオ語支とヤオ語支とが，それぞれ系統的に互いに排他的であることは，ほぼ自明である．それゆえに，比較言語学的見地からいえば，ミャオ祖語（Proto-Hmong）やヤオ祖語（Proto-Mien）を再建しない合理的理由は，存在しないはずである．しかし閩語の場合，ミャオ・ヤオ語族の場合とは異なり，そもそも閩語の下位集団とされる閩東語や閩南語などが単系統群かどうか，未だ明らかでない．このことを踏まえるならば，Norman (1981) でまず閩祖語が再建され，閩東祖語や閩南祖語の再建が試みられていないのは，系統論的に考えて，不適当とはいえない．閩東祖語や閩南祖語の再建を経ずに閩祖語が再建されていることと，"跨級比較"という方法が妥当であることとは，互いに関係がない．

　陈忠敏は，印欧語でも"跨級比較"による比較研究が行われている旨を述べており，例えばグリムの法則は，各語派の共通祖語の再建を経ることなく，ゲルマン語とその他の印欧語とを，系統をまたいで比較した結果として発見されたものであって，これをもって印欧語研究でも"跨級比較"が行われてきているとされている（陈忠敏 2007: 404–407; 陈忠敏 2013b: 55）．本書は"跨級比較"という行為の意味や意義について論ずることを目的としないが，ただ 1 つだけ述べておかねばならないのは，音変化の規則を発見するという行為と，1 つの体系としての共通祖語を再建する行為とは，互いに別の論理に支えられた，別の行為だということである．音変化の法則は，規則発見の論理である帰納により得られたものであるが，共通祖語は，仮説発見の論理であるアブダクションの結果として得られる．

　系統上，分析対象から遠い存在をあえて参照点として選択する行為は，より近い外群を無視して，より遠い外群の情報を重視しようとする行為であるといえる．系統的に遠い言

語を参照して音変化を探る行為それ自体は否定されるものではないが，それが理論的に肯定されるためには，入手し得るより近くの情報が十分に参照されたうえでなくてはならない．従って閩語を直に上古音などと比較するのではなく，閩祖語を再建してそれを参照する行為に，理論上の問題は認められない．

さて，方言の歴史を説明するために言語層という概念が存在しているにもかかわらず，なおも比較言語学的方法による祖語再建を行おうとする目的はどこにあるのであろうか．現代の粤語・桂南平話には，その母体を構成していると見なし得る形式が存在している．より厳密に述べるならば，現代の粤語・桂南平話の変種が持つ具体的な個々別々の語（字）について，複数の形式が観察されたとしても，その中のどれか 1 つを「通時的観点から見て規則的に対応しているといえる語形」を定義することは可能である．従って，その定義された「通時的に見て規則的な音対応を見せる語形」をもとに再建される粤祖語の語形は，粤祖語にとって，「通時的に見て規則的な音対応を見せる再建形」ということになる．そして，その「規則的音対応」にそぐわない語形は，「不規則的な語形」と認定することも同時に可能となるのである．

Stimson (1962) は，中古音の入声の実現形が北京語において一定していない現象について，北京語が複数の異なる「血統」(strain) が混合した結果と論じている．そして Stimson (1962) は，1 つの言語（方言）を構成する複数の血統のうち，どれが当該言語（方言）の本来の系統か決定する方法について，Dyen (1956) を引きつつ，「基礎語彙に最も頻出する形式が属する血統を，本来の系統と見なす」という基準を示している．粤語・桂南平話についても，各方言の本来的な系統を反映した形式，すなわち，各方言の母体を構成している形式を，選択し，定義することができるのである．この選択や定義の仕方いかんによって，当然，当該変種の系統的な位置づけは大きく左右される（詳細は第 7 章第 3 節を参照）．

第 6 章で論ずるように，粤祖語も現代の漢語系諸語と同様に，複数の「言語層」を認め得る．例えば「騎」（馬などに「乗る」）という語（字）について，*gi2 と *gɪːə2 の 2 つが再建される．*gi2 と *gɪːə2 の関係は，共時的にいえば，粤祖語という単一の言語体系内に存在する成分同士である．通時的観点に立てば，*gi2 は中古音との対応関係から期待される実現形式であるが，*gɪːə2 は中古音との対応関係からは期待されない．*gɪːə2 が粤祖語に存在する理由を説明する方法は，いくつか考えられる．1 つ目の説明は，比較的新しい時代に，現存する他の何らかの漢語系諸語から借用したためと考える方法である．例えば，閩南語には「騎」kia2 の形式が知られる．2 つ目は，粤語・桂南平話が定着する前からすでに華南に存在していた何らかの漢語から，粤祖語が借用をしたため――または，その漢語に由来する借用語を持つ非漢語から再借用をしたため――，3 つ目は，粤祖語につながる系統の変種（粤祖語よりも古い段階の変種）が，北方から華南に至るまでの間に，何らかの漢語と接触を起こして語彙を借用したため，などのように，さまざまな仮説が考えられる．いかなる理由にせよ，再建される共通祖語に重層性を認めること自体は，方法論の有効性を否定する理由にならない．秋谷裕幸 et al. (2012) は，「祖語の段階においてすでに

存在していた外来成分は，祖語の一部分として娘言語に受け継がれる」という，言語学的に正当な議論を展開している．言語層という概念で示されている，「大量の二重語（doublet）が体系的に1つの言語の内部に存在している」という言語事実は，必ずしも祖語の再建という方法を直ちに否定する根拠にはならない．

ただ，比較言語学的分析方法が娘言語の重層性を共通祖語に反映する方法を持っていたとしても，さらなる批判が予想される．それは，「再建という行為そのものの妥当性」に関する批判である．比較言語学にとって，共通祖語の再建形を決定する根拠とは，対応関係である．しかし，「導き出された再建形が，その共通祖語の年代の漢語として不自然な（すなわち，新しすぎる／古すぎる）形式である」という事態があり得る．すなわち，「再建形Xを再建することを支持するような対応関係が，娘言語の間で成り立っている」からといって，「再建形Xが共通祖語の言語体系内に存在していた」とは限らないということである．これに対して本書は，「再建の妥当性は，樹形の情報を利用して担保することが可能である」と回答したい．具体的な方法の説明は第6章第1節に譲るが，本書は，系統樹の樹形が持つ歴史共有関係の情報を利用して，再建形の実在性の高低を集合論的に判定する方法を提唱する．

なお，言語層と系統論の問題に関して，1つ附言しておかねばならないのは，「保守的に見える語形が，当該方言の本来の形式である絶対の保証はない」ということである．例えばアルメニア語では，印欧祖語の無声破裂音は無声有気音・摩擦音に，有声無気破裂音は無声無気破裂音に，有声有気破裂音は有声破裂音に，それぞれ変化するという，ゲルマン語の第一次子音推移にも類似した音変化が発生している．この音変化は，ペルシア語からの借用語を受容するのに先立っている．その結果として，外貌を大きく変化させた固有語よりも，ペルシア語由来の借用語の方が，かえって保守的な形式を呈している．たとえ実現形が古形と近かったとしても，形式上の類似が無条件に起源の古さの直接的証拠になるわけではない．漢語系諸語の例を挙げるならば，南寧以西の桂南平話において，粤祖語 *u（中古音の遇攝一等模韻）が，より広い母音である o やっに対応している現象が見られる．中古音の模韻には *o が推定されているが（平山 1967: 147），しかし，中古音と南寧以西の桂南平話の形式 o・っとを直接比較したとしても，南寧以西の桂南平話の形式が，中古音の時代から今日まで保存され続けてきたものであることを証明することにはならない（濱田 2013a; 2014b）．このような表面的な「逆転」に対して，言語層的な分析方法は正確な判断を下せないことがあり得る．「逆転」を「逆転」と正しく判ずるには，表面的な形式だけではなく，変種間の歴史的関係，すなわち，系統をも考慮する必要がある．

d）部分木の指定の問題

先述の通り，系統樹の推定には莫大な計算量を要するため，できる限り計算量を減らす方策を講ずる必要がある．そこで，系統的近縁性の自明な下位集団を探索して，当該の方言集団について系統関係を部分木としてあらかじめ指定しておく方法が考えられる．濱田（2012a）は，湖南・広東・広西省境地域の粤語（梧州話系言語／梧州話型粤語方言）の共通

祖語を，濱田（2014b）は，南寧以西の桂南平話の共通祖語を，それぞれ再建しており，これらの成果を利用することができる．ただし，過度に部分木を指定すると客観的系統推定に影響を及ぼし兼ねないため，部分木の指定は同質性の極めて強い，分岐学を用いずとも言語学的・中国語学的に十分に確かな系統樹を描き出せるような方言集団についてのみ行うのが望ましい．

e）形質選択の問題

　分岐学と言語学は，理論面で共通の基盤を有しているといえるが，しかし，両者の間には衝突の余地がないわけではない．最節約性を原則とする分岐学が成り立つには，「ある状態から別のある状態に推移する際，どのような順番で変化が起ころうとも，その変化の回数は一定である」という数学的前提を必要とする．分岐学がデータとして扱うのは，形質状態を表す数字と，その数字が形質の数だけ並んだ形質行列である．例えば，5つの形質が選択されており，あるOTUは形質1に0，形質2に1，形質3に0，形質4に1，形質5に1という形質状態が，それぞれ定義されているとする．このとき，そのOTUの形質行列は「01011」となる．仮に，形質行列が「00000」であるHTUがこのOTUの直接の祖先であったとするならば，このHTUとOTUの間では，2番目，4番目，5番目の形質の形質状態がそれぞれ1だけ相違しているので，両者の間では3ステップの変化が発生したことになる．このとき，変化の順番がどうであろうと，3ステップを必要とする．分岐学はホモプラシーを最小にするように系統樹を選択するという原理で動いているのであって，改新がどのような順番で起こったのかについては，まったく考慮されない．分岐学的分析が可能となるには，各形質で発生する改新の順番を無視してかまわない，という前提条件が必要なのである．より厳密に述べるならば，分岐学的分析が扱うことのできるデータは，「あり得るすべての形質行列の集合の元をグラフ上の互いに異なる節点に対応させたとき，そのグラフが持つ任意の2つの節点は，両者を結ぶ任意の最短の道（path）がすべて同じ長さであるように半順序（partial order）が定義されている」という条件を満たしている必要がある．

　言語学において変化の順番が決定的に重要であることは言を俟たない．形質状態の変化の順番が分析に反映されないという点は，まさに歴史言語学において大きな問題となる．歴史言語学が分析対象とするのは，言語体系という，要素同士の互いに関連しあった1つの総体だからである．音韻体系の「通時的変化」とは，一般に，体系の構成要素の形式が変化することと，構成要素の個数が変化すること（要素同士の対立の喪失など）とを指し得る．例えば，ただ単純に「A＞B／C」という形で音変化を記述する場合，「Cという環境下でAがBとなる」という変化のみを表す場合もある一方で，「Cという環境下でAがBとなり，その結果，2つの音A・Bが対立を失って合流する」という体系内部の音の増減をも含意する場合もある．しかし，「AがBという音になる（対立の解消の有無は問わない）」「AがBとなって，もともとあったAとBの対立を解消する」という2つの場合のうち，どちらに該当する音変化なのか，計算機が「A＞B／C」という記述のみから読みとって理解することは難しい．この意味において，分岐学は，体系性・全体性を帯びた

事物を直接分析の対象とする際に，特段の注意を要する．

　変化の順序の違いによってもたらされる，変化後の体系の違いを分岐学が追跡できるようにするには，分析者が工夫して形質選択を行わねばならない．分析者は，数字の大小と状態の順序とで表現される形式行列という形のデータに，音韻体系の起こす通時的変化を，押しこまねばならないのである．この作業の過程では，形式行列に盛りこむべき情報の取捨選択を行うことが避けられない．これこそが，分岐学的分析が通時的変化のすべてを追跡できる保証がない所以である．先述の「A＞B／C」の例に即していうならば，問題回避のためには，対立を喪失するという変化と，対立を喪失せずに形式のみが変わるという変化を，あらかじめ互いに異なる形質として選択しておくことが必要になる．

第4章

粤祖語の音類を求める
粤祖語の再建初案

4.1 粤祖語の再建初案の体系

　粤祖語の本格的な再建作業に移る前に，その準備として本章で，中古音と粤祖語との対応関係をあらかじめ考察しておく．この方法は McCoy (1966) と Tsuji (1980) が粤祖語を再建する際にとられた方法と同様である．すなわち，中古音の体系が示す「音類」それぞれに対応させるべき具体的音価を，現代の娘言語を手掛かりとして推定する方法である[1]．

　比較言語学の原則に則るならば，現代語——より広義には，実際に観察可能な娘言語——を出発点として祖語を再建するのが本来の方法である．共通祖語をより精密に再建するためには，系統樹の樹形が前もって準備されている必要がある．しかし樹形を得るためには，祖語から娘言語それぞれへの言語変化が形質行列で表現されている必要がある．そして，形質行列の形質状態を定義するには，祖語の体系が相当程度わかっていなければならない．このような循環を解消するために，本書は，粤祖語を模擬的に再建して，粤祖語の音韻体系の情報——どのような声母・韻母がいくつ存在していたか——を把握することを試みる．先に，粤祖語の再建初案を表 4-1 と表 4-2 に示しておく．

　濱田 (2013a; 2014a) でも述べたように，この再建案は中古音の音韻体系の枠組みに，粤祖語の再建音を対応させたものであり[2]，完全に語（字）1つ1つから導かれた音韻体系ではない．当然ながら，中古音の1つの音類に，唯一の粤祖語再建音を対応させることはできない．例えば，「猜」と「草」は等しく中古音で清母（平山 1967: 146 による推定音価は ts^h-) を声母に持つが，各地の方言の実現形を踏まえて粤祖語の再建形を求めれば，「猜」は $^*\text{ts}^\text{h}\text{ai}1$，「草」は $^*\text{ts}^\text{h}\text{ou}3$ が得られる．また，「態」と「菜」は等しく中古音において代韻字（平山 1967: 147 による推定音価は ʌi) であるが，粤祖語の再建音として前者は $^*\text{t}^\text{h}\text{ai}5$，後者は $^*\text{ts}^\text{h}\text{ɔi}5$ と，それぞれ異なる韻母を再建するのが妥当である．本書の最終的な粤祖語再建案は，第6章で提示する．なお，粤祖語再建に用いた語（字）の一覧は，粤祖語の再建形や各単系統群の共通祖語の再建形と共に，附論1にまとめた．

---

[1] 本章の内容は，2011年から2014年にかけて公表された筆者の論考（濱田 2011; 2012a; 2012b; 2012c; 2013a; 2013b; 2013c; 2014a; 2014b; 2014c）を，一部修正してまとめたものである．
[2] このような方法が可能なのは，中古音が，粤語・桂南平話の諸変種の仮説的祖体系と見なし得る体系だからである．

表 4-1　粵祖語声母と中古音との対応関係（再建初案）

唇音 （重唇音）	幫母	*p-	正歯音 （二等）	莊母	*tʂ-
	滂母	*pʰ-		初母	*tʂʰ-
	並母	*b-		崇母	*dʐ-・*ʐ-
	明母	*m-		生母	*ʂ-
唇音 （軽唇音）	非母・敷母	*f-	正歯音 （三等）	章母	*tɕ-
	奉母	*v-		昌母	*tɕʰ-
	微母	*m̥-（遇・止・臻攝） *m-（山・宕攝）		船母	*ʑ-
				書母	*ɕ-
				禪母	*ʑ-・*dʑ-
舌頭音	端母	*t-	牙音	見母	*k-
	透母	*tʰ-		溪母	*h-・*kʰ-
	定母	*d-		群母	*g-
	泥母	*n-		疑母	*ŋ-（遇・止・咸・山・通各攝三四等） *ŋ-（その他）
舌上音	知母	*tʂ-	喉音	影母	*ʔ-
	徹母	*tʂʰ-		曉母	*h-
	澄母	*dʐ-		匣母	*ɦ-
	娘母	*n-		以母・云母	*j-（合口遇・山・通攝，開口） *w-（その他）
歯頭音	精母	*ts-	半舌音	來母	*l-
	清母	*tsʰ-	半歯音	日母	*ɲ-
	從母	*dz-			
	心母	*s-			
	邪母	*z-・*dz-			

表 4-2　粵祖語韻母と中古音との対応関係（再建初案）

果	開口一等	*ɔ	咸	合口三等	*am/p
果	開口三等	*ɪːə	深	開口三等	*im/p
果	合口一等	*ʊːə	山	開口一等	*ɔn/t（牙喉音） *an/t（その他）
果	合口三等	*ɤːʏ	山	開口二等	*an/t
假	開口二等	*a	山	開口三等・開口四等	*ɪːən/t
假	開口三等	*ɪːə	山	合口一等	*ʊːən/t
假	合口二等	*a ※	山	合口二等	*an/t ※
遇	合口一等	*u	山	合口三等・合口四等	*ɤːʏn/t
遇	合口三等	*u（非組） *ʊːə（莊組） *y（その他）	臻	開口一等	*ɐn/t
			臻	開口三等	*in/t
蟹	開口一等	*ʊːəi（幫組） *ɔi（その他）	臻	合口一等	*ɔn・ʊ（一部の非牙喉音） *ɐn/t（その他）※
蟹	開口二等	*ai	臻	合口三等	*ɐn/t（非組） *un/t（その他）
蟹	開口三等・開口四等	*ɐi	宕	開口一等	*ɔŋ/k
蟹	合口一等	*ʊːəi	宕	開口三等	*ʊːəŋ/k（莊組） *ɪːəŋ/k（その他）
蟹	合口二等	*ai ※			

蟹	合口三等・合口四等	*ɐi(牙喉音)※ *ɐi(非組) *ui(その他)
止	開口三等	*ɿ(精組) *ʅ(莊組) *i(その他)
止	合口三等	*ui(牙喉音) *i(非組) *ui(その他)
效	開口一等	*ɔu
效	開口二等	*au
效	開口三等・開口四等	*ɪːɐu
流	開口一等	*ɐu
流	開口三等	*iu
咸	開口一等	*ɔm/p(牙喉音) *am/p(その他)
咸	開口二等	*am/p
咸	開口三等・開口四等	*ɪːəm/p

宕	合口一等	*ʊːəŋ/k
宕	合口三等	*ʊːəŋ/k
江	開口二等	*aŋ/k
曾	開口一等	*ɐŋ/k
曾	開口三等	*ɐk(莊組) *iŋ/c(その他)
曾	合口一等	——
曾	合口三等	*iŋ/c ※
梗	開口二等	*aɲ/c
梗	開口三等・開口四等	*ɪːəɲ/c
梗	合口二等	*aɲ/c ※
梗	合口三等・合口四等	*ɪːəɲ/c ※
通	合口一等	*uŋ/k
通	合口三等	*yŋ/k（牙喉音） *uŋ/k（その他）

※のついた韻母は，[ɥ]を伴うことがある．[ɥ]は声母 *w-，または *kʷ- のように，牙喉音声母の一部として解釈することができる．

粤祖語（再建初案）の声母一覧：

*p   *pʰ   *b   *m   *w
*f   *v   *ɱ
*t   *tʰ   *d   *n   *l
*ts *tsʰ *dz   *s   *z
*tʂ *tʂʰ *dʐ   *ɳ   *j   *ʂ   *ʐ
*k   *kʰ   *g   *ŋ
*ʔ   *h   *ɦ

粤祖語（再建初案）の韻母一覧（存在が疑問視される韻母は括弧内に示す）：

*a   *ai   *au   *am/p   *an/t   *aɲ/c   *aŋ/k
*ɔ   *ɔi   *ɔu   *ɔm/p   *ɔn/t   *ɔŋ/k
*ɪːə *ɪːau *ɪːə   *ɪːəm/p *ɪːən/t *ɪːəɲ/c *ɪːəŋ/k
*ʊːə *ʊːəi   *ʊːən/t   *ʊːəŋ/k
(*ɤːə)   *ɤːən/t
      *iɐ   *uɐ   (*ɐm/p) *ɐn/t   *ɐŋ/k
*i   *iu   *ui   *im/p   *in/t   *iɲ/c
*u   *ui   *un/t   *uŋ/k
*y   *yŋ/k
*ɿ/*ʅ

4.1 粤祖語の再建初案の体系

以下，特に論証を要する点ごとに節を立てて，再建初案について議論を行う．なお，疑母に対する粤祖語の再建音については，6.2.1.c) と 6.2.1.d) で再論する．

4.2 長介音韻母

粤語の代表例とされる広州方言は音韻解釈上，介音を持たない（黃家教 1964 など）．それにもかかわらず，粤語の古い段階の体系には介音が存在していた蓋然性がきわめて高い（侍建国 2002，邵慧君 2010 など）．

粤語・桂南平話の諸方言は，效・咸・山攝三四等，および，山攝合口一等の主母音が狭母音で実現することが多い．広州方言を例にとるならば，「焦」（效開三平宵精）は tsi:u1,「尖」（咸開三平鹽精）は tsi:m1,「煎」（山開三平仙精）は tsi:n1,「酸」（山開一平桓心）は sy:n1,「宣」（山開三平仙心）は sy:n1 となっている．これらの主母音はいずれも，長母音の狭母音である．その一方で，「四邑片」と呼ばれる南シナ海沿岸部の一部地域に分布する方言群では，これらの語（字）の韻母が，「介音 + 'a' (+ 韻尾)」または「非狭母音の単母音 (+ 韻尾)」となっている．これは，四邑片が特異な方言とされてきた根拠の 1 つである[3]（詹伯慧 et al. 1990: 18-19）．

粤祖語には，広州方言の「狭母音 (+ 韻母)」という音形にも，四邑片のような音形にも変化し得るような再建形を想定することになる．そこで，これらの韻母には *ɪːəm，*ɪːən のような，介音が比較的長く——おそらくは主母音に相当する *ə よりも長く——発音される再建形を想定することができる．これを筆者は濱田（2012a）以降「長介音韻母」と呼んでおり，本書もこれを踏襲する[4]．粤祖語に再建される長介音韻母と中古音との対応関係は表 4-3 の通りである．

主に外転の三四等が粤祖語の長介音韻母と対応しているが，同じく外転である蟹攝の開口三四等は粤語・桂南平話の中から，介音要素が過去に存在した形跡が窺われない．例えば広州方言で「鶏」（蟹開四平齊見），「妻」（蟹開四平齊清）はそれぞれ kei1, tsʰei1 である．粤祖語には，*ɪːəi のような長介音韻母はもちろん，通常の介音を持った再建形を想定することもできない．

以下，「長介音韻母」を再建することの妥当性について論ずる．ただし *ɪːəɲ/c については，次節で硬口蓋韻尾の存在を論証する際に，あわせて考察する．

まず，文献資料からの傍証例を挙げる．吉川（2011a）は 19 世紀南海（西樵）方言を反映したと考えられる，James Legge の *A Lexilogus of the English, Malay, and Chinese Languages: Comprehending the Vernacular Idioms of the Last in the Hok-keen and Canton Dialects* の表記とその音価について分析をし，宕攝開口三等字に対応する同書中の綴字 éung, éuk に対して *eːʊŋ/k を推定する．吉川（2011b）は，Williams（1842）に見られる綴

---

3) 濱田（2013a）は，粤語・桂南平話の最初の分岐で四邑片が他方言と袂を分かったものと考えたが，これは一部の特徴にのみ注目した結果の判断である．この仮説は訂正されなければならない．
4) ɪː, ʊː, ʏː とは別に，短く発音された半母音 u も存在していた蓋然性が高い．この要素は牙喉音とのみ共起しており，音韻的には *kʷ- のように唇音化声母として解釈することができる．

表 4-3 長介音韻母と中古音との対応関係

粤祖語	中古音	粤祖語	中古音	粤祖語	中古音
*ɪːə	假攝開口三等	*ʊːə	果攝合口一等 遇攝三等莊組	*ʏːə	果攝合口三等
		*ʊːəi	蟹攝合口一等		
*ɪːəu	效攝三四等				
*ɪːəm/p	咸攝開口三四等				
*ɪːən/t	山攝開口三四等	*ʊːən/t	山攝合口一等	*ʏːən/t	山攝合口三四等 （非組除く）
*ɪːəɲ/c	梗攝開口三四等 梗攝合口三四等				
*ɪːəŋ/k	宕攝開口三等 （莊組除く）	*ʊːəŋ/k	宕攝開口三等莊組 宕攝合口一三等 宕攝合口三等非組		

字 éu に対しても *eːu を推定している．過去の変種において宕攝開口三等が長介音韻母の一種と呼べる実現形を実際にとっていた蓋然性はきわめて高い．このように，表音的な音韻資料からも長介音韻母の再建は支持される．

次に，方言報告とそれに基づく再建形から傍証を試みる．平田昌司 et al. (1998) や池田巧 (1998)，麦耘 (2008) などは，典型的な介音よりも長く調音される，韻母の先頭要素を持つ現代漢語の方言例を提示している．麦耘 (2008) はこの要素に「先長閉元音」という名称を与えている．典型的には，音長の最も長い母音要素は主母音であるが，東南アジア大陸部や中国大陸南方の非漢語においては，「先長閉元音」に相当する母音要素を持つ言語は広く見受けられる．粤語・桂南平話もまた過去のある段階において，「先長閉元音」を伴う韻母——すなわち，長介音韻母——を持っていたとしても不自然でない．

濱田 (2012a; 2012b) では，梧州話型粤語方言（梧州話系言語）という系統的近縁性が強く推定される，賀江流域に分布する集団の共通祖語「賀江粤祖語」の音韻体系を示している．この「賀江粤祖語」は，長介音韻母 *ɪːə（果攝開口三等・假攝開口三等）と *ɪːəŋ/k（莊組字を除く宕攝開口三等）を有している．表 4-4 から見てとれるように，賀江粤祖語の段階では，長介音韻母と通常の韻母とが相補分布をなしている．このように，賀江粤祖語の例は，過去のとある段階において長介音韻母を持つ変種が存在していた蓋然性が高いことを示している．なお，賀江粤祖語で效・咸・山攝三四等，および，山攝合口一等の主母音は，狭母音で再建されている．

長介音韻母の存在は，玉林方言（广西壮族自治区地方志编纂委员会 1998) からもうかがい

表 4-4 非円唇前舌介音を持つ賀江粤祖語の韻母

	-∅	-u	-m/p	-n/t	-ŋ/k
長介音韻母	*ɪːə 果假開三	——	——	——	*ɪːəŋ/k 宕開三
通常の韻母	——	*iəu 流三	*iəm/p 深三	*iən/t 臻開三	——

表 4-5　玉林方言の入声字の実現形

	攝	涉	節	截	闊	活	厥	月
中古音	咸開三入葉章	咸開三入葉襌	山開四入屑精	山開四入屑從	山合一入末溪	山合一入末匣	山合三入月見	山合三入月疑
玉林	ɕip7a	ɕiɛp8b	tit7a	tiɛt8b	wut7a	wɒt8b	kyt7a	ŋyɛt8b

知ることができる．玉林方言では，入声字の韻母の一部が陰入と陽入とで異なるふるまいを見せる現象が確認されている（表4-5）．陰入字は狭母音と韻尾からなる韻母で実現するが，それに対して陽入字は，狭母音と韻尾との間に，開口度のより広い主母音を伴っている．例えば，等しく山攝開口四等屑韻に属する「節」（精母）tit7a と「截」（從母）tiɛt8b とが，互いに異なる韻母で実現している．また，声調のふるまいも陰入と陽入とで異なっている．玉林方言は陰入も陽入も，韻母の音価に従って調類が分裂する変種である．山攝開口三四等の陰入字は上陰入で実現しているが，陽入字は下陽入で実現している．この言語事実は，玉林方言の入声分裂が，山攝開口三四等の韻母が分裂した後にはじめて発生したことを意味している．玉林方言の陽入字の実現形は，咸攝三四等，山攝開口三四等，山攝合口一三四等の粵語・桂南平話における古形が二重母音であった可能性を示唆する．それと同時に，かつての二重母音が単母音化・狭母音化を起こした結果として，咸攝三四等，山攝開口三四等，山攝合口一三四等の韻母が今日の形になったことをも物語っている．

　周辺の非漢語からも，長介音韻母の再建の妥当性が確認される．少数民族言語であるチワン語に見られる漢語系諸語からの借用語の形式は，長介音韻母の再建の妥当性を傍証している．チワン語の多くの方言（特に北部方言）は長介音韻母を有しており，漢語系諸語からの借用語の中には，長介音韻母で実現しているものもある．张均如 et al. (1999) が示す，西南官話や粵語広府片よりも古くにチワン語武鳴方言に借用された語に見られる長介音韻母は，表4-6のように中古音と対応している（ただし，例外も少なくない）．

　表4-6から見てとれるように，チワン語武鳴方言には，介音にあたる要素が長母音で，主母音にあたる要素が短母音で，それぞれ実現している韻母が複数見られる．山攝合口三

表 4-6　長介音韻母で実現するチワン語武鳴方言の借用語 （参考：粵祖語再建初案）

音価	中古音	粵祖語再建初案
iːəu	效攝開口三四等	*ɪːəu
iːəm/p	咸攝開口三四等	*ɪːəm/p
iːən/t	山攝開口三四等 山攝合口三四等	*ɪːən/t *ʏːən/t
iːəŋ/k	宕攝開口三等（莊組字を除く）	*ɪːəŋ/k
uːən/t	山攝合口一等	*ʊːən/t
uːəŋ/k	宕攝合口一三等	*ʊːəŋ/k
oːi	蟹攝合口一等	*ʊːi
i	假攝開口三等	*ɪːə
u, wa	果攝合口一等	*ʊːə

表 4-7 「雷」「涙」の実現形と再建形

地点	雷（蟹合一平灰來）	涙（止合三去至來）
広州	løy2	løy6
仏山	lui2	lœy6
新興	loi2	ly6
新和	lɔi2	lui6

四等は山攝開口三四等と同様に iːən/t であるが，これはチワン語武鳴方言に円唇前舌母音が存在しないために，借用元の漢語の円唇前舌母音を非円唇前舌母音で借用した結果であると考えられる．粤祖語には，表の右端のような再建形が想定できよう．チワン語武鳴方言には韻母 uːəi が存在するにもかかわらず，蟹攝合口一等は表 4-6 で oːi であって，期待される uːəi ではない．これは借用語がもたらされた当時において，すでに蟹攝合口一等が oːi に類する形式を有していたことを強く示唆する．実際，広西チワン族自治区南西部を流れる左江と右江の流域に分布する桂南平話は，蟹攝合口一等が oːi などの形式をとる．蟹攝合口一等の粤祖語の再建形が長介音韻母である証拠は，チワン語以外に求めねばならない．

蟹攝合口一等は，桂南平話の複数の変種で止攝合口三等と対立を保存している（表 4-7 の新和方言（梁伟华 2007）など）．一方，粤語の多くの変種においては，蟹攝合口一等と止攝合口三等とが合流している．例えば広州方言で「雷」（蟹合一平灰來）は løy2,「涙」（止合三去至來）は løy6 である．しかし仏山方言（詹伯慧 et al. 1987）や新興方言（詹伯慧 1998）は，蟹攝合口一等と止攝合口三等の対立を保存している．従って当然，粤祖語においても蟹攝合口一等と止攝合口三等は対立していたと考えねばならない．止攝合口三等の「涙」には *lui6 が再建できる．蟹攝合口一等の「雷」の韻母には *ui 以外の形式を再建せねばならない．仏山方言の ui のような形式にも，新興方言や新和方言のように開口度が広めの形式にも変化し得るような再建形としては，*uːəi が考えられよう．

粤祖語 *ɪːə, *ʊːə, *ʏːə の再建は，チワン語から確実な論拠を見出すことが難しい．まず，*ɪːə について論ずる．仮攝開口三等は，広州方言で ɛ で実現するが，他地点では二重母音で実現したり，単母音 i で実現したりしている．例えば「車」（假開三去麻昌）は，広州方言で tsʰɛ1，封開方言（詹伯慧 1998）では tsʰiə3，新和方言では tsʰi1 である（ただし，新和方言をはじめとする桂南平話は，假攝開口三等の実現形が規則的でないことが多い）．假攝開口三等には *ɪːə を再建しておく．

*ʊːə は，*u とあわせて論ずる．遇攝合口一等は，多くの桂南平話において o や ɔ で実現している．この事実を受けて，先行研究ではこれらの音価を，中古音の段階の実現形を保存したものと見なしている（覃远雄 2012）．この考えに従うならば，粤語・桂南平話の共通祖語において遇攝合口一等は，非狭母音の *o または *ɔ などであったとせねばならない．しかし，この再建には疑問が残る．

遇攝合口一等が o や ɔ で実現する桂南平話においては，果攝合口一等が u で実現して

いる．この粤祖語の段階で通攝合口一等が *o または *ɔ であったならば，粤祖語の段階で果攝合口一等は *u であったと考えるのが自然である．なぜならば，粤祖語において主母音 *-u- はさまざまな韻尾をとる——具体的には，*-i, *-n/t, *-ŋ/k——にもかかわらず，主母音単独で韻母をなす *u が，遇攝三等非組字というわずかな語（字）例にしか見られないのは，自然言語の音韻体系としていささか不自然だからである．なお，現代の粤語・桂南平話で虞韻と魚韻が対立していたことを示す証拠は見出しにくいので，虞韻に *u を，魚韻に *y を再建するなどして，この問題を解決することはできない．

　しかし果攝合口一等は，外転の一等である．粤祖語の段階で狭母音であった蓋然性は低い．そもそも遇攝一等について覃远雄（2012）が o や ɔ を古形の保存したものと考えている理由は，非狭母音 > 狭母音 > 非狭母音という，逆転的な音変化を想定することを避けたためである．しかし，遇攝一等に *o や *ɔ を再建すると，今度は果攝合口一等についてこのような逆転的な音変化を想定せねばならない．すなわち，果攝合口一等は粤語の多くの変種で ɔ に類する主母音をとっているので，非狭母音 > 狭母音 > 非狭母音という音変化を，粤語で想定することになる．遇攝一等か果攝合口一等のどちらか一方には，逆転的な音価の推移を認めざるを得ない．

　本書は，遇攝一等に非狭母音 > 狭母音 > 非狭母音という音変化を想定する．桂南平話で遇攝一等が非狭母音で実現している現象は，果攝合口一等が狭母音で実現している現象との間に，十分な因果関係を想定することができるためである．すなわち，果攝合口一等の狭母音化に伴って遇攝合口一等が *u からより広い母音へと変化したという chain shift がここに想定されるのである．果攝合口一等の再建形にも宕攝合口一三等と同様に長介音韻母 *uːə を認めるならば，以下のような音変化によって，桂南平話の実現形を説明できる．

　　*u > o, ɔ（遇攝一等の非狭母音化）
　　*uːə > u（果攝合口一等の単母音化・狭母音化）

　実は，これとよく似た chain shift が宕攝合口一等と通攝との間に発生している．「宕攝合口一三等の主母音が通攝の主母音よりも狭く実現する」という現象が，多くの桂南平話——遇攝の非狭母音化と，果攝合口一等の単母音化・狭母音化とが起きている変種——に見られる．大多数の粤語方言や一部の桂南平話では，中古音と同様に，宕攝合口一等の主母音の方が，通攝の主母音よりも開口度が広い．桂南平話の形式が生じた理由は，宕攝合口一三等が主母音の狭母音化を起こしたと考えることで合理的な説明が可能となる．すなわち，宕攝合口一三等が uŋ に変化し，一方，もともと主母音に狭母音を有していた通攝が主母音を広くした，という chain shift が想定できる．

　　*uŋ > oŋ, ɔŋ（通攝の非狭母音化）
　　*uːəŋ > uŋ（宕攝合口一三等の単母音化・狭母音化）

表 4-8 遇攝三等莊組の実現形

	初	鋤	梳	参考：歌 （果攝開口一等）	参考：過 （果攝合口一等）
広州	tsʰɔ1	tsʰɔ2	sɔ1	kɔ1	kwɔ5
亭子	tsʰu1	tso2 (rhyme!)	su1	ko1	ku5

　遇攝三等非組は *u が再建できる．遇攝三等莊組は，広州方言など多くの地点で開口度の広い主母音で実現しているが，亭子方言などでは果攝合口一等と同様に u で実現し，果攝開口一等とは異なる形式をとっている．従って遇攝三等莊組の再建形は，*ʊːə と考えられる．

　最後に，*ʏːə について論ずる．中古音との対応関係を踏まえるならば，果攝合口三等に *ʏːə が再建できる．ただし果攝合口三等の所属字は，数が少なく，しかも常用性が低い（「靴」など）．具体的な語例については第 6 章で論ずる．

4.3　硬口蓋韻尾

　粤祖語の再建を試みる先行研究は，専ら *-m/p と *-n/t，*-ŋ/k のみを韻尾として再建しているが，しかし本書はこれらに加えて，硬口蓋子音を粤祖語に再建する．具体的には，*aŋ/c（梗攝二等），*ɪːəŋ/c（梗攝三四等），*iŋ/c（曾攝三等）が，硬口蓋子音を韻尾にとる韻母として再建される．過去の音韻資料も含めて，韻尾に -m/p, -n/t, -ŋ/c, -ŋ/k のすべてを持つ変種は，粤語・桂南平話の中から確認されていない．しかしながら，粤祖語には *-a- と *-ɪːə- の後で，この四者の音韻的対立が存在していたと推定される．

　Yue（Yue-Hashimoto）(2002: 238-240) は，複数の方言で梗攝開口三四等や曾攝開口三等などが軟口蓋音ではなく歯茎音を韻尾にとる原因を，主母音が韻尾を順行同化したことに求めている．本書はこの Yue (2002) の論に同意する．ただし，本書は *-ŋ/k が -n/t へと変化したのではなく，*-ŋ/c が -n/t へと変化したと考えた方が，より合理的に粤語・桂南平話の言語史を説明できると考える．

4.3.1　*aŋ/c

　粤祖語 *aŋ/c は中古音の梗攝二等に対応する．粤祖語では，この *aŋ/c と *am/p（咸攝二等，咸攝合口三等非組），*an/t（山攝二等，山攝開口一等（牙喉音除く），山攝合口三等非組），*aŋ/k（江攝牙喉音）とが対立している．

　大多数の方言で，江攝二等は音韻的に独立していない（広州方言で「江」（江攝二等）kɔŋ1＝「缸」（宕攝開口一等）kɔŋ1）．ところが一部の方言において，例えば玉林方言は「江」kaŋ1 に対して「缸」kuɔŋ1 であり，両者は明らかに音韻的に対立している．ただし，宕攝開口一等と江攝二等とが音韻的に対立しているのは，声母が牙喉音の場合のみである．

　貴港方言（陈海伦 et al. 2009a）など，江攝二等と梗攝開口二等とが合流している方言も

存在する．宕攝開口一等と江攝二等，梗攝開口二等の三者が合流している方言もある（谢建猷 2007 の浦北方言など）．また，雲浮方言（詹伯慧 et al. 1998）は，梗攝二等と山攝二等が合流し，韻尾の調音点が ɲ/c と ŋ/k の中間に位置している（詹伯慧 et al. 1998: 28-31）．

以上に述べた各変種の合流状況をまとめると，以下のようになる．

  山攝開口二等 ≠ 梗攝開口二等 ≠ 江攝二等 ≠ 宕攝開口一等　　玉林方言など
  山攝開口二等 ≠ 梗攝開口二等 ≠ 江攝二等 = 宕攝開口一等　　広州方言など
  山攝開口二等 ≠ 梗攝開口二等 = 江攝二等 ≠ 宕攝開口一等　　貴港方言など
  山攝開口二等 ≠ 梗攝開口二等 = 江攝二等 = 宕攝開口一等　　浦北方言など
  山攝開口二等 = 梗攝開口二等 ≠ 江攝二等 = 宕攝開口一等　　雲浮方言

なお，宕攝開口一等と梗攝開口二等が合流しながら，江攝二等が音韻的に独立を保つ方言は，管見の限りにおいて報告されていない．

このような分合の状況を踏まえて，粵祖語の再建音を推定する．山攝開口二等が *an/t であることは問題なく決定できよう．問題は，梗攝開口二等と江攝二等，宕攝開口一等が粵祖語でどのように対立していたかである．

宕攝開口一等と江攝二等とが合流する方言が大多数を占め，梗攝開口二等と江攝二等とが合流する方言も若干存在している一方で，浦北方言のような例を除いて，宕攝開口一等と梗攝開口二等とが合流することがない．この事実は，粵祖語において梗攝開口二等と宕攝開口一等とが互いに隔たった音価を持っていた可能性を強く示唆する．

そこで本書は，梗攝開口二等には *aɲ/c，江攝二等には *aŋ/c，そして宕攝開口一等には *ɔŋ/k を，それぞれ再建したい．この再建形であれば，雲浮方言での山攝開口二等・梗攝開口二等の合流とその実現形についても説明しやすく，また，宕攝開口一等と梗攝開口二等とが合流する方言例が少ないことも理解できる．

江攝二等および梗攝開口二等の再建形は，広西壮族自治区賓陽県の諸方言から傍証することができる．賓陽県の諸方言では，假攝・蟹攝・效攝・咸攝・山攝・江攝の開口二等において見母・疑母の口蓋化が発生している．この現象は，各攝の二等が均しく主母音 *-a- を有したことを意味すると同時に，その *-a- が軟口蓋声母を口蓋化せしめたことを表している．江攝二等が主母音 *-a- を有していた蓋然性は高い．

一方，梗攝開口二等では，主母音が *-a- と推定されるにもかかわらず，口蓋化が発生していない．この現象は，韻尾が硬口蓋子音であるがゆえに，異化の結果として，声母の口蓋化が抑制された可能性を示唆している．この現象は，越南漢字音において牙音が，開口二等韻のうち，梗攝でのみ口蓋化を起こさなかった現象と並行している（三根谷 1993: 318-322）．粵祖語もまた越南漢字音と同様に，梗攝開口二等の韻尾が硬口蓋子音であったと考えられる．

4.3.2　*ɪːəŋ/c

広州方言で，梗攝開口三四等は白読（口語的語彙に用いられる形式）と文読（非口語的語彙に用いられる形式）とで音価が異なっており，文読がɪŋ/kであるのに対して白読はɛːŋ/kである（文読と白読，ならびに「文白異読」については3.5.2.cを参照）．ɪŋ/kは曾攝三等と同一形式であるが，ɛːŋ/kは梗攝開口三四等にのみ見られる形式である．

一方，四会方言（詹伯慧 et al. 1998）などの方言では，梗攝三四等と曾攝三等との対立が安定的に保存されている．粤祖語では，梗攝三四等と曾攝三等が対立していたと考えるのが妥当であろう．そして，広州方言などに見られる文読音は，より新しい時代に獲得されたものであると考えられる．

四会方言や台山方言（白読）の実現形を見ると，梗攝三四等は二重母音で実現している．この事実を踏まえるに，梗攝三四等には效・咸・山攝と並行して長介音韻母を想定することができる．韻尾には，梗攝二等と同様に*-ɲ/cを想定して，*ɪːəŋ/cという再建形が得られる．広州方言の形式 ɛːŋ/k の主母音が長母音で実現し，陰入字ɛːkの調類が下陰入であるのは，他の長介音韻母と同様である（*ɪːɐm/p は iːm/p，*ɪːnɛt は iːn/t，*ɪːəŋ/k は œːŋ/k，*ʊːɐn/t は uːn/t・yːn/t，*ʊːəŋ/k は ɔːŋ/k，*ʊːʏɐn/t は yːn/t）．

4.3.3　*iɲ/c

曾攝三等は多くの方言で，梗攝三四等と合流する．広州方言でも，曾攝三等と梗攝三四等（文読）とが同一の形式をとる．梗攝三四等との合流のしやすさを踏まえるならば，*iɲ/cという再建形が考えられる．

曾攝三等は，広州方言のɪŋ/kをはじめとして，多くの方言で主母音がiよりも広くなっている．この現象は，韻尾*-ɲ/cの軟口蓋音化と結びつけるとより理解しやすい．すなわち，*iɲ/cという形式が，舌の位置が口腔の奥へと移動することによって，主母音*iの開口度の上昇と韻尾の非硬口蓋音化とが発生したと考えられる．

また，流攝三等（粤祖語*iu），深攝三等（粤祖語*im/p），臻攝開口三等（粤祖語*in/t）は，賀州方言（陈小燕 2009）などで見母や群母の口蓋化を発生させている．ところが，*iɲ/cは同じく主母音*-i-を持ちながら，見母や群母を口蓋化させる方言の例が存在しない（もっとも，*iɲ/cと牙喉音とが共起する常用語の数自体が少ないが）．これは，賓陽方言において梗攝開口二等が主母音*-a-を持ちながら声母を口蓋化せしめなかったのと並行的な現象であると考えられる．すなわち，韻尾が硬口蓋音であるがゆえに，声母に異化の作用が働き，口蓋化が抑制されたものと考えられる．

4.4　宕攝開口三等莊組

宕攝開口三等は粤語・桂南平話において通方言的に，声母が莊組か否かで実現形が分裂している．宕攝開口三等莊組は，宕攝開口一等と同じ実現形を持つのが一般的である．し

かし横県方言や霊山県の横州話（黄昭艶 2006）では，荘組を声母に持つ宕摂開口三等字が，宕摂開口一等と異なる実現形をとる．この現象は，管見の限りでは横県・霊山県の方言のほかに見られない．

　McCoy（1966）や Tsuji（1980）では宕摂開口一等と同一の再建形を荘組の宕摂開口三等に与えているが，本書は遇摂三等荘組の *ɤːə と並行する形で，宕摂合口一等と同一の音形である *ʊːəŋ を再建したい（宕摂開口三等荘組はすべて舒声なので *uːək をとる語（字）は存在しない）．ただし，この *ʊːəŋ/k はかなり早い段階で *ɒŋ/k と同一の音価をとっていた蓋然性が高く，先述の方言を除いて，宕摂開口三等荘組は宕摂開口一等と実現形を同じくしている．

4.5　破擦音の系列数——舌尖母音の問題

　余靄芹（2006）は，粤祖語の破擦音・摩擦音に *ts-, *tɕ-, *tʂ- の3系列を認めている．しかしながら，実際の娘言語において破擦音・摩擦音の系列は高々2つしか存在せず，多くの方言で破擦音・摩擦音の系列は1つになっている．摩擦音は，心母が ɬ や θ である場合には，2系列保存されている例も少なくない．

　まず，止摂開口三等以外における荘組字が，第三の系列を必要としないことについて論ずる．遇摂三等と宕摂開口三等については，先に論じた通り，荘組字とそれ以外の字との差異を韻母の再建形を違えることで十分説明することができる．また，深・臻・流摂の三等に見られる荘組字は，内転の一等と三等とが韻母において対立する方言（賓陽県の諸方言など）で，確かに一等と同一の形式の韻母を有している．深・臻・流摂においても，破擦音・摩擦音は第三の系列を必要としない．そのほかの外転諸韻に出現する荘組字にも，第三の系列を再建する積極的根拠を見出すことができない．

　次に，止摂開口三等について議論を行う．余靄芹（2006）は各方言で coronal の破擦音・摩擦音で主に実現する形態素について，互いに再建形を異にする3つのグループを設けたうえで，第二グループ（事実上の精組）の調音点を歯茎とした上で（*ts-組），第一グループ（事実上の知・章組）と第三グループ（事実上の荘組）に，歯茎より後ろの調音点を認める．

　この第一グループと第三グループの再建形について，余靄芹（2006）は2つの再建案を提示する．1つは，第一グループの声母に歯茎硬口蓋音（alveolo-palatal．*tɕ-組）を，第三グループの声母に反り舌音（*tʂ-組）をそれぞれ再建し，3つのグループすべての韻母を *i と再建するものである．もう1つは，第一グループの声母と第三グループの声母にともに硬口蓋歯茎を再建したうえで，第三グループの韻母に *ɿ（もしくは *ɥ）[5]を再建し，第一グループと第二グループの韻母に *i を再建する，というものである．

　1つ目の再建に対しては，余靄芹（2006）は「*tɕ-組＞*ts-組／＿＿ɿ」「*ɿ＞V／*ts-組＿＿」「*i＞V／*ts-組＿＿」（V はさまざまな狭母音および二重母音．各方言で実現形が異なる）とい

5）　余靄芹（2006）本文では［ɥ］と書かれているが，誤植と推測される．

う，粤祖語以降に発生した韻母の音変化を想定している．これに対して，①［+palatal］である *tɕ-組の後に *ɿ が立つのは不自然であり，そして，②調音点の合致している *ts-組と *ɿ が異化を起こして *ɿ>i となる原因が説明できない，という問題点を指摘する．2つ目の再建に対しては，「*i>V ／ *ts-組___」「*i>V ／ *tʂ-組___」（V はさまざまな狭母音および二重母音．各方言で実現形が異なる）という韻母の音変化を想定し，そして，より簡潔で自然な音変化が想定できる2つ目の再建を採用している．このような理由から，余靄芹（2006）は破擦音・摩擦音に *ts-，*tɕ-，*tʂ- の3系列を認めている．すなわち，余靄芹（2006）の再建案は，精組，章組，荘組の韻母すべてに *i を再建しているため，破擦音・摩擦音を2系列ではなく3系列必要としているのである．

1つ目の再建に対する分析については，「*tɕ-組の後に *ɿ が立つのは不自然である」という指摘それ自体はもっともである．しかし一方で，「*ɿ>i ／ *ts-組___」という音変化それ自体は，決して不自然なことではない．複数の19世紀欧文資料で韻母 z［ɿ］の存在が報告されながら，現代広州方言ではそれに i が対応している．この事実を踏まえるに，*ɿ>i ／ *ts-組___ という音変化は，十分に発生し得るものと考えねばならない．

19世紀の欧文資料では止攝開口三等が，声母が精・荘組か章・知組かに従ってそれぞれ z, i のように書き分けられる現象が見られる．そして，高田（2000）が述べるように，この書き分けは韻書の単なる踏襲ではなく，実際の言語音を反映したものであると考えられる．Morrison（1828）では，章・知組の声母を ch-（破擦音）や sh-（摩擦音）で表記し，精組の声母を ts-（破擦音）や s-（摩擦音）で表記する．荘組の声母は大多数の字で ch-，sh- が用いられるが，しかし止攝開口三等は例外であり，「事」は sze で綴られている（ただし止攝開口三等生母字「使」は「唔使」（〜する必要がない）で shei）．止攝開口三等でのみ荘組が精組と同一の綴字で表記される現象は Morrison（1828）だけでなく，Williams（1856）や Eitel（1877），Ball（1888）にも見られる．

また，現代方言でも百色市の白話（陈海伦 et al. 2009）などで，止攝開口三等が精・荘組と章・知組とで異なる実現形をとり，そして止攝開口三等荘組が精組と同じ実現形をとっている（表4-9）．順徳方言（詹伯慧 et al. 1987）では破擦音・摩擦音の系列が1つになってしまっているが，止攝開口三等荘組と止攝開口三等精組の韻母の形式が同一であり，止攝開口三等章組と明確に対立している．その一方で，荘組が一貫して章組と同一の形式をとる方言（玉林方言など）も存在する．

表4-9 止攝開口三等の実現形

	志(章)	置(知)	姿(精)	次(清)	厠(初)	事(崇)
余2006	第一グループ (＝章・知組)		第二グループ (＝精組)		第三グループ (＝荘組)	
百色	tsi5	tsi5	h1	h5	h5	h6
順徳	tsi5	tsi5	tsy1	tsʰy5	tsʰy5	sy6
玉林	tsi5	tsi5	di1	tʰi5	tɕʰak7a (別起源)	ɕi6
広州	tsi5	tsi5	tsi1	tsi6	tsʰi5	tsʰi3

表 4-10 余 (2006) の再建案

		第一グループ (＝章・知組)	第二グループ (＝精組)	第三グループ (＝荘組)
余 2006 再建案 1 (不採用)		*tɕi	*tsi	*tɕɿ
余 2006 再建案 2 (採用)		*tɕi	*tsi	*tʂi
本書再建案	声母	*O₁	*O₂	*O₁
	韻母	*i	*R₁	*R₂

声母は無声無気破擦音で代表させる．

　本書は，余靄芹（2006）が述べる第二グループと第三グループに *i 以外の韻母を再建する．これにより，粵祖語の破擦音・摩擦音の系列を 2 つ想定するだけで，粵祖語からの合理的音変化が十分に説明可能となる．声母 *O₁ と *O₂，そして韻母 *i と *R₁, *R₂は，表 4-10 のような分布をとっていたと考えられる（O は onset の頭文字から，R は rhyme の頭文字からとった）．

　*O₂ の推定はあまり議論の余地がなく，歯茎破擦・摩擦音 *ts であった蓋然性が高い．

　次に *R₁ と *R₂ について考察する．韻母 *R₁, *R₂ は，*i や *y, *u とは異なる母音である（*y は遇摂三等，*u は遇摂一等に再建される）．なおかつ，*R₁ と *R₂ は ɿ や y, i に変化し得る音である必要がある．具体的音価は，*R₁ には *ɿ や *ɥ，*R₂ には *ʅ や *ɥ が候補として挙げられる．ただ，音韻的には *R₁ と *R₂ は同一音素として解釈できると考えられる．

　*R₁ と *R₂ が順徳方言等で合流して円唇母音で出ている事実を踏まえるに，*R₁ と *R₂ のうち，1 つ以上が円唇性を有すると見ると都合がよい．同様に，*R₁ と *R₂ が百色白話等において非円唇母音で出ている事実は，*R₁ と *R₂ のうち 1 つ以上が非円唇母音であったことを示唆する．すなわち，*R₁ と *R₂ のどちらかが円唇母音であり，どちらかが非円唇母音であった可能性がある．本書では *R₁ に *ɿ を，*R₂ に *ɥ をそれぞれ再建したい．

　*R₂ に *ɥ を再建する以上，*R₂ と共起する *O₂ には反り舌音 *tʂ を再建するのが妥当であろう．ただし，知・章・荘組が後部歯茎音（postalveolar）あるいは歯茎硬口蓋音（alveolo-palatal）をも異音としてとった可能性は否定できない．韻母 *i の前で *tʂ- が歯茎硬口蓋音に近い形で発音され，結果的に余靄芹（2006）の再建する音価に近い形で実現していた可能性は十分あるが，本書では，*tʂ- が任意の環境で [tʂ] であったと推定しておく．

　以上より，粵祖語は破擦音・摩擦音の系列に反り舌音と歯茎音の 2 系列を有していたこと，そして舌尖母音として *ɿ と *ɥ とを有していたことが示された．なお，*ɿ は *i と完全に相補分布の関係にある．

4.6　通摂三等牙喉音

　粵語・桂南平話の大多数の方言では，通摂一等と三等との間で対立が見られない．賀州方言（陈小燕 2009）では，声母が牙喉音の一部の字に限って，通摂三等は iuŋ/k（文献によ

っては yŋ/k) で実現しており，通攝合口一等と対立を保存している（例：huŋ1「空（天～）」hiuŋ1「胸」）．通攝合口三等には，牙喉音字は *yŋ を，それ以外は *uŋ を，それぞれ再建できる．

粤祖語に *yŋ/k が存在していたことを示す変種はきわめて稀である．従って賀州方言などの形式が借用によるものである可能性を検討せねばならない．ただ，賀州方言には，他方言からの借用を強く示唆するような実現形を示す語（字）が，まとまった形で報告されていない．賀州方言のこれらの形式が，粤祖語に遡らない，客家語からの借用で生じた形式である可能性も皆無とはいえないが，ただ，通攝合口三等牙喉音字についてのみ選択的に借用が行われたという事態はいささか考えにくいので，本書では通攝三等牙喉音の形式を粤祖語の *yŋ/k と *uŋ/k の対立を保存したものと判断する．ただし，賀州方言の分布域周辺，すなわち広東省北東部から湖南省南部，広西壮族自治区東北部にかけて客家語が分布しており，そして湖南省の江華瑤族自治県の一部で客家語がリンガフランカとして機能していることは，筆者自身の現地調査でも確認されている．

なお，粤祖語に *yŋ/k が存在したか否かについては，分岐学の論理からは独立に，純粋に比較言語学的・中国語学的な考察によって決せられるものである．従って，例えば後述の「主母音 *-ε-の有無」のような問題とは議論の性質が異なっている．比較言語学が行う祖語再建に「多数決」や「数の論理」は通用しない．例えばゲルマン祖語の *kuningaz（「王」Eng. 'king'）の男性単数主格語尾 *-az（<PIE *-os）は，古ノルド語の 'konungr'，アイスランド語の 'konungur'，そしてフィンランド語の 'kuningas'（ゲルマン語からの借用）などに確認されるに過ぎず（Juntune 1973），その他の娘言語から，ゲルマン祖語の *-az を復元する根拠を得ることはできない．しかし，根拠が少ないからと言って，*-az の再建の妥当性を否定することは当然できない．ゲルマン祖語の男性単数主格語尾について，分岐学がその再建形を左右する余地はない．

本書が主母音 *-ε-について分岐学を援用する理由は，再建形 *-ε-を想定すれば説明がつくような不規則的形式が，粤祖語の段階にまで遡り得るものなのか，それとも，途中のとある段階で外部からもたらされた要素なのか，判定する必要があったためである．印欧祖語の *-os という，より古い形式と対比すれば，ゲルマン祖語に *-az が存在していたとしてもまったく不自然ではない．しかし主母音 *-ε-は，中古音との対応関係から考えれば，存在が予見し得ない主母音である．このように，粤祖語において *yŋ/k が存在したか否かと，主母音 *-ε-が存在したか否かとは，問題の本質を異にしている．

4.7 果攝開口一等

果攝開口一等は，主に ɔ で実現する．一部の桂南平話では口語的な形態素の字音において韻母が a で実現しており，この形式を果攝の古形の残存と考える先行研究もある（覃远雄 2011．なお，平山 1967 の果攝開口一等の推定音は *ɑ）．

ただ，a という韻母は共時的に假攝開口二等と形を同じくするものであり，「一部の桂南平話において，口語的形態素に限って果攝開口一等が假攝開口二等と合流を起こしてい

る」と解釈することも可能である．果摂開口一等と假摂開口二等が完全に合流している粤語・桂南平話は管見の限りでは存在しないが，例えば広州方言で ɔi：ai, ɔn：an のように，主母音 ɔ と a の違いで対立している韻母が，桂南平話の複数の方言において対立を失って主母音 a で実現している．桂南平話においては，広州方言の -ɔ-・-a- に相当する主母音が，対立を消失するという言語変化が起こっているのである．

これを踏まえるならば，口語的で常用性の高い語（字）に限って ɔ>a／＿＿# という音変化が発生した，と考えた方が，果摂開口一等の a を古形の残存と見なすよりも自然な解釈である．本書では，果摂開口一等に *ɔ を再建する．

4.8　唇歯鼻音

微母は北方系の漢語で v- や w- で実現しているが，粤語・桂南平話の大多数の方言で一律に，明母と同様に m- で実現している．もともと微母は，中古音の明母 m- が軽唇音化（唇歯音化）したものである．これまで多くの先行研究が，「粤語は微母が軽唇音化を起こす以前の形式を保存している」と考えてきた．このような見解は早くも陳澧（1892）に見られ，長らく定説として継承されている．

また，龍異騰（1998）は，唐代の史書に現れる反切において明・微両母の混用が幫・非，滂・敷，並・奉の組よりも高頻度に起こっていることを示している．そして，これを根拠に，明・微両母の分化が比較的遅いものであったと述べる．この主張は，「粤語は，非・敷・奉母で軽唇音化を起こしながら，微母でのみ軽唇音化が未発生の言語である」という見解が支持される根拠の 1 つである．

ところが，賓陽県の諸方言や，南寧市内を含む左江・右江流域の桂南平話を中心に，遇・止・流摂の微母が声母 f- をとる現象が見られる．この現象は，粤祖語の段階で微母が *m- ではなかった可能性を示唆している．本書は，微母——少なくとも，遇・止・臻摂の微母——に対しては，*m- ではなく唇歯鼻音 *ɱ- を再建するのが妥当であると考える．

粤語の微母の実現形 m- が古形の反映でないという仮説は，本書の独創ではない．Karlgren（1940: 430-436）は，南方の漢語系言語や日本漢字音，朝鮮漢字音において微母が両唇音で実現する事実に触れながらも，広州方言については明母と微母が分化した後に再び合流した（*ɱ->m- という音変化が発生した）可能性を指摘している．Pulleyblank（1986: 362）もまた，①微母字に口語層と文語層の区別が見られないこと[6]，②越南漢字音で微母字が v- で実現していること[7]，③微母字と微母字以外の非組字との間で，韻母が同一の音変化を経ていることの 3 つを根拠として，粤語の微母 m- が軽唇音化の後に再び両唇音へ変化したものとする仮説を提唱している．

また，平山久雄（2006）は，非官話の白読音で非母・敷母・奉母がすでに軽唇音化を経

---

6) 通方言的に w- で実現し，なおかつ通常の方言調査で語形が得られる語（字）は，「挽」がほぼ唯一の字例と考えられる．
7) Pulleyblank（1986）は南方後期中古音に越南漢字音が基づいている可能性を述べたうえで，南方後期中古音は粤祖語（proto-Cantonese）と関連があるとしている．

ているにもかかわらず微母だけが両唇音 /m/ で実現している現象について，唐代の北方方言で発生した脱鼻音化（denasalization）と関連付けて論じている．平山久雄（2006）の仮説によれば，北方方言では脱鼻音化が発生した結果として，/m/ は [mb]，/ɱ/ は [ɱv] として実現していたと考えられる．このとき，[mb] と [ɱv] は聴覚的に大きく異なっている．しかし一方で，南方方言では，脱鼻音化が未発生のため /ɱ/ は聴覚印象上 /m/ と接近しており，その音声的な近接性の結果として，/ɱ/ は再び両唇音へと戻った，というのが平山久雄（2006）の仮説である．

さらに，麦耘（2009）も m＞ɱ＞m という音変化が発生した可能性について言及している．ɱ＞m という変化について同論文は，当時の華南の人々にとって ɱ- が発音しにくい音であって，その結果，中原から伝わってきた ɱ が m と発音されるようになったという仮説を立てている．平山久雄（2006）も麦耘（2009）もともに，微母が他の非組と同様に一度軽唇音化を起こし，その上で再び両唇音に変化する可能性を認めている点で，論旨を同じくしている．

微母が f- で実現する語（字）を持つ方言の音韻体系を報告した先行研究としては，南寧市の平話を報告する张均如（1987）が早い．张均如（1987）は微母について「m- または f- で発音する」という言語事実を述べているが，その原因については言及していない．また，郑作广（1994）は百色市の蔗園話について報告し，「微母の一部が唇歯音 f- に変化しており，これはほかの方言と比較しても特殊な現象である」と説明している．その後も各地の桂南平話の音韻体系について報告が今日に至るまで続いているが，微母が f- で出る現象が観察されても，その事実について特に詳細な分析を行う先行研究は出てきていない．

以下，粤祖語に微母 *ɱ- が再建できることについて，紙幅を割いて慎重に論じたい．

4.8.1 各方言の実現形式

a) 南寧平話

李榮（1997b）で報告される南寧市亭子鎮の平話の語彙全体に含まれる微母字は，全部で 27 字に上る．そのうち，18 個は m- で，6 個は f- で，そして 3 個はそれ以外の声母で（「忘」/hoŋ2/；「挽」/βan4/；「問」/βən6/），それぞれ実現している（表 4-11）．

「忘」の声母 h- は一見不可解な形式に見える．この字音は「王」「旺」と声母および韻母が同一である．従って，「忘」/hoŋ2/ は粤祖語に由来するものではなく，微母の w- 化を経た北方の漢語系言語に由来する音形と考えるのが妥当である．すなわち，「忘」の h- は「王」などと同様に，*w->h /___ [+high, +back, −ATR] という，規則的音変化を経た結果の形式であると考えられる．

表 4-11 から見てとれるように，南寧平話は遇攝と臻攝に微母 f- が観察される方言である．微母が f- で出る字は m- で出る字に対して，数が少なく，日常性・常用性が比較的低いようにも見受けられる．これは，微母が f- で実現する現象が，借用に由来するものであることを支持する根拠の 1 つとなり得る．しかし，表 4-12 に示す声調の分裂現象の存在は，微母 f- を単なる借用の産物と考えるのをためらわせる．

表 4-11 李榮（1997b）の微母字の出現数

実現形式	異なり数	字[8]
m-	18	誣鵡霧務薇尾未味晚萬襪文紋蚊聞沕網望
f-	6	無武舞文紋物
β-・h-	3	忘挽問

表 4-12 李榮（1997b）に見られる入声分裂現象

字	中古音	実現形
佛	臻合三入物奉	fət8b
物	臻合三入物微	fət8a
密	臻合三入質明	mət8a

　南寧方言では，次濁と全濁とで陽入が分裂する．ところが，微母字である「物」は，声母に摩擦音 f- を持ちながら上陽入で実現している．この事実は，①「物」の声母 f- が何らかの共鳴音に遡ること，そして，②陽入の分裂が「物」の声母が f- へと変化する前に発生したことを意味している．もしも微母 f- が借用によりもたらされたものであったとしても，その借用元の漢語において「物」は①声母に m- 以外の共鳴音を有し，②陽入分裂以前の段階に南寧方言に借用されたと考えざるを得ない．「物」が固有であるにせよ借用であるにせよ，「物」の声母が m- でない共鳴音に遡る蓋然性が高い．

　なお，同様の現象は李榮（1997b）だけでなく，陈海伦 et al.（2009）の報告する亭子方言にも観察される．ただし，同じく陽入が全濁と次濁で分裂する南寧石埠方言（陈海伦 et al. 2009; 林亦 2009）で，「物」「勿」は下陽入で実現していることを附言しておく．

b）賓陽方言

　賓陽県の諸方言では，遇・臻攝に加えて，止攝でも微母が f- で実現する．賓陽方言は，内転の一等と三等とが主母音で対立するという，他地点にあまり見られない保守的特徴を有している（表 4-13 の蘆墟を除く）．ところが，臻攝合口三等字は一般に -ə- を主母音にとるにもかかわらず，非組を声母にとる語（字）は，主母音 -ə- ではなく -ɐ- で実現している（表 4-13）．

　注目すべきは，賓陽方言で m- で実現している語（字）においても，微母字が -ə- ではなく -ɐ- を主母音に持っている事実である．これは，賓陽方言で声母が f- で出る語（字）も m- で出る語（字）も，その声母が唇歯音に起源を持つことを示唆している．

　ただし微母字の中には，微母が f- で実現する諸方言においても一貫して m- で実現するものもある．上表の「問」がその一例である．このような字は，韻母としては一等と同様の *en を再建することができるが，粵祖語の段階で声母が *m- であった可能性がある．すなわち，粵祖語よりも古い段階においては声母が *m̥- であった語（字）の一部が，*m̥- > *m- という音変化を粵祖語以前の段階で発生させていた可能性がある．

8）本字の同定は李榮（1997b）による．

表 4-13　賓陽県内各地点における賓陽方言の微母の実現形 (参考:「墳」「民」)

字	中古音	復興(陳)	王霊(陳)	新橋(陳)	新橋(謝)	黎塘(陳)	蘆墟(李)
墳	臻合三平文奉	fɐn2	fɐn2	fɐn2	fɐn2	fɐn2	fən2
文	臻合三平文微	fɐn2	fɐn2	fɐn2	fɐn2	fɐn2	fən2
問	臻合三去問微	mɐn6	mɐn6	mɐn6	mɐn6	mɐn6	mən6
民	臻合三平眞明	mən2	mən2	mən2	mɐn2！	mən2	mən2

陳:陈海伦 et al. 2009, 李:李连进 2000a, 謝:谢建猷 2007,！:例外的実現形式の韻母.

c) 小　括

南寧方言の声調分裂現象は，微母の実現形式の 1 つである f- が，阻害音ではなく共鳴音に遡る可能性を示している．そして，賓陽方言の主母音の実現形式からは，微母が（実現形が f- であれ m- であれ）すでに軽唇音化を起こしていた可能性が窺われる．この両者を総合するに，微母は南寧方言や賓陽方言が共通に遡る古い段階において，共鳴音であり，かつ唇歯音である *ɱ- で実現していた，という仮説が立てられる．

4.8.2　西南官話起源説の検証

微母が f- で実現する現象に対する説明として，まず考えられるのは，これらの「例外的」な一部の微母字が，他の漢語系言語からの借用によってもたらされたと考える仮説である．例えば「而」は南寧市石埠方言（陈海伦 et al. 2009，林亦 2009）において lɯ2 で出るなど，北方語に由来するとしか考えられない字音が桂南平話に見られる．しかし以下に示すように，f- で出る微母字が北方語に由来すると考えるには，いくつかの問題が存在する．

西南官話は広西壮族自治区北部から湖南省南部・西部を含んだ中国大陸の南西部に広く分布する北方語の一種である（中国社会科学院语言研究所 2012）．現代の西南官話は，微母が以・云母（合口）と合流している（钱曾怡 2010 など）．しかし，この言語事実は「西南官話が広西に進入した当時において，すでに微母と以・云母（合口）との合流を起こしていた」ことを保証しない．西南官話が広西に進入した後にはじめて，微母が以・云母（合口）と合流した可能性があるためである．もしも西南官話が広西に到達した当時に，微母が v- を保存していたとするならば，その v- が南寧平話や賓陽平話に借用された後に無声化し，微母の実現形 f- を発生させたという言語史を想定することができる．

a) 欧文資料の検討——微母の w- への合流について

過去の官話の音韻体系を反映する欧文資料には，Matteo Ricci の『西字奇蹟』(1605)，Nicolas Trigault の『西儒耳目資』(1626)，Francisco Varo の *Arte de la Lengua Mandarina* (1703) および *Vocabulario de la Lengua Mandarina* (17 世紀後半)[9]，Joseph Henri Marie

---

[9] ベルリン州立図書館本の刊年は，Coblin et al. (2000: lii) では 1692 年とされるが，Coblin (2006b: 13) では原本に年表記なしとされる．また，大英図書館本は，1695 年とされる（Coblin 2006b: 13）.

de Prémare の *Notitia Linguae Sinicae* (1720) などがある．これらの明清代の官話資料においては基本的に，微母字の声母が独立した声母 v- として記録されているが，微母字が u- などの他の声母で表記されたり，非微母字が v- で表記されたりする現象が存在することもまた知られている (Coblin 1997 など)．

『西字奇蹟』(テキストは利瑪竇 1957 による) では，ローマ字によって注音された微母字は「望」(1 回)「無」(12 回)「問」(2 回)「勿」(2 回)「萬」(7 回中 3 回が u-(いずれも年号「萬暦」の「萬」)，4 回が v-)「文」(11 回)「物」(2 回)「汶」(1 回)「聞」(5 回)「未」(2 回) が出現しており，微母はおおむね安定して v- で表記されている．また，微母字以外の字が v- で表記されている例として，「徃」(2 回)「往」(1 回)「外」(2 回) が出現している．このように，『西字奇蹟』の反映する官話音では，微母はおおむね v- で実現し音韻的独立性を保持しているが，非微母字が u- ではなく v- で実現する例も若干見られる．

『西儒耳目資』(テキストは金尼閣 1957 による) では，「物」という字父 (＝字母) が立てられており，ローマ字 v がこれに対応している．v を声母にとる字として，音節表 (音韻經緯總局) 中には「襪 vă」「微 vî」「尾 vì」「未 ví」「勿 vǒ」「無 vû」「武 vù」「務 vú」「外 vaí」「汪 vām」「忘 vâm」「罔 vàm」「妄 vám」「晩 vàn」「萬 ván」「文 vên」「吻 vèn」「問 vén」「物 voě」の 19 字が挙げられ，このうち「外」「汪」の 2 字が微母と対応しないほかは，17 字すべてが微母字である[10]．

同音字表にあたる箇所 (列音韻譜) を見ると[11]，vaí に「外」「巖𡺲𡺲」(「外」「巖𡺲𡺲」は uaí にも所属) が，vî に「維」「惟唯」「濰維」「帷」(「維」「惟唯」「濰維」「帷」は goêi・uêi も示される) が，vì に「陫」(「陫」は uì にも所属) が，vām に「汪泩」「尫尪匡匡」「尪」(「汪泩」「尫尪匡匡」「尪」は uām にも所属) が，vâm に「王」(「王」は uâm・uám・vám にも所属．ただし vâm・uâm にのみ異体字「𪚥」が付されている) が，vám に「王」「旺眭」「迋」「皇」「煌」「爌」「㬝」「晃」「晄」(「旺眭」「迋」「皇」「煌」「爌」「㬝」「晃」「晄」は uám にも所属．さらに「㬝」「爌」「晃」「晄」は hoám にも，「皇」「煌」は hoâm・hoám にも，それぞれ所属している．なお，「煌」は hoâm においてのみ異体字として「熿」をとっている) が，非微母字でありながら字父「物」所属字として記されている．このように，一部の中古音以・云・匣母合口字が声母 v- をとったり「ゼロ声母＋介音 -u-」をとったりする現象が『西儒耳目資』に観察される．

一方，「物」以外の字父を声母に持つ発音も示されている微母字として，uî で出る「微」「濮微黴」「薇」「溦」，uì で出る「尾」「亹娓」「亹」，uí で出る「未」「味」，uǎ で出る「韈韤襪」が挙げられる[12]．

「列音韻譜」において「微」「尾」「未」が韻母 ui を表す反切下字として用いられている，

---

10) 韻母の上に附せられる補助記号は声調を表しており，ˉ は清平，ˆ は濁平，` は上声，´ は去声，ˇ は入声をそれぞれ示す．また，韻尾 -m は /-ŋ/ を表している (羅常培 1930a など)．
11) 下付き字は，本文中でも小さく刷られている字であり，異体字を示す．
12) 微母字において声母に v-・u- をとるに種類の音価が示される現象について，藤堂 (1952) は，微母が母音化した当時の正則官話と，微母の未だ母音化しない晋陝方言の 2 つの音韻体系を反映したためと述べる．郭书林 (2003: 44) は，微母 v- を文読，u- を白読とそれぞれ見なしている．

という事実は注目に値する．濁平を例にとるならば，「微」がviの他にuiの音を与えられているのは前述の通りであるが，uiは午移切であり，反切下字に唇音性をまったく含まない字「移」が用いられている．そして，'çuî（「摧」等）が測微切と表されるなど，非ゼロ声母を声母にとる音節の反切下字としては「微」が用いられているのである．ところが音韻經緯總局では，viには「未」が対応させられているのに対して，vuiには「物尾」という反切が対応させられている．こうした事実からは，互いに異なる音を意図的に書き表そうとしてviとuiという2つの表記が存在しているのであり，viとuiとの違いを単純な表記の揺れとして扱えないということが理解される．羅常培（1930b）が指摘するように，『西儒耳目資』の「列音韻譜問答」において微母が2種類の音を有していることが本文中で言明されている（金尼閣1957上冊：137）．『西儒耳目資』が参照した（1つ，または2つ以上の）音韻体系において，微母字が実際に［v-］と［w-］という2通りの音価を有していたことは，確かと考えられる．

　以上のように，『西儒耳目資』においては，非微母字がv-で実現する例が見受けられる．それと同時に，一部の微母字が声母v-以外の声母（おそらくw-）をとる発音を有しているなど，微母の独立性が喪失していく兆しがうかがわれる．しかし，微母それ自体は比較的安定してv-で実現しているといえる．

　Arte de la Lengua Mandarina（テキストはCoblin et al. 2000による．本字の同定はすべて同書に基づく）は，後述の *Vocabulario de la Lengua Mandarina* に比して得られる字音数は多いとはいえないが，微母がある程度安定してv-で実現していることが見受けられる．同書には全15字の微母字が見受けられるが，一部の字はv-とu-で実現形が揺れており，「微」（v-は9例中4例．以下，括弧内に字音ののべ出現回数とv-の出現数を示す）「尾」（3例中1例）「未」（15例中6例）「物」（19例中18例）は必ずしも常にv-では実現しない．しかし，ほかの11字（「無」（12例中12例）「毋」（8例中8例）「侮」（3例中3例）「晚」（7例中7例）「萬」（22例中22例）「文」（2例中2例）「問」（5例中5例）「勿」（1例中1例）「忘」（5例中5例）「妄」（6例中6例）「望」（3例中3例））はv-で一貫して実現する．

　また，全16字の非撮口呼の影・以・云・疑母（合口）字のうち，6字についてはv-で実現する現象が見られる（「瓦」（1例中1例）「外」（9例中9例）「完」（5例中2例）「彎」（1例中1例）「王」（4例中4例）「往」（2例中2例））．

　Vocabulario de la Lengua Mandarina（テキストはCoblin 2006bによる．本字の同定はすべて同書に基づく．同書中で本字不明とされる字音は分析の対象外とした）では，「蔓」「鰻」や，中古音で明母と微母の両方の反切を有する「芒」がm-で実現している（これらの字は現代の中国標準語などでもm-で実現する）．しかしこの3字を除く全32字は声母がv-またはu-で実現しており，v-がu-との間で揺れている「微」（v-は26例中12例．以下，括弧内に字音ののべ出現回数とv-の出現数を示す）「尾」（29例中14例）「味」（43例中41例）「未」（45例中18例）「挽」（3例中2例）「襪」（14例中3例）の6字を除いた，他の26字はv-でのみ実現している（「誣」（5例中5例）「巫」（3例中3例）「毋」（1例中1例）「無」（269例中269例）「蕪」（2例中2例）「侮」（21例中21例）「武」（18例中18例）「舞」（19例中19例）「鵡」（1例中1例）「務」（21例中21例）「霧」（10例中10例）「晚」（15例中15例）「萬」（50例中50例）

「蚊」（5例中5例）「文」（119例中119例）「雯」（1例中1例）「聞」（21例中21例）「刎」（2例中2例）「勿」（1例中1例）「問」（77例中77例）「物」（87例中87例）「亡」（12例中12例）「忘」（16例中16例．「忘（王）八的」を含めるならば17例中17例）「網」（16例中16例）「望」（66例中66例）「妄」（35例中35例））．

全70字の非撮口呼の影・以・云・疑母（合口）のうち，常にv-で実現する字としては「外」（80例中80例）「綰」（2例中2例）「穩」（3例中3例）「王」（17例中17例）「枉」（1例中1例）「往」（21例中21例）「旺」（1例中1例）「握」（1例中1例）「屋」（4例中4例）の9字が挙げられ，v-が一部の実現例に見られる字には「窩」（13例中1例）「渦」（3例中1例）「瓦」（35例中13例）「五」（50例中1例）「誤」（19例中3例）「歪」（8例中2例）「胃」（9例中3例）「涴」（2例中1例）「碗」（8例中5例）「彎」（23例中2例）「灣」（6例中1例）「頑」（10例中1例）「溫」（19例中8例）「瘟」（6例中3例）の14字が挙げられる．

以上に見たように，同書の示す漢語の音韻体系は，v-とw-が一部の字において混乱しており，微母が独立性を失いつつある．しかしながら，声母v-はある程度安定した音素として存在している．「外」「往」「王」などは，非微母字でありながらも，声母がv-に固定されているように見受けられる．

Notitia Linguae Sinicae（テキストは何2002の示す影印にもとづく）に示される音韻体系では，v-とw-の混乱がより進行している．本文中に出現しかつ字音が明示されている字を数えると，全23字の微母字のうち「無・无」（v-は97例中97例．以下，括弧内に字音ののべ出現回数とv-の出現数を示す）「母」（6例中6例）「舞」（5例中5例）「武」（4例中4例）「務」（1例中1例）「萬」（31例中31例）「文」（26例中26例）「聞」（8例中8例）「問」（29例中29例）「亡」（11例中11例）「忘」（4例中4例）の11字は一貫してv-で表記されているが，「勿」（3例中1例）「罔」（3例中2例）「望」（8例中6例）の3字はv-とw-（またはゼロ声母や介音-u-）とで揺れており，「霧」（1例中0例）「微」（4例中0例）「尾」（5例中0例）「味」（7例中0例）「未」（40例中0例）「挽」（1例中0例）「晚」（5例中0例）「襪」（1例中0例）「物」（21例中0例）の9字は一貫してw-（またはゼロ声母や介音-u-）で表記されている．

全44字の非撮口呼の影・以・云・疑母（合口）のうち，「歪」（3例中3例）「外」（11例中11例）の2字は常にv-で実現し，「歪」（5例中4例）「溫」（3例中1例）「王」（17例中15例）「往・徃」（10例中7例）の4字はv-で実現する例が一部に見受けられる（これに加えて，「忿」がv-で1回，f-で1回，それぞれ表記される）．

以上のデータより，*Notitia Linguae Sinicae* では，微母字の声母が先行の欧文資料に比してより不安定になっていることがわかる．そして，*Notitia Linguae Sinicae* の英訳版である Bridgman (1847: xxxii-xxxiii) や，Morrison (1865) などのより新しい19世紀の資料においては，微母は完全にw-へと合流し，音韻的独立性を喪失している[13]．

---

13) ただし止攝合口三等において，Bridgman (1847) では「謂」wei「未」wi のように，微母字および「惟」「帷」「維」「唯」（wi）とそれ以外の字（wei）とが，声母ではなく韻母において対立が見られる．同様に Morrison (1865) でも，微母字および「惟」「帷」「維」「唯」（we）とそれ以外の字（wei）の間で韻母の対立が見受けられる．

これらの音韻資料を総合するに，欧文資料の反映する官話においては，①微母と他の声母との合流が完了するのは比較的遅い時期であり，微母はそれまでほかの声母から一定の独立性を保ち続けていたこと，そして，② v-と w-が完全に合流する前に，微母字が w-を，微母字でない字が v-を声母にとる段階が存在したことが理解される．

　しかし南寧平話や賓陽平話では，微母でない字が声母 f-で出る現象はまったく観察されない．従って，もしも微母の実現形 f-が官話に由来すると仮定するならば，南寧平話や賓陽平話に影響を与えた西南官話は，微母が v-と w-との間で混乱を起こす以前の段階に留まっており，微母が安定して v-で実現していたと考えられる．しかし南寧平話には，「『忘, 挽, 問』の持つ声母が，微母が w-へ変化を終えた北方系の漢語に由来すると思しき形式である」という言語事実が存在する．このような矛盾は，「微母の実現形 f-は官話に由来する」という仮定が誤りであることを示唆している．

b） 粤語・桂南平話以外の現代方言

　広西東北部に位置する陽朔県葡萄鎮の平声話（梁福根 2005．以下，陽朔方言）は声母に v-と w-の音韻的対立を有する桂北平話である．もし西南官話が部分的にでも微母を v-として保存していたならば，それが陽朔方言の西南官話由来の語に反映されるはずである．しかし陽朔方言で微母は，1 字（襪）が m-，7 字（蚊尾汶問網忘望）が m̥-[14]，9 字（無亡武舞務霧未味萬）が w-，1 字（文）が ȵ̥-（音韻的には j-と同一）で，それぞれ実現しており，v-をとる微母字は見られない．v-をとるのは，専ら奉母字である．また，陽朔方言には *Notitia Linguae Sinicae* に見られるような，v-と w-との間で声母の実現形が混乱する現象も確認されない．

　もしも西南官話が微母を v-として保存した状態で広西に進入し，陽朔方言に借用語を供給したならば，微母が v-をとる字例が陽朔方言に確認できるはずである．また，もしも微母が v-と w-との対立が混乱しつつある，*Notitia Linguae Sinicae* に示される音韻体系のような状態で西南官話が広西に進入したならば，v-と w-が混乱している状況が陽朔方言に観察されるはずである．しかし，この 2 つの現象のどちらもが陽朔方言には見受けられない．西南官話において微母が嘗て v-で実現していた証拠は，陽朔方言の中から見出すことができない．

c） 小　括

　過去の官話を反映した欧文資料や現代方言を見てみても，西南官話が広西に進入した当時において微母の音価が v-で保存されていたことや，南寧方言や賓陽方言の微母 f-が西南官話に由来することを支持する積極的根拠は，見出すことができない．微母 f-の由来は，粤語・桂南平話自身に求めるのが，目下最良の仮説である．

14）　梁福根（2005）は声母 m-, n-, l-, ŋ-とは異なる「比較的重い」有声声母として m̥-, n̥-, l̥-, ŋ̊-を立てる．

4.8.3 チワン語からの傍証

次に，微母 *ɱ- の再建形の妥当性について，チワン語を手掛かりに検証を行う．

現代の漢語系言語には，微母が ɱ- で実現する方言は管見の限りにおいて存在しない．過去の音韻資料にも，微母が唇歯鼻音であったことを表音文字で明示するものは存在しない．しかし，チワン語に見られる漢語からの借用語が，微母への *ɱ- の再建を支持する重要な手掛かりを提供する．チワン語北部方言には，他のタイ系言語では声母が m- で実現する形態素のうち，いくつかが f- で実現するという現象が見られ，タイ祖語（Proto-Tai）を再建する Li（1977）や Pittayaporn（2009）等の先行研究は，これらの形態素の祖形に *mw- を与えている．この *mw- という再建形が具体的にどのような音声実現を持つのかは定かでないが，*mw- と *ɱ- は，鼻音性や唇音性，そして，純粋な両唇鼻音でないという点で共通している．これを踏まえて，チワン語北部方言と南寧方言や賓陽方言が同調する形で，チワン語北部方言の *mw->f- という音変化と並行して，微母 *ɱ- が f- へと変化した，という仮説を立てることができる．

チワン語は漢語から多くの借用語を受け入れている非漢語の1つであり，特にチワン語の借用語と桂南平話との間の関連性については以前から指摘されている（張均如 1982 など）．しかし，チワン語の借用語において微母が f- で出る語（字）と，南寧方言や賓陽方言で微母が f- で出る語（字）は，必ずしも一致していない（張均如 et al. 1999: 255-256）．粤語・桂南平話よりもチワン語の方が，微母が f- で出る音韻的環境が多様である．

張均如 et al.（1999: 438-562）の同音字表は，チワン語武鳴方言に借用された微母字として，「武・舞」fu4，「万」fa:n6，「文」man2，「襪」fa:t10，「魚網」muəŋ4 を提示している．このうち「万」と「襪」は，声母が f- で実現する粤語・桂南平話の例は知られていないにもかかわらず，「万」は武鳴方言のほかに 21 地点（広西の大部分の地点）が（張均如 et al. 1999: 790），「襪」は武鳴方言の他に 4 地点（いずれも南部方言）が（張均如 et al. 1999: 666），声母に f- をとっている[15]．

もしも微母が f- で出る現象が西南官話に由来すると考えるならば，官話と同じく漢語系諸語の一種である桂南平話よりも，非漢語であるチワン語の方が，よりさまざまな音韻的環境下で微母が f- で実現しているというこの現象について，その原因を説明する何らかの根拠を積極的に示す必要があろう[16]．

---

[15] チワン語南部方言は，タイ祖語 *mw- が f- ではなく m- に変化する．それにもかかわらず，チワン語南部方言の中には，「万」「襪」が f- で実現する方言もある．この事実は，チワン語南部方言が北部方言を通じて漢語由来の語彙を獲得した可能性を示している．

[16] なお，李心釋（2012）も微母の f- という形式がチワン語からの影響の下で生じたと考えている．しかし同論文はチワン語について *m->f- という Li（1977）や Pittayaporn（2009）などが想定していない異なる音変化で，微母が f- で実現する現象を説明しようとしている．すなわち李心釋（2012）は，両唇鼻音が直接 f- へと変化したという言語史を想定している．本書は桂南平話の微母が軽唇音化をすでに経たものと考えており，この点で李心釋（2012）と立場を異にする．

4.8.4 唇歯鼻音の総括

以上より，南寧方言や賓陽方言などに見られる微母 f- は，唇歯鼻音 *ɱ- に遡るものであり，他方言から借用したものでないと考えられる．では，微母はなぜ f- と m- という2種類の実現形をとるのだろうか．

漢語の側で微母が *ɱ->m- という，軽唇音化を逆行するかのような音変化を起こしているが，もとより非漢語の分布域であった華南へと進入したことが，その原因として挙げられよう．現代の華南の少数民族言語においても ɱ- を声母にとる言語は存在せず，その地域的特徴に沿う形で *ɱ->m- が発生したと考えられる．

微母が *ɱ->f- という音変化が発生した原因は，チワン語北部方言で始まった *mw->f- という音変化の影響に帰せられる．微母の f- への音変化という一点について注目するならば，漢語とチワン語は Sprachbund をなしているといえよう．本書のこの仮説は，先述の平山久雄（2006）や麦耘（2009）とも矛盾するところがない．

以上を総合するに，次のような華南の言語史を想定することができる．

現代の南寧方言や賓陽方言につながる漢語が北方から華南へと伝播してきた当時，微母は *ɱ- で実現していた．しかし周辺の非漢語の影響下，*ɱ は両唇音 m へと変化し始めた．そして，*ɱ- が完全に m- へと合流する前にチワン語北部方言の分布域付近にまで到達した結果として，チワン語北部方言 *mw->f- と並行して，音変化 *ɱ->m- が未発生の *ɱ- において音変化 *ɱ->f- が発生した．

このような言語史を描くことで，「微母が f- で出る字は日常性・常用性が比較的低い」というある種の傾向をも説明し得る．すなわち，常用性の高い語から音変化 *ɱ->m- が発生したために，チワン語北部方言の影響を受け始めるまでに *ɱ- を保存していた字は，必然的に常用性の低いものとなったと考えられる．

また，粤語・桂南平話では通方言的に宕摂や山摂の微母が専ら m- で実現しているが，先に述べたように，张均如 et al.（1999: 255-256）が，チワン語に取り入れられた借用語「万」と「襪」が f- で実現すると報告している．こうした言語事実は，遇・止・臻摂以外の微母も *ɱ- に遡る可能性を示している．ただ，先述の「問」と同様に，遇・止・臻摂以外の微母は現代語に唇歯音の痕跡を見出すことができない．本書は，粤祖語の段階で遇・止・臻摂の微母が *ɱ- であったのに対して，遇・止・臻摂以外の微母はすでに *m- に変化してしまっていたと考える．

4.9 *z- の問題

Tsuji（1980）や濱田（2012a）が指摘するように，全濁声母が breathy voice の形で有声性を持つ方言も存在する．第6章で論ずるように，粤祖語はすでに調類が陰陽分裂を起こしていたと考えられ，従って，中古音の全清・次清字は全濁字と厳密な意味でのミニマルペアをなさないが，全濁声母には有声性を認めるのが妥当と考えられる．

ただ，有声阻害音声母のうち，*z- が粤祖語に存在していたかどうかは，疑問をさしは

さむ余地がある．従母は安定的に粤祖語で *dz- が再建できる．しかし邪母は，通方言的に摩擦音で実現する語（字）と，通方言的に破擦音で実現する語（字），各地で破擦音で実現したり摩擦音で実現したりする語（字）がある．

邪母は中古音で摩擦音 z- であるため，摩擦音で実現する語（字）については，理論的には *z- を再建できる．ただ，該当する語（字）は，「緒」「隧」「羨」「旋（～轉）」など，常用性が疑わしい．*z- が粤祖語の段階に存在することを最終的に確認するには，第 6 章で分岐学的な方法を援用する必要がある．

4.10　云母・以母

漢語系諸語の全体を通じて，云母や以母が接近音で実現する変種は多い．ところが，粤語・桂南平話の諸方言の中には，云母・以母の一部が接近音ではなく摩擦音 h- で実現するものがある．云母と以母は，中古音の段階では未だ合流しておらず，平山（1967）の推定音では，以母が接近音 j- であるのに対して，云母は摩擦音 ɦ- である．粤語・桂南平話の複数の方言に見られる云母・以母の実現形 h- が，古形を保存したものであるか否かを検討しておく．

覃远雄（2005）は，以母や云母の実現形 h- は古形の残存ではなく，云母が以母と合流した後に *j->h- という通時的変化が発生したと考えている．同様の見解は，濱田（2013b; 2014a）のほかにも，黄玉雄（2015）によって提示されている．

確かに中古音の云母はもともと匣母と起源を同じくしていると考えられており，『広韻』の体系でも匣母と云母とは相補分布の関係にある．云母がかつて摩擦音であった蓋然性は高い．ところが，粤語・桂南平話に見られる摩擦音 h- は，云母と以母との両方に観察される．そもそも粤語・桂南平話の諸方言の中に，云母と以母の対立を明確に保存している方言は見出されない．中古音で云母が摩擦音であったということと，粤語・桂南平話で云母が摩擦音であるということとは，本来性質がまったく異なる現象である．以母も云母も，粤祖語の段階ですでに合流していたと考えるのが妥当である．

次に，云母・以母の音価について検討を行う．広州方言では，云母・以母も影母も，共に j- や w-，ゼロ声母で実現する．中古音との対応上，影母は陰調，云母・以母は陽調を声調に持つため，影母と云母・以母とは厳密な意味でのミニマルペアをなすことがない．粤祖語の段階で，影母と云母・以母とに，互いに同一の声母を再建できるか否かは，音韻論的な考察のみからは判断しにくい．

ただ，云母・以母が摩擦音で実現する方言であっても，影母が摩擦音で実現することはない．よって本書は，影母には *ʔ- を一律に再建し，以母・云母には接近音 *j- または *w- を再建する．粤祖語で撮口呼である遇攝三等（*y），山攝合口三四等（*y:ən/t），一部の通攝三等（*yŋ/k）には *j- が，粤祖語で合口呼である蟹攝合口三四等（*ei），止攝合口三等（*ui），臻攝合口三等（*un/t），宕攝合口三等（*ʊ:əŋ/k），曾攝合口三等（*iŋ/c），梗攝合口三四等（*ɪ:əŋ/c）には *w- が，その他（斉歯呼）には *j- が，それぞれ再建できる．例えば，「煙」（山開四平先影）には *ʔɪ:ən1 が再建できるのに対して，「延」（山開三平仙以）は

*jrːən2 が再建できる．同様に，「枉」（宕合三上養影）には *ʔʋːəŋ3 が，「王」（宕合三平陽云）には *wʋːəŋ2 が，それぞれ再建できる．「淵」（山合四平先影）には *ʔʏːən1 が，「員」（山合三平仙云）には *jʏːən2 が，それぞれ再建できる．

4.11 二重子音について

　McCoy (1986) や余靄芹 (2006) は，粤祖語に二重子音が存在したことを主張する．しかし本書は，二重子音を粤祖語に認める説を採用していない．

　McCoy (1986) などが述べるように，現代広東語に iambic な強勢パターンをとり，前部音節が無声調的に実現する多音節語が存在するのは事実である．例えば，「角落頭」kɔːk7b lɔːk7a tʰɐu*（隅．接尾辞 tʰɐu「頭」は変調）は，自然談話中で第一音節と第二音節が縮約して kə lɔk7a (kə は無声調) のように発音されることがある．そして McCoy (1986) は，この事実に加え，『集韻』などで「角」に盧穀切が反切として与えられていることを踏まえて，粤祖語に声母 *kl- が存在したと考えられる．

　「角落頭」の縮約現象などから，粤祖語にも iambic な強勢パターンをとる多音節語が存在したと推定することはできるであろう．しかし，「粤祖語には二重子音が音素として存在し，しかも，現代語のこうした多音節語における前部音節声母と後部音節声母が，粤祖語の単一音節の二重子音声母に由来している」という仮説は，より多くの証拠が示される必要があると考えられる．仮に「角」という語（字）が中古音よりも古い時代の漢語において，*kl- に類する形式を有していたとしても，「角落」が縮約されて発音されるという共時的現象は，古形 *kl- が粤祖語の段階にまで保存されていたことを証明する根拠としては，いささか薄弱である．また，「角」「落」両字は広州方言では同一韻母をとっているが，粤祖語では江攝二等と宕攝開口一等は対立しているため，「角」と「落」は粤祖語において別の韻母が再建されなくてはならない（「角」は *kak7，「落」は *lɔk8）．二重子音 *kl- の前部要素が *ak と共起し，後部要素が *ak ではなく *ɔk と共起するのは，いかにも不自然である．

　余靄芹 (2006) は，7つの二重子音を再建しており，例えば「儉」（吝嗇）という語が香港方言等で kim6，台山方言で kiɛm6・liɛm3 でそれぞれ実現していることを根拠として，「儉」に声母 *gl- を再建している．他にも，「脱」（衣服をぬぐ）が多くの方言で tʰyt7b およびそれに準ずる形で実現し，「ぬける」という口語的動詞は lɐt7a およびそれに類する形で実現していることから，「脱」に声母 *thl- を再建している．また，「檻」が各地で lam で実現していることから，「檻」に声母 *kl- を再建している．

　しかし，「儉」に関しては台山方言の kiɛm6 と liɛm3 が同源語であるという証明がなされていない．仮に同源であったとしても，二重子音声母を再建して上古音にも類似したような祖体系を想定するよりはむしろ，粤祖語の段階ですでに synonym として声母 *l- のものと *k- のものとが並存していたと考えた方が，より合理的であるように考えられる（漢字の字形に起因する読音の類推の可能性も考え得る）．「檻」についても同様の議論が可能である．「脱」と「ぬける」に関しても同様に，この2つの語を同源語と認定する証拠が未

だ十分でない．余靄芹（2006）が述べるように，タイ系言語にも声母 th- の形態素と l- の形態素が見られ（例えば，タイ語（Thai）tʰɔːtDL1「ぬぐ」と lutDS1「ぬける」など．ただし Pittayaporn 2009: 92-93 は，tʰɔːtDL1 をタイ祖語に遡らない漢語由来の語とする），この言語事実が側面音声母と歯茎破裂音声母との関連性を示しているとされるが，意味的な近似から両形態素を同源と見なすよりは，むしろ前者（声母 tʰ-）を漢語由来の語，後者（声母 l-）をタイ系言語由来の語として――すなわち，非同源語として――それぞれ捉えるのが適当ではないかと考えられる．「檻」とは別に，声母 k- が本来期待される「艦」が広州方言で lam6 で実現する現象が知られているが，この種の字音は，後代に字形から類推されたものである可能性も考えられる（字形からの類推で字音が不規則形式になる現象は，漢語系諸語であっても発生する．例えば，鄭張尚芳 2002 など）．

　以上より，本書は粵祖語に二重子音を音素として認めない立場をとる．

第5章

分岐学的分析による系統推定

　本章では，分岐学的に系統推定を行ううえでのさまざまな問題を論ずるともに，実際に粤語・桂南平話の系統樹を導き出す．

　本書は，詹伯慧 et al. (1987) の報告する広州方言（広州方言は本文中で一部表記を改めている）・順徳方言・仏山方言・東莞方言・台山方言・開平方言・恩平方言・鶴山方言・新会方言の9方言，詹伯慧 et al. (1998) の報告する肇慶方言，四会方言，広寧方言，徳慶方言，懐集方言[1]，封開方言，雲浮方言，新興方言，羅定方言，郁南方言の10方言，广西壮族自治区地方志編纂委員会 (1998) の報告する玉林方言・廉州方言の2方言，陈海伦 et al. (2009a) の報告する北海方言・桂平方言・貴港方言・南寧市亭子方言（以下，亭子方言）・扶綏県城厢方言（以下，城厢方言）の5方言，谢建猷 (2007) の報告する浦北方言・霊山方言・博白方言の3方言，林欽娟 (2008) の報告する欽州方言，Yue-Hashimoto (1979) の報告する藤県方言，覃才亮 (2009) の報告する蒙山方言，黄群 (2006) の報告する昭平方言，陈海伦 et al. (2009b) の報告する賀州市信都方言（以下，信都方言），詹伯慧 et al. (1994) の報告する連山方言，濱田 (2012a) の報告する江華瑤族自治県大錫方言（以下，大錫方言），陈小燕 (2009) の報告する賀州市八歩方言（以下，賀州方言），陈才佳 (2007) の報告する富川方言（梧州話），邓玉荣 (2005) の報告する鐘山方言，黄海瑶 (2008) の報告する横県方言，林亦 et al. (2009) の報告する邕寧方言，李连进 et al. (2009) の報告する崇左方言，林亦 (2009) の報告する南寧市石埠方言（以下，石埠方言），罗康宁 (1987) の報告する信宜方言の44方言に加えて，李连进 (2000)・谢建猷 (2007)・黄献 (2007)・陈海伦 et al. (2009a)・莫海文 (2014) が報告する，広西賓陽県のきわめて高い均質性を呈する諸方言について，共通祖語である賓陽祖語を再建したうえで，これを1つの OTU としてまとめた．以上の計45の OTU について系統推定を行う．賓陽祖語は，賓陽県の復興方言（陈海伦 et al. 2009a）が粤祖語の段階から経てきた合流のうち，*ɔ と *ɔi の合流を除く，すべてを経験している体系である．また，各方言の語彙についてはこれらの先行研究以外の報告を参照することがある．

---

[1] 詹伯慧 et al. (1998) の懐集方言については，杨璧菀 (2006) がデータの不正確さを主張している．ただ，母語話者でもなく調査経験者でもない筆者は，杨璧菀 (2006) のすべての指摘が，詹伯慧 et al. (1998) の懐集方言について妥当なものであるのか，判断する術がない．本書では，詹伯慧 et al. (1998) の示すデータに従っておく．

なお，本書で系統推定の対象とした全方言地点を示す地図を，附論1に載せた．

5.1 形　質

言語以外の分岐学的分析の実践例として，再びコケ植物における系統関係の推定をとり上げる．形態学的形質のみを用いて系統推定を試みた Mishler et al. (1984) はコケ植物について，苔類が最初に分岐し，次にツノゴケ類が分岐し，そして蘚類と維管束植物が姉妹群をなすという結論を下す．そして Mishler et al. (1984) は，系統推定の失敗例として Parenti (1980) を挙げ，系統推定に用いる形質の選択が不適切と述べる．しかしながら結果だけを見るならば，実は Parenti (1980) の示す系統樹と，分子系統学的分析に基づく Qiu et al. (2006; 2007) の示す系統樹は，コケ植物の系統に関してのみ，「(苔類 (蘚類 (ツノゴケ類，維管束植物)))」という同様の結論を下している．

Parenti (1980) に対する批判には，Smoot et al. (1981)，Bremer et al. (1981)，Young et al. (1982) が知られている (Mishler et al. 1984)．Smoot et al. (1981) に対する再反論である Parenti (1982) は，Smoot et al. (1981) の批判は分岐学に対する無理解を逆に露呈していると，苛立ちを隠すことなく反論している．一連の議論においては，分岐学的分析の質に関してよりも，分岐学の導入そのものが対象にされがちであった．

ただ，分岐学が必ずしも万能ではなく，植物学の知見によってしか解決できない部分——系統推定に用いる形質それ自体の妥当性——が系統推定に存在するであろうことは，植物学の門外漢である筆者にも容易に想像される．「選択した形質が確かなものか否か」という系統推定の前提は，個別の学問に属する問題であり，当然ながら分岐学がそれの解決を保証することはない．

われわれの生きる21世紀初頭とは異なり，1980年代は，「分岐学的推定によって得られた系統仮説を根拠として，非単系統群 (多系統群，側系統群) の分類群を認めない」という分岐分類学と，それ以外の分類学との衝突が起こっていた時代であった[2]．分岐学的分析の前提たる形質選択の妥当性も，分岐学の導入それ自体も，当時においてはともに2つの大きな問題であった．結局，時代が下って分子系統学が台頭してきたことによって，蘚類と維管束植物が単系統群をなさない仮説が有力となったが (附論3を参照)，Mishler et al. (1984) が「通道組織を有する (木部 (xylem) と師部 (phloem) を獲得している)」などの特徴をもとに，蘚類と維管束植物が単系統群をなすと判断した，その推論の過程そのものは，どの点がどれほど正しく，また，どの点がどれほど誤っていたのであろうか．

確かにわれわれは，時間の経過とともに，仮説を導き出す手段の数を増やし，質を高めた．しかし，過去に行われた科学的考察に対して，その正しい側面と誤った側面とを，正確に判じ分けることまで，われわれはできるようになったのであろうか．コケ植物の系統については，分子系統学的分析と，Mishler et al. (1984) の形態学的形質に基づく分析とが，

---

[2] 分岐分類学とその他の分類学 (数量分類学，進化分類学) との間の熾烈な論争については，三中 (1997: 81-196) に詳しい．

互いに矛盾する結論を下している．しかし，果たして Mishler et al. (1984) の仮説は，あえて分子系統学を用いず，形態学的研究の進歩のみに頼って，反証することはできるのであろうか．分子データに相当するデータを使わずに，言語の系統を最節約的に推定しようとする本書にとって，植物の系統についての形態学的な反証が将来において可能か否かは，決して無関係な問題ではない．

　この問題に目をつぶるとしても，そもそも分子系統学的分析もまた，客観性を保証されているわけではない[3]（三中 1997: 384-385）．Qiu et al. (2006; 2007) の示す，苔類・蘚類・ツノゴケ類はいずれも互いに単系統群をなさないという仮説についても，分子系統学の見地から反論が行われている（Cox et al. 2014; Wickett et al. 2014）．塩基配列やアミノ酸配列といった，地球上の生物にとって一定の普遍性を持つ情報でさえ，系統推定の客観性を保証できるとは限らない．形態学的形質を用いた系統推定はなお一層，形質推定の妥当性について慎重でなければならない．

　分子系統学という強力な武器を得た今日の蘚苔類学（bryology）にとって，形態学的形質のみに基づく系統推定が，どのように位置づけられるかという問題は，本書の手が到底届かぬところにある．だが，少なくとも言語学にとっては，こうした問題は今なお向きあわざるを得ない問題として残り続けている．より厳密化・抽象化された方法として，分岐学を言語学・中国語学に導入しようとするとき，分岐学の理論に対する十分な理解はもちろんのこと，何より，分岐学を援用せんとする個別の学問に関する深い知識と精密な分析が，前提として求められることは明白である．たとえどれほど優れた計算機を用意したとしても，計算機に分析させるデータが言語学的・中国語学的に不確かなものであったならば，当然，その分析結果は信頼できないものとなる．データを言語学的・中国語学的に信頼の置けるものにする責任を負うのは，分岐学ではなく，言語学や中国語学である．

　GIGO ("garbage in, garbage out" の頭字語（acronym）．ゴミを計算機に入れたら，ゴミが返ってくる）という言葉があるが，系統推定においても同様のことがいえる．計算機に入れる「ゴミ」を「ゴミ」と見抜くには，分岐学ではなく個別の学問の専門的知識が必要である．悩ましいことに，計算機から吐き出された「ゴミ」が「ゴミ」であると気がつくことは，完成品である系統樹を見るだけでは，極めて難しい．結局のところ，計算機に入れる前のものが「ゴミ」か否かを見極めるほかに，系統樹の信頼性を評価する方法はないといえる．

　導き出される系統樹は，たとえ「ゴミ」であったとしても，それ自身が強い視覚的な説得力を持つ．結果そのものの魅力によってではなく，それを導き出すまでの過程によって，系統樹の真価が決まるということを，分析者と読者の双方が認識している必要がある．

　以下，漢語系諸語の系統推定を行う前に，形質についていくつかの問題を論ずる．

---

[3] また，仮に分子系統学が将来いかにその系統推定能力を高めようとも，絶滅種に対して，化石からゲノム情報などが得られるような幸運な例外を除いて，分子系統学的分析は実践し難い．形態学的特徴に基づく系統推定が完全に意義を失うことは恐らくないであろう．事実，O'Leary et al. (2013) のように，現生種と化石種を含む全 86 個の OTU の系統を，4541 個の形態学的形質を用いて推定した研究が存在する．

5.1.1 いかに形質を選択するか

　生物であれ言語であれ，分析対象はさまざまな特徴を有している．分岐学的分析を行うには，その特徴の一部を形質として定義せねばならない．定義された形質は，1つの集合をなす．その一方で，形質として定義されることなく，分岐学的分析の対象から漏れた特徴もまた，1つの集合をなす．しかし，「形質として選ばれた／選ばれなかった特徴」に共通する，何らかのメタ的特徴を明示することは難しい．これが意味するところは，「なぜその形質を選んだ／選ばなかったのか」を，その明確な選択基準とともに説明することは難しく，そもそもそれは分岐学そのものの領分ではないのであって，個別の学問分野が解決せねばならない問題だということである．

　形質として選ばれなかった特徴は，「分析者が形質として選択した特徴」から減算的に定義される．系統推定の客観性を担保するためには，形質として採用しなかった特徴の集合が閉じていることが望ましい．

　1つの言語が持つ語の数や文法現象の数は，羅列して数え上げることすら難しい．語彙は体系としてより開いており，文法は「特徴」という形に落とし込む際に客観性を担保しにくい．語彙的特徴や文法的特徴を形質として採用することは，ある特徴を形質として採用しなかったことの妥当性に対する，検証の余地を損ねる可能性を秘めているのである．語彙や文法から形質を採用するのに伴うもう1つの困難は，形質状態が改新的か保守的かを決定することが難しいということである．Ringe et al. (2002) は印欧語の系統を最節約的に推定する際に，語彙的特徴や文法的特徴を用いている．この方法が可能なのは，印欧語全体の系統と言語史について，すでに相応の知見が蓄積されており，しかも，音声言語を反映した言語資料が十分に得られるためである．漢語系諸語は，この点で不利である．

　翻って音韻は，体系としてより閉じたものである．そのため，共通祖語とすべての娘言語の音韻体系さえ提示されれば，「系統の推定に用いられている変化の集合」と「系統の推定に用いられない変化の集合」と（これら2つの集合の元すべてのみを含んだ集合が，粵祖語と現代諸方言との間で発生したすべての音変化の集合である）について，原理的には，すべての元をそれぞれ列挙できる．しかし，語彙や文法の場合，「系統の推定に用いられない変化の集合」のすべての元を列挙することは難しい[4]．

　ただし，このことは語彙的・文法的形質が音韻的形質よりも，系統推定の力が本質的に弱いことを意味するわけではない．漢語系諸語の系統論が印欧語ほどには発達していない現段階においては，語彙や文法を形質として採用するのに伴う危険性を，注意深く排除する必要がある．本書ではあくまでも暫定的に，系統推定のための形質に語彙的・文法的特徴を用いることを控えているにすぎない．

---

[4] 特に語彙の場合，ある方言の語彙の中にある語が含まれていることを示すのは容易いが，逆に不在を証明するのは難しい．

5.1.2 いかに形質状態を定義するか

　分岐学的分析を行うには，OTU である各方言について，選択した形質について形質状態を定義し，形質行列を作成する必要がある．しかし，たとえ適切な形質を選択したとしても，言語——特に漢語系諸語——を OTU とする系統推定において形質状態を定義するにあたっては，いくつかの問題がなお残る．

　漢語系諸語では，中古音で同一の音価が推定される語（字）音が必ずしも同音で実現しないという現象が，頻繁に見られる．中古音との対応関係に不規則性が生ずる問題が，中国語学において言語層の概念をもってしばしば論ぜられることは，繰り返し述べてきた．漢語系諸語の方言は一般に，単一の言語層のみで成り立っているとされるものは，きわめて少ない．従って，形質状態を定義するに先立ち，「どの語（字）の実現形を，その方言の標準的なものと見なすか」という問題に直面する．本書では，口語的・常用的な語（字）に観察され，かつ，散発的・例外的な語（字）音といえない実現形を，現在の音韻体系の成立に決定的な役割を果たしていると見なす．そして，その語（字）の形式をもとにして，形質状態を定義する．

　例えば，「豬」という語（字）は，声母が歯茎破裂音 t-で実現する形式と，歯茎周辺を調音点とする破擦音で実現する形式の 2 つを，同時に有する方言が存在する．中古音の知母に対応する大多数の常用語は，粤祖語 *tʂ-が再建されるのが一般的であるため，「豬」もまた破擦音で実現することが期待される．ただし知母は，中古音の段階で破裂音である．従って，「豬」が破裂音 t-で実現する形式は，破擦音で実現する形式よりも，さらに古い時代層の特徴を反映していると見なせる．しかし，たとえ「豬」の声母の実現形式 t-が古形を反映するものであったとしても，当該の方言について，「中古音の知母が破裂音か破擦音か」という形質を立てて，「中古音の知母が破裂音で実現する」という形質状態を定義するのは，適当でない．

　ここで強調せねばならないのは，「豬」が破裂音 t-で実現するという現象が当該方言の成立について重要な情報を与える，という方言学的・中国語学的認識それ自体は，決して批判の対象になっていないということである．ただ単に，「豬」が破裂音 t-で実現するという特徴が，粤祖語から現在の粤語・桂南平話の諸変種が分岐する過程を推定するのに有力な根拠と判断されないということにすぎない．系統推定を行う上では，「豬」が破擦音で実現する形式が標準的であると定義されたにすぎないのである．

　このように定義が行われたとき，「豬」が破裂音で実現する現象は，2 通りの解釈が行われる．1 つは，粤祖語またはそれ以前の段階で何らかの原因で，「豬」について破裂音声母で実現する形式をすでに借用しており，その結果として粤祖語は，「豬」に破擦音声母の形式と破裂音声母の形式の 2 つを有していた，という解釈である．もう 1 つは，粤祖語は「豬」に破擦音声母の形式のみを有していたが，粤祖語よりも後の時代に，一部の変種のみが破裂音声母の形式を借用した，という解釈である．このどちらの解釈がより妥当であるかについての解決方法は第 6 章で論ずる．

表 5-1　方言 x の形質状態の定義の仕方

	形質 p (*A=*B)	形質 q (*B=*C)	形質 r (*C=*A)
定義 1	1	1	0
定義 2	1	0	1
定義 3	0	1	1
定義 4	1	1	1

　形質状態を定義するにあたり直面するもう1つの困難は，祖語の再建音が3つ以上合流を起こしている場合，形質状態の定義の仕方が，1通りに決定できない事態が発生する可能性である．例えば，「言語音 *A と *B とが互いに合流する」という音変化について，その発生を形質 p の形質状態1，未発生を形質 p の形質状態0で定義したとする．同様に，言語音 *B と *C の合流を形質 q の形質状態1，未合流を形質 q の形質状態0で定義し，言語音 *C と *A の合流を形質 r の形質状態1，未合流を形質状態0で定義したとする．このとき，もしある方言 x で *A，*B，*C の三者が合流を起こしていたとすると，この方言における形質 p, q, r の形質状態はどのように定義されるであろうか．方言 x についてありうる形質状態の定義は，表 5-1 に示すように，4通りが考えられる．

　当然ながら，定義1から4のいずれを採用するかによって，方言 x の系統的位置づけが左右される可能性がある．形質 p, q, r の形質状態が1から0へと逆転しないと仮定したとき，例えば，形質 p が1であり形質 q と r が0である方言 y と，形質 q が1であり形質 p と r が0である方言 z を比較の対象として，系統を推定することを考える．もし定義1を採用するならば，方言 x, y, z は $((x, y), z)$，$((x, z), y)$ という最節約的系統樹が2つ得られることになる（定義4を採用した場合も同様）．もし定義2を採用するならば，方言 x の形質 r の形質状態1は固有派生形質となるため，方言 x と y が単系統群をなす $((x, y), z)$ という系統樹が得られる．同様に，定義3を採用するならば，方言 x と z が単系統群をなす $((x, z), y)$ という系統樹が得られる．

　可能な定義の中から1つを選択するという行為は，言語史の解釈という行為にほかならない．例えば定義1を採用することは，「*A と *B の合流が発生した後に，*A・*B と *C の合流が発生した」または「*B と *C の合流が発生した後に，*A と *B・*C の合流が発生した」という言語史を仮定することに等しい．すなわち，定義1の採用とは，「*A と *C が合流した後に *B と *A・*C の合流が発生した」という言語史の否定と同義である．同様に，定義2の採用は「*B と *C が合流した後に *A と *B・*C が合流した」という言語史を，定義3の採用は「*A と *B が合流した後に *C と *A・*B が合流した」という言語史を，それぞれ否定する．定義4の採用は *A，*B，*C の三者の合流順序について沈黙している．

　定義4を採用することは，ともすると言語変化について主観的解釈を排するための妥当な選択であるようにも見えるかもしれない．しかし，これは言語史を最節約的に復元するという本来の目的にそぐうものではない．変化の回数の正確性を犠牲にして最節約的系統樹を発見したとしても，それは得られる系統樹の信頼性を損なった上で得られる樹形である．分析者は，定義1～3の中から，妥当と思われる定義を選択せねばならない．そして，

その選択の根拠は，分岐学ではなく，個別の科学に求められねばならない．分岐学を利用することが考察の客観性を無条件で保証しないことについては，本書の中で繰り返し述べてきた通りであり，粤語・桂南平話諸方言の系統の分岐学的分析は，方言学，中国語学，言語学の従来の営為から断絶したものでは決してあり得ない．

さて，こうした定義の選択の問題が発生するのは，本書の扱う限りにおいては，廉州方言である．廉州方言は粤祖語の *aŋ/k と *ɔŋ/k, *eŋ/k が合流しているが，この合流の発生順序は廉州方言の系統的位置づけを考察するにあたって重要である．廉州方言には，*ɔŋ/k が両唇音声母の順行同化の結果として，主母音が円唇母音化する現象が見られるが，これは *eŋ/k には見られない．これを踏まえるに，*aŋ/k と *ɔŋ/k の合流が発生した後に，声母に起因する主母音の順行同化が発生し，その上で *eŋ/k との合流が発生した，という言語史が想定できる．

5.1.3 系統推定に形質として用いる音変化

最節約性に基づく系統推定では，共有派生形質の共有関係によって，導き出される系統樹の樹形が決定する．従って，並行的に発生しやすい改新を形質として選択すると，系統の推定に悪影響が及ぶ事態があり得る．こうした事態を避けるには，独立に頻発すると思しき変化を，形質として採用しない方法をとることができる．例えば植物において，表面積が広い体組織を獲得すればより効率的な光合成が可能となることは，地球環境や物理的な条件から自明である．直感的に「葉」に見える組織の構造を観察すると，コケ植物（葉脈を持たない）とヒカゲノカズラ植物門（葉脈が分岐しない「小葉」を持つ）と他の維管束植物（葉脈が分岐する「大葉」を持つ）とで，「葉」が互いに大きく異なる構造を持つことが確認される（加藤 1997: 81-82 など）．このように，形態学的特徴を精査すれば，「葉」を持っているという特徴を単純にとり上げるだけでは，生物種間の歴史共有関係を証明できないことが理解される．

漢語系諸語の例を挙げるならば，前舌円唇母音からなる韻母 /y/ は，主に中国大陸南方の漢語系諸語で出現しないことがままある（西南官話，閩語など．曹志耘 2008: 117）．粤語・桂南平話では，例えば広州方言には韻母 /y/ が存在する（粤祖語 *y に由来）が，霊山方言では粤祖語 *y>u，昭平方言では粤祖語 *y>ɣ，南寧石埠方言では粤祖語 *y>ui のように変化する．このように，前舌円唇母音に見られる粤語・桂南平話の音変化は多様である．しかし，漢語系諸語全体を見渡せば，前舌円唇母音の非前舌円唇母音化が，粤語・桂南平話以外でも系統の違いを超えて発生しているという事実がある．単純に「*y が前舌円唇母音でなくなったか否か」という形質を立てるだけでは，変種間の系統推定を不正確ならしめる可能性がある．

このように，変化後の形式を表面的に追いかけるだけでは，適切な形質を選択することが難しい．こうした問題を解決する1つの方法は，形式の変化ではなく，要素同士の合流を形質として定義することである．要素の増減という体系全体に関与する変化を形質として定義すれば，系統推定の結果が表層的な変化に左右される事態は，より起こりにくくな

表 5-2 粤祖語の娘言語における *ɐu・*iu の実現形

語(字)例	流	畫	救	樓	瘦	夠
粤祖語	*liu2	*tʂiu5	*kiu5	*lɐu2	*ʂɐu5	*kɐu5
広州	lɐu2	tsɐu5	kɐu5	lɐu2	sɐu5	kɐu5
新興	lu2	tsu5	ku5	lɐu2	sɐu5	kɐu5
昭平	lɐu2	tsɐu5	tsɐu5	lɐu2	sɐu5	kɐu5

るであろう.

さて，要素の増減という，体系全体にかかわる複雑な変化を，形質行列によってトレースできるようにしようとするには，いささか工夫が必要である．以下，*ɐu と *iu の合流に関する形質選択を事例として説明する．

表 5-2 では，*ɐu と *iu の合流が広州方言と昭平方言で発生しているほか，*k- と *tʂ- とが *iu の前で合流する音変化が昭平方言で発生している．そこで，形質 x' を立てて，形質状態 0 が *ɐu と *iu の合流の未発生，形質状態 1 が *ɐu と *iu の合流の発生を意味しているものとして，それぞれ定義する．そして，形質 y' を立てて，形質状態 0 が軟口蓋音と反り舌音の合流の未発生，形質状態 1 が軟口蓋音と反り舌音の合流の発生を意味しているものとして，それぞれ定義する．すると，表 5-3 のように各方言の形質状態が定義される．しかし，このような形質の選択は不適当である．

昭平方言は明らかに，*k- の口蓋化が発生した後で，*ɐu と *iu の合流が起こっている．しかし，表 5-2 のように形質を選択すると，広州方言のように *ɐu と *iu の合流が先んじて発生した音韻体系から，昭平方言のように *k- が口蓋化した音韻体系へと変化することを，分岐学的分析は許容してしまう．当然，*kɐu と *kiu が先に合流すると考えるならば，「粤祖語で *kiu だったもののみが口蓋化を起こして，*kɐu だったものは口蓋化を起こさない」という言語変化は，言語学的に想定できない．*ɐu と *iu が合流するという音変化を，たった1つの形質だけで表現し切ることは不可能なのである．

そこで，形質樹（character tree）を用いて，音変化の順序をトレースする方法が考えられる．形質 x について，形質状態 0 は *ɐu と *iu との合流が未発生であることを意味し，形質状態 1 は声母の合流を伴わずに *ɐu と *iu との合流が発生していることを意味すると定義し，そして形質 y について，形質状態 0 は軟口蓋破裂音声母と反り舌音声母の合流が未発生であることを意味し，形質状態 1 は軟口蓋破裂音声母と反り舌音声母が *iu の前で合流していることを意味し，形質状態 2 は声母の合流が発生した上で *ɐu と *iu が合流し

表 5-3 誤った形質選択の例

形質	x'	y'
粤祖語	0	0
広州	1	0
新興	0	0
昭平	1	1

表 5-4 適切な形質選択の例

形質	x	y
粤祖語	0	0
広州	1	0
新興	0	0
昭平	0	2

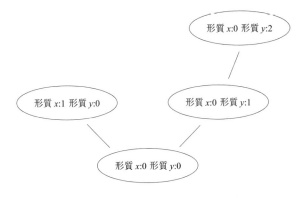

図 5-1 形質樹、および形質樹が反映する音変化の図像的表現

ていることを意味すると定義すればよい．これに加えて，音素の合流現象は一般に不可逆であるため，これらの形質に「逆転不可能」という制約を加えればよい．

　形質 x が形質状態 1 でいることができるのは，形質 y の形質状態が 0 のときのみであり，形質 y が形質状態 1 や 2 でいることができるのは，形質 x の形質状態が 0 のときのみである．このように，ある形質における形質状態の変化が，別の形質の形質状態に影響される状態を，形質樹で表現することができるのである．この形質樹にそぐわないような形質状態の定義は，否定される．すなわち，ある変種について形質 x も形質 y も形質状態 1 と定義することは，系統推定をする以前の段階で，あり得ないこととして排除されるのである（表 5-4・図 5-1）．

表 5-5　韻尾 *-n/t を有する粤祖語の長介音韻母の合流状況

語(字)	先	戰	堅	酸	官	宣	磚	拳
粤祖語	*sɪːən1	*tʂɪːən5	*kɪːən1	*sʊːən1	*kʊːən1	*sʏːən1	*tʂʏːən1	*gʏːən2
広州	sin1	tsin5	kin1	syn1	kun1	syn1	tsyn1	kʰyn2
欽州	ɬin1	tsin5	kin1	ɬin1	kun1	ɬin1	tsin1	kʰin2
新会	sin1	tsin1	kin1	sun1	kun1	sin1	tsin1	kʰin2
徳慶	sin1	tsin5	kin1	son1	kon1	son1	tson1	kon2
蒙山	θin1	tʃin5	kin1	θun1	kun1	θun1	tʃun1	kin2

　もう 1 つ，*ɪːən/t・*ʊːən/t・*ʏːən/t の音変化を例として挙げる（表 5-5）．広州方言は *ʊːən/t が［+coronal］の後で *ʏːən/t と合流する方言の 1 つである．欽州方言は広州方言の状態からさらに一歩進んで，円唇前舌狭母音の非円唇母音化が発生している．新会方言は，広州方言のような *ʊːən/t の前舌母音化を経ずに，*ʏːən/t が非円唇母音化している．蒙山方言は，*ʊːən/t と *ʏːən/t との対立が［+dorsal］の後においては保存されているが，［+coronal］においては *ʏːən/t が後舌母音となって *ʊːən/t と合流している．

　問題は徳慶方言である．同方言では，*ʏːən/t は後舌母音化して *ʊːən/t と完全に合流してしまっている．徳慶方言が果たして，広州方言のように *ʊːən/t が［+coronal］の後で前舌母音化したのかどうか，判断する根拠を完全に喪失してしまっているのである．すなわち，徳慶方言は，「*ʏːən/t は，*ʊːən/t と合流することなく後舌母音化した」という，1 ステップだけの音変化を経て現在の状態に至ったのか，それとも，「*ʊːən/t が［+coronal］の声母の後で前舌母音化した上で，*ʏːən/t および［+coronal］の声母に後続する *ʊːən/t が後舌母音化した」という 2 ステップの音変化を経て現在の状態に至ったのか，判定不可能なのである．

　1 つの状態に対して，ステップ数が互いに異なる複数の仮定が可能であるという事態は，分岐学的分析を行う上で大きな問題となる．ここで注意せねばならないのは，「分岐学が最節約性を原理として採用する」という事実と，「音変化という通時的現象は，常に最節約的に発生するはずだ」という判断とは，互いに異なるということである（3.4.2 参照）．ステップ数がより少ないという理由のみで，「*ʏːən/t が *ʊːən/t との合流を経ずに後舌母音化した」という言語史を採用する判断は，理論的根拠を欠いている．

　この問題の最も公平な解決法は，「*ʊːən/t が［+coronal］の声母の後で前舌母音化したか否かという形質については，形質状態が定義不可能である」と考えることである．徳慶方言の場合，この音変化について定義される形質状態は，形質行列上で「データの欠失」とすることができる．すなわち，徳慶方言の［+coronal］の声母に後続する *ʊːən/t の *ʏːən/t との合流という形質は，系統推定のための根拠として用いられないことになる．

　以上の議論に基づき，後述する形質 36, 37, 38 の形質状態を各方言に定義すると，表 5-6 のようになる．

　本書は，粤祖語から各娘言語への音変化をトレースすべく，68 個の形質を選択し，形

表 5-6　韻尾 *-n/t を有する粤祖語の長介音韻母に関して定義された形質と形質状態

形質	36	37	38
粤祖語	0	0	0
広州	1	0	0
欽州	2	0	0
新会	0	1	0
徳慶	null	0	1
蒙山	null	0	0

質状態を以下のように定義する．

形質 01 の形質状態 1 は，*ui と *ʊːəi が［＋coronal］の後で合流を起こしていることを表す．

形質 02 の形質状態 1 は，*ɔi と *ai が［＋coronal］の後で合流することを表す．形質状態 2 は［coronal］の正負を問わずに *ai と *ɔi が合流していることを表す．

形質 03 の形質状態 1 は［−coronal］で *ɔi と *ʊːəi が合流していることを表す．

形質 04 の形質状態 1 は［＋coronal］で，*ɔi と *ʊːəi が合流していることを表す．

形質 05 の形質状態 1 は *ui が［−coronal］で円唇性を喪失して *i と合流していることを表す．

形質 06 の形質状態 1 は *ai と *ɐi が合流していることを表す．

形質 07 の形質状態 1 は，*u が［＋coronal］および両唇音で二重母音化して *ɔu と合流することを表し，形質状態 2 は，*u がすべての環境下で二重母音化して *ɔu と合流することを表す．

形質 08 の形質状態 1 は，*u が［＋coronal］および両唇音で二重母音化して *ɔu と合流した上で，*ɔu と未合流の *u（［−coronal］かつ非両唇音）が *ɔ と合流していることを表す．

形質 09 の形質状態 1 は，*u が［＋coronal］および両唇音で二重母音化して *iu と合流することを表す．

形質 10 の形質状態 1 は，*au と *ɔu が合流することを表す．

形質 11 の形質状態 1 は，*ɔu と *ɐu が合流することを表す．

形質 12 の形質状態 1 は，声母の合流を伴わずに *ɐu と *iu が合流することを表す．

形質 13 の形質状態 1 は，*iu の前で軟口蓋破裂音声母が口蓋化していることを表し，形質状態 2 は口蓋化の結果として反り舌音声母と軟口蓋破裂音声母が合流した上で，*ɐu と *iu が合流することを表す．

形質 14 の形質状態 1 は，［＋labial］および［＋coronal］で *u と *ʊːə が合流することを表す．

形質 15 の形質状態 1 は，その他の環境下で *u と *ʊːə が合流することを表す．

形質 16 の形質状態 1 は，*ɔu と *ɔ が合流することを表す．

形質 17 の形質状態 1 は，*iu が単母音化して *u と合流することを表す．

形質 18 の形質状態 1 は，*au が歯茎破裂音・歯茎共鳴音で *ɪːəu と合流することを表す．

形質 19 の形質状態 1 は，*au と *ɐu が合流していることを表す．

形質 20 の形質状態 1 は，*ŋu が成節的鼻音 ŋ̍ や əŋ, hoŋ といった形式に変化していることを表し，形質状態 2 は，*ŋu の変化の後で *ɔu が単母音化して u と合流していることを表す．

形質 21 の形質状態 1 は，声母の合流を伴わずに *ɔm/p と *im/p が合流していることを表す．

形質 22 の形質状態 1 は，*im/p の前で軟口蓋破裂音声母が口蓋化していることを表し，形質状態 2 は，反り舌音声母と軟口蓋破裂音声母の合流を経た上で，*ɔm/p と *im/p が合流することを表す．

形質 23 の形質状態 1 は，*am/p と *ɔm/p が合流していることを表す．

形質 24 の形質状態 1 は，*am/p と *an/t が合流していることを表す．

形質 25 の形質状態 1 は，*ɔm/p と *ɐŋ/k が合流していることを表す．

形質 26 の形質状態 1 は，*ɪːəm/p と *ɪːən/t が合流していることを表す．

形質 27 の形質状態 1 は，*im/p と *in/t が合流していることを表す．

形質 28 の形質状態 1 は，*an/t と *aɲ/c が合流していることを表す．

形質 29 の形質状態 1 は，*an/t と *ɔn/t が［−labial, −coronal］で合流していることを表す．

形質 30 の形質状態 1 は，*an/t と *ɐn/t が［−labial］で合流していることを表す．

形質 31 の形質状態 1 は，*ɔn/t と *ʊːən/t が［−labial, −coronal］で合流していることを表す．

形質 32 の形質状態 1 は，*ɔn/t と *uan/t が［−labial, −coronal］で合流していることを表す．

形質 33 の形質状態 1 は，声母の合流を伴わずに *ɐn と *in が［−labial］で合流していることを表す．

形質 34 の形質状態 1 は，*in/t の前で軟口蓋破裂音声母が口蓋化していることを表し，形質状態 2 は，反り舌音声母と軟口蓋破裂音声母の合流を経た上で，*ɐn/t と *in/t が合流することを表す．

形質 35 の形質状態 1 は，*ɐn/t と *ɐŋ/k が合流していることを表す．

形質 36 の形質状態 1 は，*ʊːən/t が［+coronal］で前舌母音化して *ʏːən/t と合流していることを表し，形質状態 2 は，［+coronal］で *ʊːən/t と *ʏːən/t が合流した上で，さらに円唇性を失って *ɪːən/t と合流していることを表す．

形質 37 の形質状態 1 は，*ʏːən/t が *ʊːən/t との合流を伴わずに非円唇母音化して *ɪːən/t と合流していることを表す．

形質 38 の形質状態 1 は，*ʏːən/t があらゆる環境下で一律に後舌母音化して *ʊːən/t と合流していることを表す．

形質 39 の形質状態 1 は，*ɪːən/t が *iɲ/c と合流していることを表す．

形質 40 の形質状態 1 は，*ɪːən/t が反り舌音声母，*ʔ-，および *j- の後で，*in/t がそれ以外の声母の後で，それぞれ *iŋ/c と合流していることを表す．

形質 41 の形質状態 1 は，*in/t と *un/t が [＋coronal] の後で合流していることを表す．

形質 42 の形質状態 1 は，*un/t と *uɐn/t が [－labial, －coronal] で合流していることを表す．

形質 43 の形質状態 1 は，*aɲ/c と *aŋ/k が合流していることを表す．

形質 44 の形質状態 1 は，*aɲ/c と *ɪːɐɲ/c が合流していることを表す．

形質 45 の形質状態 1 は，*aɲ/c と *ɪːən/k が合流していることを表す．

形質 46 の形質状態 1 は，*aɲ/c と *eŋ/k が合流していることを表す．なお，広州方言等では *aɲ/c が一部の語（字）で *eŋ/k の形式で実現する現象が見られるが，音韻的対立自体は喪失していないので，この場合は形質状態 0 と定義される．

形質 47 の形質状態 1 は，*ɪːɐɲ/c と *ɪːɐŋ/k が合流していることを表す．

形質 48 の形質状態 1 は，*ɪːɐɲ/c と *iɲ/c が合流していることを表す．なお，広州方言等では *ɪːɐɲ/c が一部の語（字）で *iɲ/c の形式で実現する現象が見られるが，音韻的対立自体は喪失していないので，この場合は形質状態 0 と定義される．

形質 49 の形質状態 1 は，*iɲ/c と *eŋ/k が合流していることを表す．

形質 50 の形質状態 1 は，*aŋ/k と *ɔŋ/k が合流していることを表す．

形質 51 の形質状態 1 は，*aŋ/k と *ɔŋ/k が合流せずに aŋ/k と *eŋ/k が合流していることを表す．

形質 52 の形質状態 1 は，*aŋ/k と *ɪːɐŋ/k が合流していることを表す．

形質 53 の形質状態 1 は，*ɪːɐŋ/k と *ʊːɐŋ/k が [－coronal] の後で合流していることを表す．

形質 54 の形質状態 1 は，粤祖語の両唇破裂音が非破裂音化していることを表す．

形質 55 の形質状態 1 は，粤祖語の歯茎破擦音の破裂音化が観察されることを表し（粤祖語歯茎破裂音との合流は未発生），形質状態 2 は，*ts- と *t- が合流していることを表す．

形質 56 の形質状態 1 は，粤祖語の歯茎破擦音が破裂音化し，かつ，粤祖語の歯茎破裂音が再び歯茎破裂音へと音変化する見こみがほとんどないような実現形式になっていることを表す．

形質 57 の形質状態 1 は，*ts- と *s- があらゆる環境下で合流していることを表す．

形質 58 の形質状態 1 は，*l- と *n- が合流していることを表す．

形質 59 の形質状態 1 は，*dz- と *z- があらゆる環境下で合流していることを表す．

形質 60 の形質状態 1 は，粤祖語の有声破裂音・破擦音が陽平（2声）・陽上（4声）において有気音化していることを表し，形質状態 2 は，粤祖語の有声破裂音・破擦音が一律に有気音化していることを表す．ただし，粤祖語の有声破裂音・破擦音は偶数調（2声・4声・6声・8声）に，無声破裂音・破擦音は奇数調（1声・3声・5声・7声）に，それぞれ相補分布しているので，この有気音化が発生するだけでは音韻的対立の解消は起こらない．

形質 61 の形質状態 1 は，陽平（2声）・陽上（4声）が有気音化した上で，陽平と陽上が

合流していることを表す．

形質62の形質状態1は，陽平・陽上が有気音化した上で，陽平（2声）と陰去（5声）が合流していることを表す．なお，陽平と陽去の合流が起こる廉州方言は，粤祖語有声破裂音・破擦音が一律に有気音化するため，粤祖語の有声破裂音・破擦音声母（2声）は粤祖語の無声有気破裂音・破擦音声母（5声）と合流している．

形質63の形質状態1は，陽平・陽上が有気音化した上で，陽平（2声）と陽去（6声）が合流していることを表す．なお，陽平と陽上の合流が起こる羅定方言，雲浮方言，郁南方言，北海方言，欽州方言では，押しなべて粤祖語の有声破裂音・破擦音は陽平・陽上で有気音化し，陽去・陽入では無気音で実現する．

形質64の形質状態1は，陽平・陽上が有気音化した上で，陰上（3声）と陽上（4声）が合流していることを表す．なお，陰上と陽上の合流が起こる貴港方言と廉州方言は，粤祖語有声破裂音・破擦音が一律に有気音で実現し，北海方言と欽州方言は，粤祖語有声破裂音・破擦音が陽平・陽上で有気音化する．そのため，陰上と陽上の合流が起こる方言では押し並べて，粤祖語の有声破裂音・破擦音声母（4声）は粤祖語の無声有気破裂音・破擦音声母（3声）と合流している．

形質65の形質状態1は，陰平（1声）と陰去（5声）が合流していることを表す．

形質66の形質状態1は，陰上（3声）と陰去（5声）が合流していることを表す．

形質67の形質状態1は，陽上（4声）と陽去（6声）が合流していることを表す．なお，陽上と陽去の合流が起こる四会方言と広寧方言では，粤祖語有声破裂音・破擦音は一律に無気音で実現する．

形質68の形質状態1は，陰去（5声）と陽去（6声）が合流していることを表す．なお，陰去と陽去の合流が起こる東莞方言では，粤祖語有声破裂音・破擦音は陽平と陽上のみで有気音として実現し，陽去では無気音として実現する．

5.1.4 系統推定に形質として用いない音変化

以下，形質として選択しなかった音変化をいくつか列挙する．

例えば，反り舌破擦・摩擦音に後続する *ʊːə の音変化は，分岐学的分析では形質として採用しにくい改新である．*ʊːə は方言によって，*u と同じ形で実現したり *ɔ と同じ形で実現したりするが，しかし *ɔ や *u は粤祖語において，そもそも反り舌音声母と共起しない．従って，反り舌破擦・摩擦音に後続する *ʊːə が *ɔ と *u のどちらと合流しようが，ミニマルペアの解消は起こらないのであり，この音変化を形質として選択したとしても，逆転の可能性を残し続ける（ただし，形質20の *ŋu>ŋ のような，音韻的対立に影響を及ぼさないものの，逆転がほとんど不可能と思しき不可逆的変化については，形質として採用している）．確かに，反り舌破擦・摩擦音に後続する *ʊːə が，必ずしもすべての方言で *ɔ や *u と同一の実現形をとらないという言語事実は，粤祖語再建にとっては重要な情報である．しかし，祖語再建に重要な情報が系統樹の樹形の推定にも重要とは限らないのである．

また，長介音韻母の主母音の単母音化は，粤語・桂南平話に広く見られる特徴的な音変

化の1つである．しかし，その音変化は一般に，音韻的対立に影響を及ぼさない．形質としては，音価の変化よりもむしろ，体系の変化を重んじた方が，精度の高い推定結果が得られるであろう．

ほかにも，反り舌破擦・摩擦音と歯茎破擦・摩擦音の合流は，不可逆的な音変化ではあるが，しかし破擦音や摩擦音が1系列に統合されるという現象は，華南の漢語も含めた漢語系諸語全体を通じて見られるものである．事実，Morrison (1828) などの19世紀の欧文資料でもこの2系列は対立を保っており，2系列の声母が合流する音変化が，粤語・桂南平話の諸変種で並行的に発生した可能性に警戒する必要がある．

*ŋ-が非鼻音化して *j-と合流する現象もまた，音韻的対立の喪失を伴うものではあるものの，漢語系諸語全体の傾向として，鼻音成分の喪失はしばしば発生している．単系統群である蓋然性の高い南寧以西の桂南平話でも，城廂方言は単独で *ŋ-の非鼻音化・*ŋ-と *j-との合流を起こしている．

並行して発生し易いと思しき変化の例には，他にも，*ɦ-が狭母音や半母音の前で摩擦成分を喪失する現象を挙げられる．例えば「滑」等は，陽入が声母の [sonorant] の正負に従って分裂する現象が観察される南寧以西の桂南平話で，[－sonorant] の声母をとる語（字）と同様に，下陽入で実現している．この現象は，「滑」が粤祖語の段階で摩擦成分を有していたことの証拠である．従って「滑」には *ɦʷat8 が再建される．しかし，桂南平話も含む粤祖語の娘言語では，*ɦ-が「滑」で摩擦成分を保存する報告が見られない．*ɦ-が，少なくとも粤語や桂南平話においては，喪失されやすいものであった蓋然性が高い．

*j-や *w-が摩擦成分を獲得して声母 h-で実現する方言があるが，これもまた比較的新しい時代に並行して発生した現象である蓋然性が高く，比較的近縁と思しき南寧以西の桂南平話でも，*j-や *w-の摩擦音化は不均一である（濱田 2013b）．古典ギリシア語で語頭の υ が有気記号を常に伴う現象が存在することからも推測されるように，接近音が摩擦成分を帯びる現象は必ずしも特異なものとはいえない．

軟口蓋破裂音が口蓋化する現象が形質として採用されている一方で，*ŋ-の口蓋化は形質として採用されていない．その理由は，*ŋ-の口蓋化に伴う *ȵ-との合流を確認するのに十分な，常用性のある語（字）の数が少ないことによる．

陰入や陽入が分裂する現象は，華南の漢語系諸語の大きな特徴の1つである．しかし，陰入や陽入の分裂様式の違いを，形質として採用することは難しい．陰入や陽入の分裂それ自体は一般に，音韻的対立にも影響を及ぼさず，その上，逆転の可能性が十分に考えられる現象であるためである．また，濱田 (2011) の述べる梧州話型連読変調のような，粤語・桂南平話の中では特異な連読変調の存在は，系統を論ずる上で重要な特徴の1つたり得る．しかし，先行研究がある方言について連読変調の存在に言及していないとき，それが連読変調現象の不存在を意味するのか否か，判断できないため，形質として採用することを見送った．

5.2 系統推定の実践

　分岐学的分析には，計算機による膨大な量の計算が不可欠である．このような計算を行う計算ソフトとしては，PAUP*やPHYLIPなどのソフトウェアが知られる．これらのソフトウェアは，分岐学において研究・開発されてきた，系統樹を発見するためのさまざまなアルゴリズムを実行することができる．ただ，計算機を用いたとしても，系統推定はOTUの数が増大するにつれて，要求される計算量は，階乗のオーダーという急速な速度で増大する．そこで，OTUの数が多い場合には，発見的探索をもって網羅的探索の代替手段とすることが一般的である（3.4.3.a)参照）．

　もう1つの問題として，分岐年代が遅く均質性の特に高い方言群については，蓄積している変化量が少ないがゆえに，系統推定が正確に行えない場合があることを挙げねばならない．粤祖語の娘言語全体という大きな集団を射程にとらえた上で選択した形質が，小さな単系統群の内部の細かい系統関係をも，正確に推定できるとは限らないのである．反対に，小さな単系統群においては系統推定に有効な形質が，粤祖語の娘言語全体の系統推定にもまた有効な形質であるとは限らない[5]．どれほど優れた望遠鏡であってもすべての星に同時にピントを合わせることができないように，分岐学的分析が導き出す系統樹は，部分的な正確性に甘んじざるを得ないことが大いにあり得る．

　もしも粤語・桂南平話全体について正確に系統を推定するならば，大小のいくつもの単系統群それぞれに対して形質行列を用意し，得られた系統樹を何らかの方法で総合するか，あるいは，粤語・桂南平話の大系統を得ることを優先して，より小さい各地の単系統群については，人力による非分岐学的な従来の言語学的手法による精度の向上を図る，という2つの方法が考えられる．本書は，後者の方法をより信頼できるものとして選択する．

　また，何らかの理由で急激な変化を起こした方言や，改新の特に少ない方言についても，系統推定を誤る可能性がある（長枝誘引・短枝誘引．3.4.2参照）．これは最節約法の持つ弱点の1つである．人力による系統推定は，これを補う手段にもなり得る．

　さて，実際に粤語・桂南平話の系統樹を導き出す前に，架空の方言を材料として，最節約法が樹形を選択する実践例を提示する．方言a～dについて，3つの形質を選択し，表5-7のように形質状態を定義する．なお，これら5つの形質はすべて逆転不可とし，形質状態は0～2をとるものとする．形質状態は，形質状態2が最も派生的であり，ついで1が派生的，0が原始的であるとし，0→1→2の順で変化するものとする．

　最節約法では，共有派生形質のみが系統推定に情報を与え，共有原始形質や固有派生形質は何の情報も与えない．また，すべての方言が共有している派生形質もまた，系統推定にとって意味を持たない．方言bが形質rについて形質状態2であり，方言dが形質pについて形質状態2であるが，これらは他の方言にはまったく見られない改新である．従

---

[5] 同様に，粤祖語の娘言語のみを射程として選択した形質を使って，漢語系諸語全体の系統推定を行おうとしても，その試みが成功しない可能性がある．

表5-7 最節約法による樹形選択例：架空の方言a~dの形質状態

	形質p	形質q	形質r
方言a	1	1	1
方言b	0	1	2
方言c	1	0	0
方言d	2	0	0

って，この例の場合は「形質状態が0か1（または1以上）か」のみが，系統推定に意味を持つ．

　方言数が4つなので，2分岐の有根系統樹は15個ある．このとき，5つの形質すべてにおいて，形質状態が0である方言が存在しているため，4方言が共通に遡るHTUの形質状態は (0, 0, 0) である．従って，根の形質状態もまた，(0, 0, 0) としてよい．

　(a(b(c,d))) という有根系統樹と，((a,b),(c,d)) という有根系統樹を比較してみよう．図5-2で，斜めの太線1本が改新1回分を表す．そして，斜線に付せられた「p1」「q1」などのラベルは，「形質pが状態0から1へ」「形質qが状態0から1へ」といった改新の内容を意味している．①〜③は，系統樹の節点であるHTUを表している．

　(a(b(c,d))) を樹形とする左の系統樹は，単系統群 (a) と単系統群 (b, c, d) が最初に分岐している．単系統群 (b, c, d) 全体が共有する改新は存在しないので，HTU①と②との間に改新は想定できない．また，aに見られる改新はすべてaと①との間で発生したと想定される．

　次に，単系統群 (b) と (c, d) が分岐している．(c, d) が共有する改新である，形質pの形質状態1という改新的特徴は，②から③の間に発生したと想定できる．そして，bに見られる改新は，bと②との間に発生したと想定される．

　最後に，単系統群 (c) と (d) が分岐している．③とcとの間では改新はまったく想定されない．③とdとの間では形質pが1から2へと変化する改新が想定できる．

　以上のように考えると，図5-2のように合計8回の改新を想定できる．従って，樹形が (a(b(c,d))) の場合，最短の樹長，すなわち，考え得る最小の変化数は8である．

　次に，((a,b),(c,d)) を樹形とする右の系統樹についても同様に改新を想定すると，合計6回の改新を想定することになる．従って，樹形が ((a,b),(c,d)) の場合，最短の樹長

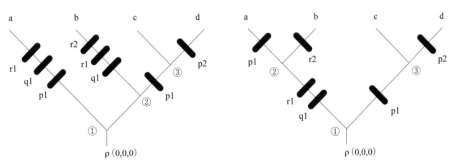

図5-2 最節約法による樹形選択例：方言a~dの系統樹の例

表 5-8　最節約法による樹形選択例：全15個の樹形ごとの最短樹長

(a (b (c,d)))	(a (c (b,d)))	(a (d (b,c)))	(b (a (c,d)))	(b (c (a,d)))	(b (d (a,c)))	(c (a (b,d)))	(c (b (a,d)))
8	9	9	7	7	7	9	8

(c (d (a,b)))	(d (a (b,c)))	(d (b (a,c)))	(d (c (a,b)))	((a,b), (c,d))	((a,c), (b,d))	((a,d), (b,c))
7	9	8	7	6	8	8

は6である．

(a (b (c, d))) を樹形とする系統樹は最短の樹長が8であり，((a, b), (c, d)) を樹形とする右の系統樹は最短の樹長が6である．このとき，より最短の樹長が短い ((a, b), (c, d)) が，より妥当な系統樹であると評価される．

同様に，全15個の系統樹の最短の樹長を調べた結果を，表5-8にまとめた．最短樹長が最短であるのは，樹形が ((a, b), (c, d)) の時である．従って，方言a〜dの系統樹は ((a, b), (c, d)) という樹形が最良とされる．

5.2.1　単系統群の発見のための分岐学的系統推定——ステップ1

先に選択した形質（5.1.3参照）を用いて，まず45のOTUについて発見的探索をもって系統推定を行う（45の娘言語のほかにも，有根系統樹を作るための外群として，粤祖語（全形質状態が0）をOTUにとっているが，図中では省略）．ソフトウェアはPAUP* 4.0b10を用いた（以下の系統推定ではすべて同ソフトウェアを用いる）．形質状態の逆転は不可とし，形質のギャップを欠失として扱い，addition sequencesをランダムとしたほかはデフォルト値を選択して計算を行った．なお，附論1に，本書で分析対象とした全OTUについて，その形質行列を示してある．

同一条件の発見的探索を100回反復し，得られた系統樹が局所的最適解でなく全域的最適解を示している蓋然性を担保した．100回の探索で得られたすべての最節約的系統樹の厳密合意樹（strict consensus tree．複数の互いに論理的に矛盾する系統樹について，すべての系統樹が支持する単系統群のみを採用して作る系統樹）の形で示すと図5-3のようになる．

図5-3の系統樹は，純粋に分岐学的分析のみを用いて導き出したものである．もし，純粋な分岐学的研究の成果としての系統樹を要するならば，この系統樹が本書の示す仮説ということになる．しかし，言語学や中国語学の立場から粤語・桂南平話の言語史を考えるのならば，この系統仮説はあまりに説得力が弱い．「OTUが45の系統樹が最初に21分岐をする」という系統仮説は，集団の大分岐についてほぼ何も語られていないに等しい．そもそも，「45という巨大な数のOTUから導き出された系統樹が，いったいどれほど信頼できるのか」という疑問もある．現段階では，本書は分岐学のみによって粤語・桂南平話の有力な系統樹を得る方法を提示できないといわざるを得ない．

そこで本書は，まず図5-3の厳密合意樹に見られる単系統群を，真の最節約的系統樹の樹形の一部を反映したものと見なし，各単系統群について1つずつ人力による検討を行う．

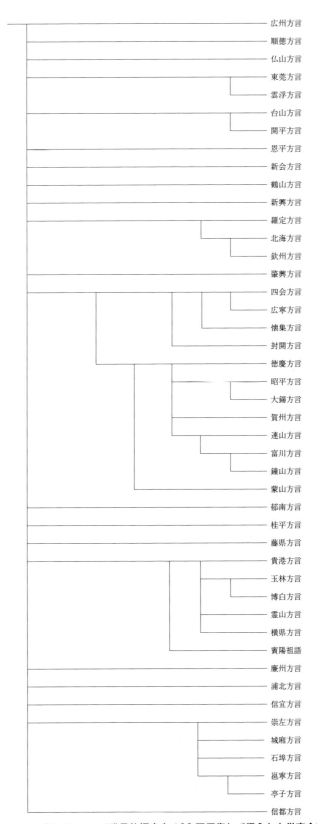

図5-3　45のOTUについて発見的探索を100回反復して得られた厳密合意樹

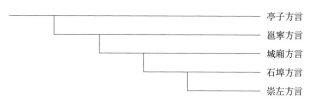

図 5-4　南寧以西の桂南平話の系統関係

具体的には，①厳密合意樹の支持する単系統群について，その単系統性や樹形の妥当性を，言語学的・中国語学的に検討し，②いくつかの単系統群については，単系統群の樹形の全体または一部を支持または棄却する．このようにしていくつかの単系統群の樹形が得られたのち，③それらの単系統群を部分木として固定した上で，再び発見的探索を行う．このようにして得られた系統樹を——純粋に分岐学的な立場からも，純粋に言語学的・中国語学的な立場からも，キメラのようなものと見なされてしまうことを甘受しつつ——粤語・桂南平話の系統樹の系統仮説として本書は受容することとする．

a) 南寧以西の桂南平話

　南寧以西の桂南平話については，濱田（2014b）ですでにその共通祖語を再建するとともに，内部の系統関係について論じている．同論文で仮定していたこれらの方言群の単系統性が，分岐学的分析結果と一致した形である（図5-4）．ただし，その内部の系統関係については推定結果が一致していない．邕寧方言と亭子方言が単系統群をなしているとする分析は，濱田（2014b）の見解と食い違う．同論文で推定した系統関係の根拠となる音変化（*i と *y の円唇性を伴った合流など）は南寧以西の桂南平話でのみ局所的に発生したものと考えられるが，本書はこの音変化を系統推定のための形質として採用していない．濱田（2014b）が議論の仮定としていた，南寧以西の桂南平話の単系統性が，分岐学的分析によって支持された以上，本書は南寧以西の桂南平話の系統関係について濱田（2014b）を特に改めない．

b) 広東北西部

　広東北西部では，四会方言と広寧方言の単系統性，懐集方言と四会方言と広寧方言の単系統性，封開方言・懐集方言・四会方言・広寧方言の単系統性が，それぞれ支持されている．封開方言・懐集方言・四会方言・広寧方言の四者については，人力で系統を推定する．四会方言と広寧方言は，声調（陰平・陽平・陰上・陽上 vs. 陰去・陽去）による韻母の分裂現象や，陽入の韻母による分裂現象，声母による *ɪːəm/p・*ɪːən/t の分裂現象といった，形質として採用していない音変化も共有しており，四会方言と広寧方言が排他的に単系統群をなすと考えられる．ただし，四会方言と広寧方言の間には，*im/p の前における軟口蓋声母の口蓋化の有無という差異がある．

　また，四会方言と広寧方言と懐集方言は，*u の [+coronal] における二重母音化や *ɪːəm/p の *ɪːən/t との合流といった変化を共有する．ただ，封開方言と懐集方言・四会方言・広寧方言とが互いに排他的に単系統群をなすことを証明するのに十分な数の改新は見

図 5-5　懐集方言，四会方言，広寧方言の系統関係

出されない．目下，懐集方言と四会方言，広寧方言の三方言についてのみ，単系統群としての地位を付与しておく（図5-5）．

c）広西東北部

　賀州方言，大錫方言，連山方言，富川方言，鐘山方言，昭平方言，蒙山方言，徳慶方言の8地点の方言が単系統群として支持されている．この中には，濱田（2012a; 2012b）で「梧州話系言語」「梧州話型粤語方言」と呼称した方言群に属する，賀州方言，大錫方言，連山方言，富川方言，鐘山方言が含まれている．

　これら8地点の方言について，系統を人力で推定する．梧州話型粤語方言，すなわち，賀州方言，大錫方言，連山方言，富川方言，鐘山方言の5方言は，粤祖語の娘言語全体に対して，粤祖語の歯茎破擦音の破裂音化といった広東と広西の省境地域によく見られる改新のほかにも，有声破擦音・摩擦音が反り舌音も歯茎音もすべて摩擦音で実現したり，非語末の声調対立が中和される形式の連読変調を有したり，粤祖語主母音 *-ɔ- が *ɔu と *ɔm/p, *ɔn/t（[＋labial]または[＋coronal]）を除いて一律に前舌母音化したり，長介音韻母の陰入が一律に上陰入で実現したりと，さまざまな改新を共有している．また，梧州話型粤語方言の分布域の北端である湖南省江華瑤族自治県に分布する，大錫方言等の方言は，「梧州話」という話者による自称が知られ，祖先が梧州から移住してきたという伝承を持つ人々もいたり[6]（濱田 2012a），江華瑤族自治県と梧州（現在の梧州市）との線上に梧州話型粤語方言が分布していたりといった言語外的事実も，梧州話型粤語方言が互いに何らかの歴史を共有していることを傍証する．

　信都方言と梧州話型粤語方言との差異について特に注目されるのは，信都方言が iau, iam/p, iɛn・iet という，粤祖語 *iu, *im/p, *in/t が軟口蓋破裂音 *k- および *g- の後でのみ実現する形式の韻母が存在することである．粤祖語 *iu, *im/p, *in/t はこのほかの声母の後では uɐ（*eu と合流），ɔm/p, ɔn/t（*ɐn/t と合流）という形で実現しており，明らかに軟口蓋声母の口蓋化の前段階を示すと同時に，粤祖語の主母音 *-i- と *-ɐ- の合流の中途段階を示している．以上より，梧州話型粤語方言の共通祖語と系統的に最も近い関係にある方言は，信都方言であると考えられる（濱田 2012a）．梧州話型粤語方言と信都方言は，互いに姉妹群をなしていると考えてよい．

　梧州話型粤語方言・信都方言に近い方言としては，昭平方言を挙げることができる．昭平方言は，陰入の分裂が未発生であったり，*ɤːən/t の後舌母音化が見られたりと，梧州話型粤語方言・信都方言との間にいくつか差異が見られる．その一方で，有声破擦音が一

---

[6]　なお，現在の梧州市内で話される梧州白話は広州方言に近く，比較的新しい時代に梧州に流入した方言であると考えられる（梧州市地方志編纂委員会 2000）．

図 5-6　梧州話型粤語方言，信都方言，昭平方言の系統関係

律に摩擦音化する点，*iu, *im/p, *in/t で軟口蓋破裂音の口蓋化が発生している点，連読変調を有する点は梧州話型粤語方言・信都方言との近縁性の根拠となる．

このほかの方言については排他的な単系統性を直ちに認められるような方言がない．よって，目下梧州話型粤語方言・信都方言・昭平方言についてのみ単系統性を認め，図 5-6 の樹形を与えることとする．

d) 台山・開平

先の厳密合意樹では，台山方言と開平方言の単系統性が支持されている．両者の近縁性を疑うべき根拠は特にない．

e) 広西中部～東南部

広西中部から東南部では，玉林方言・博白方言の単系統性，貴港方言・霊山方言・玉林方言・博白方言・横県方言の単系統性，賓陽祖語・貴港方言・霊山方言・玉林方言・博白方言・横県方言の単系統性が支持されている．この 6 方言について系統関係を人力で推定する．まず，玉林方言と博白方言が [−labial, −coronal] の後で *ɔi と *ai が合流している点，*ɔn と *an が合流している点を踏まえるに，両者が排他的に単系統群をなすと考えられる．また，貴港方言は *aŋ/k と *aɲ/c の合流という点で横県方言と共通しており，両者は排他的に単系統群をなすと考えられる．霊山方言は *aɲ/c と *ɪːəŋ/k の合流という点で玉林方言と共通するが，玉林方言と博白方言が共有する改新が見られず，*aɲ/c と *ɪːəŋ/k の合流は並行的に発生した合流と考えられる．霊山方言は有声阻害音の一律有気音化という現象を貴港方言と共有しているが，有声阻害音の有気音化は音韻対立に関与するものではなく，貴港方言と横県の排他的単系統性を否定することは難しい．賓陽祖語は *-ɐ- と狭母音主母音との対立をほぼ完全に保存しており，賓陽祖語以外の五者が早くに賓陽祖語と分岐した蓋然性が高い．

以上より，図 5-7 の系統樹が導かれる．

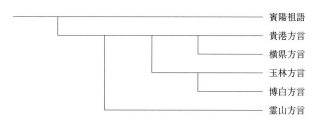

図 5-7　賓陽祖語，貴港方言，横県方言，霊山方言，玉林方言，博白方言の系統関係

f) その他——東莞方言・雲浮方言，羅定方言・北海方言・欽州方言

　東莞方言と雲浮方言の単系統群が支持されている．しかし，地理的に隔絶した両者が系統的に近縁であることを，直ちに受け入れることはいささか難しい．加えて，東莞方言や，東莞方言に近接する広州方言を観察するに，東莞方言が何らかの原因で短期間に急激な改新を経験した方言であるという可能性を排し切れない．目下，東莞方言と雲浮方言が排他的に単系統群をなすと考えるのに十分な根拠が見あたらない．

　同様に，北海方言と欽州方言の単系統群，そして羅定方言と北海方言と欽州方言の単系統群が，それぞれ支持されている．羅定方言はともかく，北海方言と欽州方言は分布域が互いに近接しており，両者の近縁性は想定の範囲内に収まる結果であるが，しかし地理的に隔絶した羅定方言については，やはり単系統性を無条件に信ずることを留保したい．後に見るように，これら5つの方言は，珠江三角洲に分布する諸方言と密接な関係にあると考えられる．珠江三角洲の諸方言は，系統的に近縁性が高く，それ故に分岐学的分析が有効に働かない．この問題については5.2.2で述べる．

5.2.2　分岐学外の知見の援用——ステップ2

　ここまでの段階では，信頼できる単系統群の数が，未だあまり多くない．その原因の一部として，珠江三角洲周辺に分布する諸方言の近縁性の問題と，そして，珠江三角洲周辺の方言集団の1つである順徳方言が，強い保守性を持っているという問題とを挙げることができる．

　順徳方言の形質状態には多くの0が並ぶ．形質行列の広州方言の行と比べると，順徳方言の形質16の形質状態1 (*ɔuの韻尾-uが失われて*ɔと合流している) という固有派生形質を除けば，実は広州方言は順徳方言の改新的特徴をすべて有していることに気づく．そして，広州が未経験の改新は，順徳方言もまた未経験である．順徳方言は，形質行列だけを見れば，珠江三角洲周辺の数多くの方言の共通祖語と見なし得てしまう程に保守的である．このような保守的方言を，より改新的な諸方言とともに系統推定を行っていることが，明確な系統樹の導出されない原因として考えられる．経てきた改新が少ないOTUは，他のOTUと共有する改新もまた少ない．他のOTUと共有する改新が少ないOTUに対して最節約的に系統を導こうとすると，必然的に，その改新が少ないOTUが他のOTUと単系統群にまとめられる樹形は，あまり得られないはずである．

　もし仮に，ある複数のOTUの共通祖語とあまり変わらないような姿をしたOTU x が，ともに系統推定の対象とされていたとしたら，そのOTU x は，導き出される系統樹を多分岐にする原因の1つとなり得る．事実，順徳方言は上の厳密合意樹において，他の多くのOTUと同様に，粤祖語からの最初の大分岐で生じた枝の1本に連なっている．

　形質16を除外すれば，広州方言以外にも，東莞方言，羅定方言，北海方言，欽州方言，肇慶方言，雲浮方言，廉州方言，信宜方言という，実に多くの方言が，順徳方言以上の改新を経験していないことがわかる．もし，「順徳方言の形質16を形質状態0に変更しただけの言語——これはすなわち，順徳方言と広州方言から再建された共通祖語に相当する

——が，何らかの時点における珠江三角洲の方言が共通に遡り得る古形を反映している」という仮説を立てるならば，これらの方言はすべて順徳方言と広州方言の共通祖語の娘言語と見なすことができるようになる．分岐学的分析でこそ単系統性が未だ支持されていないが，広州方言と順徳方言は，互いの近縁性を疑うような根拠をあまり持たない方言である．具体的な実現形式も互いに極めて近く，分布域も地理的に近接している．順徳方言と広州方言の共通祖語を珠江三角洲祖語と呼称するならば，珠江三角洲祖語はこれら10地点の祖語たり得る．そしてこの10地点は，1つの排他的単系統群を形成すると見なせる．

このような仮説を立てられる根拠は，言語体系以外にも，珠江三角洲が歴史的に広東の社会的・文化的中心地であったという，言語体系外の事実に求めることができる．この事実からは，珠江三角洲を起点とした人口の拡散が過去において発生したという歴史が，自然に推定される．そして，珠江三角洲からの人口拡散に伴って，方言の拡散もまた同様に発生したであろうという推定がここに成り立つ．

梧州話型粤語方言や，南寧以西の桂南平話といった，比較的高い近縁性を持つと考えられる方言集団について，先の厳密合意樹は必ずしも正確な系統関係を示さなかった．珠江三角洲の諸方言もまたやはり互いに近縁なのであって，それゆえに，珠江三角洲の諸方言の細かい系統関係を推定することがより難しくなっている．

以下，順徳方言を珠江三角洲の諸方言の代表としてOTUに残し，広州方言を含む9地点の方言はOTUから除外する．

5.2.3 部分木の固定——ステップ3

ステップ1において得られたいくつかの部分木の樹形を用いつつ，そして，順徳方言以外の珠江三角洲祖語の娘言語を除外した上で，再び最節約的系統樹の探索を行う．ステップ1と同様に，発見的探索は100回反復する．探索時に固定した部分木の樹形は，以下の通りである．

- 部分木1 (昭平方言, (信都方言, (賀州方言, (連山方言, 大錫方言), (富川方言, 鐘山方言))))
- 部分木2 (懐集方言, (四会方言, 広寧方言))
- 部分木3 (亭子方言, (邕寧方言, (城廂方言, (石埠方言, 崇左方言))))
- 部分木4 (賓陽祖語, (霊山方言, (貴港方言, 横県方言), (玉林方言, 博白方言)))
- 部分木5 (台山方言, 開平方言)

その他の探索条件は，最初の探索と変わらない．探索の結果得られた最節約的系統樹を厳密合意樹にすると，図5-8のようになる．

図5-8の系統樹からは大きく5つの系統が見出される．1つ目は，珠江三角洲の諸方言・仏山方言・新興方言・浦北方言を含む単系統群，2つ目は，四邑片の諸方言（台山方言・開平方言・恩平方言・新会方言・鶴山方言）・四会方言・広寧方言・懐集方言・徳慶方

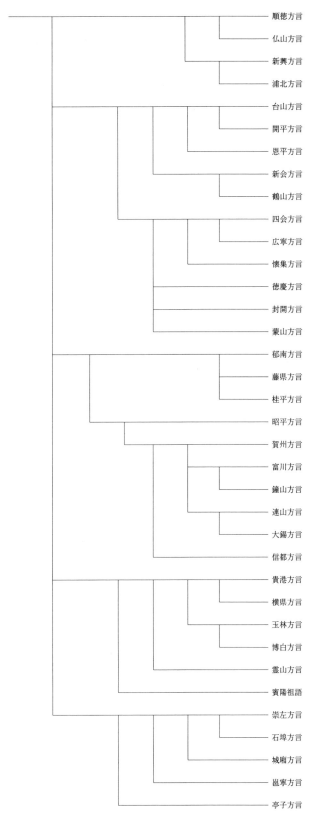

図 5-8 36 の OTU の最節約的系統樹の厳密合意樹（部分木指定）

言・封開方言・蒙山方言を含む単系統群，3つ目は，梧州話型粵語方言・信都方言・昭平方言・郁南方言・桂平方言・藤県方言を含む単系統群，4つ目は，貴港方言・横県方言・玉林方言・博白方言・霊山方言・賓陽祖語を含む単系統群，5つ目は，南寧以西の桂南平話全体を排他的に含む単系統群である．以下，これらの5つの系統について，1つ目から順に単系統群 A, B, C, D, E と呼称する．

　以上，濱田 (2013a; 2014a) で粵祖語再建の前提としてきた諸方言について，その系統関係を導き出した．粵祖語からの最初の分岐は，21 から 5 まで数が減少した．粵語・桂南平話の系統関係の推定を完遂するには，①粵祖語再建に用いなかった諸方言が，粵祖語の娘言語である可能性を検討すること，そして，②粵祖語の娘言語であったと仮定しても矛盾のない諸方言を，系統樹の中に定位することが可能か検討すること，の2つの作業が必要である．

5.2.4　周辺方言との比較——ステップ4

a) 客家語

　客家語は粵語との間に類似性が見られる漢語系言語の1つである．Norman (1988: 210-214; 1989) は，客家語・閩語・粵語は，ともに複数の保守的性質を共有した，ある共通の起源に遡る言語群であるという見解を示しているものの，Sagart (2002) は，客家語は贛語 (Gan. 江西省に分布する言語．客家語と分布域を接する) と複数の改新的特徴を排他的に共有しているが，客家語・閩語・粵語に共通して見られる改新が見られないと述べ，Norman (1988; 1989) の議論に対して否定的見解を示す．粵語と客家語の系統関係は，今なお解明されているとはいえない．

　客家語の特徴の1つである，中古音の有声阻害音（全濁）声母が一律に有気音化する現象は，声調が声母の有声性の有無に従って分裂した後である限りにおいて，音韻的対立の喪失を伴わない．この現象は，客家語が単系統群をなしている証拠になる可能性がある．しかし，粵祖語を共通祖先とする単系統群に，客家語が内包されないことの証拠にはならない．

　中古音の荘組（粵祖語で反り舌音），章組（粵祖語で反り舌音），精組（粵祖語で歯茎音）という3つの破擦・摩擦音の系列は，粵祖語の段階で荘組と章組が合流した結果，反り舌音と歯茎音の2系列となっている．しかし，例えば摩擦音を2系列保存している客家語の1つである杨世文 (2012) の藤県客家語では，精組である心母は歯音で実現し，章組である書母は後部歯茎音で実現し，荘組である生母は音韻的環境によって歯音や後部歯茎音で実現する．例えば「痩」（粵祖語 *ʂɐu5，中古音は流攝三等宥韻生母），「獣」（粵祖語 *ʂiu5，中古音は流攝三等宥韻書母）「秀」（粵祖語 *siu5，中古音は流攝三等宥韻心母）は，それぞれ θɐu5, ʃiu5, θiu5 という実現形をとる．従って，破擦・摩擦音の合流という点についていえば，客家語全体の共通祖語は，粵祖語の娘言語であると考えるならば，反り舌音が *ɐu の前でのみ歯茎音化したといういささか奇妙な音変化を想定しなければならないことになる．

　また，中古音の通攝一等と三等の対立は，客家語では粵祖語よりも明確に反映されてい

る[7]．しかし粤祖語では，通攝一等と三等の対立は牙喉音においてしか見受けられない．しかもこの対立は，賀州方言など，一部の方言にしか保存されていない対立であり，多くの粤祖語の娘言語で並行的に対立の喪失が発生している．もし客家語を粤祖語の娘言語と見なすならば，粤祖語には *uŋ/k と *yŋ/k の対立が，牙喉音以外の声母においても見られたと考えねばならなくなる．しかし，そのような再建の妥当性を保証する方言報告は，管見の限りにおいて存在しない．

　さらに，中古音の臻攝合口三等（牙喉音）に対応する客家語の実現形式は，iun/t のように介音-i-を伴って出現しており，これは粤祖語の再建形 *un/t からは予測されない形式である．ただ，臻攝合口一等が客家語で軒並み un/t で実現しているので，「臻攝合口三等の iun/t は臻攝合口一等の狭母音化に伴う，chain shift の結果として介音-i-が発生した」という可能性もまったく考えられないわけではない．ただ，中古音の段階で臻攝合口三等に前舌の介音要素が存在したことを踏まえるに，chain shift の仮説は分が悪い．

　以上の議論を総合するならば，客家語は粤祖語と異なる系統に属すると考えるのが目下妥当であろう．

　粤祖語も客家語も，均しく漢語系諸語の一種である以上は，何らかの共通祖語に遡るのは自明である．従って，「粤祖語と客家祖語は，共通に遡り得る祖語を持つか」という問いは，あまり重要でない．客家語と粤語の二者の関係は，一方がもう一方を完全に内包するか，または，両者がともに1つのより古い分岐点に遡るか——ほかにも，そもそも粤語・桂南平話または客家語が，単系統群をなさないという第三の可能性もあるだろうが——のどちらかである．すなわち，粤祖語と客家祖語との関係を論ずる系統論が意味を持つためには，粤語・桂南平話や客家語とも異なる，第三の漢語系諸語を OTU とすることが必要である．ひとまず本書は，客家語については粤祖語に遡らない変種であると推定するに留めて，客家語と粤語・桂南平話との関係については稿を改めて論ずることとしたい．

b) 広東北部

　詹伯慧（1994）所収の広東北部の諸方言の多くは，珠江三角洲祖語の娘言語と見なし得るものである．しかし連県方言と陽山方言は，四会方言や広寧方言に近い方言と目される．後に本章第3節で見るように，両方言を OTU に含めた上で発見的探索をやり直すと，連県方言と陽山方言は排他的に単系統群をなし，そして，連県方言・陽山方言の単系統群が四会方言・広寧方言の単系統群と姉妹群をなすことが，すべての最節約的系統樹で示されている．

　広東北部には，連県方言と陽山方言のように，分岐学的にも言語学的にも直ちに粤祖語の娘言語であることが理解され，容易に系統樹の中に組み込める方言がある．その一方で，粤北土話と呼ばれる，外貌が多くの粤語・桂南平話諸方言と隔たった，系統論的位置づけを論ずるのが容易でない方言群も存在する．例えば，粤北土話として報告される楽昌市の5方言（張双庆 2000）は，特に入声韻母の合流が激しく，その起源を辿り難いように見え

[7) 董同龢（1948）のように通攝合口一等と三等の対立が認められない客家語も知られる．

る．仮にこれらの方言が単系統群をなすものという前提の上で祖語を再建するならば，ある程度常識的な漢語系諸語の一変種としての姿を呈すると予想できる．しかし，その再建された祖語が粤祖語の娘言語だったとしても無矛盾であることを示すだけでは，楽昌市の粤北土話が粤語に属するか否か，判断することは難しい．楽昌市の諸方言の祖体系を粤祖語と見なすことができ，かつ粤祖語を共通祖先とする単系統群の中に楽昌方言の枝をつけることができるかどうか，そして，つけられるとすればそれはどこか，といった問題を明らかにしてはじめて，楽昌方言を粤祖語の娘言語として認めることができるのである．

楽昌市の粤北土話は長来方言を除き粤祖語 *eŋ/k と *iŋ/c の合流を起こしていないため，連県方言や陽山方言，四会方言，広寧方言といった広東北西部の単系統群と同じ系統に属するとはいい難い．また，粤祖語 *eu と *iu の合流を起こしておらず，軟口蓋破裂音声母の口蓋化も発生していない点では四邑片の単系統群と共通するものの，*uːɐi と *ic の合流などが見られないため，やはり四邑片と同一の系統にあるとも直ちには断じ難い．*ic と *ai の合流が見られず，かつ *rːɐŋ/c と *iŋ/c の完全な合流が見られないこと，そして，*aŋ/k と *ɔŋ/k の合流が発生していることを踏まえるに，単系統群 A や B との関係を疑えなくもないが，やはり確たる証拠はない．

また，李冬香 et al.（2009）の報告する韶関市内の粤北土話の諸方言は，客家語同様に中古音の有声阻害音（全濁）が一律に有気音で実現する方言であるが，客家語や楽昌方言とは異なり中古音の通摂一等・三等の対立を喪失している．粤祖語 *eu と *iu の合流が見られないこと，軟口蓋破裂音声母の口蓋化が見られないこと，*uːɐi と *ic の合流が見られないこと，*ɔi と *ai の合流が見られないこと，*rːɐŋ/c と *iŋ/c の完全な合流が見られないこと，*aŋ/k と *ɔŋ/k の合流が発生していることなどを踏まえるならば，李冬香 et al.（2009）の粤北土話が張双慶（2000）の粤北土話と近縁である可能性については，慎重な判断を要する．

もしこれらの粤北土話が単系統群をなすと仮定した上で，粤北土話を粤祖語の娘言語と見なすならば，*uŋk と *yŋ/k の対立を単系統群 A や B の共通祖語にも要求することになる．それに対して，粤北土話が，例えば客家語と系統を同じくすると見なすならば，客家祖語は中古音の有声阻害音（全濁）声母が一律に有気音化するという，客家語を方言分類体系上で特徴づけている現象は，客家語と粤北土話との分岐点よりも古くに遡るものでないことになる．

本書は，粤北土話を粤語・桂南平話よりも客家語に近い系統に連なる方言と推測する．その根拠は，①中古音の有声阻害音（全濁）声母の有気音化という現象は，声調の陰陽分裂が発生済みである限りにおいて，音韻的対立の喪失を伴うものでないため，この現象の有無を根拠に客家語との単系統性や非単系統性を論ずるのは難しいと考えられること[8]，②通摂一等と三等の対立が牙喉音以外で失われるという，粤祖語の経ていると思われる改

[8) もちろん，客家語として知られる諸方言で有声阻害音（全濁）声母の有気音化が発生しているという言語事実は不変であり，そうした観察の結果から帰納的に得られた「有声阻害音（全濁）声母の有気音化」という分類基準を用いることそれ自体は，系統の議論とは関係しない．

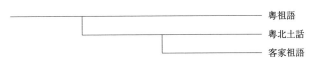

図 5-9　粤北土話，粤祖語，客家祖語に予想される系統関係

新を経ていないこと，③摩擦音・破擦音を 2 系列保存し，かつ，流攝開口三等荘組の語（字）が精組と同様の声母で実現している方言が存在すること，などが挙げられる（図 5-9）．

　さて，もし仮に，客家語の系統が楽昌土話・韶関土話にまで拡大したとすると，ある方言において，通攝一等と三等の対立がなく，しかも，破擦・摩擦音の系列が 1 つに合流してしまっているとき，その方言が粤語・桂南平話の系統に属するのか，それとも客家語の系統や客家語に準ずる系統に属するのか，判断できる保証はないことになる．通攝一等と三等の合流や，破擦・摩擦音の系列の一本化が起こっている方言は少なくない．これまで粤語だと思われてきた方言が，実は系統上，むしろ客家語に近い方言であった，という可能性を，われわれは本当に排除し切ることができるのであろうか．

　ある方言が粤祖語の娘言語である可能性を示すのは容易であっても，粤祖語の娘言語である可能性を排除するのは必ずしも易しいとは限らない．本書では粤祖語の再建に用いていないが，広東東部の東江流域の諸方言（刘叔新 2007 など）は，客家語的側面と粤語的側面とを兼ね備えた方言として，客家語と粤語との間で帰属の問題が論ぜられている．「粤語か，客家語か」という問題は，決して本書だけが懸念しているのではない．

　こうした方言の系統論的な帰属問題について決着を見るには，粤祖語を共通祖先とする単系統群を考察の対象とするのみならず，他の漢語系諸語の系統をも解明した上で議論を行わねばならない．客家語の系統論については，本書の議論の範囲を超えてしまうが，粤語周辺の漢語系言語について，系統樹を思考の根底に置いた通時的分析，樹形本位の方言学（topology-based dialectology）を実践することで，今後さまざまな問題について解決が可能となると筆者は考える．

　筆者の研究例を挙げるならば，濱田（2012a）で，湘南土話や桂北平話の一種と見なされてきた江華瑤族自治県・富川県の梧州話や鐘山方言が，比較的容易に粤語の一種として判断された理由の 1 つは，これらの方言が大幅な改新を引き起こす前の姿にある程度近い方言が，賀州市や連山県といった近隣地域に存在していたことにある．それに対して楽昌方言や韶関方言は，これらの直接の祖語に近い形の方言が，現代方言として存在している見こみが薄い．楽昌方言や韶関方言の系統の解明を可能ならしめるには，ひとえに系統樹を構築して系統樹をもとに思考するという方法が必要である．

　以上，必ずしもあらゆる周辺方言を網羅してはいないが，粤祖語の再建に用いなかった周辺の漢語方言について，それぞれ系統樹への組み込みの可能性について検討した．未検討の方言のうち，特に桂北土話や湘南土話の一部は，粤語・桂南平話よりも多くの言語層からなる方言も少なくなく，形質状態を決定することすらも容易でない．連県方言や陽山方言は粤祖語の娘言語とすることに特段問題は生じないが，それ以外の方言については周

辺の漢語系諸語の系統が解明されるまでは，粤祖語を共通祖先とする単系統群の中に組み込むか否か，結論を保留するのが妥当と考えられる．

5.3　粤語・桂南平話の系統樹

次に，連県方言と陽山方言を新たに OTU に加えた上で，再び最節約的系統樹の探索を行う．まず，樹形を指定することなく発見的探索で系統を推定すると，すべての最節約的系統樹で連県方言と陽山方言は単系統群をなし，そして連県方言・陽山方言の単系統群は四会方言・広寧方言の単系統群と姉妹群の関係にあり，連県方言・陽山方言・四会方言・広寧方言の単系統群は懐集方言と姉妹群をなす結果となった．

そこで，部分木の樹形を以下のように指定し，その上で，連県方言と陽山方言を含めた全 38 の OTU について，発見的探索で系統樹を探索した．

- 部分木 1（昭平方言，(信都方言，(賀州方言，(連山方言，大錫方言)，(富川方言，鐘山方言))))
- 部分木 2（亭子方言，(邕寧方言，(城廂方言，(石埠方言，崇左方言))))
- 部分木 3（賓陽祖語，(霊山方言，(貴港方言，横県方言)，(玉林方言，博白方言)))
- 部分木 4（台山方言，開平方言）

発見的探索を 100 回反復した結果得られた，すべての最節約的系統樹を厳密合意樹にすると，図 5-10 のようになる．

連県方言と陽山方言を加えても，粤祖語を共通祖先とする単系統群は大きく 5 つの系統からなるという結果が示された．単系統群 B 内部の分岐が若干変わったほかは，連県方言と陽山方言を加える以前と以後とで，樹形に変化はない．

探索によって発見された最節約的系統樹の数は，回によってまちまちであった．ただ，「郁南方言・藤県方言・桂平方言」の 3 分岐と，「賀州方言・(富川方言・鐘山方言)・(連山方言・大錫方言)」の 3 分岐については，考え得る 3 通りの系統樹が，常にすべて同等に最節約的と判断されていた（OTU が 3 つの有根系統樹は，3 通り考えられる）．

また，粤祖語の直下の 5 分岐点について，探索されたすべての 2 分岐の樹形を数え上げると，((AB)((CD) E))，(((AB) E)(CD))，(((AE) B)(CD))，((A (BC))(DE))，((AE)(B (CD)))，((AE)((BC) D))，の 6 通りが発見されている．従って，粤語・桂南平話の最節約的系統樹の総数は，3×3×6＝54 個である．

さて，同等に最節約的な，しかし論理的に互いに矛盾する系統樹が複数得られるとき，それらの系統樹が持つ情報を損なうことなく，1 つのグラフ（網状図）として表現する方法がある．Minaka (1990) は束 (lattice) について加法を定義している．例えば，図 5-11 と図 5-12 で示す 2 つの系統樹は，1 つの網状図 (reticular graph) に統合することができる．

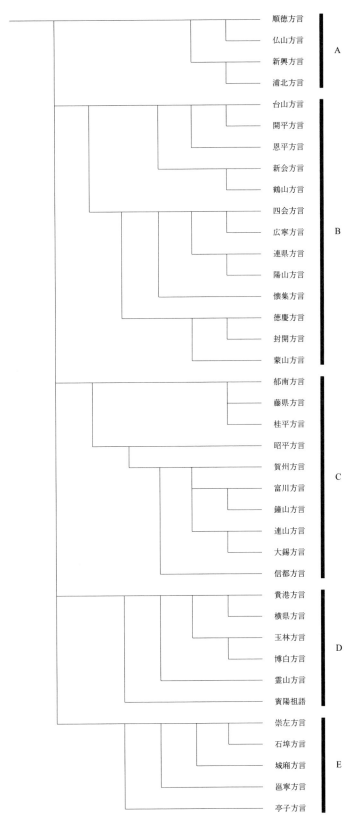

図 5-10　38 の OTU の最節約的系統樹の厳密合意樹（部分木指定）

5.3　粤語・桂南平話の系統樹

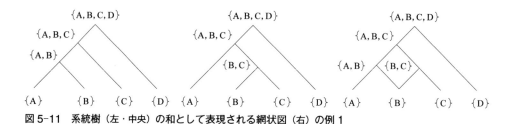

図 5-11 系統樹（左・中央）の和として表現される網状図（右）の例 1

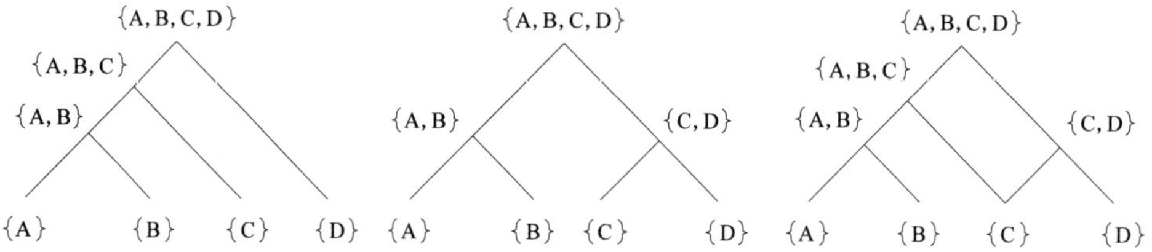

図 5-12 系統樹（左・中央）の和として表現される網状図（右）の例 2

網状図を作って系統樹を加算するほかにも，系統樹の合意樹（consensus tree）を作って論理的な矛盾を解消することもできる．合意樹には，多分岐を認めて論理的矛盾を解消する厳密合意樹（異なる単系統群を支持する系統樹を1つにまとめるために，多分岐によって論理的矛盾を解消する合意樹）や，系統樹間で多数決をとって樹形を決定する多数決合意樹（majority-rule consensus tree）などがあるが，合意樹がとるこれらの方法は，1つ1つの系統樹が持つ情報を必ず部分的に損う．

それに対して網状図は，互いに異なる単系統群を支持する系統樹を，それぞれの系統樹が持つ情報を保存したまま足しあわせる．そのため，網状図では，根との間に2つ以上の道（path）を持つような節点を認めたグラフを生成する．図 5-11 で網状化している部分を見ると，{B}からは{A, B}と{B, C}に向かって辺が伸びている．右端の網状図の辺のうち，{B}から{B, C}に伸びるものを取り去れば左端の系統樹が，{B}から{A, B}に伸びるものを取り去れば中央の系統樹が，それぞれ作られる．図 5-12 の網状図も同様に，{C}から{C, D}に伸びる辺を取り去れば左端の系統樹が，{C}から{A, B, C}に伸びる辺を取り去れば中央の系統樹が，それぞれ得られる．論理的に互いに矛盾する系統樹を1つの木にまとめたものである合意樹は，網状図と本質的に異なる存在である（三中 1997: 304-323）．

網状図の具体的な作成方法は以下の通りである（Minaka 1990）．

1. 系統樹に端点として現れるすべての端点を元とする集合 T の冪集合 2^T を求め，冪集合 2^T の元の間に順序関係を定義する．

A，B，C，D の4つの末端の系統樹について計算するのであれば，冪集合 2^T は {∅, {A}, {B}, {C}, {D}, {A, B}, {A, C}, {A, D}, {B, C}, {B, D}, {C, D}, {A, B, C}, {A, B, D}, {A, C, D}, {B, C, D}, {A, B, C, D}} となる．そして，一方がもう一方の真部分集合となっている2つの元に対して順序関係を設ける（図 5-13 を参照）．

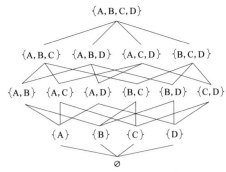

図 5-13　順序関係が定義された冪集合 2^T の元

2. 加算するすべての系統樹について，端点および分岐点を冪集合 2^T の元に対応させる．

例 1（図 5-11）の 2 つの系統樹を例として挙げるならば，1 つ目の系統樹は，端点をそれぞれ {A}, {B}, {C}, {D} に，A・B へと 2 分岐する点を {A, B} に，その 1 つ上の分岐点を {A, B, C} に，さらにその上の分岐点を {A, B, C, D} に対応させることができる．同様に，2 つ目の系統樹は，{A}, {B}, {C}, {D} に対応する端点，および，{B, C}, {A, B, C}, {A, B, C, D} に対応する分岐点を有している．

3. ステップ 2 で得られた冪集合 2^T の元以外の元を，図 5-13 から除去する（図 5-14）．

例 1（図 5-11）の場合，2 つの系統樹の中に対応する元がない，∅, {A, C}, {A, D}, {B, D}, {C, D}, {A, B, D}, {A, C, D}, {B, C, D} を除去する．

4. 残存した元のうち，直近の順序関係にある元が除去されたものについては，自身を含む直近の元と順序関係を定義する．{D} は直近の順序関係で結ばれた {A, D}, {B, D},

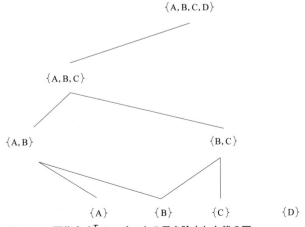

図 5-14　冪集合 2^T のいくつかの元を除去した後の図

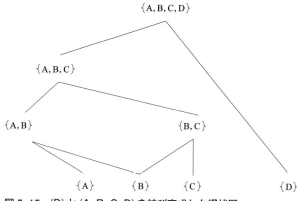

図 5-15 {D} と {A, B, C, D} を結び完成した網状図

{C, D} のすべてが除去されてしまったため，{D} を包含する直近の元である {A, B, C, D} と新たに順序関係を定義して，両者を結びつける（図 5-15）．

　図像の解釈に混乱が生じぬようあらかじめ強調しておくが，網状図中での枝の合流とは，変種同士の混合・混成ではなく，同等に信頼される系統仮説が複数存在することを表現したものである．例1（図5-11）で示した網状図は，OTU である B が混合の結果として生じた雑種的なものであることを意味しているのではなく，B が A と排他的に単系統群をなすという推定と，B が C と排他的に単系統群をなすという推定とが，互いに同等に支持されていることを表している．すなわち，「系統仮説がただ1つに絞り込まれない」という状態を，系統樹の重ね合わせとして記述した結果として，網状図の網目が生じているのである．

　参考までに，本書とは違って系統樹よりも多くのさまざまな情報を図像的に表現するために，ネットワーク構造を用いた研究例が，すでに数多く存在するので，ここでまとめて言及しておく．例えば List et al. (2014) および List (2015) は，漢語系諸語について，系統関係によらない語彙上の相同を網状図で表現している．Norman (1988; 2003) や Karlgren (1954)，游如杰 (1992) が示す系統樹を所与のものとした上で，語彙の借用や喪失の回数や，共通祖語の語彙の大きさなどを変数として言語史を推定している．このとき語彙の系統間での借用関係が，ネットワークとして表現されている．List et al. (2014) や List (2015) の表現する網状図は，系統樹の樹形に違背する類似を網状図化しているのであって，本論の粤語を根とする網状図が，同等に信頼できる系統樹を重ね合わせているのとは，根本的に性質が異なる．また，Pelkey (2015) は，地理的に連続し歴史的にも相互交渉が頻繁であるような方言連続体の内部の系統関係について，cladistic hinge variation という概念を分岐学的分析に導入することを提唱している．Pelkey (2015) では，言語集団の内部にいくつかの系統が認められつつも，中間的・推移的な特徴を示す単系統群が存在している場合には，その単系統群に属する変種を hinge variety と見なすことで，系統間の相互影響を表現しようとしている．Pelkey (2015) は tree model と wave model の両方の視点を同時に導入することを試みている．

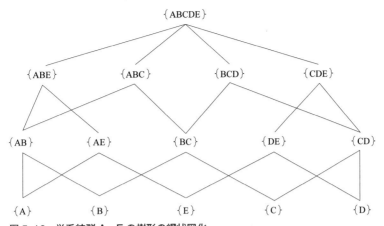

図 5-16 単系統群 A〜E の樹形の網状図化
{E} を {B} と {C} の間に配置すると，ちょうどうまく線対称のグラフができるため，{E} を中央に配置した．

List et al. (2014) や List (2015) の網状図にせよ，Pelkey (2015) の cladistic hinge variation にせよ，これらの概念は，1本の系統樹では表しきれない情報，すなわち，時間軸上の継承関係によって解釈されない言語体系上の一致・類似を表現する——枝分かれするばかりでない言語史を，近似的に図像化する——ために導入されている．系統関係以外の「横の関係」については，本書の議論のおよぶ範囲外の研究課題として，稿を改めて論じたい．

粤祖語に直近の5分岐の部分は，先述の通り，((AB)((CD) E))，(((AB) E)(CD))，(((AE) B)(CD))，((A (BC))(DE))，((AE)(B (CD)))，((AE)((BC) D)) という6通りの系統樹を厳密合意樹にまとめたものである．これを網状図で表現しなおそう（図5-16）．

1. A，B，C，D，E の5つの OTU を元とする集合 T の冪集合 2^T を求め，冪集合 2^T の元 $\varnothing$, {A}, {B}, {C}, {D}, {E}, {AB}, {AC}, {AD}, {AE}, {BC}, {BD}, {BE}, {CD}, {CE}, {DE}, {ABC}, {ABD}, {ABE}, {ACD}, {ACE}, {ADE}, {BCD}, {BCE}, {BDE}, {CDE}, {ABCD}, {ABCE}, {ABDE}, {ACDE}, {BCDE}, {ABCDE} の間に，順序関係を定義する．（図は省略）
2. 6通りの系統樹が持つ節点に対応する元 {A}, {B}, {C}, {D}, {E}, {AB}, {AE}, {BC}, {CD}, {DE}, {ABC}, {ABE}, {BCD}, {CDE}, {ABCDE} の15個を選択する．
3. 上記の15個の元以外に対応する節点を除外する．
4. {ABC}, {ABE}, {BCD}, {CDE} を，それぞれ {ABCDE} と結ぶ．

これで，6通りの樹形が1つに統合された．この網状図が系統樹の情報を保存していることを確認しておこう．例えば，{ABCDE} から伸びる4本の辺のうち，{ABE} とつながる左端の1本を選択する．このとき，{ABE} という単系統群と論理的に矛盾する元，すなわち，{ABC}, {BCD}, {CDE}, {BC}, {DE} は削除される（図5-17）．

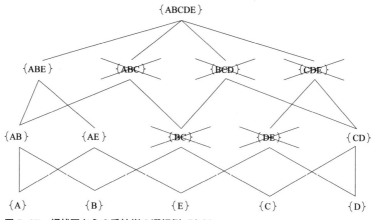

図 5-17　網状図からの系統樹の選択例（途中）

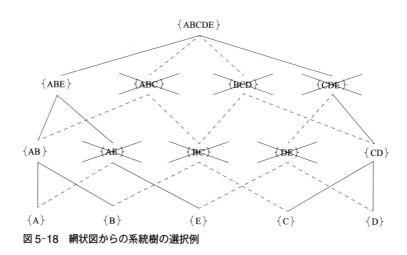

図 5-18　網状図からの系統樹の選択例

　このとき，{ABE}の子孫には{AB}と{AE}があるが，もし{AB}を選ぶならば，{AB}と論理的に矛盾する{AE}もまた削除される．このようにして，{A}，{B}，{C}，{D}，{E}，{AB}，{CD}，{ABE}，{ABCDE}のみが残る．そして，各節点が高々1つの直近の祖先を持つよう，余分な辺を除去すると，1つの系統樹が得られる（図5-18）．

　図5-18では，{CD}と{CDE}を結ぶ辺と{CDE}と{ABCDE}を結ぶ辺を残しているが，{CD}と{BCD}を結ぶ辺・{BCD}と{ABCDE}を結ぶ辺を代わりに残してもよい．{CD}が{ABCDE}と辺で結ばれており，かつ，{CD}と{ABCDE}の間にある節点のうち，ただ1つだけが残されてさえいれば，結局のところ得られる系統樹は同一である．
　この方法で，粤語・桂南平話全体の系統樹を網状図化すると，図5-19のようになる．

　本章を締めくくるにあたり，系統樹や網状図から読み取れる，粤語・桂南平話の言語史に関するさまざまな情報をまとめておく．
　粤語・桂南平話の5大系統のうち，どれか1つが他の四者全体に対する姉妹群となるよ

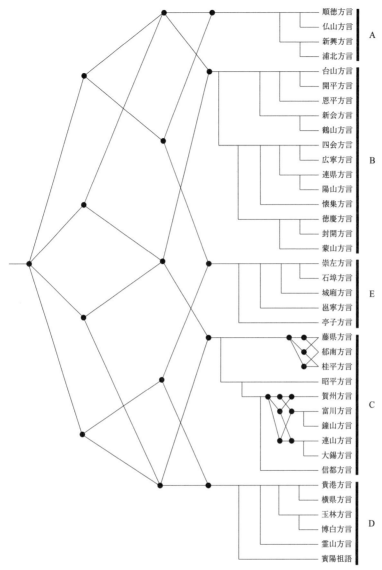

図 5-19　網状図化した粤祖語を共通祖先とする単系統群内部の系統樹

うな系統樹は発見されなかった．この事実からは，この 5 大系統の中に，他の系統から明らかに遠いと判断される系統が存在しないことが示唆される．網状図を見ると，おぼろげながら，より東に位置する系統（A・B）と，より西にある系統（C・D）とが，それぞれ単系統性を推定されやすい傾向が見てとれる．もし，粤語・桂南平話の起源地をこの系統樹・網状図をもとに推定するならば，東西の中心である広西中央〜東部あたりを候補として考えることができる．単系統群 D（広西中南部〜東南部に分布）の多様性の高さは，この推測と矛盾しない．

　珠江三角洲の諸方言等に代表される単系統群 A は，珠江三角洲を離れて，北部湾のあたりにまで及んでいる（廉州方言，浦北方言など）．濱田（2012c）は，新興方言（単系統群 A）において *r:ən/c や *iŋ/c が *ʔ-と共起するときに渡り音的な声母 j-が見られず，ゼロ声

5.3　粤語・桂南平話の系統樹　　135

母で実現しているという特異な現象について言及している．そして，この性質を指して，広東西部・広西東部地域内で新興方言が一定の異質性を持つことを濱田（2012c）は述べる．新興方言が周辺方言（単系統群 B および C）と異なる系統に属する方言とする，本書の系統推定結果は，濱田（2012c）の見解と矛盾しない．

　より注目すべきは，単系統群 A に属する変種の地理的位置である．単系統群 A の分布域が珠江三角洲からの伝播の結果であると考えるならば，これはちょうど，閩南語が海岸伝いに南へと分布を広げたのと同様といえる．濱田（2014c）でも論じたように，廉州方言と地理的に近接しているその他の方言（単系統群 D）は，表面的な実現形式こそ廉州方言と類似しているが，しかし粤祖語からの改新という観点から見ると，廉州方言とその他の方言との間には大きな違いがある．この事実からは，珠江三角洲周辺から出発して広西沿岸部まで伝播してきた廉州方言が，系統を異にする単系統群 D に属する諸方言と接触を起こした結果，表面的な類似を後天的に獲得した，という言語史が復元できる．

　また，四邑片の諸方言は，新会方言など，珠江三角洲の諸方言に近い形態を呈する方言も含めて，単系統群としてまとまっている．注目すべきは，四邑片の諸方言が属する単系統群 B が，広東北東部にも分布していることである．四邑片は，長介音韻母の *-ə- が比較的広い母音として残存しているなど，独特の形態を呈している．濱田（2013a）では，四邑片の諸方言とその他の諸方言とが最初の大分岐を起こした姉妹群同士と述べているが，しかし，本書が採用する分岐学的系統推定の結果は，この見解を否定する．

　濱田（2012a）では，梧州話型粤語方言（単系統群 C）と珠江三角洲の諸方言（単系統群 A）との近縁性を予想している．しかし，得られた系統樹は必ずしもこの見解を補強しない．梧州話型粤語方言を含めた単系統群 C の系統上の地位は，今後分岐学的分析をも進展させつつ，改めて論じたい．

第6章

粤祖語の再建

本節では，粤祖語の各語（字）の再建形を導き，粤祖語の音韻体系について論ずる．第4章で示した粤祖語の再建案は，中古音と粤祖語との規則的音対応を導いたものである．本章では，比較言語学本来の手続きに則って語（字）1つ1つに再建形を与える．

6.1 再建形の決定に関する理論的問題

粤祖語の再建にはいくつかの困難な点がある．第一に，粤語・桂南平話は過去の音韻資料に乏しい．第二に，粤祖語再建はただ単に，「より古い形式を再建できるほどよい再建である」というわけではなく，可能の限り粤語・桂南平話のすべての諸方言を排他的に娘言語とする共通祖語を再建することが望ましい．不必要に古い形式が再建されることは望ましくなく，すなわち，祖語の古さには upper bound があるのである．第三に，粤語・桂南平話では，系統をまたいだ相互影響が頻発している蓋然性が高い．粤祖語の再建を行うには，この三重苦を乗り越えなければならない．殊に後者2つは，漢語系諸語の祖語再建において普遍的な問題である．

粤祖語を再建するにあたって直面する具体的問題の1つは，中古音と粤祖語の規則的対応関係からは想定されないような「古形」が，各地の変種に少量ながら見られることである．例えば，唇歯音は幇組（中古音の両唇音）の軽唇音化（唇歯音化）で生じたものである．粤語・桂南平話の諸方言には，軽唇音化後の形式である唇歯摩擦音が広く観察されている．しかし，少数の語（字）は，本来，唇歯摩擦音で実現することが期待されるはずが，両唇破裂音（すなわち，軽唇音化以前の形式）で実現することがある（例えば，「飯」の形式がfan6 ではなく pan6 である方言がある）．軽唇音化は，介音と主母音の音価が関与する複雑な音変化である．中原で起こった軽唇音化と同様の現象が，華南の地でも並行して発生したと考えるのは難しい．従って，粤語・桂南平話の諸方言には，軽唇音化を経た後の漢語に由来する成分と，軽唇音化を経る前の漢語に由来する成分が共存していると考えざるを得ない．

平田（2010）は，上古音として再建される個別の字音が，復元の「強度」の違いを持っていることの重要性を述べる．復元の「強度」という問題は上古音に限定されない普遍性を持っているはずであり，粤祖語の再建においても，「個々の語（字）の再建形それぞれ

が持つ信頼性」に，高低の差が当然あり得る．

　一般に，比較言語学で祖形の再建を行おうとするとき，ある娘言語の中に音対応の不規則性が見出されることがある．こうした不規則性を呈する形式については，「個別の例外的音変化の結果と見なす」「その実現形がそもそも，他言語・他変種の比較対象の形式と，実は同源語でないと見なす」「その実現形が他言語・他変種の比較対象の形式から借用された，同源語でこそあるものの，固有の形式ではない外来の要素であると見なす」と考える方法がある．漢語系諸語の比較研究では特に，3番目の方法で解決されてきている問題が，頻繁に生ずる．

　再び上海語の例を挙げるならば（言語データは钱乃荣 1992b による），例えば「上海人」と書かれて /zaŋ hɛ ɲiɲ/ と音韻表記され，「シャンハイ人」という意味を持つ語句の{人}と，「人民」と書かれて /zəŋ miɲ/ と音韻表記されて「people」という意味を持つ語句の{人}とが，同一の字「人」によって表現されている．言語学的観点から見れば，この2つの{人}は二重語の対として見ることができるであろう．2つの{人}は，意味も形式も違うので，共時的根拠のみから両者を同一の語と見なして，1つの形態素の異形態同士であると解釈するのは容易でない．「漢語系諸語における"語"とは何か」という問題は，本書の議論の範疇を遥かに超えたところにある．ただ，漢語系諸語で比較研究を行うにあたって，「1つの字で表現される二重語のうち，どれが本来的な形式であるか」「二重語を形成している語のうち，いくつが共通祖語の段階に存在していたと認められるか」は，解決すべき深刻な問題として立ちはだかっている．

　「『人』のどの形式が，上海語の系統的位置づけを決定するのに最もふさわしいか」については，分岐学以前の議論であって，方言学的・中国語学的に解決されなくてはならない．そして，方言学的・中国語学的な議論の結果は，「形質の定義の仕方」という形で形質行列に影響を与え，分岐学的分析の結果を左右する．

　ただその一方で，この「形質行列をどう作るか」という問題とはまた別に，「すべてまたは一部の娘言語に見られる二重語の組が，共通祖語の段階にもまた存在したか否か」という問題が存在している．

　先述のように，上海語をはじめとする呉語の諸方言では一般に，大量の二重語が存在している．そして，大量の二重語の存在という現象は，言語層の概念で説明されてきている．現代呉語が重層性を持つという認識や判断それ自体は，ほぼ反論の余地がない．それでは，もし仮に呉語の共通祖語「呉祖語」が再建可能であるならば，その「呉祖語」にもまた，現代語と同様の重層性を認めるべきなのであろうか．呉語の諸方言に見られる重層性は，祖語の段階においてすでに存在していたものなのか，それとも呉祖語以降の時代に諸方言が並行的に獲得したものなのか，いかにして判断できるだろうか．音対応の規則から外来要素か否かを判断できる幸運な場合ならばまだしも，本当は外来要素であるはずの語形が，たまたま各方言の固有の語形に見られる対応関係と合致してしまっている場合，それを呉祖語以降に獲得された要素であると看破する方法はあるのであろうか．また，言語層の概念を用いて呉語の古形を求めようとしたとき，「古呉語」にこうした重層性が存在していなかったことを，「言語層」という前提に依拠せずに（循環論に陥らずに）論証することは

可能であろうか.

呉語だけでなく，粤語・桂南平話の諸方言にもまた，ある種の重層性が認められる．粤語・桂南平話の重層性が果たして祖語に由来するものなのか否か，という問題は解決されねばならない．「可能な再建形とは何か」だけでなく「再建形を与えることが妥当か否か」をも考えねばならないということである．

議論を先取りして結論を述べるならば，「再建形を与えることが妥当か否か」を決定する，最も重要な手掛かりの1つが樹形である．共通祖語の再建は，言語学に固有の行為として独自の方法を持っており，分岐学的分析が共通祖語の再建を代行することはできない．分岐学が寄与し得るのは，「いかなる再建形が最も妥当か」ではなく，「得られた再建形が共通祖語に由来すると判断することが，どの程度妥当か」についての判断である．

先に挙げた軽唇音化を再び問題例として挙げるならば，「飯」という語（字）が，粤祖語の娘言語のとある方言Aでpan6という実現形をとっていたとする（ただし，方言Aで，f->p-という音変化が発生していないものと仮定する）．「飯」は山攝合口三等願韻に属しており，従って軽唇音化の発生が期待される．実際に，広州方言や中国標準語など，多くの漢語系諸語において「飯」は軽唇音化後の形式で実現している．軽唇音化は華南で独立に発生したものでないと仮定するならば，「飯」のpan6という実現形は，広州方言のfan6とは異なる来歴を有すること，そして，pan6の起源はfan6の起源よりもさらに古くに求められることが，推論として成り立つ．

さて，方言Aのpan6という形式は，なぜ存在するのであろうか．1つ目の仮説は，粤祖語が「飯」について唇歯音声母をとる形式と両唇音声母をとる形式の2つを有しており，方言Aでは両唇音声母の形式のみが観察され，広州方言等では唇歯音声母の形式のみが観察されている，とする仮説である．一語（字）が複数の形式を有するのは漢語系諸語に一般的にみられる現象なので（例えば，台湾語で「大」はtai6とtua6の2通りの実現形を持ち，中国標準語でも「熟」はʂou2とʂu2の2通りの実現形を持つ），一語（字）に複数の再建形を認めることは，決して不自然ではない．2つ目の仮説は，粤祖語で「飯」は唇歯音声母の形式が存在するのみであって，両唇音声母の形式は，粤祖語より後の時代に借用された外来要素であるとする仮説である．3つ目の仮説は，2つ目の仮説とは正反対に，粤祖語で「飯」は両唇音声母の形式が存在するのみであって，唇歯音声母の形式は，粤祖語より後の時代に借用された外来要素であるとする仮説である．

2つ目の仮説と3つ目の仮説とを比較したとき，そのどちらがより妥当であるかは，粤祖語の音韻体系全体を参照しつつ決定される．粤祖語には，軽唇音化を経た後の形式の方が主流であるという事実のほかにも，荘組字の前舌性の喪失，三等・四等の合流，魚韻・虞韻の合流など，中古音よりも新しい時代に属する性質が数多く観察される．従って，2つ目の仮説の方がより妥当であると推定できる．

問題は，1つ目の仮説と2つ目の仮説との間の優劣である．「飯」の両唇音声母の形式が，粤祖語に由来するか否かを決定する基準が，ここで問題となる．この問題を論ずるにあたり，娘言語の語（字）について表6-1のような分類を行う．

表 6-1 娘言語が持つ語の分類（①～⑥）と各々の比較言語学的分析上の性質

分類	同源語が複数の娘言語に見られる	娘言語間の音対応が規則的	共通祖語の語彙の一部として認められる	再建形が唯一	中古音（共通祖語より古い段階）と共通祖語との間の音対応が規則的	粤祖語に見られる例
①	○	○	○	○	○	漢字を持つ多くの語
②	○	○	○	○	×	「猜」「跛」「最」「必」
③	○	○	○	×	×	「苔」「水」「飯」 *-ε- を持つ語（字）
④	○	○	×	—	—	?
⑤	○	×	×	—	—	"背負う"（有音無字）
⑥	×	—	—	—	—	?

6.1.1 分類①～③——漢語系諸語の共通祖語再建において樹形が持つ意味

①と②は，娘言語同士の対応関係に乱れがなく，唯一の再建形を得ることにさほど大きな困難がない語（字）が属する．①と②に属する語（字）が，系統関係を論ずる際の主な根拠となる．①と②の違いは，得られた再建形と中古音との関係である．

①も②も，娘言語の間の規則的音対応を見出して共通祖語を再建する際の，最も重要な手掛かりとして区別はない．系統樹は，第一義的には①および②に属する語（字）の歴史共有関係を説明している．粤祖語を共通祖先とする単系統群のみが議論の対象であるとき，①と②の違いは問題とならない．

ただし，粤祖語を共通祖先とする単系統群の外部では①に属する語（字）と②に属する語（字）の持つ，系統論上の情報は異なる．②および③に当てはまる語（字）は，中国語学において「特字」と呼称される．

ここで，特字という概念について簡単に説明しておく．特字とは，音形と古体系（一般に，中古音）との対応関係が規則的でない語（字）のことである．Norman (1988; 1989) や丁邦新 (2002) は特字を常用語中から発見し，それを方言分類の根拠の1つと見なすことを提唱する．また，郭必之 (2004) は方言帰属の議論ではなく，方言間の関係を分析するための根拠として，特字を用いる姿勢をとる．系統を論ずる材料として，偶然に並行的に発生したとは考えにくい不規則的変化を採用する考え方は，最節約性を根拠とする分岐学と親和性が高い．ただし，粤祖語においてある語（字）が特字として再建されることがどのような意味を持つのか，粤語・桂南平話以外の漢語系諸語の系統関係が詳細に解明されていない現段階では，考察する術がない．

②と③はともに「特字」ではあるが，両者の性質は大きく異なる．②は，再建形を1つ設ければ各娘言語の実現形を説明できる語（字）が属している．それに対して③は，再建形を複数設けなければ，各娘言語の実現形を説明できない語（字）が属している．

自明ながら，n 個の娘言語から共通祖語を再建するとき，ある語について n 個以上の再建形を設けることを認めれば，任意の語について，n 個の娘言語の実現形の通時的音変化を完全に規則的に説明できてしまう．無制限に再建形の数を増やすことは，比較研究の方

法そのものを危うくし兼ねない．そのため，1つの語に複数の再建形を認めるか否かを判断するには，単に娘言語の実現形式のみならず，ほかの何らかの根拠が必要である．「飯」の例に即して述べるならば，両唇音が一定の条件下で軽唇音化を経て唇歯音に変化した，という音変化がかつて漢語史の中で発生したことがあるという事実が，粤祖語を再建する以前に論証されていてはじめて，「飯」の再建形に *van6 と *ban6 が認められる可能性が生まれるのである．

「粤祖語における「飯」の再建形として *van6 と *ban6 の2つを認める」という判断は，娘言語たる粤語・桂南平話の各方言の実現形を手掛かりとするのみでは正当化できない．*ban6 が粤祖語より後の時代に個別的に獲得されたものでないと推定するための根拠は，系統樹の樹形である．「飯」が両唇音声母で実現する方言が，ある小さな単系統群にのみ排他的に見られるとき，「両唇音声母の形式は，何らかの理由で粤祖語よりも新しい時代に個別的に借用されたに過ぎないのではないか」という推論は有力である．しかし，系統的にある程度互いに隔たった複数の単系統群に，「飯」の声母が両唇音で実現する現象が見られるならば，粤祖語に「飯」の再建形として *van6 のほかに *ban6 を認めることの妥当性が，より強く保証されるのである．

ここで重要なのは，「粤祖語が *ban6 を持つか否か」という問題は，「真か偽か」という類の問題ではなく，より妥当な仮説を発見する，アブダクションによって解決される問題だということである．枝が方言同士をどう結んでいるかが最節約性を原理として決定されている以上，*ban6 の再建の妥当性もまた最節約性によって左右される[1]．

ただ，両唇音声母の再建の妥当性を論ずるにあたって気をつけねばならないのは，両唇音声母の形式を喪失するコスト（最節約性の原則に対する違背の度合い），唇歯音声母の形式を喪失するコスト，両唇音声母の形式を獲得するコスト，唇歯音声母の形式を獲得するコストを，それぞれどう評価するかである．決定的に——致命的に——重大な問題は，形式が消滅するコストと形式が獲得されるコストとの等価性を正当化する論理が目下知られないことである．分岐学が扱うデータは形質行列であるが，形質行列では，例えば，ある形質 x が値を 0 から 1 へ，1 から 0 へと変化させるとき，そのコストは $|0-1|=|1-0|=1$ である．すなわち，最節約性の原則の下で，ある変化とその変化の逆転は常に等コストで計算されねばならない[2]．両唇音声母の形式と唇歯音声母の形式について，獲得・喪失のコストが互いに等しいと考えるのは難しい．華南の有力な権威変種である広州方言は，「飯」は唇歯音声母の形式 fan6 のみを有している．粤語・桂南平話の諸方言において，「飯」が両唇音声母を喪失することの方が，唇歯音声母を喪失することよりも頻繁に発生

---

1) ここで議論している「飯」に *ban6 を再建することの妥当性の議論は，単なる多数決と性質を異にすることを確認しておく．たとえ複数の方言で「飯」が両唇音声母で実現していたとしても，もしそれらの方言がある小さな単系統群にまとめられてしまうとすれば，それらの方言の共通祖語の段階で両唇音声母の形式が借用されたと考えれば，たった1度の借用（不規則的な改新）によって両唇音声母の形式の存在が説明できてしまう．両唇音声母の形式を持つ諸方言が，粤祖語を共通祖先とする系統樹のどこに分布しているかが，議論を左右する．
2) 本書の系統推定で用いたすべての形質は逆転不可であるため，この問題は第5章で行った系統推定では考慮する必要がない．

した蓋然性が高い．

　語（字）の形式の獲得と喪失を，最節約法が扱うのは恐らく難しい．仮に，例えば最尤法を何らかの形で部分的に採用しようとしても，最尤法の分析はコストが事前に定義されていることを前提として要求するのであって，その実現はやはり難しい．目下，漢語系諸語——少なくとも粤祖語を共通祖先とする単系統群——において，語（字）の形式の獲得と喪失に関する議論に，完全な客観性を担保する方法をわれわれは持っていない．

　本書では暫定的な方法として，2ステップからなる以下の方法をとる．最初のステップでは，粤祖語から最初の分岐で分かれた5つの単系統群 A・B・C・D・E それぞれについて共通祖語を再建する．そして次のステップでは，例えば「飯」ならば，5つの単系統群のうち2つ以上の単系統群で両唇音声母が再建されているとき，粤祖語にも両唇音声母を再建する．しかし1つ以下の単系統群でのみ両唇音声母が再建されているとき，粤祖語には両唇音声母を再建しない．なお，最初のステップで5つの単系統群の共通祖語に再建する再建形を，1つとするか2つとするかについては，分岐学的な方法によらない．

　ここまで「飯」を例として，一語（字）が複数の再建形を持ち得ることについて論じてきた．次に，複数の再建形を認めることができない，または，認めることが難しい例についても挙げておく．例えば「內」という語（字）は，6.2.2.f) の表 6-70 で示した通り，台山方言（単系統群 B）や賀州方言（単系統群 C），賓陽復興方言（単系統群 D），亭子方言（単系統群 E）など，数多くの根拠から *nuːəi6 を再建することができる．この再建形は，中古音との対応関係からも支持される（「內」は蟹攝合口一等）．ところが，広州方言を始めとする少なからぬ方言が，*ɔi と同様の実現形をとっている．*ɔi は本来，蟹攝開口一等と対応するはずの韻母である．

　ここで問題となるのは，広州方言などの形式が，「內」の第二の再建形 *nɔi6 に由来するのか，それとも，「內」の唯一の再建形 *nuːəi6 からの不規則的な音変化の結果生じたものなのか，ということである．ここで，直ちに「*nɔi6 を想定し得る語形が複数の系統に観察される以上は，粤祖語にも *nɔi6 を認めるべきだ」という判断を下すことはできない．なぜならば，*nɔi6 という語形が存在することの妥当性が，未だ保証されていないからである．「飯」に *ban6 と *van6 とを再建することが正当化されたのは，第一に，*ban6 という形式の実在性が中古音から保証されること，第二に，軽唇音化現象が粤祖語より新しい段階で発生した蓋然性が低いことによる．

　韻母 *ɔi は *uːəi と異なり，介音要素を持たない．第7章で論ずるように，粤祖語は北方の漢語系諸語から唐代後期よりも後，恐らくは宋代のころに分岐したと考えられる．少し時代は下るが，元代音を記した『蒙古字韻』や明代音を記した『西儒耳目資』の「內」の綴字は，明らかに円唇性を含んでおり，恐らくは合口呼であったものと強く推定される．「內」の第二の再建形として *nɔi6 を認める仮説は，いささか分が悪い．従って，「內」には *nuːəi6 のみを再建し，広州方言などの形式は，不規則的な変化の結果として合口性が失われたものであると判断するのが，最も妥当な仮説ということになる．この不規則的な変化が複数回独立に発生したのか，それともただ1回だけ変化が発生し，その変化した形式が後の時代に伝播したのか，確実な判断を下すことは難しいが，仮に本書では，この変

化を一回性のものと考えておく．そして，恐らくは単系統群 A で変化が発生し，権威変種である広州方言が拡散するのに従って，「內」の形式が伝播していったのであろう．

このほかにも，第三のパターンとして，言語史的な根拠を見出すことが難しいながらも，粤祖語に複数の再建形が存在していたと考えなければ説明が困難な形式が，さまざまな系統に見出される場合がある．このパターンはすなわち，中古音などからは予測し難い形式が，各方言間で対応関係が整然としており，「独立的な改新を大量に想定することを強いられるよりは，たとえ奇妙な再建形であっても，再建そのものを認めないよりはいくらかましである」という場合である．

例えば，中古音との対応からは *tṣ- の再建が期待される語（字）の一部が，鼻音 ɳ- で実現する現象が知られる（「爪」「皺」など）．粤祖語の *tṣ- は，中古音の荘母，章母，知母に対応するが，しかし鼻音 ɳ- で実現することがあるのは，一部の荘・章母字に限られている（覃远雄 2008）．この現象について覃远雄（2008）は，規則的音変化による説明は困難としつつ，少数民族言語に見られる漢語由来の借用語が荘・章母字の鼻音化を起こしている現象に言及し，荘・章母字が鼻音で実現する形式は，少数民族言語において発生したものであるという見解を示す．覃远雄（2008）は荘・章母字が鼻音で実現する形式について，少数民族言語の漢語借用語の形式であったものが，漢語側にもたらされたものと推測している．本書は荘・章母字の鼻音で実現する形式の起源について，これ以上議論を深める術を持たないが，これらの形式が外来成分であるということについては，本書は覃远雄（2008）と見解を同じくしている．

本書は，荘・章母字が鼻音で実現する形式が，もし複数の単系統群に見られるならば，それを根拠として，荘・章母字の鼻音で実現する形式が粤祖語に再建されるものであると判断する．例えば，「斬」は昭平方言（単系統群 C）で tsam3 と ɳiam3 が報告されるなど，ɳ- を声母にとる形式がしばしば見られるが，ほかの単系統群では見られないため，粤祖語に *ɳ- を声母にとる形式を再建しない．「爪」「皺」について粤祖語に *tṣ- を声母にとる再建形と *ɳ- を声母にとる再建形の両方を認めたのは，複数の単系統群にまたがって，2 つの再建形にそれぞれ由来すると思しき実現形が見られるためである．

以上，一語（字）に再建形を複数認めることについて論じてきた．再建形を複数認めるという推定が正当化されるためには，娘言語同士の対応関係以外の根拠が必要なのであって，すなわち，「なぜ粤祖語に第二，第三，……の形式が存在するのか」という問いに対して答えがあることが，推定の前提として求められる．この問いについては，詳しくは第 7 章にて改めて論ずる．

ところで，この分類は言語層の定義を厳密化することにも有効である．「ある変種に言語層の違いが存在する」ということは，当該の変種の①に属する語（字）と中古音との間に成立している音対応にそぐわない形式を持つ語（字）のうち，②〜③に属するものについて，中古音との対応関係が導き出されている状態を意味している．また，ある変種に属する語（字）と中古音との間に成立する対応関係について，一定の体系性を認めることができるような組を 1 つ以上定義することができるとき，その組の数が当該の変種の言語層

の数と呼ばれる．

②〜③に属するすべての語（字）が何らかの言語層を構成しているとは限らない．「猜」は中古音との対応関係から単純に推定するならば粤祖語 *tsʰic1 が再建されるはずだが，実際には *tsʰai1 という中古音からは予測しにくい形式が再建される．これが個別の例外的形式に過ぎないものなのか，それとも何らかの言語層の違いを反映した形式なのかは，個々の語（字）のみからは判断できない．

言語層の数をどう判定するかという議論もまた，個々の語（字）のみからは判断できない問題である．例えば，「菩」は再建形 *bu2・*bʊːə2 を有し，「飯」は再建形 *ʋan6・*ban6 を有するが，これら合計4つの再建形のみを考えたとき，粤祖語が果たしていくつの言語層から成り立っていると判断できるであろうか．*bu2 と *ʋan6 は粤祖語の娘言語間の対応関係に従う形式なので，同一の言語層に属すると考えねばならない．では，*bʊːə2 と *ban6 は果たして同一の言語層に属するのであろうか．それとも，*bʊːə2 と *ban6 は互いに別の言語層に属するのであろうか．中古音の段階では遇摂一等（粤祖語 *u）はより開口度の広い母音で実現していたと考えられており（平山 1967: 147 による中古音の推定音価は o），また，唇歯音（非組）は中古音の両唇音に由来している．これを踏まえるならば，*bʊːə2 と *ban6 が *bu2 や *ʋan6 よりも古い言語層に属することについては，恐らくあまり異論が起こらぬであろうが，*bʊːə2 と *ban6 が同一の言語層に属するか否かの決定は，必ずしも容易でない．

本書では，粤祖語の言語層の数について最終的結論を下すことができない．しかし，祖語の再建に系統樹の概念を導入することで，この言語層の問題は将来より精密に論じ得るものとなる．「菩」や「飯」といった語（字）に再建形を複数認めるか否かは，系統樹の樹形に基づいた分析を行ってはじめて決定できるのであり，この意味において系統樹は言語層の問題の解決にも大きく関与している．

6.1.2　分類④——形式の並行的な獲得について

④に属する語（字）とはすなわち，各娘言語によって別箇に並行的に獲得され，かつ，各娘言語での形式が偶然にも娘言語間の規則的音対応に合致している語である．④に属する語（字）は当然ながら，共通祖語に再建すべき再建形の数は0である．④を①〜③から峻別するのは一般に困難な問題であり，不可知論と隣り合わせの問題である．

目下④に属する語（字）として推定できるものとしては，中古音溪母字のうち，各方言で安定して破裂音 kʰ- で実現している語（字）などを疑い得る．ほかにも「挽」「很」は，方言間の対応関係はある程度整っているが，しかし，粤祖語よりも後の時代に別の漢語系諸語から借用された語（字）である蓋然性が高い．このように，④に属すると思しき例はいくつか挙げられこそするものの，当該の語（字）が④に属することを積極的に立証するだけの手立てと根拠が目下存在しない．

6.1.3 分類⑤——「有音無字」の語彙について

本書での粵祖語再建および系統推定は基本的に,「本字」のある語のデータに依拠している. 本字とは, 中古音などの音韻体系との対応関係を主な根拠として, ある語に対して同定される漢字を指す. つまり,「ある語が本字を持つ」と判断する行為とは,「文献に残る過去の時代の漢語に, その語と起源を同じくする語が存在する」と判断する行為にほかならない. 例えば, ある方言で「母親」という意味の語が niaŋ2 という実現形を有していたとする. そして, 当該方言で各声母・韻母・声調が, 中古音とどのような対応関係にあるのかを調べると, niaŋ2 は「娘」という字にあてられている中古音の推定音と, 規則的に対応していると考えて矛盾がないことが判明したとする. このとき, niaŋ2 の本字は「娘」である蓋然性が高い, と判断される. このように, 本字の同定の最も重要な根拠は, 対応関係の規則性であるといえる.

ただし, すべての語について中古音との規則的対応関係が発見できるとは限らない. ある方言で動物の「トリ」という語が ʧiak7 という実現形を有していたとする. そして, 完全な規則的対応関係にある推定音を持つ字が, 中古音の中に発見できなかったとする. このとき, 分析者が行える選択は2通りある. 1つは, 多少の対応関係の乱れを許容して, 近い推定音を持つ字から「トリ」の字義を持つものを探索する方法である. そしてもう1つは,「トリ」の本字は存在しないと判断する方法である. もし仮に「雀」という字が, 規則的対応関係から期待されるものに近い推定音を持っていたとすれば, 当該方言の「トリ」の本字は「雀」である, という判断も可能であろう. その一方で, 当該方言の「トリ」は中古音の段階に起源を求められない語である, と判断することも可能である. 2つの方法のどちらがより妥当かは, 個別の例それぞれについて判断せねばならない.

以上をまとめるに, 本字とは, 方言の語彙体系中の語それぞれに対する語源学的判断の結果を, 漢字という形で表現したものといい換えることができる. 本字は歴史言語学的な考察結果であり, 当該方言の話者の内省や, 現地の表記習慣からは独立に判断される[3].

漢語系諸語の方言は一般に, 本字をあてられない語, すなわち「有音無字」を一定量含んでおり, 粵語・桂南平話もその例外ではない. 例えば,「もの」を意味する広州方言 (単系統群 A) jɛ4 (「嘢」という方言字をあてることが多い) は複数の単系統群に同言語を見出すことができ, 粵祖語の再建形 *ŋɪːə4 を得られる.「もの」(嘢) は「有音無字」の語としては数少ない, 粵祖語の再建形に比較的信頼が置ける例であり, また, 先の分類の②に属する語と見なせる.

その一方で,「背負う」を意味する広州方言の動詞 mɛ1 (方言字「孭」をあてることがある) は, 例えば四会方言 (単系統群 B) に同源語と思しき語 me1 を発見することができる. しかし, 広州方言の韻母 ɛ は粵祖語 *ɐːɪ に遡るものであり, 粵祖語 *ɐːɪ は四会方言で iə で実現している.「もの」(嘢) は広州 jɛ4:四会 (j)iə4 という対応関係が成立しているが,「背負う」(孭) は広州 mɛ1:四会 me1 のように, 規則的対応関係から外れてしまってい

---

3) 本字推定の方法論については梅祖麟 (1995), 楊秀芳 (2000) などに詳しい.

る．従って，「背負う」（䘚）の語形における広州方言と四会方言の共通性は，粤祖語からの規則的な音変化から説明できない．

また，穀物の「稗」を表す語として，浦北方言（単系統群A）は feŋ1 を有する．これは，南寧以西の桂南平話の諸方言（単系統群E）の共通祖語 *weŋ1（濱田 2014b: 187）と起源を同じくすると考えられる．もしもこの語が粤祖語に遡るものであるならば，*hweŋ1 を再建できる．ただ，浦北方言は単系統群Eに属する諸方言の分布域に近いという事実がある．単系統群Eが粤祖語よりも新しい時代に独自に獲得した語を，浦北方言が借用したに過ぎないという可能性を否定できない[4]．

⑤には，この「䘚」（背負う）のような語が属する．ある娘言語に個別的に生じた語が，借用によってほかの複数の娘言語に伝播した場合や，複数の娘言語がある借用元から，共通祖語よりも後の時代に独立に借用を行った場合などが考えられる．少なからぬ有音無字の語は規則的対応関係に反する実現形を各方言でとる．より抽象的に述べるならば，漢字を持つ語の経てきた歴史は，系統樹の示す歴史共有関係で説明できるが，有音無字の語の経てきた歴史は，系統樹の示す系統仮説のみで説明できるとは限らないのである．もちろん，各娘言語の実現形のうち，どれか1つ以上が共通祖語に遡る語形である可能性はある．それらのうち，どれが共通祖語に遡る語形なのかを判断しようとするならば，共通祖語の娘言語でない別の言語を外群（outgroup）として比較対象にしたうえで，外群の言語に見られる実現形を手掛かりとして判断する必要がある．

例えば，「乳房・乳」を意味する有音無字語として，広州方言 nin1，新興方言 nɛ1，四会方言 nen5，大錫方言 nen6・neŋ6 などがある．これらは語形が互いに類似しており，その同源性が自ずと推測されるが，しかし方言間で規則的音対応が見られない．客家語桃園方言に nen5 という語が存在しているが（楊時逢 1957: 278），もし仮に，客家語の nen5 と粤語・桂南平話諸方言の「乳房・乳」が，借用関係によって互いに類似した語なのではなく，粤語・桂南平話・客家語の共通祖語から受け継いだ語であると仮定するならば，粤祖語に何らかの再建形を与えるのが手堅い仮説である，ということになる．そして，その粤祖語の再建形からの規則的音変化によって説明可能な実現形を持っている方言が，「乳房・乳」という語を粤祖語および粤祖語・客家語の共通祖語から受け継いだ方言である，と判断できる．

しかしこの議論は，目下検証する術のない数多くの仮定を置いたうえでの議論である．「乳房・乳」の粤祖語における再建形の有無それ自体，目下論ずることも叶わない．将来においても再建形を決定できない可能性すらある．「乳房・乳」の音対応の乱れは，粤語・桂南平話の諸方言においてのみならず，客家語の諸方言においても見受けられるためである．谢留文（2002）は客家語の「乳房・乳」について，全方言の形式が何らかの共通の古形を共有しているのではなく，「奶」が「兒化」（名詞に指小辞「-兒」を付する形態法）を経て鼻音韻尾を獲得した結果として，「乳房・乳」の語形が生じたという仮説を唱える．

---

[4] そしてその場合は，南寧以西の桂南平話の共通祖語が h > ∅ / ___ w という音変化を経る前に，浦北方言が語を借用したと解釈される．

そして，粤語の「乳房・乳」も同様に「奶」＋「-兒」に由来するものと見なしている[5]．外群比較を行っても有音無字の再建形が簡単に決定できるとは限らないが，このように，外群比較そのものが困難に直面する場合もあり得る．有音無字の語それぞれが持つ歴史は，華南の言語史の核心に迫る主題であるが，稿を改めて考察を行いたい．本書では，⑤に属する語に再建形を与えないでおく．

6.1.4　分類⑥——特定方言に固有と思しき語（字）について

⑥は，1つの娘言語にのみ観察される語であり，共通祖語の再建や系統関係の推定に直接的な関与はしない．ある娘言語の1つが共通祖語より後の時代に独自に獲得した語が⑥に属するほかにも，共通祖語が本来有していたにもかかわらず，たまたまだ1つの娘言語を除いてまったく観察されない語もまた⑥に属する．⑥に属する語が共通祖語に由来するか否かを判断するには，外群比較のほかに方法がない．外群比較がそもそも困難な現状では，⑥に再建形の有無を決定することができない．

6.2　粤祖語再建案

以上の議論をもとに，以下に粤祖語を再建する．表にはいくつかの語（字）を代表として提示しているが，必ずしもすべての語（字）を網羅していない．附論1には，各語（字）の粤祖語の再建形と，単系統群A～Eの共通祖語の再建形を掲載した．

ここで，データの表記について，いくつか断りを入れておきたい．

広州方言については，本書は梗攝三四等や曾攝三等の主母音をɪ，通攝の主母音をʊとそれぞれ表記し，また，介音-u-を認めずに-w-，または，唇音化声母の円唇成分と見なす立場をとる．

台山方言には変調が，合計して3種類——低下降調化，高上昇調化，高平板調化——存在することが知られている（甘于恩 2003．高平板調化を変調に含めない先行研究は，Don 1883-1884: 479-481, 趙元任 1951a: 65; 1951b: 35, 陈锡梧 1966, Cheng 1973: 274-290, 黄剑云 1990: 12-13; 33-38, Yue-Hashimoto 2005: 36-191がある）．詹伯慧・張日昇（1987）が示す台山方言のデータで，特に問題となるのは「55」と表記される調値である．55調は3声（陰上）や71声（上陰入）の実現形であると同時に，高平板調化した後の調値でもある．詹伯慧・張日昇（1987）を見る限りでは，55調を変調と解釈すべきか，3声（陰上）や7a声（上陰入）と解釈すべきか，見分けがつかない．そこで本書では，55調については一切の予断を排して，一律に3声（陰上）や7a声（上陰入）と解釈することとする．また，35調や11調については，変調であることが明らかなので，アステリスク記号を記した．例

---

5) ただ，仮にこの仮説を受容したとしても問題は残る．「乳房・乳」は単一の起源を求められないにもかかわらず，なぜ各方言で並行して「奶」＋「-兒」という，現代の粤語・桂南平話には稀な形態法である「兒化」によって生じた形式を有しているのかについて，説明を与えられない．

えば,「藥」(ziak11) という語（字）は,「ziak*」と表記される．

このほかは,引用元の記述に従って実現形を表記している．語（字）には附論1での番号を直下に記し,参照の便を図った．

6.2.1 声母

まず,粤祖語の声母を再建する．以下,粤祖語の再建音と,それに対応するいくつかの娘言語の実現形を提示する．

粤祖語の声母は,無声阻害音と有声阻害音,有声共鳴音の3つに分類される．無声阻害音は奇数調（陰調）,有声阻害音は偶数調（陽調）,有声共鳴音はすべての声調に実現し得る．従って,無声阻害音と有声阻害音は,声調において相補分布の関係にあるため,厳密な意味でのミニマルペアをなさない．

また,多くの娘言語で有声阻害音のうち,破裂音および破擦音が無声有気音化する現象が見られる．広州方言などの多くの方言では,2声（陽平）と4声（陽上）で有気音化が発生しており,浦北方言など一部方言では,声調の別を問わず一律に有気音化が発生している．以下,この現象にはいちいち言及しない．

a) 唇音

*p-は多くの方言で両唇破裂音で実現しているが,開平方言（単系統群B）ではlenitionを起こしてv-で実現している．ほかにも,*p-が入破音化してɓ-で実現する方言（信都方言（単系統群C）など）が存在する．入破音化の現象は通方言的に見ても必ずしも珍しいものではなく,広西東部から広東北部の方言群（「勾漏片」と分類されることが一般的．楊煥典 et al. 1985: 182, 熊正輝 1987: 162; 165 などを参照）に幫母・端母が有声音で実現する方言が存在していることは,曹志耘（2008: 44; 49; 54）などからも確認できる．

玉林方言は事情がいささか複雑である．玉林方言では,幫母がb-,端母・精母がd-で実現することが知られているが,広西壮族自治区地方志編纂委員会（1998: 136）の記述によれば,若年層の変種ではb-・d-ではなくp-・t-で実現しているという．先行研究の間でも記述が異なっており,广西师范学院中文系《广西汉语方言概要》編輯組（1960: 粤30）では,「濁音」のb-・d-であるとされ,Tsuji (1980: 71-72) ではb-・d-（表記を一部変更）とされている．その一方で,周烈婷（2002: 164-165）ではp-・t-とb-・d-とが自由変異の異音同士とされ,李连进（2000a: 14）と陳曉錦（2000: 223）,梁忠东（2010: 7-8）ではp-・t-とのみ報告されている．余靄芹（2006: 88-89）では,玉林方言のこれらの声母を入破音としつつも,記号としては [b, d] を使用している（余靄芹 1991: 173 では,濁音と入破音の中間的な音として [(ʔ)b, (ʔ)d] という表記がなされている）[6]．曹志耘（2008: 44; 49; 54）では,玉林

---

[6] Tsuji (1980: 15-16) が報告する容県方言では,幫母・端母に由来する声母は,それぞれ [b, ʔb], [d, ʔd] のように,通常の有声音と喉音化した有声音とを異音にとっている．もしTsuji (1980) の報告する玉林方言の [b, d] もまた何らかの喉音性を帯びていたとしたら,それは同書の中で明示されていたはずである．従って,Tsuji (1980: 71-72) の記述する玉林方言のb-やd-は,通常の有声音であったと読

方言の幫母と端母をそれぞれ [ɓ, ɗ] と記述している．

先行研究の記述をすべて受け入れるならば，玉林方言は幫母や端母・精母が変種ごとに，有声肺臓気流破裂音で出たり[7]，無声肺臓気流破裂音で出たり，入破音（に近い音）で出たりしていることになる．ともかく，玉林方言の幫母や端母・精母の有声性は，粤祖語よりも後の時代に，周辺のチワン語などからの影響により生じたと考えられるものであり（余靄芹 1991: 173-174），幫母や端母・精母が全清であることも踏まえるならば，粤祖語に無声音を再建することに特段問題は生じないであろう（表6-2）．

表 6-2 粤祖語 *p-の語（字）例と実現形

	布 0183	拜 0445	比 0649	八 1430	畢 1762	幫 1964	北 2233	冰 2265	壁 2466
広州 A	pu5	pai5	pei3	pat7b	pɐt7a	pɔŋ1	pɐk7a	pɪŋ1	pɪk7a
四会 B	pu5	pɐi5	pei5	pet7b <*pɛt7	pɐt7a	pɔŋ1	pɐk7a	piɐŋ1 (rhyme!)	piɐk7b
開平 B	vu1	vai1	vei3	vat7b	vet7a	vɔŋ1	vak7a	ven1	vet7a
信都 C	ɓu5	ɓai5	ɓi3	pat7b (onset!)	ɓɔt7a	ɓœŋ1	ɓɔk7a	ɓeŋ1	ɓek7a
賀州 C	pu5	pai5	pi3	pat7b	puot7a	pøŋ1	pak7a	pɛn1	pɛt7a
玉林 D	bu5	bɐi5	bi3	bɐt7b	bat7a	buɔŋ1	bak7a	beŋ1	bek7a
粤祖語	*pu5	*pai5	*pi3	*pat7; *pɛt7	*pit7	*pɔŋ1	*pɐk7	*pɪŋ1	*pɪːəc7

*pʰ-は大多数の方言で pʰ-で実現しているが，開平方言（単系統群 B）では一部の語（字）に lenition が認められ，h-で実現している（表6-3）．

表 6-3 粤祖語 *pʰ-の語（字）例と実現形

	破 0035	怕 0082	配 0544	批 0495	票 0963	攀 1455	片 1549	判 1598	拍 2329
広州 A	pʰɔ5	pʰa5	pʰui5	pʰɐi1	pʰiu5	pʰan1	pʰin5	pʰun5	pʰak7b
開平 B	hu1	pʰa1	pʰuɔi1	pʰai1	pʰiu1	pʰan1	pʰin1	pʰuan1	hak7b
信都 C	pʰø5	pʰa5	pʰui5	pʰɔi1	—	pʰan1	pʰin5	pʰun5	pʰak7b
玉林 D	pʰɤ5	pʰɐ5	pʰui5	pʰai1	pʰiu5	pʰɐn1	pʰin5	pʰun5	pʰa3
粤祖語	*pʰʊːə5	*pʰa5	*pʰʊːəi5	*pʰɐi1	*pʰɪːəu5	*pʰan1	*pʰɪːən5	*pʰʊːən5	*pʰac7

*b-は各方言における有声音の有気音化の規則に従い，p-や pʰ-で実現する．開平方言（単系統群 B）では，2声（陽平）・4声（陽上）は *pʰ- と同様の，6声（陽去）・8声（陽入）

むことができる．

7) もし玉林方言の幫母や端母・精母の音価が肺臓気流有声音であったとしたら，それは入破音から音変化した結果として生じたものと推定するのが妥当であろう．入破音から肺臓気流有声音への変化の例には，庄初升 et al. (2010: 109-110) の報告する鋪門方言の端母の音変化などが挙げられる．

は *p-と同様の lenition を起こしている．開平方言では，有声音の有気音化が発生した後に lenition が発生したものと考えられる．なお，*b-が入破音化する方言は存在しない（表6-4）．

表 6-4　粤祖語 *b-の語（字）例と実現形

	婆 0036	步 0193	排 0446	被被子 0607	薄厚薄 1969	朋 2234	白 2332	病 2389	蓬 2525
広州 A	pʰɔ2	pou6	pʰai2	pʰei4	pɔk8	pʰɐŋ2	pak8	pɛŋ6	pʰʊŋ2
開平 B	pʰu2	vu6	pʰai2	pʰei4	vɔk8	haŋ2	vak8	viaŋ6	foŋ2 (onset!)
信都 C	puːɐ2	pu6	pai2	pi4	pœk8	pɔŋ2	pak8	pɛŋ6	pɔŋ2
賀州 C	puo2	pu6	pai2	pi4	pøk8	puŋ2 (rhyme!)	pak8	pɛŋ6	puŋ2
玉林 D	pɤ2	pu6	pʋi2	pi4	puɔk8b	paŋ2	pa6	pɛŋ6	poŋ2
粤祖語	*bʊːə2	*bu6	*bai2	*bi4	*bʊːək8	*bɐŋ2	*bac8	*bɪːəŋ6	*buŋ2

*m-は通方言的に m-で実現する．開平方言（単系統群 B）などの方言では，*m-に限らず *n-, *ȵ-, *ŋ-においても，鼻音の前鼻音化（prenasalization）が発生している（表 6-5）．

表 6-5　粤祖語 *m-の語（字）例と実現形

	馬 0092	賣 0464	妹 0554	米 0497	貿 1044	蠻 1456	麥 2365	命 2392	目 2600
広州 A	ma4	ma6	mui6	mɐi4	mɐu6	man2	mak8	mɛŋ6	mʊk8
開平 B	ᵐba4	ᵐbai6	ᵐbuɔi3 (tone!)	ᵐbai4	ᵐbau6	ᵐban2	ᵐbak8	ᵐben6	ᵐbok8
玉林 D	ma4	mʋi6	mui6	mai4	mau6	mʋn2	ma6	meŋ6	mok8a
粤祖語	*ma4	*mai6	*mʊːəi6	*mɐi4	*mɐu6	*man2	*mac8	*mɪːəŋ6	*muk8

*f-は通方言的に f-で実現する．粤祖語の唇歯音は，中古音の幫組がやや時代を下って軽唇音化を起こした，非組と対応する．非組のうち，両唇音で実現するのが一般的な微母字はさておき，その他の非・敷・奉母字の一部も，粤語・桂南平話の諸方言で，唇歯摩擦音ではなく両唇破裂音で実現する．この現象は，言語層の観点から見るならば，粤語・桂南平話が持つ，より古い時代の層の形式と捉えられよう．

非・敷・奉母字が両唇破裂音で実現する形式を粤祖語に認められるかどうかは，ひとえに樹形によって判断される．例えば，下の表で「斧」に，*fu3 に加えて *pu3 が再建されるのは，単系統群 B と C それぞれの共通祖語に両唇音声母の形式が認められるためである．ただし，声母が pʰ-で実現する方言も少なくなく（例えば，広寧方言（単系統群 B）の pʰɐu3，増城方言（単系統群 A と推定）の pʰou3 など），従って *pʰu3 もまた第三の再建形に立てられる可能性があるが，しかし「斧」は非母字であるため，有気音を再建することにはいささかためらいを覚える．今後「斧」が声母として pʰ-をとる変種が各系統で数多く

発見されたならば，*pʰu3 を 3 つ目の再建形として採用できるようになるであろう．

それに対して「分」は，大錫方言など単系統群 C の方言で pen1 という実現形が見られるが，他の単系統群に両唇音の形式が見られない．そのため，「分」の再建形として両唇破裂音を声母とする形式を粤祖語に認めるには，証拠不十分であると判断される．今後，単系統群 A・B・D・E に属する方言から両唇破裂音を声母とする形式が発見されることがあれば，「分」の第二の再建形として *pen1 が加わる可能性がある．

粤祖語 *f-, *v- が両唇破裂音で実現する例もある．南海方言（詹伯慧 1987. 単系統群 A）は粤祖語 *f- と *v- とが，pʰ- で実現（ただし *fu, *vu は fu で実現）する方言である．もしこれらが軽唇音化以前の形式を保ったものと仮定するならば，敷母字のみならず非母字や奉母字までもが一律に pʰ- で実現している現象を合理的に説明することはできない．一方，f->pʰ- という音変化は，例えば韓国語のように，無声唇歯摩擦音の外来語が一律に無声有気両唇破裂音で実現する言語の例が知られており，決して特異とはいえない．従って本書は，南海方言の形式は粤祖語以後の改新によって生じたものと考える（表 6-6）．

表 6-6　粤祖語 *f- の語（字）例と実現形

	富 1084	斧 0341	飛 0826	法 1320	反 1707	分動詞 1925	風 2588	蜂 2637	福 2591
広州 A	fu5	fu3	fei1	fat7b	fan3	fɐn1	fʊŋ1	fʊŋ1	fʊk7a
南海 A	fu5	fu3	pʰei1	pʰɐt7b	pʰan3	pʰɐn1	pʰoŋ1	pʰoŋ1	pʰok7a
台山 B	fu1	fu3; pu3	fei1	fat7a	fan3	fun1	føŋ1	føŋ1	føk7a
賀州 C	fu5	pu3	fi1	fat7b	fan3; pʰuon3 (onset!)	fuon1; puon1	huŋ1	huŋ1	huk7a
玉林 D	fu5	fu3	fi1	fɒt7b	fɒn3	fan1	foŋ1	foŋ1	fok7a
亭子 E	fu5	fu3	fi1	fa3 [sic]	fan3	fən1	føŋ1	føŋ1	føk7
粤祖語	*fu5	*pu3; *fu3	*fi1	*fap7	*fan3	*fen1	*fuŋ1	*fuŋ1	*fuk7

*v- は通方言的に f- で実現している．亭子方言（単系統群 E）など少数の方言では，*m̥- と *v- とが合流する現象が見られる．

粤祖語で唇歯摩擦音に有声音と無声音との対立が存在したことを積極的に示すことは，いささか難しい．ただ，後述するように，歯茎音や反り舌音，声門音にそれぞれ有声摩擦音と無声摩擦音とが存在している以上，唇歯音にも *v- が存在していたとしてもおかしくはない（表 6-7）．

表 6-7　粤祖語 *v- の語（字）例と実現形

	扶 0347	腐 0351	肥 0829	凡 1321	飯 1714	份 1935	佛 1936	縫 2639	服 2597
広州 A	fu2	fu6	fei2	fan2	fan6	fɐn6	fɐt8	fʊŋ2	fʊk8
南海 A	fu2	fu6	pʰɐi2	pʰaŋ2	pʰaŋ6	pʰɐn6	pʰɐt8	pʰoŋ2	pok8 (onset!)
台山 B	fu2	fu4	fei2	fan2	fan6	fun6	fut8	føŋ2	føk8
賀州 C	pu2	fu3 (tone!); pu6	pi2	pan2	pan6	puon6	puot8	puŋ2	puk8
玉林 D	fu2	fu6	fi2	fɔn2	fɔn6	fan6	fat8a	foŋ2	fok8a
亭子 E	fu2	fu6	fi1 (tone!)	fan2	fan6	fən6	——	føŋ2	føk8b
粤祖語	*vu2	*bu6; *vu6	*bi2; *vi2	*vam2	*ban6; *van6	*vɐn6	*vɐt8	*vuŋ2	*vuk8

*m̥- は少数の語にしか見られない．*m̥- は，南寧以西の桂南平話（単系統群 E）などにおいて f- で実現するが，広州方言を含む大多数の方言では，*m- と合流して m- で実現する（表 6-8）．

表 6-8　粤祖語 *m̥- の語（字）例と実現形

	文 1937	物 1944	微 0831	無 0352	舞 0354	務 0356
広州 A	mɐn2	mɐt8	mei2	mou2	mou4	mou6
開平 B	ᵐbun2	ᵐbuat8 (rhyme!)	ᵐbei2	ᵐbu2	ᵐbu3 (tone!)	ᵐbu6
玉林 D	man2	mat8	mi2	fu2	fu4; mu4	mu6
賓陽 復興 D	fən2	fət8	fəi2	fou2	fou4	fou6
亭子 E	fən2	fət8a	mi2	mu2	mu4	mu6
粤祖語	*m̥ɐn2	*m̥ɐt8	*m̥i2	*m̥u2	*m̥u4	*m̥u6

b）歯茎音

*t- は基本的に t- で実現するが，少数ながらいくつかの方言で t- 以外の実現形が見られる．台山方言・開平方言など，四邑片の諸方言（単系統群 B）では lenition を起こしてゼロ声母化（*ʔ- と合流）しており，信都方言（単系統群 C）などでは入破音化して ɗ で実現している（表 6-9）．賀州方言（単系統群 C）などの l- は，粤祖語 *t- が入破音化した上で，さらに l- へと変化したものである（濱田 2012a）．玉林方言の d- については，6.2.1.a）の *p- の議論を参照されたい．

表 6-9 粤祖語 *t-の語（字）例と実現形

	打 2336	帶 0436	鬪 1047	膽 1207	單單獨 1376	當當時 1977	得 2241	頂 2472	懂 2529
広州 A	ta3	tai5	tɐu5	tam3	tan1	tɔŋ1	tɐk7a	tɪŋ3; tɛŋ3	tʊŋ3
台山 B	a3	ai1	eu1	am3	an1	ɔŋ1	ak7a	en3	øŋ1
信都 C	ɗa3	ɗai5	ɗou5	ɗam3	ɗan1	ɗœŋ1	ɗɔk7a	ɗeŋ3	ɗoŋ3
賀州 C	la3	lai5	lou5	lam3	lan1	løŋ1	lak7a	lɛn3	luŋ3
玉林 D	da3	dɐi5	dɐu5	dɐm3	dɐn1	duɔŋ1	dak7a	deŋ3	doŋ3
粤祖語	*ta3	*tai5	*tɐu5	*tam3	*tan1	*tɔŋ1	*tɐk7	*tɪːəŋ3	*tuŋ3

*tʰ-は通方言的に tʰ-で実現するが，台山方言（単系統群 B）では lenition を起こして h-で実現している（表 6-10）.

表 6-10 粤祖語 *tʰ-の語（字）例と実現形

	托 0002	兔 0210	太 0437	套 0867	探 1182	天 1555	吞 1750	踢 2479	通 2532
広州 A	tʰɔ1	tʰou5	tʰai5	tʰou5	tʰam5	tʰin1	tʰɐn1	tʰɛk7b	tʰʊŋ1
台山 B	——	hu2 (tone!)	hai1	hau1	ham1	hen1	hun1	pʰiak7b	høŋ1
賀州 C	tʰø1	tʰu5	tʰai5	tʰu5	tʰam5	tʰin1	tʰuon1	tʰɛt7a	tʰuŋ1
玉林 D	tʰɤ1	tʰu5	tʰɐi5	tʰɤu5	tʰɐm5	tʰin1	tʰan1	tʰek7a	tʰoŋ1
粤祖語	*tʰɔ1	*tʰu5	*tʰai5	*tʰou5	*tʰam5	*tʰɪːən1	*tʰen1	*tʰɪːəc7	*tʰuŋ1

台山方言「踢」は非同源語か.

*d-は各方言における有声音の有気音化の規則に従い，t-や tʰ-で実現する．台山方言（単系統群 B）では，2声（陽平）・4声（陽上）は *tʰ-と同様の，6声（陽去）・8声（陽入）は *t-と同様の lenition を起こしている．*d-が入破音化する方言は存在しない（表 6-11）.

表 6-11 粤祖語 *d-の語（字）例と実現形

	度 0217	大 0007	道 0874	頭 1050	彈彈琴 1385	奪 1617	特 2247	定 2484	讀 2545
広州 A	tou6	tai6	tou6	tʰɐu2	tʰan2	tyt8	tɐk8	tɪŋ6	tʊk8
台山 B	u1 [sic]	ai6	au6	heu2	han2	tᵘɔt8	ak8	en6	øk8
信都 C	tu6; tœk8	tai6	to6	tɔu2	tan2	tut8; ɗut7a (onset!)	tɔk8	teŋ6	tok8
賀州 C	tu6	tai6	tu6	tou2	tan2	tut8	tak8	tɛn6	tuk8
玉林 D	tu6	tɒi6	tɤu6	tau2	tʰɐn2 [sic]	tyɛt8b	tak8a	teŋ6	tok8a
粤祖語	*du6	*dai6	*dou6	*dɐu2	*dan2	*dʊːət8	*dɐk8	*dɪːəŋ6	*duk8

*n-は通方言的に n-で実現するが，台山方言（単系統群B）などでは前鼻音化を起こしている（表6-12）．

表6-12 粤祖語 *n-の語（字）例と実現形

	糯 0045	奴 0220	腦 0878	扭 1093	南 1186	難𦆵易 1391	能 2248	娘 2045	農 2583
広州A	nɔ6	nou2	nou4	nɐu3	nam2	nan2	nɐŋ2	nœŋ2	nʊŋ2
台山B	ⁿduɔ6	ⁿdu2	ⁿdau4	ⁿdiu3	ⁿdam2	ⁿdan2	ⁿdaŋ2	ⁿdiaŋ2	ⁿdøŋ2
賀州C	nø6	nu2	nu4	nou3; nou5	nam2	nan2	naŋ2	niaŋ2	nuŋ2
玉林D	nɤ6	nu2	nɤu4	nau3	nɒm2	nɒn2	naŋ2	na2	noŋ2
粤祖語	*nʊ:ə6	*nu2	*nɔu4	*niu3; *niu4	*nam2	*nan2	*nɐŋ2	*nɪ:əŋ1; *nɪ:əŋ2	*nuŋ2

*l-は，通方言的に l-で実現するが，例外的に東莞方言は *l-が ŋ-という特異な形式で実現し，*ŋ-と合流している．詹伯慧 et al.（1987: 25）や陈晓锦（1993: 45），李立林（2015: 17）では，來母（粤祖語の *l に対応）が l-で実現するか ŋ-で実現するか，東莞方言の内部で揺れがみられるとされる（表6-13）．

表6-13 粤祖語 *l-の語（字）例と実現形

	籮 0010	拉 1189	李 0701	流 1094	立 1331	蘭 1393	亂 1621	靈 2488	陸 2604
広州A	lɔ2	lai1	lei4	lɐu2	lɐp8	lan2	lyn6	lɪŋ2; lɛŋ2	lʊk8
東莞A	ŋɔ2	ŋai1	ŋei4	ŋɐu2	ŋok8	ŋɛŋ2	ŋøn6	ŋɐŋ2	ŋok8
台山B	luɔ2	la1	lei3 (tone!)	liu2	lip8	lan2	luɔn6	len2	løk8
賀州C	lø1	lai1	li4	lou2	lop8	lan2	lun6	lɛŋ2	luk8
玉林D	lɤ2	lɐi1; lɐp7b	li4	lau2	lap8a	lɒn2	lyn6	leŋ2	lok8a
粤祖語	*lɔ2	*lai1; *lap7	*li4	*liu2	*lip8	*lan2	*lʊ:ən6	*lɪ:əŋ2	*luk8

*ts-は基本的に破擦音で実現するが，いくつかの方言で破裂音化して t-で実現している（台山方言（単系統群B），賀州方言（単系統群C）など）．玉林方言（単系統群D）は破裂音化したうえでさらに入破音化を起こして，*t-と合流している．

現代語に見られる一定の傾向として，粤祖語の歯茎破擦音 *ts-, *tsʰ-, *dz-が破擦音で実現しているとき，往々にして歯茎破擦音と反り舌破擦音とが合流を起こしている．しかし，珠江三角洲の変種を記した19世紀の欧文資料の多くは，粤祖語 *ts-と *tʂ-の対立を保存している．少なくとも珠江三角洲周辺の粤語において，破擦音が2系列から1系列へと合流を起こしたのは，それほど古い時代の音変化ではないと考えられる．

なお，これもまたあくまでも大まかな傾向であるが，粤祖語の破擦音・摩擦音に見られる歯茎音と反り舌音の対立が保存されているとき，歯茎摩擦音が側面音化していたり，歯茎破擦音が破裂音化していたりと，歯茎音が何らかの音変化を被っていることが多い（表6-14）．

表6-14　粤祖語 *ts-の語（字）例と実現形

	左 0011	借借貸 0141	子 0705	醉 0800	接 1269	尊 1866	作 2009	精 2417	足 2645
広州A	tsɔ3	tsɛ5	tsi3	tsøy5	tsip7b	tsyn1	tsɔk7b	tsɪŋ1	tsʊk7a
台山B	tᵘɔ3	tsiɛ1 (onset!)	tu4	tui1	tiap7b	tun1	tɔk7a	ten1	tøk7a
賀州C	tø5 (tone!)	tia5	ti3	tui5	tip7a	tun1	tøk7b	tɛn1	tuk7a
玉林D	dɤ3	dɛ5	di3	dui5	dip7a	dyn1	duok7b	deŋ1	dok7a
亭子E	tso3	tsɛ5	tsi3	tsui5	tsip7	tsyn1	tsak7	tseŋ1	tsøk7
粤祖語	*tsɔ3	*tsɪːə5	*tsɻ3	*tsui5	*tsɪːəp7	*tsɔn1	*tsɔk7	*tsɪːəŋ1	*tsuk7

*tsʰ-は *ts-と同様に，基本的に破擦音で実現するが，破裂音化して tʰ-で実現している方言が複数ある（台山方言（単系統群B），賀州方言（単系統群C），玉林方言（単系統群D）など）．台山方言などでは，*ɻ と共起する *tsʰ-が摩擦音化している（表6-15）．

表6-15　粤祖語 *tsʰ-の語（字）例と実現形

	且 0142	粗 0237	脆 0591	次 0670	參參加 1191	親親疏 1777	倉 2010	清 2424	聰 2552
広州A	tsʰɛ3	tsʰou1	tsʰøy5	tsʰi5	tsʰam1	tsʰen1	tsʰɔŋ1	tsʰɪŋ1	tsʰʊŋ1
台山B	tsʰiɛ3 (onset!)	tʰu1	tʰui1	ɬu1	tʰam1	tʰin1	tʰɔŋ1	tʰen1	tʰøŋ1
玉林D	tʰɛ3	tʰu1	tʰui5	tʰi5	tham1	tʰan1	tʰuoŋ1	tʰeŋ1	tʰoŋ1
亭子E	tsʰɛ3	tsʰu1	tsʰui5	tsʰi5	tsʰam1	tsʰən1	tsʰaŋ1	tsʰeŋ1	tsʰøŋ1
粤祖語	tsʰɪːə3	*tsʰu1	*tsʰui5	*tsʰɻ5	*tsʰam1	*tsʰin1	*tsʰɔŋ1	*tsʰɪːəŋ1	*tsʰuŋ1

*dz-は基本的に破擦音で実現するが，破裂音化する方言（台山方言（単系統群B），玉林方言（単系統群D）など）もある．また，有声破擦音が一律に摩擦音化する方言（賀州方言（単系統群C）などの梧州話型粤語方言）では，*dz-の摩擦音化が見られる（表6-16）．

表6-16　粤祖語 *dz-の語（字）例と実現形

	座 0052	疾 1782	寺 0715	曹 0893	就 1104	集 1337	全 1671	靜 2428	從從來 2647
広州A	tsɔ6	tsɐt8	tsi6	tsʰou2	tsɐu6	tsap8 (rhyme!)	tsʰyn2	tsɪŋ6	tsʰʊŋ2

6.2　粤祖語再建案　　155

台山B	tuɔ6	tit8	tu6	tʰau2	tiu6	tap8	tʰun2	ten6	tʰøŋ2
賀州C	θø6	θot8	θi6	θu2	θou6	θop8	θun2	θɛn4	θuŋ2
玉林D	tɤ6 (rhyme!)	tat8a	ti6	tɤu2	tau6	tap8a	tyn2	teŋ4	toŋ2
亭子E	tso6	tsət8b	tsi6	tsau2	tsəu6	tsəp8b	tsyn2	tseŋ6	tsøŋ2
粤祖語	*dzʊ:ə6	*dzit8	*dzɿ6	*dzɔu2	*dziu6	*dzip8	*dzʏ:ən2	*dzɪ:əɲ4	*dzuŋ2

*s-は通方言的に摩擦音で実現する．少なからぬ方言で *s-が ɬ-や θ-で実現しており，昭平方言（単系統群C）の若年層の変種では，θ-を経てさらに f-へと変化し，その結果として *s-と *f-とが合流している（表6-17）．

表6-17 粤祖語 *s-の語（字）例と実現形

	鎖 0055	西 0526	絲 0710	三 1224	心 1338	綫 1503	削 2076	星 2498	送 2557
広州A	sɔ3	sɐi1	si1	sam1	sɐm1	sin5	sœk7b	sɪŋ1; sɛŋ1	suŋ5
台山B	ɬuɔ3	ɬai1	ɬu1	ɬam1	ɬim1	ɬen1	ɬiak7a	ɬen1	ɬøŋ1
賀州C	θø3	θoi1	θi1	θam1	θom1	θin5	θiak7b (tone!)	θɛn1	θuŋ5
昭平C	fo3	fɐi1	fi1	fam1	fɐm1	fin5	fiɛk7a	feŋ1	fuŋ5
玉林D	ɬœ3	ɬai1	ɬi1	ɬɐm1	ɬam1	ɬin5	ɬa3	ɬeŋ1	ɬoŋ5
粤祖語	*sʊ:ə3	*sɐi1	*sɿ1	*sam1	*sim1	*sɪ:ən5	*sɪ:ək7	*sɪ:əɲ1	*suŋ5

*z-について論ずる前に，まずそもそも粤祖語に *z-が存在するか否かについて，ここで検証したい．本書の第4章ならびに濱田（2014a）は *z-の実在性について疑問を呈しているが，それは，*z-を再建し得る語（字）がおしなべて，その常用性に疑問を差し挟む余地があるためである．

中古音との対応関係を考えるならば，邪母に対して粤祖語の *z-が対応することが予想される．例えば「緒」は，声母が通方言的に摩擦音で実現している．さらに，広州方言の形式 søy4・søy5 からは，「緒」の声母が反り舌摩擦音ではなく歯茎摩擦音に遡るものであることがうかがわれる．声調は陽上（または陰去）で各方言において実現しており，その声母が有声性を帯びていたことも調類から推測される．従って「緒」の再建形には *zy4 が与えられることになり，これは中古音の音韻地位（遇攝三等語韻上声邪母）とも符合する再建形である．

同様の手続きによって，「穟・隧隧道・逐」（止攝合口三等去声至韻邪母），「羨」（山攝開口三等去声綫韻邪母），「旋」（山攝合口三等仙韻邪母）についても，声母の形式および調類を根拠として，*z-の再建が，原則としては可能である．しかし，これらの語（字）は常用性を積極的には認めにくい．事実として，少なからぬ邪母字が *z-ではなく *dz-を再建されており，しかもそれらは，「謝・續・詞」など，常用性の比較的高い語（字）である．

自然な推論として，これらの *z- を再建し得る語（字）音が，他の漢語系諸語から借用されたものである可能性が疑われる．こうした少数の非常用語（字）のために，1 つの声母 *z- を粤祖語の音韻体系に加えるべきか，慎重ならざるを得ない．

「緒」が陽上で実現するという事実は，もし「緒」の形式が調値借用でないならば，借用元の変種で全濁上声が去声に合流していなかったことを意味している．広州方言に「緒」søy4 をもたらした言語としては，中国大陸の広範囲に分布する官話がまず考えられる．しかし，Baxter (2000) の示すマクロ官話祖語では，陽上は調類として独立を認められていない．Baxter (2000) の見解に従うならば，「緒」の起源を官話に求めることは難しい．また，客家語においても，例えば梅州方言や桃園方言では「緒」が去声で実現しており（Hasimoto 1973，楊時逢 1957），客家語を「緒」の語（字）音の起源として積極的に認める根拠も未だ見つからない．

しかし，これらの語（字）音が *z- に遡る形式で実現している方言は，複数の単系統群にわたって存在している．分岐学的分析を導入してもなお，*z- を声母に持つ語（字）が粤祖語にまったく不在であったと証明する積極的根拠は，目下発見されない．従って本書では，粤祖語に *z- を認めることとする（表 6-18）．

表 6-18 粤祖語 *z- の語（字）例と実現形

	隧隧道 0805	遂 0804	穗 0806	緒 0293	羨 1504	旋 1677
広州 A	søy6	søy6	søy6	søy4; søy5	sin6	syn2
仏山 A	sœy6	sœy6	sœy6	sœy6	sin6	syn2
台山 B	ɬui6	ɬui6	ɬui6	ɬui4	ɬun6 (rhyme!)	ɬun2
賀州 C	——	θui6	——	θy4	θin6	θun6 (頭髮旋)
玉林 D	ɬui6	ɬui6	jui6 (「鋭」か)	tɕy4 (onset!)	tʰim5 [sic]	ɕyn2 (onset!)
賓陽 復興 D	ʃui6 (onset!)	ʃui6 (onset!)	ʃui6 (onset!)	ɬui5	ɬin5 (tone!)	ɬun2
亭子 E	ɬui6	——	ɬui6	tsy5 (onset!)	sin6 (onset!)	ɬyn2
粤祖語	*zui6	*zui6	*zui6	*sy5; *zy4	*zɪ:ən6	*zʏ:ən2

c) 反り舌音および *ŋ-

粤祖語に再建される反り舌音声母は通方言的に，歯茎周辺を調音点とした破擦音・摩擦音で実現する．粤祖語の反り舌音が，今日でも反り舌音で実現する方言（連県方言（単系統群 B））は少数である．

また，「知」「豬」など，中古音の知組に対応する語（字）の一部が，破裂音で実現する現象が見られる．中古音の知・徹・澄母は破裂音であったことから，これらの語（字）が破裂音で実現する形式は，知・徹・澄母が破擦音で出る語（字）よりも古い言語層に属す

るものと捉えられる．ただし，これらの形式が粤祖語に遡るものか否かは，最終的には樹形によって判断されねばならない．

*tʂ-は通方言的に，歯茎周辺を調音点とした無声無気破擦音で実現している．*tʂが本来期待されるはずの語で鼻音声母が出現することについては，6.1.1にて論じた．

なお「抓」の再建形のうち，*tʂa1・*ŋa1 は，本来，類義語（字）である「とる，つまむ」（「揸・攎」）の形式である蓋然性が高い．「攎」は『廣韻』では女加切（假攝開口二等平声麻韻娘母），『集韻』では莊加切（假攝開口三等平声麻韻莊母）とされている．楊時逢 (1957: 362) の客家語桃園方言にも tsa1「揸」が報告されており，また，覃远雄 (2008) は集韻の反切から「攎」を莊母字の1つと認め，莊・章母字が鼻音で実現する形式を持つ例の1つとして扱っている．

「知」はいくつかの方言で声母 t- をとる形式が見られる．邵慧君 et al. (2014) の廉江方言（単系統群 A か）は，「知」tʂi1（文語層），tei1（口語層）を示す．李榮 (1997a: 42; 61) の東莞方言は，「知」tʂi1・tei1 を示す．粤祖語に「知」の *tʂi1 に次ぐ再建形を立てるならば，*ti1 が考えられる．表 6-19 でも連県方言（単系統群 B）で tʂi1 と tai1（ただし *ti1 ならば tei1 が期待される）とが提示されている．単系統群 B の共通祖語には *ti1 を立て得るが，しかし他の系統に *ti1 に遡り得る形式が，さほど頻繁には見出されない．そのため本書では，「知」に *tʂi1 のみを推定しておく．

表 6-19 粤祖語 *tʂ- の語（字）例と実現形

	抓 0933	爪 0934	皺 1118	阻 0299	齋 0448	知 0618
広州 A	tsau3	tsau3	tseu5	tsɔ3	tsai1	tsi1
連県 B	tʂa1	tʂɛu3	tʂau3	tʂɔ3	tʂai1	tʂi1; tai1
台山 B	tsau3	tsau3	tseu5	tsᵘɔ3	tai1 (onset!)	tsi1
封開 B	tsa1	tsau1(tone!); ŋiau1(tone!)	ŋiou5	tsuə3	tsai1	tsi1
昭平 C	tsa1; ŋia1; ŋiau1	tsau3; ŋiau3	ŋiɐu5	tso5	tsai1	tsi1
玉林 D	tɕɒu1	tɕɒu3; ŋɒu3	ŋau5	tɕu3	tɕɒi1	tɕi1
亭子 E	tsa1	tsau3	ɲəu5	tso3	tsai1	tsi1
粤祖語	*tʂau3; *tʂa1; *ŋa1	*tʂau3; *ŋau3	*tʂeu5; *ŋɐu5	*tʂʊːə3	*tʂai1	*tʂi1

	晝 1112	執 1346	哲 1506	爭 2369	隻 2444
広州 A	tseu5	tsɐp7a	tsit7b	tsaŋ1; tsɐŋ1	tsɛk7b
連県 B	tʂɛu5 (rhyme!)	tʂɐt7a	tʂit7a	tʂiaŋ1	tʂik7b

台山 B	tsiu1	tsip7a	tset7a	tsaŋ1	tsiak7b
封開 B	tsou5	tsɐp7a	tsit7b	tsɐŋ1	tsiɐk7a
昭平 C	tsɐu5	tsɐp7a	tsit7a	tsɐŋ1	tsek7a
玉林 D	tɕau5	tɕap7a	tɕit7a	tɕa1	tɕek7a
亭了 E	tsəu5	tsəp7	tsit7	tsiɐŋ1	tsek7
粤祖語	*tʂiu5	*tʂip7	*tʂɿ:ət7	*tʂaŋ1	*tʂɿ:əc7

李榮 1997b: 55 は ɲa1「拿」を示す.「抓」*ŋa1 と同源か.

*tʂʰ- も同様に,通方言的に歯茎周辺を調音点とした無声有気破擦音で実現している.台山方言(単系統群 B)などでは,*ɻ の前で *tʂʰ- が *tɕʰ- と合流を起こしている(表6-20).

表6-20 粤祖語 *tʂʰ- の語(字)例と実現形

	叉 0101	初 0300	猜 0412	齒 0735	廁 0720	超 0985	產 1439	襯 1796	充 2620
廣州 A	tsʰa1	tsʰɔ1	tsʰai1	tsʰi3	tsʰi5	tsʰiu1	tsʰan3	tsʰɐn5	tsʰʊŋ1
連県 B	tʂa1	tʂɔ1	tʂai1	tʂi3	tsʰei4 [sic]	tsʰiu1	tsʰɛn3	tsʰɐn5	tsʰɔŋ1
台山 B	tsʰa1	tsʰu ɔ1	tsʰai1	tsʰi3	łu1	tɕʰiau1	tsʰan3	tsʰin1	tsʰøŋ1
玉林 D	tɕʰɒ1	tɕʰɿ1	tɕʰɒi1	tɕʰi3	tɕʰak7a	tɕʰiu1	tɕʰɒn3	tʰan5 (onset!)	tɕʰŋ1
粤祖語	*tʂʰa1	*tʂʰʊ:ə1	*tʂʰai1	*tʂʰi3	*tʂʰu5 *tʂʰɐk7	*tʂʰɿ:əu1	*tʂʰan3	*tʂʰɐn5	*tʂʰuŋ1

*dʐ- も同様に,通方言的に歯茎周辺を調音点とした破擦音で実現している.有声破擦音が一律に摩擦音で実現する変種(賀州方言(単系統群 C)などの梧州話型粤語方言)では,*dʐ- は摩擦音化して *ʐ- と合流している(表6-21).また,表6-21 には示していないが,多くの方言において規則的に破擦音声母形式で実現する「站」*dʐam6 は,単系統群 C の梧州話型粤語方言で,摩擦音ではなく破擦音で実現する現象が見られる.華南では「立つ」の意味を持つ動詞として「站」よりも「企・徛」などと書く語を常用する.「站」の,少なくとも梧州話型粤語方言における形式は,粤祖語に遡らない可能性がある.

表6-21 粤祖語 *dʐ- の語(字)例と実現形

	茶 0096	柴 0467	遲 0678	閘 1236	纏 1510	陣 1793	狀 2099	直 2279	重(輕重) 2654
廣州 A	tsʰa2	tsʰai2	tsʰi2	tsap8	tsʰin2	tsɐn6	tsɔŋ6	tsik8	tsʰʊŋ4
連県 B	tsa2	tsai2	tsi2	tsat8	tsin2	tsɐn6	tsœn6	tsak8	tsɔŋ2 (onset!)

6.2 粤祖語再建案

台山 B	tsʰa2	tsʰai2	tsʰi2	tsap8	tsʰen2	tsin6	tsoŋ6	tset8	tsʰøŋ1 (tone!)
封開 B	tsa2	tsai2	tsi2	tsap8	tsin2	tsɐŋ6	tsœŋ6	tsɐk8	tsoŋ4
賀州 C	ʃa2	ʃai2	ʃi2	ʃap8	ʃin2	ʃuoŋ6	ʃøŋ6	ʃɛt8	ʃuŋ4
玉林 D	ɕɒ2	ɕɐi2	ɕi2	ɕɒp8b	ɕin2	ɕan6	ɕuɔŋ6	ɕek8a	ɕoŋ4
粤祖語	*dʐa2	*dʐai2	*dʐi2	*dʐap8	*dʐɪːən2	*dʐin6	*dʐʊːəŋ6	*dʐɪːɔc8	*dʐuŋ4

*ʂ-は，通方言的に歯茎周辺を調音点とした無声摩擦音で実現する（表6-22）．

表6-22　粤祖語 *ʂ-の語（字）例と実現形

	捨 0158	書 0313	世 0489	收 1134	審 1350	山 1438	朔 2212	識 2301	叔 2621
廣州 A	sɛ3	sy1	sɐi5	sɐu1	sɐm3	san1	sɔk7b	sɪk7a	sʊk7a
連県 B	ʂɛ3	ʂy1	ʂai5	ʂɐu1	ʂɐn3	ʂɛn1	ʂyk8 [sic]	ʂak7a	ʂɔk7a
台山 B	siɛ3	si1	sai1	siu1	sim3	san1	ɬu1 [sic]	set7a	søk7a
玉林 D	ɕɛ3	ɕy1	ɕi5 (rhyme!)	ɕau1	ɕam3	ɕɒn1	ɕuɔk7b	ɕek7a	ɕuk7a
粤祖語	*ʂɪːə3	*ʂy1	*ʂɐi5	*ʂiu1	*ʂim3	*ʂɛn1; *ʂan1	*ʂʊːək7	*ʂic7	*ʂuk7

*ʐ-は一般に，歯茎周辺を調音点とした無声摩擦音で実現する．封開方言（単系統群 B）などの方言では，*ʐ-は破擦音で実現して *dʐ-と合流する．このような破擦音化は，無声音である *ʂ-には一切見られない（表6-23）．

表6-23　粤祖語 *ʐ-の語（字）例と実現形

	社 0161	樹 0381	視 0688	事 0724	受 1141	善 1522	船 1688	盛興盛 2455	石 2456
廣州 A	sɛ4	sy6	si6	si6	sɐu6	sin6	syn2	sɪŋ6	sɛk8
連県 B	ʂɛ5 (tone!)	ʂy6	ʂi6	ʂi6	ʂau6	ʂin6	tʂyn2 (onset!)	ʂaŋ5 [sic]	ʂik8
台山 B	siɛ4	si6	si6	ɬu6	siu6	sen6	sᵘɔn2	sen6	siak8
封開 B	tsiə4	tsy6	tsi6	tsi6	tsɐu4	tsin6	tsyn2	tsiŋ6	tsiɐk8
賀州 C	ʃia4	ʃy6	ʃi6	ʃi6	ʃou6	ʃin4	ʃyn2	ʃɛn6	ʃɛt8
玉林 D	ɕɛ4	ɕy6	ɕi6	ɕi6	ɕau6	ɕin6	ɕyn2	ɕɛŋ6	ɕek8a
粤祖語	*ʐɪːə4	*ʐy6	*ʐi6	*ʐɥ6	*ʐiu4	*ʐɪːən4	*ʐyːən2	*ʐɪːəŋ6	*ʐɪːɔc8

*ŋ̊-は多くの方言で並行して非鼻音化（*ŋ̊->j-）が発生している（*j-と合流している）．粤祖語の鼻音が前鼻音化する台山方言（単系統群 B）などの方言では，*ŋ-と同様に ᵑg-の形で実現している．

ここで，前舌狭母音に先行する疑母の口蓋化，ならびに日母との対立について，検討しておく（表 6-24）．まず，遇攝三等（粵祖語 *y）について，濱田（2014a）では，中古音の疑母に対応する声母として *ŋ̴-（遇・止・咸・山・通各攝三四等）と *ŋ-（その他）を再建している．しかし，遇攝三等（粵祖語では主に韻母 *y）については，*ŋ̴-ではなく *ŋ-を再建するのがより妥当であると考えられる．

　*ŋy と *ɲy とが対立する例は稀少である．*ɲy を再建し得る語（字）――日母字――として最も常用性の高いと見こまれる「乳」（「乳」も常用性について疑いの余地がある）は，粵祖語の再建形として *ɲy4 が与えられる．しかし「乳」は，複数の方言で不規則に二重母音化して実現している．この不規則的音変化は――「乳」の常用性の問題に原因を求められるかもしれないが――，*ɲy＞ŋy という音変化に伴って発生した，*ɲy の同音衝突の回避現象としても解釈できる．

表 6-24　遇攝三等疑母字と日母字の対照（参考：「蘂」*ɲui4）

	魚（疑）0328	語（疑）0329	如（日）（附論 1 不記載）	乳（日）0382	蘂（日）0786
広州 A	jy2	jy4	jy2	jy4	jøy4
浦北 A	ŋy2	ŋy4	iəu2	――	ŋui4
台山 B	ᵑgui2	ᵑgui4	ᵑgui2	ᵑgui4	lui4
封開 B	ŋy2	ŋy4	ny2	niœ4	niœ4
賀州 C	ŋy2	ŋy4	y2	ɲiui4	ɲiui4
玉林 D	ŋy2	ŋy4	ɕy2	ny4;ɕy4	ɲui3
博白 D	ŋ̍2	ŋ̍4	i2	ɲui4	iui4
霊山 D	ŋy2	ŋy4	ŋu2	ny4	ɲui4
賓陽復興 D	ŋui2	ŋui4	ʃui2	ɲui4	ʃui3
横県 D	ŋy2	ŋy4	sy2	ɲui4	ɲui4
四塘 E	ŋɯ2	ŋɯ4	jɯ2	ɲɯ4	jui4
粵祖語	*ŋy2	*ŋy4	*ŋy2?	*ɲy4	*ɲui4

　止攝開口三等（粵祖語 *i）の場合，疑母字は「疑・蟻・義・議」，日母字は「兒・耳・二」などが挙げられる．このうち，「蟻」と「兒」，「二」は，常用性の点で懸念が比較的小さい．「蟻」は，韻母に *ei を再建すべき形式と，*i を再建すべき形式とが，各方言に見られる．前者の形式は，「兒・二」と，明らかに実現形が異なっている．その一方で，後者の形式は，「兒・二」と再建形を異にするだけの根拠が乏しい．従って「蟻」には，*ŋei4 と *ɲi4 とを再建するほかない．「疑」や「義」，「議」，「耳」もまた，*ɲi を再建するのが妥当である（表 6-25）．

表 6-25　止攝開口三等の疑母字と日母字の対照

	疑（疑母）0754	蟻（疑母）0641	義（疑母）0642	議（疑母）0643	兒（日母）0633	耳（日母）0742	二（日母）0689
広州 A	ji2	ŋei4（<*ŋɐi4）	ji6	ji4	ji2	ji4	ji6
浦北 A	ŋui2	ŋɔi4（<*ŋɐi4）	ŋui6	ŋui4	ŋui2	ŋui4	ŋui6
台山 B	ⁿgei2	ⁿgei3（<*ɲi4）	ⁿgei6	ⁿgei6	ⁿgi2	ⁿgei3	ⁿgei6
封開 B	ŋi2	ŋe4（<*ŋɐi4）	ŋi6	ŋi5 (tone!)	ŋi2	ŋi4	ŋi6
賀州 C	ŋi2	ŋoi4（<*ŋɐi4）	ŋi6	ŋi6	ŋi1; ŋi2	ŋi4	ŋi6
玉林 D	ɲi2	ɲi4（<*ɲi4）	ɲi6	ɲi4	ɲi2	ɲi4	ɲi6
博白 D	ŋ̍2 (rhyme!)	ŋai4（<*ŋɐi4）	ŋi6	ŋi6	ŋi1	ŋ̍4 (rhyme!)	ŋi6
霊山 D	ŋui2	ŋɐi4（<*ŋɐi4）	ŋui6	ŋui4	ŋui2	ŋui4	ŋui6
賓陽復興 D	ɲi2	ɲi4 (<*ɲi4); ŋɐt8（有音無字か）	ɲi6	ɲi6	ɲi2	ɲi4	ɲi6
横県 D	ni2 (onset!)	ŋɐi4（<*ŋɐi4）	ŋi6	ŋi4	ŋi1（白）; ŋi2（文）	ŋi4	ŋi6
亭子 E	ni2 (onset!)	ɲi4 (<*ɲi4)	ɲi6	ɲi6	ɲi2	ɲi4	ɲi6
粤祖語	*ŋi2	*ŋɐi4; *ɲi4	*ŋi6	*ŋi4	*ŋi1; *ŋi2	*ŋi4	*ŋi6

　続いて，咸・山・通攝について検討する．表 6-26 に見るように，疑母字と日母字とが対立することを明確に示す例は見出し難い．「嚴」など，疑母字に声母 n- が立つ事例がしばしば観察されるが，これは不規則な形式と考えられる．

表 6-26　咸・山・通攝開口三等，山攝合口三等の疑母字と日母字の対照

	嚴（咸・疑）1302	染（咸・日）1283	言（山開・疑）1538	熱（山開・日）1525	月（山合・疑）1730	軟（山合・日）1690	玉（通・疑）2674	肉（通・日）2623
広州 A	jim2	jim4	jin2	jit8	jyt8	jyn4	jʊk8	jʊk8
浦北 A	ŋim2	ŋim4	ŋin2	ŋit8	ŋut8	ŋun4	ŋɔk8	ŋɔk8
台山 B	ⁿgiam2	ⁿgiam4	ⁿgun2 (rhyme!)	ⁿget8	ⁿgut8	ⁿgun1 (tone!)	ⁿgøk8	ⁿgøk8
封開 B	nim2	nim4	nin2	nit8	nyt8	nyn4	niok8	niok8
賀州 C	ŋin2	ŋin4	ŋin2	ŋit8	ŋyt8	ŋyn4	ŋiuk8	ŋiuk8
玉林 D	ŋim2	ɲim4	ɲin2	ɲiɛt8b	ɲyɛt8b	ɲyn4	ŋok8a	ŋok8a
博白 D	nim2 (onset!)	ɲim4	ɲin2	ɲit8a	ɲit8a	ɲin4	ŋuk8a	ŋuk8a

162　第 6 章　粤祖語の再建

霊山 D	ŋim2	ŋim4	ŋin2	ŋit8	ŋit8	ŋin4	ŋuk8	ŋuk8
賓陽 復興 D	ŋim2	ŋim4	ŋin2	ŋit8	jut8 (onset!)	ŋun4	ŋok8 （玉米 ŋui6)	ŋok8
横県 D	nim6	ŋim4	ŋin2	ŋit8b	ŋyt8b	——	ŋuk8a	ŋuk8a
亭子 E	im2 (onset!)	im4 (onset!)	ɲyn2 (rhyme!)	ɲit8a	ɲyt8a	ɲyn4	ɲøk8a	ɲøk8a
粤祖語	*ŋɪːəm2	*ŋɪːəm4	*ŋɪːən2	*ŋɪːət8	*ŋʏːət8	*ŋʏːən4	*ŋuk8	*ŋuk8

効・曾・梗・宕攝について検討する．効攝三四等字には，粤祖語に再建するべき疑母字が見あたらない．日母字には「擾」などがあるが，声母に *ŋ を再建する動機は特にない．曾攝字の例は常用性が低く，疑母字は「凝」が挙げられるが，日母字「仍」はよりいっそう常用性が疑わしく，疑母字と日母字とを比較することが難しい．梗攝の「迎」と比較すると，「凝」と「迎」とは，おおよそ振る舞いを同じくしている．なお，「凝」と「迎」との韻母の再建形に疑問符がついている理由は，*ɪːəŋ/c と *iŋ/c との対立を粤祖語に再建する根拠である四会方言（単系統群 B）で，声母 (j) をとる場合に曾攝と梗攝との対立が中和してしまっているためである（6.2.2.e）参照．

宕攝字は，「仰」と「讓」との対立については，賓陽方言や横県方言などを根拠として，明確に立証することができる．ただ，「虐」は「弱」と対立することを示す根拠を欠いている．「虐」は，*ŋ̍ を声母に再建するのが妥当であろう（表 6-27）．

表 6-27 効・曾・梗・宕攝開口三四等の疑母字と日母字の対照

	擾 (効・日) 1000	凝 (曾・疑) 2309	仍 (曾・日) (附論 1 不記載)	迎 (梗・疑) 2404	仰 (宕・疑) 2136	虐 (宕・疑) 2137	讓 (宕・日) 2126	弱 (宕・日) 2128
広州 A	jiu4	jɪŋ2	jɪŋ2	jɪŋ2	jœŋ4	jœk8	jœŋ6	jœk8
浦北 A	ŋiu4	nɐŋ2	iɐŋ2 (onset!)	nɐŋ2	ŋɐŋ4	ŋɐk8	ŋɐŋ6	ŋɐk8
台山 B	ᵑgiau*	ᵑgeŋ2	ᵑgeŋ2	ᵑgeŋ2	ᵑgiaŋ4	ᵑgiak8	ᵑgiaŋ6	ᵑgiak8
四会 B	jiu6	(j)iɐŋ2	(j)iɐŋ2	(j)iɐŋ2	(j)yɔŋ6	(j)yɔk8b	(j)yɔŋ6	(j)yɔk8b
封開 B	niu6	niɐŋ2	niɐŋ2	niŋ2	niuŋ4	niɐk8	niuŋ6	niɐk8
賀州 C	ŋiu3	ŋɛŋ2 (onset!)	ŋɛŋ2	ŋɛŋ2	ŋiaŋ4	ŋiak8	ŋiaŋ6	ŋiak8
玉林 D	ŋiu4	ŋeŋ2	ŋeŋ2	ŋeŋ2	ŋa4	ŋa6	ŋa6	ŋa6
博白 D	niu3 (tone!)	niŋ2	niŋ2	niŋ2	niaŋ2	nɛk8	niaŋ6	niak8
霊山 D	ŋiu4	niŋ2	iŋ2 (onset!)	niŋ2	ŋiɛŋ4	ŋiɛk8	ŋiɛŋ6	ŋiɛk8
賓陽 復興 D	ŋiu3 (tone!)	ŋəŋ2	ŋəŋ2	ŋəŋ2	ŋeŋ4	ŋɛk8	ŋɛŋ6	ŋɛk8
横県 D	ŋiu4	ŋeŋ2; neŋ2	ŋeŋ2	ŋeŋ2	niaŋ4	ŋiak8b	niaŋ6	niak8b

亭子 E	iu4 (onset!)	nen2	——	ŋen2	ɲien4	——	ɲieŋ6	ɲiɐk8a
粤祖語	*ŋɪ:əu4	*ŋin2?	?	*ŋɪ:əŋ2?	*ŋɪ:ɐi4	*ŋɪ:ək8	*ŋɪ:ɐŋ6	*ŋɪ:ək8

　深・臻・流攝は，疑母字の絶対数が少ない．深攝は「吟」1語（字）だけが，再建の対象にできる．「吟」は，賀州方言（単系統群C）や亭子方言（単系統群E）などの少数の方言の語形から，*ŋ の再建が支持される．ただし，これらの変種と近縁な昭平方言（単系統群C），信都方言（単系統群C），四塘方言（単系統群E）でそれぞれ，ɲiɛm2，ŋɔm2，ŋɛm2 で実現している．本書では，「吟」に *ŋim2 の再建形を与えておく．

　臻攝は「銀」という常用性の高い語（字）が議論の対象となる．多くの方言の形式から，容易に声母 *ŋ を導くことができる．ただし，賓陽方言や亭子方言の形式が声母の口蓋化を起こしている点が悩ましい．もし *ŋen2 を再建するならば，両地点で口蓋化が発生している理由を合理的に説明することができない．また，もし *ŋin2 を再建するならば，賓陽方言や亭子方言の形式を説明することは容易になるが，しかし，台山方言の形式との整合性を失ってしまう．そこで本書では，「銀」に対して2つの再建形を与えることとする．1つは *ŋen2，もう1つは *ŋin2 である．賓陽方言や亭子方言の形式は，日母字と変わるところがないため，声母 *ŋ を再建する積極的な動機を欠いている．

　流攝は「牛」が議論の対象となる．「銀」の場合と同様に，多くの地点で *ŋ の再建を支持する形式が見られるが，しかし，少なからぬ地点で，声母の口蓋化が発生している．本書は，「牛」についてもまた，2通りの再建形 *ŋeu2，*ŋiu2 を設けることとする（表6-28）．

表6-28　深・臻・流攝開口三等の疑母字と日母字の対照

	吟 (深・疑) 1369	任 (深・日) 1354	銀 (臻・疑) 1827	人 (臻・日) 1817	認 (臻・日) 1821	牛 (流・疑) 1157	(参考：藕) (流一疑) 1071
広州 A	jɐm2	jɐm6	ŋɐn2 (<*ŋen2)	jɐn2	jɪŋ6 (rhyme!)	ŋɐu2 (<*ŋeu2)	ŋɐu4
浦北 A	ŋɐm2	ŋɐm6	ŋɐn2 (<*ŋen2)	ŋɐn2	ŋɐn6	ŋɐu2 (<*ŋiu2)	ŋɐu4
台山 B	ⁿgim2	ⁿgim6	ⁿgan2 (<*ŋen2)	ⁿgin2	ⁿgin6	ⁿgeu2 (<*ŋeu2)	ⁿgeu4
封開 B	niɐm2	niɔm6 (rhyme!)	ŋen2 (<*ŋen2)	niɐn2	nin6 (rhyme!)	ŋɐu2 (<*ŋeu2)	ŋɐu4
賀州 C	ŋɔm2	ɲiɔm6	ŋɔn2 (<*ŋen2)	ɲiɔn1; ɲiɔn2	ɲiɔn6	ŋou2 (<*ŋeu2)	ɲiou6 (rhyme!)
玉林 D	ŋam2	ŋam6	ŋan2 (<*ŋen2)	ŋan2	ŋan6	ŋau2 (<*ŋiu2)	ŋau4
博白 D	ŋɐm2	ŋɐm6	ŋan2 (<*ŋen2)	ŋan2	ŋɐn6	ŋau2 (<*ŋiu2)	ŋau4
霊山 D	ŋɐm2	ŋɐm6	ŋan2 (<*ŋɐn2)	ŋɐn2	ŋɐn6	ŋeu2 (<*ŋiu2)	ŋɐu4

賓陽復興 D	ŋəm2	ŋəm6	ŋən2 (<*ɲin2)	ŋən2	ŋən6	ŋɐu2 (<*ɲiu2)	ŋɐu4
橫縣 D	ŋɐm2	ŋɐm6	ŋɐn2 (<*ŋɐn2)	ŋɐn2	ŋɐn6; ŋɐŋ6	ŋɐu2 (<*ɲiu2)	ŋɐu4
亭子 E	ɲəm2	ɲəm6	ɲən2 (<*ɲin2)	ɲən2	ɲən6	ɲiəu2 (<*ɲiu2)	ɲəu4
粤祖語	*ɲim2	*ɲim6	*ŋɐn2; *ɲin2	*ɲin2	*ɲin6	*ŋɐu2; *ɲiu2	*ŋɐu4

d) 軟口蓋音

粤祖語は，通常の軟口蓋音と，唇音化した軟口蓋音を持つ．声母の唇音化は軟口蓋音と声門音にのみ見られる現象である．軟口蓋音・声門音の唇音化声母は，現代語の共時的な音韻解釈次第でさまざまに表記されるが，一般に，声母に円唇母音的な要素が後続する形で実現している．

*k-・*kʷ-は通方言的に k-で実現するが，複数の方言で *iu や *im/p，*in/t と共起する *k-が口蓋化（破擦音化）する現象が観察される．賓陽県の諸方言（単系統群 D）では，*iu・*im/p に加えて，*a・*ai・*au・*am/p・*an/t・*aŋ/k の前で *k-が口蓋化する（表6-29）．

表6-29 粤祖語 *k-・*kʷ-の語（字）例と実現形

	家 0110	果 0059	古 0247	街 0471	雞 0530	記 0747	救 1150	金 1357	緊 1824
廣州 A	ka1	kʷɔ3	ku3	kai1	kɐi1	kei5	kɐu5	kɐm1	kɐn3
賀州 C	ka1	kuo3	ku3	kai1	koi1	ki5	tʃou5	tʃom1	tʃuon3
玉林 D	kɒ1	kuɤ3	ku3	kɒi1	kai1	ki5	tɕɐu5	tɕɐm1	kan3
賓陽復興 D	tʃa1	kou3; kø3	kou3	tʃai1	kɐi1	ki5	tʃəu5	tʃəm1	kən3
粤祖語	*ka1	*kʊ:ə3	*ku3	*kai1	*kɐi1	*ki5	*kiu5	*kim1	*kin3

	絹 1693	鏡 2399	光 2158	穀 2564	瓜 0169	怪 0580	桂 0599	關 1660	滾 1876
廣州 A	kyn1	kɛŋ5; kıŋ5	kʷɔŋ1	kʊk7a	kʷa1	kʷai5	kʷɐi5	kʷan1	kʷɐn3
賀州 C	kyn1	kɛn5	kuoŋ1	kuk7a	kua1	kuai5	kuoi5	kuan1	kuon3
玉林 D	kyn5	kɛŋ5	kuɔŋ1	kok7a	kuɒ1	kuɒi5	kuai5	kuɒn1	kuan3
賓陽復興 D	kun1	kəŋ5	kuŋ1	kok7a	kua1	kai5; kuai5	kɐi5; kuɐi5	kuan1	kuɐn3
粤祖語	*ky:ən5; *ky:ən1	*kı:əŋ5	*kʊ:əŋ1	*kuk7	*kʷa1	*kʷai5	*kʷɐi5	*kʷan1	*kʷɐn3

声母 h-が多くの溪母字に現れる変種は多い．しかし，連県方言や陽山方言では溪母字が比較的安定して kʰ-で実現する．濱田（2014a）では，連県方言および陽山方言を粤祖語

の娘言語に含むか否か判断を保留していたため，粤祖語の声母の再建に両方言の情報を用いていなかったが，本書で両方言が粤語・桂南平話の系統樹の中に定位できることが確認された．溪母字に属する語（字）について，連県方言や陽山方言も参照しつつ，粤祖語の再建形を再検討する．

　連県方言や陽山方言は，中古音の溪母と曉母の対立が比較的規則的に保存され，それぞれ k^h- と h- で実現している．ただし，すべての溪母字が k^h- で実現しているわけではない．例えば「開」「去」「口」といった常用性の高い語（字）が，溪母字でありながら h- で実現している．また，曉母字の中にも，「婚」など，h- ではなく k^h- で実現する常用字が少数存在する（表6-30）．

　このように，中古音および漢語系諸語全体との対応関係は，必ずしも整然としているわけではない．この事実は，*k^h- の非破裂音化が粤祖語の段階においてすでに発生していたものの，しかし *k^h- の非破裂音化は粤祖語以前のある一時点で完結したのではなく，粤祖語より後の時代でも，各地で並行的に発生した可能性を示唆している（表6-31）．

表6-30　粤祖語 *k^h-・*h- と中古音溪母・曉母との対応例

	叩 1069	口 1068	開 0430	客 2356	好形容詞 0910	訓 1957	婚 1883	險 1289	荒 2164
広州 A	k^hɐu5	hɐu5	hɔi1	hak7b	hou3	fɐn5	fɐn1	him3	fɔŋ1
連県 B	k^hau5	hau3	hœy1	k^hiak7b	ho3	fɐn5	k^huɐn1 (onset!)	hin3	fɔŋ1
台山 B	k^heu3	heu3	huɔi1	hak7a	hau3	fun1	fun1	hiam3	fɔŋ1
賀州 C	k^hou5	hou3	hø1	hak7b	ho3	fuon5	fuon1	him3	fuoŋ1
玉林 D	k^hau5	hau3	hɒi1	ha3	hɤu3	wan5	wan1	jim3	wuɔŋ1
賓陽 復興 D	k^hɐu5	hɐu3	hø1	hak7b	høu3	wɐn5	wɐn1	jim3	huŋ1
亭子 E	k^həu5	həu3	hai1	hiɛk7	hau3	βən5	βən1	him3	hoŋ1
粤祖語	*k^hɐu5	*hɐu3	*hɔi1	*k^hac7	*hɔu3	*hun5	*h^wɐn1	*hɪːəm3	*hʊːəŋ1
中古音 声母	溪母	溪母	溪母	溪母	曉母	曉母	曉母	曉母	曉母

表6-31　粤祖語 *k^h-・*k^{hw}- の語（字）例と実現形

	跨 0174	快 0588	規 0787	困 1880	寬 1639	勸 1723	可 0017	刻 2261	空空虛 2566
広州 A	k^{hw}a1	fai5	k^{hw}ei1	k^{hw}ɐn5	fun1	hyn5	hɔ3	hɛk7a; hak7a	hʊŋ1
連県 B	k^hua1	k^huai5	k^hei1	k^hɐn4 (tone!)	k^hun1	k^hyn5	k^hɔ3	k^hak7a	k^hɔŋ1
玉林 D	k^huɒ5	wɒi5; wai6	k^huai1	k^huan5	wun1	jyn5	hɤ3	hak7a	hoŋ1
亭子 E	khua1	βai5; k^huai5	k^huəi1	k^huən5	hun1	hyn5	k^ho3	k^hək7	høŋ1
粤祖語	*k^{hw}a5; *k^{hw}a1	*k^{hw}ai5	*k^hui1	*k^{hw}ɐn5	*k^hʊːən1	*k^hʏːən5	*k^hɔ3	*k^hɛk7	*k^huŋ1

*g-・*gʷ-は有声阻害音の有気音化の規則に従って，k-または kʰ-で実現する．*k-と同様に *g-も複数の方言で *iu や *im/p, *in/t と共起する *k-が口蓋化（破擦音化）する現象が観察される（表6-32）．なお，*gʷ-は「瓊」*gʷɪːəŋ2 などの常用性が低い少数の語（字）に再建されている．

表 6-32 粵祖語 *g-・*gʷ-の語（字）例と実現形

	具 0386	奇_{奇跡} 0635	舅 1155	鉗 1286	件 1527	近 1842	裙 1950	狂 2189	局 2673
広州 A	køy6	kʰei2	kʰɐu4	kʰim2	kin6	kʰɐn4; kɐn6	kʰwɐn2	kʰwɔŋ2	kʊk8
賀州 C	ky6	ki2	tʃou4	kim2	kin4	tʃuon4	kuon2	kuoŋ2	kuk8
玉林 D	ky6	ki2	tɕau4	kiɛm2	kin6	kan4	kuan2	kuɔŋ2	kok8a
賓陽 復興 D	kui6	kəi2	tʃəu4	kɛm2	kin4	kən4	kən2; kuan2	kuŋ2	kok8
粵祖語	*gy6	*gi2	*giu4	*gɛm2; *gɪːəm2	*gɪːən4	*gin4	*gun2	*gʊːəŋ2	*guk8

*ŋ-・*ŋʷ-は，非狭母音の前では，通方言的に ŋ-で実現する（表6-33）．香港方言などでは声母 ŋ-とゼロ声母とが音韻的対立を喪失し，互いに自由変異の関係となる現象が見られる（Zee 1999: 123-124; 149-155 など．いわゆる「懶音」の一種）．遇攝三等疑母字については，濱田（2014a）で *ɲ̊-としたが，本書ではこれを *ŋ-に改める（6.2.1.c）を参照）．

*ŋ-は，*iu・*im/p・*in/t での口蓋化のみならず，*a・*ai・*au・*am/p・*an/t での口蓋化が複数の方言で発生している（玉林方言（単系統群 D），賓陽県の諸方言（単系統群 D），亭子方言（単系統群 E）など）．

*ŋ-・*ŋʷ-は他の軟口蓋音に比して，独特の音変化が多く見られる．*ŋu は複数の単系統群で，*ŋu>ŋ̍ という音変化が並行的に発生している．また，*ŋʷ-は祖形が保存されない場合が多く，多くの方言で円唇性が失われたり，鼻音要素が失われて w-で実現したり（亭子方言（単系統群 E）など）している．

ほかにも，個別的な現象ではあるが，中古音との対応関係上，*ŋ-や *ŋʷ-で実現することが期待される語（字）が m-で実現する例が存在する．「頑」は，複数の単系統群で m-で実現する例が知られている．陈海伦 et al.（2009: 237）はこの実現形に「蠻」の本字を推定しているが，本書は，粵祖語とは別の何らかの漢語で声母が介音（medial）からの逆行同化によって［+labial］となった結果として声母 m-をとる形式が生じ，これを粵祖語が外来要素としてとりこんだ，という仮説をとる．同様に，「外」が大錫方言や賀州方言など，単系統群 C の諸方言で mui6 という形式をとる例が知られる．これらは，粵祖語と中古音の規則的対応関係から逸脱した形式を持った，外来成分であると判断される．ただし，「頑」man2 は複数の系統にまたがって確認されることから，粵祖語の段階に *ŋʷan2・*man2 を認められる（*man2 に由来する形式は，廉州方言（単系統群 A）の man2, 亭子方言（単系統群 E）の man2 など）．一方「外」mui6 は目下，単系統群 C にしか確認されないため，粵祖語の段階に *mui6 を再建することは保留される．

より複雑な問題としては，中古音の疑母字（中古音 ŋ-）が，粤祖語の前舌狭母音と共起するとき，複数の単系統群において声母が n- で実現する現象を挙げられる（6.2.1.c）を参照）．n- を声母に持つ形式が複数の方言で存在する理由については，目下不明である．ただ，韻母の前舌狭母音が原因の一端を担っている可能性は考察に値する．

表 6-33　粤祖語 *ŋ-・*ŋʷ- の語（字）例と実現形

	我 0021	五 0264	魚 0328	危 0790	咬 0954	牛 1157	銀 1827	樂音樂 2226	瓦 0175	頑 1653
広州 A	ŋɔ4	ŋ̍4	jy2	ŋei2	ŋau4	ŋɐu2	ŋɐn2	ŋɔk8	ŋa4	wan2
廉州 A	ŋo3	ŋ3	ŋu2	ŋei2	ŋau4	ŋɐu2	ŋɐn2	ŋɛk7b	vɒ3	man2 <*man2
賀州 C	ŋuo4 (rhyme!)	ŋ5 (tone!)	ŋy2	ŋuoi2	ŋau4	ŋou2	ŋon2	――	ŋa4	ŋan2
玉林 D	ŋɤ3 (tone!)	ŋ4	ŋy2	ŋai2	ŋou4	ŋau2 <*ŋiu2	ŋan2	ja6 (onset!)	wɒ4	ŋɒn2
賓陽 復興 D	ŋø4	ŋou4	ŋui2	ŋuəi2	ŋau4	ŋəu2 <*ŋiu2	ŋən2 <*ŋin2	ŋak8	ŋua4	ŋuan2
亭子 E	ɲo4	ɲ4	ɲy2	βəi2	ɲiau4	ɲiəu2 <*ŋiu2	ɲən2 <*ŋin2	lak8a [sic]	βa4	man2 <*man2
粤祖語	*ŋɔ4	*ŋu4	*ŋy2	*ŋui2	*ŋau4	*ŋɐu2; *ŋiu2	*ŋɐn2; *ŋin2	*ŋak8	*ŋʷa4	*ŋʷan2; *man2

e）声門音・*j-・*w-

　*ʔ-, *ʔʷ- はゼロ声母や半母音で実現する（表 6-34）．「飲」は中古音との規則的対応関係からは *ʔim3 という再建形が期待される．しかし，実際には複数の単系統群にまたがって，ŋ- を声母にとり，*ŋim3 を再建できる実現形を持つ方言が少なくない．本書では，「飲」に *ʔim3 と *ŋim3 を再建する．「飲」が *ŋim3 という再建形を持つ理由は目下不明である．なお，「炎」など，*j- の再建が期待される語（字）にも同様に，複数の単系統群にまたがって ŋ- を声母にとる現象が見られる．

表 6-34　粤祖語 *ʔ-・*ʔʷ- の語（字）例と実現形

	啞 0138	烏 0279	哀 0433	暗 1205	閹 1291	飲 1373	晏 1467	一 1832	億 2316
広州 A	ʔa3	wu1	ʔɔi1	ʔɐm5	jim1	jɐm3	ʔan5	jɐt7a	jɪk7a
台山 B	a3	vu1	ᵘɔi1	am3 (tone!)	ziam3 (tone!)	ŋgim3	an1	zit7a	zet7a
賀州 C	――	u1	ai1 (rhyme!)	om5	im1	iom3	an5	iot7a	i5 [sic]
桂平 C	a3	vu1	ɔi1	œm5	jim1	ŋɐm3	an5	jɐt7a	jik7a
玉林 D	ɒt7b (rhyme!)	wu1	ʋi1	ʋm5	jim1	ŋam3	ʋn5	jat7a	ek7a
横県 D	a3	u1	ɔi1	ɔm5	im1	ŋɐm3	an5	jɐt7a	ek7a

亭子 E	a3	u1	ai1	am5	im1	ɲəm3	an5	ət7	ek7
粤祖語	*ʔa3	*ʔu1	*ʔɔi1	*ʔɔm5	ʔiːəm1	*ʔim3; *ɲim3	*ʔan5	*ʔit7	*ʔic7

	屋 2577	蛙 0181	歪 0585	灣 1668	挖 1657
広州 A	ʔʊk7a	wa1	wai1	wan1	wat7b
台山 B	øk7a	va1	——	van1	vat8(tone!)
賀州 C	uk7a	——	——	uan1	uat7b
桂平 C	ok7a	va1	vai1; mɛ3	van1	vat7b
玉林 D	ok7a	wɒ1	wɒi1	wɒn1	wɒt7b
橫県 D	uk7a	wa1	wai1	wan1	wat7b
亭子 E	øk7	βa1	βai1	βan1	βat7
粤祖語	*ʔuk7	*ʔʷa1	*ʔʷai1	*ʔʷan1	*ʔʷat7; *ʔʷɛt7

李榮 1997b は亭子方言「挖」について、βat7 を文読、βɛt7 を白読とする．
陈小燕 2009 は賀州方言について有音無字 mai3（歪む）の報告あり．

*h-・*hʷ-が声門摩擦音のままで保存されることは必ずしも多くない（表6-35）．円唇母音の前に立つ *h-や *hʷ-は，広州方言（単系統群 A）をはじめとする多くの方言で，唇歯音と合流している．しかし，南海方言（単系統群 A）や玉林方言（単系統群 D）などが呈する粤祖語 *f-, *v-の実現形との対比から，*h-や *hʷ-は粤祖語の段階で *f-と合流を起こしていないことがわかる．また，*h-が *iu・*im/p・*in/t に先行するとき，摩擦成分を喪失して接近音化する現象も，通方言的に見られる．

表 6-35　粤祖語 *h-・*hʷ-の語（字）例と実現形

	蝦 0125	火 0067	墟 0323	輝 0839	好形容詞 0910	口 1068	休 1158	脅 1304	顯 1586
広州 A	ha1	fɔ3	høy1	fɐi1	hou3	hɐu3	jɐu1	hip7b	hin3
南海 A	ha1	fɔ3	hy1	(w)uɐi1	hou3	hɐu3	(j)iɐu1	hip7b	hin3
台山 B	ha4 (tone!)	fᵘɔ3	hui4 (tone!)	fei1	hau3	heu3	hiu1	hiap8 (tone!)	hen3
賀州 C	ha1	fuo3	hy1	fi1 (rhyme!)	ho3	hou	hiou1	hip7a	hin3
玉林 D	hɒ1	wɤ3	hy1	khuai1 (onset!)	hɤu3	hau3	jau1	jip7a	jin3
賓陽 復興 D	ha1	hou3	hui1	wəi1	høu3	hɐu3	jəu1	ʃip7b (onset!)	jin3
橫県 D	ha1	hu3	hy1	wɐi1	hɔu3	hɐu3	jɐu1	hip7b	hin3
亭子 E	ha1	hu3	hy1	kʰəi1 (onset!)	hau3	həu3	iəu1	hip7	hyn3 (rhyme!)
粤祖語	*ha1	*hʊːə3	*hy1	*hui1	*hɔu3	*hɐu3	*hiu1	*hɪːəp7	*hɪːən3

	虎 0270	歡 1643	血 1744	欣 1843	訓 1957	黑 2263	嚇 2360	花 0176
広州 A	fu3	fun1	hyt7b	jɐn1	fɐn5	hɐk7a	hak7b	fa1
南海 A	fu3	fun1	hyt7b	(j)iɐn1	fɐn5	hak7a	hak7b	(w)ua1
台山 B	fu3	fᶸɔn1	hut7b	hin1	fun1	hak7a	hak7b	fa1
賀州 C	fu3	fun1	hyt7a	hiom1 (rhyme!)	fuon5	hka7a	hak7b	fa1
玉林 D	wu3	wun1	jyt7a	jan1	wan5	hak7a	ha3	wɒ1
賓陽 復興 D	hou3	hun1	jut7b	jən1	wən5	hɐk7a	hak7b	wa1
横県 D	hu3	hun1	hyt7b	hɐm1 (rhyme!)	wen5	hɐk7a	hak7b	wa1
亭子 E	hu3	hun1	hyt7	hɐn1	βən5	hək7	hiɐk7	βa2 (tone!)
粵祖語	*hu3	*hʊ:ə1	*hʏ:ət7	*hin1	*hun5	*hɐk7	*hac7	*hʷa1

*ɦ-・*ɦʷ-は，*h-・*hʷ-よりもさらに声門摩擦音で実現しにくい．円唇後舌狭母音に先行する *ɦ-は，例えば賓陽県の諸方言（単系統群D）や亭子方言（単系統群E）では *ɦ が主母音 *-ʊ:ə-の前において摩擦音として保存されているが，このような例は稀であって，一般には摩擦成分を喪失した w-という形で実現する（表6-36）．

*ɦʷ-は，すべての方言で摩擦音成分が完全に失われている．それにもかかわらず，本書が粵祖語 *ɦʷ-の存在を想定した理由は，共鳴音声母と共起する陽入が8a声（上陽入）で，阻害音声母と共起する陽入が8b声（下陽入）でそれぞれ実現する南寧以西の桂南平話（単系統群E）において，声母 w-を持つ語（字）が8a声（上陽入）で出る場合と8b声（下陽入）で出る場合の2通りがあるからである．これらの方言では，声母 w-のうち，以母や云母に対応するものが8a声（上陽入）で，中古音の匣母に対応するものが阻害音8b声（下陽入）で，それぞれ実現している．この事実からは，南寧以西の桂南平話で陽入が分裂した当時において，接近音である w-とは異なる音として，阻害音である *ɦʷ-が存在していたことを推定できる．*ɦʷ-が入声韻とのみ共起すると考えねばならない音韻論的な理由は考えにくい．そこで本書は，中古音の匣母字に対応し，なおかつ各方言で w-で実現する声母に対して，*ɦʷ-を再建することとした．すなわち，表6-36に挙げた「華・中・懷・還・魂」は，中古音を参照してはじめて，*ɦʷ-を再建することができるのである．

再建が難しい例としては，「芋」が挙げられる．「芋」は遇攝三等去声遇韻云母であるため，粵祖語の再建形には *jy6 が期待されるが，実際には，広州方言の wu6 など，韻母 *u に遡ると考えられる語形が，各方言に見出される．*w-は三四等の以母や云母に対応する声母なので，粵祖語の韻母 *u は主に遇攝一等に対応する以上，粵祖語には *ɦu（例えば「湖・護」など）はあっても，*wu という音節をとる語（字）は存在が期待されない．従って，「芋」が各方言で「湖・護」と同様の実現形をとっていたとしても，その事実だけで，「芋」の声母が *w-でないことを証明することはできない．ただ，「芋」が遇攝三等にもかか

わらず主母音が *-u- であるということは，「芋」が粤祖語以前のより古い成分に由来している可能性があるのであって，声母についても，接近音ではなく，より古い形式である摩擦音をとっていた可能性が推測される．以上より，本書は「芋」について *ɦu6 を再建する．

表 6-36　粤祖語 *ɦ-・*ɦʷ- の語（字）例と実現形

	何 0024	和和平 0069	湖 0272	芋 0393	後 1076	鹹 1244	賢 1587	活 1649	形 2507
広州 A	hɔ2	wɔ2	wu2	wu6	hɐu6	ham2	jin2	wut8	jɪŋ2
中山 A	hɔ2	uɔ2	hu2	u5	hɐu5	ham2	hin2	ut8	heŋ2
台山 B	hᵘɔ2	vᵘɔ2	vu2	vu6	heu6	ham2	zen2	vᵘct8	zen2
封開 B	ɔ2	uə2	u2	u6	ɐu4	am2	in2	ut8	iŋ2
賀州 C	ø2	uo2	u2	u6	ou4; au4	am2	in2	ut8	ɛn2
昭平 C	ho2	uo2	u2	ɤ6 (rhyme!)	hɐu4	ham2	in2	ut8	heŋ2
玉林 D	ɤ2	wɤ2	wu2	wu6	au6	ɒm2	jin2	wuɔt8b	eŋ2
賓陽復興 D	hø2	hou2	hou2	hui6 (rhyme!)	hɐu6	ham2	jin2	hut8	hɐŋ2
横県 D	hɔ2	hu2	hu2	hɔu6	hɐu6	ham2	hin2	hut8b	heŋ2
亭子 E	ho2	hu2	hu2	y6 (rhyme!)	həu6	ham2	yn2 (rhyme!)	βət8b (onset!)	heŋ2
粤祖語	*ɦɔ2	*ɦuːə2	*ɦu2	*ɦu6	*ɦɐu4	*ɦɛm2; *ɦam2	*ɦiːən2	*ɦuːə8	*ɦiːəŋ2

	行行鳶 2361	紅 2572	華中華 0178	懷 0582	還還原 1663	滑 1655	劃 2514	核果核 2379	魂 1884
広州 A	haŋ2	hʊŋ2	wa2	wai2	wan2	wat8	wak8	wɐt8	wɐn2
中山 A	heŋ2	hoŋ2	ua2	uai2	uan2	uat8	uak8	hɐt8 (onset!); uɐt8	vun2
台山 B	haŋ2	høŋ2	va2	vai2	van2	vat8	vak8	hat8 (onset!); vut8	vun2
封開 B	eŋ2	oŋ2	ua2	uai2	uan2	uat8	uek8	uɐt8	uɐn2
賀州 C	aŋ2	uŋ2	ua2	uai2	uan2	uat8	uak8	uot8	un2 (rhyme!)
昭平 C	heŋ2; haŋ2 (rhyme!)	huŋ2	ua2	uai2	uan2	uat8	uak8	uɐt8	uɐn2
玉林 D	a2	oŋ2	wɒ2	wɒi2	wɒn2	wɒt8b	wa6	wat8a	wan2
賓陽復興 D	haŋ2	hoŋ2	wa2	wai2	wan2	wat8	wak8	wɐt8	wɐn2
横県 D	haŋ2	huŋ2	wa2	wai2	wan2	wat8b	wak8b	wɐt8a	wɐn2
亭子 E	hieŋ2	høŋ2	βa2	βai2	βan2	βat8b	βak8	βət8b	βən2
粤祖語	*ɦaŋ2	*ɦuŋ2	*ɦʷa2	*ɦʷai2	*ɦʷan2	*ɦʷat8; *ɦʷɜt8	*ɦʷac8	*ɦʷɜt8	*ɦʷən2

*j-は基本的にj-やiなどで実現し，陽調とのみ共起している（表6-38）（共時的な音韻解釈により，報告される形はさまざまである）．その一方で，摩擦音化してh-で実現する現象が見られる方言も多い．*j-の摩擦音化は系統の違いを超えて発生している．ただし，*j-の摩擦音化が発生する環境は方言間で必ずしも一定ではない．比較的均質性の高い単系統群Eの内部でも，*j-の摩擦音化は各方言で独立に発生したと考えられ（濱田2013b），*j-は各方言で並行的に発生した現象である蓋然性が高い．

*ɦ-は前舌狭母音の前で接近音化する方言が多い．その一方で，*ɦ-が前舌狭母音の前で摩擦音として保存されている方言は多くの場合，*j-のh-化が発生している．*j-と*ɦ-のミニマルペアが声母の対立を保存している方言は，必ずしも多くない．表6-37では，比較的対立の保存状態が良い中山方言（単系統群A）を例に提示しているが，それでも*j-と*ɦ-の対立が整然としない場合が少なくない．

表6-37　粵祖語 *j-と*ɦ-のミニマルペア

	鹽 1295	嫌 1318	延 1531	賢 1587	院 1700	縣 1747	越 1737	穴 1748	贏 2462	形 2507
広州A	jim2	jim2	jin2	jin2	jyn6	jyn6	jyt8	jyt8	jiŋ2; jɛŋ	jiŋ2
中山A	im2	him2	in2	hin2	yn5	yn5 (onset!) 参考: 眩 hyn5	yt8	yt8 (onset!)	iaŋ2	heŋ2
台山B	ziam2	hiam2	zen2	zen2	zᵘɔn6	zᵘɔn4 (tone!)	zᵘɔt8	zᵘɔt8	zen2	zen2
玉林D	jim2	jim1 (tone!)	jin4 (tone!)	jin2	jyn6	jyn6	jyɛt8b	jyɛt8b	eŋ2	eŋ2
賓陽復興D	jim2	jim2	jin2	jin2	jun6	jun6	jut8	jut8	həŋ2	həŋ2
亭子E	im2	im2	yn2 (rhyme!)	yn2 (rhyme!)	yn6	win6 (rhyme!)	yt8a	yt8b	heŋ2	heŋ2
粵祖語	*jɪːəm2	*ɦɪːəm2	*jɪːən2	*ɦɪːən2	*jyːən6	*ɦyːən6	*jyːət8	*ɦyːət8	*jɪːəŋ2	*ɦɪːəŋ2

表6-38　粵祖語 *j-の語（字）例と実現形

	夜 0166	預 0336	移 0646	搖 1014	有 1164	鹽 1295	延 1531	易 交易 2464	育 2634
広州A	jɐ6	jy6	ji2	jiu2	jɐu4	jim2	jin2	jɪk8	jʊk8
中山A	ia5	y5	i2	iu2	iɐu3	im2	in2	ek8	iok8
台山B	ziɛ6	zi6	zi2	ziau2	ziu4	ziam2	zen2	zet8	zøk8
玉林D	jɐ6	jy6	ji2	jiu2	jau4	jim2	jin4 (tone!)	ek8a	jok7a (tone!)
賓陽復興D	ja6	hui6	həi2	hiu2	jəu4	jim2	jin2	hək8	jok7a (tone!)

亭子 E	ia6; ie6	y6	i2	iu2	iəu4	im2	yn2 (rhyme!)	iek8a	ŋøk8a (onset!)
粤祖語	*jɪːə6	*jy6	*ji2	*jɪːu2	*jiu4	*jɪːəm2	*jɪːən2	*jɪːəc8	*jyk8

*w-は共鳴音声母の1つとして，陽調とのみ共起する．奇数調（陰調）とのみ共起する *ʔʷ-は，音韻的には *w-と同一の音素として解釈することもできる（表6-40）．

*ɦ-が円唇後舌狭母音の前で摩擦成分で実現する諸方言は，*w-の同環境下での摩擦音化を起こしている．そして，*w-が接近音として実現する方言では，*ɦ-が円唇後舌狭母音の前で接近音化している．このため，*ɦ-と *w-が円唇後舌狭母音の前で対立を保存している方言は少ない．表6-39では，「衞」と「惠」との対立は台山方言から，「王」と「皇・黄」との対立は高明方言（ただし声調が不規則的）から，それぞれ確認される（高明方言のデータは詹伯慧 et al. 1987より引用．単系統群Aか）．

表6-39 粤祖語 *w-と *ɦ-のミニマルペア

	衞 0594	惠 0600	王 2192	往 2193	旺 2194	皇 2169	黄 2168
広州 A	wei6	wɐi6	wɔŋ2	wɔŋ4	wɔŋ6	wɔŋ2	wɔŋ2
高明 A	(w)uɐi2	(w)uɐi2	(w)uɐŋ2	(w)uɔŋ5	(w)uɐŋ2	huoŋ3 (tone!)	huoŋ3 (tone!)
台山 B	vi6	fi6	vɔŋ2	vɔŋ4	vɔŋ6	vɔŋ2	vɔŋ2
玉林 D	wai6	jui6	wuɔŋ2	wuɔŋ4	wuɔŋ6	wuɔŋ2	wuɔŋ2
賓陽 新橋 D	wəi6 (rhyme!)	hɐi5 [sic]	wuŋ2	wuŋ4	wuŋ6	uŋ2	uŋ2
亭子 E	βəi6	βəi6	hoŋ2	huŋ4	huŋ6	hoŋ2	hoŋ2
粤祖語	*wei6	*ɦʷɐi6	*wʊːəŋ2	*wʊːəŋ4	*wʊːəŋ6	*ɦʊːəŋ2	*ɦʊːəŋ2

高明方言は2声（陽平）と6声（陽去）が合流し，4声（陽上）と5声（陰去）が合流する．

表6-40 粤祖語 *w-の語（字）例と実現形

	爲成爲 0795	爲爲何 0796	圍 0843	胃 0846	雲 1960	運 1962	域 2324	永 2517
広州 A	wei2	wɐi6	wei2	wɐi6	wɐn2	wɐn6	wɪk8	wɪŋ4
高明 A	(w)uɐi2	(w)uɐi2	(w)uɐi2	(w)uɐi2	(w)uən3 (tone!)	(w)uən2	(w)uək8	(w)uɐŋ5
台山 B	vei2	vei6	vei2	vei6	vun2	vun6	vak8 (rhyme!)	ven4
玉林 D	wai2	wai6	wai2	wai6	wan2	wan6	wuɛk8a	weŋ4
賓陽 新橋 D	wəi2	wəi6	wəi2	wəi6	wən2	wən6	wək8	wəŋ4
亭子 E	βəi2	βəi6	βəi2	βəi6	βən2	βən6	βek8a	βeŋ4
粤祖語	*wui2	*wui6	*wui2	*wui6	*wun2	*wun6	*wic8	*wɪːəŋ4

6.2.2 韻母

次に，韻母の再建を行う．娘言語の多くは昇り二重母音を持たず，仮に持っていたとしてもその種類は少ない．しかし粤祖語には，「長介音韻母」という，二重母音を持つ韻母が豊富に存在する．粤祖語には，一般的な介音より長く調音される狭母音要素 *-ɪː-，*-ʊː-，*-ʏː-を再建することができる．第4章第2節で述べた通り，これらの要素は主母音 *-ə-とのみ共起し，そして，主母音 *-ə-は必ずこれらの要素と共起する．本書および濱田（2013a）や濱田武志（2013b）などでは，*-ɪːə-，*-ʊːə-，*-ʏːə-を含んでいる韻母のことを，長介音韻母と呼ぶ．なお，例えば平田昌司 et al.（1998）の徽語，麦耘（2008）の八都話（広西壮族自治区賀州市），池田巧（1998）の客家語のように，現代語でも，通常の介音と「長介音韻母」が1つの音韻体系内部に共存している事例が報告されている．

また，粤祖語は韻尾に四項対立（*-m/p：*-n/t：*-ɲ/c：*-ŋ/k）が見られるが，4つの韻尾すべてを保存する娘言語は，目下知られておらず，広州方言などの多くの方言は-m/p：-n/t：-ŋ/kの三項対立を見せる．余靄芹（1995）や Yue（Yue-Hashimoto）（2002）でも論ぜられているように，韻尾の合流現象を起こしたり，韻尾そのものを喪失したりする方言も，少なからず存在する．

広州方言などでは，主母音に長短の別を持つことが知られており，そして主母音の長短は陰入の分裂の条件として説明される（Karlgren 1915-1926, Chao 1947: 24, 李行徳 1985, Bauer et al. 1997: 156-157, 曹志耘 et al. 2009 など）．主母音の長短ではなく，tenseness で説明する先行研究も少なくない（Yue-Hashimoto 1972: 152-160, Tsuji 1980: 32-33, 李新魁 1994: 70-83 など）．しかし，6.2.3 で見るように，入声の分裂現象は粤祖語の段階で未発生であり，単系統群 A～E のそれぞれの共通祖語の段階ですらも，韻母の音声的性質による入声分裂は発生していないと考えられる（単系統群 E の共通祖語に見られる陽入の分裂は，声母を条件としている）．

入声の問題とはまた別に，「粤祖語に主母音の音長の違いがあったか」という問題もあるが，しかし，広州方言のような主母音の長短の明確な差異が粤祖語に存在したことを立証するには今なお根拠が十分でない．本書では，主母音同士の明確な長短の違いを粤祖語に想定しない．

以下，主母音ごとに韻母の再建形と娘言語での実現形を提示する．

a) 主母音 *-a-

*a は通方言的に a で実現するが，玉林方言など一部の方言では，円唇性を伴った実現形をとっている（表6-41）．こうした方言では，粤祖語の主母音 *-ɐ が-a-で実現する現象が観察されており，ɒ は chain shift の結果生じた結果として考えるのが妥当である．なお，玉林方言などで *-a->-ɒ-は他の韻母でも並行して発生している．

表 6-41　粵祖語 *a の語（字）例と実現形

	爬 0084	馬 0092	打 2336	岔 0104	茶 0096	家 0110	牙 0121	夏春夏 0133	啞 0138
広州 A	pʰa2	ma4	ta3	tsʰa5	tsʰa2	ka1	ŋa2	ha6	ʔa3
四会 B	pa2	ma6	ta5	tsʰa1 (tone!)	tsa2	ka1	ŋa2	ha6	a5
台山 B	pʰa2	ᵐba4	a3	tsʰa6 (tone!)	tsʰa2	ka1	ⁿga2	ha6	a3
賀州 C	pa2	ma4	la3	tʃʰa5	ʃa2	ka1	ŋa2	a6	——
玉林 D	pɒ2	mɒ4	dɒ3	tɕʰɒ1 (tone!)	tɕɒ2	kɒ1	ŋɒ2	ɒ6	ɒt7b (rhyme!)
亭子 E	pa2	ma4	ta3	tsʰa5	tsa2	ka1	ɲa2	ia6	a3
粵祖語	*ba2	*ma4	*ta3	*tʂʰa5	*dza2	*ka1	*ŋa2	*ɦa6	*ʔa3

*ai もまた通方言的に実現形が安定しており，比較的開口度の高い主母音に韻尾-i がつく形をとる（表 6-42）.

表 6-42　粵祖語 *ai の語（字）例と実現形

	拜 0445	買 0463	太 0437	大 0007	猜 0412	寨 0480	快 0588	崖 0473	鞋 0474
広州 A	pai5	mai4	tʰai5	tai6	tsʰai1	tsai6	fai5	ŋai2	hai2
四会 B	pɐi5	mai6	tʰɐi5	tɐi6	tsʰai1	tsɐi6	fɐi5	ŋai2	hai2
台山 B	pai1	ᵐbai6	hai1	ai6	tsʰai1	tsai6	fai1	ⁿgai2	hai2
賀州 C	pai5	mai4	tʰai5	tai6	tʃʰai1	ʃai6	fai5	ŋai2	ai2
玉林 D	ɓɒi5	mɒi4	tʰɒi5	tɒi6	tɕʰɒi1	ɕɒi6	wɒi6; wai5 (rhyme!)	ŋɒi2	ɒi2
亭子 E	pai5	mai4	tʰai5	tai6; ta6	tsʰai1	tsai6	βai5; kʰuai5	ŋai2 (onset!)	hai2
粵祖語	*pai5	*mai4	*tʰai5	*dai6	*tʂʰai1	*dzai6	*kʰʷai5	*ŋai2	*ɦai2

「快」は連県方言で kʰuai5.

*au は多くの方言において au もしくは au に類する形式で実現している（表 6-43）.

表 6-43　粵祖語 *au の語（字）例と実現形

	包 0918	刨 0924	找 0935	炒 0937	交 0942	咬 0954	效 0956	坳山坳 0958
広州 A	pau1	pʰau2	tsau3	tsʰau3	kau1	ŋau4	hau6	ʔau5
四会 B	peu1 <*pau1	peu2	tsau5 (rhyme!)	tsʰeu5	keu1	ŋeu6	heu6	eu5
台山 B	pau1	pʰau2	tsau3	tsʰau3	kau1	ⁿgau3 (tone!)	hau6	au4 (tone!)
賀州 C	pau1	pau2	tʃau3	tʃʰau3	kau1	ŋau4	au6	au1 (tone!)

6.2　粵祖語再建案

玉林 D	bɐu1	pɐu2	tɕɐu3	tɕʰɐu3	kɐu1	ŋɐu4	ŋɐu6 (onset!)	ɐu5
亭子 E	pau1	pau2	——	tsʰau3	kau1	ȵiau4	hau6	au5
粤祖語	*pɛu1; *pau1	*bau2	*tsau3	*tʂʰau3	*kau1	*ŋau4	*ɦau6	*au5; *ɛu5?

　　*am/p は多くの方言で am/p で実現している．富川方言は *-m/p と *-n/t が合流したり，入声韻尾が脱落したりと，韻尾に著しい改新がある（表6-44）．以降，必要に応じて改新の著しい例として富川方言を各表で提示するが，その形式についてはいちいち説明を加えない．

表6-44　粤祖語 *am/p の語（字）例と実現形

	膽 1207	男 1187	籃 1216	淡 1214	參 1191	三 1224	減 1240	喊 1229	鹹 1244
広州 A	tam3	nam2	lam2	tam6; tʰam4	tsʰam1	sam1	kam3	ham5	ham2
四会 B	tam5	nam2	lam2	tam6	tsʰam1	sam1	kam3	ham5	ham2
台山 B	am3	ⁿdam2	lam2	am4 (onset!)	tʰam1	ɬam1	kam3	ham1	ham2
賀州 C	lam3	nam2	lam1; lam2	tam2	tʰam1	θam1	kam3	ham5	am2
富川 C	lan3	nan2	lan1; lan2	tan4	tsʰan1 (onset!)	san1	kan3	han3; han5	an2
玉林 D	dɐm3	nɐm2	lɐm2	tɐm4	tʰɐm1	ɬɐm1	kɐm3	hɐm5	ɐm2
亭子 E	tam3	nam2	lam2	tam4	tsʰam1	ɬam1	kam6 (tone!)	ham3; hɛm5	ham2
粤祖語	*tam3	*nam2	*lam2	*dam4	*tsʰam1	*sam1	*kɛm3; *kam3	*ham5; *hɛm5	*ɦam2 *ɦɛm2

	答 1179	蠟 1222	雜 1193	插 1234	峽 1248	鴨 1257	押 1258
広州 A	tap7b	lap8	tsap8	tsʰap7b	hap8	ʔap7b	ʔat7b (rhyme!)
四会 B	tap7b	lap8b	tsap8b	tsʰap7b	hap8b	ap7b	ap7b
台山 B	ap7a	lap8	tap8	tsʰap7b	hiap8 (rhyme!)	ap7b	ap7b
賀州 C	lap7b	lap8	θap8	tɕʰap7b	ap8	ap7b	ap7b
富川 C	la5	la6	sa6	tsʰa5	——	a5	a5
玉林 D	dɐp7b	lɐp8b	tɐp8b	tɕʰɐp7b	ɐp8b	ɐp7b	ɐp7b
亭子 E	tap7	lap8a	tsap8b	tsʰap7	hap8b	ap7	ap7
粤祖語	*tap7	*lap8	*dzap8	*tsʰap7 *tsʰɛp7	*ɦap8	*ʔap7	*ʔap7 *ʔat7

　　*an/t は，基本的に通方言的に an/t で実現している（表6-45）．ただし，「門」などは賀州方言（単系統群 C）などで円唇性を帯びた主母音で実現している．「門」は中古音で合口

字なので,「閂」に *san1 ではなく *sʷan1 を再建すべきという仮説もあり得なくはない.ただ,「閂」が円唇性の介音を有していたことを示唆する実現形式を示す方言は単系統群 C 以外に存在せず,また,粤祖語は,円唇性の介音(長介音 *-ʊː- は除く)が牙喉音としか共起しない.「閂」に *sʷ- という形の声母を再建すると,粤祖語の phonotactics が崩れてしまう.そこで,円唇性を帯びた「閂」の実現形は単系統群 C が独自に(恐らく他方言からの借用や類推で)獲得したものであり,「閂」の再建形は *san1 ただ 1 つであるとするのが妥当であろう.

表 6-45 粤祖語 *an/t の語(字)例と実現形

	蠻 1456	飯 1714	單單獨 1376	炭 1380	餐 1399	產 1439	山 1438	簡 1443	閂 1658
広州 A	man2	fan6	tan1	tʰan5	tsʰan1	tsʰan3	san1	kan3	san1
四会 B	man2	fan6	tan1	tʰan5	tsʰan1	tsʰan5	sen1 (rhyme!)	kan5	sen1 (rhyme!)
台山 B	ᵐban2	fan6	an1	han3 (tone!)	tʰan1	tsʰan3	san1	kan3	san1
賀州 C	man2	pan6	lan1	tʰan5	tʰan1	tʂʰan3	ʃan1	kan3	ʃøn1 (rhyme!)
富川 C	man2	pan6	lan1	tʰan5	tʰan1	tsʰan3	san1	kin3 (rhyme!)	søn1 (rhyme!)
玉林 D	mɒn2	fɒn6	dɒn1	tʰɒn5	tʰɒn1	tɕʰɒn3	ɕɒn1	kɒn3	ɕɒn1
亭子 E	man2	fan6	tan1	tʰan5	tsʰan1	tsʰan3	san1	kan3	san1
粤祖語	*man2	*ban6; *van6	*tan1	*tʰan5	*tsʰan1	*tʂʰan3	*ʂan1 *ʂen1	*kan3	*ʂan1

	襪 1722	發 1709	辣 1397	擦 1401	頑 1653	患 1666	刮 1662
広州 A	mɐt8 (rhyme!)	fat7b	lat8	tsʰat7b	wan2	wan6	kwat7b
四会 B	mat8b	fat7b	lat8b	tsʰat7b	(w)uen6	(w)uen6	kuet7b
台山 B	ᵐbat8	fat7a	lat8	tsʰat8 tone!)	ŋgan2	van6	kat7b
賀州 C	mat8	fat7b	lat8	tʰat7b	ŋan2	——	kwat7b
富川 C	ma6	fa5	la6	tʰa5	uan2	fan5 [sic]	kua5
玉林 D	mɒt8b	fɒt7b	lɒt8b	tɕʰɒt7b	ŋɒn2	wɒn6	kuɒt7b
亭子 E	mat8a	fat7	lat8a	tsʰat7	man2 <*man2	βan6	kuat7
粤祖語	*mat8	*fat7	*lat8	*tsʰat7	*ŋʷan2; *man2	*ɦʷan6	*kʷat7

*aŋ/c は韻尾が軟口蓋音化して aŋ/k で実現するか,主母音が前舌寄りになって ɛŋ/k で実現する方言が多い(表 6-46).

広州方言などで梗攝二等(粤祖語 *aŋ/c と対応)が 2 通りに実現する現象は,「文白異

6.2 粤祖語再建案

読」によって説明される（Yue-Hashimoto 1972: 661-663 など）．すなわち，梗摂二等の形式のうち，eŋ/k（曾摂一等と同様の形式）をとるものは，粤祖語以後に生じたものであると考えられ，祖語における音韻対立を反映したものとは考えにくい．

表 6-46　粤祖語 *aŋ/c の語（字）例と実現形

	盲 2333	冷 2337	争 2369	撐 2338	生 2345	省即省 2349	耕 2374	硬 2357	行行鳶 2361
広州 A	maŋ2	laŋ4	tsaŋ1; tsɐŋ1	tsʰaŋ1	saŋ1; sɐŋ1	saŋ3	kaŋ1; kɐŋ1	ŋaŋ6	haŋ2; hɐŋ2
四会 B	maŋ2	laŋ6	tsaŋ1	tsʰaŋ1	saŋ1	saŋ5	kaŋ1	ŋaŋ6	haŋ2
台山 B	ᵐbaŋ2	laŋ4	tsaŋ1	tsʰaŋ1	saŋ1	saŋ3	kaŋ1	ⁿgaŋ6	haŋ2
封開 B	meŋ2	leŋ4	tsɐŋ1	tsʰɐŋ1	sɐŋ1	sɐŋ3	kɐŋ1	ŋɐŋ6	ɐŋ2
賀州 C	maŋ2	laŋ4	tʃaŋ1	tʃʰaŋ1; tʃʰaŋ5	ʃaŋ1	ʃaŋ3	kaŋ1	ŋaŋ6	aŋ2
富川 C	maŋ2	laŋ4	tsaŋ1	tsʰaŋ1	saŋ1	saŋ3	kaŋ1	ŋaŋ6	aŋ2
玉林 D	maŋ2 (rhyme!)	la4	tɕa1	tɕʰa1	ɕa1	ɕa3	ka1	ŋa6	a2
貴港 D	møŋ2 (rhyme!)	lɛŋ3	tʃɛŋ1	tʃʰɛŋ1	ʃɛŋ1	ʃɛŋ3	kɛŋ1	ŋɛŋ6	hɛŋ2
賓陽 復興 D	maŋ2	laŋ4	laŋ4	tʃʰaŋ1	ʃaŋ1	ʃaŋ3	kaŋ1	ŋaŋ6	haŋ2
亭子 E	miɐŋ2	liɐŋ4	tsiɐŋ1	tsʰiɐŋ1	siɐŋ1	siɐŋ3	kiɐŋ1	ɲiɐŋ6	hiɐŋ2
粤祖語	*maŋ2	*laŋ4	*tsaŋ1	*tʂʰaŋ1	*ʂaŋ1	*ʂaŋ3	*kaŋ1	*ŋaŋ6	*ɦaŋ2

	百 2325	責 2371	擇 2342	策 2372	格 2354	客 2356	額 2358	軛 2382	劃 2514
広州 A	pak7b	tsak7b	tsak8	tsʰak7b	kak7B	hak7b	ŋak8	ʔak7a (tone!)	wak8
四会 B	pak7b	tsak7b	tsak8b	tsʰak7b	kak7B	hak7b	ŋak8b	ɐk7a (rhyme!)	(w)uɐk8a (rhyme!)
台山 B	pak7a	tsak7a	tsak8	tsʰak7a	kak*	hak7a	ⁿgak8	ak7a	vak8
封開 B	pek7b	tsek7b	tsek8	tsʰek7b	kek7b	hek7b	ŋak8 (rhyme!)	ek7b	uek8
賀州 C	pak7b	tʃak8 (tone!)	——	tʃʰak7b	kak7B	hak7b	ŋak8	——	uak8
富川 C	pa5	tsa5	tsa6 (onset!)	tsʰa5	ka5	xa5	ŋa6	——	ua2 (tone!)
玉林 D	ba3	tɕa3	tɕa6	tɕʰa3	ka3	ha3	ŋa6 (onset!)	a3	wa6
貴港 D	pɛk7	tʃɛk7	tʃɛk7 (tone!)	tʃʰɛk7	kɛk7	hɛk7	ŋɛk8	——	wɛk8
賓陽 復興 D	pak7b	tʃak7b	tʃak8	tʃʰak7b	kak7b	hak7b	ŋak8	ak7b	wak8
亭子 E	piɐk7	tsek7 (rhyme!)	tsiɐk8b	tsʰek7 (rhyme!)	kiɐk7	hiɐk7	ɲiɐk8	iɐk7	βak8b
粤祖語	*pac7	*tsac7	*dzac8	*tʂʰac7	*kac7	*kʰac7	*ŋac8	*ʔac7	*ɦʷac8

*aŋ/k は語（字）例が少なく，軟口蓋音と声門音のみを声母にとる（表6-47）．*aŋ/k は多くの方言で*ɔŋ/k または*aŋ/k と合流を起こしている．*aŋ/k がほかの韻母とまったく合流しない方言は目下確認されていない．玉林方言では *aŋ/k は *ɐŋ/k と合流し，*ɔŋ/k とも *aɲ/c とも合流していない．賓陽県の諸方言では，粤祖語 *-a- の前で軟口蓋声母の破擦音化が発生しているが[8]，*aŋ/k の主母音が *-a- であることは，この現象から証せられる．

表6-47 粤祖語 *aŋ/k の語（字）例と実現形

	江 2213	講 2215	港 2216	降下降 2217	項 2228	巷 2229	角 2219	學 2230
広州 A	kɔŋ1	kɔŋ3	kɔŋ3	kɔŋ5	hɔŋ6	hɔŋ6	kɔk7b	hɔk8
四会 B	kɔŋ1	kɔŋ5	kɔŋ5	kɔŋ5	hɔŋ6	hɔŋ6	kɔk7b	hɔk8b
台山 B	kɔŋ1	kɔŋ3	kʰɔŋ3	kɔŋ1	hɔŋ4	hɔŋ6	kɔk8 (tone!)	hɔk8
賀州 C	køŋ1	køŋ3	køŋ3	køŋ5	øŋ4	øŋ6	køk7b	øk8
富川 C	kiaŋ1	kiaŋ3	——	kiaŋ5	iaŋ6	iaŋ6	kya5	ia6
玉林 D	kaŋ1	kaŋ3	kaŋ3	kaŋ5	aŋ4	aŋ6	kak7a	ɒ6 (rhyme!)
貴港 D	kɛŋ1	kɛŋ3	køŋ3 (rhyme!)	kɛŋ5	høŋ (rhyme!)	høŋ6 (rhyme!)	kɛk7	hɛk8
賓陽 復興 D	tʃaŋ1 (onset!)	kaŋ3	tʃaŋ3	tʃaŋ5	haŋ6	haŋ6	tʃak7b	hak8
亭子 E	kaŋ1	kaŋ3	kaŋ3	kaŋ5	haŋ6	haŋ6	kak7	hak8b
粤祖語	*kaŋ1	*kaŋ3	*kaŋ3	*kaŋ5	*ɦaŋ4	*ɦaŋ6	*kak7	*ɦak8

b）主母音 *-ɐ-

主母音 *-ɐ- は韻尾を必ず伴う．賓陽県の諸方言は，主母音 *-ɐ- と主母音 *-i-・*-u- との対立を一貫して保存する．

*ɐi は，台山方言など一部の方言で *ai と合流するが，通方言的には他の韻母と合流することは少ない．*ɐi の主母音が *-ɐ- であることは，賓陽県の諸方言の実現形を直接の根拠とすることができる（表6-48）．

表6-48 粤祖語 *ɐi の語（字）例と再建形

	批 0495	米 0497	低 0499	泥 0514	妻 0522	制 0487	雞 0530	蟻 0641
広州 A	pʰɐi1	mɐi4	tɐi1	nɐi2	tsʰɐi1	tsɐi5	kɐi1	ŋɐi4
四会 B	pʰɐi1 (rhyme!)	mai6	tai1	nai2	tsʰai1	tsɐi5	kai1	ŋɐi6 (rhyme!)
台山 B	pʰai1	ᵐbai3 (tone!)	ai3 (tone!)	ⁿdai2	tʰai1	tsai1	kai1	ⁿgei3 (rhyme!) (tone!)

8) 越南漢字音と同様に，梗攝開口二等（*aɲ/c）を例外とする．

賀州 C	pʰoi1	moi4	loi1	noi2	tʰoi1	tʃoi5	koi1	ŋoi4
富川 C	pʰɐi1	mɐi4	lɐi1	nɐi2	tʰɐi1	tsi5 (rhyme!)	kɐi1	ŋɐi1 (tone!)
玉林 D	pʰai1	mai4	dai1	nai2	tʰai1	tɕai5	kai1	ɲi4 (rhyme!)
賓陽 復興 D	pʰɐi1	mɐi4	tɐi1	nɐi2	tʃʰɐi1	tʃi5 (rhyme!)	kɐi1	ɲi4; ɲɐt8
亭子 E	pʰəi1	məi4	təi1	nəi2	tsʰəi1	tsi5 (rhyme!)	kəi1	ɲi4
粤祖語	*pʰɐi1	*mɐi4	*tɐi1	*nɐi2	*tsʰɐi1	*tʂɻ5	*kɐi1	*ŋɐi4; *ɲi4

*ɐu は多くの方言で ɐu またはそれに近い形式で実現している（表 6-49）．*ɐu は主に流攝開口一等に対応しているが，流攝開口三等莊組字（下の例では「瘦」．6.2.2.i）の「手」 *siu3 と比較）にも *ɐu が再建される．莊組を声母にとる三等字が前舌性を持たずに一等字のような再建形をとる例は，*iu に限ったことではなく，粤祖語の音韻体系全体に一貫して見られる．なお，単系統群 E では，「頭」の韻母が中古音から予測される *ɐu ではなく *iu と同様の実現形をとる現象が見られる（濱田 2014b: 188）．

表 6-49　粤祖語 *ɐu の語（字）例と再建形

	浮 1086	貿 1044	樓 1054	走 1057	瘦 1126	狗 1063	鉤 1061	嘔 1081
広州 A	fɐu2	mɐu6	lɐu2	tsɐu3	sɐu5	kɐu3	ŋɐu1	ʔɐu3
四会 B	fau2	mɐu6	lau2	tsau5	sau5	kau5	ŋau1	au5
台山 B	fau2 (rhyme!)	ᵐbau6 (rhyme!)	lɐu2	teu3	seu1	keu3	ⁿgeu1	eu3
賀州 C	pou2	mou6	lou2	tou3	ʃou5	kou3	kou1	ou3
富川 C	pɐu2; pu2	mɐu6	lɐu2	——	sɐu5	kɐu3	ŋɐu1	——
玉林 D	fau2	mau6	lau2	dau3	ɕau5	kau3	ŋau1	au3
賓陽 復興 D	fɐu2	mɐu6	lɐu2	tʃɐu3	ʃəu5 (rhyme!)	kɐu3	kɐu1; ŋɐu1	ɐu3
亭子 E	fəu2; pu2	məu6	ləu2	tsəu3	səu5	kəu3	ŋəu1	əu3
粤祖語	*bɐu2; *vɐu2	*mɐu6	*lɐu2	*tsɐu3	*ʂɐu5	*kɐu3	*ŋɐu1; *kɐu1	*ʔɐu3

*ɐm/p が再建できる語（字）は，目下「森」ただ 1 つのみである（表 6-50）．主母音に *-ɐ- を再建する根拠は，台山方言の韻母が im ではなく em であることなどに求められる（ただし台山方言では不規則的に，声調が陽平で出る）．中古音で深攝は一等が存在しないため，深攝三等の莊組字のみが，粤祖語の *ɐm/p として実現する可能性があるが，そのう

ち再建形が得られるほどに変種間の対応関係が整然としているのは,「森」ただ1語（字）である.

表6-50　粤祖語 *em/p の語（字）例と実現形

	森 1342			森 1342
広州 A	sɐm1		玉林 D	ɕam1
順徳 A	sɐm1		横県 D	tsʰɐm1; sɐm1
四会 B	sɐm1		賓陽復興 D	ʃəm1(rhyme!)
台山 B	sem2(tone!)		賓陽王霊 D	sɐm1
賀州 C	ʃuon1(rhyme!)		亭子 E	səm1
連山 C	ʃuɐn1		石埠 E	ʃɐm1
粤祖語	*ʂɐm1			

*ɐn/t はおおむね各方言で ɐn/t やそれに類する形式で実現し,方言間の対応関係も整っている（表6-51）.

「根」は臻攝開口一等であるため,「根」の粤祖語の再建形としては *kɐn1 が期待される.しかし,台山方言（単系統群 B）などに,kin1 または kin1 に類する語形が観察される.この形式は,粤祖語の *kin1 と対応する.

他の単系統群を見ると,単系統群 A・E は *in/t と *ɐn/t の区別の痕跡がまったく見られないため, *kin1 を粤祖語に再建することの妥当性を論ずる根拠となり得ない.単系統群 C と D の共通祖語には,「根」が *kin1 に遡る根拠を見出せない[9].そこで本書は,「根」*kin1 という形式が粤祖語に存在すると見なすための根拠は,未だ十分でないと判断する.なお,「根」が kin1 に類する音で実現する漢語系諸語として,客家語が存在する（楊時逢1957: 237, Hashimoto1973: 273 など）.現代語の kin1 が客家語からの借用で生じた可能性も疑うことができるが,これ以上の議論は本書の力の及ぶ範囲を超える.

---

[9]　台山方言以外にも,「根」が *kɐn1 以外に遡り得る語形が観察されている.賓陽県の王霊方言（莫海文 2014. 単系統群 D）では,「根」に kiæŋ3（再建形を与えるならば, *kɪːəŋ3）と kɐn1 という語形が見られる.李健（2014: 90）の下江方言・呉川方言（単系統群 D か）にも, *kɪːəŋ3 に遡り得る形式 kɛŋ3 を持ち「根」という意味を持つ語が報告されている.しかし,これらの形式と台山方言の語形 kin1 とは規則的対応を見出すことができない.そもそも kiæŋ3 の本字が「根」なのか否か,という問題も考えねばならないが,本書はこれに対する明確な答えを持ち合わせない.例えば,「梗」が候補として考えられるが,「梗」は梗攝開口二等字であるため,韻母が対応しない.

表6-51 粤祖語 *en/t の語（字）例と実現形

	分分開 1925	糞 1927	問 1943	物 1944	根 1752	痕 1755	滾 1876	骨 1878
広州 A	fɐn1	fɐn5	mɐn6	mɐt8	kɐn1	hɐn2	kʷɐn3	kʷɐt7a
四会 B	fɐn1	fɐn5	mɐn6	mɐt8a	kɐn1	hɐn2	kuɐn3	kuɐt7a
蒙山 B	fɐn1	pɐn5	mɐn6	mɐt8	kɐn1	xɐn2	kuɐn3	kuɐt7
台山 B	fun1	fun4 (tone!)	ᵐbun6	ᵐbᵘɔt8 (rhyme!)	kin1	han2	kʰun3 (onset!)	kut7a
賀州 C	fuon1	puon5	muon6	muot8	kon1	on2	kuon3	kuot7a
富川 C	fɐn1; pɐn1	pɐn5	mɐn6	mə6	kɐn1	——	kuɐn3	kuə1
玉林 D	fan1	fan5	man6	mat8a	kan1	an2	kuan3	kuat7a
賓陽 復興 D	fɐn1	fɐn5	mɐn6	fɐt8 (rhyme!)	kɐn1	hɐn2	kuɐn3	kuɐt7a
亭子 E	fən1	fən5	mən6	fət8a	kən1	hən2	kuən3	kuət7
粤祖語	*fɐn1	*pɐn5; *fɐn5	*mɐn6	*mɐt8	*kɐn1	*hɐn2	*kʷɐn3	*kʷɐt7

*eŋ/k は軟口蓋韻尾をとる変種が多い（表6-52）．粤祖語の再建形を決定するのに特段問題となる点はない．なお，「朋」が *uŋ/k と同様の実現形をとるのは，賀州方言や富川方言など，単系統群Cの梧州話型粤語方言の系統に見られる不規則的変化であり（ただし連山方言は *eŋ/k に遡る語形 peŋ をとる），その姉妹群である信都方言や，昭平方言にはこのような変化は見られない．

表6-52 粤祖語 *eŋ/k の語（字）例と実現形

	朋 2234	等 2239	能 2248	增 2251	墨 2235	得 2241	肋 2249	黑 2263
広州 A	pʰɐŋ2	tɐŋ3	nɐŋ2	tsɐŋ1	mɐk8	tɐk7a	lɐk8	hɐk7a; hak7a
四会 B	pɐŋ2	tɐŋ5	nɐŋ2	tsɐŋ1	mak8a (rhyme!)	tɐk7a	lɐk8a	hak7a (rhyme!)
台山 B	pʰaŋ2	aŋ3	naŋ2	taŋ1	ᵐbak8	ak7a	lak8	hak7a
賀州 C	puŋ2 (rhyme!)	laŋ3	naŋ2	taŋ1	mak8	lak7a	lak8	hak7a
富川 C	poŋ2 (rhyme!)	lɐŋ3	nɐŋ2	tsɐŋ1 (onset!)	mə6	lə1	lə6	xə1
玉林 D	paŋ2	daŋ3	naŋ2	daŋ1	mak8a	dak7a	lak8a	hak7a
賓陽 復興 D	pɐŋ2	tɐŋ3	nɐŋ2	ʧɐŋ1	mɐk8	tɐk7a	lɐk8	hɐk7a
亭子 E	pəŋ2	təŋ3	nəŋ2	tsəŋ1	mək8a	tək7	lək8a	hək7
粤祖語	*bɐŋ2	*tɐŋ3	*nɐŋ2	*tsɐŋ1	*mɐk8	*tɐk7	*lɐk8	*hɐk7

c) 主母音 *-ɛ-

　多くの方言において，中古音との規則的対応関係からは予測できない主母音が見られる常用語（字）が一定数存在する．例えば「貓」は広韻で肴韻と宵韻に見られるので，韻母は *au か *ɹːəu が期待されるが，多くの方言で主母音が非円唇前舌半広母音 ɛ で実現している．同様に，「鉗」は大多数の方言で主母音 ɛ をとっている．「八」もまた，中古音から期待される再建形 *pat7 に遡らない形式が，いくつかの方言で散見される．

　このような語（字）は，複数の単系統群にまたがって存在している．もし仮にこうした例外的実現形が 1 つの単系統群のみに見られるのであれば，その実現形は当該の単系統群の根において発生した例外的音変化の結果と見なせるのであり，当該形式の起源を粤祖語に求める必然性はさほど高くない．しかし実際には，これらの例外的形式は複数の単系統群に観察されている．各単系統群で並行的に不規則的音変化や借用が起こったと考えることは難しい．従って本書では，主母音 *-ɛ-の存在を粤祖語に認める．

　主母音 *-ɛ-は中古音との規則的対応関係からは決して予測されない形式である．そして，*-ɛ-を持つ語（字）は，中古音との規則的対応関係から予測されるもう 1 つの再建形をも同時に持ち合わせている．主母音 *-ɛ-を持つ語（字）は，表 6-1 のうち，③に属する．先行研究でこれらの韻母——特に広州方言の韻母 ɛu, ɛm/p, ɛn/t は「周辺韻母」（吉川 2002b）などと呼称されている——は，しばしば音韻体系からはみ出した韻母と見なされ，研究の対象となるのが遅れた経緯がある（吉川 2002b）．例えば Hashimoto (1972) などが報告する広州方言でも，主母音に ɛ を持つ韻母のうち，ɛu, ɛm/p, ɛn/t の存在はまったく触れられていない．同書において，「鋸」kœ5 (p. 351) や「騎」kʰɛ2 (p. 339) のような，不規則な形式の字音が存在する現象は報告されているが，これは，「靴」が hœ1，「茄」が kʰɛ2 といったように，ほかの語（字）の字音に当該の韻母が観察できることと関係していると考えられる．すなわち，「鋸」「騎」に œ, ɛ といった形式の存在を認めたとしても，漢字音の体系の構成要員を増減せしめることはないのである．ɛu, ɛm/p, ɛn/t をとる語（字）はこれらの例と違って，体系の要素の増加を要求する．広州方言で周辺韻母が学術的な考察の対象となるのは，Bauer (1985) を待たねばならない．

　もう 1 つ主母音 *-ɛ-について述べておかねばならぬのは，主母音 *-ɛ-は中古音の一等字には決して出現しないということである．咸攝開口一等や山攝開口一等において，牙喉音を声母に持たない語（字）は一律に，粤祖語で主母音 *-a-が再建される．粤祖語で主母音 *-a-が再建されるという点では咸攝開口二等や山攝開口二等もまったく同様であるが，*-ɛ-は咸攝開口一等や山攝開口一等に属する語（字）に再建されることはない．この事実は，主母音 *-ɛ-が粤祖語より後の時代に発生した *a>ɛ という不規則的音変化のために生じたのではないことを意味している．

　本書では，6.1.1 にて述べた原則に従って，主母音 *-ɛ-を持つ再建形を認める．

　*ɛu は ɛu, iau などの形式で実現する（表 6-53）．广西壮族自治区地方志編纂委員会 (1998) の示す南寧白話（単系統群 A）などには，主母音 *-ɛ-に由来すると見られる語（字）音が多く報告される．以下，括弧でくくった実現形は，主母音 *-ɛ-の再建形に由来しないと考えられるものである．

表6-53　粤祖語 *εu の語（字）例と実現形

	包 0918	貓 0927	茅 0926	罩 0932	掉 1026	尿 1028	膠 0943	絞 0945
広州A	(pau1)	(mau1)	(mau2)	(tsau5)	(tiu6)	(niu6)	(kau1)	(kau3)
仏山A	pεu1; (pau1)	mεu1; (mau1)	mεu2; (mau2)	tsεu5; (tsau5)	(tiu6)	(niu6)	kεu1; (kau1)	kεu3; (kau3)
南寧白話A	pεu1; (pau1)	mεu1	(mau2); mεu2	tsεu5; (tsau5)	(tiu6)	(niu6)	kεu1	kεu3
台山B	(pau1)	ᵐbiu3 (tone!)	(ᵐbau2)	(tsau1)	(iau6)	(ndiau6)	(kau1)	(kau3)
昭平C	(pau1)	mεu6 (tone!)	(mau2)	(tsau5)	tεu6 ("丟")	nεu6; (niu6)	(kau1)	(kau3)
玉林D	(ɓʊu1)	miau1	(mau2) (rhyme!)	(tsʊu5)	(tiu6)	(ɬui1)	(kʊu1)	(kʊu3)
横県D	(pau1)	miau1	(mau2)	(tsau5)	(tiu6)	(ɬui1)	(kau1)	kiau3; (kau3)
亭子E	(pau1)	mεu5; mau5 (tone!)	(mau2)	tsau5	(tiu6)	(niu6)	keu1	keu3
粤祖語	pεu1; pau1	*mεu1; *mεu5; *mau1	*mεu2; *mau2	*tsεu5; *tsau5	*dεu6; *dɪːəu6	*nεu6; *nɪːəu6	*kεu1; *kau1	*kεu3; *kau3

広州方言に「掉」tεu6 の異読あり（李新魁 et al. 1995: 189）．

*εm/p の語（字）例は少ない．実現形には，εm/p, iεm/p などがある（表6-54）．

表6-54　粤祖語 *εm/p の語（字）例と実現形

	減 1240	鉗 1286	喊 1229	斬 1231	鑷 1262	插 1234	夾 1241
広州A	(kam3)	(kʰim2)	(ham5)	(tsam3)	(nip8)	(tsʰap7b)	(kap7b)
仏山A	kεm3; (kam3)	(kʰim2)	(ham5)	tsεm3; (tsam3)	nεp8	tsʰεp7b; (tsʰap7b)	(kap7b)
南寧白話A	kεm3	kʰεm2	hεm5	tsεm3; (tsam3)	nεp7b	tsʰεp7b; (tsʰap7b)	(kap7b)
台山B	(kam3)	(kʰiam1) (tone!)	(ham1)	(tsam3)	(ⁿdiap7a)	(tʰap7b) (onset!)	(kap7a)
四会B	(kam5)	(kin2)	(ham5)	(tsam5)	net8b	(tsʰap7b)	(kap7b)
蒙山B	(kam3)	kiam2	xiam5	(tʃam3)	niap7; (nip7)	(tʃʰap7)	(kap8)
昭平C	(kam3)	kiam2	hiam5	(tsam3)	nεp7	(tsʰap7)	kεp8(tone!); (kap7)
玉林D	(kʊm3)	kiεm2	(hʊm5)	(tsʊm3)	(niεp8b)	(tɕʰʊp7b)	(kʊp7b)

横県 D	(kam3)	kiam2	(ham5)	(tsam3)	niap7b	(tsʰap7b)	(kap7b)
亭子 E	(kam6) (tone!)	kem2	hem5; (ham3)	(tsam3)	nep8a	tsʰɛp7b (tsʰap7b)	kep7
粤祖語	*kɛm3; *kam3	*gɛm2; *gɪːəm2	*hɛm5; *ham5	*tsɛm3; *tsam3	*nɪːəp8; *nɛp7 *nɛp8	*tsʰɛp7; *tsʰap7	*kɛp7; *kap7

広州方言に「鉗」kʰɛm2 の異読あり（李新魁 et al. 1995: 189）．

*ɛn/t は *ɛu や *ɛm/p よりも語（字）例が多い．ɛn/t, en/t などの実現形が見られる（表 6-55）．

表 6-55　粤祖語 *ɛn/t の語（字）例と実現形

	貶 1260	八 1430	扁 1544	擰 1564	繭 1579	見 1580	眼 1445	挖 1657
広州 A	(pin3)	(pat7b)	(pin3)	(lin4) [sic]	(kan3)	(kin5)	(ŋan4)	(wat7b)
仏山 A	(pin3)	pɛt7b; (pat7b)	pɛn3	—	kɛn3	kɛn5; (kin5)	ŋɛn4; (ŋan4)	(w)uɛt7b; (w)uat7b
南寧 白話 A	pɛn3	pɛt7b	pɛn3	nɛn3	kɛn3	kin5	ŋɛn4	wɛt7b
台山 B	pen3	(pat7b)	pen3		ken3	ken5	(ⁿgan3) (tone!)	(vat8) (tone!)
四会 B	pen3	pet7b	(pin5)	(lin2) (tone!)	ken5; (kan5)	ken5	ŋen4	(w)uet7b
蒙山 B	pɛn3	(pat7)	pɛn3	(nin3)	(kan3)	(kin5)	(ŋan4)	(vat7)
昭平 C	(pin3)	pɛt7; (pat7)	pɛn3; (pin3)	(nin3)	(kan3)	(kin5)	(ŋan4)	uɛt7; (uat7)
玉林 D	(bin3)	(bɒt7b)	(bin4) [sic]	(nin3)	(kɒn3)	(kin5)	(ŋɒn4)	(wɒt7b)
横県 D	pian3	(pat7b)	pian3	(lim4) [sic]	(kan3)	(kin5)	(ŋan4)	(wat7b)
亭子 E	pen3	(pat7)	(pin3)	—	(kin3)	(kin5)	(ŋan4)	(βat7)
粤祖語	*pɛn3; *pɪːən3	*pɛt7; *pat7	*pɛn3; *pɪːən3	*nɛn3; *nɪːən3	*kɛn3; *kan3	*kɛn5; *kɪːən5	*ŋɛn4; *ŋan4	*ʔʷɛt7; *ʔʷat7

李榮 1997b は亭子方言「挖」について，βat7 を文読，βet7 を白読とする．

d) 主母音 *-ɔ-

*ɔ は多くの方言で，円唇後舌母音で実現する（表 6-56）．ただし，賀州方言（単系統群 C）や賓陽県の諸方言（単系統群 D）など，各単系統群の諸方言で円唇前舌母音化が起こっている．

また，南寧以西の桂南平話（単系統群 E）には *ɔ が a で実現する現象が見られる．粤祖語 *ɔ は中古音の果攝開口一等に対応しており，中古音の果攝開口一等は ɑ が推定されて

いる（平山 1967: 147）．しかし，南寧以西の桂南平話（単系統群 E）における実現形 a は中古音の古形を保存したものではないと考えられる（第 4 章第 7 節）．

なお，戈韻字は唇音を声母にとるとき，粤祖語 *ɔ が再建される例（「波」など）と *ʊːə が再建される例（「破」「婆」など）がある．*ɔ と *ʊːə のどちらが再建されるかは，語彙的に決せられているものと考えられる．

表 6-56 粤祖語 *ɔ の語（字）例と実現形

	波 0028	多 0001	錯錯誤 0239	歌 0014	可 0017	餓 0022	我 0021	河 0023
広州 A	pɔ1	tɔ1	tsʰɔ5	kɔ1	hɔ3	ŋɔ6	ŋɔ4	hɔ2
四会 B	pɔ1	tɔ1	tsʰɔ5	kɔ1	hɔ3	ŋɔ6	ŋɔ6	hɔ2
台山 B	pᵘɔ1	ᵘɔ1	tʰᵘɔ1	kᵘɔ4 (tone!)	hᵘɔ3	ŋᵍᵘɔ6	ŋᵍᵘɔ6	hᵘɔ2
賀州 C	pø1	lø1	tʰø5	kø1	kʰø3	ŋø6	ŋuo4 (rhyme!)	ø2
富川 C	pø1	lø1	tʰø5	kø1	kʰø3	ŋø6	uə4 (rhyme!)	ø2
玉林 D	bɤ1	dɤ1	tʰuk7b [sic]	kɤ1	hɤ3	ŋɤ6	ŋɤ3 (tone!)	ɤ2
亭子 E	po1	to1	tsʰo5; tsʰo3	ko1	kʰo3	ŋo6	ŋo4	ho2
四塘 E	pø1	tø1	tʃʰak7	ka1	kʰə3	ŋø6	ŋa4	hø2
粤祖語	*pɔ1	*tɔ1	*tsʰɔ5	*kɔ1	*kʰɔ3	*ŋɔ6	*ŋɔ4	*ɦɔ2

*ɔi は一部の方言で，*ɔi と *ai が完全に合流したり（玉林方言（単系統群 D），南寧以西の桂南平話（単系統群 E）など），軟口蓋音・喉頭音・唇音以外の声母と共起する場合に *ɔi と *ai とが合流したり（賓陽県の諸方言（単系統群 D）など）する（表 6-57）．

唇音を声母にとる語（字）は，多くの方言で *ʊːəi と合流しているが，封開方言や陽山方言では *ɔi と *ʊːəi の対立を保存しており，例えば「貝」*pɔi5 は封開方言で pɔi5，陽山方言で pɔi5 であるのに対して，「輩」*pʊːəi5 は封開方言で pui5，陽山方言で pui5 である．

韻母の形式が例外的である比較的有名な事例に，「來」を挙げることができる．広州方言で「來」は，字音としての形式に lɔi2 を持つが，しかし語音としての形式——すなわち「くる（come）」という意味の語の形式——は lɐi2 である（lɐi2 は，「來」ではなく方言字「嚟」をもって表記されることが多い）．麦耘（2009: 226-227）は lɐi2 を lɔi2 よりも古い時代の層に属する形式とするが，局地的な不規則変化によって生じたものである可能性も疑い得る．本書は目下，lɐi2 を粤祖語に遡らせる十分な根拠を持ち合わせていない．

表 6-57 粤祖語 *ɔi の語（字）例と実現形

	貝 0435	袋 0404	耐 0406	來 0407	災 0408	菜 0415	該 0426	開 0430	愛 0434
広州 A	pui5	tɔi6	nɔi6	lɔi2; lɐi2（嚟）	tsɔi1	tsʰɔi5	kɔi1	hɔi1	ʔɔi5
四会 B	pui5	toy6	noy6	loy2	tsoy1	tsʰoy5	koy1	hoy1	oy5
封開 B	pɔi5	tɔi6	nɔi6	lɔi2	tsɔi1	tsʰɔi5	kɔi1	hɔi1	ɔi5
台山 B	pᵘɔi1	ᵘɔi6	ⁿdᵘɔi6	lᵘɔi2	tuᵘɔi1	tʰuᵘɔi1	kᵘɔi1	hᵘɔi1	ᵘɔi1
賀州 C	pui5	nø6	nø6	lø2	tø1	tʰø5	kø1	hø1	ø5
富川 C	pui5	nø6	nø6	lø2	tø1	tʰø5	kʰø1 (onset!)	xø1	ø5
玉林 D	bui5	tɒi6	nɒi6	lɒi2	dɒi1	tʰɒi5	kɒi1	hɒi1	ɒi5
賓陽 復興 D	pui5	tai6	nai6	lai2	tʃai1	tʃʰai5	kø1	hø1	ø5
亭子 E	pui5	tai6	nai6	lai2	tsai1	tsʰai5	kai1	hai1	ai5
粤祖語	*pɔi5	*dɔi6	*nɔi6	*lɔi2	*tsɔi1	*tsʰɔi5	*kɔi1	*hɔi1	*ʔɔi5

*ɔu は少なからぬ方言で，他の韻母との合流を起こしている（表 6-58）．例えば広州方言などでは，*ɔu は ou で実現し，その結果，軟口蓋音・声門音を声母にとる場合を除いて *u と合流を起こしている．ほかにも，*ɔu と *au が合流する方言（台山方言（単系統群 B），玉林方言（単系統群 D）など）や，*ɔu と *ɐu が合流する方言（新興方言（単系統群）A など）が見られる．

表 6-58 粤祖語 *ɔu の語（字）例と実現形

	寶 0851	毛 0857	刀 0860	腦 0878	早 0886	嫂 0898	高 0900	號(號數) 0915
広州 A	pou3	mou2	tou1	nou4	tsou3	sou3	kou1	hou6
新興 A	pɐu3	mɐu2	tɐu1	nɐu2	tsɐu3	sɐu3	kɐu1	hɐu6
四会 B	pou5	mou2	tou1	nou6	tsou5	sou5	kou1	hou6
台山 B	pau3	ᵐbau2	au1	ⁿdau4	tau3	łau3	kau1	hau6
賀州 C	pu3	mu2	lu1	nu4	tu3	θo3 (rhyme!)	ko1	o6
富川 C	po3	mo2	lo1	no4	to3	so3	ko1	o6
玉林 D	bɤu3	mɤu2	dɤu1	nɤu4	dɤu3	łɤu1	kɤu1	ɤu6
亭子 E	pau3	mau2	tau1	nau4	tsau3	łau3	kau1	hau6
粤祖語	*pɔu3	*mɔu2	*tɔu1	*nɔu4	*tsɔu3	*sɔu3	*kɔu1	*ɦɔu6

*ɔm/p は軟口蓋音・声門音の声母とのみ共起する韻母であり，語（字）例が少ない（表 6-59）．広州方言（単系統群 A）などでは *im/p との合流が見られ，玉林方言（単系統群 D）などでは *am/p と合流を起こしている．

表 6-59　粵祖語 *ɔm/p の語（字）例と実現形

	柑 1226	感 1194	含 1199	暗 1205	盒 1203	合合作 1202
広州 A	kɐm1	kɐm3	hɐm2	ʔɐm5	hɐp8	hɐp8
四会 B	kam1	kam3	hɐm2 (rhyme!)	ɐm5	hap8b	hap8b
台山 B	kam4 (tone!)	kam3	ham2	am3 (tone!)	hap*	hap8
賀州 C	kom1	kom3	om2	om5	op8	op8
玉林 D	kɒm1	kɒm3	ɒm2	ɒm5	ɒp8b	ɒp8b
亭子 E	kam1	kam3	ham2	am5	hap8b	hap8b
粵祖語	*kɔm1	*kɔm3	*hɔm2	*ʔɔm5	*ɦɔp8	*ɦɔp8

*ɔn/t は声母が軟口蓋音・声門音の場合とそれ以外の場合とで，互いに由来を異にしており，前者は山攝開口一等に，後者は臻攝合口一等に，それぞれ対応する（表 6-60）．

軟口蓋音・声門音声母の *ɔn/t とそれ以外の声母の *ɔn/t とは，各方言の実現形式が大きく異なる．牙喉音を声母に持つ場合は，多くの方言で ɔn/t で実現している．一方，牙喉音以外を声母に持つ場合は，多くの方言で *ʊːən/t や *un/t など他の韻母と合流しており，主に南寧以西の共通祖語（単系統群 E）が粵祖語の形を保存しているに過ぎない．

なお，「喝（水）」は咸攝開口一等であるが，歯茎音韻尾の *hɔt7 を再建するのが妥当と考えられる．信都方言（単系統群 C）や横県方言（単系統群 D）に，少数ながら中古音の両唇音韻尾の形式を反映している語形も確認されるが，粵祖語に両唇音韻尾の再建形を認めないでおく．

表 6-60　粵祖語 *ɔn/t の語（字）例と実現形

	本 1846	嫩 1864	孫 1871	尊 1866	村 1867	寸 1868	存 1869
広州 A	pun3	nyn6	syn1	tsyn1	tsʰyn1	tsʰyn5	tsʰyn2
楽昌 A	pun3	lyn6	syn1	tsyn1	tsʰyn1	tsʰyn5	tsʰyn2
四会 B	pun5	nyn6	syn1	tsyn1	tshyn1	tshyn5	tsyn2
連県 B	pun3	nyn6	syn1	tsɐn1	tsʰyn1	tsʰyn5	tsɐn2
台山 B	pʰon3	ⁿdun6	ɬun1	tun1	thun1	thun1	thun2
賀州 C	pun3	nun6	θun1	tun1	thun1	thun5	θun2
富川 C	puin3	nuin6	suin1	tuin1	tʰuin1	tʰuin5	sɐn2 (rhyme!)
信都 C	ɓun3; mun3 (onset!)	nun6	θun1	tun1	tʰun1	tʰun5	θun2
玉林 D	pun3	nyn6	ɬyn1	dyn1	tʰyn1	tʰyn5	tyn2
横県 D	pun3	nun6	ɬun1	tsun1	tsʰun1	tsʰun5	tsun2
石埠 E	pon3	non6	ɬon1	tʃon1	tʃʰon1	tʃʰon5	tʃɔn2
粵祖語	*pɔn3	*nɔn6	*sɔn1	*tsɔn1	*tsʰɔn1	*tsʰɔn5	*dzɔn2

	肝 1408	漢 1420	旱 1423	安 1426	汗 1424	割 1414	喝 喝酒 1198
広州 A	kɔn1	hɔn5	hɔn4	ʔɔn1	hɔn6	kɔt7b	hɔt7b
楽昌 A	kɔn1	hɔn5	hɔn4	ŋɔn1 (onset!)	hɔn6	kɔt7b	hɔt7b
四会 B	kon1	hon5	hon6	on1	hon6	kot7b	hot7b
連県 B	kon1	hon5	hon4	on1	hon6	kot7b	hot7b
台山 B	kᵘɔn1	hᵘɔn1	hᵘɔn4	ᵘɔn1	hᵘɔn6	kᵘɔt7b	huat7b
賀州 C	køn1	høn5	øn4	øn1	øn6	køt7b	——
富川 C	køn1	xøn5	øn4	øn1	øn6	kø5	——
信都 C	køn1	høn5	øn4	øn1	øn6	køt7b	hap7b
玉林 D	kɔn1	hɑn5	ɒn4	ɒn1	ɒn6	kyɛt7b (rhyme!)	hɒt7b
横県 D	kɔn1	hɔn5	hɔn4	ɔn1	hɔn6	kɔt7b	hɔp7b; hɔt7b
石埠 E	kan1	han5	han4	an1	han6	kat7	hat7
粤祖語	*kɔn1	*hɔn5	*ɦɔn4	*ʔɔn1	*ɦɔn6	*kɔt7	*hɔt7

陈海伦 et al. 2009a の石埠方言は「喝」hap7.

*ɔŋ/k は大多数の方言で *aŋ/k と合流を起こしており，*ɔŋ/k と *aŋ/k の対立を保存する方言は，単系統群 D にのみ見られる（表6-61）．

廉州方言（単系統群 A）や横県方言（単系統群 D）は，「幫」など，唇音声母を持つ語（字）が，実現形を他の語（字）例と異にしているが，亭子方言（単系統群 E）の実現形から，「幫」などもまた再建形 *ɔŋ/k を持つことがわかる．ただし，「博」や「薄」などは，亭子方言（単系統群 E）でも他の *ɔŋ/k と異なる形式を呈しているため，*ɔŋ/k ではなく *ʊːəŋ/k を再建するのが妥当であろう．

また，「牀」は中古音との対応関係からは，本来 *ʊːəŋ の再建が期待されるが，実際には *ɔŋ が再建される．

表 6-61 粤祖語 *ɔŋ/k の語（字）例と実現形（参考：「薄」）

	幫 1964	湯 1981	瓢 2125	葬 2008	藏 隱藏 2013	剛 2024	康 2034	昂 2038
広州 A	pɔŋ1	tʰɔŋ1	nɔŋ2	tsɔŋ5	tsʰɔŋ2	kɔŋ1	hɔŋ1	ŋɔŋ2
廉州 A	poŋ1	tʰɛŋ1	nɛŋ2	ʃɛŋ2	ʃʰɛŋ2	kɛŋ1	hɛŋ1	ŋɛŋ3 (tone!)
四会 B	pɔŋ1	tʰɔŋ1	nɔŋ2	tsɔŋ5	tsɔŋ2	kɔŋ1	hɔŋ1	ŋɔŋ2
台山 B	pɔŋ1	hɔŋ1	ⁿdɔŋ2	tɔŋ1	tʰɔŋ2	kɔŋ1	hɔŋ1	ᵑgɔŋ2
賀州 C	pøŋ1	tʰøŋ1	nøŋ2	tøŋ5	θøŋ2	køŋ1	kʰøŋ1	ŋøŋ2
富川 C	piaŋ1	tʰiaŋ1	niaŋ2	tiaŋ5	siaŋ2	——	kʰiaŋ1	——
玉林 D	buɔŋ1	tʰuɔŋ	nuɔŋ1 (tone!)	duɔŋ5	tuɔŋ2	kuɔŋ1	huɔŋ1	ŋuɔŋ2

横県 D	poŋ1	tʰaŋ1	naŋ2	tsaŋ5	tsaŋ2	kaŋ1	haŋ1	ŋaŋ2
貴港 D	pøŋ1	tʰøŋ1	nøŋ2	tʃøŋ6 (tone!)	tʃʰøŋ2	køŋ1	kʰøŋ1	øŋ3 [sic]
賓陽復興 D	paŋ1 (rhyme!)	tʰøŋ1	nøŋ2	tʃøŋ5	tʃøŋ2	køŋ1	kʰøŋ1	ŋøŋ2
亭子 E	paŋ1	tʰaŋ1	naŋ2	tsaŋ5	tsaŋ2	kaŋ1	kʰaŋ1	ŋaŋ2
粤祖語	*pɔŋ1	*tʰɔŋ1	*nɔŋ2	*tsɔŋ5	*dzɔŋ2	*kɔŋ1	*kʰɔŋ1	*ŋɔŋ2

	託 1985	落 2000	作 2009	索 2021	各 2030	鶴 2043	惡善惡 2044	薄 1969
広州 A	tʰɔk7b	lɔk8	tsɔk7b	sɔk7b	kɔk7b	hɔk8	ʔɔk7b	pɔk8
廉州 A	tʰɛk7b	lɛk3 (tone!)	tʃɛk7b	ɬɛk7b	kɛk7b	hɛk7b (tone!)	ɛk7b	pʰɔk8
四会 B	tʰɔk7b	lɔk8b	tsɔk7b	sɔk7b	kɔk7b	hɔk8b	ɔk7b	pɔk8b
台山 B	ɔk7a (onset!)	lɔk8	tɔk7a	ɬɔk7a	kɔk7a	hɔk8	ɔk7a	pɔk8
賀州 C	tʰøk7b	løk8	tøk7b	θøk7b	køk7b	øk8	øk7b	pøk8
富川 C	——	lia6	tia5	——	kya5	——	——	pia6
玉林 D	tʰuɔk7b	luɔk7b (tone!)	duɔk7b	ɬuɔk7b	kuɔk7b	huɔk8b	uɔk7b	puɔk8b
横県 D	tʰak7b	lak8b	tsak7b	ɬak7b	kak7b	hak8b	ak7b	pɔk8b
貴港 D	tʰøk7	løk8	tʃøk7	ɬøk7	køk7	høk7 (tone!)	øk7	pøk8
賓陽復興 D	tʰøk7b	løk8	tʃøk7b	ɬøk7b	køk7b	høk8	øk7b	puk8
亭子 E	tʰak7	lak8a	tsak7	ɬak7	kak7	hak8b	ak7	pɔk8b
粤祖語	*tʰɔk7	*lɔk8	*tsɔk7	*sɔk7	*kɔk7	*ɦɔk8	*ʔɔk7	*bʊːək8

e) 主母音 *-ɪː ə-

粤祖語には，*-ɪː-，*-ʊː-，*-ʏː-という介音に類する要素が存在する．これらの狭母音要素は，[i, u, y] よりも若干開口度の広い [ɪ, ʊ, ʏ] で実現し，漢語系諸語一般の介音よりも長く発音されていたと考えられる（濱田 2013a）．

-ɪː-，-ʊː-，*-ʏː-は必ず *ə に先行し，*ə は必ず *-ɪː-，*-ʊː-，*-ʏː-に後続する．本書では，*-ɪːə-，*-ʊːə-，*-ʏːə-をそれぞれ 1 つの主母音と見なす．そして，主母音として *-ɪːə-，*-ʊːə-，*-ʏːə-をとる韻母のことを，本書では便宜的に「長介音韻母」と呼ぶ（第 4 章第 2 節を参照）．

*ɪːə は各方言で，ε や ia, iε, i などの形式で実現する．ただし，南寧以西の桂南平話（単系統群 E）では *ɪːə を韻母に持つ語（字）の一部が不規則的に i で実現する現象が見られる（表 6-62）．

表 6-62　粤祖語 *ɪːə の語（字）例と実現形

	姐 0140	寫 0144	爹 0149	蔗 0152	扯 0154	蛇 0155	野 0165
広州 A	tsɛ3	sɛ3	tɛ1	tsɛ5	tsʰɛ3	sɛ2	jɛ4
四会 B	tsiɐ5	siɐ5	tiɐ1	tsiɐ5	tsʰiɐ5	siɐ2	(j)iɐ6
台山 B	tsiɛ3	ɬiɛ3	iɛ1	tsiɛ4 (tone!)	tsʰiɛ3	siɛ2	ziɛ4
賀州 C	tia3	θia3	——	tʃia5	tʃʰa3	ʃia2	jia4
富川 C	——	sie3	——	tsie5	tsʰie3	sie2	ie4
玉林 D	dɛ3 (onset!)	ɬɛ3	tɛ1	tɛɛ5	tɛʰɛ3	ɛɛ2	jɛ4
亭子 E	tse3	ɬe3	te1	tsi5 (rhyme!)	tsʰe3	se2	ie4
粤祖語	*tsɪːə3	*sɪːə3	*tɪːə1	*tsɪːə5	*tsʰɪːə3	*zɪːə2	*jɪːə4

　*ɪːəu は多くの方言で iu という形で実現するが，台山方言（単系統群 B）などの少数の方言では，二重母音の状態を保った形式をとっている（表 6-63）．

表 6-63　粤祖語 *ɪːəu の語（字）例と実現形

	標 0959	廟 0970	條 1024	釣 1020	焦 0974	超 0985	叫 1034	曉 1036
広州 A	piu1	miu6	tʰiu2	tiu5	tsiu1	tsʰiu1	kiu5	hiu3
四会 B	piu1	miu6	teu2	teu5	tsiu1	tsʰiu1	kiu5	hiu5
台山 B	piau1	ᵐbiau6	hiau2	iau1	tiau1	tsʰiau1	kiau1	hiau3
賀州 C	piu1	miu6	tiu2	liu5	tiu1	tʃʰiu1	kiu5	hiu3
玉林 D	biu1	miau6 (rhyme!)	tiu2	diu5	diu1	tɛʰiu1	kiu5	ŋiu3 (onset!)
亭子 E	piu1	miu6	tiu2	tiu5	tsiu1	tsʰiu1	kiu5	hiu3
粤祖語	*pɪːəu1	*mɪːəu6	*dɪːəu2	*tɪːəu5	*tsɪːəu1	*tsʰɪːəu1	*kɪːəu5	*hɪːəu3

　*ɪːəm/p も *ɪːəu と同様に，台山方言（単系統群 B）などは二重母音で実現するが，多くの方言で主母音が単母音化した im/p という形式で実現している（表 6-64）．
　玉林方言（単系統群 D）は，*ɪːəp や *ɪːət，*ʊːət，*ʏːət が粤祖語の 7 声（陰入）と 8 声（陽入）のどちらに遡るかによって，実現形が分裂している．7 声（陰入）に遡るものは ip, it, ut, yt をとるが，8 声（陽入）に遡るものは主母音が単母音化しない iɛp, iɛt, uɛt, yɛt をとる．注目すべきは，粤祖語の 7 声（陰入）と 8 声（陽入）とで韻母の実現形が分裂するというこの現象が，入声分裂にも影響を与えている点である（第 4 章第 2 節）．表 6-64 で挙げる「疊」と「貼」を例に挙げると，「疊」が 8b 声をとるのに対して，「貼」は 7b 声をとらずに 7a 声をとる．この言語事実は，「疊」が iɛp，「貼」が ip と，それぞれ互いに異なる韻母をとっていることと関係している．すなわち，「玉林方言では，主母音に基づく入声の分裂に先立って，韻母の実現形の分裂が発生していた」と考えねば，この現

象を説明することができない．

表 6-64　粵祖語 *ıːəm/p の語（字）例と実現形

	甜 1310	店 1306	鎌 1264	念 1315	尖 1267	占占卜 1276	閃 1280	染 1283
広州 A	tʰim2	tim5	lim2	nim6	tsim1	tsim1	sim3	jim4
四会 B	ten2	ten5	lin2	nen6	tsin1	tsin1	sin5	jin6
台山 B	hiam2	iam1	liam2	ⁿdiam6	tiam1	tsiam1	siam3	ⁿgiam4
賀州 C	tim2	lim5	lim2	nim6	tim1	tʃim1	ʃim3	ɲim4
富川 C	tin2	tin6 [sic]	lin2	nin6	tin1	tsin1	sin	ɲin4
玉林 D	tim2	dim5	lim2	nim6	dim1	tɕim1	ɕim3	ɲim4
亭子 E	tim2	tim5	lim2	nim6	tsim1	tsin5 [sic]	sim3	im4 (onset!)
粵祖語	*dɪːəm2	*tɪːəm5	*lɪːəm2	*nɪːəm6	*tsɪːəm1	*tʂɪːəm1	*ʂɪːəm3	*ɲɪːəm4

	驗 1288	嚴 1302	鹽 1295	炎 1294	疊 1311	貼 1309	接 1269	葉 1297
広州 A	jim6	jim2	jim2	jim2	dip8	tʰip7b	tsip7b	jip8
四会 B	jin6	jin2	jin2	jin2	tet8b	tʰet7b (tone!)	tsit7b (tone!)	jit8a
台山 B	ⁿgiam4 (tone!)	ⁿgiam2	ziam2	ziam4 (tone!)	iap8	hiap7a	tiap7b	ziap8
賀州 C	nim6 (onset!)	ɲim2	im2	in2 (rhyme!)	tip8	thip7a	tip7a	ip8
富川 C	nin6 (onset!)	nin2 (onset!)	in2	——	tie6	tʰie1	tie1	ie6
玉林 D	ɲim6	ɲim2	jim2	jim2	tiɛp8b	tʰip7a	dip7a	jiɛp8b
亭子 E	nim6 (onset!)	im2 (onset!)	im2	im2	tip8b	tʰip7	tsip7	ip8a
粵祖語	*ɲɪːəm6	*ɲɪːəm2	*jɪːəm2	*ɲɪːəm2; *jɪːəm2	*dɪːəp8	*tʰɪːəp7	*tsɪːəp7	*jɪːəp8

*ıːən/t もまた多くの方言で主母音が単母音 i として実現している．台山方言（単系統群 B. en/t で実現）などの，四邑片と称される方言では in/t とは異なる形式で実現している（表 6-65）．

表 6-65　粵祖語 *ıːən/t の語（字）例と実現形

	邊 1542	田 1557	年 1563	錢 1498	戰 1513	見 1580	顯 1586	煙 1590
広州 A	pin1	tʰin2	nin2	tsʰin2	tsin5	kin5	hin3	jin1
四会 B	pin1	ten2	ten2 [sic]	tsin2	tsin5	ken5 <*kɛn5	hin5	jin1
台山 B	pen1	hen2	ⁿden2	tʰen2	tsen1	ken1 <?	hen3	zen1

賀州 C	pin1	tin2	nin1; nin2	θin2	tʃin5	kin5	hin3	in1
富川 C	pin1	tin2	nin1; nin2	sin2	tsin5	kin5	——	in1
玉林 D	bin1	tin2	nin2	tin2	tɕin5	kin5	hin3	jin1
亭子 E	pin1	tin2	nin2	tsin2	tsin5	kin5	hyn3 (rhyme!)	yn2 [sic]
粤祖語	*pɪːən1	*dɪːən2	nɪːən2	*dzɪːən2	*tsɪːən5	*kɪːən5; *kɛn5	*hɪːən3	*ʔɪːən1

	鼈 1471	滅 1485	鐵 1556	列 1490	切切開 1573	徹 1508	熱 1525	結 1581
広州 A	pit7b	mit8	tʰit7b	lit8	tsʰit7b	tsʰit7b	jit8	kit7b
四会 B	pit7a	mit8a	tʰet7b (tone!)	lit8a	tsʰit7a	tsʰit7a	jit8a	kit7a
台山 B	pet8 (tone!)	ᵐbet8	het8 (tone!)	let8	tʰet7a	tsʰet7a	ᵑget8	ket7a
賀州 C	pit7a	mit8	tʰit7a	lit8	tʰit7a	tʃʰit7a	ɲit8	kit7a
富川 C	pie1	mie6	tʰie1	lie6	tʰie1	——	ɲie6	kie1
玉林 D	bit7a	miɛt8b	tʰit7a	liɛt8b	tʰit7a	tɕʰit7a	ɲiɛt8b	kit7a
亭子 E	pit7	mit8a	tʰit7	lyt8a (rhyme!)	tsʰit7	tsʰit7	ɲit8a	kit7
粤祖語	*pɪːət7	*mɪːət8	*tʰɪːət7	*lɪːət8	*tsʰɪːət7	*tsʰɪːət7	*ɲɪːət8	*kɪːət7

*ɪːəŋ/c は，*ɪːəu・*ɪːəm/p・*ɪːən/t に比して，主母音が単母音で実現しない方言が多い．また，*ɪːəŋ/c は *iŋ/c と合流する傾向が強く，単系統群 C・D・E では *ɪːəŋ/c と *iŋ/c の対立が見られない（表6-66）．

*ɪːəŋ/c は梗攝三四等に対応する．まず，開口の場合について検討する．

*ɪːəŋ/c と *iŋ/c が対立する方言でも，例えば広州方言（単系統群 A）では，少なからぬ語（字）が本来期待される形式 ɛŋ/k のほかに，*iŋ/c と同様の形式 iŋ/k をとることがある．例えば，表6-66の「名・釘・聽・輕・脊・逆」の実現形のうち，韻母が iŋ/k のものが，これに該当する．「歷」が lɪk8 のみをとり lɛk8 をとらないように，iŋ/k しか実現形を持たない場合もある．この梗攝三四等の一字多読については，梗攝二等の場合と同様に，文白異読の現象と考えられる．すなわち，梗攝三四等の広州方言の形式のうち，iŋ/k をとるものは外来の要素であって，粤祖語にまで遡る形式でない蓋然性が高い．「歷」などは広州方言で在来形式が消滅してしまっているが，四会方言（単系統群 B）の形式を参照することで，「歷」が *lic8 ではなく *lɪːək8 に遡ることがわかる．ただし，四会方言（単系統群 B）では声母が j- である場合は，*ɪːəŋ/c と *iŋ/c との対立が中和されてしまう．

なお，「聽」は1声（陰平）の形式と5声（陰去）の形式とが各系統に広く見られる．「聽」が『広韻』で平声（青韻透母．他丁切）と去声（徑韻透母．他定切）の両方の発音を持つ（ただし，字釈に相違あり）という，2通りの再建を支持する事実が存在することから，本書は *tʰɪːən1・*tʰɪːən5 をともに再建した．

表6-66 粤祖語 *ɪːəɲ/c の語（字）例と実現形

	餅 2409	病 2389	名 2413	釘䤿釘 2471	聽 2477	井 2420	頸 2457	輕 2458
広州A	pɛŋ3	pɛŋ6	mɛŋ*; mɪŋ2	tɛŋ1; tɪŋ1	tʰɛŋ1; tʰɪŋ1	tsɛŋ3; tsɪŋ3	kɛŋ3	hɛŋ1; hɪŋ1
順徳A	pɛŋ*	pɛŋ6	mɛŋ*; men2	tɛŋ1	tʰɛŋ1; tʰen5	tsɛŋ3; tsen3	kɛŋ3	hɛŋ1; hen1
四会B	piɐŋ5	piɐŋ6	miɐŋ2	tiɐŋ1	tʰiɐŋ1	tsiɐŋ3	kiɐŋ5	hiɐŋ1
台山B	piaŋ3	piaŋ6	ᵐben2	iaŋ1	hiaŋ1	tiaŋ3	kiaŋ3	hiaŋ1
賀州C	pɛn3	pɛn6	mɛn2	lɛn1	tʰɛn5 <*tʰɪːəɲ5	tɛn3	kɛn3	hɛn1
富川C	pɛŋ3	pɛŋ5	mɛŋ2	lɛŋ1	tʰɛŋ5 <*tʰɪːəɲ5	tɛŋ3	kɛŋ3	xɛŋ1
玉林D	bɛŋ3	pɛŋ6	mɛŋ2	dɛŋ1	tʰɛŋ1	dɛŋ3	kɛŋ3	hɛŋ1
亭子E	pɛŋ3	pɛŋ6	mɛŋ2	tɛŋ1	tʰɛŋ1	tsɛŋ3	kɛŋ3	hɛŋ1
石埠E	pɯn3	pɯn6	mɯn2	tɯn1	tʰɯn5 <*tʰɪːəɲ5	tʃɯn3	kɯn3	hɯn1
粵祖語	*pɪːəɲ3	*bɪːəɲ6	*mɪːəɲ2	*tɪːəɲ1	*tʰɪːəɲ1; *tʰɪːəɲ5	*tsɪːəɲ3	*kɪːəɲ3	*kʰɪːəɲ1

	笛 2485	踢 2479	歷 2492	脊 2423	隻 2444	尺 2446	石 2456	逆 2405
広州A	tɛk8	tʰɛk7b	lɪk8	tsɪk7b; tsɛk7b	tsɛk7b	tsʰɛk7b	sɛk8	jɪk8; ŋak8 (rhyme!)
順徳A	tɛk8	tʰɛk7b	let8	tsɛk7b	tsɛk7b; tset7b	tsʰɛk7b	sɛk8	iet8; ak8 (rhyme!)
四会B	tʰiɐk8	tʰiɐk7b	liɐk8	tsiɐk7b	tsiɐk7b	tsʰiɐk7b	siɐk8	(j)iɐk8
台山B	iap8 (rhyme!)	—	let8	tiak7b	tsiak7b	tsʰiak*	siak*	ⁿgak8 (rhyme!)
賀州C	tɛt8	tʰɛt7a	lɛt8	tsɛt7a	tʃɛt7a	tʃʰɛt7a	ʃɛt8	ŋɛt8
富川C	te6	tʰe1	—	te1	tsie1	tsʰe1	sic6	ŋɛt1
玉林D	tek8a	tʰek7a	lek8a	dek7a	tɕek7a	tɕʰek7a	ɕek8a	ŋek8a
亭子E	tek8b	tʰek7	lek8a	tsek7	tsek7	tsʰek7	sek8b	nek8a
石埠E	tɯt8b	tʰɯt7	lɯt8a	tʃɯt7	tʃɯt7	tʃʰɯt7	ʃɯt8b	nɯt8a; ŋɯt8a
粵祖語	*dɪːəc8	*tʰɪːəc7	*lɪːəc8	*tsɪːəc7	*tsɪːəc7	*tsʰɪːəc7	*zɪːəc8	*ŋɪːəc8?

「輕」は連県方言・陽山方言で kʰiŋ1 であるため，声母に *kʰ- を再建できる．
順徳方言の「名」mɛŋ と「餅」pɛŋ の調値は 35 調．いずれの調類の調値とも異なるため，変調と判断して，表中では調類を表示しない．

次に，合口の場合について検討する．

合口は広州方言などの方言で，一貫して主母音の狭い ɪŋ/k で韻母が実現しており，濱田（2013a）では，梗攝合口三四等に属する語（字）の韻母に *(u)iŋ/c という再建形を与

えている．しかし，広寧方言（単系統群 B）や四会方言（単系統群 B）などの実現形を，曾攝三等や梗攝開口三四等の例と比較するならば，*ɪŋ/c よりもむしろ *ɪːəŋ/c を再建した方が適当であると判断される．

表 6-67 で示した例は，多くの方言で円唇性を示していないが，玉林方言（単系統群 D）や亭子方言（単系統群 E）の実現形から，粤祖語に *w- や唇音化声母を再建することができる．「瓊」は管見の限りにおいて，今日でも円唇性を保存する方言が見当たらない．ただ，広寧方言で「瓊」や「營」，「役」の韻母 ieɐŋ/k は，円唇介音こそ認められないものの，しかし，「頸」の韻母 iɐŋ とは異なる韻母として実現している．広寧方言のこの現象が，「瓊」に *gɪːəŋ2 ではなく *gʷɪːəŋ2 を再建する唯一の根拠である．

表 6-67 梗攝合口三四等字の実現形 (参考：頸（梗攝開口三等）・陵（曾攝開口三等）・域（曾攝合口三等))

語(字)	兄 2515	永 2517	洞 附論1不記載	營 2521	瓊 2520	役 2523	頸 2457	陵 2268	域 2324
広州 A	hɪŋ1	wɪŋ4	kʷɪŋ3	jɪŋ2	kʰɪŋ2	jɪk8	kɛŋ3	lɪŋ2	wɪk8
順徳 A	hen1	uen4	kuen4 (tone!)	ien2	kʰen2	iet8; uet8	kɛŋ3	len2	uak8 (rhyme!)
四会 B	hiɐŋ1	wiɐŋ3 (tone!)	kueɐŋ3	(j)iɐŋ2	kiɐŋ2	(j)iɐk8	kiɐŋ3	lɐŋ2	(w)uɐk7a (tone!)
広寧 B	hiɐŋ1	wiɐŋ6 (tone!)	—	(j)ieɐŋ2	kieɐŋ2	(j)ieɐk8	kiɐŋ3	lɐŋ2	(w)uɐk7a (tone!)
連県 B	hiŋ1	wiŋ4	—	jiŋ2	kiŋ2	(j)iak8 (rhyme!)	kiŋ3	laŋ2	(w)uɛk8
玉林 D	weŋ1	weŋ4	—	weŋ2	keŋ2	ek8a (onset!)	keŋ3	leŋ2	wek8a
亭子 E	βeŋ1	βeŋ4	—	βeŋ2	keŋ2	βek8a	keŋ3	leŋ2	βek8a
粤祖語	*hʷɪːəŋ1	*wɪːəŋ4	*kʷɪːəŋ3	*wɪːəŋ2	*gʷɪːəŋ2	*wɪːəc8	*kɪːəŋ3	*lɪŋ2	*wic8

「洞」は附論 1 に含めていないが，参考までに表に挙げておく．

*ɪːəŋ/k は，韻母が単母音でない方言が多い．また，玉林方言などを除き，大多数の方言で軟口蓋韻尾を保存している（表 6-68）．

*ɪːəŋ/k は主に中古音の宕攝開口三等に対応する．宕攝開口三等のうち，声母が莊組の語（字）は *ɪːəŋ ではなく，*ʊːəŋ が再建される（6.2.2.f)）を参照．具体的には，「莊・創・牀」が宕攝開口三等莊組の例に該当するが，「牀」は例外的に *ɔŋ が再建される）．莊組の語（字）で韻母が前舌性を失っているという粤祖語の特徴は，6.2.2.b) でも言及した．

表 6-68 粤祖語 *ɪːəŋ/k の語（字）例と実現形

	兩兩輛 2053	醬 2064	想 2074	長長短 2087	讓 2126	薑 2131	香 2138	養 2152
広州 A	lœŋ4	tsœŋ5	sœŋ3	tsʰœŋ2	jœŋ6	kœŋ1	hœŋ1	jœŋ4
廉州 A	lɨŋ4	tʃɨŋ5	lɨŋ3	tʃʰɨŋ2	ŋɨŋ6	kɨŋ1	hɨŋ1	jɨŋ3
四会 B	lyɔŋ6	tsyɔŋ5	syɔŋ5	tsyɔŋ2	(j)yɔŋ6	kyɔŋ1	hyɔŋ1	(j)yɔŋ6

台山 B	liaŋ3 (tone!)	tiaŋ1	ɬiaŋ3	tsʰiaŋ2	ŋgiaŋ	kiaŋ1	hiaŋ1	ziaŋ4
賀州 C	liaŋ4	tiaŋ5	θiaŋ3	ʃiaŋ2	ɲiaŋ6	kiaŋ1	hiaŋ1	jiaŋ4
富川 C	liaŋ4	tiaŋ5	siaŋ3	siaŋ2	ɲiaŋ6	kiaŋ1	ɕiaŋ1	iaŋ4
玉林 D	la4	da5	ɬa3	tɕa2	ŋa6	tɕa1 (onset!)	ja1	ja4
亭子 E	liɐŋ4	tsiɐŋ5	ɬiɐŋ3	tsiɐŋ2	ɲiɐŋ6	kiɐŋ1	hiɐŋ1	iɐŋ4
粵祖語	*lɪːəŋ4	*tsɪːəŋ5	*sɪːəŋ3	*dzɪːəŋ2	*ɲɪːəŋ6	*kɪːəŋ1	*hɪːəŋ1	*jɪːəŋ4

	略 2058	雀 2067	削 2076	弱 2128	腳 2132	卻 2133	約 2145	藥 2155
廣州 A	lœk8	tsœk7b	sœk7b	jœk8	kœk7b	kʰœk7b	jœk7b	jœk8
廉州 A	lɛk7a (tone!)	tʃɛk7a	ɬɛk7a	ŋɛk7a	kɛk7a	kʰɛk7a	jɛk7a	jɛk7a (tone!)
四会 B	lyɔk8b	tsyɔk7b	syɔk7b	(j)yɔk8b	kyɔk7b	kʰyɔk7b	(j)yɔk7b	(j)yɔk8
台山 B	liak7a (tone!)	tiak7a	ɬiak7a	ŋgiak8	kiak7b	kʰiak7a	ziak7a	ziak*
賀州 C	liak8	tiak7	θiak7	ɲiak8	kiak7	khiak7	jiak7	jiak8
富川 C	——	tsia1 [sic]			kie1		jo1 [sic]	ie6
玉林 D	la6	da3	ɬa3	ŋa6	tɕa3 (onset!)	kʰa3	ja3	ja6
亭子 E	liɐk8a	tsʰiɐk7 (onset!)	ɬiɐk7	ɲiɐk8a	kiɐk7	kʰiɐk7	iɐk7	iɐk8a
粵祖語	*lɪːək8	*tsɪːək7	*sɪːək7	*ɲɪːək8	*kɪːək7	*kʰɪːək7	*ʔɪːək7	*jɪːək8

f）主母音 *-ʊːə-

*ʊːə は，反り舌声母を持つ語（字）は中古音の遇攝三等（莊組）に，それ以外は果攝合口一等に，それぞれ由来する．遇攝三等は一般に，粵祖語の *y と対応するが，莊組が声母の場合は *ʊːə が再建される（表6-69では，「初・鋤・梳」が該当）．莊組が韻母に前舌性の発生を抑止する現象が，ここにも見出される．

*ʊːə は広州方言（単系統群 A）などでは *ɔ と同様の実現形をとる（ただし牙喉音声母の場合は介音 -w- を伴う）が，横県方言（単系統群 D）や亭子方言（単系統群 E）では狭母音化を起こしている．

横県方言（単系統群 D）は，声調が粵祖語の1～4声か粵祖語の5～6声かに従って，粵祖語 *i, *u, *y が単母音と二重母音のどちらで実現するか，分裂する現象が見られる．横県方言（単系統群 D）で *u は，u（1～4声）と ɔu（5～6声）とに分裂する（6.2.2.j）を参照）．ところが *ʊːə は，単母音化してこそいるものの，声調を原因とする音価の分裂が見られず，唇音，反り舌音，軟口蓋音，声門音では u，その他の声母では y で実現する．この事実は，*ʊːə の単母音化が，声調による韻母の分裂よりも後に発生したことを意味している．

表 6-69 粵祖語 *ʊːə の語（字）例と実現形

	婆 0036	糯 0045	坐 0051	鎖 0055	初 0300	鋤 0303	梳 0305	過 0057	火 0067
広州 A	pʰɔ2	nɔ6	tsʰɔ4; tsɔ6	sɔ3	tʃʰɔ1	tʃʰɔ2	sɔ1	kʷɔ5	fɔ3
廉州 A	pʰo2	no6	tʃʰo3	ɬo3	tʃʰo1	tʃʰo2	ʃo1	ko2	fo3
四会 B	pɔ2	nɔ6	tsʰɔ6; tsɔ6	sa1 (rhyme!)	tsʰɔ1	tsʰɔ2 (onset!)	sɔ1	kuɔ5	fuɔ5
台山 B	pʰᵘɔ2	ⁿdᵘɔ4 (tone!)	tʰᵘɔ4	ɬᵘɔ3	tsʰᵘɔ1	tsʰᵘɔ2	sᵘɔ1	kᵘɔ1	fᵘɔ3
賀州 C	puo2	nø6	θø4	θø3	tʃʰø1	ʃø2	ʃø1	kuo5	fuo3
富川 C	pə2	nø6	sø4	sø3	tsʰø1	sø2	sø1	kuə5	fuə3
玉林 D	pɤ2	nɤ6	tɤ4	ɬœ3 (rhyme!)	tɕʰɤ1 (rhyme!)	tɕɤ2 (rhyme!)	ɕœ1	kuɤ5	wɤ3
横県 D	pu2	ny6	tsy4	ɬy3	tsʰu1	tsu6 (tone!)	su1	ku5	hu3
亭子 E	pu2	nu6	tsu4	ɬu3	tsʰu1	tso2 (rhyme!)	su1	ku5	hu3
粵祖語	*bʊːə2	*nʊːə6	*dzʊːə4	*sʊːə3	*tʂʰʊːə1	*dʐʊːə2	*ʂʊːə1	*kʊːə5	*hʊːə3

*ʊːəi は多くの方言で *ui と合流しているが，仏山方言（単系統群 A）や南寧以西の桂南平話（単系統群 E）が対立を保存している（表 6-70）．また，広州方言（単系統群 A）や四会方言（単系統群 B）など一部の方言で，声母が唇音・軟口蓋音・声門音の語（字）は後舌母音で，それ以外の語（字）は前舌母音で，それぞれ実現する現象が見られる．

なお，「内」の再建形については，6.1.1 にて述べた通りである．

表 6-70 粵祖語 *ʊːəi の語（字）例と実現形

	輩 0541	對 0556	推 0557	罪 0565	雷 0562	內 0561	灰 0569	回 0572
広州 A	pui5	tøy5	tʰøy1	tsøy6	løy2	nɔi6 (rhyme!)	fui1	wui2
仏山 A	pui5	tui5	tʰui1	tsui6	lui2	nɔi6 (rhyme!)	fui1	wui2
四会 B	pui5	toy5	tʰoy1	tsoy6	loy2	noy6	fui1	wui2
台山 B	pᵘɔi1	ui1	tʰui1 (onset!)	tui6	lui2	ⁿdui6	fᵘɔi1	vuɔi2
賀州 C	pui5	lui5	tʰui1	θui4	lui2	nui6	fui1	ui2; uoi2
富川 C	pui5	lui5	tʰui1	sui4	lui2	nui6	fui1	ui2
玉林 D	bui5	dui5	tʰui1	tui4	lui2	nɒi6 (rhyme!)	wui1	wui2
賓陽 復興 D	pui5	tui5	tʰui1	tʃui6	lui2	nui6	hui1	hui2
亭子 E	pui5	tui5	tʰui1	tsui6	lui2	nui6	hui1	βəi2

| 石埠 E | poi5 | toi5 | thoi1 | tsoi6 | loi2 | noi6 | hoi1 | hoi2 |
| 粤祖語 | *pʊ:əi5 | *tʊ:əi5 | *tʰʊ:əi1 | *dzʊ:əi4 | *lʊ:əi2 | *nʊ:əi6 | *hʊ:əi1 | *ɦʊ:əi2 |

　*ʊ:ən/t は単母音を主母音にとる方言が多い．広州方言（単系統群 A）や四会方言（単系統群 B）に加えて玉林方言（単系統群 D）などが，声母の別による実現形の分裂を起こしている．すなわち，声母が唇音・軟口蓋音・声門音の語（字）は後舌寄りの形式で，それ以外の語（字）は前舌寄りの形式で，それぞれ実現する（表 6-71）．

表 6-71　粤祖語 *ʊ:ən/t の語（字）例と実現形

	半 1595	短 1610	暖 1618	算 1625	官 1627	歡 1643	碗 1650	換 1648
広州 A	pun5	tyn3	nyn4	syn5	kun1	fun1	wun3	wun6
四会 B	pun5	tyn5	nyn6	syn5	kun1	kun1	wun5	wun6
台山 B	pᵘɔn6 (tone!)	ᵘɔn3	ⁿdᵘɔn4	ɬᵘɔn1	kᵘɔn1	fᵘɔn1	vᵘɔn3	vᵘɔn6
賀州 C	pun5	lun3	nun4	θun5	kun1	fun1	un3	un6
富川 C	puin5	luin3	nuin4	suin5	kuin1	fuin1	uin3	uin6
玉林 D	bun5	dyn3	nyn4	ɬyn5	kun1	kun1	wun3	wun6
亭子 E	pun5	tun3	nun4	ɬun5	kun1	hun1	un3	βən6
粤祖語	*pʊ:ən5	*tʊ:ən3	*nʊ:ən4	*sʊ:ən5	*kʊ:ən1	*hʊ:ən1	*ʔʊ:ən3	*ɦʊ:ən6

	鉢 1596	潑 1599	末 1607	脫 1612	奪 1617	闊 1641	活 1649
広州 A	put7b	pʰut8 (tone!)	mut8	tʰyt7b	tyt8	fut7b	wut8
四会 B	put7a	pʰut7a	mut8a	tʰyt7a	tyt8a	fut7a	wut8a
台山 B	pᵘɔt*	pʰᵘɔt7a	ᵐbᵘɔt7b (tone!)	hᵘɔt7b	tᵘɔt8 (onset!)	fᵘɔt7b	vᵘɔt8
賀州 C	put7a	pʰut7a	mut8	tʰut7a	tut8	fut7a	ut8
富川 C	pəl	pʰəl	mo6 (rhyme!)	tʰəl	——	fuəl	uə6
玉林 D	but7a	pʰut7a	mɒt8b (rhyme!)	tʰyt7a	tyɛt8b	wut7a	wuɔt8b
亭子 E	put7	pʰut7	mut8a	tʰut7	tut8b	hut7	βət8b
粤祖語	*pʊ:ət7	*pʰʊ:ət7	*mʊ:ət8	*tʰʊ:ət7	*dʊ:ət8	*hʊ:ət7	*ɦʊ:ət8

　*ʊ:əŋ/k は，反り舌声母を持つ語（字）は主に中古音の宕攝開口三等（莊組）に，それ以外は宕攝合口一三等に，それぞれ由来する．

　反り舌音を声母に持つ語（字）は，多くの方言で *ɔŋ/k と合流を起こしているが，横県方言（単系統群 D）や，霊山県の横州話（黄昭艶 2006．霊山方言（謝建猷 2007）とは別）のみが，*ɔŋ/k と異なる主母音をとっており，両方言で *ɔŋ/k が aŋ/k で実現しているのに

対して，*ʊ:əŋ は ɔŋ/k で実現する（表 6-72）．下の表では，宕攝開口三等（莊組）の語（字）として「莊・創・牀」の 3 字を挙げたが，このうち「牀」は横県方言でも霊山県の横州話でも，一貫して saŋ2 で実現する．この事実は，中古音との対応関係に反して，「牀」は *ʊ:əŋ でなく *ɔŋ を韻母に再建すべきであることを意味している．

　反り舌以外の声母を持つ語（字）は，横県方言や，賀州方言（単系統群 C），亭子方言（単系統群 E）など，複数の方言で *ɔŋ/k と異なる主母音をとっている．

表 6-72　粤祖語 *ʊ:əŋ/k の語（字）例と実現形

	莊 2092	創 2097	雙 2211	方 2171	光 2158	黃 2168	國 2321	参考：牀 2098
広州 A	tsɔŋ1	tsʰɔŋ5	sœŋ1 <*ʂɪːəŋ1	fɔŋ1	kʷɔŋ1	wɔŋ2	kʷɔk7b	tsʰɔŋ2
廉州 A	tʃɛŋ1	tʃʰɪŋ2 (rhyme!)	ʃoŋ1 (rhyme!)	foŋ1	kvoŋ1	voŋ2	kvok7b	ʃɛŋ2
四会 B	tsɔŋ1	tsʰɔŋ5	syɔŋ1 <*ʂɪːəŋ1	fɔŋ1	kuɔŋ1	(w)uɔŋ2	kuɔk7b	tsɔŋ2
台山 B	tsɔŋ1	tsʰɔŋ3 (tone!)	sɔŋ1 <*ʂʊːəŋ1	fɔŋ1	kɔŋ1	vɔŋ2	kɔk7a	tsʰɔŋ2
賀州 C	tʃøŋ1	tʃʰøŋ5	ʃøŋ1 <*ʂʊːəŋ1	fuoŋ1	kuoŋ1	uoŋ2	kuok7a	ʃøŋ2
富川 C	tsiaŋ1	tsʰiaŋ5	siaŋ1	faŋ1	kuaŋ1	uaŋ2	kuə1	siaŋ2
玉林 D	tɕuɔŋ1	tɕʰuɔŋ5	ɕuɔŋ1 <*ʂʊːəŋ1	fuɔŋ1	kuɔŋ1	wuɔŋ2	kuɔk7b	ɕuɔŋ2
横県 D	——	tsʰɔŋ5	sɔŋ1	fɔŋ1	kɔŋ1	wɔŋ2	kɔk7b	saŋ2
亭子 E	tsaŋ1	tsʰaŋ5	soŋ1 (rhyme!)	foŋ1	koŋ1	hoŋ2	kok7	saŋ2
粤祖語	*tʂʊ:əŋ1	*tʂʰʊ:əŋ5	*ʂɪ:əŋ1; *ʂʊ:əŋ1	*fʊ:əŋ1	*kʊ:əŋ1	*ɦʊ:əŋ2	*kʊ:ək7	*dʐɔŋ2
参考：霊山横州話	tsɔŋ1	tsʰɔŋ5	sɔŋ1	fɔŋ1	kɔŋ1	wɔŋ2	kɔk7b	saŋ2

g）主母音 *-ɤ:ə-

　濱田（2013a）では「靴」を根拠として *ɤ:ə が粤祖語の韻母として存在する可能性に言及したが，語（字）例の少なさなどの理由で判断を保留していた．しかし，「靴」以外にも，わずかながら *ɤ:ə を再建できる語（字）がある．本書は，*ɤ:ə の存在を粤祖語に認めることは妥当と判断する（表 6-73）．

　「靴」は広州方言にて hœ1 で実現し，明らかに *ɪ:ə や *ɛ:ə などのほかの実現形式と異なる韻母を有している．「茄」（果開三）は，香港新界方言（詹伯慧 1987）では kʰœ3，陽山方言では kœ2 という，円唇性を帯びた形式で実現する現象が観察される．また，「朶」も果攝合口一等（粤祖語では一般に *ʊ:ə）ではあるものの，広州方言などで前舌寄りの œ で実

現している．これらの語（字）には *ɣːə を再建する．

なお，「靴」のほかに「瘸」もまた果攝合口三等に属しているが，その常用性の低さゆえに，本書では粤祖語の再建形を与えていない．また，広州方言で「鋸」が ky5 のほかに kœ5 をとることも知られているが（李榮 1998 など），本書では目下「鋸」に *ky5 のみを再建している．今後，他のさまざまな系統で *kɣːə5 に遡り得る形式が見出されれば，*kɣːə5 を「鋸」の第二の再建形として追加できる可能性がある．

表 6-73　粤祖語 *ɣːə の語（字）例と実現形

	朵 0041	茄 0027	靴 0073
広州 A	tœ3<*tʏːə3 tɔ3<*tʊːə3	kʰɛ2<*gɪːə2	hœ1
陽山 B	tɔ3<*tʊːə3	kœ2<*gʏːə2	kʰœ1
台山 B	u3 (rhyme!)	kʰiɛ2	hiɛ1
賀州 C	lø3<*tʊːə3	kia2<*gɪːə2	hiø1
玉林 D	dɤ3	kɛ2<*gɪːə2	hɤ1
亭子 E	tu3<*tʊːə3	ke2<*gɪːə2; ki2<*gɪːə2	hø1
粤祖語	*tʏːə3; *tʊːə3	*gʏːə2; *gɪːə2	*hʏːə1

亭子方言の「茄」はともに *gɪːə2 に由来する語形．亭子方言は粤祖語 *ɪːə に e～i の揺れあり．

*ɣːən/t は多くの方言で単母音化して yn/t で実現するが，前舌性を喪失したり（昭平方言（単系統群 C）など），円唇性を喪失したり（霊山方言（単系統群 D）など）する方言も存在する（表 6-74）．

表 6-74　粤祖語 *ɣːən/t の語（字）例と実現形

	全 1671	宣 1674	川 1684	專 1682	船 1688	絹 1693	軟 1690	遠 1736
広州 A	tsʰyn2	syn1	tsʰyn1	tsyn1	syn2	kyn5	jyn4	jyn4
四会 B	tsyn2	syn1	tsʰyn1	tsyn1	syn2	kyn5	jyn6	jyn6
台山 B	tʰun2	łun1	tsʰun1	tsun1	suɔn2 (rhyme!)	kun1	ᵑgun1 (tone!)	zᵘɔn3 (tone!)
賀州 C	θun2	θun1	tʃʰyn1	tʃyn1	ʃyn2	kyn1	ŋyn4	yn4
富川 C	suin2	——	tsʰyn1	tsyn1	syn2	kyn1	ŋyn4	yn4
昭平 C	fun2	fun1	tsʰun1	tsun1	sun2	kun1	ɲiun4	iun4
玉林 D	tyn2	łyn1	tɕʰyn1	tɕyn1	ɕyn2	kyn5	ŋyn4	jyn4
霊山 D	tʃʰun2 (rhyme!)	łin1	tʃʰin1	tʃin1	ʃin2	kin4 (tone!)	ɲin4	in4
亭子 E	tsyn2	łyn1	tsʰyn1	tsyn1	syn2	kyn6	ɲyn4	yn4
粤祖語	*dʑʏːən2	*sʏːən1	*tʂʰʏːən1	*tʂʏːən1	*zʏːən2	*kʏːən1; *kʏːən5	*ŋʏːən4	*jʏːən4

	絶 1673	雪 1676	說 1689	決 1740	月 1730	粤 1739	血 1744	穴 1748
広州 A	tsyt8	syt7b	syt7b	kʰyt7b	jyt8	jyt8	hyt7b	jyt8
四会 B	tsyt8a	syt7a	syt7b (tone!)	kʰyt7b (tone!)	jyt8a	jyt8a	hyt7a	jyt8a
台山 B	tut8	ɬut7a	sᵘɔt7a (rhyme!)	kʰut7a	ᵑgut8	zᵘɔt8	hut7b	zᵘɔt8
賀州 C	θut8	θuɬ7a	ʃyt7a	kʰyt7a	ŋyt8	yt8	hyt7a	hit7a [sic]
富川 C	tsø6 [sic]	sə1	——	kø6 [sic]	ŋie6	ie6	ɕie1	ie1 (tone!)
昭平 C	fut8	fut7	sut7	kʰut7	ŋiut8	iut8	hut7	iut8
玉林 D	tyɛt8b	ɬyt7a	ɕyt7a	kʰyt7a	ŋyɛt8b	jyɛt8b	jyt7a	jyɛt8b
霊山 D	tʃʰit8	ɬit7	ʃit7	kʰit7	ŋit8	it8	ʔit7	it8
亭子 E	tsyt8b	ɬyt7	syt7	kʰyt7	*ŋyt8a	yt8a	hyt7	yt8b
粤祖語	*dʑʏːət8	*sʏːət7	*ʂʏːət7	*kʰʏːət7	*ŋʏːət8	*jʏːət8	*hʏːət7	*ɦʏːət8

h) *ɿ・*ʅ

*ɿ および *ʅ は摩擦成分を伴った舌尖母音（apical vowel）であり，介音要素や韻尾を伴うことがない．*ɿ は歯茎破擦音・摩擦音と，*ʅ は反り舌破擦音・摩擦音とのみ，それぞれ共起する（表 6-75・表 6-76）．*ɿ と *ʅ は互いに相補分布の関係にあり，音韻的には同一の韻母と解釈し得る．

広州方言で「四」「死」といった語（字）が sei で実現しているのは，その常用性の高さに起因する，不規則的音変化の結果と考えられる．「使」もまた広州方言で sei3 という不規則的な韻母の形式をとるが，これは「使」が「唔使」（「～しなくてよい」．中国標準語の「不用」に相当）という，使用頻度の極めて高い助動詞にも用いられる形態素であることと関係があると考えられる．

表 6-75　粤祖語 *ɿ の語（字）例と実現形

	資 0667	子 0705	刺 0615	次 0670	詞 0713	字 0708	死 0675	四 0676
広州 A	tsi1	tsi3	tsʰi5	tsʰi5	tsʰi2	tsi6	sei3 (rhyme!)	sei5 (rhyme!)
四会 B	tsi1	tsi3	tsʰi5	tsʰi5	tsi2	tsi6	sɐi3 (rhyme!)	si5
台山 B	tu1	tu3	ɬuɔ1 (rhyme!)	ɬu1	ɬu2	tu6 (onset!)	ɬei3 (rhyme!)	ɬei1 (rhyme!)
賀州 C	ti1	ti3	tʰi5	tʰi5	θi2	θi6	θi3	θi5
桂平 C	θi1	θi3	tʰi5	tʰi5	θi2	θi6	θi3	θi5
玉林 D	di1	di3	tʰi5	tʰi5	ti2	ti6	ɬi3	ɬi5
亭子 E	tsi1	tsi3	tsʰi5	tsʰi5	tsi2	tsi6	ɬi3	ɬi5
粤祖語	*tsɿ1	*tsɿ3	*tsʰɿ5	*tsʰɿ5	*dʑɿ2	*dʑɿ6	*sɿ3	*sɿ5

表 6-76　粤祖語 *ʵ の語（字）例と実現形

	廁 0720	師 0679	使 0725	史 0726	駛 0727	柿 0723	事 0724	士 0721
広州 A	tsʰi5	si1	sɐi3; si3	si3	sɐi3	tsʰi* (onset!)	si6	si6
四会 B	tsʰi5	si1	sai5; si5	si5	sai5	si6	si6	si6
台山 B	ɬu1	ɬu1	ɬu3	ɬu3	ɬuoi3 (rhyme!)	si4 [sic]	ɬu6	ɬu6
賀州 C	tʃʰak7b	ʃi1	ʃoi3	ʃoi3	ʃoi3	ʃoi4	ʃi6	ʃi4
桂平 C	tʰi5	θu1	ɕɐi3	ɕɐi3	ɕɐi3	ɕɐi6;ɕi4 (rhyme!)	θu6; θ76	θu4; θy4
玉林 D	tɕʰak7a	ɕi1	ɕai3	ɕi3	ɕi3	ɕi6	ɕi6	ɕi6
亭子 E	tsʰi5	səi1	səi3	səi3	səi3	səi6	səi6	səi6
粤祖語	*tʂʰɛk7; *tʂʰʵ5	*ʂʵ1	*ʂʵ3	*ʂʵ3	*ʂʵ3	*ʐʵ4	*ʐʵ6	*ʐʵ4

i) 主母音 *-i-

*i は歯茎破擦音・摩擦音以外の声母と共起しており，*i と *ʵ は相補分布の関係にある（表 6-77）．一方，*i は反り舌声母とは共起するため，*i と *ʵ は相補分布の関係でなく，例えば「詩」*ʂi1 と「師」*ʂʵ1 のように，互いにミニマルペアをなす．*i は広州方言（単系統群 A）など，二重母音化している方言が少なくない．横県方言は，6.2.2.f) でも述べたように，5 声と 6 声とで，*i の二重母音化が発生する．

表 6-77　粤祖語 *i の語（字）例と実現形

	皮 0605	你 0699	地 0661	指 0682	詩 0736	騎 0636	記 0747	希 0772	衣 0774
広州 A	pʰei2	nei4	tei6	tsi3	si1	kʰei2; kʰɛ2	kei5	hei1	ji1
四会 B	pɐi2	nɐi6	ti6	tsi5	si1	ke2 <*gɪːə2	ki5	hi1	ji1; ɐi1
台山 B	pʰi2	ⁿdei1 (tone!)	ei6	tsi3	si1	kʰei2	kei1	hei1	zi1
賀州 C	pi2	ni4	ti6	tʃi3	ʃi1	ki2	ki5	hi1	i1
玉林 D	pi2	ni4	ti6	tɕi3	ɕi1	ki2	ki5	hi1	ji1
横県 D	pi2	nɐi4 (rhyme!)	tɐi6	tsi3	si1	ki2	kɐi5	hi1	i1
亭子 E	pi2	ni4	ti6	tsi3	si1	ki2	ki5	hi1	i1
粤祖語	*bi2	*ni4	*di6	*tsi3	*ʂi1	*gi2; *gɪːə2	*ki5	*hi1	*ʔi1

*iu は多くの方言で主母音の開口度が大きくなり，*ɐu と同一の形式で現れる（表 6-78）．ただし，新興方言（単系統群 A）や賓陽県の諸方言（単系統群 D）のように *iu と *ɐu が互

いに異なる韻母で実現している例や，賀州方言（単系統群 C）のように韻母自体の形式は合流していても，*iu と共起する軟口蓋音声母に口蓋化（破擦音化）が発生しているために，*kiu と *kɐu との対立が保存されている例もある．

表 6-78　粤祖語 *iu の語（字）例と実現形

	流 1094	扭 1093	酒 1102	手 1135	九 1147	舊 1156	憂 1160	右 1167
広州 A	lɐu2	nɐu3	tsɐu3	sɐu3	kɐu3	kɐu6	jɐu1	jɐu6
新興 A	lu2	nu3	tsu3	su3	ku3	ku6	(j)io1	(j)io6
四会 B	lau2	nau5	tsau5	sau5	tsau5	kau6	(j)iɐu1 (rhyme!)	(j)iɐu6
台山 B	liu2	ⁿdiu3	tiu3	siu3	kiu3	kiu6	ziu1	ziu6
賀州 C	lou2	nou3	tou3	ʃou3	tʃou3	tʃou6	iou1	iou6
玉林 D	lau2	nau3	dau3	ɕau3	tɕau3	tɕau6	jau1	jau6
亭子 E	ləu2	nəu3	tsəu3	səu3	kəu3	kəu6	iəu1	iəu6
賓陽 復興 D	ləu2	nəu3	tʃəu3	ʃəu3	tʃəu3	tʃəu6	jəu1	jəu6
粤祖語	*liu2	*niu3 *niu4	*tsiu3	*ʂiu3	*kiu3	*giu6	*ʔiu1	*jiu6

*im/p も *iu と同様に，多くの方言で主母音の開口度が大きくなっている（表 6-79）．広州方言（単系統群 A）において *im/p は ɐm/p で実現し，*ɔm/p と合流を起こしている．また，*iu と同様に，いくつかの方言で軟口蓋音声母の口蓋化が観察される．

表 6-79　粤祖語 *im/p の語（字）例と実現形

	林 1329	尋 1339	心 1338	針 1344	深 1348	金 1357	妗母舅母 1367	飲 1373
広州 A	lɐm2	tsʰɐm2	sɐm1	tsɐm1	sɐm1	kɐm1	kʰɐm4	jɐm3
四会 B	lɐm2	tsɐm2	sɐm1	tsɐm1	sɐm1	kɐm1	tsɐm6 (onset!)	(j)iɐm5
台山 B	lim2	tʰim2	ɬim1	tsim1	sim1	kim1	kʰim4	ⁿgim3
賀州 C	lom2	θom2	θom1	tʃom1	ʃom1	tʃom1	tʃom4	iom3
玉林 D	lam2	tam2	ɬam1	tɕam1	ɕam1	tɕam1	tɕam6	ŋam3
賓陽 復興 D	ləm2	tʃəm2	ɬəm1	tʃəm1	ʃəm1	tʃəm1	tʃəm4	ŋəm3
亭子 E	ləm2	tsəm2	ɬəm1	tsəm1	səm1	kəm1	kəm6	ɲəm3
粤祖語	*lim2	*dzim2	*sim1	*tʂim1	*ʂim1	*kim1	*gim4	*ɲim3; *ʔim3

	立 1331	習 1340	汁 1347	濕 1352	十 1353	入 1355	急 1361
広州 A	lɐp8	tsap8 (rhyme!)	tsɐp7a	sɐp7a	sɐp8	jɐp8	kɐp7a

四会 B	lɐp8a	tsɐp8a	tsɐp7a	sɐp7a	sɐp8a	(j)iɐp8	kɐp7a
台山 B	lip8	tip8	tsip7a	sip7a	sip8	zip8 (onset!)	kip7a
賀州 C	lop8	θop8	tʃop7a	ʃop7a	ʃop8	ɲiop8	tʃop7a
玉林 D	lap8a	tap8a	tɕap7a	ɕap7a	ɕap8a	ŋap8a	tɕap7a
賓陽復興 D	ləp8	tʃəp8	tʃəp7a	ʃəp7a	ʃəp8	ɲəp8	tʃəp7a
亭子 E	ləp8a	tsəp8b	tsəp7	səp7	səp8b	ɲəp8a	kəp7
粤祖語	*lip8	*dʑip8	*tsip7	*ɕip7	*zip8	*ɲip8	*kip7

*in/t も *iu や *im/p と同様に，多くの方言で主母音の開口度が大きくなっており，*in/t と *ɐn/t が合流する方言が多い．軟口蓋音声母の口蓋化は，少数の方言で発生している（賀州方言 C など）．

*in/t の再建にまつわる重要な問題として，臻攝開口三等の一部の語（字）が円唇性を伴って実現する現象を挙げられる．臻攝開口三等は，本来粤祖語 *in/t に対応する．しかし，一部の臻攝開口三等字が，広州周辺の諸方言（単系統群 A）および四邑片（単系統群 B）で，臻攝開口三等字の一部が円唇性を帯びた韻母で実現する現象が見られる．臻攝開口三等字は開口なので，中古音においても韻母は円唇性を持たない．

表 6-80 臻攝開口三等字に見られる不規則的実現形を持つ語（字）例 （参考：連県方言，賓陽復興方言，玉林方言，石埠方言）

	粤祖語	広州 A	楽昌 A	台山 B	連県 B	賓陽復興 D	玉林 D	石埠 E
津 1774	?	tsøn1!	tsen1	tsun1!	tsɐn1	tʃɐn1	dan1	tʃen1
鱗 1772	?	løn2!	lœn2!	lin2	lɐn2	lən2	lan2	len2
栗 1773	?	løt8!	lœt8!	løt8!	lɐt8	lət8	lat8a	let8a
信 1786	?	søn5!	sun5!	ɬin5	sɐn5	ʃən5	ɬan5	ʃen5
筍 1898	*sun3	søn3	sœn3!	ɬun3	sɐn3	ʃən3	ɬan3	ɬun1
輪 1893	*lun2	løn2	lun2	lun2	lɐn2	lən2	lan2	len2!
孫 1871	*sɔn1	syn1	syn1	ɬun1	syn1	ɬun1	ɬyn1	ɬon1
新 1784	*sin1	sɐn1	sɐn1	ɬin1	sɐn1	ɬən1	ɬan1	ɬen1

南寧の石埠方言は「津」「鱗」「栗」「信」が韻母 *in/t を有していたことを示しているが，広州方言はこれらの 4 字が *in/t を反映しない実現形を有する（表 6-80）．台山方言は実現形が必ずしも揃わないが，地理的に考えて広州方言からの影響関係を考慮する必要があろう．

もしこれらの臻攝開口三等字に *ɔn/t を再建するならば，いずれの地点でもこれらの実現形が *uːən/t と合流を見せていないことを説明し難い．粤祖語の一部の娘言語でこれらの語（字）が idiosyncratic に *un/t へと韻母を合流させたと考えざるを得ない．

楽昌方言（詹伯慧 1994．本書での系統推定には用いていないが，単系統群 A に属する）の実

現形は実に示唆的である．広州方言では臻攝合口一等および臻攝合口三等を中心に øn/t という韻母が観察されるが，楽昌方言で臻攝合口三等は un/t が主要な実現形となっている（ただし，権威変種である広州方言の影響や，常用性の低い語（字）を含むゆえか，必ずしも実現形が一定しない）．これは *ɔn/t（非牙喉音）と *un/t の対立を保存する現象と考えられるが，楽昌方言では *ʊːn/t は歯茎摩擦音 *s-と共起すると yn/t で実現するので，この楽昌方言で「信」が sun5 で実現するという言語事実は，「信」に *sʊːən5 を再建できないことを示している．また，これらの不規則的な臻攝開口三等字に *ɔn/t を韻母として再建することもまた難しい．

以上より，広州方言で *un/t と *in/t との間で混乱が起きた結果，øn/t と ɐn/t とが語（字）ごとに固定されたと考えるのが目下妥当であると本書は結論づける（表 6-81）．

表 6-81 粤祖語 *in/t の語（字）例と実現形

	賓 1759	鱗 1772	津 1774	新 1784	眞 1798	人 1817	筋 1836	印 1830
広州 A	pɐn1	løn2 (rhyme!)	tsøn1 (rhyme!)	sɐn1	tsɐn1	jɐn2	kɐn1	jɐn5
楽昌 A	pɐn1	lœn2 (rhyme!)	tsɐn1	sɐn1	tsɐn1	iɐn2	kɐn1	iɐn5
四会 B	pɐn1	lɐn2	tsɐn1	sɐn1	tsɐn1	(j)iɐn2	kɐn1	(j)ɐn5
連県 B	pɐn1	lɐn2	tsɐn1	sɐn1	tsɐn1	ȵiɐn2	kɐn1	(j)iɐn5
台山 B	pin1	lin2	tsun1 [sic]	ɬin1	sin1	ŋgin2	kin1	zin1
賀州 C	puon1	luon2	tuon1	θuon1	tʃuon1	ȵion1; ȵion2	tʃuon1	ion5
玉林 D	ban1	lan2	dan1	ɬan1	tɕan1	ɲan2	kan1; tɕan1	jan5
賓陽 復興 D	pən1	lən2	tʃən1	ɬən1	tʃən1	ȵən2	kən1	jən5
亭子 E	pɐn1	lɐn2	tsɐn1	ɬɐn1	tsɐn1	ɲɐn2	kɐn1	ɐn5
石埠 E	pɛn1	lɛn2	tʃɛn1	ɬɛn1	tʃɛn1	ŋɛn2	kɛn1	ɛn5
粤祖語	*pin1	*lin2	*tsin1	*sin1	*tsin1	*ȵin2	*kin1	*ʔin5

	筆 1761	失 1810	實 1805	七 1778	日 1822	吉 1825	逸 1834	一 1832
広州 A	pɐt7a	sɐt7a	sɐt8	tsʰɐt7a	jɐt8	kɐt7a	jɐt8	jɐt7a
楽昌 A	pɐt7a	sɐt7a	sɐt8	tsʰɐt7a	iɐt8	kɐt7a	iek8 (rhyme!)	iɐt7a
四会 B	pɐt7a	sɐt7a	sɐt8a	tsʰɐt7a	(j)iɐt8a	kɐt7a	(j)iɐt8a	(j)iɐt7a
連県 B	pɐt7a	ʂɐt7b (tone!)	ʂɐt8	tsʰɐt7a	ȵiɐt8	kɐt7a	(j)iɐt8 (rhyme!)	(j)iɐt7a
台山 B	pit7a	sit7a	sit8	tʰit7a	ŋgit8	kit7a	zit8	zit7a
賀州 C	puot7a	ʃuot7a	ʃuot8	tʰuot7a	ȵiot7a; ȵiot8	tʃuot7a	iot8	iot7a

玉林 D	bat7a	ɕat7a	ɕat8a	tʰat7a	ŋat8a	kat7a	jat8a	jat7a
賓陽 復興 D	pət7a	ʃət7a	ʃət8	tsʰət7a	ɲət8	kət7a	jət8	jət7a
亭子 E	pət7	sət7	sət8b	tsʰət7	ɲət8a	kət7	iət7 (tone!)	ət7
石埠 E	pɐt7	ʃɐt7	ʃɐt8b	tʃʰɐt7	ɲɐt8a	kɐt7	jɐt8a	ɐt7
粵祖語	*pit7	*ṣit7	*ẓit8	*tsʰit7	*ɲit8	*kit7	*jit8	*ʔit7

*iŋ/c は *iu や *im/p, *in/t と比べると，比較的狭い主母音で実現する方言が多い（表 6-82）．また，単系統群 C・D・E では *iŋ/c と *ɪːəŋ/c が完全に合流を起こしている．なお，*iu や *im/p, *in/t と違って，*iŋ/c には声母の口蓋化現象が観察されない．

表 6-82 粵祖語 *iŋ/c の語（字）例と実現形

	陵 2268	證 2286	稱稱呼 2290	昇 2298	興興旺 2310	卽 2272	息 2273	食 2296
広州 A	lɪŋ2	tsɪŋ5	tsʰɪŋ1	sɪŋ1	hɪŋ1	tsɪk7a	sɪk7a	sɪk8
四会 B	leŋ2	tseŋ5	tsʰeŋ1	seŋ1	(j)ieŋ1	tsek7a	sek7a	sek8a
台山 B	len2	tsen1	tsʰen1	sen1	hen1	tet7a	ɬet7a	set8
賀州 C	——	tʃɛn5	tʃʰɛn1	ʃɛn1	hɛn1	tɛt7a	θɛt7a	ʃɛt8
玉林 D	leŋ2	tɕeŋ5	tɕʰeŋ1	ɕeŋ1	heŋ1	dek7a	ɬek7a	ɕek8a
賓陽 復興 D	ləŋ2	tʃəŋ5	tʃʰəŋ1	ʃəŋ1	həŋ1	tʃək7a	ɬək7a	ʃək8
亭子 E	leŋ2	tseŋ5	tsʰeŋ1	seŋ1	heŋ1	tsek7	ɬek7	sek8b
粵祖語	*liŋ2	*tṣiŋ5	*tṣʰiŋ1	*ṣiŋ1	*hiŋ1	*tsic7	*sic7	*ẓic8

四会方言「興」は詹伯慧 1998: 410 が調値を 32 と誤記．四会方言に 32 調の声調は無く，調値 42 を誤ったものと判断した．

j) 主母音 *-u-

*u は多くの方言で u で実現する（表 6-83）．広州方言（単系統群 A）等では，軟口蓋音・声門音・唇歯音・w-以外の声母を伴うとき，二重母音化して ou で実現する．横県方言は，6.2.2.f) でも述べたように，5 声と 6 声とで，*u の二重母音化が発生する．

南寧以西の桂南平話（単系統群 E）では，*u が ua（唇音）・ɔ（それ以外）或はそれに準ずる形式で実現する現象が見られる．粵祖語 *u に対応する中古音の遇攝一等の推定音価は o であるが（平山 1967: 147），しかし南寧以西の桂南平話の形式は中古音の形式を保存したものではないと考えられる（第 4 章第 2 節を参照）．

なお，「數」は遇攝三等の生母（莊組）字であるが，*uːə ではなく，*u が再建される．この現象は，粵祖語の成立過程を考えるうえで興味深い．粵祖語の再建形が決定できる遇攝三等字のうち，虞韻の莊組字は「數」のみであり，その他の莊組字は魚韻に属している．中古音と粵祖語との間において，莊組が韻母の前舌性を喪失せしめていることについては再三言及してきたが，もし莊組が遇攝についても前舌性の喪失現象を引き起こしていると

したら，「數」と魚韻莊組字とで実現形が一致しない事実は，中古音と粵祖語との間の音変化の順序を考察するうえで重要な情報をもたらす可能性がある．すなわち，莊組字の前舌性喪失が魚・虞韻の合流に先立って発生した可能性が，「數」の実現形の問題から示唆される．「數」についてのこれ以上の議論は，稿を改めて行いたい．

表 6-83 粵祖語 *u の語（字）例と実現形

	普 0185	母 1041	父 0349	做 0236	數名詞 0373	古 0247	五 0264	芋 0393
広州 A	pʰou3	mou4	fu6	tsou6 (tone!)	sou5	ku3	ŋ4	wu6
四会 B	pʰɐu3	mɐu6	fu6	tsu5	su3	ku5	ŋ6	vu4 (tone!)
台山 B	pʰu3	ᵐbu4	fu6	tu1	su1	ku3	ŋ3; m3 (tone!)	wu6
賀州 C	pʰu3	mu4	pu4	tu5	ʃy5 (rhyme!)	ku3	ŋ5 (tone!)	u6
玉林 D	pʰu3	mu4	fu6	du5	ɕu5	ku3	ŋ4	wu6
横県 D	pʰu3	mu4	fɔu6	tsɔu5	sɔu5	ku3	ŋu4	hɔu6
亭子 E	pʰu3	mu4	fu6	tsu5	su5	ku3	ŋ4	y6 (rhyme!)
石埠 E	pʰu3	mɐu4	fɐu6; fu6	tʃo5	ʃo5	ko3	ŋo4	hʊi6 (rhyme!)
粵祖語	*pʰu3	*mu4	*bu4; *vu4	*tsu5	*ʂu5	*ku3	*ŋu4	*ɦu6

*ui は，*ʊːəi と合流している方言が多い．*ui は声母が牙喉音か否かで，各地点の実現形がはっきり分かれている．牙喉音の場合，主母音自体は円唇性を失い，新たに生じた介音にその円唇性が保存されている．牙喉音以外の声母をとる場合，一般に ui で実現するか，あるいは一部の方言で前舌化し øy などの形で実現している（表 6-84）．

なお，「最」や「檕」は蟹攝合口一等字なので，中古音との対応からは韻母の再建形として *ʊːəi が期待されるが，しかし実際には，仏山方言（単系統群 A）や亭子方言（単系統群 E）などの実現形を根拠として，*ui が再建される．

「水」は四会方言（単系統群 B）や賓陽県の諸方言（単系統群 D）など，いくつかの地点で不規則的な実現形をとる．「水」は常用性のきわめて高い語（字）であり，これらの実現形が何らかの特別な起源を有している可能性も否定し難いが，本書では粵祖語に *ʂui3 のみを認めることとし，不規則的な実現形は例外的音変化によるものと解釈しておく．

表 6-84 粵祖語 *ui の語（字）例と実現形

	水 0813	最 0575	歳 0592	吹 0782	涙 0799	檕極困 0563	鬼 0836	揮 0838	位 0820
広州 A	søy3	tsøy5	søy5	tsʰøy1	løy6	løy6	kʷɐi3	fɐi1	wɐi6

仏山 A	soey3	tsoey5	soey5	tsʰoey1	loey6	loey6	kuɐi3	fɐi1	(w)uɐi6
四会 B	sui5 (rhyme!)	tsoy5	soy5	tsʰoy1	loy6	loy6	kuai5	fai1	(w)uɐi6
台山 B	sui3	tui1	ɬui1	tsʰui1	lui6	lui6	kei3	fei1	vei6
賀州 C	ʃui3	tui5	θui5	tʃʰui1	lui6	——	kuoi3	fi1 (rhyme!)	uoi6
玉林 D	ɕui3	dui5	ɬui5	tɕʰui1	lui6	lui6	kuai3	kʰuai1 (onset!)	wai6
賓陽 復興 D	ʃø3 (rhyme!)	tʃui5	ɬui5	tʃʰui1	lui6	lui6	kuəi3	wəi1	wəi6
亭子 E	sui3	tsui5	ɬui5	tsʰui1	lui6	lui6	kuəi3	kʰuəi1 (onset!)	βəi6
石埠 E	ʃui3	tʃui5	ɬui5; ɬoi5	tʃʰui1	loi6 (rhyme!)	lui6	kui3	kʰui1 (onset!)	wui6
粵祖語	*ʂui3	*tʂui5	*sui5	*tʂʰui1	*lui6	*lui6	*kui3	*hui1	*wui6

　*un/t は *ui と同様に，声母が軟口蓋音・声門音とそれ以外とで，実現形式が分裂している方言が多い（表6-85）．*un/t は多くの方言で主母音の非円唇母音化が発生しているが，広州方言（単系統群 A）や台山方言（単系統群 B）などでは円唇性が保存されている．石埠方言（単系統群 E）では円唇性が失われているが，*in/t との対立は保存されている．

表6-85　粵祖語 *un/t の語（字）例と実現形

	輪 1893	準 1906	順 1913	軍 1947	熏 1953	律 1894	出 1910
広州 A	løn2	tsøn3	søn6	kʷen1	fen1	løt8	tsʰøt7a
楽昌 A	lun2	tsun3	sun5 (tone!)	kuɐn1	fɐn1	lyt8 (rhyme!)	tsʰyt7a (rhyme!)
四会 B	lɐn2	tsɐn5	sɐn6	kuɐn1	fɐn1	lɐt8a	tsʰɐt7a
連県 B	lɐn2	tʂɐn3	ʂɐn6	kuɐn1	fɐn1	lot8	tʂʰɐt7a
台山 B	lun2	tsun3	sun6	kun1	fun1	lut8	tsʰut7a
賀州 C	luon2	tʃuon3	ʃuon6	kuon1	fuon1	luot8	tʃʰuot7a
玉林 D	lan2	tɕan3	ɕan6	kuan1	wan1	lat8a	tɕʰat7a
賓陽 復興 D	lən2	tʃən3	ʃən6	kən1; kuən1	wən1	lət8	tʃʰət7a
亭子 E	lən2	tsən3	sən6	kuən1	βən1	lət8a	tsʰən3 [sic]
石埠 E	lɐn2 (rhyme!)	tʃun3	ʃun5 (tone!)	kwun1	wun1	lɐt8a (rhyme!)	tʃʰut7
粵祖語	*lun2	*tʂun3	*ʐun6	*kun1	*hun1	*lut8	*tʂʰut7

　*uŋ/k は通攝（*yŋ/k が再建される語（字）を除く）と対応する．通方言的に実現形式が安定しており，「円唇後舌の主母音＋軟口蓋韻尾」の形式で実現するのが一般的である．中には，前舌母音化する亭子方言（単系統群 E）の øŋ/k や，二重母音で実現する新会方

言（単系統群B）のoʊŋ/kといった例もある（表6-86）．台山方言のøŋ/kは，詹伯慧 et al. (1990: 86) の表記によればøᵘŋ/kと書き得るものであり，これに従うならば台山方言では *uŋ/kの二重母音化と前舌母音化の両方を経ていることになる．

粤祖語の再建にまつわる重要な問題は，台山方言や新会方言の二重母音が，粤祖語の時代にまで遡るものか否か，ということである．中古音では，通摂の韻尾は円唇性を伴っていたと考えられ，台山方言や新会方言がその古形を保存している可能性について，検討しておく必要がある．もし台山方言や新会方言の二重母音が中古音に起源を持つものならば，その中間段階である粤祖語にも，「二重母音＋韻尾ŋ/k」の形を再建しなければならないことになる．

ただ，現代の粤語・桂南平話の江摂には二重母音が確認されない．この事実を踏まえるならば，中古音のころの円唇化した韻尾は粤祖語の段階で，通摂のものも江摂のものもすでに失われていたと考えた方が，通時的観点からは辻褄が合いやすい．また，円唇化韻尾を想定することは，粤祖語の音韻体系の整合性という共時的観点から見ても，いささか支持し難い．従って本書は *uŋ/kを再建し，台山方言や新会方言に見られる二重母音の形式は粤祖語以降の音変化の結果であると考える．

表6-86 粤祖語 *uŋ/k の語（字）例と実現形

	風 2588	東 2528	龍 2642	終 2616	工 2560	六 2603	熟 2622	哭 2570
広州A	fʊŋ1	tʊŋ1	lʊŋ2	tsʊŋ1	kʊŋ1	lʊk8	sʊk8	hʊk7a
四会B	foŋ1	toŋ1	loŋ2	tsoŋ1	koŋ1	lok8a	sok8	hok7a
台山B	føŋ1	øŋ1	løŋ2	tsøŋ1	køŋ1	løk8	søk8	høk8 (tone!)
新会B	fouŋ1	touŋ1	louŋ2	tsouŋ1	kouŋ1	louk8	souk8	houk7a
賀州C	huŋ1	luŋ1	luŋ2	tʃuŋ1	kuŋ1	luk8	ʃuk8	huk7a
玉林D	foŋ1	doŋ1	loŋ2	tɕoŋ1	koŋ1	lok8a	ɕok8a	hok7a
賓陽復興D	foŋ1	toŋ1	loŋ2	tʃoŋ1	koŋ1	lok8	ʃok8	hok7a
亭子E	føŋ1	tøŋ1	løŋ2	tsøŋ1	køŋ1	løk8a	søk8b	høŋ3 [sic]
粤祖語	*fuŋ1	*tuŋ1	*luŋ2	*tsuŋ1	*kuŋ1	*luk8	*zuk8	*huk7

k）主母音 *-y-

*y は一般に，y または二重母音化した øy などの形式で実現することが多い（表6-87）．ただし，ui で実現する方言（台山方言（単系統群B）など）や，非円唇母音化して i で実現する方言（蒙山方言（単系統群C）など），非前舌母音化して u で実現する方言（廉州方言（単系統群A）など）もある．横県方言は，6.2.2.f）でも述べたように，5声と6声とで，*y の二重母音化が発生する．

城廂方言（単系統群E）は *y が韻尾-ŋ を獲得して，əŋ という稀な実現形をとっている．ただし，他の漢語系諸語にも中古音に遡らない新たな鼻音韻尾が獲得される例はほかにも

存在する．严修鸿（2002）は福建省連城県の方言について，中古音においてゼロ韻尾や半母音韻尾を有する韻母（陰声韻）が，鼻音韻尾を獲得する「陽声韻化」現象をとり上げる．严修鸿（2002）はこの現象を同方言内部で発生した改新の結果と見なし，狭母音 ɯ が鼻音 ŋ へと変化したと論ずる．濱田（2014b: 200-201）もまた同様に，*y が ʊi や ɯ を経た結果として əŋ へと変化した，という言語史を城廂方言に想定している．ただし，鼻音韻尾の生じた韻母は，連城方言と城廂方言とでまったく対応関係にない．両方言に見られる韻尾の獲得という現象は，明らかに独立に発生したものである．

表 6-87 粤祖語 *y の語（字）例と実現形

	女 0282	旅 0286	取 0359	需 0364	住 0371	佢 三人称代詞 0326	魚 0328	去 0324	雨 0390
広州 A	nøy4	løy4	tsʰøy3	søy1	tsy6	kʰøy4 (tone!)	jy2	høy5	jy4
廉州 A	nu3	lu3	tʃʰu3	ɬu1	tʃʰu5	kʰu2	ɲu2	hu2	u3
四会 B	noy6; ny6	ny6 [sic]	tsʰoy1	soy1	jy6	koy6 (tone!)	jy2	hy5	jy6
台山 B	ⁿdui3 (tone!)	lui4	tʰui3	ɬui1	tsi1	kʰui2	ⁿgui2	hui1	zi4
賀州 C	ny4	ly4	tʰy3	θy1	sy6	ky2	ɲy2	hy5	y4
蒙山 C	ni4	li4	tʰi3	θi1	tʃi6	ki2	xi2 (onset!)	vi5 (onset!)	xi4
玉林 D	ny4	ly4	tʰy3	ɬy1	tɕy6	kʰy2 (onset!)	ɲy2	hy5	jy4
横県 D	nɔi4 (rhyme!)	ly4	tsʰy3	ɬy1	tsɔi6	ky2	ɲy2	hɔi5	hy4
亭子 E	ny5	ly4	tsʰy3; tsʰu3	ɬy1	tsy6	ky2	ɲy5	hy5	y4
石埠 E	nʊi4	lʊi4	tʃʰi3	ɬɯ1 (rhyme!)	tʃʊi6	kʊi2	ɲʊi2	hʊi5	hʊi4
城廂 E	nɔŋ3	lɔŋ3	tsʰəŋ3	ɬəŋ1	tsəŋ6	——	iəŋ2	həŋ5	həŋ3
粤祖語	*ny4	*ly4	*tsʰy3	*sy1	*dzy6	*gy2	*ɲy2	*hy5	*jy4

*yŋ/k は語例が少なく，軟口蓋音・声門音声母および *j- としか共起しない（表 6-88）．*yŋ/k は大多数の方言で *uŋ/k と合流しており，*yŋ/k の痕跡をとどめるのは，賀州方言など，単系統群 C に属する一部の方言のみである．

表 6-88 粤祖語 *yŋ/k の語（字）例と実現形

	窮 2628	胸 2676	容 2681	用 2684	熊 2631	雄 2632	曲 2671	慾 2685
広州 A	kʰʊŋ2	*hʊŋ1	jʊŋ2	jʊŋ6	hʊŋ2	hʊŋ2	kʰok7a	jʊk8
四会 B	koŋ2	hoŋ1	(j)yoŋ2	(j)yoŋ6	hoŋ2	hoŋ2	kʰok7a	(j)yok8a

台山 B	kʰøŋ2	høŋ1	zøŋ2	zøŋ6	høŋ2	høŋ2	kʰøk7a	zøk8
賀州 C	tʃuŋ2	hiuŋ1	iuŋ2	iuŋ6	iuŋ2	iuŋ2	hiuk7	iuk8
玉林 D	koŋ2	hoŋ1	joŋ2	joŋ6	joŋ2	oŋ2	kʰok7a	jok8a
賓陽 復興 D	koŋ2	hoŋ1	joŋ2	joŋ6	joŋ2	joŋ2	kʰok7a	jok8
亭子 E	køŋ2	høŋ1	iøŋ2	iøŋ6	iøŋ2	iøŋ2	høŋ3 [sic]	iøk8a
粤祖語	*gyŋ2	*hyŋ1	*jyŋ2	*jyŋ6	*jyŋ2	*ɦuŋ2; *jyŋ2	*kʰyk7	*jyk8

6.2.3 声 調

　粤祖語の娘言語の大多数は 8 つ前後の声調を有しており，中古音の段階で存在していた平声・上声・去声・入声の四声が，声母の有声性の有無に従って二分して（陰陽分裂）八調が生じた（四声八調），という他の漢語系諸語にも広くみられる言語史を，粤祖語以前の段階に本書は推定する．方言によっては，陰上と陽上，陰去と陽去が同一声調で実現することがあるが，本書はこれを古形の保存と考えず，粤祖語の段階ですでに分裂していた声調が再合流を起こしたものと考える．

　粤祖語の段階ですでに平・上・去・入声がそれぞれ二分して 8 つの声調として実現していたと考えることで，①粤祖語声母の有声性の有無による声調の分裂という通方言的に見られる現象を，多くの方言で独立に並行的に発生したと解釈することを免れられるうえに，②有声声母（共鳴音）をとる一部の語（字）において陽調ではなく陰調をとっている現象について，それが声母の有声性を根拠とした分裂でなく（すなわち，粤祖語に無声の共鳴音を認めることなく），粤祖語の段階ですでに陰調で実現していたために各方言でも陰調で実現していると説明できる．

　娘言語である粤語・桂南平話の諸方言は，すでに声母の有声性の有無に基づく声調の分裂を経た状態にあるという言語事実がある．例えば，東莞方言（単系統群 A）のように 5 声（陰去）と 6 声（陽去）とが合流している方言も，残る平声・上声・去声はすでに陰陽分裂を起こしている．四声の分裂を部分的にも経ていない方言は娘言語の中にまったく存在しない．一方，もし粤祖語に声調を 8 つ認めるならば，東莞方言のような例は，中古音にまで遡れば単一の起源を共有する 2 つの声調が，偶然に再合流を起こしたという説明をしなくてはならない．

　粤祖語の声調を 4 つとするか 8 つとするかという問題は，「粤祖語に陰陽分裂を認めないことに伴って想定せねばならない，方言間で並行的に発生した声調分裂」と「粤祖語に 8 つの声調を認めることに伴って想定せねばならない，中古音から粤祖語への変化を逆行する形で発生した声調合流」のどちらが，より歴史的変化として蓋然性が高いか，という問題に置換することができる．本書は，逆転的声調合流は少数のみ想定すればよいこと，並行的声調分裂は圧倒的数量を認めねばならないことを踏まえて，粤祖語に 8 つの調類を認める判断をする．

この場合，共鳴音を声母に持つ語（字）のうち，有声声母と共起するはずの偶数調（陽調）でなく，無声声母と共起する奇数調（陰調）で実現するものについては，粤祖語にも共鳴音声母を持ちながら奇数調（陰調）をとる再建形を想定することになる（表6-89）（McCoy 1980）．

表6-89　共鳴音を声母に持つ語（字）の例

	頼 0439	癩 0440	劣 1670	捋 1622	魔 0037	磨動詞 0038	落 2000	絡 2005
広州 A	lai6	lai5	lyt7b	lyt7b	mɔ1	mɔ2	lɔk8	lɔk8 (tone!)
四会 B	lai6 (rhyme!)	lai6 (rhyme!)	lyt7a	lyt7a	mɔ1	mɔ2	lɔk8b	lɔk7b
玉林 D	lɒi6	lɒi5	lyt7a	lyt7a	mɤ1	mɤ2	luɔk7b (tone!)	luɔk7b
亭子 E	lai6	lai5	lyt8a (tone!)	lut8a	mo1	mu2	lak8a	lak8a (tone!)
粤祖語	*lai6	*lai5; *lai6	*ly:ɔt7	*lʊ:ɔt7; *lʊ:ɔt8	*mɔ1	*mɔ2	*lɔk8	*lɔk7

　これらの語（字）が存在する理由を説明するには，以下の2通りの仮説が考えられる．

① 表6-89の語（字）は l̥- のような無声声母か，もしくは ʔl- のような喉音化した声母を粤祖語よりも古い段階で有していた．そして，こうした無声声母・喉音化声母は奇数調（陰調）に，通常の有声の共鳴音は偶数調（陽調）に，それぞれ相補分布的に分裂した．
② 粤祖語よりも古い段階で四声の分裂が起こった際に，表6-89の語（字）は，声調分裂が完遂する前に，例外的に奇数調（陰調）に固定した語（字）であった．

　音変化の規則性を考えるならば，原則的には①の仮説を選び得よう．ただし，声母に無声共鳴音や喉音化音を認める根拠が，現代の諸方言で声調が奇数調であることのみであるとするならば，奇数調と無声音・喉音化音の議論は，ともすると循環論に陥りかねない．そのため本書は②の仮説を採用する．②の仮説を採用することは，すなわち粤祖語以前の段階で発生した声調分裂という音変化に非斉一性を認めてしまうことを意味する．しかし，音変化の非斉一性を否定するよりも，循環論の可能性を避けることの方が重要であると本書は考える．今後，もし粤祖語に無声共鳴音や喉音化共鳴音を認める根拠が発見されれば，本書の再建は改められる可能性がある．

a）1声（陰平）

　粤祖語の1声（陰平）は大多数の方言で調類として独立性を保っている．台山方言（単系統群B）などは，1声（陰平）と5声（陰去）の合流が発生している（表6-90）．本書で

は，1声（陰平）と5声（陰去）が合流した場合，これを1声（陰平）として表記することとする．

表6-90　粵祖語1声（陰平）の語（字）例と実現形

	鬚 0363	煎 1493	中當中 2606	跛 0030	編 1469	星 2498	爹 0149	蛙 0181	交 0942
広州 A	sou1	tsin1	tsʊŋ1	pei1	pʰin1	sɛŋ1; sɪŋ1	tɛ1	wa1	kau1
台山 B	ɬu1	ten1	tsøŋ1	——	pʰen1	ɬeŋ1	iɛ1	va1	kau1
玉林 D	ɬu1	din1	tɕoŋ1	bai1	pʰin1	ɬeŋ1	tɛ1 (onset!)	wɒ1	kɒu1
粵祖語	*su1	*tsɪːən1	*tʂuŋ1	*pei1	*pʰɪːən1	*sɪːəŋ1	*tɪːə1	*ʔʷa1	*kau1

b) 2声（陽平）

粵祖語の2声（陽平）もまた安定して調類として独立している（表6-91）．新興方言（単系統群 A）では，2声（陽平）と4声（陽上）の合流が，廉州方言（単系統群 A）では2声（陽平）と5声（陰去）の合流が，北海方言（単系統群 A）では2声（陽平）と6声（陽去）の合流が，それぞれ発生している．

表6-91　粵祖語2声（陽平）の語（字）例と実現形

	禽 1366	晨 1813	爐 0224	迷 0496	同 2536	贏 2462	層 2255	談 1212	埋 0447
広州 A	kʰɐm2	sɐn2	lou2	mɐi2	tʰʊŋ2	jɛŋ2; jɪŋ2	tsʰɐŋ2	tʰam2	mai2
新興 A	kʰɐm2	sɐn2	lu2	mɐi2	tʰoŋ2	(j)iɐn2	tsʰaŋ2	tʰam2	mai2
廉州 A	kʰɐm2	ʃɐn2	lu2	mi2 (rhyme!)	tʰoŋ2	jɐn2	tʂʰɛŋ2	tʰam2	mai2
北海 A	kʰɐn2	tʂʰɐn2	lu2	mei2 (rhyme!)	tʰuŋ2	jɛŋ2	tʂʰɛŋ2	tʰan2	mai2
玉林 D	tɕam2	ɕan2	lu2	mai2	toŋ2	eŋ2	taŋ2	tɒm2	mɒi2
粵祖語	*gim2	*ʐin2	*lu2	*mɐi2	*duŋ2	*jɪːəŋ2	*dʐɛŋ2	*dam2	*mai2

c) 3声（陰上）

粵祖語の3声（陰上）は大多数の方言で3声（陰上）で実現している（表6-92）．一部の方言で5声（陰去）と合流していたり（四会方言（単系統群 B）など），4声（陽上）と合流していたりする（廉州方言（単系統群 A），城廂方言（単系統群 E））が，調類としては通方言的に安定している．本書では，3声は5声と合流したものは5声，4声と合流したものは3声として表記する．

表 6-92　粤祖語 3 声（陰上）の語（字）例と実現形

	悔 0571	討 0866	鬼 0836	扯 0154	打 2336	解 0472	寵 2652	賭 0205	隠 1844
広州 A	fui5 (tone!)	tʰou3	kʷɐi3	tsʰɛ3	ta3	kai3	tsʰʊŋ3	tou3	jɐn3
廉州 A	fui3	tʰɐu3	kvɐi3	ʨʰɛ3; ʨʰi1 [sic]	tɒ3	kai3	ʨʰoŋ3	tu3	jɐn3
四会 B	fui5	tʰou5	kuai5	tsʰiɐ5	ta5	kai5	tsʰoŋ5	tɐu5	(j)iɐn5
玉林 D	wui3	tʰʏu3	kuai3	tɕʰɛ3	dɒ3	kʊi3	tɕʰoŋ3	du3	jan3
城廂 E	hɔi3	tʰau3	kᵘei3	tsʰɛ3	ta3	kai3	tsoŋ3 (onset!)	——	iɐn3
粤祖語	*hʊːɛi3	*tʰouc3	*kui3	*tsʰɪːɐ3	*ta3	*kai3	*tsʰuŋ3	*tu3	*ʔin3

d) 4 声（陽上）

　粤祖語 4 声（陽上）は基本的に，各方言において 4 声（陽上）で実現する（表 6-93）．しかし，阻害音を声母に持つ粤祖語 4 声（陽上）の語（字）が，不規則的に 6 声（陽去）で合流する例が頻繁に見られる．この不規則的変化の原因は，他の漢語系諸語との影響関係（類推・借用など）が考えられる[10]．

　「肚」のように 4 声（陽上）で実現しやすい語（字）と，「動」のように 6 声（陽去）と合流する傾向が強い語（字）とがある．4 声（陽上）の 6 声（陽去）への合流は，漸進的に進行した音変化であると考えられる．本書では，いくつかの変種で 4 声（陽上）の実現形が確認でき，なおかつ中古音で上声とされる語（字）に対しては 4 声を再建する方針をとる．

　また，粤祖語 4 声（陽上）が調類としての独立性を完全に喪失して，6 声（陽去）と合流する方言（四会方言など）や，3 声（陰上）と合流する方言（城廂方言など），2 声（陽平）と合流する方言（新興方言など）がある．本書では，4 声が他の調類と合流を起こしている場合，一律に合流先の調類で表記する．

表 6-93　粤祖語 4 声（陽上）の語（字）例と実現形

	姶〈舅母〉 1367	淡 1214	老 0883	美 0660	肚〈腹肚〉 0216	腎 1815	徛〈立〉 0637	動 2542	是 0631
広州 A	kʰɐm4	tʰam4; tam6	lou4	mei4	tʰou4	sɐn6	kʰei4	tʊŋ6	si6
廉州 A	kʰɐm3	tʰam3	lɐu3	mi3	tʰu6	ʃɐn6	kʰi3	toŋ6	ʃi6
新興 A	kʰɐm2	tam6	lɐu2	mi2	tʰu2	sɐn2	kʰi2	toŋ6	si6

---

[10]　官話などの北方系の漢語系諸語では，有声阻害音（全濁）声母の上声字が去声へと合流する現象が知られている．粤祖語 4 声（陽上）の不規則的変化を言語層によって解釈するならば，「粤祖語 4 声（陽上）が 6 声（陽去）で実現している方言は，粤祖語よりも新しい時代において，北方漢語での実現形を反映した形式をより新しい言語層として保有している」という説明が可能であろう．

四会 B	tsɐm6 (onset!)	tam6	lou6	mɐi6	tɐu6	sɐn6	kɐi6	toŋ6	si6
封開 B	tsɐm4	tam4	lɔ4	mɐi4	tɔ4 (rhyme!)	tsɐn4	ki4	toŋ4	tsi4
賀州 C	tʃom4	tam4	lu4	mui4 (rhyme!)	tu4	ʃuon4	ki4	toŋ4	ʃi4
玉林 D	tɕam6	tɒm4	lʏu4	mi4	tu4	ɕan4	ki4	toŋ6	ɕi4
横県 D	tsɐm4 (onset!)	tam4	lou4	mi4	tu4	sɐn4	ki4	tuŋ4	si4
亭子 E	kɐm6	tam4	lau4	mɐi4	tu4	sɐn4	ki3 (tone!)	tøŋ6	si6
城廂 E	kɐm3	tam3	lau3	mei3	tɔ3	sɐn5 (tone!)	kei3	toŋ6	sei6
粤祖語	*gim4	*dam4	*lou4	*mi4	*du4	*ẓin4	*gi4	*duŋ4	*ẓi4

e) 5声（陰去）

粤祖語の5声は通方言的に安定して独立の調類を保存しているが，四会方言（単系統群B）などで5声（陰去）と3声（陰上）の合流が起こっているほか，四邑片の諸方言（単系統群B）などで5声（陰去）と1声（陰平）の合流が，廉州方言で5声（陰去）と2声（陽平）の合流が，東莞方言で5声（陰去）と6声（陽去）の合流が，それぞれ見られる（表6-94）．本書では，5声（陰去）は1声（陰平）または2声（陽平）と合流した場合には1声（陰平）または2声（陽平）と表記し，その他の場合には，5声（陰去）と表記する．

表6-94 粤祖語5声（陰去）の語（字）例と実現形

	至 0683	氣 0768	鋸 0322	貨 0068	聖 2449	碎 0566	劍 1299	更更加 2353	凍 2530
広州 A	tsi5	hei5	køy5	fɔ5	sɪŋ5	søy5	kim5	kɐŋ5	tʊŋ5
廉州 A	tʃi2	hi2	ku2	fo2	ʃɐn2	ɬui2	kim2	kɛŋ2	toŋ2
東莞 A	tsi5	hei5	kui5	fɔ5	sɐŋ5	sui5	kin5	kɐŋ5	toŋ5
四会 B	tsi5	hi5	ky5	fuɔ5	siɐŋ5	soy5	kin5	kaŋ5	toŋ5
台山 B	tsi1	hei1	kui3 (tone!)	fᵘɔ1	sen1	ɬui1	kiam1	kaŋ1	øŋ1
玉林 D	tɕi5	hi5	ky5	wɤ5	ɕeŋ5	ɬui5	kim5	ka5	doŋ5
粤祖語	*tṣi5	*hi5	*ky5	*hʊ:ə5	*ṣɪ:əŋ5	*sʊ:əi5	*kɪ:əm5	*kaŋ5	*tuŋ5

f) 6声（陽去）

粤祖語の6声は多くの方言で独立した声調として実現している（表6-95）．ただし，上述のように，北海方言（単系統群A）では2声（陽平）と6声（陽去）の合流が，四会方言では4声（陽上）と6声（陽去）の合流が，東莞方言では5声（陰去）と6声（陽去）の合流が，それぞれ見られる．本書では，6声（陽去）は2声（陽平）または5声（陰去）と合流した場合には2声（陽平）または5声（陰去）と表記し，その他の場合は6声（陽去）

と表記する．

表 6-95　粤祖語 6 声（陽去）の語（字）例と実現形

	謝 0148	互 0277	寨 0480	剩 2295	萬 1720	餓 0022	蛋 1389	共 2672	又 1166
広州 A	tsɛ6	wu6	tsai6	sıŋ6	man6	ŋɔ6	tan6	kʊŋ6	jɐu5
北海 A	tʃɛ2	fu2	tʃai5 (tone!)	ʃeŋ2	man2	ŋo2	tan2	kuŋ2	jɐu2
東莞 A	tsø5	fu5	tsai5	sən5	mɛŋ5	ŋɔ5	tɛŋ5	koŋ5	zau5
四会 B	tsiɐ6	wu6	tsɐi6	tsɐŋ6	man6	ŋɔ6	tan6	koŋ6	(j)iɐu6
玉林 D	tɛ6	wu6	ɕvi6	ɕeŋ6	mɒn6	ŋʁ6	tɒn6	koŋ6	jau6
粤祖語	*dzɪ:ə6	*ɦu6	*dzai6	*zɪŋ6	*man6	*ŋɔ6	*dan6	*guŋ6	*jiu6

g）7 声（陰入）

粤祖語の娘言語では，入声が音韻的条件に従って実現形が 2 つに分裂する現象が広く観察される．7 声（陰入）は，韻母の違いによって声調が分裂する変種が特に多い．7 声（陰入）から分裂した声調のうち，より高く実現するものを 7a 声（上陰入），より低く実現するものを 7b 声（下陰入）と表記する．中山方言（単系統群 A）など，7a 声（上陰入）と 7b 声（下陰入）とが分裂した後で，7b 声（下陰入）が 8 声（陽入）と合流する変種もある（表 6-96）．

7 声（陰入）の分裂を粤祖語の段階に認めないのは，分裂の様式が各方言で必ずしも一様でなく，また，入声分裂が発生していない方言がさまざまな系統に見られるためである．例えば粤祖語の韻母 *ɪ:ət を有する語（字）は，広州方言（単系統群 A）では一般に 7b 声（下陰入）で実現するが，四会方言（単系統群 B）では一般に 7a 声（上陰入）で実現する．

なお，閉鎖音韻尾を喪失した方言では，7 声（陰入）・8 声（陽入）は他の調類に合流している．例えば，玉林方言は粤祖語 *ɪ:ək・*ac の韻尾が脱落して，7 声（陰入）は 3 声（陰上）に，8 声（陽入）は 6 声（陽去）に，それぞれ合流している．富川方言は任意の環境で閉鎖音韻尾を喪失しており，7 声（陰入）は分裂の後に 5 声（粤祖語 *ap, *at, *ac, *ak, *ɔt（牙喉音），*ɔk）と 1 声（その他）に，8 声（陽入）は 6 声に，それぞれ合流している．

表 6-96　粤祖語 7 声（陰入）の語（字）例と実現形

	鴨 1257	汁 1347	割 1414	骨 1878	結 1581	吉 1825	責 2371	腳 2132
広州 A	ap7b	tsɐp7a	kɔt7b	kʷɐt7a	kit7b	kɐt7a	tsak7b	koek7b
中山 A	ap8	tsɐp7	kɔt8	kuɐt7	kit8	kɐt7	tsak8	koek8
四会 B	ap7b	tsɐp7a	kot7b	kuɐt7a	kit7a	kɐt7a	tsak7b	kyɔk7b
賀州 C	ap7b	tʃop7a	køt7b	kuot7a	kit7a	tʃuot7a	tʃak8 (tone!)	kiak7a
富川 C	a5	——	kø5	kuə1	kie1	tsə1	tsa5	kie1

玉林 D	ɒp7b	tɕap7a	kyɛt7b	kuat7a	kit7a	kat7a	tɕa3	tɕa3 (onset!)
亭子 E	ap7	tsəp7	kat7	kuət7	kit7	kət7	tsek7	kiɐk7
粤祖語	*ʔap7	*tʂip7	*kɔt7	*kʷɐt7	*kɪːət7	*kit7	*tʂac7	*kɪːək7

h) 8声（陽入）

　8声（陽入）は，四会方言（単系統群B）や玉林方言（単系統群D）などで韻母の別に従って分裂を起こしていたり，南寧以西の桂南平話（単系統群E）の共通祖語で声母の阻害音・共鳴音の別に従って分裂を起こしていたりと（濱田2014b），一部の方言で分裂現象が観察される（表6-97）．しかし，大多数の方言では8声（陽入）は分裂を起こしていない．8声（陽入）から分裂した声調のうち，主に内転字または共鳴音声母字と共起するものを8a声（上陽入），それ以外の実現するものを8b声（下陽入）と表記する．

　7声（陰入）・8声（陽入）の他調類への合流については6.2.3.g）にて述べた．

表6-97　粤祖語8声（陽入）の語（字）例と実現形

	蠟 1222	雜 1193	立 1331	十 1353	列 1490	傑 1528	逸 1834	姪 1794	藥 2155
広州 A	lap8	tsap8	lɐp8	sɐp8	lit8	kit8	jɛt8	tsɐt8	jœk8
四会 B	lap8b	tsap8b	lɐp8a	sɐp8a	lit8a	kit8a	(j)iɐt8a	tsɐt8a	(j)yɔk8b
富川 C	la6	sa6	lə6	sə6	lie6	——	——	tsə6	ie6
玉林 D	lɒp8b	tɒp8b	lap8a	ɕap8a	liɛt8b	kiɛt8b	jat8a	tɕat8a	ja6
亭子 E	lap8a	tsap8b	ləp8a	səp8b	lyt8a (rhyme!)	kyt8b (rhyme!)	iət8a	tsit8b (rhyme!)	iɐk8a
粤祖語	*lap8	*dzap8	*lip8	*zip8	*lɪːət8	*gɪːət8	*jit8	*dzit8	*jɪːək8

6.3　調　値

　一般に，声調言語の祖語について，音韻体系上区別される声調の数，すなわち調類を再建するよりも，各声調の具体的形式，すなわち調値を求める方が，遥かに困難である．現代語から遡って古い段階の調値を推定する試みとして，平山（1984）などが提示する調値変化モデルが知られる．しかし，そのモデルが示す変化の方向性が妥当か否か，客観的検証が困難であるという理論上の問題点がある（遠藤1998など）．本書では，声調の調値を三角格子上の格子点に置換することで，Swofford et al.（1987）などで示されているHTUの形質状態の復元アルゴリズム（3.5.1参照）を，調値に適用する方法を提示する[11]．

　1つの体系をなす存在である言語に対して，分岐学的分析を実践するには困難を伴うということについては，すでに述べた通りである．これは，調値の分岐学的分析においても同様である．例えば順徳方言では53，42，32，21の4つの下降調が観察される．これを

---

[11]　本節で示すアルゴリズムは，濱田（2015）に基づく．

共時的に解釈する一例を示すならば，53 が 55 を変異として有すること，32 と 33 が coda（韻尾）に関して相補分布していること（32 は入声韻に，33 はそれ以外の音節に，互いに排他的に分布する）を根拠として，53 を high-level, 42 を high-falling, 32 を middle-level, 21 を low-falling と見なせよう．このようにして記述されコード化される中で失われた，「high-level が自由変異として下降調をとる」「middle-level が実際には下降を伴っている」という情報は，分岐学の網目から漏れてしまう．しかし，こうしたコード化されていない情報もまた，祖形の復元にとって，十分に重要な情報たり得るはずである．

このような問題を解決する方策として，共時的分析を通じた音韻解釈に基づいて声調を記述するのではなく，調値の音声的実現形式を本位として声調をコード化する方法を，本書は採用したい．具体的な方策としては，①音韻対立の有無をコード化に反映せず，②同一言語内部において互いに異なる声調がまったく同一のコードで表現されることを許容する，という２つの原則を導入する．

分岐学的アルゴリズムを導入する意義は，調値復元の議論において，反証可能性のある仮説を提示したり，仮説間の妥当性の高低を客観的に評価したりすることを可能にする点にある．このようにして提示される仮説は，①系統樹の樹形を推定する過程そのものに対する検討，②新たな娘言語の追加による樹形の改変，③調値のコードそのものの妥当性に対する検討，④個々の調値を格子点にあてはめる際の適切性に対する検討，などによって反証が可能となる．すなわち，調値を復元する分岐学的アルゴリズムの利点は，方法の精密性よりもむしろ，方法の透明性にある．この分岐学的アルゴリズムが先行研究の言語学的・中国語学的分析に対して，正確性の点で優越している保証はない．

従って，分岐学的分析に依拠せずとも，確かな言語学的・中国語学的根拠に基づいた調値推定が実現可能ならば，必ずしもこのアルゴリズムの計算結果を，仮説として受容する必要はない．ただし，明確な根拠を欠いている場合に限っては，この分岐学的復元を目下最も妥当な仮説として受容するのが適当であると本書では考える．

Farris (1970) や Swofford et al. (1987) をはじめとするアルゴリズムは，数直線上の実数の集合を対象としている．しかし調値は，実にさまざまな形をとる．調値を１本の数直線上に順序づけて排列することは不可能である．そこで，Bao (1999) などのように，声調をレジスターと調形の２つの要素から構成されるものと見なしたうえで，調値をコード化する方法を本書は採用する．コードの様式はいくつか想定できるが，本書は，下降調・上昇調にそれぞれ高・低を，平板調に高・中・低を認め，正六角形の形に並んだ７個の格子点に声調を対応させる方法をとる（図 6-1）．

声調は格子点上にコーディングされるため，Farris (1970) の演算を，２次元平面での演算に拡張する必要がある．格子点の集合 A, B について，最節約演算 $A°B$ は，A と B の最短距離をとる１つ以上の道の上にあるすべての格子点の集合として定義できる．例えば，図 6-1 に示すように，{HF}°{LL}={HF, LF, ML, LL} であり，{HF, LF}°{HL, HR}={HF, HL} であり，{LF, LL}°{HL, HR}={HF, LF, HL, ML, LL, HR, LF} である．

中間段階の形質状態を復元するには，根の形質状態が前提として与えられている必要が

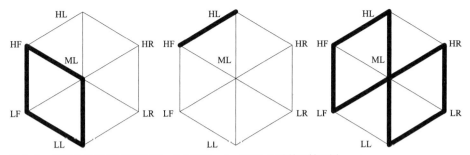

図 6-1 各格子点に対応する声調,および Farris (1970) の演算の拡張例
H-は高調,M-は中調,L-は低調を表し,-F は下降調,-L は平板調,-R は上昇調を表す.

ある.しかし実際には,根の形質状態を前もって知ることは大変難しい.そこで,根の形質状態を7つの格子点でコード化された調値のいずれかであると仮定したうえで,7通りの調値すべての場合について計算する,虱潰しの方法を本書は採用する.そして,その7通りの計算結果を比較して,変化数が最少の値をとった形質状態を,根の形質状態として推定する.

このアルゴリズムは網状図には適用できないので,網状化した部分は多分岐と見なしたうえで最節約的な調値の復元を行う.多分岐を含む系統樹における復元は Swofford et al. (1987) では言及されていないが,Hanazawa et al. (1995) が演算 $S_i°S_j$ を median 計算として一般化を行っている.格子点上に定義される形質状態について多分岐系統樹の最節約的復元を行うにあたり,Hanazawa et al. (1995) を応用する方法を以下に述べる.

3.5.1 で提示した最節約的な形質状態を復元する式

$$\mathscr{S}_k = (S_{g(k)}°S'_{g(k)}) \cap (S_{h(k)}°S'_{h(k)}) \cap (S_k°S'_k)$$

について,二分岐系統樹で $S'_{g(k)}$ は,$g(k)$ の姉妹群である $h(k)$ の Farris interval $S_{h(k)}$ と,$g(k)$ の直接の祖先である k の S'_k という2つの値を用いて,$S'_{g(k)} = S_{h(k)}°S'_k$ のように計算していた.しかし多分岐を認めるならば姉妹群は2つ以上になるため,$S'_{g(k)}$ を求める式を一般化する必要がある.直観的に説明をするならば,S' とは,MPR を求めるために行う rerooting の計算を簡略化するために定義されたものであり,S_k にとって S'_k とは,自分(すなわち,k)が連なる枝以外の枝に連なっている OTU や HTU を1つにまとめた数値である.多分岐の節 k を直接の祖先に持つ節 $g(k)$ に対し,$S'_{g(k)}$ は,自分を除いた k の直接の子孫すべての Farris interval と S'_k の median 値として一般化できる.

ここで,架空の方言を用いた計算例を提示する.1声の調値が方言 a は HF,方言 b は HL,方言 c は ML,方言 d は ML と定義されているとする.そして,系統樹が図6-2のような形をとっていると仮定し,HTU である分岐点には,根に近い方からそれぞれ p, q, r と名前をつける.

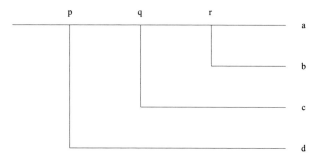

図 6-2　調値復元アルゴリズムの適用例：系統樹の樹形と OTU の調値

　HTU の MPR 集合の計算を図像的に説明するならば，HTU の MPR 集合の計算とは，図 6-3 に示すように，当該 HTU の子孫 2 つと祖先 1 つの 3 方向から，中間値を行う計算である．3 つの矢印それぞれが弾き出した合計 3 つの値の中間値を計算すると，当該 HTU の MPR 集合が求められる．S' の計算とはすなわち，祖先の方向から HTU に迫ってくる矢印の流れで示される計算を，樹形を変形しないままに行ったものである．

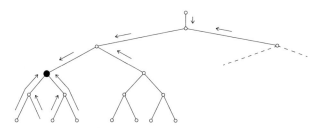

図 6-3　MPR 集合の計算の直観的説明（三中 1997: 225 をもとに作成）
MPR 集合を求める HTU は黒丸で示す．矢印は中間値計算を行う順番の流れ．

ステップ①：
　まず，先端から根に向かって，中間値の計算をする．
　方言 a の調値は HF であり，方言 b の調値は HL なので，$S_a=\{HF\}$，$S_b=\{HL\}$ と決まる．S_r は，{HF} と {HL} を結ぶ最短距離の道の上にあるすべての点として定義されている．平面上，{HF} と {HL} は隣り合っているので，{HF} と {HL} を結ぶ最短の道は {HF} から {HL} へとのびる 1 本の辺のみである．この 1 本の辺の上にある点は，{HF} と {HL} の 2 つである．従って，$S_r=\{HF, HL\}$ と計算される．
　次に，S_q を計算する．q の直接の子孫は r と c なので，S_q は S_r と S_c から求められる．$S_r=\{HF, HL\}$ であり，S_c は {ML} である．S_r は {HF} と {HL} という，2 つの格子点の集合である．S_c と，複数の格子点の集合である S_r との間の最短の道は，図 6-4 のように 2 本存在する．

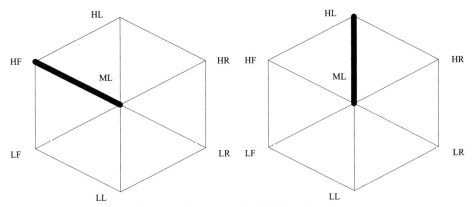

図 6-4 調値復元アルゴリズムの適用例——S_cとS_rの間の最短の道

図 6-4 左の道の上には{HF}と{ML}が，図右の道の上には{HL}と{ML}がある．すなわち，S_rとS_cを結ぶ最短の道の上には，{HF}と{HL}，{ML}の3つの格子点が存在する．よって，S_qは{HF, HL, ML}と計算される．

S_pを計算する．pの直接の子孫はqとdなので，S_pはS_qとS_dから求められる．S_q={HF, HL, ML}であり，S_dは{ML}である．S_qとS_dは{ML}という格子点を共通の元に持つ．よって，S_pは{ML}である．

以上で，各接点のS（=Farris interval）の計算が終わった（表 6-98）．

表 6-98 調値復元アルゴリズムの適用例——各節点のSの値

S_a	S_b	S_c	S_d	S_p	S_q	S_r
{HF}	{HL}	{ML}	{ML}	{ML}	{HF, HL, ML}	{HF, HL}

<u>ステップ②</u>：

続いて，S'を根から末端に向かって計算する．

木の最初の分岐点であるpにとって，S'_pは根の調値であると定義されている．今，仮に根の調値を{ML}としておこう．

次に，S'_qとS'_dを求める．S'_qは，qの直接の祖先であるpのS'と，姉妹であるdのSから計算される．S'_pは{ML}であり，S_dは{ML}である．よって，S'_qは{ML}と計算される．同様に，S'_dは，dの直接の祖先であるpのS'と，姉妹であるqのSから計算される．S'_pは{ML}であり，S_qは{HF, HL, ML}である．S'_pとS_qは，{ML}という格子点を共通の元に持つ．よって，S'_dは{ML}である．

同じ要領でS'_rとS'_cを求める．S'_qは{ML}，S_cは{ML}である．よって，S'_rは{ML}と計算される．また，S'_qは{ML}，S_rは{HF, HL}である．よって，S'_cは{HF, HL, ML}と計算される．

最後にS'_aとS'_bを求める．S'_rは{ML}，S_bは{HL}である．よって，S'_aは{HL, ML}と計算される．また，S'_rは{ML}，S_aは{HF}である．よって，S'_bは{HF, ML}と計算される（表 6-99）．

表6-99 調値復元アルゴリズムの適用例——各節点の S' の値

S'_a	S'_b	S'_c	S'_d	S'_p	S'_q	S'_r
{HL,ML}	{HF,ML}	{HF,HL,ML}	{ML}	{ML}	{ML}	{ML}

ステップ③：

求めた S および S' を用いて，各 HTU の MPR を求める．HTU k の MPR 集合は，$\mathscr{S}_k = (S_{g(k)} \circ S'_{g(k)}) \cap (S_{h(k)} \circ S'_{h(k)}) \cap (S_k \circ S'_k)$ で求められる．ただし，$g(k)$ と $h(k)$ は k の直接の子孫である．

$\mathscr{S}_p = (S_q \circ S'_q) \cap (S_d \circ S'_d) \cap (S_p \circ S'_p) = \{ML\} \cap \{ML\} \cap \{ML\} = \{ML\}$

$\mathscr{S}_q = (S_r \circ S'_r) \cap (S_c \circ S'_c) \cap (S_q \circ S'_q) = \{HF, HL, ML\} \cap \{ML\} \cap \{ML\} = \{ML\}$

$\mathscr{S}_r = (S_a \circ S'_a) \cap (S_b \circ S'_b) \cap (S_r \circ S'_r) = \{HF, HL, ML\} \cap \{HF, HL, ML\} \cap \{HF, HL, ML\}$
$\quad = \{HF, HL, ML\}$

以上の計算より，この系統樹のすべての MPR において各 HTU がとり得る調値が求まった．r だけが複数の調値を示しているが，これは，p が {HF}，{HL}，{ML} のいずれの場合も，樹長（変化の回数）が等しいことを意味する．実際に各 HTU に求められた調値を代入すると，樹長が 2 であることが確認できる．

ステップ④：

ステップ②から③の計算結果は，根が {ML} で仮定したときのものである．根のとり得る他の6つの調値について，それぞれステップ②から③を繰り返し，そして，樹長を求める．計算結果は以下の通りである（表6-100）．

表6-100 調値復元アルゴリズムの適用例：S'_p の値別の計算結果

S'_p	{HF}	{LF}	{HL}	{ML}	{LL}	{HR}	{LR}
樹長	3	3	3	2	3	3	3

樹長を比較すると，S'_p（根の値）を {ML} と仮定したとき，最短の樹長をとることがわかる．よって，この方言 a，b，c，d の系統樹の根には，{ML} が最節約的な調値として与えられる．

さて，各 HTU の状態を推定するにあたって，樹形は決定的に重要な意味を持つ．各娘言語についてさまざまな情報がすでに得られていたとしても，その娘言語同士が時間軸上でどのような関係で結ばれているかがわからなければ，その情報を祖先状態に反映することができないためである．仮に，娘言語の多数派がある特定の形質状態を示しているという事実があったとしても，共通祖語の形質状態がその多数派のものと合致しているとは限らない．例えば，多くの娘言語でとある調類が high falling で実現しており，そして，low falling や high level, middle level などで実現している娘言語が，それぞれたった1つしか報告されていないと仮定しよう．このとき，「これらの娘言語の共通祖語においても，当該の調類が high falling であっただろう」という推測は，正しいように聞こえるが，しかし厳密とはいい難い．

high falling で実現している娘言語が，あるたった1つの単系統群にまとめられ，high falling 以外の調値で実現している娘言語が，その単系統群と姉妹群をなしていたと仮定しよう（図6-5）．このとき，たとえ high falling で実現する OTU の数は多かったとしても，共通祖語の調値推定に対する影響力の強さは，high falling も，high level や middle level，low falling も，互いに同等である．

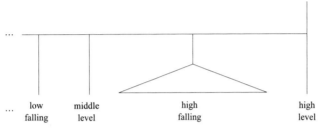

図6-5 共通祖語の形質状態の推定と樹形の関係1

ところが，例えば図6-6のように樹形が変われば，共通祖語の調値が high falling であったという推定が最も有力になる．なぜならば，もし仮に high falling 以外の調値を共通祖語に推定してしまうと，「high falling への変化」という改新が，並行的に数多くの枝で発生したと想定せざるを得なくなるためである．high falling で実現する娘言語が系統的に多様であるほど，「共通祖語の調値が high falling である」という推定は，手堅くなるのである．共通祖語の調値を high falling と仮定するならば，図6-6の系統樹において，改新（太線で表示）の数は3つで済ませることができる．しかしそれ以外の調値を共通祖語に仮定するならば，より多くの改新を想定せねばならなくなる．

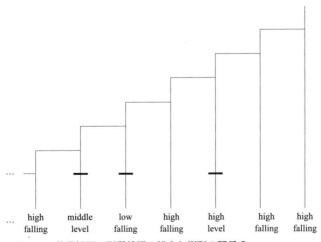

図6-6 共通祖語の形質状態の推定と樹形の関係2

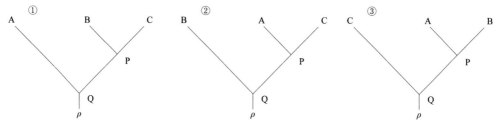

図 6-7　共通祖語の形質状態の推定と樹形の関係 3

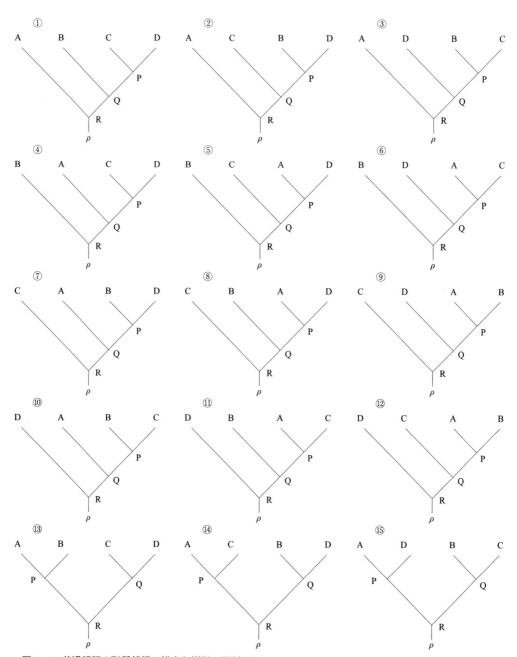

図 6-8　共通祖語の形質状態の推定と樹形の関係 4

ここで，系統樹の樹形が祖先状態の復元にきわめて大きく影響する事実を確認するために，実験を行おう．まず，A，B，Cの3個のOTUをとる有根系統樹を想定する．そして，各OTUの形質状態を整数a, b, cとする．a, b, cの大小関係はa≧b≧cとする．各系統樹のHTUは，図6-7のようにP, Qと命名する．なお，ρは根である．

　根以外のOTUが3個である二分岐系統樹は，全部で3通りある．まず系統樹①について計算を行うと，最節約的なρの値は［a, b］と求まる．同様に，系統樹②では［b］，系統樹③では［b, c］が，最節約的なρの値である．3つすべての系統樹において，最初に分岐したOTUの形質状態が，最節約的なρの値の中に含まれていることが見てとれる．

　次にDを加えて，OTUの数を1つ増やすと，有根系統樹は全部で15通りになる（図6-8）．A，B，C，Dの形質状態を整数a, b, c, dとし，a≧b≧c≧dとする．また，P，Q，Rは各系統樹のHTUを表す．このとき，いちいちの計算過程は省略するが，最節約的なρの値は表6-101に示したようになる．⑬〜⑮のような樹形の場合を除き，やはり最初に分岐したOTUの形質状態が，最節約的なρの値の中に含まれている．

　つまり，分岐が早いOTUほど，根の形質状態の復元に強い影響を与えるのである．これは，さらに多くのOUTについて実験すればより明確になる．

　以上の実験は数直線上の整数値について行ったものであるが，平面上の格子点においても同様に，分岐の早いOTUほど共通祖語の形質状態推定に強い影響力を持っており，系統樹の樹形が根の形質状態の復元を左右していることは変わりがない．

表6-101　各系統樹の最節約的なρの値

系統樹	①	②	③	④	⑤	⑥	⑦	⑧	⑨	⑩	⑪	⑫	⑬	⑭	⑮
ρの値	[a,b]	[a,c]	[a,c]	[b]	[b,c]	[b,c]	[b,c]	[b,c]	[c]	[b,d]	[b,d]	[c,d]	[b,c]	[b,c]	[b,c]
最初の分岐	a	a	a	b	b	b	c	c	c	d	d	d	—	—	—

　なお屈曲調については，今なお精密にコード化する方法がない．本書では弥縫策として，声調の始点と終点を結んでできる調値をもって，屈曲調をコード化する．ただし，始点と終点が同じ高さの場合は，暫定的に後半部分の調値をもってコード化する．

　それでは，このアルゴリズムを粤語・桂南平話の調値に適用しよう．

　珠江三角洲祖語を根とする単系統群は，内部の系統関係が明らかになっていないので，暫定的に順徳方言と広州方言を総合する形で，珠江三角洲祖語の調値を定義する．また，賓陽祖語の調値についても，李连进（2000a）・谢建猷（2007）・黄献（2007）・陈海伦 et al.（2009a）・莫海文（2014）の報告を総合する形で定義を行う．

　各方言の声調を格子点上に定義した結果は以下の通りである．表6-102に示された各方言の調値が，OTUである各方言のFarris interval S として定義される．

表 6-102 各方言の声調の調値

	1声	2声	3声	4声	5声	6声	7声 上	7声 下	8声 上	8声 下
珠江三角州祖語	{HF}	{HF,LF}	{HR,LR}	{LR}	{ML,LF}	{LL,LF}	{HL}	{ML}	{LL}	
仏山方言	{HF}	{HF}	{HR}	{LR}	{HL}	{LL}	{HL}	{ML}	{LL}	
新興方言	{HR}	{LF}	{HR}	{LF}	{HL}	{HF}	{HL}	{HF}	{LR}	
浦北方言	{HL}	{HR}	{ML}	{LR}	{HF}	{LL}	{HL}	{ML}	{LL}	
台山方言	{ML}	{LL}	{HL}	{LF}	{ML}	{LF}	{HL}	{ML}	{LF}	
開平方言	{ML}	{LL}	{HL}	{LF}	{ML}	{LF}	{HL}	{ML}	{LF}	
恩平方言	{ML}	{LL}	{HL}	{LF}	{ML}	{LF}	{HL}	{ML}	{LF}	
新会方言	{LR}	{LL}	{HR}	{LF}	{LR}	{LF}	{HL}	{ML}	{LF}	
鶴山方言	{ML}	{LR}	{HL}	{LF}	{ML}	{LF}	{HL}	{ML}	{LF}	
四会方言	{HF}	{LF}	{ML}	{LR}	{ML}	{LR}	{HL}	{ML}	{LL}	{LR}
広寧方言	{HF}	{LF}	{HL}	{LR}	{ML}	{LR}	{HL}	{ML}	{LL}	{LR}
連県方言	{HF}	{HF}	{HL}	{HR}	{HR}	{LL}	{HL}	{ML}	{LL}	
陽山方言	{HF}	{LF}	{HL}	{LR}	{HR}	{LR}	{HL}	{HR}	{LR}	
懐集方言	{HF}	{LF}	{HF}	{LR}	{ML}	{LR}	{HL}	{ML}	{LR}	
徳慶方言	{HL}	{HF}	{HR}	{LR}	{HF}	{LF}	{HL}	{ML}	{LL}	
封開方言	{HL}	{LF}	{HR}	{LR}	{ML}	{HF}	{HL}	{ML}	{ML}	
蒙山方言	{HF}	{LF}	{HF}	{LR}	{HL}	{LF}	{HL}		{LL}	
郁南方言	{HL}	{LF}	{HR}	{LR}	{HF}	{LF}	{HL}	{HF}	{LL}	
藤県方言	{HF}	{LF}	{HL}	{HR}	{ML}	{LL}	{HL}	{ML}	{LL}	
桂平方言	{HL}	{LF}	{ML}	{LR}	{HF}	{LF}	{HL}	{ML}	{LL}	
昭平方言	{HF}	{HF}	{HL}	{HR}	{HL}	{LR}	{HL}		{LL}	
賀州方言	{HF}	{LF}	{HL}	{LR}	{HR}	{LR}	{HL}	{HR}	{LR}	
富川方言	{HF}	{LF}	{HL}	{LR}	{LR}	{LR}	{HF}	{LR}	{LR}	
鐘山方言	{HR}	{LR}	{HF}	{ML}	{HF}	{LF}	{HL}	{HF}	{LF}	
連山方言	{HF}	{LF}	{HL}	{LR}	{LR}	{HR}	{HL}	{LR}	{LR}	
大錫方言	{HF}	{LF}	{HL}	{LR}	{HR}	{LR}	{HL}	{HR}	{LR}	
信都方言	{HF}	{LF}	{HL}	{LR}	{HR}	{LR}	{HL}	{HR}	{LR}	
貴港方言	{HR}	{ML}	{LR}	{LR}	{HF}	{LR}	{ML}		{LR}	
横県方言	{HR}	{LR}	{HL}	{LR}	{HL}	{HF}	{HL}	{ML}	{LL}	{HF}
玉林方言	{HF}	{LF}	{ML}	{LR}	{LF}	{LL}	{HL}	{ML}	{LL}	{LL}
博白方言	{HL}	{LF}	{ML}	{LF}	{HF}	{LF}	{HL}	{ML}	{LL}	{LL}
霊山方言	{LF}	{HF}	{HL}	{LL}	{LR}	{ML}	{HL}		{LL}	
賓陽祖語	{HR}	{LR}	{ML}	{LL}	{HL}	{HF}	{HL}	{ML}	{LL}	
崇左方言	{HL}	{LF}	{ML}	{LF}	{HR}	{LL}	{ML}		{LF}	{LL}
石埠方言	{HL}	{LF}	{ML}	{LR}	{HR}	{LL}	{ML}		{LR}	{LL}
城廂方言	{HR}	{ML}	{HF}	{HF}	{LR}	{LL}	{ML}		{LL}	{LL}
邑寧方言	{HF}	{LF}	{ML}	{LR}	{HR}	{LL}	{HL}	{ML}	{LR}	{LL}
亭子方言	{HF}	{LF}	{ML}	{LR}	{HL}	{LL}	{ML}		{LR}	{LL}

邕寧方言の1声は濱田 (2015) に基づき, HF とする.

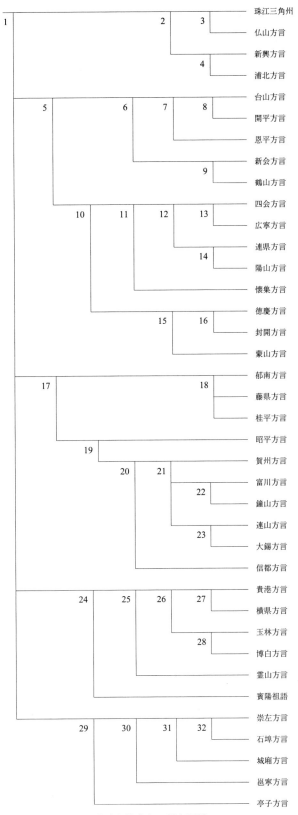

図6-9 各HTUの名称と節点との対応関係

6.3 調値

このように定義された調値について，本章で示した系統樹に基づき，多分岐を含む系統樹に対応するよう改良された前述のアルゴリズムを適用する．各 HTU の名称と系統樹の節点との対応関係は図 6-9 の通りである．

7声（陰入）は多くの方言で2つに分裂している．そこで，粵祖語の7声（陰入）の調値を求めるのに，分裂した2つのどちらをデータとして利用すべきか，という問題が生ずる．例えば広州方言では，7b声（下陰入）は粵祖語の主母音 *-a-, *-ɔ-, *-ɪːə-, *-ʊːə-, *-ʏːə- に遡る韻母としか共起できないが，しかし 7a 声（上陰入）は，これらの韻母以外の主母音に遡る韻母とも共起できる．広州方言においては，7a 声（上陰入）と 7b 声（下陰入）とを比べたとき，7a 声（上陰入）の方がより無標であるといえよう．本書では仮に，7声（陰入）の分裂が見られる方言については，7a 声（上陰入）の調値を推定の材料として利用することとする．

8声（陽入）もまたいくつかの方言で分裂が観察される．陽入は方言によって分裂基準が異なっており，すなわち，声母が阻害音か共鳴音かで分裂する方言（単系統群 E に属する五方言）と，主母音の違いで分裂する方言がある．主母音の違いで分裂する方言については，8a 声（上陽入）の調値を推定の材料として用いることとする．ただし，声母が阻害音か共鳴音かで分裂する方言については，阻害音と共起する調値と共鳴音と共起する調値のどちらを選択すべきか，判断が難しい．そこで本書では，阻害音と共起する調値と共鳴音と共起する調値のそれぞれを利用した場合両方について，8声（陽入）の最節約的復元を試みる．

なお，桂平方言は声母の気息（aspiration）の有無で1声（陰平）・7a声（上陰入）がそれぞれ2つに分裂（HL と HR）する現象が見られるが，有気音と共起する調値（HR）は，気息の影響で調値の低下が起こったものと考えられる．無気音と共起する調値（HL）をより古形に近いものと考え，最節約的復元には無気音と共起する調値を利用する．

本書が示す声調復元のさまざまな仮説については，未だ多くの点がさらなる検証を必要としている．本書では，粵祖語の調値の推定をより確実ならしめるべく，2通りの計算方法で調値復元アルゴリズムを実践する．1つは，中央値（median）計算によるアルゴリズムであり，もう1つは，中央値計算を最頻値（mode）計算に置換したアルゴリズムである．

6.3.1 中央値計算による調値復元・再建

まず1声（陰平）にアルゴリズムを適用して最節約的な粵祖語の調値を求める．各 HTU の Farris interval は表 6-103 のように計算される．

表6-103　1声（陰平）における各 HTU の Farris interval（中央値計算）

S_1	{HF}	S_9	{ML,LR}	S_{17}	{HF,HL}	S_{25}	{HF,LF,HL,ML,HR}
S_2	{HF,HL}	S_{10}	{HF}	S_{18}	{HL}	S_{26}	{HL,HR}

S_3	{HF}	S_{11}	{HF}	S_{19}	{HF}	S_{27}	{HR}
S_4	{HL,HR}	S_{12}	{HF}	S_{20}	{HF}	S_{28}	{HF,HL}
S_5	{HF,ML}	S_{13}	{HF}	S_{21}	{HF}	S_{29}	{HF}
S_6	{ML}	S_{14}	{HF}	S_{22}	{HF,HL,ML,HR}	S_{30}	{HF,HL}
S_7	{ML}	S_{15}	{HF,HL}	S_{23}	{HF}	S_{31}	{HL,HR}
S_8	{ML}	S_{16}	{HL}	S_{24}	{HR}	S_{32}	{HL}

HTU 18 と 21 は，三分岐を起こしているため，S_{18} と S_{21} はそれぞれ，以下のように計算される．

$$S_{18}=((S_{郁南}°S_{藤県})°S_{桂平})\cap((S_{郁南}°S_{桂平})°S_{藤県})\cap((S_{藤県}°S_{桂平})°S_{郁南})$$
$$=((\{HL\}°\{HF\})°\{HL\})\cap(((\{HL\}°\{HL\})°\{HF\})\cap(((\{HF\}°\{HL\})°\{HL\})$$
$$=\{HL\}\cap\{HF,HL\}\cap\{HL\}=\{HL\}$$
$$S_{21}=((S_{22}°S_{23})°S_{賀州})\cap((S_{22}°S_{賀州})°S_{23})\cap((S_{23}°S_{賀州})°S_{22})$$
$$=(((\{HF, HL, ML, HR\}°\{HF\})°\{HF\})\cap(((\{HF, HL, ML, HR\}°\{HF\})°\{HF\})\cap$$
$$(((\{HF\}°\{HF\})°\{HF, HL, ML, HR\}))$$
$$=\{HF\}\cap\{HF\}\cap\{HF\}=\{HF\}$$

HTU 1 は五分岐を起こしている．四分岐以上は計算が煩雑になるため，HTU 1 の Farris interval S_1 の計算は，7つの格子点すべてを虱潰しに調べ上げて，S_2, S_5, S_{17}, S_{24}, S_{29} との差が最小になる点を発見するのが最も簡便である．$S_2=$\{HF, HL\}, $S_5=$\{HF, ML\}, $S_{17}=$\{HF, HL\}, $S_{24}=$\{HR\}, $S_{29}=$\{HF\} なので，$S_1=$\{HF\} と求められる（$S_1=$\{HF\} ならば 2, $S_1=$\{LF\} ならば 6, $S_1=$\{HL\} ならば 3, $S_1=$\{ML\} ならば 4, $S_1=$\{LL\} ならば 9, $S_1=$\{HR\} ならば 5, $S_1=$\{LR\} ならば 8）．

次に，各 HTU・OTU の S' を求める．定義より，S'_1 は根として仮定する値に等しい．二分岐の HTU の S' は，Swofford et al. (1987) が示す定義に基づき，$S'_{g(k)}=S_{h(k)}°S'_k$, $S'_{h(k)}=S_{g(k)}°S'_k$ と計算する．三分岐以上の HTU の S' は，自分の直接の祖先の S' と，自分の直接の祖先が自分以外に持つ直接の子孫それぞれの Farris interval とについて，差の和が最小になる格子点を探せばよい．例えば，S'_2 は $S'_1=$\{HF\}, $S_5=$\{HF, ML\}, $S_{17}=$\{HF, HL\}, $S_{24}=$\{HR\}, $S_{29}=$\{HF\} のそれぞれからの距離の和が最小になる格子点の集合である．従って $S'_2=$\{HF\} であることがわかる（表 6-104）．

表 6-104　根を {HF} と仮定した場合の 1 声（陰平）における各節点の S' 値（中央値計算）

S'_1	{HF}	S'_9	{HF,ML}	S'_{17}	{HF}	S'_{25}	{HF,HL,ML,HR}
S'_2	{HF}	S'_{10}	{HF,ML}	S'_{18}	{HF}	S'_{26}	{HF,LF,ML}
S'_3	{HF,HL}	S'_{11}	{HF}	S'_{19}	{HF,HL}	S'_{27}	{HF}
S'_4	{HF}	S'_{12}	{HF}	S'_{20}	{HF}	S'_{28}	{ML,HR}
S'_5	{HF}	S'_{13}	{HF}	S'_{21}	{HF}	S'_{29}	{HF}
S'_6	{HF}	S'_{14}	{HF}	S'_{22}	{HF}	S'_{30}	{HF}

S'_7	{HF,ML}
S'_8	{ML}
$S'_{珠江}$	{HF}
$S'_{仏山}$	{HF}
$S'_{新興}$	{HF,HL}
$S'_{浦北}$	{HF,HL,ML,HR}
$S'_{台山}$	{ML}
$S'_{開平}$	{ML}
$S'_{恩平}$	{ML}
$S'_{新会}$	{ML}
$S'_{連山}$	{HF}
$S'_{大鎧}$	{HF}
$S'_{信都}$	{HF}
$S'_{貴港}$	{HF,HL,ML,HR}
$S'_{横県}$	{HF,HL,ML,HR}
$S'_{玉林}$	{HL,ML,HR}
$S'_{博白}$	{HF,ML}

S'_{15}	{HF}
S'_{16}	{HF}
$S'_{鶴山}$	{ML,LR}
$S'_{四会}$	{HF}
$S'_{広寧}$	{HF}
$S'_{連県}$	{HF}
$S'_{陽山}$	{HF}
$S'_{懐集}$	{HF}
$S'_{徳慶}$	{HF,HL}
$S'_{封開}$	{HF,HL}
$S'_{霊山}$	{HL,HR}
$S'_{賓陽}$	{HF}
$S'_{崇左}$	{HL}
$S'_{石埠}$	{HL}
$S'_{城廂}$	{HF,HL}
$S'_{邕寧}$	{HF,HL}
$S'_{亭子}$	{HF,HL}

S'_{23}	{HF}
S'_{24}	{HF}
$S'_{蒙山}$	{HF,HL}
$S'_{都南}$	{HF}
$S'_{藤県}$	{HL}
$S'_{桂平}$	{HF}
$S'_{昭平}$	{HF}
$S'_{賀州}$	{HF}
$S'_{富川}$	{HF,HL,ML,HR}
$S'_{鐘山}$	{HF}

S'_{31}	{HF}
S'_{32}	{HF,HL,ML,HR}

最後に，各 HTU の MPR 集合を求める．二分岐の HTU k の MPR 集合 $\mathscr{S}_k$ は，3.5.1 で述べたように，以下の式で求められる．

$$\mathscr{S}_k = (S_{g(k)} \circ S'_{g(k)}) \cap (S_{h(k)} \circ S'_{h(k)}) \cap (S_k \circ S'_k)$$

三分岐以上の HTU は，自分の直接の祖先の S' と，自分の直接の子孫の Farris interval S すべてからの距離の和が最小になる格子点を発見することで求める．全 HTU の MPR 集合の計算結果は表 6-105 の通りである．

表 6-105　1 声（陰平）における各 HTU の MPR 集合（中央値計算）

$\mathscr{S}_1$	{HF}	$\mathscr{S}_9$	{ML}	$\mathscr{S}_{17}$	{HF}	$\mathscr{S}_{25}$	{HF,HL,ML,HR}
$\mathscr{S}_2$	{HF}	$\mathscr{S}_{10}$	{HF}	$\mathscr{S}_{18}$	{HF,HL}	$\mathscr{S}_{26}$	{HF,HL,ML,HR}
$\mathscr{S}_3$	{HF}	$\mathscr{S}_{11}$	{HF}	$\mathscr{S}_{19}$	{HF}	$\mathscr{S}_{27}$	{HR}
$\mathscr{S}_4$	{HL}	$\mathscr{S}_{12}$	{HF}	$\mathscr{S}_{20}$	{HF}	$\mathscr{S}_{28}$	{HF,HL,ML}
$\mathscr{S}_5$	{HF}	$\mathscr{S}_{13}$	{HF}	$\mathscr{S}_{21}$	{HF}	$\mathscr{S}_{29}$	{HF}
$\mathscr{S}_6$	{ML}	$\mathscr{S}_{14}$	{HF}	$\mathscr{S}_{22}$	{HF}	$\mathscr{S}_{30}$	{HF}
$\mathscr{S}_7$	{ML}	$\mathscr{S}_{15}$	{HF}	$\mathscr{S}_{23}$	{HF}	$\mathscr{S}_{31}$	{HL}
$\mathscr{S}_8$	{ML}	$\mathscr{S}_{16}$	{HL}	$\mathscr{S}_{24}$	{HF,HL,ML,HR}	$\mathscr{S}_{32}$	{HL}

具体的な系統樹全体の MPR 集合は，各 HTU の MPR 集合のうち 1 つを選択した場合について根の方から末端へと再帰的に 1 つ 1 つ計算することで求められる．そして，得られた系統樹全体の MPR 集合が示す樹長は，17 である．

同様の計算を，根が{LF}, {HL}, {ML}, {LL}, {HR}, {LR}についても行うと，それぞれ樹長は18, 18, 18, 19, 19, 19と求まる．

以上の計算を他の声調について行った結果得られた樹長は表6-106の通りである．

表6-106　各声調における根の調値と樹長（中央値計算）

	{HF}	{LF}	{HL}	{ML}	{LL}	{HR}	{LR}
1声	17	18	18	18	19	19	19
2声	17	16	18	17	17	18	18
3声	16	16	15	15	16	16	16
4声	20	20	20	19	19	19	18
5声	19	20	18	19	20	19	20
6声	18	17	18	17	16	18	17
7声	5	6	4	5	6	5	6
8声（阻害音）	11	10	11	10	9	11	10
8声（共鳴音）	15	14	15	14	13	15	14

1声（陰平）はHF, 2声（陽平）はLF, 3声（陰上）はHLとML, 4声（陽上）はLR, 5声（陰去）はHL, 6声（陽去）はLL, 7声（陰入）はHL, 8声（陽入）は阻害音・共鳴音の選択の別を問わずLLが，それぞれ根（粵祖語）の最節約的な調値として復元される．

以下，この分岐学的計算結果をもとに，粵祖語の声調の調値を言語学的に考察する．1声（陰平）・2声（陽平）・4声（陽上）・5声（陰去）・6声（陽去）はそれぞれ，分岐学的にただ1つの最節約的復元結果が与えられている．3声（陰上）はHLとMLが最節約的な根の調値とされているが，しかし5声（陰去）に対して，すでにHLが唯一の推定結果として与えられている．3声（陰上）はmiddle-levelであったと考えるのが妥当であろう．

韻尾（coda）に閉鎖音を持つ7声（陰入）と8声（陽入）は，韻尾に閉鎖音を持たない1声（陰平）〜6声（陽去）と相補分布の関係にある．7声（陰入）にhigh-level, 8声（陽入）にlow-levelをそれぞれ再建することに問題は生じない．また，粵祖語の7声（陰入）と8声（陽入）は，現代語と同様に，短く発音されるスタッカート調であったと考えられる．

以上の議論より，粵祖語の調値は表6-107のように再建される．

表6-107　粵祖語全8声の調値（中央値計算）

1声（陰平）	2声（陽平）	3声（陰上）	4声（陽上）	5声（陰去）	6声（陽去）	7声（陰入）	8声（陽入）
high-falling	low-falling	middle-level	low-rising	high-level	low-level	high-level	low-level

中古音の平声に遡る陰平と陽平がともに下降調，去声に遡る陰去と陽去がともに平板調で実現している．しかし，上声に遡る陰上と陽上は，調形が一致していない．その結果として粵祖語は，3つの平板調，2つの下降調，1つの上昇調を有している．

6.3.2 最頻値計算による調値復元・再建

　以上に行ったアルゴリズムのほかにも，Fitch (1971) や Hartigan (1973) に示される，最頻値 (mode) 計算による調値推定アルゴリズムも可能である．最頻値計算に基づく最節約的演算もまた「真ん中をとる」という点で，他の最節約的演算と性質を共有する（三中 1997: 227）．ただし，Farris (1970) や Swofford et al. (1987) に示される中央値 (median) 計算は，数直線上の連続する実数の集合について演算を行うものであり，集合の元は順序が定義されていた．それに対して，最頻値計算が計算対象とする集合においては，各元の間に順序が存在しない．すなわち，最頻値計算において，各元は数学的に等価である．

　例えば，集合 $A=\{1,2,3\}$ と集合 $B=\{6,7,8\}$ について計算することを考える（以下，集合の元については自然数のみが定義されているものとする）．中央値を求めるならば，A と B は明らかに $A\cap B=\emptyset$ なので，A と B の中央値は $A°B=\{3,4,5,6\}$ である．ところが最頻値を求めるならば，1，2，3，6，7，8 の間に順序が存在していないので，「最大」や「最小」は定義されない．最頻値計算で意味を持つのは，「集合 A と B に重複があるかないか」そして，「どの元が集合 A と B で重複しているか」である．1，2，3，6，7，8 はいずれも，集合 A か B のどちらか一方の元であり，同時に 2 つの集合の元であるものは存在しない．ある元が 1 つの集合の元であることを「1 回出現する」と解釈すると，1，2，3，6，7，8 はすべて出現回数が 1 回であり，そして出現回数の最大値は 1 回である．そのため，A と B の最頻値は $\{1,2,3,6,7,8\}$ となる．

　集合 $C=\{2,3,4\}$ と集合 $D=\{3,4,5\}$ について考えるならば，2，3，4，5 のうち，3 と 4 が同時に集合 C と D の元となっている．集合 C と D の両方の元である 3 と 4 は出現回数が 2 回，2 と 5 は出現回数が 1 回であり，そして出現回数の最大値は 2 回である．最も頻繁に出現する数は 3 と 4 なので，集合 C と D の最頻値は $\{3,4\}$ となる．

　最頻値計算の演算子を今仮に「・」とすると，集合 X と Y に対する演算 $X·Y$ は，数学的に以下のように定義される．

$$X·Y = \begin{cases} X\cup Y & (X\cap Y=\emptyset) \\ X\cap Y & (X\cap Y\neq\emptyset) \end{cases}$$

　次に，最頻値計算を格子点の平面上に拡張する．とはいえ，最頻値計算では元の順序関係が数学的に意味を持たないので，計算対象の集合の元が数直線上にあろうが，平面上にあろうが，出現回数が最多の元を選択する操作に変わりはない．最頻値計算を調値計算アルゴリズムに応用するならば，中央値の演算子「°」を「・」に置換するのみである．Farris interval S や S'，各 HTU の MPR 集合の計算アルゴリズムは，演算子が置き換わるほかは何ら変わるところがない．

　最頻値計算に基づく計算結果は表 6-108 から表 6-111 の通りである．

表 6-108　1 声（陰平）における各 HTU の Farris interval（最頻値計算）

| S_1 | {HF} | S_9 | {ML,LR} | S_{17} | {HL} | S_{25} | {HR} |
| S_2 | {HF,HL,HR} | S_{10} | {HF} | S_{18} | {HF,HL} | S_{26} | {HF,LF,HL,HR} |

S_3	{HF}	S_{11}	{HF}	S_{19}	{HL}	S_{27}	{HF,HL,HR}
S_4	{HL,HR}	S_{12}	{HF}	S_{20}	{HF}	S_{28}	{HR}
S_5	{HF,ML}	S_{13}	{HF}	S_{21}	{HF}	S_{29}	{HF,HL}
S_6	{ML}	S_{14}	{HF}	S_{22}	{HF}	S_{30}	{HF}
S_7	{ML}	S_{15}	{HF,HL}	S_{23}	{HF,HR}	S_{31}	{HF,HL,HR}
S_8	{ML}	S_{16}	{HL}	S_{24}	{HF}	S_{32}	{HL,HR}

表 6-109　根を {**HF**} と仮定した場合の 1 声（陰平）における各節点の S' 値（最頻値計算）

S'_1	{HF}	S'_9	{HF,ML}	S'_{17}	{HF}	S'_{25}	{HF,HR}
S'_2	{HF}	S'_{10}	{HF,ML}	S'_{18}	{HF}	S'_{26}	{HF,LF,HR}
S'_3	{HF,HL,HR}	S'_{11}	{HF}	S'_{19}	{HF,HL}	S'_{27}	{HF}
S'_4	{HF}	S'_{12}	{HF}	S'_{20}	{HF}	S'_{28}	{HR}
S'_5	{HF}	S'_{13}	{HF}	S'_{21}	{HF}	S'_{29}	{HF}
S'_6	{HF}	S'_{14}	{HF}	S'_{22}	{HF}	S'_{30}	{HF}
S'_7	{HF,ML,LR}	S'_{15}	{HF}	S'_{23}	{HF}	S'_{31}	{HF}
S'_8	{ML}	S'_{16}	{HF}	S'_{24}	{HF}	S'_{32}	{HF,HR}
$S'_{珠江}$	{HF}	$S'_{鶴山}$	{HF,ML,LR}	$S'_{蒙山}$	{HF,HL}		
$S'_{仏山}$	{HF}	$S'_{四会}$	{HF}	$S'_{郁南}$	{HF}		
$S'_{新興}$	{HF,HL}	$S'_{広寧}$	{HF}	$S'_{藤県}$	{HL}		
$S'_{浦北}$	{HF,HR}	$S'_{連県}$	{HF}	$S'_{桂平}$	{HF}		
$S'_{台山}$	{ML}	$S'_{陽山}$	{HF}	$S'_{昭平}$	{HF}		
$S'_{開平}$	{ML}	$S'_{懐集}$	{HF}	$S'_{賀州}$	{HF}		
$S'_{恩平}$	{ML}	$S'_{徳慶}$	{HF,HL}	$S'_{富川}$	{HF,HR}		
$S'_{新会}$	{ML}	$S'_{封開}$	{HF,HL}	$S'_{鐘山}$	{HF}		
$S'_{連山}$	{HF}	$S'_{霊山}$	{HF,HR}				
$S'_{大鍚}$	{HF}	$S'_{賓陽}$	{HF}				
$S'_{信都}$	{HF}	$S'_{崇左}$	{HF,HL,HR}				
$S'_{貴港}$	{HF,HR}	$S'_{石埠}$	{HF,HL,HR}				
$S'_{横県}$	{HF,HR}	$S'_{城廂}$	{HF,HL}				
$S'_{玉林}$	{HL,HR}	$S'_{邕寧}$	{HF,HL,HR}				
$S'_{博白}$	{HF,HR}	$S'_{亭子}$	{HF}				

表 6-110　1 声（陰平）における各 HTU の MPR 集合（最頻値計算）

$\mathscr{S}_1$	{HF}	$\mathscr{S}_9$	{ML}	$\mathscr{S}_{17}$	{HF}	$\mathscr{S}_{25}$	{HF,HR}
$\mathscr{S}_2$	{HF}	$\mathscr{S}_{10}$	{HF}	$\mathscr{S}_{18}$	{HF,HL}	$\mathscr{S}_{26}$	{HF,HR}
$\mathscr{S}_3$	{HF}	$\mathscr{S}_{11}$	{HF}	$\mathscr{S}_{19}$	{HF}	$\mathscr{S}_{27}$	{HR}
$\mathscr{S}_4$	{HF,HL,HR}	$\mathscr{S}_{12}$	{HF}	$\mathscr{S}_{20}$	{HF}	$\mathscr{S}_{28}$	{HF,HL,HR}
$\mathscr{S}_5$	{HF}	$\mathscr{S}_{13}$	{HF}	$\mathscr{S}_{21}$	{HF}	$\mathscr{S}_{29}$	{HF}
$\mathscr{S}_6$	{ML}	$\mathscr{S}_{14}$	{HF}	$\mathscr{S}_{22}$	{HF}	$\mathscr{S}_{30}$	{HF}

$\mathscr{S}_7$	{ML}	$\mathscr{S}_{15}$	{HF}	$\mathscr{S}_{23}$	{HF}	$\mathscr{S}_{31}$	{HF,HL,HR}
$\mathscr{S}_8$	{ML}	$\mathscr{S}_{16}$	{HL}	$\mathscr{S}_{24}$	{HF,HR}	$\mathscr{S}_{32}$	{HL}

表 6-111　各声調における根の調値と樹長（最頻値計算）

	{HF}	{LF}	{HL}	{ML}	{LL}	{HR}	{LR}
陰平	14	15	15	15	15	15	15
陽平	15	14	15	15	15	15	15
陰上	16	16	15	16	16	16	16
陽上	13	13	13	13	13	13	12
陰去	18	18	17	18	18	18	18
陽去	14	13	14	14	13	14	14
陰入	5	5	4	5	5	5	5
陽入(阻害音)	9	9	9	9	8	9	9
陽入(共鳴音)	12	12	12	12	11	12	12

　先に行った中央値計算と，復元結果が若干異なっている．1声（陰平）は HF，2声（陽平）は LF，3声（陰上）は HL，4声（陽上）は LR，5声（陰去）は HL，6声（陽去）は LF・LL，7声（陰入）は HL，8声（陽入）は阻害音・共鳴音の選択の別を問わず LL が，それぞれ根（粤祖語）の最節約的な根の調値として復元される．中央値計算の場合と違い，3声（陰上）が HL のみを推定されており，6声（陽去）が LL のみならず LF をも推定されている．

　以下，この分岐学的計算結果をもとに，粤祖語の声調の調値を言語学的に考察する．6声（陽去）以外のすべての声調は唯一の推定結果が与えられている．6声（陽去）は LF と LL が推定されているが，しかし LF は 2声（陽平）にも推定されている．類似した調値を再建することを避けるならば，6声（陽去）は low-level とするのが妥当であろう．3声と 5声とがともに HL とされているのが悩ましい．両者の音高の違いを論ずることは難しい．

　以上の議論より，粤祖語の調値は表 6-112 のように再建される．

　結果的に，3声（陰上）を除き，中央値計算によるアルゴリズムから導き出されるのと

表 6-112　粤祖語全 8 声の調値（最頻値計算）

1声 （陰平）	2声 （陽平）	3声 （陰上）	4声 （陽上）	5声 （陰去）	6声 （陽去）	7声 （陰入）	8声 （陽入）
high-falling	low-falling	high-level	low-rising	high-level	low-level	high-level	low-level

同様の再建結果が得られた．3声（陰上）の調値は，中央値計算の結果を採用しておく．

6.4 再建結果のまとめ

本章で再建された粤祖語の音韻体系は以下の通りである．

声　母　　*p　　　*pʰ　　　*b　　　*m　　　　*w
　　　　　*f　　　　　　　*v　　　*ɱ
　　　　　*t　　　*tʰ　　　*d　　　*n　　　　　　　　　　　　*l
　　　　　*ʦ　　　*ʦʰ　　　*ʥ　　　　　　　　　　　　*s　　　*z
　　　　　*tʂ　　　*tʂʰ　　*dʐ　　*ɳ　　　　*j　　　*ʂ　　　*ʐ
　　　　　*k　　　*kʰ　　　*g　　　*ŋ
　　　　　*kʷ　　*kʰʷ　　*gʷ　　*ŋʷ
　　　　　*ʔ　　　*h　　　*ɦ
　　　　　*ʔʷ　　*hʷ　　　*ɦʷ

韻　母　　*a　　　*ai　　　*au　　*am/p　*an/t　　*aɲ/c　*aŋ/k
　　　　　　　　　*ɐi　　　*ɐu　　*ɐm　　*ɐn/t　　　　　　*ɐŋ/k
　　　　　　　　　　　　　*ɛu　　*ɛm/p　*ɛn/t
　　　　　*ɔ　　　*ɔi　　　*ɔu　　*ɔm/p　*ɔn/t　　　　　　*ɔŋ/k
　　　　　*ɪːə　　　　　　*ɪːeu　*ɪːem/p　*ɪːen/t　*ɪːeɲ/c　*ɪːeŋ/k
　　　　　*ʊːə　*ʊːəi　*ieː　　　　　　　　*ʊːen/t　　　　*ʊːeŋ/k
　　　　　*ɤːə　　　　　　　　　　　　　*ɤːən/t
　　　　　*i　　　　　　　*iu　　*im/p　　*in/t　　*iɲ/c
　　　　　*u　　　*ui　　　　　　　　　　*un/t　　　　　　*uŋ/k
　　　　　*y　　　　　　　　　　　　　　　　　　　　　　　*yŋ/k
　　　　　*ɿ/*ʅ

声　調
　　　　　1声（high-falling）　2声（low-falling）　3声（middle-level）　4声（low-rising）
　　　　　5声（high-level）　6声（low-level）　7声（high-level）　8声（low-level）
　　　　　（ただし，7声・8声は短調）

あわせて，粤祖語から娘言語への音変化について概括する．

本書が推定した系統樹は，粤祖語から最初の分岐点で五分岐を起こしている．目下，粤語・桂南平話は5つの系統から成り立っていると結論づけられる．注目すべき点の1つは，再建された5つの単系統群 A～E それぞれの祖語の差異が，現代の粤語・桂南平話同士の差異に比して，さほど大きいとはいえないことである．

もう1つの注目すべき点は，この5つの系統それぞれにおいて，類似した音変化が発生しているという点である．単系統群 A～E の多くの方言で長介音韻母の単母音化が発生しているにもかかわらず，5つの単系統群それぞれの共通祖語では，多くの長介音韻母が再建される．長介音韻母の単母音化は，粤祖語以後の段階にて並行的に発生したものと考え

るのが妥当である．また，粤祖語では2系列あった破擦音や摩擦音は，単系統群Eの破擦音が1系列化しているのを除いて，5つの単系統群それぞれの共通祖語の段階でもなお，2系列のまま保存されている．破擦音や摩擦音の1系列化もまた，各系統で並行して発生した音変化である．

入声の分裂現象は，単系統群Eの共通祖語で8声（陽入）の分裂が起こっているのを除いて，各単系統群の共通祖語に見出すことができない．今日の多くの娘言語に見られる7声（陰入）や8声（陽入）の分裂現象もまた，粤祖語以後の段階にて並行的に発生したものと考えざるを得ない．

漢語系諸語の方言分類で重要な分類基準とされる，中古音の全濁声母（有声阻害音）の形式についても，粤語・桂南平話の各方言で必ずしも一致していない．単系統群A～Dそれぞれの共通祖語で，粤祖語の有声阻害音は有声音のまま保存されている．

6.4.1 単系統群Aの共通祖語

粤祖語の有声破裂音・破擦音は，廉州方言など一律に有気音化する方言もあれば，広州方言のように2声・4声では一律に有気音で実現し，6声・8声では無気音で実現する方言もある．もし仮に，単系統群Aの共通祖語の段階で粤祖語の有声破裂音・破擦音の有声性が完全に喪失していたならば，廉州方言で6声・8声で有気音化が発生する理由を合理的に説明することができない．そこで本書では，単系統群Aの共通祖語の段階でも，粤祖語の *b, *d, *g, *gʷ, *dz, *dʑ は有声性を保存していたと考えられる（あるいは，呉語のように，*Cʱ と再建できる可能性もあるが，本書では有声阻害音の記号を用いておく）．

有声の摩擦音は，声門音を除いて，単系統群Aの共通祖語の段階に有声性を積極的に認めるだけの根拠がない．*v, *z, *ʑ はそれぞれ *f, *s, *ɕ に変化していたものと推定する．粤祖語 *ɦ は多くの娘言語で，狭母音の前で接近音化しているが，中山方言（単系統群A）など，一部の方言では摩擦成分を保存している．もし仮に粤祖語 *ɦ が単系統群Aの共通祖語の段階で，すでに完全に無声化していたならば，このような接近音化が発生した原因について合理的説明を行うことが難しい．そこで，粤祖語 *ɦ は単系統群Aの共通祖語でも *ɦ であったと考えられる．この再建は，吉川（2009; 2014）が報告ならびに分析を行う，Joshua Marshman（馬士曼）による18世紀末のマカオ方言の記録（*The works of Confucius containing the original text, with a translation: Vol. 1; to which is prefixed a dissertationon the Chinese language and character* および *Dissertation on the characters and sounds of the Chinese language, including tables of the elementary characters, and of the Chinese monosyllables*）において，「戸・回・賢・桓」（粤祖語 *ɦu6, *ɦuːi2, *ɦiːən2, *ɦuːən2）の声母が h- と表記されていることからも（吉川 2009: 294-295; 2014: 441-442 の推定音価は *h），傍証することができる．

粤祖語 *ɦʷ は，単系統群Aに属する娘言語から摩擦成分の残存を推定することができない．従って，単系統群Aの共通祖語では，*ɦʷ は *w に変化していたものと推定される．

円唇母音の前に立つ *h- や *hʷ- は，単系統群Aの多くの方言で，唇歯音と合流している．

しかし，南海方言のように，粵祖語 *f-と *v-が両唇音化し，粵祖語 *h-や *hʷ-が唇歯音の f-で実現する方言が存在している（6.2.1.a），6.2.1.e) を参照．さらに，Ball (1900: 127-128) の順徳方言にも，南海方言と同様の現象の存在がうかがわれる）．この事実は，単系統群 A の共通祖語の段階でも，粵祖語 *h-や *hʷ-が唇歯音と合流を起こしていなかったことを意味している．

粵祖語の反り舌音が，単系統群 A の共通祖語でも反り舌音であったことを示す証拠が，単系統群 A の現代語から見出すことができない．単系統群 A の共通祖語には後部歯茎音を再建しておく．また，反り舌音声母と *ɿ からなる音節は，声母の歯茎音声母化と韻母の *ɿ との合流を起こしている．

粵祖語 *ŋ̍ は浦北方言が祖形を保存しており，従って単系統群 A の共通祖語にも *ŋ̍ を再建することができる．

粵祖語 *ɪːm/p, *ɪːən/t, *ʊːən/t, *ʏːən/t には，新興方言の im/p [iəm/p], in/t [iin/t], un/t [øən/t], yn/t [yøn/t] がそれぞれ対応している (詹伯慧 et al. 1998: 34-35)，これらの実現形を根拠として，単系統群 A の共通祖語でも，粵祖語の *ɪːm/p, *ɪːən/t, *ʊːən/t, *ʏːən/t が保存されていたことが推定される．なお，*ʊːən/t が唇音・軟口蓋音・声門音以外で *ʏːən/t と合流する現象は，単系統群 A の共通祖語の段階ですでに発生している．

廉州方言を含む諸方言では唇音字において，粵祖語の *ɔŋ/k と *ʊːəŋ/k とで対立を失っている（6.2.2.d) 参照）．*ʊːəŋ/k は単系統群 A の共通祖語で，軟口蓋音・声門音声母とのみ共起したと考えられる．

粵祖語 *ɪːəŋ/k は廉州方言では ɪŋ/k，広州方言では œŋ/k で実現する．これらの形式を踏まえて，単系統群 A の共通祖語にも，粵祖語と同様の *ɪːəŋ/k を再建しておく．

粵祖語 *ʊːə は，唇音や歯茎音，反り舌音が声母の場合は，*ɔ と合流を起こしていたものと考えても矛盾がない．ただ，声母 *ɦ については，少々悩ましい．南海方言 (詹伯慧 et al. 1987) で「和」（粵祖語 *ɦʊːə2) が fɔ2 で実現していることを踏まえるに，粵祖語 *ʊːə の前で，*ɦ が単系統群 A の共通祖語の段階で，摩擦成分を保存していたことになる．これを踏まえるならば，そして，「*ɦ は w の前で摩擦成分を必ず喪失する」という仮定を置くならば，粵祖語 *ɦʊːə は，*ɕwɔ という形には変化していなかったと考えられる．本書では，*ʊːə が軟口蓋音・声門音においては単系統群 A の共通祖語でも *ʊːə であったと推定する．

粵祖語 *ʊːəi は，仏山方言で *ui と対立を保存している．単系統群 A の共通祖語にも，粵祖語の *ʊːəi が保存されていたものと推定できる．

粵祖語 *ɪːəu は，単系統群 A の中に長介音韻母を保存していた形跡が見出されない．本書は，娘言語の実現形に基づいて，単系統群 A の共通祖語には *iu を粵祖語 *ɪːəu に対応する韻母として再建しておく．

粵祖語 *iu は新興方言で，粵祖語 *ɐu との対立が保たれており，*ɐu, *iu の新興方言の実現形はそれぞれ，ɐu, u である．粵祖語の *iu に対応する単系統群 A の共通祖語の再建形は，*əu とする．

粵祖語 *in/t の一部は，6.2.2.i) でも述べたように，不規則的に *un/t と合流しており，

6.4 再建結果のまとめ 237

特に単系統群 A の諸方言に，このような不規則的な合流が頻繁に観察される．これを踏まえて，単系統群 A の共通祖語には *ʊn/t を再建しておく．すなわち，粤祖語 *in/t は，単系統群 A の共通祖語 *en/t と *ʊn/t とに対応しており，両者のうち，*ʊn/t が不規則的な形式であるといえる．音韻論的には，*ʊn/t は単系統群 A の共通祖語の韻母 *əu と主母音を同じくしていると解釈することができよう．u よりも緩んだ主母音 ʊ を立てれば，粤祖語 *un/t との合流も説明しやすく，なおかつ，広州方言の実現形 øn/t への変化も説明しやすい（広州方言の主母音 ø は Yue-Hashimoto 1972: 158 で lax vowel とされている）．

　単系統群 A の共通祖語では，硬口蓋韻尾が軟口蓋韻尾と対立をなさなくなっている．まず，粤祖語 *aŋ/k が *ɔŋ/k と完全に合流し，粤祖語 *aɲ/c は韻尾が軟口蓋音化して *aŋ/k となっている．また，粤祖語 *rːɐɲ/c は開口度の広い *iɛŋ/k に変化していたと考えられる．順徳方言など，粤祖語 *iɲ/c が歯茎韻尾で実現する方言が存在することから，*iɲ/c は単系統群 A の共通祖語の段階で，軟口蓋韻尾に変化しておらず，硬口蓋韻尾のままであったと推定される（以下，単系統群 B～E それぞれの共通祖語にも粤祖語 *iɲ/c の硬口蓋韻尾が保存されていたものと推定する）．

　浦北方言は外転三四等で 7 声（陰上）が 7a 声（上陰入）になる点で，広州方言などと異なっている．この事実から，単系統群 A の共通祖語では 7 声（陰上）の分裂は未発生であったと考えられる．

6.4.2 単系統群 B の共通祖語

　単系統群 B は，台山方言などの珠江三角洲西部の諸方言，すなわち，四邑片の諸方言と，主に広東北西部の諸方言とからなる．ただ，中国語学（方言学）的な観点から見れば，四邑片の諸方言，広東北西部の諸方言がそれぞれより小さな単系統群をなすことについては比較的承服しやすいが，しかし，単系統群 B の単系統性を積極的に肯定するに十分な根拠を見出すことはいささか難しい．

　広東北西部の諸方言を根拠に，単系統群 B の共通祖語には粤祖語の有声阻害音の多くが保存されていたことがわかる．単系統群 B には，封開方言のように有声破裂音・破擦音が一律に無気音で実現する方言と，台山方言のように 2 声や 4 声で有気音を起こす方言が存在する．単系統群 B の共通祖語では，有声破裂音・破擦音が保存されていた蓋然性が高い．

　また，封開方言で粤祖語 *z̞ が破擦音で実現している事実は，単系統群 B の共通祖語の段階で，粤祖語 *z̞ と *dz とが比較的合流しやすい形式をとっていたことを示唆する．単系統群 B の共通祖語は，粤祖語 *z̞ の有声性を保存していた蓋然性が高い．

　*ɦ は封開方言を除いて，粤祖語の非狭母音ならびに *uŋ/k の前で，摩擦成分を保存している．このことから，単系統群 B の共通祖語で，粤祖語の *ɦ は *h と合流を起こしていなかったことがわかる．粤祖語の狭母音（*uŋ/k を除く）に先行する *ɦ は，現代語で非摩擦音化しており，本書は目下，単系統群 B の共通祖語に，狭母音（*uŋ/k を除く）の前の *ɦ が摩擦成分を保存していたと想定する根拠を持たない．

*ɦʷ は，単系統群 B の共通祖語の段階で，すでに摩擦成分を喪失して *w へと変化していたと考えられる．

粤祖語の反り舌音は，連県方言でも反り舌音のまま保存されている．この事実から，単系統群 B の共通祖語は，粤祖語の反り舌音を保存していたと考えられる．

台山方言などを根拠に，単系統群 B の共通祖語には多くの長介音韻母が再建できる．粤祖語 *ːəu, *ːəm/p, *ːən/t, *ːəŋ/c, *ːəŋ/k, *ʊːən/t, *ɤːən/t については，単系統群 B の共通祖語でも同様の再建形を与えておく．*ʊːəi は，*ui との対立を失っていることから，単系統群 B の共通祖語では *ui に合流したものと推定できる．

狭母音を主母音に持つ韻母も同様に，台山方言などの実現形から，単系統群 B の共通祖語が粤祖語の形式を保存していたことが推定される．粤祖語 *iu, *im/p, *in/t, *iŋ/c, *ui, *un/t は，おしなべて単系統群 B の共通祖語にも再建可能である．

粤祖語 *aŋ/k は単系統群 A と同様に，*ɔŋ/k と合流を起こしている．ただ *aŋ/c については，広州方言のように主母音が -a- で実現する方言（四会方言など）や，主母音が -e- などより前舌性の強い母音で実現する方言（封開方言など）があることから，単系統群 A とは違い，韻尾の口蓋性を保存していた可能性がある．単系統群 B の共通祖語には，粤祖語と同様の *aŋ/c を再建しておく．

粤祖語で舌尖母音 *ɿ と *ʮ については，台山方言などでは u で実現する．その一方で，広東省北西部の諸方言では韻母が i で実現し，また，単系統群 A の場合とは異なり，舌尖母音が伴う粤祖語の反り舌音声母が，歯茎音声母と合流を起こしていない．これらの事実を総合するに，単系統群 B では，粤祖語の舌尖母音 *ɿ・*ʮ が保存されていたこと，そして，舌尖母音 *ʮ に先行する反り舌音声母が，反り舌音のまま保存されていたものと推定される．

蒙山方言は，7 声（陰入）や 8 声（陽入）の分裂が発生していない．本書では単系統群 B の共通祖語では 7 声（陰入）・8 声（陽入）の分裂を想定しない．

6.4.3 単系統群 C の共通祖語

粤祖語の無声破裂音のうち，*p と *t については，藤県方言や信都方言で入破音化が発生している．すなわち，単系統群 C を構成する 2 つの系統それぞれに，入破音化を起こしている変種が存在している．このことから本書は，単系統群 C の共通祖語に *ɓ（< 粤祖語 *p）と *ɗ（< 粤祖語 *t）とを再建する．

端母（粤祖語 *t）の入破音化と精組（粤祖語 *ts）の破裂音化とは，しばしば相伴って発生する．単系統群 C の諸方言で粤祖語 *tsʰ と *tʰ とは合流を起こしており，粤祖語 *ts は桂平方言が摩擦音化して θ で実現する以外は，おしなべて破裂音化している．従って，単系統群 C の共通祖語は，粤祖語 *tsʰ が *tʰ に変化していたのに対して，*ts は *ts を保存していたと考えられる．

粤祖語の有声阻害音の有声性は，大錫方言が持つ破裂音・破擦音——粤祖語 *b, *d, *g に由来——の有声性を根拠に，単系統群 C の共通祖語にも再建することができる（濱田武

志 2012a)．ただ，粤祖語の破擦音 *dʐ と *dʑ は，大錫方言で完全に摩擦音と合流しており，明瞭な有声性を見出しにくい．そこで藤県方言や桂平方言を見ると，粤祖語 *dʐ が無声破擦音で実現していることがわかる．そもそも，有声破擦音が無声摩擦音化する音変化は，dz, dʑ>z, z>s, s といったように，まず有声破擦音の摩擦音化が発生してから，次いで有声性を喪失した蓋然性が高い．従って，単系統群 C の共通祖語の段階でも，粤祖語 *dʐ が保存されていたと推定することができる．また，粤祖語 *dʑ は，単系統群 C に属する全変種で，無声摩擦音が規則的に対応する．有声性を示す積極的根拠が娘言語から得られないため，粤祖語 *dʑ は単系統群 C の共通祖語の段階で *s になっていたものと考えられる．

なお，粤祖語の有声摩擦音のうち，*v, *z, *ʐ は，有声性を保存していたことを立証する積極的根拠が見出されない．そこで本書は，*f, *s, *ʂ を単系統群 C の共通祖語に再建する．

*ɦ は，賀州方言などで摩擦成分を失う一方で，昭平方言や郁南方言では非狭母音の前で摩擦成分を保存している．単系統群 B の場合と同様に，粤祖語 *ɦ が非狭母音ならびに *uŋ/k の前で，*ɦ を再建することができる．なお，*ɦʷ は摩擦成分の痕跡がまったく見出されないため，単系統群 C の共通祖語には *w を再建する．

粤祖語 *aŋ/k は，桂北方言で *aɲ/c と合流し，*ɔŋ/k とは未合流である（ただし，*aŋ/k の多くの語（字）が 2 つの実現形を持ち，一方は *aɲ/c と同等の形式を持つものの，もう一方は *ɔŋ/k と同等の形式を持つ）．また，賀州方言など多くの方言では，*aŋ/k は *ɔŋ/k と合流し，*aɲ/c との対立を保存している．単系統群 C の共通祖語の段階では，*aŋ/k と *aɲ/c とが対立を保存していたと考えられる．

粤祖語の長介音韻母の多くは単母音化を起こしており，粤祖語 *ʊːei, *ɪːeu, *ɪːəm/p, *ɪːən/t, *ʊːen/t, *ʏːən/t, *ɪːeɲ/c に対応する単系統群 C の共通祖語韻母は，それぞれ *ui, *iu, *im/p, *in/t, *un/t, *yn/t, *iɲ/c を再建できる．なお，粤祖語 *ɪːən/c と *iɲ/c は単系統群 C の共通祖語の段階で合流している．

単系統群 C にも再建される長介音韻母は，*ɪːə, *ɪːəŋ/k, *ɒːə, *ʊːəŋ/k, *ʏːə である（うち，*ɪːə と *ɒːə は，信都方言で長介音韻母の形で保存されている）．賀州方言などで粤祖語 *ɒːə, *ʊːəŋ/k が，粤祖語 *ɔ, *ɔŋ/k と主母音を違えている現象は，粤祖語 *ɒːə, *ʊːəŋ/k が単系統群 C の段階で，*(w)ɔ, *(w)ɔŋ/k に変化していなかったことを示している（反り舌音声母をとる場合を除く）．従って単系統群 C の共通祖語には，粤祖語 *ʊːəŋ/k に対応する韻母として，単系統群 C の共通祖語に *ʊːəŋ/k を再建できる（反り舌音声母をとる場合は，単系統群 C の共通祖語に *ɔŋ を再建）．*ʏːə は語例が十分でないが，賀州方言で「靴」に円唇性と前舌性が見出されることから（6.2.2.g）を参照），*ʏːə を再建しておく．

単系統群 C では，粤祖語 *iu, *im/p, *in/t と共起する軟口蓋音の破擦音化（口蓋化）が発生している．このことから，単系統群 C の共通祖語でも，これらの韻母が前舌性を喪失していなかったことが強く推測され，再建形は *ieu, *iəm/p, *iən/t を与えておく．すなわち，単系統群 C の共通祖語の体系に，*-ɪːə- と *-ei- との相補分布的関係が想定できるのである（ただし，*ieu, *iəm/p, *iən/t は軟口蓋音・声門音・*j とのみ共起）．

粤祖語 *yŋ/k は圧倒的大多数の方言で *uŋ/k と合流を起こしており，わずかに単系統群 C にのみ痕跡を留めている（6.2.2.k) の賀州方言を参照）．

舌尖母音は，*ɿ は各方言で，粤祖語 *i と同様の形式で実現している．一方，粤祖語 *ʮ は，i で実現する方言が多いものの，桂平方言で u で実現している．そこで，単系統群 C の共通祖語には，*ʮ を再建するが，*ɿ は *i と合流を起こしていたと推定する．

昭平方言は入声の分裂が見られない．また，外転に属するが主母音が狭母音である韻母（咸攝開口三四等，山攝開口三四等，山攝合口一三四等）が，藤県方言や郁南方言では 7b 声（下陰入）で実現するが，賀州方言などでは 7a 声（上陰入）で実現しており，単系統群 C の内部で入声分裂の仕方が一様ではない．単系統群 C の共通祖語でもまた，7 声（陰入）が分裂していなかった蓋然性が高い．

6.4.4 単系統群 D の共通祖語

単系統群 C の共通祖語では粤祖語 *p と *t について入破音化を想定した．しかし，玉林方言が *p と *t とで有声性を獲得しているほかには，単系統群 D の方言での入破音化を示唆する情報はない（そもそも玉林方言では粤祖語 *ts も有声性を獲得しており，藤県方言（単系統群 C）などの場合とは同等に扱うことができない）．本書では，単系統群 D に入破音を再建しない．

粤祖語の有声破裂音・破擦音は，貴港方言が広州方言（単系統群 A）と同様に 2 声・4 声で有気音化を起こしたり，玉林方言が一律に無声無気音で実現したりと，単系統群 D 内部で実現形が一定しない．単系統群 A の場合と同様に，単系統群 D の共通祖語にも，有声性を認めるのが妥当と考えられる．一方，粤祖語 *ʐ, *z については，有声性を保存していることを示す明確な根拠が見出されないため，単系統群 D の共通祖語の段階で *ʂ, *s とそれぞれ合流していたと推定しておく．

粤祖語 *ɦ は非狭母音および *uŋ/k の前で，玉林方言ではゼロ声母で，横県方言では h でそれぞれ実現しており，従って，*ɦ と *h との合流は未発生であったと考えられる．*uŋ/k を除く狭母音の前では，粤祖語 *j との音韻的対立が保存されていない．単系統群 D の共通祖語では，*ɦ は *uŋ/k を除く狭母音の前で接近音化していたものとし，そして，各方言で粤祖語 *ɦ が粤祖語の *uŋ/k を除く狭母音の前で摩擦音で実現している現象は，*w や *j と合流を起こして接近音化した後に，再び摩擦音となったものと解釈することができる．なお，粤祖語 *ɦʷ は摩擦音を保存していた根拠を一切見出すことができず，従って，単系統群 D の共通祖語には *w を再建する．

粤祖語 *h は各方言で接近音化を起こしており，単系統群 D の共通祖語の段階では，粤祖語 *ui, *un/t の前で，*w に変化していたと考えられる．なお，粤祖語 *hʷ も同様に *w に変化していたと考えられる．

長介音韻母のうち，*ɪːəm/p, *ɪːən/t, *ɪːəŋ/k, *ʊːə, *ʊːən/t, *ʊːəŋ/k, *ʏːən/t は，単系統群 D の共通祖語でもまた長介音韻母として再建される．玉林方言に観察される，陽入と陰入で韻母の実現形が一致しない現象（6.2.2.e), 6.2.2.f), 6.2.2.g) を参照）を根拠と

して，*ɪːəm/p, *ɪːən/t, *ʊːən/t, *ʏːən/t が再建される．また，横県方言で粤祖語 *ʊːəŋ/k が *ɔŋ/k と未合流である事実は，単系統群 D に *ʊːəŋ/k を再建する根拠となる．*ʊːə が単系統群 D の共通祖語に再建できることは，玉林方言や横県方言の形式が根拠となる（6.2. 2.f）を参照）．ただし，単系統群 D の諸方言の情報だけですべての *ʊːə を再建することはできず，1〜4声の語（字）の韻母は，粤祖語の再建形を参照することなくして，*ʊːə か *u かを決定することはできない．*ɪːəŋ/k は，その介音が長かったことを積極的に証明する根拠が薄弱であるものの，長介音韻母である他の陽声韻・入声韻が単系統群 D の共通祖語に再建されることを踏まえ，単系統群 D の共通祖語にも *ɪːəŋ/k を再建しておく．

　軟口蓋破裂音は，すべての方言において粤祖語 *iu の前で口蓋化が発生しているため，祖語の段階に口蓋化の発生を想定して，差し支えない．一方，粤祖語 *in/t の場合は，口蓋化を起こしている方言が存在しない．*im/p は霊山県では基本的に口蓋化を起こしていないが，多くの方言で口蓋化が起きている．単系統群 D の共通祖語には口蓋化の前段階として *kiəm のような形式を再建することができる．

　主母音 *-a- に先立つ粤祖語 *ŋ の口蓋化は，多くの方言で観察されるものの，しかし，貴港方言ではこの音変化が未発生であるため，単系統群 D の共通祖語にはこの口蓋化を認めることができない．

　粤祖語 *ɿ は，単系統群 C の場合と同様に，各方言で粤祖語 *i と同様の形式で実現している．一方，粤祖語 *ʅ は，例えば玉林方言で i で実現する一方で，粤祖語 *ei と同様の形式で実現するなど，方言間で形式に隔たりがある．そこで，粤祖語 *ɿ に対しては *i を再建する一方で，粤祖語 *ʅ は単系統群 D の共通祖語でも保存されていたと推定する．ただ *ʅ を再建することの信頼性は，単系統群 B や C の場合に比して低い．台山方言（単系統群 B）や桂平方言（単系統群 C）のように，舌尖母音の存在を示唆する音価を持つ方言が，単系統群 D に存在せず，何となれば，粤祖語 *ei と同様の形式を，他系統からの借用と解釈することもできるからである．

　声調については，貴港方言で7声も8声も未分裂であることから，単系統群 D の共通祖語にも，粤祖語の7声と8声とが未分裂のまま保存されていたと推定できる．単系統群 D の中には，玉林方言や博白方言，横県方言のように，7声も8声もともに分裂を起こしている方言も存在しているが，しかし，このような声調の豊富さは，単系統群 D の共通祖語よりも新しい時代に獲得されたものであると考えられる．

6.4.5　単系統群 E の共通祖語

　単系統群 E は南寧市以西に分布する桂南平話を内包する単系統群であり，単系統群 A〜D に比して，明らかに同質性が高い．

　本節冒頭でも述べたように，単系統群 E の共通祖語は唯一，5つの単系統群の共通祖語のうち，破擦音の系列が1つに合流している．

　舌尖母音が存在したことを示す痕跡は，単系統群 E の諸方言から見出されない．*ʅ の不存在は，単系統群 E の共通祖語に，多くの娘言語の実現形である後部歯茎音を再建す

ること，すなわち，反り舌音声母の非舌尖音化を推定することを傍証する．

粤祖語の有声破裂音・破擦音は一貫して無声無気音で実現しており，従って，単系統群Eの共通祖語の段階で，有声性の喪失を想定することができる．

単系統群Eの諸方言に見られる陽入分裂現象は，粤祖語に *ɦ や *ɦʷ を再建する，重要な根拠である．特に *ɦʷ は，単系統群Eの諸方言が再建の唯一の根拠である．ただ，今日の単系統群Eの諸方言では，粤祖語 *ɦʷ はおしなべて w や β に変化しており，単系統群Eの共通祖語にも，*ɦʷ を再建することは難しい．単系統群Eの諸方言が共通に遡ることができる体系のうち，最も新しいものは，粤祖語の8声（陽入）がすでに分裂を終えた後で，さらに「ɦʷ＞w」を経験した体系だからである．従って本書は，単系統群Eの共通祖語には *ɦʷ を再建せずに，*w を再建する．

粤祖語 *ɦ は，粤祖語 *uŋ/k および非狭母音の前で h で実現している．単系統群Eは *ɦ の無声化を経験していたと推定できる．狭母音（*uŋ/k を除く）の前の *ɦ には，おおむね *h が対応するが，単系統群Eの共通祖語の段階ですでに接近音化していたと考えられる語（字）例もある．

単系統群Eの共通祖語は，*ʊːə，*ʊːei，*ɪːəŋ/k のみが長介音韻母として再建される．単系統群Eでは，亭子方言を除く諸方言で，粤祖語 *u が非狭母音化しており，*ʊːə と *u との間に chain shift が発生していることがうかがわれる．粤祖語 *ʊːei は，亭子方言で ui で実現するほかは，主母音が非狭母音化しており，単系統群Eの共通祖語の段階で，*ʊːei と *ui との間に，明らかに対立が存在している．単系統群Eの共通祖語の *ɪːəŋ/k は，粤祖語の *ɪːəŋ と *aɲ/c という，2つの起源を持っている．ただし，濱田（2014b: 181-182）でも論じたように，声母が *h の場合にはいささか不規則性が見られる．すなわち，単系統群Eの共通祖語の *ɪːəŋ/k に先行する *h が，陰調（粤祖語 *h）か陽調（粤祖語 *ɦ）かに従って，実現形が相違する現象が，亭子方言以外の諸方言に観察されている．

濱田（2014b）では，単系統群Eの共通祖語に，山攝開口三四等字の一部に対して，亭子方言を根拠として *yn/t を再建している．本書の議論を通じて粤祖語の再建形を得た現在，このような *yn/t は *in/t に改め，そして亭子方言の yn/t という形式を，不規則変化の結果として解釈することができる．

単系統群Eの諸方言は，粤祖語の8声（陽入）が声母の全濁・次濁の別による分裂を起こすという，通方言的に見て稀な改新を共有している．この声調分裂は，周辺言語に類例を見出すことができず，従って，「外部からの何らかの影響によって，このような音変化が並行的に発生した」と考えるのはいささか難しい．本書では，単系統群Eに見られるこの陽入分裂を，一回性の音変化と考える説を採用し，単系統群Eの共通祖語に 8a 声（上陽入）と 8b 声（下陽入）とを再建する．城廂方言でこの声調分裂が見られないのは，8a 声（上陽入）と 8b 声（下陽入）とが再合流したためと考えられる．

第7章

漢語史の中の粵祖語

本章では，粵祖語が漢語系諸語全体の歴史の中でどのように位置づけられるのかについて論ずる．それと同時に，分岐学的分析が中国語学に対してなし得る理論的な寄与についてもあわせて論ずる．

7.1 「非粵語的」な粵祖語

まず，本書で再建された粵祖語を，漢語系諸語の過去の一変種としてとらえる観点から，粵祖語の音韻体系を論ずる．本書は，分岐学を援用して系統樹を得た．分岐学は生物学——特に古生物学——の分野で多く用いられてきた．古生物学の概念は，漢語系諸語の言語史を分岐学的に論ずる際にも有用である．

Budd et al. (2000) は，body plan という概念を論じている．body plan とは，ある生物集団に共有される身体組織のことである．より厳密にいうならば，body plan とは，ある単系統群に属する現生生物に，原始形質（当該単系統群の最初の分岐点より前の段階で発生した改新）として共有される特徴の集合 (Budd et al. 2000) として定義される概念である．

ある1つの特徴が，原始形質として解釈されるか，それとも派生形質として解釈されるかは，分析の基準となる時間点によって異なる．例えば，印欧祖語の無声破裂音が無声摩擦音で対応するというゲルマン諸語の特徴は，ゲルマン諸語の共有する派生形質と見なせる．しかし，ゲルマン祖語を共通祖先とする単系統群に議論の範囲を限定するならば，この特徴はゲルマン諸語間の系統関係について何の情報も与えない，原始形質と見なされる．

粵祖語を共通祖先とする単系統群に，もし body plan というべき特徴が存在するとすれば，それが出来上がった時期は必然的に，粵祖語からの最初の分岐より前ということになる．しかし，粵語・桂南平話に特有で，なおかつ粵語・桂南平話が他の漢語系諸語に対して排他的に有するような改新を挙げることは難しい．粵語・桂南平話に固有の body plan と呼ぶべき特徴は，目下特定できない．

この事実が意味するのは，今日の方言分類体系が粵語・桂南平話をほかから分かつ際に用いるさまざまな言語特徴は，粵祖語の段階にまで遡った音韻体系には見られないということである．仮にもし粵祖語を今日の方言分類体系にあてはめるならば——現代語のみを対象として構築された分類体系を，過去の言語種に適用することが適当かどうかはさてお

き——粤祖語は粤語や桂南平話として分類されることはなかったであろう．例えば，介音があまり見られないという特徴や，入声の分裂のような，body plan のように見えて body plan でない言語特徴の共有は，粤祖語以降の時代に並行的に発生した音変化の結果と推定される．

粤祖語の持つ「粤語・桂南平話らしくなさ」は，再建の妥当性に対する批判の根拠とはならない．「らしさ／らしくなさ」は，分類という文脈においてのみ意味を持つ．分類という行為は系統推定と異なる論理に基づいている．外貌は外貌以上のものではない．他言語の例を挙げるならば，Pittayaporn (2009) のタイ祖語（Proto-Tai）も，sesqui-syllabic な音節構造によって特徴づけられており，その音韻体系の外貌は現存する娘言語と大きく異なるように見える．Baxter (2006) が示すマクロ官話祖語（Proto-Macro-Mandarin）もまた同様である．Baxter (2006: 88) の「もし今日マクロ官話祖語が存在していたとしたら，官話とは分類されなかったであろう」という言葉を，ここで引用しておきたい．

粤語の基層言語の問題についても述べておきたい．中国大陸南方における漢語と非漢語の関係については，数多の考察がなされている．漢語と非漢語との間には，長きにわたって何らかの影響関係が続いてきた蓋然性が高い（例えば，Wang Jun 1991 など）．

しかし粤祖語には，非漢語との音韻的な類似点がさほど多くない．例えば長介音韻母は，非漢語との類似性を示す特徴といえるものの，そのほかには，明確な「非漢語らしさ」を示す言語特徴が見出されない．例えば，*ŋ̊- の f-化はチワン語との関係が強い音変化である（4.8.3参照）が，しかし *ŋ̊- が完全に m- や f- へと変化し終えたのは，粤祖語よりも後の時代である．タイ系言語に広く見られる入声の分裂現象も，各地で並行的に発生したと考えられる．粤祖語よりも今日の変種の方が，非漢語的な特徴を強く持っているのである．

「基層言語」は，注意を要する概念である．言語 X が言語 Y の基層言語であるという命題は，現象の原因として語られるものではなく，現象の観察から帰納されるものと筆者は考える．原因と結果は，顛倒してはならない．本書は，粤語・桂南平話と華南の非漢語との間に見られる言語特徴や語彙の共有，統語法の相似などの個々の現象について，その「原因」として基層言語という概念を用いない．「非漢語が粤語の基層言語だから，粤語が非漢語に似ている」のではなく，「『粤語が非漢語に類似している』という現象を踏まえて，『粤語が非漢語を基層言語に持っている』という言葉を使って，粤語の歴史を描写している」のである．

7.2　粤語・桂南平話の言語史

粤祖語に粤語・桂南平話的な言語特徴が見られないという考察結果は，粤祖語を定位すべき年代についての疑問に直結する．Chen (1984-1985) が述べるように，広州方言は中古音からの音変化を想定することが可能な方言である．そして，粤祖語を中古音以上に古い体系と考えねばならない根拠は見当たらない．粤祖語には，たとえば中古音の三等と四等の対立は反映されておらず，また，重紐から導き出される複数の前舌介音の存在について

も，粤祖語に見出すことはできない．ほかにも，円唇前舌狭母音を有すること，四声がすでに分裂していることなどを踏まえるならば，粤祖語の直接の祖先と考えられる変種が北方漢語から分岐した年代の upper bound は，唐代後期より後に置くことができよう．そして，元代の『中原音韻』などから推定される北方漢語の音韻体系は，明らかに粤祖語に比して北方的である．lower bound は元代またはそれ以前に置くことができよう．

しかしながら，唐と元の間の時代，すなわち五代十国・宋代は音声言語を反映した資料が乏しい時代であり，漢語音韻史の空白期間である．中古音以降・『中原音韻』以前の時代の文献が粤祖語に近い音韻体系を反映する例は，目下発見されていない．例えば花登（1997）の示す『古今韻会挙要』の音韻体系は，粤祖語の音韻体系とは大きく異なる．花登（1997: 236-242）の述べるように，『古今韻会挙要』が近世南方の共通語音を反映するものであったとしても，華南は中原よりあまりに遠く離れた辺境の地であり，『古今韻会挙要』の音韻体系と遥か彼方の漢語の音韻体系の間に系統的近縁性を見出せる可能性はもとより考え難い．ほかにも，『皇極經世聲音唱和圖』の示す音韻体系（竺家寧1983，長田1984，平山1993など）も，粤祖語と直接比較することはやはり難しい．大陸の外に目を転じてみても，例えば日本語の唐音・宋音の中に粤祖語と近い音韻体系の痕跡を積極的に見出すこともできない（飯田1955，高松1986，湯沢1987，沼本1997など）．宋代音を反映するそのほかの音韻資料から直接，粤祖語に直接関連する音韻体系を見出すことも難しい（坂井1955，周祖謨1966a; 1966b; 1966c，三根谷1978，竺家寧1979; 1980a; 1980b; 1980c; 1981; 1985; 1991，冯蒸1992，李范文1994: 209-326，大岩本1998，将邑1995，将邑剣平 et al. 1999，李文澤2001: 5-59，李无未 et al. 2008: 35-295，刘晓南2012など）．今日に伝わる資料を用いて粤祖語の実在性を議論するのは，困難であると考えられる．

7.2.1 粤祖語と非漢語の関係

本書で提唱する方法は系統樹を，系統関係を明示するためだけのものとはせずに，祖語の体系そのものの情報をも含む存在と考える（第6章第1節，第3節を参照）．本節では，「粤祖語に第二・第三の再建形がなぜ与えられたのか」，そして，「粤祖語より後の時代の中間段階において，中古音よりも古い性質を示す形式がなぜ借用されたのか」について議論を行う．

粤祖語の娘言語に断片的に見出される，中古音との対応関係が規則的でない実現形の中には，中古音との対応関係から期待されるよりも古い形式を示すものや，より新しい形式を示すものがある．前者の例には，例えば非組が両唇破裂音で実現する語（字）や，知組が歯茎破裂音で実現する語（字）が挙げられる．後者の例には，微母が接近音で実現する「挽」などがある．しかし，非組や知組が破裂音で実現しようと，「挽」が接近音で実現しようと，それは粤祖語の音韻体系そのもの——すなわち，音素の数——には直接影響を及ぼさない．ところが，粤祖語における主母音 *-ɛ- の再建は，中古音との対応関係からは予期し難い韻母を，粤祖語に認めることを要求しているため，音韻体形の姿を左右する．

主母音 *-ɛ- を持つ語（字）例の存在については，以下のような説明が行い得る．

仮説 a. 粤祖語より古い段階からの規則的な音変化の結果として，粤祖語に主母音 *-ε- が生じている．
仮説 b. 粤祖語の段階ですでに，主母音が *-ε- である形式と *-ε- でない形式の両方が存在していた．ただ，主母音が *-ε- である形式は，必ずしもすべての方言で報告されているわけではない．
仮説 c. 粤祖語と娘言語の間のとある中間段階において，未知の言語からの借用が発生したため，その中間段階の娘言語に不規則な実現形が共有されている．
仮説 d. 各方言で比較的最近に未知の言語から並行して借用が発生した結果，祖語の段階には遡らない，単に表面的に類似したに過ぎない形式が共有されている．

先述の通り，主母音 *-ε- を再建形に持つか否かは語彙的に決まっており，規則的な音変化の結果主母音 *-ε- が生じたようには見えない．従って仮説 a は否定される．しかも主母音 *-ε- は中古音の二等字に現れるが一等字に現れない．その一方で，主母音 *-a- は一等字の一部と二等字に規則的に対応している．従って主母音 *-ε- が粤祖語よりも後の時代において，主母音 *-a- から何らかの規則的音変化によって生じたと考えるのも難しい．また，個別の語（字）については仮説 c と d のような現象が起こった可能性があるが，しかし，粤祖語の音韻体系における主母音 *-ε- の存在していた可能性は，第 6 章での検証を経て肯定されている．以上より，仮説 b が選択される．

粤祖語には単一の起源だけで説明できない，一定の重層性を認めねばならない．問題は，「粤祖語に外的要素を提供した言語とはいったい何か」である．

蓝庆元（2005: 107; 111; 114-115）が示すように，タイ系言語の一種であるチワン語に見られる效・咸・山攝の二等字や三四等字の漢語借用語にも，主母音が -e で実現する例がある．たとえば「減」（減る，減らす）は粤祖語に *kam3 と *kεm3 が再建される．「減」の語音はチワン語の多くの方言で，ke:m3 やそれに類する形式で実現している（张均如 et al. 1999: 761）．また，「扁」（平たい）は粤祖語で *pr:ən3 と *pεn3 が再建されている．「扁」の語音はチワン語で pe:n3 で出る地点が多い（张均如 et al. 1999: 770. ただし一部の地点では，韻尾が両唇音の pe:m3）．また，チワン語は漢語系諸語の漢字の読音を長期間にわたって受容した結果として，複数の漢語系諸語の字音を吸収して成立した，独自の漢字の読音体系を持っている．チワン語の韻文を漢字で記したチワン語文献でも，效・咸・山攝二〜四等字で -ε- が主母音として実現している例が知られている（李方桂 1956 など．例は附論 1 を参照）．この事実を踏まえて，「粤祖語に外的要素を提供した言語」の正体を論ぜねばならない．

粤祖語に *εu, *εm/p, *εn/t を提供した言語についての 1 つ目の仮説は，粤祖語とは系統を異にする何らかの漢語「言語 X」――それが単数か複数かは不明であるが――が，粤祖語とタイ系言語の両方に，借用語をもたらしたというものである．もしこの仮説が正しいならば，言語 X は粤祖語よりも先に華南に伝播しており，そしてタイ系言語に対しても，華南に伝播してきた粤祖語に対しても，それぞれ借用語を提供したことになる．

この仮説と似たような主張は，すでに先行研究によって提唱されている．张均如（1982;

1988) や张均如 et al. (1999: 246-251) などは，チワン語やその他の非漢語に見られる漢語由来の借用語の実現形式が共通した特徴を有していることについて，現代の平話につながる言語である「古平話」という漢語が，広西の地にかつて広範に分布していたという仮説を提唱する．そしてこの仮説では，今日の桂南平話や桂北平話は，その「古平話」に遡る言語であるとされる．

本書は平話全体の系統的な単一性について懐疑的な立場をとり，桂北平話を分析の対照としていない．桂南平話と桂北平話とが排他的な単一の起源を持つと考える，この「古平話説」とは相容れない仮定を，本書は採用している．

「古平話説」を否定するために，「古平話説」と相容れない仮定から出発して得られた系統樹を用いることは不公平である．そこで，系統論から離れて，純粋に言語学的・中国語学的観点からこの「古平話説」の問題点について論じたい．

「古平話」の特徴——非漢語の漢語借用語と桂南平話との共通する特徴——とされる，遇摂一等（粤祖語 *u）が非狭母音で実現する現象や，外転一等の主母音（粤祖語では *-ɔ-や *-a-）が -a- で実現する現象は，現代の南寧以西の桂南平話に特有の改新である蓋然性が高い．平山 (1967) が示す中古音の推定音価では，遇摂一等は o であり，外転一等の主母音の多くは ɑ である．「古平話」の形式は，確かに中古音のものと類似している．しかし，音対応の観点から見るならば，これらの特徴を古い時代の音韻体系の反映として解釈する根拠は見出されない．第4章で見た通り，遇摂一等が非狭母音で実現する変種では果摂合口一等が狭母音で実現しており，外転一等の主母音が -a- で実現する変種では外転一等と二等の対立が失われている．「古平話」の形式は，表面的には中古音と類似しているとはいえども，むしろ改新的な音変化の結果として生じたものであると考えた方が，より合理的である．音価の類似は，表面的な現象でしかない．また，「古平話」と特徴を共有する漢語である南寧以西の桂南平話は，「古平話」の特徴を持つ借用語を受容している諸々の非漢語の分布域よりも，遥かに狭い分布域しか持たない．これは，「古平話説」にとって不利な事実である．

ただし，華南の非漢語が，粤祖語よりも古い時代の，粤祖語と系統を異にする漢語から借用語を得ていたという推論それ自体は，合理的であり妥当であると本書は考える．中古音の時代である隋唐代以前にすでに，華南の地は中原の王朝の支配を経験している．華南に漢語系諸語を母語とする集団が，隋唐代以前に存在していたとしても不自然ではない．仮に漢語系諸語を母語とする集団が存在していなかったとしても，華南で何らかの漢語系諸語がある程度流通し，その漢語系諸語に由来する語彙が非漢語話者の間で使用されていた蓋然性は高い．海を隔てた日本語でさえ，大量の借用語を漢語から受け入れている．だからといって，「日本語に大量の借用語が存在するのは，日本列島が漢語系諸語の分布域に含まれていて，漢語系諸語が日本列島の主要な言語として定着していたためである」という歴史をわざわざ想定する理由はない（もちろん，渡来人の中に漢語系諸語を母語とする人間がいた蓋然性は高い）．粤祖語以前の時代の華南において，華南の非漢語が，すでに——日本語と同様に——漢語に由来する借用語を大量に受容していたとしても，まったく不自然ではない．

ここにおいて想起すべきは，華南において非漢語の話者が，前近代にすでに漢字や漢語を受容していたという事実と，受容した漢字・漢語を自ら積極的に利用して，独自の言語活動を行ってきたという事実である．白鳥文書にも知られるような文献を有する，ミエン語話者——中華人民共和国の民族識別工作で瑤族と分類される人々の一派——や，複数のドメインにまたがる変形漢字・変用漢字文献を残しているタイ系言語の話者——今日のチワン族，プイ（布依）族など——の存在は，すでに広く知られるところである．

　もし「漢語を伝播するのは漢族で，漢語を受容するのは非漢族である」という先入観を排するならば，より合理的な言語史を復元することができるようになるであろう．すなわち，「古平話」という言語学的・中国語学的に疑わしい言語を想定するよりも，華南の非漢語話者に漢語や漢語の語彙をもたらした人々が，非漢語であるタイ系言語などの話者と考える仮説の方が，より妥当であると考えられる．すなわち，桂南平話的な特徴を有する漢語借用語が広範囲の非漢語に見られるのは，「古平話」が当該地域に分布していたからではなく，桂南平話につらなる変種から，とある非漢語が借用語を受容し，今度はその非漢語が漢語借用語の提供者となって，また別の非漢語に語彙を伝播したためと考えた方が，言語史として辻褄が合う．漢語を受容し，漢語を体系的に利用していた非漢語話者が，他言語に対して漢語語彙の提供者となった現象は，近代の日本語の事例が知られている．前近代において「漢」と「非漢」の境界が今日ほど明瞭でないことは，顧みられる価値がある（松本1993，瀬川1998など）．各非漢語に見られる漢語由来の借用語の直接の起源が，漢語以外の言語にあると考える仮説は必ずしも荒唐無稽のものではない．

　以上より，「古平話説」は蓋然性の低い仮説として棄却することができる．そして，図7-1のように華南の言語史を推定することができる．

　第二の仮説は，第一の仮説と同様に言語Xの存在を仮定するが，言語Xの形式がはじめにタイ系言語に借用され，その次にタイ系言語から粤祖語へと言語Xの形式が借用された，と考える（図7-2）．「漢語から非漢語へ，そして非漢語から漢語へ」という借用の経路は，一見すると奇妙である．しかし，非漢語に由来する語彙は，粤語・桂南平話に広く見られる．非漢語から粤祖語への語彙の借用があった蓋然性は高い．そしてその借用さ

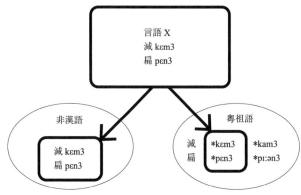

図7-1　粤祖語とタイ系言語の間の借用関係1

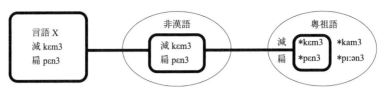

図 7-2 粤祖語とタイ系言語の間の借用関係 2

れた語彙の中に，言語 X に由来するものが混入していた可能性もある．なぜならば，語彙が借用されるとき，語彙の種類は人為的に選別されないからである．

　第一の仮説と第二の仮説の違いは，粤祖語が華南に進入した当時に，言語 X の話者が華南になお存在し，粤祖語と接触していたか否かの違いである．ただ，粤祖語以前の華南が，非漢語と何らかの漢語とが二重言語使用の状態にあった可能性は十分ある．もしそうであるならば，第一の仮説と第二の仮説を厳密に区別することはもはや困難であり，あまり意味がない．どちらの仮説をとるにせよ，粤祖語とは系統的に異なる何らかの漢語系諸語が，粤祖語以前に華南に存在し，そして，その漢語系諸語が粤祖語や非漢語にその痕跡を残している蓋然性は高い．

　なお，粤祖語に先んじて華南に存在していた漢語が，ただ 1 種類のみではなかった可能性も十分ある．今日においても漢語系諸語の地理的変異は大きい．かつての華南もまた多種多様な変種が存在していた蓋然性は高い．ただ，その多様性を論証したり否定したりするだけの根拠を，われわれは目下手にすることができていない．

7.2.2　粤祖語を漢語系諸語の中に位置づける方法

　次は，粤祖語の漢語系諸語全体における系統的位置づけについて論ずる．第 5 章で示したように，粤祖語を共通祖先とする単系統群は 5 つの系統からなる．五者それぞれの分布域や伝播の状況を鑑みるに，粤祖語の最初期の分岐は，広西中央部から東部のあたりで起こったと推定される．この地域を粤祖語の起源地と考えるならば，粤祖語が華南に進入した経路は，湘江流域から広西にかけての，比較的平坦な地域が候補として考えられる．

　もし粤語・桂南平話と姉妹群をなす方言が，湘江流域から広西にかけての地域から見つかったならば，この仮説は補強されるであろう．しかし，粤語・桂南平話に最も近縁な言語が現存しているのか，それとも，粤語・桂南平話に系統的に近い言語が今日ことごとく死語になって，結果的に粤語・桂南平話が系統的に孤立した言語となってしまっているのか，今のところ不明である．現代語だけを直接に粤祖語と比較しても，こうした問題を解決することは困難である．

　粤語と過去の変種との関係を論じた先行研究として，例えば郭之必 (2004a) は，粤語で特字となっている語（字）が，呉語や閩語など，沿岸地域の方言でも特字となっていることを指摘したうえで，「江東方言」（南北朝時代の南方音）の形式が粤語に痕跡を留めている——ただし，「江東方言」と粤語とは，直接の継承関係にない——と考えている．そ

して，刘镇发 (2001) を引きつつ，粤語の直接の起源を，宋代の南方官話に求めている[1]．粤祖語にもさまざまな特字が見られる．粤祖語が何らかの重層性を有していたという見解それ自体は，郭必之 (2004) と本書とに共有されている．ただ，その特字がどのような経緯で粤祖語に存在しているのか，そして，もし仮に「江東方言」が存在したとして，それが粤語といかなる関係にあるのか，といった問題を詳細に論ずることは本書の射程の範囲を超えてしまう．特字を根拠として系統論を展開するには，それらの特字が由来する変種が何なのか，その特字の持つ改新的特徴によって説明可能である必要がある．従って，特字が南北朝時代の南方音であると証明するには，「南北朝時代よりも後の時代に発生した改新を経ていない」という保守的特徴だけでなく，少なくとも，沿岸部の各地域に見られる特字が共有する改新的特徴を挙げる必要がある．

　Norman (1988) もまた，特字から漢語系諸語同士の関係を論じている．Norman (1988: 210-214) が粤語や客家語，閩語を同源とする根拠の1つは，こうした特字の共有である．しかし，これらの特字が粤語や客家語，閩語に共通して見られる改新であることについては論証されていない．これらの諸言語の系統的単一性を推定するには，古音の保存よりもむしろ共有の改新を根拠とせねばならない (Sagart 2002)．

　過去の言語種は，古生物学でいうところの化石種や絶滅種に相当する．過去の言語種を系統樹の中で議論する際には，古生物学で用いられる crown group や stem group (Jefferies 1979, Budd et al. 2000 など) という概念を応用することができる．

　絶滅種を含めた系統を考えるとき，早くに分岐した単系統群に属する生物がことごとく絶滅し，ある一部の単系統群に属する生物のみが残っているならば，その単系統群は crown group である．crown group の中に絶滅種が含まれていることもあるが，crown group には必ず現生種が含まれていなくてはならない．そして，ある2つの crown group の共通祖先と，その crown group と最も近縁な crown group の共通祖先との間の枝から分岐した，現生しない絶滅した生物の集合を，その crown group に対する stem group と呼ぶ．crown group と stem group の関係を図示すると図 7-3 のようになる．

　四角で囲った部分は現生の生物を含む単系統群であり，単系統群 y は現生生物のうち，単系統群 x に最も系統的に近い姉妹群である．単系統群 x の端点 x_1, x_2, x_3 はすべて分岐点 A に遡る生物である．そして，単系統群 x と単系統群 y は共通して分岐点 B に遡る．分岐点 A と B との間で分岐した生物 x'_1, x'_2, x'_3 は，絶滅して今日に残っていない．単系統群 x は，あたかも系統樹という木の上部に繁茂する樹冠 (crown) のごとく，現生生物を今日の世に残している．それゆえに，crown group と呼ばれる．

　一方 x'_1, x'_2, x'_3 は，現代に至るまでの間に死に絶えてしまい，幹 (stem) に程近い，樹冠の下で枯れている．そのため，単系統群 x に対する stem group と呼ばれる．図 7-3

---

[1] 刘镇发 (2000; 2001) は，本書と同様に，粤語が宋代に遡るという仮説を提唱している．しかし，同論文の論拠である言語体系上の特徴の多くは，粤祖語よりも後の時代に発生したものであったり，系統推定に情報を与えない保守的特徴であったりと，論証の過程は本書と一致しないところが多い．

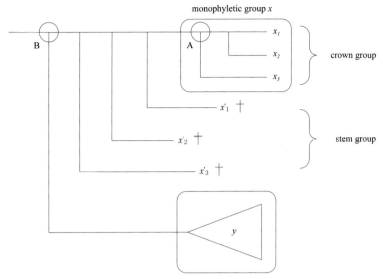

図7-3 crown groupとstem groupの関係 (Budd et al. 2000: 256をもとに作成)

からも理解されるように，stem groupは，現生生物の2つ以上の単系統群について系統関係が解明されていてはじめて定義できる．

crown groupやstem groupの概念を漢語系諸語の通時的研究に導入する利点について，具体例を挙げて説明する．例えば，元代の韻書である『蒙古字韻』は，表音文字であるパスパ文字（八思巴字）によって字音が記されている．『蒙古字韻』の音韻体系は，流攝・通攝明母字に軽唇音化が発生した形跡が見られるという，現代の漢語系諸語に見られない独自の特徴を持つ．

Dragunov (1932)が'Ancient Mandarin'の語を用いているように，『蒙古字韻』の音韻体系は，現代語の1つである「官話」の成立過程の問題と結びつけられてきた．「『蒙古字韻』はかつて中国大陸の北方に存在していた，官話の一種を記したものである」という命題の真偽を系統論的に明らかにするには，先立って2つの問題を解決せねばならない．1つは，「官話」が過去の言語種との比較に際して有効な概念か否か，すなわち，「官話」が単系統群か否かが明らかになっていなければならない．そしてもう1つは，「官話」が単系統群をなしているとして，「官話」と『蒙古字韻』の体系との関係が近いことを証明するための外群として選択するに相応しい，何らかの変種が選定できなければならない．『蒙古字韻』の体系と現代の官話だけを比較しても，『蒙古字韻』の体系が官話の一種であるかを決定することは難しい．

「官話」を系統樹に基づいてアプリオリに定義する方法もある．例えば生物学では，鳥類の定義として，「始祖鳥と現生鳥類の最新の共通祖先に遡るすべての生物」というものが知られる（Chiappe 1997: 32, 3.1.2参照）．鳥類の例と同様に，「官話」を系統に即して定義しようとするならば，「『蒙古字韻』が反映する体系と現代官話の最新の共通祖先とに遡るすべての言語」という定義を与えることも可能である．このように考えれば，現代の方言分類体系からは独立に，「官話」を画定することができる．

「官話」のこの定義が妥当かどうかは，2つの観点から検証される．1つは，このように定義された「官話」が，分類者が「官話」に含めることを本来欲していない，別の単系統群を内包してしまう事態が発生するかどうか，という分類体系との整合性に基づく観点である．

系統関係と分類体系との整合性という観点で「官話」を検証する際，2通りの事態が想定し得る．1つは，現生の官話が共通に遡る最小の単系統群の中に，『蒙古字韻』の体系が内包される場合である．この場合，「官話」が含む変種の範囲について，『蒙古字韻』は何の情報も持たない．絶滅した鳥類であるドードーやモア，ガストルニス（Gastornis）などが，鳥類の定義や範囲に影響を及ぼさないのと同様である．

もう1つの事態は，『蒙古字韻』の体系が，現生の官話が共通に遡る最小の単系統群の外に位置する場合である．その場合，『蒙古字韻』の体系が漢語系諸語全体の中でどのような系統上の地位にあるかが，重要な意味を持つ．例えば，始祖鳥と現生鳥類とを含む最小の単系統群に含まれる生物を鳥類と見なすならば，自動的に孔子鳥（Confuciusornis）が鳥類に内包され，アンキオルニス（Anchiornis）が鳥類ではなく羽毛を持った恐竜の一種として画定される．もし仮に，アンキオルニスよりもさらに現生鳥類から隔たった化石種——オヴィラプトル（Oviraptor）やティラノサウルス（Tyrannosaurus），アロサウルス（Allosaurus）など——を始祖鳥の代わりとするならば，アンキオルニスもまた鳥類に含めることができるであろう．

『蒙古字韻』に議論を戻そう．仮に『蒙古字韻』の体系と現代官話とが共通に遡る単系統群に「官話」の名が与えられたとしても，その「官話」の中に何か別の分類群の変種が紛れ込んでしまう可能性もある．すなわち，「官話」と『蒙古字韻』の音韻体系とを含む最も小さい単系統群が，「官話」を排他的に内包することができないかもしれないのである．『蒙古字韻』が現生の官話にとってどれほど系統的に近いのかがまったくわかっていない以上，『蒙古字韻』の示す言語が官話か否かという問題に現時点で答えを出すことは難しい．以上の議論は，系統論そのものというよりも，むしろ分類の観点から見た，系統と分類との関係に関するものである．

「官話」の定義の妥当性を論ずるもう1つの観点は，得られた系統樹によって語られる言語史が，言語学的・中国語学的に妥当か否か，という観点である．

『蒙古字韻』の例に即して述べるならば，もし現代の漢語系諸語と『蒙古字韻』の体系とをOTUとしたうえで系統樹を得ることができたならば，『蒙古字韻』の示す体系と現生の官話とが共有する共有原始形質，すなわち，「官話」のbody planとは何なのかを，明示することができるようになる．この「官話」のbody planが言語学的・中国語学的に不自然なものであったとしたら，それは，系統樹自身の信頼性が低いか，または，『蒙古字韻』の体系を現生の官話と近縁であると考えること自体が不適切であるかのどちらか（あるいは両方）である可能性がある．

このような方法で，系統樹は言語科学の検証対象になることができる．『蒙古字韻』の音韻体系を，地理的位置関係や現代語との類似性を根拠として，官話の一種と見なそうとするのではなく，現代語から系統的に隔絶した可能性がある絶滅種の1つとして認識する

ことではじめて,『蒙古字韻』の体系を現代語と比較できるようになるのである.

　body plan や stem group の考え方は応用範囲が広い.例えば,三根谷(1972)の示すように越南漢字音は,魚韻と虞韻の対立を保存するなど,現代の粤語・桂南平話と直接結びつけ難い性質を持っている.越南漢字音の起源の問題を論ずるには,現代の漢語系諸語と越南漢字音とを直接比較して,両者の間に共有されている特徴を探すだけでは,自ずと限界がある.越南漢字音の起源が,粤祖語や他の漢語系諸語にとっての stem group,すなわち,今日に伝わらず死語となった漢語系諸語の系統に属する言語に求められる可能性は,十分検討の価値がある.ただ,「越南漢字音は漢語系諸語の失われた系統に由来する」という仮説は,やはり現代語のみを手掛かりとしては,積極的な論証および反証が難しい.そこで,越南漢字音が何らかの stem group に属する変種の音韻体系を反映していると考え,その越南漢字音と現生の漢語系諸語とが共有している body plan を見つけ出す,という方法が考えられる.

　単系統群をなす現代のとある言語集団 a と,越南語に漢字音を提供した未知の言語 A とが,排他的な系統関係を持っていることを立証するには,以下の手続きを踏む必要がある(図7-4).すなわち,①その現代の言語集団 a が単系統群をなすことを証明し,②言語集団 a が body plan として共有している特徴を同定する.そして,③ body plan として共有される特徴が,越南漢字音にも共有されていることを確認する,という3つのステップである.当然,言語集団 a の単系統性も,言語集団 a の body plan も,現代の漢語系諸語の系統関係がある程度解明されていなければ,確認することができない.

　図7-4で,白色の矢印は現生の a と a' に共有される改新である(a も a' も,それぞれ1つの単系統群をなすとする).a' に見られず,a にのみ見られる body plan は,灰色の矢印と黒色の矢印で表される改新である.灰色の矢印は,a と言語 A との間で共有される改新,黒色の矢印は,単系統群 x と言語 A との間で共有されない改新を表している.言語 A が a の stem group であることを立証するには,a と a' とが分岐した後に a が経た改新を1つ以上,言語 A もまた経験していることを示す必要がある.

　古生物学の応用範囲はこれに留まらない.再び図7-4の例に即して議論を進める.a が経た改新は,a' と共有されている改新と,a' と共有されていない改新とに分けられる.そして,a' と共有されていない改新は自動的に,a と a' の分岐点から後に発生した改新

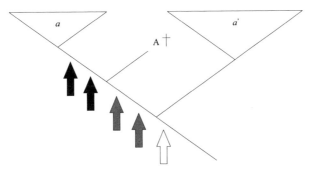

図7-4　言語 A と現代語の系統関係と body plan の共有関係

7.2　粤語・桂南平話の言語史

（黒色・灰色の矢印）とされる．このように，系統樹の樹形は，改新が発生した相対的な順序を語ることができる．しかし，改新が発生した絶対的な年代を弾き出すことは難しい．従って，aとa'とが分岐した絶対的な年代を明確ならしめることも難しい．ところが，現代語でない言語 A の年代がある程度判明すれば，各分岐点の絶対年代をある程度絞り込むことが可能となる．

　古生物学では，化石を用いて樹形の分岐点の絶対年代の上限（upper bound, maximum constraint. 考え得る最も早い年代）や下限（lower bound, minimum constraint. 考え得る最も遅い年代）を推定する方法が定式化されている（Benton et al. 2007）．系統樹の樹形と年代の明らかになっている化石とが与えられているとき，分岐点の年代は，以下の4つの方法で推定される．①ある単系統群 M の起源である HTU の上限は，M に含まれる生物種の化石のうち，信頼できる最古の化石が産出する地層の年代よりも，古く設定される．② M，または M の stem にあたる系統に含まれると思しき化石の年代が古くなるほど，M の起源の HTU の推定年代がより古いものであることを暗示する．③ M に系統上最も近い外群に属すると思しき化石もまた，年代が古くなるほど，M の起源の HTU の推定年代がより古いものであることを暗示する．④ M に含まれる化石が産出することが本来期待される地層から，その化石が産出しない場合，その地層の年代が M の起源の HTU の上限である．ただしこの4つのうち，②と③は単系統群の年代の上限を弱く示唆するに過ぎない．また，生物の場合と違って，過去の言語種の記録は，どこか特定の場所を探せばある程度の高い蓋然性で発見することができるものではないため，④の方法の有効性については慎重に判断する必要があろう．このように，単系統群の起源の上限を求めるのは必ずしも容易ではないが，その一方で下限は，上限よりも容易かつ厳格に時代を定めることができる（Benton et al. 2007）．下限は，単系統群に属する最古の化石の産出する地層の年代である．すなわち，単系統群 M に属する生物の化石が時代 T から出土したならば，M は少なくとも時代 T よりも早い時代に，その起源を求められるのである．

　非現代語と現代語を1つの原理で秩序立てる行為は，系統を抜きにしては実践できない．平面の二次元に第三の次元「時間」を加えて，方言間の関係を考えるのが系統である．粤語・桂南平話の内部の系統を論ずることとは，粤祖語を共通祖先とする単系統群を三次元で捉えることにほかならない．漢語系諸語全体を，系統という三次元の中で論ずるならば，漢語系諸語全体の共通祖語と現生の諸言語のみならず，共通祖語と現生の諸言語の間の中間段階や，言語資料や非漢語に反映される過去の言語種を含んだ，古今の漢語系諸語全体を関係づけることが可能となるのである．

　さて，粤祖語の漢語系諸語の中での位置づけについて，現時点でどこまで明らかにできるであろうか．粤祖語を共通祖先とする単系統群内部の系統関係は明らかになったが，しかし粤祖語と他の漢語系諸語との系統関係は，今なおほとんど未解明の状態にある．粤語・桂南平話の姉妹群が何なのかすら不明である．粤語・桂南平話以外の漢語系諸語について系統関係が明らかになるまでは，粤祖語の起源を系統論的に議論することはできない．

　現時点で可能なのは，系統樹によらない議論のみである．例えば，「中古音の止攝開口

（粤祖語 *i および *ɣ/*ʮ）で，歯茎破擦・摩擦音と共起する韻母は *ɿ のみである一方で，反り舌破擦・摩擦音は *i と *ʮ の 2 つである．これは，Baxter (2006) のマクロ官話祖語と類似している」といったような分析は可能だが，しかしこれは中古音を基準とした改新の類似を論じているのであって，系統の遠近を論じているのではない．

粤祖語の経た改新を現代語と比べる方法で年代を割り出そうとするならば，粤祖語は唐代後期以降——恐らくは宋代——の新しい段階で，北方の漢語と分岐したのであろうと推測される．今日知られている唐代後期や宋代以降の漢語の音韻体系と粤祖語とは必ずしも互いに類似していないが，この事実は，粤祖語の再建の妥当性に影響を及ぼす性質のものではない．むしろ，文献資料等に残らない南方の古い漢語として，過去にあり得た 1 つの可能性として，文献資料の空白を埋める役割を粤祖語は担い得る．その役割は，漢語系諸語全体の系統論が進展するにしたがって，重いものとなるであろう．

粤語はしばしばその起源の古さがとりざたされる言語である．粤祖語の起源を唐代後期以降に求めるという本書の見解は，一見すると奇妙であるやも知れない．ここで，再び古生物学の議論の例を挙げよう．磯崎 (2002: 452) は Sepkoski (1990) をもとに，生物多様性の変化を図表化している（図 7-5）．黒色はカンブリア紀型動物群，薄灰色は古生代型動物群，濃灰色は現代型動物群を表す．矢印は 5 度の大量絶滅が発生した時点を表す．図 7-5 に見られるように，P/T 境界（Permian-Triassic boundary. 古生代と中生代の境界）で起こった大量絶滅によって，古生代型動物群がその数を大幅に減らしている．代わって，今日大多数を占める生物群である現代型動物群が科の数を大きく増やしている．今日の生物は，古代に存在したさまざまな系統をすべて受け継いではいない．多くの生物が現在までに絶滅してきた．しかしだからといって，現生生物の生物多様性が低いというわけではない．

同様の議論が言語にもあてはまるであろう．例えば，揚雄の『方言』が記す変種すべてが現代語に継承されている証拠は見つかっていない．『蒙古字韻』に見られる，通攝や流攝の両唇鼻音の唇歯音化などの言語特徴もまた，現代語に見出されない．そうであったとしても，現代の漢語系諸語が多様でないなどとは，決していえない．同様に，現代の漢語系諸語が多様であったとしても，その多様な各変種すべてが古くから今日まで同じような姿を保ち続けていたわけではない．粤語が持つ「保守性」とは，北方の漢語から見た「保

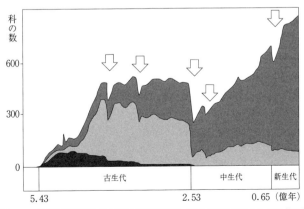

図 7-5　海洋無脊椎動物の科の数の変遷（磯崎 2002: 452 をもとに作図）

守性」なのであって，粤語を遥か古の世に遡らしめるほどの「保守性」ではない．しかし，だからといって本書の議論が，漢語系諸語の多様性を否定するわけでは決してない．

　過去の変種すべてを知り尽くすための十分な情報は永遠に失われている．現代を生きるわれわれは，過去の変種についてあまりにもわずかなことしか知ることができない．粤祖語の再建という試みは，過去の多様性の片鱗に触れるための方法の1つである．

7.3　系統樹から見た「方言」とは

　言語層の概念によって論ぜられてきたように，漢語系諸語は，長い年月をかけて今日の姿を形成してきた．こうした歴史を持つ漢語系諸語について系統論を導入することで，「方言」のとらえ方自体も変化する．

　華南は，古くは秦代から中原の王朝との交渉がある．華南に分布していた非漢語が，粤祖語の伝播する以前の時代において，漢語系諸語とまったく接触がなかったとは考えにくい．しかし，漢語系諸語が秦代にはじめて進入したとしても，華南に中原の王朝の支配がはじめて及んだ秦代に，粤語・桂南平話の起源を置くべきだと直ちに判断することはできない．知組が破裂音で実現したり，「騎」が二重母音で実現したりと，たとえ古形を反映するような実現形を持つ語（字）が断片的に残存していたとしても，現代の粤語・桂南平話に直接つながる言語の古さを無条件には立証しない．「方言が成立する」という言葉の意味は，必ずしも自明ではない．

　言語地理学のように，言語種・方言種の別を敢えてアプリオリに定めない方法はすでに存在している．本書で繰り返し述べてきた系統樹の樹形を本位に方言の関係を論ずる手法——topology-based dialectology とでも命名できるようなこの手法——もまた同様に，言語種・方言種の存在を求めるものではない．本書の方法も，言語地理学も，方言分類を公理としない点で互いに共通している．

　系統推定では，単系統群とは自明なものではなく，導き出されるものである．系統推定に必要な形質行列を作る際には，形質が選択され，そして形質状態が定義される．形質状態の定義が変われば，得られる系統仮説もまた自ずと異なってくる．系統論の文脈における方言とは，形質の選択と形質状態の定義という仮定のうえで論ぜられているのである．従って，方言の成立の議論もまた反証の可能性が担保されているのであり，それと同時に，分析者の設定する前提によって，「方言の成立」をどの時点に求めるのかも流動するのである．

　呉語の例を挙げる．呉語は文読と白読の違いが明確に現れる漢語の一種である．もし仮に呉語と他の漢語系諸語との関係を考えるとき，文読層に基づいた推定と白読層に基づいた推定とでは，得られる結果が大きく異なると考えられる．われわれは文読層と白読層のどちらに基づいて系統推定を行うべきであろうか．それとも，系統推定という行為を呉語で実践することは，放棄せねばならないのであろうか．このとき分析者が直面しているのは，vagueness ではなく ambiguity である．答えのありかが知れない曖昧な状態なのでは

なく，可能な複数の解釈の中から選択を迫られている状態なのである．

そもそも，「文読層／白読層に基づいた系統推定」とは，いったいどういう行為なのであろうか．いま仮に言語層の考え方に基づいて，文読層や白読層の起源を論じてみよう．呉語では，日母の実現形のように文読と白読の差異が明確な場合もある一方で，幇母はp-で安定して実現しており，文読と白読の違いは顕現していない．このような言語事実から出発して文読層や白読層の起源を推定しようとするとき，文読層や白読層それぞれの音韻体系の全貌を想定するためには，文読・白読の対立がないような特徴について，「文読層も白読層も同一の形式を持っている」という推定を不可避的に行うことになる．また，すべての字が文読と白読の2種類を持つわけではなく，1つしか字音を持たない字が存在する以上，「文読層の体系」に属する字音と「白読層の体系」に属する字音とを区別するには，参照点としての何らかの古い体系を必要とする．言語体系の中から文読層と白読層のどちらを抽出するにせよ，字音そのものから離れて抽象化を経た結果として，はじめてそれぞれの音韻体系を得ることができるのである．

実はこの行為は，「形質を選択し，形質状態を定義し，形質行列を作成する」という，抽象性の高い操作を行っているのと，本質的に相通ずる．言語層の考え方では，古い体系——一般には中古音——からの音変化の特徴を根拠として，各々の層の来歴を考察する．分岐学的分析では，すべてのOTUの最も新しい共通祖先に対して再建形を与え，その再建形からの音変化に基づいて系統仮説を導き出す．言語層が行う操作と分岐学的分析が行う操作との間に，本質的な断絶は存在しない．

形質行列という抽象性の高い事物を直接の分析対象とすることで，方言は系統仮説の多義性を，より容易に受け入れることができるようになる．すなわち，「もし文読層・白読層それぞれに基づいて系統を推定するならば，各々このような仮説が得られる」という形で，解釈を併存させることが容易となる．仮定Aに基づけば系統仮説A'が得られ，仮説Bに基づけば系統仮説B'が得られるのであって，当然，一般にA≠BならばA'≠B'である．従って，ある変種に与えられる系統的な位置は，複数並存することがあり得る．ここで述べる「系統的な位置が複数並存する」とは，同等に最良の複数の仮説が並存することではなく，ある1つの変種が系統樹の複数の枝によって表現される事態を述べているのである．

例えば真核生物は，体細胞のDNAを持つだけでなく，細胞小器官の1つであるミトコンドリアの中にも，体細胞とはまた異なるDNAを有している．ミトコンドリアは，バクテリアの一種が他の生物に取り込まれて細胞内に共存したものが起源であるため，もしミトコンドリアのDNAに基づいて，ヒトと古細菌，バクテリアの三者の系統を推定したならば，ヒトとバクテリアとが互いに近縁であるとされるはずである（図7-6）．しかし体細胞のDNAはヒトと古細菌とが系統上互いに近縁である．普通は，体細胞のDNAがヒトを代表するであろうから，「ヒトはバクテリアよりも古細菌と近縁である」と考えるのが一般的であろう．

同様に，文読層に基づいた系統樹と白読層に基づいた系統樹は，互いに異なる樹形を持っていると考えられる．ただ，この2つの系統樹のどちらを「呉語の系統樹」とするかは，

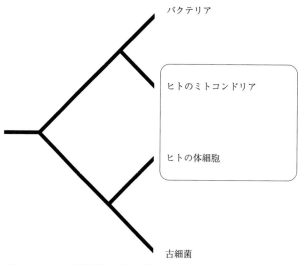

図7-6　ヒトと古細菌，バクテリアとの系統関係

　「呉語の成立」という言葉の意味をどう考えるかによって異なる．すなわち，何が呉語の「本体」であると考えるかによって，系統樹の選択が左右されるのである．呉語の系統樹の選択が，ヒトのDNAの場合よりも難しいのは，文読層と白読層の関係が，ヒトの体細胞とミトコンドリアの関係よりも，遥かに近いためである．

　呉語の「本体」が何かについてはこれ以上論じないが，ともかく，呉語をはじめとする複数の「言語層」からなるとされる変種は，漢語系諸語全体の巨大な系統樹の枝が，いくつか「束」となって縮ねられたものと見なすことができるのである．より厳密にいうならば，漢語系諸語のすべての変種は，1つ以上のOTUが集まって成り立っているのである．すなわち，系統論の立場から見た「方言」とは，漢語系諸語の系統樹の1本以上の枝が1つの言語体系としてまとまった存在として，再定義できる．そして，1つの体系の中にまとめられている枝のうち，当該方言を構成する最も主要な要素の系統を，方言の系統と呼べばよい．この考え方に則るならば，その最も主要な構成要素である枝がほかの漢語系諸語から分岐することを，方言の成立と呼べばよい．もちろん，当該方言の最も主要な構成要素である枝が何であるかについて判断が異なれば，その判断ごとに方言の成立時点についても異なる結論が得られるであろう．

　以上に見たように，分岐学的な系統推定は，漢語系諸語の各変種を形質行列に落とし込むという操作を通じて，漢語系諸語の系統推定を抽象化させる．形質行列を直接の分析対象とすることで，漢語系諸語の系統論はさらに，現生・過去の変種と，他言語に借用された漢字音の体系とを，同一の平面上で論ぜられるようになる可能性がある．

　日本漢字音や朝鮮漢字音，越南漢字音を Karlgren (1915-1926 vol. 1: 231) は dialectes étrangers, Martin (1953: 4) は Sino-Xenic dialects という語で総称している．'dialects' と呼ばれた日本漢字音や朝鮮漢字音，越南漢字音は，いわゆる普通の「方言」とは異なる存在——域外方言，域外漢字音——である．しかしそれでも域外漢字音が中古音の音価推定

の根拠に使用できるのは，域外漢字音が漢語系諸語のある変種の体系を，完全ではないにせよ，一定程度反映していると強く推定されるためである．

　域外漢字音は自然言語そのものではなく，非母語話者による漢語語彙の借用や体系的漢語学習を通じて，非漢語に取り入れられている．域外漢字音は複数の漢語から字音をとり入れている，という問題を差し置いたとしても，語彙レベルでは類推による読音の定着——例えば，「耗」を「コウ」ではなく「モウ」と読むのは，「毛」からの類推——もあるし，もとの漢語で対立していたはずの音が，非漢語側の音韻体系で区別されていないがために，字音が合流してしまう，音韻レベルの改変もある．

　このような種々の制約があるにもかかわらず，分岐学的分析においても域外漢字音を扱うことが，理論的には可能である．形質行列に落とし込むことさえできれば，域外漢字音であろうとOTUの1つとして，「真正」の方言と同時に系統推定の対象にすることができるからである．

　ただし，域外漢字音は漢語の変種を完全に反映したものではないため，ある形質については，形質状態を一意に定めることが困難な場合もあり得る．例えば日本漢字音の漢音では，外転一等・二等がともにア段である．しかしだからといって，漢音が反映している漢語で外転一等と二等とが合流していたと即断することは難しい．このような場合には，外転一等・二等の対立が関与する形質に対して，形質状態「null」を指定する方法があり得る．すなわち，日本漢字音の当該形質については，「情報の欠失」と扱うことで，最節約計算の埒外に置いてしまう方法である．

　ただ，どこまで欠失を認めるべきかは，難しい問題である．極論をいえば，域外漢字音における古音の合流は，すべて非漢語側の事情で合流しているに過ぎない可能性があるため，音類の合流をすべて「情報の欠失」として扱う立場も不可能とはいえない．ただし，その場合は当該の域外漢字音の形質状態の値が，0と欠失ばかりになってしまう可能性がある．その対極には，域外漢字音の音価や対立状況を現実の方言を正確に反映したものと考える立場も——いささかnaïveにすぎるが——あり得る．域外漢字音の中庸な扱い方は，これらの2つの立場の間のどこかにある．

　本書はあくまでも方法を論ずるのみであって，呉語や日本漢字音の系統を具体的に論ずる意図はまったくない．あらかじめ固く断っておくが，図7-7の意図は，「方言は枝の束である」「域外漢字音もまたOTUたり得る」という本節の2つの主張を概略的に示すことにのみ存する．

　粤祖語に議論を戻そう．粤祖語の成立時点を，系統樹に基づいた上述の方法で定義するとき，粤祖語は中古音よりも新しい時代に成立したと判断される．粤祖語に断片的に見られる古形は，粤祖語という束の中に含まれる漢語系諸語の系統樹が持つ，「より古い枝」の現れであるといえるが，しかしそれは粤祖語の「成立」年代を語るものではない．また，粤祖語は，呉語ほどに体系的に文読・白読の違いが明確に顕現する言語ではないため，この「より古い枝」を粤祖語の「本体」と見なすことは難しいであろう．仮に「より古い枝」を粤祖語の「本体」と見なそうとしたとしても，「より古い枝」の顕現した古形は，

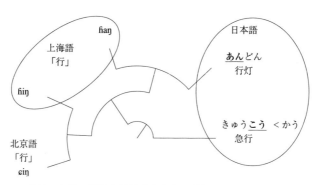

図 7-7 文読・白読の相違や域外漢字音を系統樹の中に定位するイメージ図
（濱田 2017 に使用した図を一部改変）

あまりに断片的にしか観察できない．現実的には，その「より古い枝」は形質行列を準備できるほどの十分な情報を持ち合わせていないのである．従って，「より古い枝」は実際に OTU として分析することはきわめて難しい．このような枝を，敢えて粵祖語の「本体」と考えねばならない理由は見あたらない．

第8章

分岐学的分析の可能性と限界
結びにかえて

　言語間・方言間の時間的関係を説明する力を系統が持つことについては繰り返し述べてきた．系統論を実践するためには，漢語系諸語に頻発する，異なる系統間での影響関係や並行的改新をノイズとして除去する必要があるが，しかし，そのための現実的かつ確実な方法は長らく存在しなかった．そもそも「粤語」や「平話」の外延すらも見解の統一を見ない中で（第1章），比較言語学的な方法の試みが続けられたり，理学的な方法で変種同士の関係性を考察する研究が現れたりした（第2章）．

　漢語系諸語では「中古音」を時間軸上の参照点とした方言研究を行うことが一般的であり，一般的な比較言語学――典型的には，印欧語比較研究――とは異なる論理を持ち合わせているかのように見える．しかしその実，論理それ自体の相違というよりも，むしろ「何を信頼するか」に対する態度が中国語学と他分野とで一致しない点があるにすぎないのであって（第3章第3節），系統を導くことの意義それ自体は漢語系諸語でもほかの言語でも，同様である（第3章第1節，第2節）．現時点でも漢語系諸語は，きわめて大量の変種を対象とした分類体系を構築しているが，しかしそもそも，系統という分類との概念的相違は極めて強い一般性を持っており，既存の分類体系を，系統を論ずる際に前提とすることは難しい（第3章第3節，附論3）．また，印欧語を中心に行われつつあるような，確率論的に系統樹を推定する最尤法も，漢語系諸語では実行が難しい．最節約法に基づく分岐学的分析が，漢語系諸語の系統推定を行い得る目下唯一の方策である．計算機の進歩や，系統樹の探索アルゴリズムの開発は，分岐学的分析を実践するうえでの技術的障壁を克服している（第3章第4節）．

　言語の系統論に分岐学的分析を行うには，形質を適切に定義せねばならない．言語学と分岐学の理論的衝突を回避できるだけの理論的適切性と，歴史共有関係の有無を判断するための言語学的適切性を，選択される形質は兼ね揃えていなくてはならない．外群や，言語層などの漢語系諸語特有の問題についても，系統推定に先立った言語学的・中国語学的分析が不可欠である（第3章第5節）．

　粤語・桂南平話について分岐学的分析を行うには，まずその前提として，形質を選択し，形質行列を作成する必要がある．そのために本書はまず，中古音と粤祖語との対応関係を先んじて考察し，これを「粤祖語の再建初案」として形質行列の作成に供した（第4章）．実際に粤祖語を共通祖先とする単系統群の系統推定を行うと，粤祖語からの最初の分岐は

5分岐となった．すなわち，「粤語・桂南平話は大きく5つの単系統群に分けられる」という推定結果が示されたことになる（第5章第2節，第3節）．また，分岐年代の浅い方言の関係を必ずしもうまく推定できるとは限らないことが，系統推定の実践の中で確認された（第5章第2節）．

分岐学的分析は，系統樹の樹形（topology）から共通祖語ならびに各祖先段階の状態を推定することを可能にするという，従来にない利点をもたらしている．調値の再建という反証可能性の担保された議論が難しい問題に，分岐学的分析が1つの解決方法を示している（第6章第3節）ほか，系統樹の樹形は，粤祖語の再建形を選択するための情報を提供することも確認されている（第6章第2節）．

第4章から第6章にかけての議論を通じて再建された粤祖語は，現代の粤語・桂南平話の諸方言とは大きく異なる外貌を呈している．しかし，粤祖語の再建形の妥当性が否定されるわけでは決してない（第7章第1節）．再建された祖語が娘言語と大きく異なる形をとっている例は，漢語系諸語に限っても Baxter (2006) の例がある．また，粤祖語にはより古い時代層に属すると考えられる再建形が認められるが，こうした成分の由来については，明確な結論は未だ下せない（第6章第4節）．もし漢語系諸語全体の系統関係が明らかにされれば，粤語・桂南平話以外の華南の漢語が，粤祖語とどのような関係にあるのか考察することもできるが，これは今後の研究課題とせねばならない（第7章第2節）．確かに，粤祖語の系統的位置づけを考察するのは未だ叶わないが，ただ現時点でも，body plan に対する形で分岐学的分析の成果を言語学的・中国語学的考察の俎上に乗せることを可能にしたり，漢語系諸語の「方言」を系統樹の枝の束として再定義したりするなど，分岐学的分析は方言学に対して建設的提案を行うことはできる（第7章第3節）．

分岐学的分析がさまざまな応用の可能性を秘めていることについて，本書は繰り返し論じてきた．そして，粤語・桂南平話の個別的な言語史についても，従来のものと相違するような見解が得られた．粤祖語は，唐代後期よりも新しい時代の特徴を有していたと考えられる（第7章第1節）．その一方で，粤祖語とは異なる，より古い系統の漢語に由来すると思しき成分が，粤祖語の中に混入していることも示された（第6章第4節）．この2つの考察結果から導き出される仮説は，①華南に漢語が伝播したのは決して1回限りではなく，現在の粤語・桂南平話につながる系統が生じたのは，2回目以降の伝播によってであり，②粤語・桂南平話の系統は，唐代後期よりも新しい時代において中原の漢語から分岐した言語が華南に伝播した変種に由来している，というものである．そして，③粤語・桂南平話の系統の起源となった漢語が華南に伝播する前に，すでに非漢語話者が自立的に漢語を使用していたという可能性も示唆される．

さて，言語学における祖語の再建とは，分岐学の観点から見るならば，末端の形質状態の定義と，その定義に基づく分岐点の形質状態の復元という，分岐学的分析一般が共通して行う操作を行っている．そうであるのみならず，その復元結果に基づいて体系の構成要素をある秩序に従って排列するという，言語学特有の営みでもある．言語学的分析行為を分岐学の力でいかに抽象化しようとも，それは従来の研究と同様に，人文研究の1つであ

る言語学に基づいた研究にほかならない．本書が行ったような，大量の情報を計算機で一手に分析する方法は，各個の学問分野において培われた知見や方法論に基づいて，はじめて可能となる．樹形本位の方言学（topology-based dialectology）は，ともすると，「膨大な情報をいかに処理するか」という，いかにも現代的な色彩を帯びた方法に見えるやも知れない．しかし，どの時代の「現代的試み」も，先賢の蓄積があってはじめて成り立っている．この意味において，本書の企図はいささかも人文学の範疇から逸脱するところがない．分析者が分岐学的分析手法を用いるとき，過去の観測の不可能性は，膨大な計算の結果として得られる仮説の人力による検証の困難性に置換されている．「粤語・桂南平話の確かな系統樹を得る」という目標は，往々にして不確かならざるを得ない方法を用いずには成し遂げ難いほどに，達成困難である．理学的方法は，粤語・桂南平話の系統推定の困難さを，生々しく可視化しているのである．かくしてわれわれは，「祖語を再建する」「系統樹を求める」という行為が，いかに多くの仮定のうえに成り立っているのかを，直視することになる．

　人文学や，再現性の低い自然科学の諸分野では，「わからない」が最も賢明な答えであることがあり得る．しかし，計算機は「わからない」かどうかを分析者に示してくれることはない．すなわち，計算機は計算機自身の手法によって答えを吐き出すが，その答えの確実さについても雄弁であるとは限らないのであって，答えの出し得ぬものに対して，曲がりなりにも答えのような，しかし答えとはいえない何かを提示することが，大いにあり得るのである．分析者が結果の信頼性を損ねることの容易さと，結果を検証することの困難さとに，われわれは留意せねばならない．われわれは，答えが出ることの怖さを直視しなくてはならない．少なくとも粤語史の研究にとって，分岐学は最後の手段である．最後の手段とは平時に用いない手段であり，平時に用いない手段とは，悪手であるのがふつうである．しかし，悪手であるがゆえに，かえってそれを深く正しく理解する必要がある．切れ味の良いナイフは，正しく使ってこそ安全かつ有用なのである．言語の通時的考察に，分岐学は大いに寄与する．しかし，分岐学が語り得ることと語り得ないことがある．分岐学的分析の可能性と限界を見据えることこそが，分岐学的分析の導入による中国語学・方言学の進歩をもたらすと筆者は考える．

　系統の議論は，系統樹の樹形という推定の結果よりもむしろ，分析方法の選択や，形質・形質状態の定義といった，系統を論ずるにあたって必要となる前提条件をいかに設定するかという，分析の前提や過程こそが重要である．系統の議論は，たとえ過程をなおざりにしたとしても，見た目にもっともらしい系統樹が導き出せてしまいかねない．だからこそ，過程が重要である．導かれた（1つ以上の）最節約的系統樹をどう解釈するか，計算機の弾き出した結果が何を意味しているのか，分析者自身が考えねばならない．分析者は，言語学・中国語学の寄食者たり得ないのである．

　確かに，樹形を推定するという計算行為それ自体は，優秀なプログラムと高スペックのコンピュータがあれば可能である．しかし，分岐学という数学的方法を用いたからといって，分析結果が研究者の主観から自由となるわけではない．もし歴史言語学が，「『正しい答え』なるものがどこかに隠されていて，その隠された当然存在するはずの唯一の答えを

探し出すことを目的とした学問」であったとすれば，本書の示した分岐学的な分析手法は，言語間の系統を解明するための最良の方法として，他の方法を直ちに駆逐すればよい．しかし，分岐学以前から蓄積されてきた研究は，「何を形質に選べばよいか」を教えてはくれない．「何を選んではならないか」を，分析者自身が学びとることしかできない．「何を選んではならないか」は，研究の蓄積を学ぶことによってのみ，知ることができるのである．われわれには個別の資料が持つ確実性の濃淡を認識する目が必要であるし，その目は必ずどこかの視点に置かれねばならず，この意味でわれわれは，主観性から自由になることはできない．

　系統樹や網状図は，その形自体が示唆に富んでいる．ともすると，系統樹や網状図を描いた当人が何も語らずとも，その系統樹や網状図の分析対象である存在について特に知識を持たぬような読み手が，その中に何らかの意義を見出せてしまうこともあり得る．議論の不備が，図形的美しさによって隠蔽されることがあってはならぬと，筆者は強く自戒する．それと同時に筆者は，未来において本書の提示する系統樹や祖語を放棄することは，決して厭われるべきでないとも考える．議論の価値は反証によって損なわれるのではなく，議論が反証されなかったり，議論の前提が顧みられたりしないことで，議論が深化する先に本来生み出されるはずの成果を失ってしまうことによって損なわれると，筆者は考える．本書の導いた結果よりもむしろ，本書の述べた方法や議論の過程こそが，より多くの読者諸賢の耳目を惹くことを希求してやまない．

附論1

各語(字)の再建形, 各OTUの形質行列および方言分布図

　附論1には, 各語 (字) の再建形と, 本論で分岐学的分析に用いた全OTUの形質行列, OTU (operational taxonomic unit) として分析の対象にした方言の分布地点を掲載する.

○全48個のOTUの形質行列（268-270頁）
・縦にOTU, 横に形質を排列する.
・形質状態が定義不可能の場合,「null」を入れて値の欠失を表す.

○方言分布図（271頁）
・本論で系統推定の対象とした全48個のOTUの分布する地点を示す.
（《广东省地图册》《广西壮族自治区地图册》をもとに作成（ともに中国地图出版社出版））

○各語（字）の再建形（272-326頁）
・粤祖語の再建形, 各単系統群A〜Eの共通祖語の再建形を示す.
・中古音の音韻地位に従って語（字）を排列する.
・参考データとして,『武鳴土語』(李方桂 1956. 表中の「武鳴」) と『廣西猺歌記音』(趙元任 1930. 表中の「猺歌」) に報告されるチワン語・ミエン語の字音を記す.
　「武鳴」が挙げるデータは, チワン語話者が用いる「方塊壮字」と呼ばれる変形漢字・変用漢字（ベトナム語の字喃に類する字）を用いた文献の読音が含まれている. 方塊壮字文献の読音には, 字形・字音・字義が互いに一致しているもののみを収録した.
・「其他」欄の「PT」は, Proto-Tai (Pittayaporn 2009) の再建音を指す.

形質番号	1	2	3	4	5	6	7	8	9	10	11	12	13	14	15	16	17	18	19	20	21	22	23	24	25
広州	1	0	0	0	0	0	1	0	0	0	0	1	0	0	0	0	0	0	0	1	1	0	0	0	0
順徳	1	0	0	0	0	0	0	0	0	0	0	1	0	0	0	1	0	0	0	1	0	0	0	0	0
仏山	0	0	0	0	0	0	1	0	0	0	0	1	0	0	0	0	0	0	0	1	0	0	0	0	0
東莞	1	0	1	1	0	0	1	0	0	0	0	1	0	0	0	0	0	0	1	1	1	0	1	0	0
仁化	1	0	0	0	0	0	1	0	0	0	0	1	0	0	0	0	0	0	0	1	0	0	0	1	1
台山	1	0	1	0	1	1	0	0	0	1	0	0	0	0	0	0	0	0	0	1	0	0	1	0	0
開平	1	0	1	0	0	1	0	0	0	0	0	0	1	0	0	0	0	1	1	1	0	0	1	0	0
恩平	1	0	1	0	0	1	0	0	0	1	0	0	0	0	0	0	0	0	0	1	0	0	1	0	0
新会	1	0	1	1	0	0	0	0	1	0	0	1	0	0	0	0	0	0	0	1	1	0	0	0	0
鶴山	1	0	1	0	0	1	0	0	1	1	0	0	0	0	0	0	0	0	0	1	1	0	0	0	0
新興	0	0	1	1	0	0	0	0	0	0	1	0	0	0	0	0	1	0	0	1	1	0	0	0	0
羅定	1	0	0	0	0	0	1	0	0	0	0	1	0	0	0	0	0	0	0	1	0	0	0	0	0
肇慶	1	0	1	1	0	0	1	0	0	0	0	1	0	0	0	0	0	0	0	1	1	0	0	0	0
雲浮	1	0	1	1	0	0	0	0	0	0	0	1	0	0	0	0	0	0	0	1	1	0	0	0	0
四会	1	0	0	1	0	1	0	0	0	0	0	0	2	0	0	0	0	1	0	1	1	0	0	1	0
広寧	1	0	0	1	0	0	0	0	0	0	0	0	2	0	0	0	0	1	0	1	1	0	1	1	0
徳慶	1	0	1	1	0	0	0	0	0	0	0	0	2	0	0	0	0	0	0	1	0	2	0	0	0
懐集	1	0	0	0	0	1	1	0	0	0	0	0	2	0	0	0	0	0	0	1	1	0	0	0	0
封開	1	0	0	0	0	0	0	0	0	0	0	0	2	0	0	0	0	0	0	1	0	1	0	0	0
郁南	1	0	0	1	0	0	0	0	0	0	1	0	0	0	0	0	0	0	0	2	1	0	0	0	0
連縣	1	0	0	1	0	1	0	0	1	0	0	0	0	0	0	0	0	1	0	1	1	0	1	1	0
陽山	1	0	0	1	0	1	0	0	1	0	0	0	0	0	0	0	0	1	0	1	1	0	1	1	0
昭平	1	0	0	0	0	0	0	0	0	0	1	0	2	0	0	0	0	0	0	1	1	2	0	0	0
蒙山	1	0	0	0	0	0	0	0	0	0	0	0	2	0	0	0	0	0	0	1	0	1	0	0	0
桂平	1	0	0	0	0	0	0	0	0	0	1	1	0	0	0	0	0	0	0	1	0	0	0	0	0
藤県	1	0	0	0	0	0	0	0	0	0	1	0	0	0	0	0	0	0	0	1	0	0	0	0	0
貴港	1	1	0	0	0	1	1	1	0	0	0	0	2	0	0	0	0	0	0	0	0	1	0	0	0
玉林	1	2	0	0	0	0	0	0	0	0	0	0	2	0	0	0	0	0	0	1	0	1	1	0	0
博白	1	2	0	0	0	0	0	0	0	0	0	0	2	0	0	0	0	0	0	1	0	1	0	0	0
霊山	1	1	0	0	0	0	0	0	0	0	0	0	2	0	0	0	0	0	0	0	0	0	0	0	0
横県	1	1	0	0	0	0	0	0	0	0	0	0	2	0	0	0	0	0	0	0	0	1	0	0	0
廉州	1	0	1	1	0	0	0	0	0	0	1	1	0	0	0	0	0	0	0	1	1	0	0	0	0
北海	1	0	0	0	0	0	0	0	0	0	1	1	0	0	0	0	0	0	0	1	1	0	0	0	0
欽州	1	0	0	0	0	0	0	0	0	0	1	1	0	0	0	0	0	0	0	1	0	0	0	0	0
浦北	1	0	1	1	0	0	2	0	0	0	1	0	0	0	0	0	0	0	0	0	0	0	0	0	0
信宜	1	0	0	0	0	0	0	0	0	0	1	0	0	0	0	0	0	0	0	1	0	0	0	0	0
賀州	1	0	0	0	0	0	0	0	0	0	0	0	2	0	0	0	0	0	0	1	0	2	0	0	0
連山	1	0	0	0	0	0	0	0	0	0	0	0	2	0	0	0	0	0	0	1	0	1	0	1	0
大錫	1	0	0	0	0	0	0	0	0	0	0	0	2	0	0	0	0	0	0	1	0	2	0	0	0
富川	1	0	0	0	0	0	0	0	0	0	0	0	2	0	0	0	0	0	0	1	0	2	0	1	0
鐘山	1	0	0	0	0	0	0	0	0	0	0	0	2	0	0	0	0	0	0	1	0	1	0	1	0
崇左	0	2	0	0	0	0	0	0	0	1	0	0	0	0	0	0	0	0	0	0	0	0	1	0	0
城廂	0	2	0	0	0	0	0	0	0	1	0	0	0	0	0	0	0	0	0	0	0	0	1	0	0
石埠	0	2	0	0	0	0	0	0	0	1	0	1	0	0	0	0	0	0	0	0	0	0	1	0	0
邕寧	0	2	0	0	0	0	0	0	0	1	0	1	0	0	0	0	0	0	0	0	0	0	1	0	0
亭子	1	2	0	0	0	0	0	0	0	1	0	1	0	1	0	0	0	0	0	1	0	0	1	0	0
信都	1	0	0	0	0	0	0	0	0	0	0	0	0	0	0	0	0	0	0	1	0	0	0	0	0
賓陽祖語	1	1	0	0	0	0	0	0	0	0	0	0	2	1	1	0	0	0	0	0	0	1	0	0	0

形質番号	26	27	28	29	30	31	32	33	34	35	36	37	38	39	40	41	42	43	44	45	46	47	48	49	50
広州	0	0	0	0	0	0	0	1	0	0	1	0	0	0	0	0	1	0	0	0	0	0	0	0	1
順徳	0	0	0	0	0	0	0	1	0	0	1	0	0	0	0	0	1	0	0	0	0	0	0	0	1
仏山	0	0	0	0	0	0	0	1	0	0	1	0	0	0	0	0	1	0	0	0	0	0	0	0	1
東莞	1	0	1	0	0	1	0	1	0	0	1	0	0	0	0	1	1	0	0	0	0	1	0	0	1
仁化	1	1	1	0	0	0	0	1	0	0	2	0	0	0	0	0	1	0	0	0	0	0	0	0	1
台山	0	0	0	0	1	1	0	0	0	0	0	0	0	1	0	0	1	0	0	0	1	1	0	0	1
開平	0	0	0	0	1	1	0	0	0	0	0	0	0	0	1	0	1	0	0	0	1	1	0	0	1
恩平	0	0	0	0	0	1	0	0	0	0	0	0	0	0	0	0	1	0	0	0	1	0	0	0	1
新会	0	0	0	0	0	1	0	1	0	0	0	1	0	0	0	1	1	0	0	0	1	0	0	0	1
鶴山	0	0	0	0	1	0	0	1	0	0	0	0	0	0	0	0	1	0	0	0	0	0	0	0	1
新興	0	0	0	0	0	0	0	1	0	0	1	0	0	0	0	1	1	0	0	0	1	0	1	0	1
羅定	0	0	0	0	0	0	0	1	0	0	1	0	0	0	0	1	1	0	0	0	1	0	0	0	1
肇慶	0	0	0	0	0	0	0	1	0	0	1	0	0	0	0	1	1	0	0	0	0	0	0	0	1
雲浮	1	0	1	0	0	1	0	1	0	0	1	0	0	0	0	1	1	0	0	0	0	0	0	0	1
四会	1	0	0	0	0	0	0	1	0	0	1	0	0	0	0	1	1	0	0	0	0	0	0	1	1
広寧	1	0	0	0	0	0	0	1	0	0	1	0	0	0	0	1	1	0	0	0	0	0	0	1	1
徳慶	0	0	0	0	0	1	0	0	2	0	null	0	1	0	0	1	1	0	0	0	1	0	1	0	1
懐集	1	0	0	0	0	0	0	1	0	0	1	0	0	0	0	1	1	0	1	0	0	0	0	1	1
封開	0	0	0	0	0	0	0	0	1	0	1	0	0	0	0	1	1	0	0	0	0	0	0	1	1
郁南	0	0	0	0	0	0	0	1	0	0	0	0	0	0	0	1	1	0	0	0	0	0	1	0	1
連縣	1	1	0	0	0	0	0	1	0	0	1	0	0	0	0	1	1	0	0	0	0	0	0	1	1
陽山	1	0	0	0	0	0	0	1	0	0	1	0	0	0	0	1	1	0	0	0	0	0	0	1	1
昭平	0	0	0	0	0	0	0	0	2	0	null	0	1	0	0	1	1	0	0	0	0	0	1	0	1
蒙山	0	0	0	0	0	0	1	1	0	0	null	0	0	0	0	0	1	0	0	0	0	0	1	0	1
桂平	0	0	0	0	0	0	0	1	0	0	1	0	0	0	0	1	1	1	0	0	0	0	1	0	0
藤県	0	0	0	0	0	0	0	1	0	0	null	0	1	0	0	1	1	0	1	0	0	0	1	0	1
貴港	0	0	0	0	0	1	0	1	0	0	1	0	0	0	0	1	1	1	0	0	0	0	1	0	0
玉林	0	0	0	1	0	0	0	1	0	0	1	0	0	0	0	1	1	0	0	1	0	0	1	0	0
博白	0	0	0	1	0	0	0	1	0	1	0	1	0	0	0	1	1	0	0	0	0	0	1	0	0
霊山	0	0	0	0	0	0	0	1	0	0	0	0	0	1	0	1	1	0	0	1	0	0	1	0	1
横県	0	0	0	0	0	0	0	1	0	0	0	0	0	0	0	1	1	1	0	0	0	0	1	0	1
廉州	0	0	0	0	0	1	0	1	0	0	null	0	1	0	0	1	1	0	0	0	0	0	1	0	1
北海	1	1	0	0	0	0	0	1	0	0	2	0	0	0	0	1	1	0	0	0	0	1	0	0	1
欽州	0	0	0	0	0	0	0	1	0	0	2	0	0	0	0	1	1	0	0	0	0	0	0	0	1
浦北	0	0	0	0	0	0	0	1	0	0	null	0	0	0	0	1	1	1	0	0	0	0	1	0	1
信宜	0	0	0	0	0	0	0	1	0	0	1	0	0	0	0	1	1	0	0	0	0	0	1	0	1
賀州	0	0	0	0	0	0	0	0	1	0	0	0	0	0	0	1	1	0	0	1	0	1	1	0	1
連山	0	1	0	0	0	0	0	0	2	0	0	0	0	0	0	1	1	0	0	0	0	0	1	0	1
大錫	1	0	0	0	0	0	0	0	2	0	0	0	0	0	0	1	1	0	0	0	0	0	1	0	1
富川	1	1	0	0	0	0	0	0	2	0	0	0	0	0	0	1	1	0	0	0	0	0	1	0	1
鐘山	1	1	0	0	0	0	0	0	2	0	0	1	0	0	0	1	1	0	0	0	0	0	1	0	1
崇左	0	0	0	1	0	0	0	1	0	0	0	1	0	0	0	0	0	0	0	1	0	0	1	0	1
城廂	0	0	0	1	0	0	0	1	0	0	0	0	0	0	0	0	0	0	0	1	0	0	1	0	1
石埠	0	0	0	1	0	0	0	1	0	0	0	1	0	0	0	0	0	0	0	1	0	0	1	0	1
邕寧	0	0	0	1	0	0	0	1	0	0	0	1	0	0	0	1	1	0	0	1	0	0	1	0	1
亭子	0	0	0	1	0	0	0	1	0	0	0	0	0	0	0	1	1	0	0	1	0	0	1	0	1
信都	0	0	0	0	0	0	0	0	0	0	0	0	0	0	0	1	1	0	0	0	0	0	1	0	1
賓陽祖語	0	0	0	0	0	0	0	0	0	0	null	0	1	0	0	1	0	1	0	0	0	0	1	0	0

形質番号	51	52	53	54	55	56	57	58	59	60	61	62	63	64	65	66	67	68
広州	0	0	0	0	0	0	0	0	0	1	0	0	0	0	0	0	0	0
順徳	0	0	0	0	0	0	0	0	0	1	0	0	0	0	0	0	0	0
仏山	0	0	0	0	0	0	0	0	0	1	0	0	0	0	0	0	0	0
東莞	0	0	0	0	0	0	0	1	0	1	0	0	0	0	0	0	0	1
仁化	0	0	0	0	0	0	0	0	0	1	0	0	0	0	0	0	0	0
台山	0	0	0	0	1	1	0	0	0	1	0	0	0	0	1	0	0	0
開平	0	0	0	1	1	1	0	0	0	1	0	0	0	0	1	0	0	0
恩平	0	0	0	0	0	0	0	0	0	1	0	0	0	0	1	0	0	0
新会	0	0	0	0	0	0	0	0	0	1	0	0	0	0	1	0	0	0
鶴山	0	0	1	1	1	1	0	0	0	1	0	0	0	0	1	0	0	0
新興	0	0	0	0	0	0	0	0	0	1	1	0	0	0	0	0	0	0
羅定	0	0	0	0	0	0	0	0	0	1	0	0	1	0	0	0	0	0
肇慶	0	0	0	0	0	0	0	0	0	1	0	0	0	0	0	0	0	0
雲浮	0	0	0	0	0	0	0	0	0	1	0	0	1	0	0	0	0	0
四会	0	0	0	0	0	0	0	0	0	0	0	0	0	0	0	1	1	0
広寧	0	0	0	0	0	0	0	0	0	0	0	0	0	0	0	0	1	0
徳慶	0	0	0	0	0	0	0	0	0	0	0	0	0	0	0	0	0	0
懐集	0	0	0	0	0	0	0	0	0	0	0	0	0	0	0	0	0	0
封開	0	0	0	0	0	0	0	1	0	0	0	0	0	0	0	0	0	0
郁南	0	0	0	0	2	0	0	0	0	1	0	0	1	0	0	0	0	0
連縣	0	0	0	0	0	0	0	0	0	0	0	0	0	0	0	0	0	0
陽山	0	0	0	0	0	0	0	0	0	0	0	0	0	0	0	0	0	0
昭平	0	0	0	0	2	0	0	0	1	0	0	0	0	0	0	0	0	0
蒙山	0	0	0	0	0	0	1	0	0	0	0	0	0	0	0	0	0	0
桂平	0	0	0	0	1	0	1	0	0	1	0	0	0	0	0	0	0	0
藤県	0	0	0	0	1	0	0	0	0	0	0	0	0	0	0	0	0	0
貴港	0	0	0	0	0	0	0	0	0	2	0	0	0	1	0	0	0	0
玉林	1	0	0	0	2	0	0	0	0	0	0	0	0	0	0	0	0	0
博白	0	1	0	0	0	0	0	0	0	0	0	0	0	0	0	0	0	0
霊山	0	0	0	0	0	0	0	0	0	2	0	0	0	0	0	0	0	0
横県	0	0	0	0	0	0	0	0	0	0	0	0	0	0	0	0	0	0
廉州	0	0	0	0	0	0	0	0	0	2	0	1	0	1	0	0	0	0
北海	0	0	0	0	0	0	0	0	0	1	0	0	1	0	0	0	0	0
欽州	0	0	0	0	0	0	0	0	0	1	0	0	1	0	0	0	0	0
浦北	0	0	0	0	0	0	0	0	0	2	0	0	0	0	0	0	0	0
信宜	0	0	0	0	0	0	0	0	0	1	0	0	0	0	0	0	0	0
賀州	0	0	0	0	1	0	0	0	1	0	0	0	0	0	0	0	0	0
連山	0	0	0	0	1	0	0	0	1	0	0	0	0	0	0	0	0	0
大錫	0	0	0	0	2	0	0	0	1	0	0	0	0	0	0	0	0	0
富川	0	0	0	0	1	1	0	0	1	0	0	0	0	0	0	0	0	0
鐘山	0	0	0	0	1	1	0	0	1	0	0	0	0	0	0	0	0	0
崇左	0	0	0	0	0	0	0	0	0	0	0	0	0	0	0	0	0	0
城廂	0	0	0	0	0	0	0	0	0	0	0	0	0	0	1	0	0	0
石埠	0	0	0	0	0	0	0	0	0	0	0	0	0	0	0	0	0	0
邕寧	0	0	0	0	0	0	0	0	0	0	0	0	0	0	0	0	0	0
亭子	0	0	0	0	0	0	0	0	0	0	0	0	0	0	0	0	0	0
信都	0	0	0	0	1	0	0	0	1	0	0	0	0	0	0	0	0	0
賓陽祖語	0	0	0	0	0	0	0	0	0	0	0	0	0	0	0	0	0	0

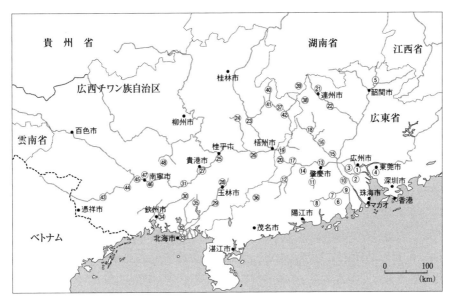

方言分布図
全48地点・方言名：

①広州方言（A） ②順徳方言（A） ③仏山方言（A） ④東莞方言（A）
⑤仁化方言（A） ⑥台山方言（B） ⑦開平方言（B） ⑧恩平方言（B）
⑨新会方言（B） ⑩鶴山方言（B） ⑪新興方言（A） ⑫羅定方言（A）
⑬肇慶方言（A） ⑭雲浮方言（A） ⑮四会方言（B） ⑯広寧方言（B）
⑰徳慶方言（B） ⑱懐集方言（B） ⑲封開方言（B） ⑳郁南方言（C）
㉑連縣方言（B） ㉒陽山方言（B） ㉓昭平方言（C） ㉔蒙山方言（B）
㉕桂平方言（C） ㉖藤県方言（C） ㉗貴港方言（D） ㉘玉林方言（D）
㉙博白方言（D） ㉚霊山方言（D） ㉛横県方言（D） ㉜廉州方言（A）
㉝北海方言（A） ㉞欽州方言（A） ㉟浦北方言（A） ㊱信宜方言（A）
㊲賀州方言（C） ㊳連山方言（C） ㊴大錫方言（C） ㊵富川方言（C）
㊶鐘山方言（C） ㊷信都方言（C） ㊸崇左方言（E） ㊹城廂方言（E）
㊺石埠方言（E） ㊻邕寧方言（E） ㊼亭子方言（E） ㊽賓陽方言（賓陽祖語）（D）

番号	語(字)	攝	開合・等	声調	韻目	声母	粤祖語	A	B	C	D	E	『武鳴』	『猺歌』	其他
0001	多	果	開一	平	歌	端	tɔ1	tɔ1	tɔ1	dɔ1	tɔ1	tɔ1	tø1	tɑ1	
0002	托	果	開一	平	歌	透	tʰɔ1	tʰɔ1	tʰɔ1	tʰɔ1	tʰɔ1	tʰɔ1			
0003	他	果	開一	平	歌	透	tʰa1	tʰa1	tʰa1	tʰa1	tʰa1	tʰa1			
0004	駝	果	開一	平	歌	定	dɔ2	dɔ2	dɔ2	dɔ2	dɔ2	tɔ2			
0005	馱(馱起來)	果	開一	平	歌	定	dɔ2	dɔ2	dɔ2	dɔ2	dɔ2	tɔ2			
0006	舵	果	開一	上	歌	定	dɔ2;dɔ4	dɔ2	dɔ2	dɔ4	dɔ4;dɔ2?	tɔ4			
0007	大	果	開一	去	歌	定	dai6	dai6	dai6	dai6	dai6	tai6	tai6;tai5;ta5	tɑ:i6	
0008	羅	果	開一	平	歌	來	lɔ2	lɔ2	lɔ2	lɔ2	lɔ2	lɔ2	la2		
0009	鑼	果	開一	平	歌	來	lɔ2	lɔ2	lɔ2	lɔ2	lɔ2	lɔ2	la2;lø2		
0010	籮	果	開一	平	歌	來	lɔ2	lɔ2	lɔ2	lɔ1	lɔ2	lɔ2	lø2		
0011	左	果	開一	上	歌	精	tsɔ3	tsɔ3	tsɔ3	tsɔ3	tsɔ3;tsɔ5	tʃɔ3	θø3		
0012	佐	果	開一	去	歌	精	tsɔ5	tsɔ5		tsɔ5	tsɔ5;tsɔ5	tʃɔ5			
0013	搓	果	開一	平	歌	清	tsʰɔ1	tsʰɔ1	tsʰɔ1	tsʰɔ1	tsʰɔ1	tʃʰɔ1			
0014	歌	果	開一	平	歌	見	kɔ1	kɔ1	kɔ1	kɔ1	kɔ1	kɔ1	kø1 (地名. 朝歌 cau2kø1)	kɑ1	
0015	哥	果	開一	平	歌	見	kɔ1	kɔ1	kɔ1	kɔ1	kɔ1	kɔ1			
0016	個(個人)	果	開一	去	歌	見	kɔ5	kɔ5	kɔ5;kɔi5	kɔ5	kɔ5	kɔ5;ki5?		kɔ5	
0017	可	果	開一	上	歌	溪	kʰɔ3	hɔ3	kʰɔ3	kʰɔ3	kʰɔ3	kʰɔ3	kø3		
0018	蛾	果	開一	平	歌	疑	ŋɔ2	ŋɔ2	ŋɔ2	ŋɔ2	ŋɔ2	ŋɔ2			
0019	鵝	果	開一	平	歌	疑	ŋɔ2	ŋɔ2	ŋɔ2	ŋɔ2	ŋɔ2	ŋɔ2			
0020	俄	果	開一	平	歌	疑	ŋɔ2	ŋɔ2	ŋɔ2	ŋɔ2	ŋɔ2	ŋɔ2			
0021	我	果	開一	上	歌	疑	ŋɔ4	ŋɔ4	ŋɔ4	ŋɔ4	ŋɔ3;ŋɔ4	ŋɔ4	ŋø4;ŋø3		
0022	餓	果	開一	去	歌	疑	ŋɔ6	ŋɔ6	ŋɔ6	ŋɔ6	ŋɔ6	ŋɔ6			
0023	河	果	開一	平	歌	匣	ɦɔ2	ɦɔ2	ɦɔ2	ɦɔ2	ɦɔ2	hɔ2	xø2	hɔ1	
0024	何	果	開一	平	歌	匣	ɦɔ2	ɦɔ2	ɦɔ2	ɦɔ2	ɦɔ2	hɔ2	xø2	hɔ1	
0025	荷(荷花)	果	開一	平	歌	匣	ɦɔ2	ɦɔ2	ɦɔ2	ɦɔ2	ɦɔ2	hɔ2			
0026	賀	果	開一	去	歌	匣	ɦɔ6	ɦɔ6	ɦɔ6	ɦɔ6	ɦɔ6	hɔ6			
0027	茄(茄子)	果	開三	平	戈	群	gɪ:ə2;gʏ:ə2	giɛ2;gœ2	gɪ:ə2;gœ2	gɪ:ə2	gɛ2	kɛ2			
0028	波	果	合一	平	戈	幫	pɔ1	pɔ1	pɔ1	ɓɔ1	pɔ1	pɔ1	pø1		
0029	菠(菠菜)	果	合一	平	戈	幫	pɔ1	pɔ1	pɔ1	ɓɔ1	pɔ1	pɔ1			
0030	跛(跛足)	果	合一	上	戈	幫	pʙi1	pʙi1	pʙi1	ɓʙi1	pʙi1	pʙi1			
0031	簸(簸箕)	果	合一	去	戈	幫	pɔ5	pɔ5		ɓɔ5		pʰʊ:ə5			
0032	頗	果	合一	平	戈	滂	pɔ1;pʰɔ3	pʰɔ3	pʰɔ3	ɓɔ1	pɔ1				
0033	坡	果	合一	平	戈	滂	pɔ1;pʰɔ1	pɔ1	pɔ1	ɓɔ1	pʰɔ1	pʰɔ1			
0034	玻(玻璃)	果	合一	去	戈	滂	pɔ1	pɔ1	pɔ1						
0035	破	果	合一	去	戈	滂	pʰʊ:ə5	pʰɔ5	pʰɔ5	pʰɔ5	pʰʊ:ə5	pʰʊ:ə5	pu5	pʰuɑ5	
0036	婆	果	合一	平	戈	並	bʊ:ə2	bɔ2	bɔ2	bʊ:ə2	bʊ:ə2	pʊ:ə2			
0037	魔	果	合一	平	戈	明	mɔ1	mɔ1	mɔ1	mɔ1	mɔ1	mɔ1			
0038	磨(磨刀)	果	合一	平	戈	明	mɔ2	mɔ2	mɔ2	mɔ2	mɔ2	mʊ:ə2			
0039	摩	果	合一	平	戈	明	mɔ1	mɔ1	mɔ1	mɔ1	mɔ1	mɔ1			
0040	磨(石磨)	果	合一	去	戈	明	mɔ6	mɔ6	mɔ6	mɔ6		mʊ:ə6	mu6		
0041	朵	果	合一	上	戈	端	tʊ:ə3;tʏ:ə3	tɔ3;tœ3	tɔ3;tœ3	dɔ3	tɔ3	tʊ:ə3			
0042	妥	果	合一	上	戈	透	tʰɔ3	tʰɔ3		tʰɔ3		tʰɔ3	tø3		
0043	唾(唾液)	果	合一	去	戈	透	tʰʊ:ə5	tʰɔ5	tʰɔ5	tʰʊ:ə5					
0044	惰	果	合一	上	戈	定	dʊ:ə6		dɔ6	dʊ:ə6		tɔ6			
0045	糯(糯米)	果	合一	去	戈	泥	nʊ:ə6	nɔ6	nɔ6	nʊ:ə6	nʊ:ə6	nʊ:ə6			
0046	騾	果	合一	平	戈	來	lʊ:ə2	lɔ2		lʊ:ə2	lʊ:ə2	lʊ:ə2			
0047	螺(螺螄)	果	合一	平	戈	來	lʊ:ə2	lʊ:ə2		lʊ:ə2	lʊ:ə2	lʊ:ə2			
0048	腡(手指紋)	果	合一	平	戈	來	lʊ:ə2	lʊ:ə2		lʊ:ə2	lʊ:ə2	lʊ:ə2			
0049	囉(囉嗦)	果	合一	平	戈	來	lɔ1	lɔ1	lɔ2	lɔ1	lɔ1	lɔ1			

番号	語(字)	攝	開合・等	声調	韻目	声母	粤祖語	A	B	C	D	E	『武鳴』	『猺歌』	其他
0050	裸(裸體)	果	合一	上	戈	來	lɔ3; lɔ4	lɔ3; lɔ4	lɔ4; lɔ3	lɔ3; lɔ4		lɔ3			
0051	坐	果	合一	上	戈	從	dzʊ:ə4	dzʊ:ə4	dzʊ:ə4	sʊ:ə4	dzʊ:ə4	tʃʊ:ə4		ðɔ6*; θua6	
0052	座	果	合一	去	戈	從	dzʊ:ə6	dzʊ:ə6	dzʊ:ə6	sʊ:ə6		tʃʊ:ə6			
0053	簑	果	合一	平	戈	心	sʊ:ə1	sɔ1	sɔ1	sɔ1	sʊ:ə1	ɬɔ1			
0054	梭(織布梭)	果	合一	平	戈	心	sʊ:ə1	sɔ1	sɔ1	sɔ1	sʊ:ə1	ɬɔ1			
0055	鎖	果	合一	上	戈	心	sʊ:ɔ3	sɔ3	sɔ3	sʊ:ə3	sʊ:ə3	ɬʊ:ə3	θu3	θua3	
0056	瑣(瑣碎)	果	合一	上	戈	心	sʊ:ə3	sɔ3	sɔ3	sʊ:ə3	sʊ:ə3	ɬɔ3			
0057	過	果	合一	平	戈	見	kʊ:ə5	kʊ:ə5		kʊ:ə1	kʊ:ə5		kʷa5	kʷai5	
0058	鍋	果	合一	平	戈	見	kʊ:ə1; ʔʊ:ə1	wʊ:ə1	ʔʊ:ə1	kʊ:ə1	kʊ:ə1	kʊ:ə1		ku1	
0059	果	果	合一	上	戈	見	kʊ:ə3	kʊ:ə3	kʊ:ə3	kʊ:ə3	kʊ:ə3	kʊ:ə3	ku3 (如果hi2ku3)		
0060	裹	果	合一	上	戈	見	kʊ:ə3	kʊ:ə3	kʊ:ə3	kʊ:ə3	kʊ:ə3	kʊ:ə3			
0061	過	果	合一	去	戈	見	kʊ:ə5	kʊ:ə5	kʊ:ə5	kʊ:ə5	kʊ:ə5	kʊ:ə5	kø5 (不過ʔbau3kø5)		PT kʷa:B
0062	科	果	合一	平	戈	溪	kʰʊ:ə1	kʰʊ:ə1	kʰʊ:ə1	kʰʊ:ə1		hʊ:ə1			
0063	棵	果	合一	平	戈	溪	kʰʊ:ə1; pʰɔ1	kʰʊ:ə1; pʰɔ1		kʰʊ:ə1		pʰɔ1; kʰɔ1?	kø1		
0064	課	果	合一	去	戈	溪	kʰʊ:ə5	kʰʊ:ə5	kʰʊ:ə5	kʰʊ:ə5	hʊ:ə5	kʰɔ5			
0065	訛	果	合一	平	戈	疑	ŋʊ:ə2	ŋɔ2	ŋɔ2	ŋʊ:ə6		ŋɔ2			
0066	臥	果	合一	去	戈	疑	ŋʊ:ə6	ŋɔ6	ŋɔ6	ŋʊ:ə6	ŋʊ:ə6; mɔ5	ŋɔ6			
0067	火	果	合一	上	戈	曉	hʊ:ə3	hʊ:ə3	hʊ:ə3	hʊ:ə3	hʊ:ə3	hʊ:ə3	hø3;hu3	kʰua3	
0068	貨	果	合一	去	戈	曉	hʊ:ə5	hʊ:ə5	hʊ:ə5	hʊ:ə5	hʊ:ə5	hʊ:ə5			
0069	和(和氣)	果	合一	平	戈	匣	ɦʊ:ə2	ɦʊ:ə2	wʊ:ə2	wʊ:ə2		hʊ:ə2			
0070	禾	果	合一	平	戈	匣	ɦʊ:ə2	ɦʊ:ə2	wʊ:ə2	wʊ:ə2	ɦʊ:ə2	hʊ:ə2		vua1	
0071	禍	果	合一	上	戈	匣	ɦʊ:ə4	ɦʊ:ə4	wʊ:ə4	wʊ:ə4	ɦʊ:ə4		hu4;xu6		
0072	窩	果	合一	平	戈	影	ʔʊ:ə1	wʊ:ə1	ʔʊ:ə1	ʔʊ:ə1	ʔʊ:ə1				
0073	靴	果	合三	平	戈	曉	hy:ə1	hœ1	hœ1; kʰœ1?	hy:ə1	hœ1?	wɛ1? hø1?			
0074	巴	假	開二	平	麻	幫	pa1	pa1	pa1	ɓa1	pa1	pa1			
0075	芭	假	開二	平	麻	幫	pa1	pa1	pa1	ɓa1	pa1				
0076	疤	假	開二	平	麻	幫	pa1	pa1	pa1	ɓa1	pa1	pa1			
0077	把(把守)	假	開二	上	麻	幫	pa3	pa3	pa3	ɓa3	pa3	pa3	pa3	pa3	
0078	霸	假	開二	去	麻	幫	pa5	pa5	pa5	ɓa5	pa5	pa5			
0079	欛(柄)	假	開二	去	麻	幫	pa5	pa5	pa5	ɓa5	pa3	pa5			
0080	壩(堤)	假	開二	去	麻	幫	pa5	pa5	pa5	ɓa5	pa5	pa5			
0081	爸	假	開二	去	麻	幫	pa1	pa1		pa1					
0082	怕	假	開二	去	麻	滂	pʰa5	pʰa5	pʰa5	pʰa5	pʰa5	pʰa5		ɟi:a5	
0083	帕	假	開二	去	麻	滂	pʰak7	pʰak7		pʰak7; pʰa5	pʰac7	pʰɪ:ək7			
0084	爬	假	開二	平	麻	並	ba2	ba2	ba2	ba2	ba2	pa2	pa2	plat1(訓)	
0085	琶(琵琶)	假	開二	平	麻	並	ba2	ba2	ba2	ba2	ba2		pa2		
0086	杷(枇杷)	假	開二	平	麻	並	ba2	ba2	ba2	ba2	ba2				
0087	鈀(鈀子)	假	開二	平	麻	並	ba2	ba2	ba2	ba2	ba2	ba2		pa1	
0088	耙(犁耙)	假	開二	去	麻	並	ba2	ba2	ba2	ba2	ba2				
0089	麻	假	開二	平	麻	明	ma2	ma2	ma2	ma2	ma2	ma2		ma1	
0090	痲	假	開二	平	麻	明	ma2	ma2	ma2	ma2	ma2	ma2			
0091	媽	假	開二	平	麻	明	ma1	ma1	ma1	ma1	ma1	ma1			PT me:B
0092	馬	假	開二	上	麻	明	ma4	ma4	ma4	ma4	ma4	ma4	ma4;ma3	ma1	PT ma:C
0093	碼(碼子)	假	開二	上	麻	明	ma4	ma4	ma4	ma4	ma4	ma4			
0094	罵	假	開二	去	麻	明	ma6	ma6	ma6	ma6	ma6	ma6			
0095	拿	假	開二	平	麻	泥	na2	na2	na2	na2	na2	na2			
0096	茶	假	開二	平	麻	澄	dza2	dza2	dza2	dza2		tʃa2		tɕa1	PT ɟa:A
0097	楂(山楂)	假	開二	平	麻	莊	tṣa1	tṣa1	tṣa1	tṣa1		tʃa1			
0098	詐	假	開二	去	麻	莊	tṣa5	tṣa5	tṣa5	tṣa5	tṣa5	tʃa5			
0099	榨(榨油)	假	開二	去	麻	莊	tṣa5	tṣa5	tṣa5	tṣa5	tṣa5	tʃa5			
0100	炸(炸彈)	假	開二	去	麻	莊	tṣa5	tṣa5	tṣa5	tṣa5	tṣa5	tʃa5			
0101	叉	假	開二	平	麻	初	tṣʰa1	tṣʰa1	tṣʰa1	tṣʰa1	tṣʰa1	tʃʰa1			

番号	語(字)	攝	開合・等	声調	韻目	声母	粵祖語	A	B	C	D	E	『武鳴』	『猺歌』	其他
0102	杈(枝杈)	假	開二	平	麻	初	tʂʰa1	tʂʰa1	tʂʰa1	tʂʰa1	tʂʰa1	tʃʰa1			
0103	差(差別)	假	開二	平	麻	初	tʂʰa1	tʂʰa1	tʂʰa1	tʂʰa1	tʂʰa1	tʃʰa1			
0104	岔(三岔路)	假	開二	去	麻	初	tʂʰa5	tʂʰa5	tʂʰa5	tʂʰa5	tʂʰa1	tʃʰa5			
0105	查(調査)	假	開二	平	麻	崇	dʐa2	dʐa2	dʐa2	dʐa2	dʐa2	tʃa2			
0106	沙	假	開二	平	麻	生	ʂa1	ʂa1	ʂa1	ʂa1	ʂa1	ʃa1	θa1	ɕa1	
0107	紗	假	開二	平	麻	生	ʂa1	ʂa1	ʂa1	ʂa1	ʂa1	ʃa1			
0108	灑	假	開二	上	麻	生	ʂa3	ʂa3	ʂa3	ʂa3	ʂa3	ʃa3;ɬa3			
0109	廈(偏廈)	假	開二	去	麻	生	ɦa6	ɦa6	ɦa6	ɦa6	ɦa6				
0110	家	假	開二	平	麻	見	ka1	ka1	ka1	ka1	ka1	ka1	ke1;kja1	tɕa1	
0111	加	假	開二	平	麻	見	ka1	ka1	ka1	ka1	ka1	ka1	kja1		
0112	嘉	假	開二	平	麻	見	ka1	ka1	ka1	ka1	ka1	ka1			
0113	假(眞假)	假	開二	上	麻	見	ka3	ka3	ka3	ka3	ka3	ka3	kja3		
0114	賈(姓)	假	開二	上	麻	見	ka3	ka3	ka3	ka3		ka3			
0115	假(放假)	假	開二	去	麻	見	ka5	ka5	ka5	ka5	ka3	ka3			
0116	架	假	開二	去	麻	見	ka5	ka5	ka5	ka5	ka5	kʰa5	kja5	tɕa5	
0117	駕	假	開二	去	麻	見	ka5	ka5	ka5	ka5	ka5	kʰa5	kja5		
0118	嫁	假	開二	去	麻	見	ka5	ka5	ka5	ka5	ka5	ka5			
0119	稼	假	開二	去	麻	見	ka5	ka5	ka5	ka5	ka5	ka5			
0120	價	假	開二	去	麻	見	ka5	ka5	ka5	ka5	ka5	ka5	ka5;kja5		
0121	牙	假	開二	平	麻	疑	ŋa2	ŋa2	ŋa2	ŋa2	ŋa2	ŋa2	ja2		
0122	芽	假	開二	平	麻	疑	ŋa2	ŋa2	ŋa2	ŋa2	ŋa2	ŋa2	ŋe2	ɲa1	
0123	衙	假	開二	平	麻	疑	ŋa2	ŋa2	ŋa2	ŋa2	ŋa2	ŋa2	ja2		
0124	雅	假	開二	上	麻	疑	ŋa4	ŋa4	ŋa4	ŋa4	ŋa4	ŋa4			
0125	蝦(魚蝦)	假	開二	平	麻	曉	ha1	ha1	ha1	ha1	ha1	ha1			
0126	嚇(嚇一跳)	假	開二	去	麻	曉	hak7?	hak7							
0127	霞	假	開二	平	麻	匣	ɦa2	ɦa2	ɦa2	ɦa2	ɦa2	ha2			
0128	瑕	假	開二	平	麻	匣	ɦa2	ɦa2	ɦa2	ɦa2	ɦa2	ha2			
0129	遐	假	開二	平	麻	匣	ɦa2	ɦa2	ɦa2	ɦa2	ɦa2	ha2			
0130	下(底下)	假	開二	上	麻	匣	ɦa4;ɦa6	ɦa4;ɦa6		ɦa4	ɦa4	ja6		ha6*	
0131	廈(廈門)	假	開二	上	麻	匣	ɦa6	ɦa6		ɦa6	ɦa6				
0132	下(下降)	假	開二	去	麻	匣	ɦa6	ɦa6	ɦa6	ɦa6	ja6	ja5 (郷下jaŋ1ja5 上下ɕaŋ5ja5); ja6 (下凡ja6fam2 下大夫ja6ta5fu1)	ha6*		
0133	夏(春夏)	假	開二	去	麻	匣	ɦa6	ɦa6	ɦa6	ɦa6	ja6	ha6			
0134	暇	假	開二	去	麻	匣	ɦa6	ɦa6	ɦa6	ɦa6					
0135	鴉	假	開二	平	麻	影	ʔa1	ʔa1	ʔa1	ʔa1	ʔa1	ʔa1	ʔa1	a1	
0136	丫(丫頭)	假	開二	平	麻	影	ʔa1	ʔa1	ʔa1	ʔa1	ʔa1	ja1			
0137	椏(椏杈)	假	開二	平	麻	影	ʔa1	ʔa1	ʔa1	ʔa1	ʔa1	ʔa1			
0138	啞	假	開二	上	麻	影	ʔa3	ʔa3	ʔa3	ʔa3	ʔa3	ʔa3			
0139	亞	假	開二	去	麻	影	ʔa5	ʔa5	ʔa5	ʔa5	ʔa5	ʔa5			
0140	姐	假	開三	上	麻	精	tsɿə3	tsieə3	tsɿə3	tsɿə3	tsɿə3	tʃɛ3	ɕe3;θe3		
0141	借(借貸)	假	開三	去	麻	精	tsɿə5	tsieə5	tsɿə5	tsɿə5	tsɿə5	tʃɛ5	ɕi5	θi:a5	
0142	且	假	開三	上	麻	清	tsʰɿə3	tsʰieə3	tsʰɿə3	tsʰɿə3		tʃʰɛ3			
0143	些	假	開三	平	麻	心	sɿə1	sieə1	sɿə1	sɿə1	sɿə1	ɬɛ1			
0144	寫	假	開三	上	麻	心	sɿə3	sieə3	sɿə3	sɿə3	sɿə3	ɬɛ3	θi3	θi:a3	
0145	瀉	假	開三	去	麻	心	sɿə5	sieə5	sɿə5	sɿə5	sɿə5	ɬɛ5			
0146	邪	假	開三	平	麻	邪	dzɿə2	dzieə2	dzɿə2	sɿə2	dzɿə2	tʃɛ2	θe2		
0147	斜	假	開三	平	麻	邪	dzɿə2	dzieə2	dzɿə2	sɿə2	dzɿə2	tʃɛ2			
0148	謝	假	開三	去	麻	邪	dzɿə6	dzieə6	dzɿə6	sɿə6	dzɿə6	tʃɛ6		θi:a6	
0149	爹	假	開三	平	麻	知	tɿə1	tieə1	tɿə1	dɿə1	tɿə1	tɛ1			
0150	遮	假	開三	平	麻	章	tsɿə1	tsieə1	tsɿə1	tsɿə1	tsɿə1	tʃɛ1		dʑi:a1	
0151	者	假	開三	上	麻	章	tsɿə3	tsieə3	tsɿə3	tsɿə3	tsɿə3	tʃɛ3			
0152	蔗	假	開三	去	麻	章	tsɿə5	tsieə5	tsɿə5	tsɿə5	tsɿə5	tʃɛ5		tɕi:a5	
0153	車(馬車)	假	開三	平	麻	昌	tsʰɿə1	tsʰieə1	tsʰɿə1	tsʰɿə1	tsʰɿə1	tʃʰɛ1		ɕi:a1	
0154	扯	假	開三	上	麻	昌	tsʰɿə3	tsʰieə3	tsʰɿə3	tsʰɿə3	tsʰɿə3	tʃʰɛ3			

番号	語(字)	攝	開合・等	声調	韻目	声母	粤祖語	A	B	C	D	E	『武鳴』	『猺歌』	其他
0155	蛇	假	開三	平	麻	船	zɪ:ə2	ɕiɛ2	zɪ:ə2	sɪ:ə2	sɪ:ə2	ʃɛ2		tɕi:a2	
0156	射	假	開三	去	麻	船	zɪ:ə6	ɕiɛ6	zɪ:ə6	sɪ:ə6	sɪ:ə6	ʃɛ6			
0157	奢	假	開三	平	麻	書	tʂʰɪ:ə1; sɪ:ə1	tʂʰiɛ1	tʂʰɪ:ə1	tʂʰɪ:ə1	tʂʰɪ:ə1; sɪ:ə1	ʃɛ1			
0158	捨	假	開三	上	麻	書	sɪ:ə3	ɕiɛ3	sɪ:ə3	sɪ:ə3	sɪ:ə3	ʃɛ3	θi3	ɕi:a3	
0159	赦	假	開三	去	麻	書	sɪ:ə5	ɕiɛ5	sɪ:ə5	sɪ:ə5	sɪ:ə5	ʃɛ5			
0160	舍	假	開三	去	麻	書	sɪ:ə5	ɕiɛ5	sɪ:ə5	sɪ:ə5	sɪ:ə5	ʃɛ5		ɕi:a5*	
0161	社	假	開三	上	麻	禪	zɪ:ə4	ɕiɛ4	sɪ:ə4	sɪ:ə4	sɪ:ə4	ʃɛ2	θi4;θe5		
0162	惹	假	開三	上	麻	日	ŋɪ:ə4	jiɛ4	ŋɪ:ə4; ŋɪ:ə3?	ŋɪ:ə4	ŋɛ4	ŋɛ4			
0163	爺	假	開三	平	麻	以	jɪ:ə2?	jiɛ2	jɪ:ə2	ʔɪ:ə1; jɪ:ə2	jɪ:ə1; jɪ:ə2	jɛ2	je2	jɛ1(粵)	
0164	也(也是)	假	開三	上	麻	以	jɪ:ə4	ja4	jɪ:ə4	jɪ:ə4	jɪ:ə4	je4	hi4 (也,亦.也か); je3	i:a1	
0165	野	假	開三	上	麻	以	jɪ:ə4	jiɛ4	jɪ:ə4	jɪ:ə4	jɪ:ə4	jɛ4			
0166	夜	假	開三	去	麻	以	jɪ:ə6	jiɛ6	jɪ:ə6	jɪ:ə6	jɪ:ə6	ja6;jɛ6		i:a5	
0167	傻	假	合二	上	麻	生	ʂɔ?		ʂɔ2; ʂɔ4;ʂɔ6	ʂɔ6		ɬɔ2?			
0168	耍	假	合二	上	麻	生	ʂa3	ʂa3	ʂa3		ʂa3	ʃa3	ɕwa3		
0169	瓜	假	合二	平	麻	見	kʷa1	kʷa1	kʷa1	kʷa1	kʷa1		kʷa1; kʷe1?		
0170	蝸	假	合二	平	麻	見	ʔʊ:ə1	wʊ:ə1		ʔʊ:ə1	ʔʊ:ə1	wʊ:ə1?			
0171	寡	假	合二	上	麻	見	kʷa3	kʷa3	kʷa3	kʷa3	kʷa3	kʷa3			
0172	剮	假	合二	上	麻	見	kʷa3	kʷa3	kʷa3	kʷa3	kʷa3				
0173	誇	假	合二	平	麻	溪	kʰʷa1	kʰʷa1	kʰʷa1	kʰʷa1					
0174	跨	假	合二	去	麻	溪	kʰʷa5; kʰʷa1	kʰʷa5; kʰʷa1	kʰʷa5; kʰʷa1	kʰʷa5 (kʰʷa1?)	kʰʷa1				
0175	瓦	假	合二	上	麻	疑	ŋʷa4	ŋa4	ŋa4; ŋa3?	ŋa4	ŋʷa4	ŋʷa4	ŋʷa4	ŋua1	
0176	花	假	合二	平	麻	曉	hʷa1	hʷa1	fa1	hʷa1	wa1	wa1	kʰua1		
0177	化	假	合二	去	麻	曉	hʷa5	hʷa5	fa5	hʷa5	wa5	wa5			
0178	華(中華)	假	合二	平	麻	匣	ɦʷa2	wa2	wa2	wa2	wa2				
0179	鏵	假	合二	平	麻	匣	ɦʷa2	wa2	wa2	wa2	wa2				
0180	划(划船)	假	合二	平	麻	匣	ɦʷa2?	wa1	wa2; ba2 (爬)	wak8; ba2 (爬)	wa6?	wa2?			
0181	蛙	假	合二	平	麻	影	ʔʷa1	wa1	wa1	wa1		wa1			
0182	補	遇	合一	上	模	幫	pu3	pu3	pu3	ɓu3	pu3	pu3	pɑu3		
0183	布	遇	合一	去	模	幫	pu5	pu5	pu5	ɓu5	pu5	pu5; pɔi5		pɔu5	
0184	鋪(鋪設)	遇	合一	平	模	滂	pʰu1	pʰu1	pʰu1	pʰu1	pʰu1	pu1	pʰɔu5; pɔu5		
0185	普	遇	合一	上	模	滂	pʰu3	pʰu3	pʰu3	pʰu3	pʰu3				
0186	浦	遇	合一	上	模	滂	pʰu3	pʰu3	pʰu3	pʰu3	pʰu3	pʰʊ:ə3?			
0187	鋪(店鋪)	遇	合一	去	模	滂	pʰu5	pʰu5	pʰu5	pʰu5	pʰu5	pʰu5	pɑu5		
0188	怖	遇	合一	去	模	滂	pu5	pu5	pu5	ɓu5	pu5	pʰu5			
0189	蒲	遇	合一	平	模	並	bu2	bu2	bu2	bu2	bu2	pu2			
0190	菩(菩薩)	遇	合一	平	模	並	bu2; bʊ:ə2	bu2; bɔ2	bu2; bɔ2	bɔ2; bɔ2	bɔ2; bʊ:ə2	pʊ:ə2			
0191	部	遇	合一	上	模	並	bu4	bu4	bu4	bu4	bu6	pu6			
0192	簿	遇	合一	上	模	並	bu4	bu4	bu4	bu4	bu6				
0193	步	遇	合一	去	模	並	bu6	bu6	bu6	bu6	bu6	pu6	pɑu6	buɑ6*	
0194	捕	遇	合一	去	模	並	bu6	bu6	bu6	pʰu3; bu4?	pʰu3				
0195	埠	遇	合一	去	模	並	vɐu6; bu6	fɐu6	bu6; fɐu6	bu6; fɐu6; bɐu6?	fɐu6; bɐu6	pu6			
0196	模(模子)	遇	合一	平	模	明	mu1; mu2	mu2		mu1	mu1	mɔ1			
0197	模(模範)	遇	合一	平	模	明	mu1; mu2	mu2	mu1	mu2	mu1	mɔ1	mø1		
0198	暮	遇	合一	去	模	明	mu6	mu6	mu6	mu6	mu6	mu6			
0199	慕	遇	合一	去	模	明	mu6	mu6	mu6	mu6	mu6	mu6			

番号	語(字)	攝	開合・等	声調	韻目	声母	粤祖語	A	B	C	D	E	『武鳴』	『猺歌』	其他
0200	墓	遇	合一	去	模	明	mu6	mu6	mu6	mu6	mu6	mu6	mø6		
0201	慕	遇	合一	去	模	明	mu6	mu6	mu6	mu6	mu6				
0202	都(都城)	遇	合一	平	模	端	tu1	tu1	tu1	du1	tu1	tu1		to1;to5	
0203	都(都是)	遇	合一	平	模	端	tu1	tu1	tu1	du1	tu1	tu1			
0204	堵	遇	合一	上	模	端	tu3	tu3	tu3	du3	tu3	tu3			
0205	賭	遇	合一	上	模	端	tu3	tu3	tu3	du3	tu3	tu3	tø1?;tø3?		
0206	妒	遇	合一	去	模	端	tu5	tu5	tu5	du5	tu5	tu5			
0207	土	遇	合一	上	模	透	tʰu3	tʰu3	tʰu3	tʰu3	tʰu3	tʰu3	tø3	tʰɔu3*	
0208	吐(吐痰)	遇	合一	上	模	透	tʰu5	tʰu5	tʰu5	tʰu5	tʰu5	tʰu5			
0209	吐(嘔吐)	遇	合一	去	模	透	tʰu5	tʰu5	tʰu5	tʰu5	tʰu5	tʰu5			
0210	兔	遇	合一	去	模	透	tʰu5	tʰu5	tʰu5	tʰu5	tʰu5	tʰu5			
0211	徒	遇	合一	平	模	定	du2	du2	du2	du2	du2	du2			
0212	屠	遇	合一	平	模	定	du2	du2	du2	du2	du2	du2		tø2	
0213	途	遇	合一	平	模	定	du2	du2	du2	du2	du2	tu2			
0214	塗	遇	合一	平	模	定	du2	du2	du2	du2	du2	tu2			
0215	圖	遇	合一	平	模	定	du2	du2	du2	du2	du2	tu2		tɔu1	
0216	肚(腹肚)	遇	合一	上	模	定	du4	du4	du4	du4	du4	tu4			
0217	度	遇	合一	去	模	定	du6	du6	du6	du6	du6	tu6			
0218	渡	遇	合一	去	模	定	du6	du6	du6	du6	du6	tu6	tø6		
0219	鍍	遇	合一	去	模	定	du6	du6	du6	du6	du6	tu6			
0220	奴	遇	合一	平	模	泥	nu2	nu2	nu2	nu2	nu2	nu2			
0221	努	遇	合一	上	模	泥	nu4	nu4	nu4	nu4	nu4	nu4			
0222	怒	遇	合一	去	模	泥	nu6	nu6	nu6	nu6	nu6	nu6			
0223	廬	遇	合一	平	模	來	lu2	lu2	lu2	lu2	lu2	lu2	lø2(廬山 lø2ɕan1)		
0224	爐	遇	合一	平	模	來	lu2	lu2	lu2	lu2	lu2	lu2		lɔu1	
0225	蘆(蘆葦)	遇	合一	平	模	來	lu2	lu2	lu2	lu2	lu2	lu2			
0226	魯	遇	合一	上	模	來	lu4	lu4	lu4	lu4	lu4	lu4	lu3		
0227	櫓	遇	合一	上	模	來	lu4	lu4	lu4	lu4	lu4	lu4			
0228	虜	遇	合一	上	模	來	lu4	lu4	lu4	lu4	lu4	lu4			
0229	路	遇	合一	去	模	來	lu6	lu6	lu6	lu6	lu6	lu6	lø6;lu5	lɔu6	
0230	賂	遇	合一	去	模	來	lu6	lu6	lu6	lu6	lu6	lu6			
0231	露	遇	合一	去	模	來	lu6	lu6	lu6	lu6	lu6		lø6		
0232	鷺(鷺鷥)	遇	合一	去	模	來	lu6	lu6	lu6	lu6	lu6	lu6			
0233	租	遇	合一	平	模	精	tsu1	tsu1	tsu1	tsu1	tsu1	tʃu1	ɕø1		
0234	祖	遇	合一	上	模	精	tsu3	tsu3	tsu3	tsu3	tsu3	tʃu3	ɕø3		
0235	組	遇	合一	上	模	精	tsu3	tsu3	tsu3	tsu3	tsu3	tʃu3			
0236	做	遇	合一	去	模	精	tsu5	tsu6;tsu5	tsu5		tsu5	tʃu5			
0237	粗	遇	合一	平	模	清	tsʰu1	tsʰu1	tsʰu1	tʰu1	tsʰu1	tʃʰu1	ɕø1		
0238	醋	遇	合一	去	模	清	tsʰu5	tsʰu5	tsʰu5	tʰu5	tsʰu5	tʃʰu5			
0239	錯(錯誤)	遇	合一	去	模	清	tsʰɔ5	tsʰɔ5	tsʰɔ1						
0240	蘇	遇	合一	平	模	心	su1	su1	su1	su1	su1	ɬu1	θø1		
0241	酥	遇	合一	平	模	心	su1	su1	su1	su1	su1	ɬu1			
0242	素	遇	合一	去	模	心	su5	su5	su5	su5	su5	ɬu5			
0243	訴	遇	合一	去	模	心	su5	su5	su5	su5	su5	ɬu5	θø5		
0244	姑	遇	合一	平	模	見	ku1	ku1	ku1	ku1	ku1	ku1	kø1		
0245	孤	遇	合一	平	模	見	ku1	ku1	ku1	ku1	ku1	ku1			
0246	箍	遇	合一	平	模	見	kʰu1	kʰu1	kʰu1	kʰu1	kʰu1	kʰu1			
0247	古	遇	合一	上	模	見	ku3	ku3	ku3	ku3	ku3	ku3	kø3 (「はなし」)		
0248	估(估計)	遇	合一	上	模	見	ku3	ku3	ku3	ku3	ku1;ku3	ku3			
0249	牯	遇	合一	上	模	見	ku3	ku3	ku3	ku3	ku3	ku3			
0250	股	遇	合一	上	模	見	ku3	ku3	ku3	ku3	ku3	ku3			
0251	鼓	遇	合一	上	模	見	ku3	ku3	ku3	ku3	ku3	ku3	kø3;ku3 (人名.陳鼓寺 ɕin2ku3ɕi5)		
0252	故	遇	合一	去	模	見	ku5	ku5	ku5	ku5	ku5	ku5			
0253	固	遇	合一	去	模	見	ku5	ku5	ku5	ku5	ku5	ku5			
0254	雇	遇	合一	去	模	見	ku5	ku5	ku5	ku5	ku5	ku5			

番号	語(字)	攝	開合・等	声調	韻目	声母	粵祖語	A	B	C	D	E	『武鳴』	『猺歌』	其他
0255	顧	遇	合一	去	模	見	ku5	ku5	ku5	ku5	ku5	ku5	kø5		
0256	枯	遇	合一	平	模	溪	kʰu1	hu1	kʰu1	kʰu1	hu1	hu1		kʰou1	
0257	苦	遇	合一	上	模	溪	kʰu3	hu3	kʰu3	kʰu3	hu3	hu3	hø3;ku3		
0258	庫	遇	合一	去	模	溪	kʰu5	hu5	kʰu5	kʰu5	hu5	hu5			
0259	褲	遇	合一	去	模	溪	hu5	fu5	hu5	hu5	hu5	hu5			
0260	吳	遇	合一	平	模	疑	ŋu2	ŋu2	ŋ2	ŋ2	ŋu2	ŋu2			
0261	蜈(蜈蚣)	遇	合一	平	模	疑	ŋu2	ŋu2	ŋ2	ŋ2	ŋu2				
0262	吾	遇	合一	平	模	疑	ŋu2	ŋu2	ŋ2	ŋ2	ŋu2				
0263	梧(梧桐)	遇	合一	平	模	疑	ŋu2	ŋu2	ŋ2	ŋ2	ŋu2				
0264	五	遇	合一	上	模	疑	ŋu4	ŋu4	ŋ3;ŋ4	ŋ4	ŋu4	ŋu4	ha3;ŋu3;ŋu4;ʔu3	ŋu6	PT ha:C
0265	伍(隊伍)	遇	合一	上	模	疑	ŋu4	ŋu4	ŋ3;ŋ4	ŋ4	ŋu4	ŋu4			
0266	午	遇	合一	上	模	疑	ŋu4	ŋu4	ŋ4	ŋ4	ŋu4	ŋu4		ŋu6	
0267	誤	遇	合一	去	模	疑	ŋu6	ŋu6	ŋ6	ŋ6	ŋu6	ŋu6			
0268	悟	遇	合一	去	模	疑	ŋu6	ŋu6	ŋ6	ŋ6	ŋu6	ŋu6			
0269	呼	遇	合一	平	模	曉	hu1	hu1	hu1	hu1	hu1	hu1		mo(訓)	
0270	虎	遇	合一	上	模	曉	hu3	hu3	hu3	hu3	hu3	hu3	hø3;hu3		
0271	胡	遇	合一	平	模	匣	ɦu2	ɦu2	wu2	wu2	ɦu2	hu2	xø2		
0272	湖	遇	合一	平	模	匣	ɦu2	ɦu2	wu2	wu2	ɦu2	hu2			
0273	狐	遇	合一	平	模	匣	ɦu2	ɦu2	wu2	wu2					
0274	壺	遇	合一	平	模	匣	ɦu2	ɦu2	wu2	wu2	ɦu2	hu2			
0275	鬍	遇	合一	平	模	匣	ɦu2	ɦu2	wu2	wu2	ɦu2	hu2			
0276	戶	遇	合一	上	模	匣	ɦu4	ɦu6	wu4	wu4	ɦu4	hu6		hou6*	
0277	互	遇	合一	去	模	匣	ɦu6	ɦu6	wu6	wu6	ɦu6	hu6			
0278	護	遇	合一	去	模	匣	ɦu6	ɦu6	wu6	wu6	ɦu6	hu6			
0279	烏	遇	合一	平	模	影	ʔu1	ʔu1	ʔu1	ʔu1	ʔu1	ʔu1		no1(訓.烏鴉);o1(烏雲);ɔu1	
0280	污	遇	合一	平	模	影	ʔu1	ʔu1	ʔu1	ʔu1	ʔu1	ʔu1			
0281	惡(可惡)	遇	合一	去	模	影	ʔu5	ʔu5	ʔu5	ʔu5	ʔu5	ʔu5			
0282	女	遇	合三	上	魚	泥	ny4	ny4	ny4	ny4;nui4?	ny4	ny4	ni3		
0283	蘆(茅蘆)	遇	合三	平	魚	來	lu2	lu2	lu2	lu2	lu2	lu2			
0284	驢	遇	合三	平	魚	來	lu2	lu2	lu2	lu2	ly2	ly2			
0285	呂	遇	合三	上	魚	來	ly4	lv4	ly4	ly4	ly4	ly4			
0286	旅	遇	合三	上	魚	來	ly4	lv4	ly4	ly4	ly4	ly4			
0287	慮	遇	合三	去	魚	來	ly6	ly6	ly6	ly6	ly6	ly6			
0288	濾	遇	合三	去	魚	來	ly6	ly6	ly6	ly6	ly6	ly6			
0289	蛆(生蛆)	遇	合三	平	魚	清	tsʰy1	tsʰy1	tsʰy1	tʰy1	tsʰy1	tɕy1			
0290	絮	遇	合三	去	魚	心	sy5	sy5	sy2	sy5	sy5	ɬy5			
0291	徐	遇	合三	平	魚	邪	dzy2	dzy2	dzy2	sy2	dzy2	tɕy2			
0292	序	遇	合三	上	魚	邪	dzy4;zy4	dzy6?;sy6;	dzy4?	sy4	dzy4	tɕy6			
0293	緒	遇	合三	上	魚	邪	zy4;sy5	sy4	sy4?	sy4;sy5		ɬy5			
0294	豬	遇	合三	平	魚	知	tsy1	tsy1	tsy1;ty1	tsy1	tsy1	tɕy1			
0295	著(顯著)	遇	合三	去	魚	知	tsy5	tsy5	tsy5	tsy5	tsy5	tɕy5			
0296	除	遇	合三	平	魚	澄	dzy2	dzy2;dzui2?	dzy2;dy2	dzy2	dzy2	tɕy2			
0297	苧(苧麻)	遇	合三	上	魚	澄	dzy4	dzy4	dzy4	dzy4	dzy4	tɕy4			
0298	箸(筷子)	遇	合三	去	魚	澄	dzy6	dzy6	dzy6;dy6	dzy6	dzy6	tɕy6	tau6		
0299	阻	遇	合三	上	魚	莊	tʂʊ:ə3	tʂɔ3	tʂʊ:ə3	tʂɔ3	tʂʊ:ə3	tʃɔ3			
0300	初	遇	合三	平	魚	初	tʂʰʊ:ə1	tʂʰɔ1	tʂʰʊ:ə1	tʂʰɔ1	tʂʰʊ:ə1	tʃʰɔ1	ɕø1	ðo1	
0301	楚	遇	合三	上	魚	初	tʂʰʊ:ə3	tʂʰɔ3	tʂʰʊ:ə3	tʂʰɔ3	tʂʰʊ:ə3	tʃʰɔ3	θu3		
0302	礎(柱下石)	遇	合三	上	魚	初	tʂʰʊ:ə3	tʂʰɔ3	tʂʰʊ:ə3	tʂʰɔ3	tʂʰʊ:ə3	tʃʰɔ3			
0303	鋤	遇	合三	平	魚	崇	dzʊ:ə2	dzɔ2	dzʊ:ə2	dzɔ2	dzʊ:ə2	tʃɔ2			
0304	助	遇	合三	去	魚	崇	dzʊ:ə6	dzɔ6	dzʊ:ə6	dzɔ6	dzʊ:ə6	tʃɔ6	ɕu6		
0305	梳(梳頭)	遇	合三	平	魚	生	ʂʊ:ə1	ʂɔ1	ʂʊ:ə1	ʂɔ1	ʂʊ:ə1	ʃu1?			

番号	語(字)	攝	開合・等	声調	韻目	声母	粤祖語	A	B	C	D	E	『武鳴』	『猺歌』	其他
0306	疏(疏遠)	遇	合三	平	魚	生	ʂʊ:ə1	ʂɔ1	ʂʊ:ə1	ʂɔ1	ʂʊ:ə1	ʃu1?			
0307	蔬	遇	合三	平	魚	生	ʂʊ:ə1	ʂɔ1	ʂʊ:ə1	ʂɔ1	ʂʊ:ə1	ʃu1?			
0308	所	遇	合三	上	魚	生	ʂʊ:ə3	ʂɔ3	ʂʊ:ə3	ʂɔ3	ʂʊ:ə3	ʃɔ3?; lɔ3?	θø3		
0309	諸	遇	合三	平	魚	章	tʂy1	tʂy1	tʂy1	tʂy1	tʂy1	tʃy1			
0310	煮	遇	合三	上	魚	章	tʂy3	tʂy3	tʂy3	tʂy3	tʂy3	tʃy3	ɕɑɯ3	tɕɔu3	
0311	處(相處)	遇	合三	上	魚	昌	tʂʰy3	tʂʰy3	tʂʰy3	tʂʰy3	tʂʰy5	tʃʰy3			
0312	處(處所)	遇	合三	去	魚	昌	tʂʰy5	tʂʰy5	tʂʰy5	tʂʰy5	tʂʰy5	tʃʰy5	ɕɑɯ5	ɕɔu5	
0313	書	遇	合三	平	魚	書	ʂy1	ʂy1	ʂy1	ʂy1	ʂy1	ʃy1	θɑɯ1	ɕɔu1	PT sɯ:A
0314	舒	遇	合三	平	魚	書	ʂy1	ʂy1	ʂy1	ʂy1	ʂy1	ʃy1			
0315	暑	遇	合二	上	魚	書	ʂy3	ʂy3	ʂy3	ʂy3	ʂy3; ʂy5	ʃy3			
0316	鼠	遇	合三	上	魚	書	ʂy3	ʂy3	ʂy3	ʂy3	ʂy3	ʃy3		θo3	
0317	黍	遇	合三	去	魚	書	ʂy3	ʂy3	ʂy3						
0318	薯(白薯)	遇	合三	去	魚	禪	zy2	ʂy2	zy2?	ʂy2	ʂy2	ʃy2	θɑɯ2		
0319	居	遇	合三	平	魚	見	ky1	ky1	ky1	ky1	ky1	ky1	kɑɯ1		
0320	舉	遇	合三	上	魚	見	ky3	ky3	ky3	ky3	ky3	ky3			
0321	據	遇	合三	去	魚	見	ky5	ky5	ky5	ky5	ky5	ky5			
0322	鋸(鋸子)	遇	合三	去	魚	見	ky5	ky5	ky5	ky5	ky5	ky5			
0323	墟(墟市)	遇	合三	平	魚	溪	hy1	hy1	hy1	hy1	hy1	hy1	hɑɯ1		
0324	去(來去)	遇	合三	去	魚	溪	hy5	hy5	hy5	hy5	hy5; hui5?	hy5		tɕʰɔu5	
0325	渠	遇	合三	平	魚	群	gy2	gy2	gy2	gy2	gy2	ky2			
0326	佢(他)	遇	合三	平	魚	群	gy2	gy2	gy2	gy2	gy2	ky2			
0327	巨	遇	合三	上	魚	群	gy4	gy6	gy4	gy4	gy4	ky6			
0328	魚	遇	合三	平	魚	疑	ŋy2	ŋy2	ŋy2	ŋy2	ŋy2	ŋy2		ɲɔu1	
0329	語	遇	合三	上	魚	疑	ŋy4	ŋy4	ŋy4	ŋy4	ŋy4	ŋy4		ɲɔu1	
0330	虛	遇	合三	平	魚	曉	hy1	hy1	hy1	hy1	hy1	hy1	hɑɯ1		
0331	許	遇	合三	上	魚	曉	hy3	hy3	hy3	hy3	hy3	hi3?			PT hɑɰC (同源性に疑問)
0332	於(於此)	遇	合三	平	魚	影	ʔy1	ʔy1	ʔy1; jy2		ʔy1	ʔy1			
0333	餘	遇	合三	平	魚	以	jy2	jy2	jy2	jy2	jy2	jy2	jɑɯ2		
0334	與(給與)	遇	合三	上	魚	以	jy4	jy4	jy4	ʔy4	jy4	jy4			
0335	譽(榮譽)	遇	合三	去	魚	以	jy6	jy6	jy6	ʔy6	jy6	jy6			
0336	預	遇	合三	去	魚	以	jy6	jy6	jy6	ʔy6	jy6	jy6			
0337	夫	遇	合三	平	虞	非	fu1	fu1	fu1	fu1	fu1	fu1	fɑu1;fu1	pɔu1	
0338	膚	遇	合三	平	虞	非	fu1	fu1	fu1	fu1	fu1	fu1			
0339	府	遇	合三	上	虞	非	fu3	fu3	fu3	fu3	fu3	fu3			
0340	甫	遇	合三	上	虞	非	pʰu3	pʰu3	pʰu3; fu3	pʰu3	pʰu3	pʰu3			
0341	斧	遇	合三	上	虞	非	fu3; pu3	fu3	fu3; pu3	fu3; ɓu3; ɓu1?	fu3	fu3	fɑu3		
0342	付	遇	合三	去	虞	非	vu6	fu6	fu6	ɓu6; fu6	fu6	fu6; fu5	fɑu5		
0343	敷	遇	合三	平	虞	敷	pʰu1; fu1	fu1	fu1	pʰu1; fu1	pʰu1; fu1	fu1			
0344	撫	遇	合三	上	虞	敷	fu3	fu3	fu3	fu3	fu3	fu3			
0345	赴	遇	合三	去	虞	敷	fu5; vu6	fu5; fu6	fu6	fu6	fu5				
0346	符	遇	合三	平	虞	奉	vu2	fu2	fu2	ɓu2; fu2	fu2	fu2	fɑu2		
0347	扶	遇	合三	平	虞	奉	vu2	fu2	fu2	ɓu2; fu2	fu2	fu2	fɑu2		
0348	芙(芙蓉)	遇	合三	平	虞	奉	bu2; vu2	fu2	fu2	ɓu2; fu2	fu2	fu2		pɔu1	
0349	父	遇	合三	上	虞	奉	bu4; vu4	fu6; fu4?	bu4; fu4	ɓu4; fu4	fu6	fu6			PT bo:B
0350	釜	遇	合三	上	虞	奉	fu3	fu3	pʰu3; fu3	fu3	fu3	fu3			

番号	語(字)	攝	開合・等	声調	韻目	声母	粤祖語	A	B	C	D	E	『武鳴』	『猺歌』	其他
0351	腐	遇	合三	上	虞	奉	bu6; vu6 (vu4?)	fu6	fu4?	bu6; fu6	fu6	fu6	fau6		
0352	無	遇	合三	平	虞	微	mu2	mu2	mu2	mu2	mu2	mu2	fau2;fu2		
0353	武	遇	合三	上	虞	微	mu4	mu4	mu4	mu4	mu4	mu4	fau2?;ʔu3		
0354	舞	遇	合三	上	虞	微	mu4	mu4	mu4	mu4	mu4	mu4			
0355	侮	遇	合三	上	虞	微	mu4	mu4	mu4	mu4	mu4	mu4			
0356	務	遇	合三	去	虞	微	mu6	mu6	mu6	mu6	mu6	mu6			
0357	霧	遇	合三	去	虞	微	mu6	mu6	mu6	mu6	mu6	mu6; mɔk8 (訓?)			PT hmo:kD
0358	趨	遇	合三	平	虞	清	tsʰy1	tsʰy3; tsʰy1	tsʰy1	tʰy1	tsʰy1	tʃʰy1			
0359	取	遇	合三	上	虞	清	tsʰy3	tsʰy3	tsʰy3	tʰy3	tsʰy3	tʃʰy3	ɕɯ3		
0360	娶	遇	合三	上	虞	清	tsʰy3; tsʰu3	tsʰy3; tsʰu3	tsʰy3	tʰy3	tsʰy3	tʃʰu3; tʃʰy3			
0361	趣	遇	合三	去	虞	清	tsʰy5	tsʰy5	tsʰy5	tʰy5	tsʰy5	tʃʰy5			
0362	須	遇	合三	平	虞	心	sy1	sy1	sy1	sy1	sy1	ɬy1			
0363	鬚	遇	合三	平	虞	心	su1	su1	su1	sy1	su1	ɬu1; ɬy1	klɑ:n1 (訓)		
0364	需	遇	合三	平	虞	心	sy1	sy1	sy1	sy1	sy1	ɬy1			
0365	續	遇	合三	去	虞	邪	dzuk8	dzuk8	dzuk8			tʃy1			
0366	蛛	遇	合三	平	虞	知	tʂy1	tʂy1	tʂy1	tʂy1	tʂy1	tʃy1			
0367	株	遇	合三	平	虞	知	tʂy1	tʂy1	tʂy1	tʂy1	tʂy1	tʃy1			
0368	駐	遇	合三	去	虞	知	tʂy5	tʂy5	tʂy5	tʂy5	tʂy5	tʃy5			
0369	厨	遇	合三	平	虞	澄	dzy2	dzy2	dzy2	dzy2	dzy2	tʃy2	ɕɯ2;ɕoi2?		
0370	柱	遇	合三	上	虞	澄	dzy4	dzy4	dzy4	dzy4	dzy4	tʃy4	ɕɯ4		
0371	住	遇	合三	去	虞	澄	dzy6	dzy6	dzy6	dzy6	dzy6	tʃy6		tɕou6; ieu5 (訓)	
0372	數(動詞)	遇	合三	上	虞	生	ʂu3	ʂu3	ʂu3	ʂu3	ʂu3	ʃu3	θø3		
0373	數(名詞)	遇	合三	去	虞	生	ʂu5	ʂu5	ʂu5	ʂu5	ʂu5	ʃu5	θø5		
0374	朱	遇	合三	平	虞	章	tʂy1	tʂy1	tʂy1	tʂy1	tʂy1	tʃy1			
0375	珠	遇	合三	平	虞	章	tʂy1	tʂy1	tʂy1	tʂy1	tʂy1	tʃy1			
0376	主	遇	合三	上	虞	章	tʂy3	tʂy3	tʂy3	tʂy3	tʂy3	tʃy3	ɕɯ3		PT ɕɯwC
0377	注	遇	合三	去	虞	章	tʂy5	tʂy5	tʂy5	tʂy5	tʂy5	tʃy5	ɕi4		
0378	輸	遇	合三	平	虞	書	sy1	sy1	sy1	sy1	sy1	ʃy1			
0379	輸(運輸)	遇	合三	去	虞	書	sy1	sy1	sy1						
0380	殊	遇	合三	平	虞	禪	zy2	sy2	zy2	sy2	sy2	ʃy2			
0381	樹	遇	合三	去	虞	禪	zy6	sy6	zy6	sy6	sy6	ʃy6		tɕou6	
0382	乳	遇	合三	上	虞	日	ŋy4	ŋy4	ŋui4	ŋui4	ŋy4				
0383	拘	遇	合三	平	虞	見	ky1; kʰy1	kʰy1	ky1; kʰy1	ky1; kʰy1	kʰy1	kau1			
0384	句	遇	合三	去	虞	見	ky5	ky5	ky5	ky5	ky5	kau5			
0385	區(區域)	遇	合三	平	虞	溪	kʰy1	kʰy1	kʰy1	kʰy1	kʰy1	ki1			
0386	具	遇	合三	去	虞	群	gy6	ky6	gy6	gy6	gy6	ky6			
0387	懼	遇	合三	去	虞	群	gy6	ky6	gy6	gy6	gy6	ky6			
0388	虞	遇	合三	平	虞	疑	ŋy2	ŋy2	jy2	ŋy2	ŋy2	ŋy2			
0389	遇	遇	合三	去	虞	疑	ŋy6	ŋy6	ŋy6	ŋy6	ŋy6	ŋy6			
0390	雨	遇	合三	上	虞	云	jy4	jy4	jy4	ʔy4	jy4	jy4	hɯ6		
0391	宇	遇	合三	上	虞	云	jy4	jy4	jy4	ʔy4	jy4	jy4			
0392	羽	遇	合三	上	虞	云	jy4	jy4	jy4	ʔy4	jy4	jy4	hi3		
0393	芋	遇	合三	去	虞	云	fiu6	fiu6?	wu6	ʔu6	fiu6	jy6			
0394	愉	遇	合三	平	虞	以	jy2	jy2	jy2		jy2				
0395	喻	遇	合三	去	虞	以	jy6	jy6	jy6	ʔy6	jy6	jy6			
0396	胎	蟹	開一	平	咍	透	tʰɔi1	tʰɔi1	tʰɔi1	tʰɔi1	tʰai1				
0397	態	蟹	開一	去	咍	透	tʰai5	tʰai5	tʰai5	tʰai5	tʰai5				
0398	貸	蟹	開一	去	咍	透	tʰai5	tʰai5	tʰai5	tʰai5	dai6	tai6			
0399	臺	蟹	開一	平	咍	定	dɔi2	dɔi2	dɔi2	dɔi2	dai2	tai2			
0400	苔(青苔,舌苔)	蟹	開一	平	咍	定	舌苔 tʰɔi1; 青苔 dɔi2	舌苔 tʰɔi1; 青苔 dɔi2	dɔi2	舌苔 tʰɔi1; 青苔 dɔi2	dai2	tɔ:i1			

各語（字）の再建形　　279

番号	語(字)	攝	開合・等	声調	韻目	声母	粤祖語	A	B	C	D	E	『武鳴』	『猺歌』	其他
0401	抬	蟹	開一	平	咍	定	dɔi2	dɔi2	dɔi2	dɔi2	dai2	tai2	tai2		
0402	待	蟹	開一	上	咍	定	dɔi4	dɔi6	dɔi4	dɔi6	dai4	tai6	tai6		
0403	代	蟹	開一	去	咍	定	dɔi6	dɔi6	dɔi6	dɔi6	dai6	tai6	tai6	tɔ:i6*	
0404	袋	蟹	開一	去	咍	定	dɔi6	dɔi6	dɔi6	dɔi6	dai6	tai6	tɑi6		
0405	乃	蟹	開一	上	咍	泥	nai4	nai4	nai4	nai4	nai4	nai4	nai4		
0406	耐	蟹	開一	去	咍	泥	nɔi6	nɔi6	nɔi6	nɔi6	nai6	nai6	nai6		
0407	來	蟹	開一	平	咍	來	lɔi2	lɔi2(字音); lɐi2	lɔi2	lɔi2	lai2	lai2	lai2	tɑ:i1	
0408	災	蟹	開一	平	咍	精	tsɔi1	tsɔi1	tsɔi1	tsɔi1	tsai1	tʃai1			
0409	栽	蟹	開一	平	咍	精	tsɔi1	tsɔi1	tsɔi1	tsɔi1	tsai1	tʃai1			
0410	宰	蟹	開一	上	咍	精	tsɔi3	tsɔi3	tsɔi3	tsɔi3	tsai3	tʃai3			
0411	再	蟹	開一	去	咍	精	tsɔi5	tsɔi5	tsɔi5	tsɔi5	tsai5	tʃai5	ɕai5;ɕai3		
0412	猜	蟹	開一	平	咍	清	tsʰai1	tsʰai1	tsʰai1	tsʰai1	tʃʰai1				
0413	彩	蟹	開一	上	咍	清	tsʰɔi3	tsʰɔi3	tsʰɔi3	tʰɔi3	tsʰai3	tʃʰai3	θai3		
0414	採	蟹	開一	上	咍	清	tsʰɔi3	tsʰɔi3	tsʰɔi3	tʰɔi3	tsʰai3	tʃʰai3			
0415	菜	蟹	開一	去	咍	清	tsʰɔi5	tsʰɔi5	tsʰɔi5	tʰɔi5	tsʰai5	tʃʰai5	gɑi1(訓.芥菜); θɔ:i5(韭菜)		
0416	才	蟹	開一	平	咍	從	dzɔi2	dzɔi2	dzɔi2	sɔi2	dzai2	tʃai2	ɕai2		
0417	材	蟹	開一	平	咍	從	dzɔi2	dzɔi2	dzɔi2	sɔi2	dzai2	tʃai2	ɕai2		
0418	財	蟹	開一	平	咍	從	dzɔi2	dzɔi2	dzɔi2	sɔi2	dzai2	tʃai2	ɕai2		
0419	裁	蟹	開一	平	咍	從	dzɔi2	dzɔi2	dzɔi2	sɔi2	dzai2	tʃai2			
0420	纔	蟹	開一	平	咍	從	dzɔi2	dzɔi2	dzɔi2						
0421	在	蟹	開一	上	咍	從	dzɔi4	dzɔi6	dzɔi4	sui4;sɔi4	dzai4	tʃai6	ɕai6	θai1	
0422	載(滿載)	蟹	開一	去	咍	從		tsɔi5		sɔi6	tsai5	tʃai5			
0423	腮	蟹	開一	平	咍	心	sɔi1	sɔi1	sɔi1	sɔi1	sai1	ɬai1			
0424	鰓	蟹	開一	平	咍	心	sɔi1	sɔi1	sɔi1	sɔi1	sai1	ɬai1			
0425	賽	蟹	開一	去	咍	心	tsʰɔi5;sɔi5	tsʰɔi5		tʰɔi5;sɔi5	sai5	ʃai5			
0426	該	蟹	開一	平	咍	見	kɔi1	kɔi1	kɔi1	kɔi1	kɔi1	kai1	kai1		
0427	改	蟹	開一	上	咍	見	kɔi3	kɔi3	kɔi3	kɔi3	kɔi3	kai3	kai3		
0428	概	蟹	開一	去	咍	見	kʰɔi5	kʰɔi5	kʰɔi5	kʰai5;kʰɔi5	kʰɔi5	kʰai5			
0429	溉	蟹	開一	去	咍	見	kʰɔi5	kʰɔi5	kʰɔi5	kʰai5;kʰɔi5	kʰɔi5	kʰai5			
0430	開	蟹	開一	平	咍	溪	hɔi1	hɔi1	hɔi1	hɔi1	hɔi1	hai1	høi1;kai1	kʰɔ:i1;gɔ:i1	
0431	海	蟹	開一	上	咍	曉	hɔi3	hɔi3	hɔi3	hɔi3	hai3	hai3		kʰɔ:i3	
0432	孩	蟹	開一	平	咍	匣	ɦai2	ɦai2		ɦai2;fiɔi2	ɦai2	hai2			
0433	哀	蟹	開一	平	咍	影	ʔɔi1	ʔɔi1	ʔɔi1	ʔɔi1	ʔɔi1	ʔai1			
0434	愛	蟹	開一	去	咍	影	ʔɔi5	ʔɔi5	ʔɔi5	ʔɔi5	ʔɔi5	ʔai5	ʔai5	ɔ:i5*	
0435	貝	蟹	開一	去	泰	幫	pɔi5	pui5	pɔi5	ɓui5	pui5	pui5			
0436	帶	蟹	開一	去	泰	端	tai5	tai5	tai5	ɗai5	tai5	tai5	tai5	tɑ:i5	
0437	太	蟹	開一	去	泰	透	tʰai5	tʰai5	tʰai5	tʰai5	tʰai5	tʰai5	tai6		
0438	泰	蟹	開一	去	泰	透	tʰai5	tʰai5	tʰai5	tʰai5	tʰai5	tʰai5			
0439	賴	蟹	開一	去	泰	來	lai6	lai6	lai6	lai6;lai5?	lai6	lai6	lai5?;lai6?	lɑ:i6*	
0440	癩	蟹	開一	去	泰	來	lai5;lai6	lai5	lai5;lai6	lai5	lai5	lai6			
0441	蔡	蟹	開一	去	泰	清	tsʰai5	tsʰai5	tsʰai5	tʰai5	tsʰai5	tʃʰai5			
0442	蓋	蟹	開一	去	泰	見	kɔi5;kʰɔi5	kɔi5;kʰɔi5	kɔi5;kʰɔi5	kɔi5	kɔi5	kai5		kɔ:i5*	
0443	艾	蟹	開一	去	泰	疑	ŋɔi6?	ŋai6		ŋɔi6	ŋɔi6	ŋai6			
0444	害	蟹	開一	去	泰	匣	ɦɔi6	ɦɔi6	ɦɔi6	ɦɔi6	ɦɔi6	hai6	xai6		
0445	拜	蟹	開二	去	皆	幫	pai5	pai5	pai5	ɓai5	pai5	pai5	pai5	pɑ:i5	
0446	排	蟹	開二	平	皆	並	bai2	bai2	bai2	bai2	bai2	pai2	pai2		
0447	埋	蟹	開二	平	皆	明	mai2	mai2	mai2	mai2	mai2	mai2	mai2		
0448	齋	蟹	開二	平	皆	莊	tʂai1	tʂai1	tʂai1	tʂai1	tʂai1	tʃai1	ɕai1		
0449	皆	蟹	開二	平	皆	見	kai1	kai1	kai1	kai1	kai1	kai1	kai1		

番号	語(字)	攝	開合・等	声調	韻目	声母	粤祖語	A	B	C	D	E	『武鳴』	『猺歌』	其他
0450	階	蟹	開二	平	皆	見	kai1	kai1	kai1	kai1	kai1	kai1		tɕai1	
0451	介	蟹	開二	去	皆	見	kai5	kai5	kai5	kai5	kai5	kai5	kai5		
0452	界	蟹	開二	去	皆	見	kai5	kai5	kai5	kai5	kai5	kai5	kjai5		
0453	疥	蟹	開二	去	皆	見	kai5	kai5	kai5	kai5	kai5	kai5			
0454	屆	蟹	開二	去	皆	見	kai5	kai5	kai5	kai5	kai5	kai5			
0455	戒	蟹	開二	去	皆	見	kai5	kai5	kai5	kai5	kai5	kai5			
0456	諧	蟹	開二	平	皆	匣	ɦai2	ɦai2	ɦai2	ɦai2		hai2			
0457	械	蟹	開二	去	皆	匣	ɦai6	ɦai6	ɦai6	ɦai6		ɦai6			
0458	擺	蟹	開二	上	佳	幫	pai3	pai3	pai3	ɓai3	pai3	pai3	pai3	pɑːi3*	
0459	派	蟹	開二	去	佳	滂	pʰai5	pʰai5	pʰai5	pʰai5	pʰai5	pʰai5			
0460	牌	蟹	開二	平	佳	並	bai2	bai2	bai2				pai2		
0461	罷	蟹	開二	上	佳	並	ba6	ba6	ba6	ba6	ba6	pa6	pa6		
0462	稗	蟹	開二	去	佳	並	bai6; bɐi6	bɐi6	bɐi6	bai6	bai6	pai6			
0463	買	蟹	開二	上	佳	明	mai4	mai4	mai4	mai4	mai4	mai4		mɑːi6	
0464	賣	蟹	開二	去	佳	明	mai6	mai6	mai6	mai6	mai6	mai6			
0465	奶	蟹	開二	上	佳	泥	nai4	nai4	nai4	nai4	nai4	nai4			
0466	債	蟹	開二	去	佳	莊	tʂai5	tʂai5	tʂai5	tʂai5	tʂai5	tʃai5			
0467	柴	蟹	開二	平	佳	崇	dʐai2	dʐai2	dʐai2	dʐai2	ʂai2	ʃai2			
0468	篩(篩子)	蟹	開二	平	佳	生	ʂɐi1	ʂɐi1	ʂai1	ʂɐi1	ʂɐi1	ʃɐi1			
0469	曬	蟹	開二	去	佳	生	ʂai5	ʂai5	ʂai5	ʂai5	ʂai5	ʃai5		ɕɑːi5	
0470	佳	蟹	開二	平	佳	見	kai1	kai1	kai1	kai1	kai1				
0471	街	蟹	開二	平	佳	見	kai1	kai1	kai1	kai1	kai1	kai1	kai1	tɕai1	
0472	解(解開)	蟹	開二	上	佳	見	kai3	kai3	kai3	kai3	kai3	kai3	kai3;ke(?)	tɕai3	
0473	崖(山崖)	蟹	開二	平	佳	疑	ŋai2	ŋai2	ŋai2	ŋai2	ŋai2	ŋai2		ȵai1 (岩,崖)	
0474	鞋	蟹	開二	平	佳	匣	ɦai2	ɦai2	ɦai2	ɦai2	ɦai2	hai2	xai2	hɑːi1	
0475	蟹	蟹	開二	上	佳	匣	ɦai4	ɦai4	ɦai4	hai4	ɦai4	hai4			
0476	矮	蟹	開二	上	佳	影	ʔai3	ʔai3	ʔai3	ʔai3	ʔai3	ʔai3		ep1	
0477	隘	蟹	開二	去	佳	影	ʔai5	ʔai5	ʔai5	ʔai5	ʔai5	ʔai5			
0478	敗	蟹	開二	去	夬	並	bai6	bai6	bai6	bai6	bai6	pai6	pai6		PT bajC (tone sic)
0479	邁	蟹	開二	去	夬	明	mai6	mai6	mai6	mai6	mai6	mai6			
0480	寨	蟹	開二	去	夬	崇	dʐai6	dʐai6	dʐai6	dʐai6	ʂai6	tʃai6			
0481	蔽	蟹	開三	去	祭	幫	pɐi5	pɐi5	pɐi5	ɓɐi5	pɐi5	pɐi5			
0482	弊	蟹	開三	去	祭	並	bɐi6	bɐi6	bɐi6	bɐi6	bɐi6	pɐi6			
0483	幣	蟹	開三	去	祭	並	bɐi6	bɐi6	bɐi6	bɐi6	bɐi6	pɐi6			
0484	例	蟹	開三	去	祭	來	lɐi6	lɐi6	lɐi6	lɐi6	lɐi6	lai6			
0485	祭	蟹	開三	去	祭	精	tsɐi5	tsɐi5	tsɐi5	tsɐi5	tsɐi5	tʃɐi5	ɕai5		
0486	際	蟹	開三	去	祭	精	tsɐi5	tsɐi5	tsɐi5	tsɐi5	tsɐi5	tʃɐi5			
0487	制	蟹	開三	去	祭	章	tʂɐi5	tʂɐi5	tʂɐi5	tʂɐi5	tʂɐi5	tʃɐi5			
0488	製	蟹	開三	去	祭	章	tʂɐi5	tʂɐi5	tʂɐi5	tʂɐi5	tʂɐi5	tʃɐi5			
0489	世	蟹	開三	去	祭	書	ʂɐi5	ʂɐi5	ʂɐi5	ʂɐi5	ʂɐi5	ʃɐi5	θoi5	ɕɐi5	
0490	勢	蟹	開三	去	祭	書	ʂɐi5	ʂɐi5	ʂɐi5	ʂɐi5	ʂɐi5	ʃɐi5	θɑɯ5		
0491	誓	蟹	開三	去	祭	禪	ʐɐi6	ʂɐi6	ʂɐi6	ʂɐi6	ʂɐi6	ʃɐi6			
0492	逝	蟹	開三	去	祭	禪	ʐɐi6	ʂɐi6	ʂɐi6	ʂɐi6	ʂɐi6	ʃɐi6			
0493	藝	蟹	開三	去	祭	疑	ŋɐi6	ŋɐi6	ŋɐi6	ŋɐi6	ŋɐi6	ŋɐi6			
0494	閉	蟹	開四	去	齊	幫	pɐi5	pɐi5	pɐi5	ɓɐi5	pɐi5	pɐi5			
0495	批	蟹	開四	平	齊	滂	pʰɐi1	pʰɐi1	pʰɐi1	pʰɐi1	pʰɐi1	pʰɐi1	pai1		
0496	迷	蟹	開四	平	齊	明	mɐi2	mɐi2	mɐi2	mɐi2	mɐi2	mɐi2	mɑi2		
0497	米	蟹	開四	上	齊	明	mɐi4	mɐi4	mɐi4	mɐi4; mɐi3?	mɐi4	mɐi4		mɛ6 (麥?)	
0498	謎	蟹	開四	去	齊	明	mɐi2	mɐi2	mɐi2	mɐi2	mɐi2	mɐi2; mɐi6?	mai4		
0499	低	蟹	開四	平	齊	端	tɐi1	tɐi1	tɐi1	ɗɐi1	tɐi1	tɐi1			
0500	堤	蟹	開四	平	齊	端	dɐi2	dɐi2	dɐi2	dɐi2	dɐi2	tɐi2			
0501	底	蟹	開四	上	齊	端	tɐi3	tɐi3	tɐi3	ɗɐi3	tɐi3	tɐi3	tai3	di3	
0502	抵	蟹	開四	上	齊	端	tɐi3	tɐi3	tɐi3	ɗɐi3	tɐi3	tɐi3	ti3?		
0503	帝	蟹	開四	去	齊	端	tɐi5	tɐi5	tɐi5	ɗɐi5	tɐi5	tɐi5	tai5		
0504	梯	蟹	開四	平	齊	透	tʰɐi1	tʰɐi1	tʰɐi1	tʰɐi1	tʰɐi1	tʰɐi1			
0505	體	蟹	開四	上	齊	透	tʰɐi3	tʰɐi3	tʰɐi3	tʰɐi3	tʰɐi3	tʰɐi3	tai3		

番号	語(字)	攝	開合・等	声調	韻目	声母	粤祖語	A	B	C	D	E	『武鳴』	『猺歌』	其他
0506	替	蟹	開四	去	齊	透	tʰɐi5	tʰɐi5	tʰɐi5	tʰɐi5	tʰɐi5	tʰɐi5			
0507	涕(鼻涕)	蟹	開四	去	齊	透	tʰɐi5	tʰɐi5	tʰɐi5	tʰɐi5	tʰɐi5	tʰɐi5			
0508	剃	蟹	開四	去	齊	透	tʰɐi5	tʰɐi5	tʰɐi5	tʰɐi5	tʰɐi5	tʰɐi5	tai5		
0509	題	蟹	開四	平	齊	定	dɐi2	dɐi2	dɐi2	dɐi2	dɐi2	tɐi2			
0510	提	蟹	開四	平	齊	定	dɐi2	dɐi2	dɐi2	dɐi2	dɐi2	tɐi2			
0511	蹄	蟹	開四	平	齊	定	dɐi2	dɐi2	dɐi2	dɐi2	dɐi2	tɐi2	tai2		
0512	弟	蟹	開四	上	齊	定	dɐi4	dɐi6	dɐi4	dɐi4	dɐi4	tɐi4	ti5	ti6	
0513	第	蟹	開四	去	齊	定	dɐi6	dɐi6	dɐi6	dɐi6	dɐi6	tɐi6	tai6		
0514	泥	蟹	開四	平	齊	泥	nɐi2	nɐi2	nɐi2	nɐi2	nɐi2	nɐi2	nai2	ni1	
0515	犁	蟹	開四	平	齊	來	lɐi2	lɐi2	lɐi2	lɐi2	lɐi2	lɐi2		gai1	
0516	黎	蟹	開四	平	齊	來	lɐi2	lɐi2	lɐi2	lɐi2	lɐi2	lɐi2			
0517	禮	蟹	開四	上	齊	來	lɐi4	lɐi4	lɐi4	lɐi4	lɐi4	lɐi4			
0518	麗(美麗)	蟹	開四	去	齊	來	lɐi6	lɐi6	lɐi6	lɐi6	lɐi6	lɐi6		lai1	
0519	隸	蟹	開四	去	齊	來	dɐi6	tɐi6	dɐi6	dɐi6	dɐi6	lɐi6			
0520	擠	蟹	開四	上	齊	精	tsɐi1	tsɐi1	tsɐi1; tsɐi3	tsɐi1	tsɐi1	tʃɐi1			
0521	濟	蟹	開四	去	齊	精	tsɐi5	tsɐi5		tsɐi5	tsɐi5	tʃɐi5			
0522	妻	蟹	開四	平	齊	清	tsʰɐi1	tsʰɐi1	tsʰɐi1	tʰɐi1	tsʰɐi1	tʃʰɐi1	θi1		
0523	齊	蟹	開四	平	齊	從	dzɐi2	dzɐi2	dzɐi2	sɐi2	dzɐi2	tʃɐi2	ɕai2	ðɔːi1	
0524	臍	蟹	開四	平	齊	從	dzɐi2; dzɿ2	dzɿ2		si2; sɐi2	dzɐi2	tʃɐi2			
0525	劑(一劑藥)	蟹	開四	去	齊	從	tsɐi1	tsɐi1	tsɐi1	tsɐi1	tsɐi1	tʃɐi1			
0526	西	蟹	開四	平	齊	心	sɐi1	sɐi1	sɐi1	sɐi1	sɐi1	ɬɐi1	θai1;θi1		
0527	洗	蟹	開四	上	齊	心	sɐi3	sɐi3	sɐi3	sɐi3	sɐi3	ɬɐi3			
0528	細	蟹	開四	去	齊	心	sɐi5	sɐi5	sɐi5	sɐi5	sɐi5	ɬɐi5	θai5	θai5	
0529	壻(女壻)	蟹	開四	去	齊	心	sɐi5	sɐi5	sɐi5	sɐi5	sɐi5	ɬɐi5			
0530	雞	蟹	開四	平	齊	見	kɐi1	kɐi1	kɐi1	kɐi1	kɐi1	kɐi1	kai5		
0531	計	蟹	開四	去	齊	見	kɐi5	kɐi5	kɐi5	kɐi5	kɐi5	kɐi5	ki5;koi5		
0532	繼	蟹	開四	去	齊	見	kɐi5	kɐi5	kɐi5	kɐi5	kɐi5	kɐi5	ki5		
0533	繫(繫鞋帶)	蟹	開四	去	齊	見		ɦɐi6							
0534	溪	蟹	開四	平	齊	溪	kʰɐi1	kʰɐi1	kʰɐi1	kʰɐi1	kʰɐi1	kʰɐi1			
0535	啟	蟹	開四	上	齊	溪	kʰɐi3	kʰɐi3	kʰɐi3	kʰɐi3	kʰɐi3	kʰɐi3?			
0536	契(契約)	蟹	開四	去	齊	溪	kʰɐi5	kʰɐi5	kʰɐi5	kʰɐi5	kʰɐi5	kʰɐi5	hoi5		
0537	系	蟹	開四	去	齊	匣	ɦɐi6	ɦɐi6	ɦɐi6	ɦɐi6	ɦɐi6	hɐi6			
0538	繫(連繫)	蟹	開四	去	齊	匣	ɦɐi6	ɦɐi6	ɦɐi6						
0539	係	蟹	開四	去	齊	匣	ɦɐi6	ɦɐi6	ɦɐi6						
0540	杯	蟹	合一	平	灰	幫	pʊːəi1	pʊːəi1	pui1	ɓui1	pui1	pʊːəi1			
0541	輩	蟹	合一	去	灰	幫	pʊːəi5	pʊːəi5	pui5	ɓui5	pui5	pʊːəi5			
0542	背	蟹	合一	去	灰	幫	pʊːəi5	pʊːəi5	pui5	ɓui5		pʊːəii5	pøi5		
0543	胚(胚胎)	蟹	合一	平	灰	滂	pʰʊːəi1	pʰʊːəi1		pʰui1	pʰui1	pʰʊːəi1			
0544	配	蟹	合一	去	灰	滂	pʰʊːəi5	pʰʊːəi5	pʰui5	pʰui5	pʰui5	pʰʊːəi5	poi5		
0545	陪	蟹	合一	平	灰	並	bʊːəi2	bʊːəi2	bui2	bui2	bui2	pʊːəi2			
0546	賠	蟹	合一	平	灰	並	bʊːəi2	bʊːəi2	bui2	bui2	bui2	pʊːəi2	pøi2		
0547	倍	蟹	合一	上	灰	並	bʊːəi4	bʊːəi4	bui4	bui4	bui4	pʊːəi4			
0548	背(背誦)	蟹	合一	去	灰	並	bʊːəi6	bʊːəi6	bui6	bui6	bui6	pʊːəi6			
0549	梅	蟹	合一	平	灰	明	mʊːəi2	mʊːəi2	mui2	mui2	mui2	mʊːəi2		mui1	
0550	枚	蟹	合一	平	灰	明	mʊːəi2	mʊːəi2	mui2	mui2	mui2	mʊːəi2			
0551	媒	蟹	合一	平	灰	明	mʊːəi2	mʊːəi2	mui2	mui2	mui2	mʊːəi2			
0552	煤	蟹	合一	平	灰	明	mʊːəi2	mʊːəi2	mui2	mui2	mui2	mʊːəi2			
0553	每	蟹	合一	上	灰	明	mʊːəi4	mʊːəi4	mui4	mui4	mui4	mʊːəi4	møi4		
0554	妹	蟹	合一	去	灰	明	mʊːəi6	mʊːəi6	mui6	mui6	mui6	mʊːəi6	mai5;mai6; moi5;møi6		
0555	堆	蟹	合一	平	灰	端	tʊːəi1	tʊːəi1	tui1	ɗui1	tui1	tʊːəi1			
0556	對	蟹	合一	去	灰	端	tʊːəi5	tʊːəi5	tui5	ɗui5	tui5	tʊːəi5	tøi5	tɔːi5	
0557	推	蟹	合一	平	灰	透	tʰʊːəi1	tʰʊːəi1	tʰui1	tʰui1	tʰui1	tʰʊːəi1		θui1	
0558	腿	蟹	合一	上	灰	透	tʰʊːəi3	tʰʊːəi3	tʰui3	tʰui3	tʰui3	tʰʊːəi3			
0559	退	蟹	合一	去	灰	透	tʰʊːəi5	tʰʊːəi5	tʰui5	tʰui	tʰui5	tʰʊːəi5	toi5;tøi5	tʰɔːi5	
0560	隊	蟹	合一	去	灰	定	dʊːəi6	tʊːəi6	tui6	dui	dui6	tʊːəi6	tøi6		

番号	語(字)	攝	開合・等	声調	韻目	声母	粤祖語	A	B	C	D	E	『武鳴』	『猺歌』	其他
0561	內	蟹	合一	去	灰	泥	nʊːəi6	nɔi6	nɔi6	nɔi6; nui6	nui6; nɔi6	nʊːəi6		li1	
0562	雷	蟹	合一	平	灰	來	lʊːəi2	lʊːəi2	lui2	lui2	lui2	lʊːəi2		lui1	
0563	纍(極睏)	蟹	合一	去	灰	來	lui6	lui6	lui6	lui6; nui6	lui6	lui6?			
0564	催	蟹	合一	平	灰	清	tsʰʊːəi1	tsʰʊːəi1	tsʰui1	tʰui1	tsʰui1	tʃʰʊːəi1	ɕoi1		
0565	罪	蟹	合一	上	灰	從	dzʊːəi4	dzʊːəi4	dzui6	dzui4	dzui6	tsʊːəi6	ɕøi6		
0566	碎	蟹	合一	去	灰	心	sʊːəi5	sʊːəi5	sui5	sui5	sui5	ɬʊːəi5			
0567	恢	蟹	合一	平	灰	溪	hʊːəi1	hʊːəi1	hui1	hui1	hui1	hʊːəi1			
0568	塊	蟹	合一	去	灰	溪	kʰʷai5	kʰʷai5	kʰʷai5						
0569	灰	蟹	合一	平	灰	曉	hʊːəi1	hʊːəi1	hui1	hui1	hui1	hʊːəi1	høi1		
0570	賄	蟹	合一	上	灰	曉	hʊːəi3	kʰʊːəi3	hui3	hui3	hui3	hʊːəi3			
0571	悔	蟹	合一	上	灰	曉	hʊːəi3	hʊːəi3; hʊːəi3?	hui3	hui3	hui3	hʊːəi3			
0572	回	蟹	合一	平	灰	匣	ɦʊːəi2	ɦʊːəi2	wui2	ʔui2	wui2	hʊːəi2	xøi2	hui1	
0573	匯	蟹	合一	上	灰	匣	ɦʊːəi6	ɦʊːəi6	wui6						
0574	煨	蟹	合一	平	灰	影	ʔʊːəi1	wʊːəi1		ʔui1	wui1	ʔʊːəi5?			
0575	最	蟹	合一	去	泰	精	tsui5	tsui5	tsui5	tsui5	tsui5	tʃʊːəi5			
0576	外	蟹	合一	去	泰	疑	ŋʊːəi6; ŋɔi6	ŋɔi6	ŋɔi6	mui6; ŋui6	ŋui6; wai6?	wai6	ŋʷai6	ŋʷai6	
0577	會(會議)	蟹	合一	去	泰	匣	ɦʊːəi6	ɦʊːəi6	wui6		wɐi6?	wʊːəi6			
0578	會(不會)	蟹	合一	去	泰	匣	ɦʊːəi4	ɦʊːəi4					xøi6	hui6	
0579	乖	蟹	合二	平	皆	見	kʷai1	kʷai1	kʷai1	kʷai1	kʷai1	kʷai1			
0580	怪	蟹	合二	去	皆	見	kʷai5	kʷai5	kʷai5	kʷai5	kʷai5	kʷai5			
0581	塊	蟹	合二	去	皆	溪	kʰʷai5	kʰʷai5	kʰʷai5	kʰʷai5	wai5	wai5			
0582	懷	蟹	合二	平	皆	匣	ɦʷai2	wai2	wai2	wai2	wai2	wai2	xwai2		
0583	壞	蟹	合二	去	皆	匣	ɦʷai6	wai6	wai6	wai6	wai6	wai6	xwai6		
0584	掛	蟹	合二	去	佳	見	kʷa5	kʷa5	kʷa5	kʷa5	kʷa5	kʷa5			
0585	歪	蟹	合二	平	佳	曉	ʔʷai1	wai1	wai1	mai3; wai1	wai1	wai1			
0586	畫	蟹	合二	去	佳	匣	ɦʷa6; ɦʷak8	ɦʷa6(名詞); wak8(動詞)	wa6	wak8; wa6	wa6	wak8b(名詞); wɛk8b(動詞)	xwa6		
0587	蛙	蟹	合二	平	佳	影	ʔʷa1	wa1	wa1						
0588	快	蟹	合二	去	夬	溪	kʰʷai5	hʷai5	kʰʷai5	hʷai5	kʰʷai5	wai5			
0589	筷	蟹	合二	去	夬	溪	kʰʷai5	kʰʷai5	kʰʷai5		kʰʷai5?	kʰʷai5			
0590	話	蟹	合二	去	夬	匣	ɦʷa6	wa6	wa6	wa6	wa6	wa6	xwa6	vɑ6	
0591	脆	蟹	合三	去	祭	清	tsʰui5	tsʰui5	tsʰui5	tʰui5	tsʰui5	tʃʰui5			
0592	歲	蟹	合三	去	祭	心	sui5	sui5	sui5	sui5	sui5	ɬui5		θui5	
0593	稅	蟹	合三	去	祭	書	ʂui5	ʂui5	ʂui5	ʂui5	ʂui5	ʃui5			
0594	衛	蟹	合三	去	祭	云	wɐi6	wɐi6	wɐi6	wɐi6	wɐi6	wɐi6			
0595	銳	蟹	合三	去	祭	以	jui6	jui6	jui6	jui6	jui6	ŋui6?			
0596	廢	蟹	合三	去	廢	非	fɐi5	fɐi5	fi5	fi5	fɐi5; fi5	fi5?	foi5		
0597	肺	蟹	合三	去	廢	敷	fɐi5	fɐi5	fi5	fi5	fɐi5; fi5	fi5?			
0598	閨	蟹	合四	平	齊	見	kʷɐi1	kʷɐi1		kʷɐi1	kʷɐi1	kʷɐi1			
0599	桂	蟹	合四	去	齊	見	kʷɐi5	kʷɐi5		kʷɐi5	kʷɐi5	kʷɐi5	kʷi5		
0600	惠	蟹	合四	去	齊	匣	ɦʷɐi6	wɐi6		wɐi6; jui6	wɐi6?	wɐi6?			
0601	慧	蟹	合四	去	齊	匣	ɦʷɐi6	wɐi6		wɐi6; jui6	wɐi6?	wɐi6?			
0602	碑	止	開三	平	支	幫	pi1	pi1	pi1	ɓi1	pi1	pi1			
0603	卑	止	開三	平	支	幫	pi1	pi1	pi1	ɓi1	pi1	pi1			
0604	披	止	開三	平	支	滂	pʰi1	pʰi1	pʰi1	pʰi1	pʰi1	pʰi1			
0605	皮	止	開三	平	支	並	bi2	bi2	bi2	bi2	bi2	pi2		pɐi1	
0606	疲	止	開三	平	支	並	bi2	bi2	bi2	bi2	bi2	pi2			
0607	被(被子)	止	開三	上	支	並	bi4	bi4	bi4	bi4		pi4			
0608	避	止	開三	去	支	並	bi6	bi6	bi6	bi6	bi6	pi6			
0609	彌	止	開三	平	支	明	mi2	mi2	mi2	ni2; mi2	mi2				
0610	離(離別)	止	開三	平	支	來	li2	li2	li2	li2	li2		loi2; li2	gɛi2	
0611	璃(玻璃)	止	開三	平	支	來	li1; li2	li1	li1	li1	li1	li2			

番号	語(字)	攝	開合・等	声調	韻目	声母	粵祖語	A	B	C	D	E	『武鳴』	『猺歌』	其他
0612	荔(荔枝)	止	開三	去	支	來	lɐi6	lɐi6	lɐi6	lɐi2	lɐi6	lɐi6			
0613	紫	止	開三	上	支	精	tsʅ3	tsʅ3	tsʅ3	ti3	tɕi3	tʃi3			
0614	此	止	開三	上	支	清	tsʰʅ3	tsʰʅ3	tsʰʅ3	tʰi3	tsʰi3	tʃʰi3	ɕe3?		
0615	刺	止	開三	去	支	清	tsʰʅ3	tsʰʅ5	tsʰʅ5	tʰi5	tsʰi5	tʃʰi5			
0616	斯	止	開三	平	支	心	sʅ1	sʅ1	sʅ1	si1	si1	ɬi1			
0617	撕	止	開三	平	支	心	sʅ1	sʅ1; tsʰʅ1?	sʅ1	si1	si1	ɬi1			
0618	知	止	開三	平	支	知	tsi1	tsi1	tsi1;ti1	tsi1	tɕi1	tʃi1	ɕoi1	pɐi1 (訓)	
0619	蜘	止	開三	平	支	知	tsi1	tsi1	tsi1	tsi1	tɕi1	tʃi1			
0620	智	止	開三	去	支	知	tsi5	tsi5	tsi5	tsi5	tɕi5	tʃi5			
0621	池	止	開三	平	支	澄	dzi2	dzi2	dzi2	dzi2	dʑi2	tʃi2			
0622	篩(篩子)	止	開三	平	支	生	sɐi1	sɐi1	sɐi1						
0623	支	止	開三	平	支	章	tsi1	tsi1	tsi1	tsi1	tɕi1	tʃi1	ɕoi1?		
0624	枝	止	開三	平	支	章	tsi1	tsi1	tsi1	tsi1	tɕi1	tʃi1		tɕɛi1	
0625	肢	止	開三	平	支	章	tsi1	tsi1	tsi1	tsi1	tɕi1	tʃi1			
0626	紙	止	開三	上	支	章	tsi3	tsi3	tsi3	tsi3	tɕi3	tʃi3	ɕoi3	tɕɛi3	
0627	只(只有)	止	開三	上	支	章	tsi3	tsi3	tsi3	tsi3	tɕi3	tʃi3	ɕi3		
0628	施	止	開三	平	支	書	si1	si1	si1	si1	ɕi1	ʃi1			
0629	翅	止	開三	去	支	書	tsʰi5	tsʰi5	tsʰi5	tsʰi5	tsʰi5	tʃʰi5			
0630	匙(湯匙,鑰匙)	止	開三	平	支	禪	zi2	dzi2;si2		si2	ɕi2	ʃi2	θoi2	tɕɛi1	
0631	是	止	開三	上	支	禪	zi4	si4	zi4	si4	ɕi4	ʃi6	ɕi6? θoi6; (正是)	tɕɛi6 (係)	
0632	豉	止	開三	去	支	禪	zi6	si6	zi6	si6	ɕi6	ʃi6			
0633	兒	止	開三	平	支	日	ŋi2; ŋi1	ŋi2	ŋi2	ŋi1; ŋi2	ŋi2; ŋi1	ŋi2		ɲɛi1	
0634	寄	止	開三	去	支	見	ki5	ki5	ki5	ki5	ki5	ki5	koi5		
0635	奇	止	開三	平	支	群	gi2	gi2	gi2	gi2	ki2	ki2	koi2		
0636	騎	止	開三	平	支	群	gi2; gɪːə2	giɛ2; gɪːə2	gi2; gɪːə2	gi2	ki2; kɪːə2?	ki2	kɯi6?		
0637	徛(立)	止	開三	上	支	群	gi4	gi4	gi4	gi4	gi4	ki4			
0638	技	止	開三	上	支	群	gi6	gi6	gi6	gi6	gi6	ki6			
0639	宜	止	開三	平	支	疑	ni2;ŋi2	ŋi2	ŋi2	ŋi2?;ŋi2	ŋi2;ŋi2		ŋoi2		
0640	儀	止	開三	平	支	疑	ŋi2	ŋi2	ŋi2	ŋi2		ŋi2			
0641	蟻	止	開三	上	支	疑	ŋɐi4; ŋi4	ŋɐi4	ŋɐi4	ŋɐi4;ŋi4	ŋi4				
0642	義	止	開三	去	支	疑	ŋi6	ŋi6	ŋi6	ŋi6	ŋi6	ŋi6	ŋoi6		
0643	議	止	開三	去	支	疑	ŋi4	ŋi4	ŋi4	ŋi4	ŋi4; ŋi6	ŋi4			
0644	戲	止	開三	去	支	曉	hi1	hi5	hi1	hi5	hi5	hi5	hi5		
0645	椅	止	開三	上	支	影	ʔi3	ʔi3	ʔi3	ʔi3	ʔi3	ʔi3			
0646	移	止	開三	平	支	以	ji2	ji2	ji2	ʔi2	ji2	ji2			
0647	易(難易)	止	開三	去	支	以	ji6	ji6	ji6	ʔi6	ji6	ji6	hoi6		
0648	悲	止	開三	平	脂	幫	pi1	pi1	pi1	ɓi1	pi1	pi1			
0649	比(比較)	止	開三	上	脂	幫	pi3	pi3	pi3	ɓi3	pi3	pi3	poi3		
0650	祕	止	開三	去	脂	幫	pi5	pi5	pi5	ɓi5	pi5	pi5			
0651	轡	止	開三	去	脂	幫	pi5	pi5	pi5						
0652	屁	止	開三	去	脂	滂	pʰi5	pʰi5	pʰi5	pʰi5	pʰi5	pʰi5			
0653	琵(琵琶)	止	開三	平	脂	並	bi2	bi2	bi2	bi2	bi2	pi2	pi2		
0654	枇	止	開三	平	脂	並	bi2	bi2	bi2	bi2	bi2	pi2			
0655	備	止	開三	去	脂	並	bi6	bi6	bi6	bi6	bi6	pi6			
0656	鼻	止	開三	去	脂	並	bi6; bɐt8	bi6; bɐt8?	bi6		bi6	pɐt8			
0657	篦	止	開三	去	脂	並	bi6	bi6	bi6	bi6	pi6?; pɐi6?	pɑi6?			
0658	眉	止	開三	平	脂	明	mi2	mi2	mi2	mi2	mi2	mi2			
0659	霉	止	開三	平	脂	明	mi2; mui2	mi2		mui2	mi2	mui2			
0660	美	止	開三	上	脂	明	mi4	mi4	mui2; mi2	mi4	mɐi4?		vɛi1		
0661	地	止	開三	去	脂	定	di6	di6	di6	di6	di6	ti6	toi6;ti5	tɛi6	PT di:B

番号	語(字)	攝	開合・等	声調	韻目	声母	粤祖語	A	B	C	D	E	『武鳴』	『猺歌』	其他
0662	尼	止	開三	平	脂	泥	nɐi2	nɐi2	nɐi2	nɐi2;ni2	nɐi2	nɐi2			
0663	膩	止	開三	去	脂	泥	ni6	nɐi6	nɐi6	nɐi6	nɐi6	nɐi6			
0664	梨	止	開三	平	脂	來	li2	li2	li2	li2	li2	li2	loi2	gɛi2	
0665	利	止	開三	去	脂	來	li6	li6	li6	li6	li6	li6	loi6;li6		
0666	痢	止	開三	去	脂	來	li6	li6	li6	li6	li6	li6			
0667	資	止	開三	平	脂	精	tsɿ1	tsɿ1	tsɿ1	tsi1	tsi1	tʃi1			
0668	姿	止	開三	平	脂	精	tsɿ1	tsɿ1	tsɿ1	tsi1	tsi1	tʃi1			
0669	姊	止	開三	上	脂	精	tsɿ3	tsɿ3	tsɿ3	tsi3	tsi3	tʃi3			
0670	次	止	開三	去	脂	清	tsʰɿ5	tsʰɿ5	tsʰɿ5	tsʰi5	tsʰi5	tʃʰi5			
0671	瓷(瓷器)	止	開三	平	脂	從	dzɿ2	dzɿ2	dzɿ2	si2	dzi2	tʃi2			
0672	餈(餈巴)	止	開三	平	脂	從	dzɿ2	dzɿ2	dzɿ2				ɕoi2		
0673	自	止	開三	去	脂	從	dzɿ6	dzɿ6	dzɿ6	si6	dzi6	tʃi6	θɯ6	θɛi6*	
0674	私	止	開三	平	脂	心	sɿ1	sɿ1	sɿ1	si1	si1	ɬi1			
0675	死	止	開三	上	脂	心	sɿ3	sɿ3	sɿ3	si3	si3	ɬi3	θɯ3	θɛi3*	
0676	四	止	開三	去	脂	心	sɿ5	sɿ5	sɿ5	si5	si5	ɬi5	θoi5	θɛi5;ðɛi1(四季)ði1(四散)	PT si:B
0677	致	止	開三	去	脂	知	tʂi5	tʂi5	tʂi5	tʂi5	tʂi5	tʃi5			
0678	遲	止	開三	平	脂	澄	dʐi2	dʐi2	dʐi2	dʐi2	dʐi2	tʃi2			
0679	師	止	開三	平	脂	生	ʂʅ1	sɿ1	ʂʅ1	ʂʅ1	ʂʅ1?	ʃi1	θai1		
0680	獅	止	開三	平	脂	生	ʂʅ1	sɿ1	ʂʅ1	ʂʅ1	ʂʅ1?	ʃi1			
0681	脂	止	開三	平	脂	章	tʂi1	tʂi1	tʂi1	tʂi1	tʂi1	tʃi1			
0682	指	止	開三	上	脂	章	tʂi3	tʂi3	tʂi3	tʂi3	tʂi3	tʃi3			
0683	至	止	開三	去	脂	章	tʂi5	tʂi5	tʂi5	tʂi5	tʂi5	tʃi5	ɕi5;ɕoi5		
0684	示	止	開三	去	脂	船	zʲi6	ɕi6	zʲi6	ɕi6	ɕi6	ʃi6			
0685	尸	止	開三	平	脂	書	ʂi1	ʂi1	ʂi1						
0686	屍	止	開三	平	脂	書	ʂi1	ʂi1	ʂi1	ʂi1	ʂi1	ʃi1			
0687	屎	止	開三	上	脂	書	ʂi3	ʂi3	ʂi3	ʂi3	ʂi3	ʃi3			
0688	視	止	開三	上	脂	禪	zʲi6	ɕi6	zʲi6	ɕi6	ɕi6	ʃi6			
0689	二	止	開三	去	脂	日	ȵi6	ȵi6	ȵi6	ȵi6	ȵi6	ȵi6	ŋoi6	ȵɛi6	
0690	飢(飢餓)	止	開三	平	脂	見	ki1	ki1	ki1	ki1	ki1	ki1			
0691	肌	止	開三	平	脂	見	ki1	ki1	ki1	ki1	ki1	ki1			
0692	几(茶几)	止	開三	上	脂	見	ki1	ki1	ki1	ki1	ki1	ki1			
0693	器	止	開三	去	脂	溪	hi5	hi5	hi5	hi5	hi5	hi5			
0694	棄	止	開三	去	脂	溪	hi5	hi5	hi5	hi5	hi5	hi5			
0695	鰭	止	開三	平	脂	群	gi2	gi2	gi2	gi2	gi2	ki2	koi2		
0696	伊	止	開三	平	脂	影	ʔi1	ʔi1	ʔi1	ʔi1		ʔi1			
0697	夷	止	開三	平	脂	以	ji2	ji2	ji2	ʔi2	ji2	ji2			
0698	姨	止	開三	平	脂	以	ji2	ji2	ji2		ji2	ji2	hoi2		
0699	你	止	開三	上	之	泥	ni4	ni4	ni4	ni4	ni4	ni4		nɛi1	
0700	狸(野貓)	止	開三	平	之	來	li2	li2	li2	li2	li2	li2			
0701	李	止	開三	上	之	來	li4	li4	li4	li4	li4	li4	loi4;li3	gɛi1	
0702	里	止	開三	上	之	來	li4	li4	li4	li4	li4	li4		gɛi6	
0703	理	止	開三	上	之	來	li4	li4	li4	li4	li4	li4	loi4;li3		
0704	鯉	止	開三	上	之	來	li4	li4	li4	li4	li4	li4	loi4	gɛi1	
0705	子	止	開三	上	之	精	tsɿ3	tsɿ3	tsɿ3	tsi3	tsi3	tʃi3	ɕai3(仔?);θɯ3(法子)fa2θɯ3)	θɛi1;θɑ:n3(甲子);θin1(燕子)	
0706	慈	止	開三	平	之	從	dzɿ2	dzɿ2	dzɿ2	si2	dzi2	tʃi2			
0707	磁(磁石)	止	開三	平	之	從	dzɿ2	dzɿ2	dzɿ2	si2	dzi2	tʃi2			
0708	字	止	開三	去	之	從	dzɿ6	dzɿ6	dzɿ6	si6	dzi6	tʃi6	ɕi6;ɕoi6(十字)	θɛi6;ɖan1(訓)	
0709	司	止	開三	平	之	心	sɿ1	sɿ1	sɿ1	si1	si1	ɬi1			
0710	絲	止	開三	平	之	心	sɿ1	sɿ1	sɿ1	si1	si1	ɬi1	θoi1	θɛi1	
0711	思	止	開三	平	之	心	sɿ1	sɿ1	sɿ1	si1	si1	ɬi1		θɛi1	
0712	辭	止	開三	平	之	邪	dzɿ2	dzɿ2	dzɿ2	si2	dzi2	tʃi2	θɯ2		
0713	詞	止	開三	平	之	邪	dzɿ2	dzɿ2	dzɿ2	si2	dzi2	tʃi2			

番号	語(字)	攝	開合・等	声調	韻目	声母	粤祖語	A	B	C	D	E	『武鳴』	『猺歌』	其他
0714	似	止	開三	上	之	邪	dʑi4		dʑi4	si4	dzi4	tʃi5?			
0715	寺	止	開三	去	之	邪	dʑi6	dʑi6	dʑi6	si6	dzi6	tʃi6	ɕi5;ɕoi6		
0716	置	止	開三	去	之	知	tsi5	tsi5	tsi5	tsi5	tsi5	tʃi5		tɕɛi5*	
0717	恥	止	開三	上	之	徹	tsʰi3	tsʰi3	tsʰi3	tsʰi3	tsʰi3	tʃʰi3			
0718	持	止	開三	平	之	澄	dzi2	dzi2	dzi2	dzi2	dzi2	tʃi2			
0719	治	止	開三	去	之	澄	dzi6	dzi6	dzi6	dzi6	dzi6	tʃi6	ɕoi6		
0720	廁(廁所)	止	開三	去	之	初	tsʰɿ5;tsʰɐk7	tsʰɿ5	tsʰɿ5;tsʰac7	tsʰi5;tsʰɐk7	tsʰɿ5	tʃʰɐk7;tʃʰi5			
0721	士	止	開三	上	之	崇	ʐɿ4	sɿ6	ʐɿ4	ʂɿ4?	ʂɿ4?	ʃɐi6			
0722	仕	止	開三	上	之	崇	ʐɿ4	sɿ6	ʐɿ4	ʂɿ4?	ʂɿ4?	ʃɐi6			
0723	柿	止	開三	上	之	崇	ʐɿ4	dʑɿ?;si4	ʐɿ4;zɐi4	sɐi6;si4	ʂɿ4?	ʃɐi4?			
0724	事	止	開三	去	之	崇	ʐɿ6	sɿ6	ʐɿ6	ʂɿ6?	ʂɿ6?	ʃɐi6	θai6;θɯ5		
0725	使	止	開三	上	之	生	ʂɿ3	sɐi3;sɿ3	ʂɿ3;ʂɐi3	ʂɐʂ	ʂɐi3	ʃɐi3	θaɯ3		
0726	史	止	開三	上	之	生	ʂɿ3	sɐi3;sɿ3	ʂɿ3;ʂɐi3	ʂɿ3	ʂɿ3?	ʃɐi3	θi3		
0727	駛	止	開三	上	之	生	ʂɿ3	sɐi3;sɿ3	ʂɿ3;ʂɐi3	ʂɐi3	ʂɿ3?	ʃɐi3			
0728	之	止	開三	平	之	章	tsi1	tsi1	tsi1	tsi1	tsi1	tʃi1			
0729	芝	止	開三	平	之	章	tsi1	tsi1	tsi1	tsi1	tsi1	tʃi1			
0730	止	止	開三	上	之	章	tsi3	tsi3	tsi3	tsi3	tsi3	tʃi3	ɕi3		
0731	趾	止	開三	上	之	章	tsi3	tsi3	tsi3	tsi3	tsi3	tʃi3			
0732	址	止	開三	上	之	章	tsi3	tsi3	tsi3	tsi3	tsi3	tʃi3			
0733	志	止	開三	去	之	章	tsi5	tsi5	tsi5	tsi5	tsi5	tʃi5	ɕoi5		
0734	誌	止	開三	去	之	章	tsi5	tsi5	tsi5	tsi5	tsi5	tʃi5			
0735	齒	止	開三	上	之	昌	tsʰi3	tsʰi3	tsʰi3	tsʰi3	tsʰi3	tʃʰi3			
0736	詩	止	開三	平	之	書	si1	si1	si1	si1	si1	ʃi1			
0737	始	止	開三	上	之	書	tsʰi3;si3	tsʰi3	tsʰi3	tsʰi3	si3;tsʰi3	ʃi3;tʃʰi3?	ɕi3		
0738	試	止	開三	去	之	書	si5	si5	si5	si5	si5	ʃi5	θaɯ5?	ɕɛi5*	
0739	時	止	開三	平	之	禪	zi2	si2	zi2	si2	si2	ʃi2	θoi2	tɕɛi1	
0740	市	止	開三	上	之	禪	zi4	si4	zi4	si4	si4	ʃi4			
0741	而	止	開三	平	之	日	ŋi2	ŋi2	ŋi2	ŋi2			rɯ2		
0742	耳	止	開三	上	之	日	ŋi4	ŋi4	ŋi4	ŋi4	ŋi4	ŋi4	rɯ2?		
0743	餌	止	開三	去	之	日	ŋi4	ni6	ŋi4	ŋi4		ŋi4			
0744	基	止	開三	平	之	見	ki1	ki1	ki1	ki1	ki1	ki1	ki1;koi1		
0745	己	止	開三	上	之	見	ki3	ki3	ki3	ki3	ki3	ki3	ki3;koi3(妲己 tan5ki3;tan5koi3)		
0746	紀(紀律,世紀)	止	開三	上	之	見	ki3	ki3	ki3	ki3	ki3	ki3			
0747	記	止	開三	去	之	見	ki5	ki5	ki5	ki5	ki5	ki5	ki5;koi5	tɕɛi5	
0748	欺	止	開三	平	之	溪	kʰi1	hi1	kʰi1	hi1	hi1	hi1			
0749	起	止	開三	上	之	溪	hi3	hi3	hi3	hi3	hi3	hi3	ki3		
0750	其	止	開三	平	之	群	gi2	gi2	gi2	gi2	gi2	ki2	ki2		
0751	棋	止	開三	平	之	群	gi2	gi2	gi2	gi2	gi2	ki2	koi2		
0752	期(時期)	止	開三	平	之	群	gi2	gi2	gi2	gi2	gi2	ki2			
0753	旗	止	開三	平	之	群	gi2	gi2	gi2	gi2	gi2	ki2			
0754	疑	止	開三	平	之	疑	ŋi2	ŋi2	ŋi2	ni2;ŋi2?	ŋi2	ŋoi2			
0755	擬	止	開三	上	之	疑	ŋi4	ŋi4	ŋi4	ŋi4	ni4				
0756	嬉	止	開三	平	之	曉	hi1	hi1	hi1	hi1	hi1	hi1			
0757	喜	止	開三	上	之	曉	hi3	hi3	hi3	hi3	hi3	hi3	hoi3		
0758	醫	止	開三	平	之	影	ʔi1	ʔi1	ʔi1	ʔi1	ʔi1	ʔi1			
0759	意	止	開三	去	之	影	ʔi5	ʔi5	ʔi5	ʔi5	ʔi5	ʔi5	ʔoi5;ʔi5	ɛi5	
0760	已	止	開三	上	之	以	ji4	ji4	ji4	ʔi4	li4	ji4	hi3;hoi4	tɕi3	
0761	以	止	開三	上	之	以	ji4	ji4	ji4	ʔi4	li4	ji4	hi3(θɵ3hi3 所以);i3(kø3ji3 可以)		

番号	語(字)	攝	開合・等	声調	韻目	声母	粤祖語	A	B	C	D	E	『武鳴』	『猺歌』	其他
0762	異	止	開三	去	之	以	ji6	ji6	ji6	ʔi2	ji6	ji6	hi5		
0763	幾(幾乎)	止	開三	平	微	見	ki1	ki1	ki1	ki1	ki1	ki1			
0764	機	止	開三	平	微	見	ki1	ki1	ki1	ki1	ki1	ki1			
0765	饑(饑荒)	止	開三	平	微	見	ki1	ki1	ki1	ki1	ki1	ki1			
0766	幾(幾個)	止	開三	上	微	見	ki3	ki3	ki3	ki3	ki3	ki3	koi3	tɕɛi5	
0767	既	止	開三	去	微	見	ki5	ki5	ki5	ki5	ki5	ki5			
0768	氣	止	開三	去	微	溪	hi5	hi5	hi5	hi1	hi5	hi5	hoi5		
0769	汽	止	開三	去	微	溪	hi5	hi5	hi5	hi1	hi5	hi5			
0770	祈	止	開三	平	微	群	gi2	gi2	gi2	gi2	gi2	ki2	koi1		
0771	毅	止	開三	去	微	疑	ŋei6	ŋei6	ŋei6	ŋei6	ŋei6; ŋi6	ŋei6			
0772	希	止	開三	平	微	曉	hi1	hi1	hi1	hi1	hi1	hi1			
0773	稀	止	開三	平	微	曉	hi1	hi1	hi1	hi1	hi1	hi1			
0774	衣	止	開三	平	微	影	ʔi1	ʔi1	ʔi1	ʔi1	ʔi1	ʔi1	ʔoi1;ʔi1	ɛi1	
0775	依	止	開三	平	微	影	ʔi1	ʔi1	ʔi1	ʔi1	ʔi1	ʔi1			
0776	累(累積)	止	合三	上	支	來	lui4	lui4	lui6	lui4	lui4	lui4			
0777	累(連累)	止	合三	去	支	來	lui6	lui6	lui6	lui4?	lui6	.ui6			
0778	嘴	止	合三	上	支	精	tsui3	tsui3	tsui3	tsui3	tsui3	tʃui3			
0779	髓	止	合三	上	支	心	sui3	sui4?; sui3?	sui3	sui3	sui3	ɬui3?			
0780	隨	止	合三	平	支	邪	dzui2	dzui2	dzui2	dzui2	dzui2	tʃui2	θoi2	θuei1	
0781	揣(揣度)	止	合三	上	支	初	tʂʰʏːən3								
0782	吹	止	合三	平	支	昌	tʂʰui1	tsʰui1	tsʰui1	tsʰui1	tsʰui1	tʃʰui1	ɕwi1	ɕuei1; ɕuei5	
0783	炊	止	合三	平	支	昌	tʂʰui1	tsʰui1	tsʰui1	tsʰui1	tsʰui1	tʃʰui1			
0784	垂	止	合三	平	支	禪	ʐui2	ʂui2	ʐui2	ʂui2	ʂui2	ʃui2			
0785	睡	止	合三	去	支	禪	ʐui6	ʂui6	ʐui6	ʂui6	ʂui6	ʃui6		tɕuei6	
0786	蘂	止	合三	上	支	日	ȵui4	ȵui4	lui4	ȵui4	ȵui4	ȵui4			
0787	規	止	合三	平	支	見	kʰui1	kʰui1	kʰʷɐi1	kʰui1	kʰʷɐi1	kʰʷɐi1	kʷai1		
0788	虧	止	合三	平	支	溪	kʰui1	kʰʷɐi1	kʰʷɐi1	kʰʷɐi1	kʰʷɐi1	kʰʷɐi1			
0789	跪	止	合三	上	支	群	gui6	gʷɐi6		gʷɐi6	gʷɐi6	kʷɐi6	kʷi6		
0790	危	止	合三	平	支	疑	ŋui2	ŋɐi2	ŋui2	ŋɐi2	ŋʷɐi2	wɐi2	ŋʷai2		
0791	僞	止	合三	去	支	疑	ŋui6	ŋɐi6	ŋui6	ŋɐi6	ŋʷɐi6	wɐi6			
0792	麾	止	合三	平	支	曉	hui1	hʷɐi1			wɐi1	wɐi1			
0793	毀	止	合三	上	支	曉	hui3	hui3	hui3	hʷɐi3	wɐi3	wɐi3			
0794	委	止	合三	上	支	影	ʔui3	wɐi3	ʔui3	wɐi3	wɐi3	wɐi3			
0795	爲(作爲)	止	合三	平	支	云	wui2	wɐi2	wui2	wɐi2	wɐi2	wɐi2	wai2	vɛi1	
0796	爲(爲什麽)	止	合三	去	支	云	wui6	wɐi6	wui6	wɐi6	wɔi6	wɐi6	wi6;wai6		
0797	壘	止	合三	上	脂	來	lui4	lui4	lui4	lui1?; lui4	lui4				
0798	類	止	合三	去	脂	來	lui6	lui6	lui6	lui6	lui6	lui6	loi6		
0799	淚	止	合三	去	脂	來	lui6	lui6	lui6	lui6	lui6	lui6		gɛi1	
0800	醉	止	合三	去	脂	精	tsui5	tsui5	tsui5	tsui5	tsui5	tʃui5			
0801	翠	止	合三	去	脂	清	tsʰui5	tsʰui5	tsʰui5	tʰui5	tsʰui5	tʃʰui5			
0802	雖	止	合三	平	脂	心	sui1	sui1	sui1	sui1	sui1	ɬui1			
0803	粹(純粹)	止	合三	去	脂	心	sui5	sui5	sui5	sui5	tsʰui5	tʃʰui5			
0804	遂	止	合三	去	脂	邪	zui6	sui6	zui6	sui6	sui6	ɬui6			
0805	隧(隧道)	止	合三	去	脂	邪	zui6	sui6	zui6	sui6	sui6	ɬui6			
0806	穗	止	合三	去	脂	邪	zui6	sui6	zui6	sui6; jui6 (銳?)	jui6 (銳?); sui6	ɬui6			
0807	追	止	合三	平	脂	知	tʂui1	tsui1	tsui1	tsui1	tsui1	tʃui1	ɕwi1	tɕuei1	
0808	槌	止	合三	平	脂	澄	dzui2	dzui2	dzui2	dzui2	dzui2	tʃui2			
0809	錘	止	合三	平	脂	澄	dzui2	dzui2	dzui2	dzui2	dzui2	tʃui2			
0810	衰	止	合三	平	脂	生	ʂui1	ʂui1	ʂui1	ʂui1	ʂui1	ʃui1			
0811	帥	止	合三	去	脂	生	ʂui5	ʂui5	ʂui5	ʂui5	ʂui5	ʃui5			
0812	錐	止	合三	平	脂	章	tʂui1; ȵui1	tsui1; jui1	tsui1; ȵui1	tsui1	tsui1; jui1?	tʃui1			
0813	水	止	合三	上	脂	書	ʂui3	ʂui3	ʂui3; ʂʏː ɕi3	ʂui3	ʂui3; ʂɔi3?	ʃui3	ɕwai3	ɕui3	
0814	誰	止	合三	平	脂	禪	ʐui2	ʂui2	ʐui2	ʂui2	ʂui2	ʃui2			

各語（字）の再建形 287

番号	語(字)	攝	開合・等	声調	韻目	声母	粤祖語	A	B	C	D	E	『武鳴』	『猺歌』	其他
0815	龜	止	合三	平	脂	見	kui1	kʷɐi1	kui1	kʷɐi1	kʷəi1	kʷɐi1			
0816	軌	止	合三	上	脂	見	kui3	kʷɐi3	kui3	kʷɐi3	kʷəi3	kʷɐi3			
0817	季	止	合三	去	脂	見	kui5	kʷɐi5	kui5	kʷɐi5	kʷəi5	kʷɐi5		kʷai5	
0818	葵	止	合三	平	脂	群	gui2	gʷɐi2	gui2	gʷɐi2	gʷəi2	kʷɐi2			
0819	櫃	止	合三	去	脂	群	gui6	gʷɐi6	gui6	gʷɐi6	gʷəi6	kʷɐi6			
0820	位	止	合三	去	脂	云	wui6	wɐi6	wui6	wɐi6	wəi6	wɐi6			
0821	維	止	合三	平	脂	以	wui2	wɐi2	wui2	wɐi2	wəi2	wɐi2			
0822	惟	止	合三	平	脂	以	wui2	wɐi2	wui2	wɐi2	wəi2	wɐi2		wai2	
0823	遺	止	合三	平	脂	以	wui2	wɐi2	wui2	wɐi2	wəi2	wɐi2			
0824	唯	止	合三	上	脂	以	wui2	wɐi2	wui2						
0825	非	止	合三	平	微	非	fi1	fi1	fi1	fi1	fi1	fi1			
0826	飛	止	合三	平	微	非	fi1	fi1	fi1	fi1	fi1	fi1		foi1	buoi1
0827	匪	止	合三	上	微	非	fi3	fi3	fi3	fi3	fi3	fi3			
0828	費(費用)	止	合三	去	微	敷	fi5	fɐi5	fi5	fi5	fi5	fi5		foi5	
0829	肥	止	合三	平	微	奉	bi2;vi2	fi2	bi2;fi2	bi2;fi2	fi2	fi2		pi2	PT bwi:A
0830	翡(翡翠)	止	合三	去	微	奉	fi3	fi3	fi3	fi5;fi3	fi3				
0831	微	止	合三	平	微	微	ɲi2	mi2	mi2	mi2	ɲi2	mi2			mwai6
0832	尾	止	合三	上	微	微	mi3;mi4	mi4	mi3;mi4	mi3;mi4	mi4	mi4	wai3	muoi6	
0833	未	止	合三	去	微	微	mi6	mi6	mi6	mi6	mi6	mi6		mɐi6	
0834	味	止	合三	去	微	微	mi6	mi6	mi6	mi6	mi6	mi6	foi6	muoi5	
0835	歸	止	合三	平	微	見	kui1	kʷɐi1	kui1	kʷɐi1	kʷəi1	kʷɐi1;kʰʷɐi1?	kʷai1		
0836	鬼	止	合三	上	微	見	kui3	kʷɐ3	kui3	kʷɐ3	kʷə3	kʷɐ3		kʷai3	
0837	貴	止	合三	去	微	見	kui5	kʷɐ5	kui5	kʷɐ5	kʷə5	kʷi5;kʷai5	kʷɛi6(富貴);kvi5(貴州)		
0838	揮	止	合三	平	微	曉	hui1	hʷɐi1	hui1	hʷɐi1	wəi1	kʰʷɐi1			
0839	輝	止	合三	平	微	曉	hui1	hʷɐi1	hui1	hʷɐi1	wəi1	kʰʷɐi1			
0840	威	止	合三	平	微	影	ʔui1	wɐi1	ʔui1						
0841	慰	止	合三	去	微	影	ʔui5	wɐi5	ʔui5	wɐi5	wəi5	wɐi5			
0842	違	止	合三	平	微	云	wui2	wɐi2	wui2	wɐi2	wəi2	wɐi2			
0843	圍	止	合三	平	微	云	wui2	wɐi2	wui2	wɐi2	wəi2	wɐi2	wai2	vɛi1	
0844	偉	止	合三	上	微	云	wui4	wɐi4	wui4	wɐi4		wɐi3			
0845	葦(蘆葦)	止	合三	上	微	云	wui4	wɐi4	wui4	wɐi4	wɐi2	wɐi2			
0846	胃	止	合三	去	微	云	wui6	wɐi6	wui6	wɐi6	wəi6	wɐi6			
0847	蝟	止	合三	去	微	云	wui6	wɐi6	wui6						
0848	彙	止	合三	去	微	云	wui6	wʊ:əi6?	wui6;lui6	wui6;wɐi6	wəi6	wɐi6			
0849	襃(褒獎)	效	開一	平	豪	幫	pou1	pou1	pou1	ɓou1	pou1	pau1			
0850	保	效	開一	上	豪	幫	pou3	pɔu3	pou3	ɓou3	pou3	pau3	pau3		
0851	寶	效	開一	上	豪	幫	pou3	pɔu3	pou3	ɓou3	pou3	pau3	pau3		
0852	報	效	開一	去	豪	幫	pou5	pɔu5	pou5	ɓou5	pou5	pau5		bo5	PT pa:wB
0853	袍	效	開一	平	豪	竝	bou2	bɔu2	bou2	bou2	bou2	pau2			
0854	抱	效	開一	上	豪	竝	bou4	bɔu4	bou4	bou4	bou4	pau4			
0855	暴	效	開一	去	豪	竝	bou6	bɔu6	bou6	bou6	bou6	pau6			
0856	菢(菢小雞)	效	開一	去	豪	竝	bou6	bɔu6	bou6	bou6	bou6	pau6			
0857	毛	效	開一	平	豪	明	mou2	mɔu2	mou2	mou2	mou2	mau2			
0858	冒	效	開一	去	豪	明	mou6	mɔu6	mou6	mou6	mou6	mau6			
0859	帽	效	開一	去	豪	明	mou6	mɔu6	mou6	mou6	mou6	mau6	mau6		
0860	刀	效	開一	平	豪	端	tou1	tou1	tou1	ɗou1	tou1	tau1	tau1		
0861	禱	效	開一	上	豪	端	tʰou3	tʰou3	tʰou3	ɗou3	tou3	tau3			
0862	島	效	開一	上	豪	端	tou3	tou3	tou3	ɗou3	tou3	tau3			
0863	到	效	開一	去	豪	端	tou5	tou5	tou5	ɗou5	tou5	tau5		tʰau5;tau1	
0864	倒(倒水)	效	開一	去	豪	端	tou5	tou3	tou5	ɗou5	tou3	tau5	tau5;tau1		
0865	掏(掏出來)	效	開一	平	豪	透	dou2;tʰou1	dou2	dou2;tʰou1	dou2;tʰou1		tau2;tʰau1			
0866	討	效	開一	上	豪	透	tʰou3	tʰou3	tʰou3	tʰou3	tʰou3	tʰau3			
0867	套	效	開一	去	豪	透	tʰou5	tʰou5	tʰou5	tʰou5	tʰou5	tʰau5	tau5	tau6	

番号	語(字)	攝	開合・等	声調	韻目	声母	粤祖語	A	B	C	D	E	『武鳴』	『猺歌』	其他
0868	桃	效	開一	平	豪	定	dɔu2	dɔu2	dɔu2	dɔu2	dɔu2	tau2		tɔu1	
0869	逃	效	開一	平	豪	定	dɔu2	dɔu2	dɔu2	dɔu2	dɔu2	tau2		teu2?	
0870	淘(淘米)	效	開一	平	豪	定	dɔu2	dɔu2	dɔu2	dɔu2	dɔu2	tau2			
0871	陶	效	開一	平	豪	定	dɔu2	dɔu2	dɔu2	dɔu2	dɔu2	tau2			
0872	萄	效	開一	平	豪	定	dɔu2	dɔu2	dɔu2	dɔu2	dɔu2	tau2			
0873	濤	效	開一	平	豪	定	dɔu2	dɔu2		dɔu2	tʰu1	tau2			
0874	道	效	開一	上	豪	定	dɔu6	dɔu6	dɔu6; dɔu4?	dɔu6	dɔu6	tau6	tau5;tau6		
0875	稻	效	開一	上	豪	定	dɔu6	dɔu6	dɔu6	dɔu6	dɔu6	tau6			
0876	盜	效	開一	去	豪	定	dɔu6	dɔu6	dɔu6	dɔu6	dɔu6	tau6			
0877	導	效	開一	去	豪	定	dɔu6	dɔu6	dɔu6	dɔu4	dɔu6	tau6			
0878	腦	效	開一	上	豪	泥	nɔu4	nɔu4	nɔu4	nɔu4	nɔu4	nau4			
0879	惱	效	開一	上	豪	泥	nɔu4	nɔu4	nɔu4	nɔu4	nɔu4	nau4			
0880	勞	效	開一	平	豪	來	lɔu2	lɔu2	lɔu2	lɔu2	lɔu2	lau2		bɑ1 (訓, 伯勞)	
0881	撈(撈錢, 打撈)	效	開一	平	豪	來	lɔu1; lau2?	lɔu1; lau2	lɔu1	lɔu1; lau1	lɔu1	lau2; lau1			
0882	牢	效	開一	平	豪	來	lɔu2	lɔu2	lɔu2	lɔu2	lɔu2	lau2			
0883	老	效	開一	上	豪	來	lɔu4	lɔu4	lɔu4	lɔu4	lɔu4	lau4	lau4;lau3	lɔu6	
0884	遭	效	開一	平	豪	精	tsɔu1	tsɔu1	tsɔu1	tsɔu1	tsɔu1	tʃau1			
0885	糟	效	開一	平	豪	精	tsɔu1	tsɔu1	tsɔu1	tsɔu1	tsɔu1	tʃau1			
0886	早	效	開一	上	豪	精	tsɔu3	tsɔu3	tsɔu3	tsɔu3	tsɔu3	tʃau3		ði:u3	
0887	棗	效	開一	上	豪	精	tsɔu3	tsɔu3	tsɔu3	tsɔu3	tsɔu3	tʃau3			
0888	蚤	效	開一	上	豪	精	tsɔu3	tsɔu3	tsɔu3	tsɔu3	tsɔu3	tʃau3			
0889	澡	效	開一	上	豪	精		tsʰɔu3	tsɔu3; tsɔu5		tsɔu3	tʃau3			
0890	竃	效	開一	去	豪	精	tsɔu5	tsɔu5	tsɔu5	tɔu5	tsɔu5	tʃau5	ɕau5		
0891	操(操作)	效	開一	平	豪	清	tsʰu1	tsʰɔu1	tsʰɔu1	tʰu1	tsʰɔu1	tʃʰau1			
0892	草	效	開一	上	豪	清	tsʰɔu3	tsʰɔu3	tsʰɔu3	tʰu3	tsʰɔu3	tʃʰau3	θau3	θo3 (青草); ɕo3 (草鞋)	
0893	曹	效	開一	平	豪	從	dzɔu2	dzɔu2	dzɔu2	sɔu2	dzɔu2	tʃau2			
0894	造(建造)	效	開一	上	豪	從	dzɔu4	dzɔu4	dzɔu6; dzɔu4?	sɔu4	dzɔu4	tʃau4	ɕau6	θi:u6	
0895	騷	效	開一	平	豪	心	sɔu1	sɔu1	sɔu1	sɔu1	sɔu1	ɬau1			
0896	臊(臊氣)	效	開一	平	豪	心	sɔu1	sɔu1		sɔu1	sɔu1	ɬau1			
0897	掃(掃地)	效	開一	上	豪	心	sɔu3	sɔu5		sɔu5	sɔu3	ɬau5			
0898	嫂	效	開一	上	豪	心	sɔu3	sɔu3	sɔu3	sɔu3	sɔu3	ɬau3			
0899	掃(掃帚)	效	開一	去	豪	心	sɔu5	sɔu5	sɔu5	sɔu5	sɔu5	ɬau5	θau5		
0900	高	效	開一	平	豪	見	kɔu1	kɔu1	kɔu1	kɔu1	kɔu1	kau1			
0901	膏	效	開一	平	豪	見	kɔu1	kɔu1	kɔu1	kɔu1	kɔu1	kau1			
0902	糕	效	開一	平	豪	見	kɔu1	kɔu1	kɔu1	kɔu1	kɔu1	kau1			
0903	稿	效	開一	上	豪	見	kɔu3	kɔu3	kɔu3	kɔu3	kɔu3	kau3			
0904	告	效	開一	去	豪	見	kɔu5	kɔu5	kɔu5	kɔu5	kɔu5	kau5			
0905	考	效	開一	上	豪	溪	kʰau3	hau3	kʰau3; kʰɔu3	kʰau3	hau3	kʰau3	kau3		
0906	烤	效	開一	上	豪	溪	kʰau3	hau3		kʰau3	hau1	kʰau1			
0907	靠	效	開一	去	豪	溪	kʰeu5; kʰɔu5; kʰau5?	kʰau5; kʰɐu5	kʰau5; kʰɔu5	kʰau5	kʰɔu5	kʰau5	kau5		
0908	熬	效	開一	平	豪	疑	ŋɔu2	ŋɔu2	ŋɔu2		ŋɔu2	ŋau2			
0909	傲	效	開一	去	豪	疑	ŋɔu6	ŋɔu6	ŋɔu6	ŋɔu6	ŋɔu6	ŋau6			
0910	好(好壞)	效	開一	上	豪	曉	hɔu3	hɔu3	hɔu3	hɔu3	hɔu3	hau3		ko1; kʰɔu3	
0911	好(喜好)	效	開一	去	豪	曉	hɔu5	hɔu5	hɔu5	hɔu5	hɔu5	hau5			
0912	耗	效	開一	去	豪	曉	hɔu5	hɔu5	hɔu5	hɔu5	hɔu5	hau5			
0913	豪	效	開一	平	豪	匣	ɦɔu2	ɦɔu2	ɦɔu2	ɦɔu2	ɦɔu2	hau2			
0914	毫	效	開一	平	豪	匣	ɦɔu2	ɦɔu2	ɦɔu2	ɦɔu2	ɦɔu2	hau2	xau2		
0915	號(號數)	效	開一	去	豪	匣	ɦɔu6	ɦɔu6	ɦɔu6	ɦɔu6	ɦɔu6	hau6			
0916	襖	效	開一	上	豪	影	ʔɔu3; ʔɔu5	ʔɔu3	ʔɔu3	ʔɔu5	ʔɔu5	ʔau5; ʔau3?			

番号	語(字)	攝	開合・等	声調	韻目	声母	粤祖語	A	B	C	D	E	『武鳴』	『猺歌』	其他
0917	奧	效	開一	去	豪	影	ʔɔu5	ʔɔu5	ʔɔu5	ʔɔu5	ʔɔu5	ʔau5			
0918	包	效	開二	平	肴	幫	pau1; pɛu1	pau1; pɛu1	pau1; pɛu1	ɓau1	pau1	pau1	pau1	pe:u1	
0919	鮑	效	開二	上	肴	幫	pau3	pau3; pɛu3	pau3	ɓau3	pau3	pau3		pe:u3	
0920	爆	效	開二	去	肴	幫	pau5; pɛu5	pau5; pɛu5	pau5; pɛu5	ɓau5	pau5	pau5			
0921	泡	效	開二	平	肴	滂	pʰau1	pʰau1	pʰau1		pʰau1				
0922	拋	效	開二	平	肴	滂	pʰau1	pʰau1	pʰau1	pʰau1; pʰɛu1	pʰau1	pʰau1	pau1	be:u1	
0923	跑	效	開二	平	肴	並	pʰau3	pʰau3	pʰau3	pʰau3		pʰau3			
0924	刨	效	開二	平	肴	並	bau2	bau2; bɛu2	bau2	bau2	bau2	pau2			
0925	鮑(姓,鮑魚)	效	開二	上	肴	並	pau1	pau1	pau1; pɛu1	ɓau1	pau1	pau1			
0926	茅	效	開二	平	肴	明	mau2; mɛu2	mau2; mɛu2	mau2; mɛu2	mau2	mau2	mau2	mau2; mɛu2?	mi:u1	
0927	貓	效	開二	平	肴	明	mau1; mɛu1; mɛu5	mau1; mɛu1		mɛu1; mɛu5	mɛu1	mɛu1; mɛu5	meu5		
0928	錨	效	開二	平	肴	明	mau2; nau2	mau2; nau2		mau2	mau2	mau2; nau2			
0929	卯	效	開二	上	肴	明	mau4	mau4	mau4; mɛu4	mau4	mau4	mau4		mɑu1	
0930	貌	效	開二	去	肴	明	mau6	mau6	mau6; mɛu6	mau6	mau6	mau6	mau6		
0931	鬧	效	開二	去	肴	泥	nau6	nau6	nau6	nau6	nɔu6; nau6	nau6			
0932	罩	效	開二	去	肴	知	tʂau5; tʂɛu5	tʂau5; tʂɛu5	tʂɛu5	tʂau5	tʂau5	tʃau5			
0933	抓	效	開二	平	肴	莊	tʂau3; tʂa1; ŋa1	tʂau3	tʂau3	tʂa1; tʂa1	tʂa1; ŋa1?	tʃa1; ŋa1			
0934	爪(爪牙)	效	開二	上	肴	莊	ŋau3; tʂau3	tʂau3	tʂau3	ŋau3; tʂau3	ŋau3; tʂau3	tʃau3; ŋau3			
0935	找	效	開二	上	肴	莊	tʂau3	tʂau3	tʂau3	tʂau3	tʂau3	tʃau3			
0936	抄(抄寫)	效	開二	平	肴	初	tʂʰau1	tʂʰau1	tʂʰau1	tʂʰau1	tʂʰau1	tʃʰau1			
0937	炒	效	開二	上	肴	初	tʂʰau3	tʂʰau3; tʂʰɛu3	tʂʰau3	tʂʰau3; tʂʰau5	tʂʰau3	tʃʰau3			
0938	吵	效	開二	上	肴	初	tʂʰau3	tʂʰau3	tʂʰau3	tʂʰau3	tʂʰau3	tʃʰau3			
0939	巢	效	開二	平	肴	崇	dʐau2	dʐau2	dʐau2	dʐau2	dʐau2	tʃau2			
0940	梢(樹梢)	效	開二	平	肴	生	ʂau1	ʂau1		ʂau1	ʂau1	ʃau1			
0941	潲(潲食)	效	開二	去	肴	生		ʂau5; ʂɛu5	ʂau1						
0942	交	效	開二	平	肴	見	kau1	kau1; kɛu1	kau1	kau1	kau1	kau1	kjau1	tɕi:u1	
0943	膠	效	開二	平	肴	見	kau1; kɛu1	kau1; kɛu1	kau1	kau1	kɛu1	kau1			
0944	敎(敎書)	效	開二	平	肴	見	kau1	kau1; kɛu1			kau5				
0945	絞	效	開二	上	肴	見	kau3; kɛu3	kau3; kɛu3	kau3	kau3	kau3	kɛu3			
0946	鉸	效	開二	上	肴	見	kau3	kau5; kɛu5	kau3	kau3	kau3				
0947	攪	效	開二	上	肴	見	kau3; kɛu3	kau3; kɛu3	kau3	kau3	kɛu3; kau3				
0948	搞	效	開二	上	肴	見	kau3	kau3; kɛu3	kau3	kau3	kau3				
0949	敎(敎育)	效	開二	去	肴	見	kau5	kau5; kɛu5	kau5		kau5	kau5	kjau5		
0950	較	效	開二	去	肴	見	kau5	kau5	kau5						
0951	覺(睡覺)	效	開二	去	肴	見	kau5	kau5; kɛu5		kau5	kau5	kau5			
0952	敲	效	開二	平	肴	溪	kʰau1	hau1; hɛu1		kʰau1	hau1	hau1			

番号	語(字)	攝	開合·等	声調	韻目	声母	粤祖語	A	B	C	D	E	『武鳴』	『猺歌』	其他
0953	巧	效	開二	上	肴	溪	kʰau3	hau3	kʰau3	hau3; hɛu3	hau3	kʰiu3	kjau3(奇巧 koi2kjau3)		
0954	咬	效	開二	上	肴	疑	ŋau4	ŋau4; ŋɛu4	ŋau4	ŋau4	ŋau4	ŋau4			
0955	肴	效	開二	平	肴	匣	ɦau2	ɦau2	ɦau2	ɦau2	ɦau2	ɦau2			
0956	效	效	開二	去	肴	匣	ɦau6	ɦau6	ɦau6	ɦau6	ɦau6	hau5?			
0957	校(學校)	效	開二	去	肴	匣	ɦau6	ɦau6	ɦau6	ɦau6	kau5	kau5	jau5(校長 jau5ɕaŋ3)		
0958	坳(山坳)	效	開二	平	肴	影	ʔau5; ʔɛu5?	ʔau5; ʔɛu5	ʔau5	mɛp7?	ʔau5; mɐp7?				
0959	標	效	開三	平	宵	幫	pɪːəu1	piu1	pɪːəu1	ɓiu1	piu1	piu1			
0960	表	效	開三	上	宵	幫	pɪːəu3	piu3	pɪːəu3	ɓiu3	piu3	piu3	piau3		
0961	錶	效	開三	上	宵	幫	pɪːəu1	piu1	pɪːəu1	ɓiu1	piu1	piu1			
0962	飄	效	開三	平	宵	滂	pʰɪːəu1	pʰiu1	pʰɪːəu1	pʰiu1	pʰiu1	pʰiu1			
0963	票(車票)	效	開三	去	宵	滂	pʰɪːəu5	pʰiu5	pʰɪːəu5	pʰiu5	pʰiu5	pʰiu5			
0964	漂(漂亮)	效	開三	去	宵	滂	pʰɪːəu5	pʰiu5	pʰɪːəu5						
0965	瓢	效	開三	平	宵	並	bɪːəu2	biu2	bɪːəu2; bɛu2	biu2	biu2	piu2			
0966	苗	效	開三	平	宵	明	mɪːəu2	miu2	mɪːəu2	miu2	miu2	miu2	miau2		
0967	描	效	開三	平	宵	明	mɪːəu2	miu2	mɪːəu2	miu2	miu2	miu2			
0968	貓	效	開三	平	宵	明		mau1; mɛu1							
0969	秒	效	開三	上	宵	明	mɪːəu4	miu4	mɪːəu4	miu4	miu4	miu4			
0970	廟	效	開三	去	宵	明	mɪːəu6	miu6	mɪːəu6	miu6	mɛu6; miu6	miu6	miau6	miːu1	
0971	妙	效	開三	去	宵	明	mɪːəu6	miu6	mɪːəu6	miu6	mɛu6; miu6	miu6	miau3		
0972	燎	效	開三	平	宵	來	lɪːəu2	liu2	lɪːəu2	liu2	liu2	liu2			
0973	療	效	開三	去	宵	來	lɪːəu2	liu2	lɪːəu2	liu6	liu2	liu2			
0974	焦	效	開三	平	宵	精	tsɪːəu1	tsiu1	tsɪːəu1	tsiu1	tʃiu1	ɕau1			
0975	蕉(芭蕉)	效	開三	平	宵	精	tsɪːəu1	tsiu1	tsɪːəu1	tsiu1	tsiu1	tʃiu1			
0976	椒	效	開三	平	宵	精	tsɪːəu1	tsiu1	tsɪːəu1	tsiu1	tsiu1	tʃiu1	ɕiau1		
0977	剿	效	開三	上	宵	精	tsɪːəu3	tsiu3	tsɪːəu3		tsiu3	tʃiu3			
0978	樵	效	開三	平	宵	從	dzɪːəu2	dzʰiu2	dzɪːəu2		dzi̯u2	tʃiu2			
0979	消	效	開三	平	宵	心	sɪːəu1	siu1	sɪːəu1	siu1	siu1	ɬiu1	θiau1		
0980	宵	效	開三	平	宵	心	sɪːəu1	siu1	sɪːəu1	siu1	siu1	ɬiu1			
0981	小	效	開三	上	宵	心	sɪːəu3	siu3	sɪːəu3	siu3	siu3	ɬiu3	ɕiau3;θiau3	θiːu3	
0982	笑	效	開三	去	宵	心	sɪːəu5	siu5	sɪːəu5	siu5	siu5	ɬiu5	riau1?		
0983	鞘(刀鞘)	效	開三	去	宵	心	sɪːəu5	siu5	sɪːəu5	siu5	siu5				
0984	朝(今朝)	效	開三	平	宵	知	tsɪːəu1	tsiu1	tɪːəu1; tsɪːəu1	tsiu1	tsiu1	tʃiu1	tɕiːu1		PT ɟawC
0985	超	效	開三	平	宵	徹	tsʰɪːəu1	tsʰiu1	tsʰɪːəu1	tsʰiu1	tʃʰiu1	ɕau1			
0986	朝(朝代)	效	開三	平	宵	澄	dʐɪːəu2	dziu2	dʐɪːəu2	dziu2	tʃiu2	ɕiau2 (地名ɕau2)			
0987	潮	效	開三	平	宵	澄	dʐɪːəu2	dziu2	dʐɪːəu2	dziu2	tʃiu2	ɕiau2			
0988	趙	效	開三	上	宵	澄	dʐɪːəu4; dʐɪːəu6	dziu6; siu6	dʐɪːəu4	dziu4	dziu6	tʃiu6			
0989	召	效	開三	去	宵	澄	dʐɪːəu6	dziu6	dʐɪːəu6	dziu6	dziu6	tʃiu6			
0990	昭	效	開三	平	宵	章	tsɪːəu1; tsʰɪːəu1	tsiu1; tsʰiu1	tsɪːəu1; tsʰɪːəu1	tsiu1	tʃiu1				
0991	招	效	開三	平	宵	章	tsɪːəu1	tsiu1	tsɪːəu1	tsiu1	tʃiu1	ɕiau1	tɕieu1		
0992	沼(沼氣)	效	開三	上	宵	章		tsiu3		tsiu3	tʃiu1		tɕiːu5		
0993	照	效	開三	去	宵	章	tsɪːəu5	tsiu5	tsɪːəu5	tsiu5	tʃiu5	ɕiau5			
0994	燒	效	開三	平	宵	書	ʂɪːəu1	ʂiu1	sɪːəu1	ʂiu1	ʃiu1	θiau1	ɕiːu3; ɕiːu5		
0995	少(多少)	效	開三	上	宵	書	ʂɪːəu3	ʂiu3	sɪːəu3	ʂiu3	ʃiu3				
0996	少(少年)	效	開三	去	宵	書	ʂɪːəu5	ʂiu5	sɪːəu5	ʂiu5	ʃiu5	ɕiːu5			
0997	韶(韶關)	效	開三	平	宵	禪	ʑɪːəu2	ʂiu2	sɪːəu2	ʂiu2	ʃiu2				
0998	紹	效	開三	上	宵	禪	ʑɪːəu4	ʂiu6	sɪːəu4	ʂiu6	ʃiu6	ɕau5			
0999	饒	效	開三	平	宵	日	ɲɪːəu2	ɲiu2	ɲɪːəu2	ɲiu2	ɲiu2				
1000	擾	效	開三	上	宵	日	ɲɪːəu4	ɲiu4		ɲiu4	ɲiu4; ɲiu3	ɲiu3?; ɲiu4?			

番号	語(字)	攝	開合・等	声調	韻目	声母	粤祖語	A	B	C	D	E	『武鳴』	『猺歌』	其他
1001	繞(圍繞)	效	開三	上	宵	日	ŋɪ:əu4; ŋɪ:əu3	ŋiu4		ŋiu3; ŋiu4	ŋiu3	ŋiu3?; ŋiu4?			
1002	繞(繞綫)	效	開三	去	宵	日	ŋɪ:əu4; ŋɪ:əu3	ŋiu4		ŋiu3; ŋiu4; ŋiu6?	ŋiu3	ŋiu3?; ŋiu4?			
1003	驕	效	開三	平	宵	見	kɪ:əu1	kiu1	kɪ:əu1	kiu1	kiu1	kiu1			
1004	喬	效	開三	平	宵	群	gɪ:əu2	giu2	gɪ:əu2	giu2	giu2	kiu2			
1005	僑	效	開三	平	宵	群	gɪ:əu2	giu2	gɪ:əu2	giu2	giu2	kiu2			
1006	橋	效	開三	平	宵	群	gɪ:əu2	giu2	gɪ:əu2	giu2	giu2	kiu2	kiau2;kjau2	tɕi:u1	
1007	轎	效	開三	去	宵	群	gɪ:əu6		gɪ:əu6	giu6	giu6	kiu6			
1008	囂	效	開三	平	宵	曉	hɪ:əu1	hiu1	hɪ:əu1	hiu1	hiu1	hiu1			
1009	妖	效	開三	平	宵	影	ʔɪ:əu1	ʔiu1	ʔɪ:əu1	ʔiu1; ʔiu3?	ʔiu1	ʔiu1			
1010	邀	效	開三	平	宵	影	ʔɪ:əu1	ʔiu1	ʔɪ:əu1	ʔiu1	ʔiu1	ʔiu1	ʔjiau1		
1011	腰	效	開三	平	宵	影	ʔɪ:əu1	ʔiu1	ʔɪ:əu1	ʔiu1	ʔiu1	ʔiu1			PT ʔje:wA; C.wɯətD
1012	要(要求)	效	開三	平	宵	影	ʔɪ:əu1	ʔiu1	ʔɪ:əu1	ʔiu1	ʔiu1	ʔiu1			
1013	要(重要)	效	開三	去	宵	影	ʔɪ:əu5	ʔiu5	ʔɪ:əu5	ʔiu5	ʔiu5	ʔiu5	ʔjiau5		e:u5*
1014	搖	效	開三	平	宵	以	jɪ:əu2	jiu2	jɪ:əu2	ʔiu2	jiu2	jiu2		ɖe:u6	
1015	舀(舀水)	效	開三	上	宵	以	jɪ:əu4	jiu4	jɪ:əu4	ʔiu4	jiu4	jiu4			
1016	耀	效	開三	去	宵	以	jɪ:əu6	jiu6	jɪ:əu6	ʔiu6	jiu6	jiu6			
1017	刁	效	開四	平	蕭	端	tɪ:əu1	tiu1	tɪ:əu1	ɖiu1	tiu1	tiu1	tiau1		
1018	雕	效	開四	平	蕭	端	tɪ:əu1	tiu1	tɪ:əu1	ɖiu1	tiu1	tiu1			
1019	鳥	效	開四	上	蕭	端	nɪ:əu4	niu4	nɪ:əu4	niu4	niu4	niu4		ti:u3	
1020	釣	效	開四	去	蕭	端	tɪ:əu5	tiu5	tɪ:əu5	ɖiu5	tiu5	tiu5	tiau5		
1021	弔	效	開四	去	蕭	端	tɪ:əu5	tiu5	tɪ:əu5	ɖiu5	tiu5	tiu5	tiau5		
1022	挑	效	開四	平	蕭	透	tʰɪ:əu1	tʰiu1	tʰɪ:əu1	tʰiu1	tʰiu1	tʰiu1			
1023	跳	效	開四	去	蕭	透	tʰɪ:əu5	tʰiu5	tʰɪ:əu5	tʰiu5	tʰiu5	tʰiu5	teu5;tiau5		
1024	條	效	開四	平	蕭	定	dɪ:əu2	diu2	dɪ:əu2	diu2	diu2	tiu2	tiau2	ti:u1	
1025	調(調合)	效	開四	平	蕭	定	dɪ:əu2	diu2	dɪ:əu2	diu2	diu2	tiu2			
1026	掉	效	開四	去	蕭	定	dɛu6; dɪ:əu6	diu6	dɪ:əu6	dɛu6; diu6	dɛu6; diu6	tiu6	tiau5		
1027	調(調動)	效	開四	去	蕭	定	dɪ:əu6	diu6	dɪ:əu6	diu6	dɛu6; diu6	tiu6			
1028	尿	效	開四	去	蕭	泥	nɛu6; nɪ:əu6	niu6	nɪ:əu6	nɛu6; niu6	nɛu6; niu6	niu6	ŋau6		PT niəuB
1029	聊	效	開四	平	蕭	來	lɪ:əu2	liu2	lɪ:əu2	liu2	liu2	liu2			
1030	撩	效	開四	平	蕭	來	lɪ:əu2	liu2	lɪ:əu2	liu1; liu2	liu2	εu1; liu2			
1031	了(了結)	效	開四	上	蕭	來	lɪ:əu4	liu4	lɪ:əu4	lεu4; liu4	liu4	liu4	liau4	gi:u1	
1032	料	效	開四	去	蕭	來	lɪ:əu6	liu6	lɪ:əu6	liu6	liu6	liu6	liau6		
1033	蕭	效	開四	平	蕭	心	sɪ:əu1	siu1	sɪ:əu1	siu1	siu1	ɬiu1			
1034	叫	效	開四	去	蕭	見	kɪ:əu5	kiu5	kɪ:əu5	kiu5	kiu5	kiu5			
1035	竅	效	開四	去	蕭	溪	kʰɪ:əu5	kʰiu5	kʰɪ:əu5	kʰiu5	kʰiu5	kʰiu5			
1036	曉	效	開四	上	蕭	曉	hɪ:əu3	hiu3	hɪ:əu3	hiu3	hiu3	hiu3			
1037	杳(杳無音信)	效	開四	上	蕭	影	mɪ:əu4	miu4	mɪ:əu4	miu4	miu4	miu4			
1038	剖	流	開一	上	侯	滂	pʰɐu3	pʰɐu3; fɐu3	pʰɐu3	pʰɐu3	pʰɐu3	pʰɐu3			
1039	某	流	開一	上	侯	明	mɐu4	mɐu4	mɐu4	mɐu4	mɐu4	mɐu4	mau3		
1040	畝	流	開一	上	侯	明	mɐu4	mɐu4	mɐu4	mɐu4	mɐu4	mɐu4			
1041	母	流	開一	上	侯	明	mu4	mu4	mu4	mu4	mu4	mu4			
1042	拇	流	開一	上	侯	明	mu4	mu4	mu4	mu4	mu4	mu4			
1043	茂	流	開一	去	侯	明	mɐu6	mɐu6	mɐu6	mau6; mɐu6	mɐu6	mɐu6			
1044	貿	流	開一	去	侯	明	mɐu6	mɐu6	mɐu6	mau6; mɐu6	mɐu6	mɐu6			
1045	兜	流	開一	平	侯	端	tɐu1	tɐu1	tɐu1	ɖɐu1	tɐu1	tɐu1			
1046	斗	流	開一	上	侯	端	tɐu3	tɐu3	tɐu3	ɖɐu3	tɐu3	tɐu3	tau3		
1047	鬥	流	開一	去	侯	端	tɐu5	tɐu5	tɐu5	ɖɐu5	tɐu5	tɐu5	tau5		
1048	偷	流	開一	平	侯	透	tʰɐu1	tʰɐu1	tʰɐu1	tʰɐu1	tʰɐu1	tʰɐu1			

番号	語(字)	攝	開合・等	声調	韻目	声母	粤祖語	A	B	C	D	E	『武鳴』	『猺歌』	其他
1049	透	流	開一	去	侯	透	tʰɐu5	tʰɐu5	tʰɐu5	tʰɐu5	tʰɐu5	tʰɐu5			
1050	頭	流	開一	平	侯	定	dɐu2	dɐu2	dɐu2	dɐu2	dɐu2	tɐu2	tau1	tau1	
1051	投	流	開一	平	侯	定	dɐu2	dɐu2	dɐu2	dɐu2	dɐu2	tɐu2			
1052	豆	流	開一	去	侯	定	dɐu6	dɐu6	dɐu6	dɐu6	dɐu6	tɐu6	tau2[sic] (豆腐 tau2fau6); tu6	tau6	
1053	逗	流	開一	去	侯	定	dɐu6	dɐu6	dɐu6	dɐu6	dɐu6	tɐu6			
1054	樓	流	開一	平	侯	來	lɐu2	lɐu2	lɐu2	lɐu2	lɐu2	lɐu2	lau2	lau2	
1055	簍	流	開一	上	侯	來	lɐu4	lɐu4		lɐu4		lɐu4			
1056	漏	流	開一	去	侯	來	lɐu6	lɐu6	lɐu6	lɐu6	lɐu6	lɐu6	lau6		
1057	走	流	開一	上	侯	精	tsɐu3	tsɐu3	tsɐu3	tsɐu3	tʂɐu3	tʃɐu3			
1058	奏	流	開一	去	侯	精	tsɐu5	tsɐu5	tsɐu5	tsɐu5	tʂɐu5	tʃɐu5			
1059	叟	流	開一	上	侯	心	sɐu3	sɐu3	sɐu3	sɐu3	sɐu3	ɬɐu3			
1060	勾	流	開一	平	侯	見	ŋɐu1; kɐu1	ŋɐu1	ŋɐu1; kɐu1	ŋɐu1; kɐu1	ŋɐu1; kɐu1	ŋɐu1; kɐu1			
1061	鉤	流	開一	平	侯	見	ŋɐu1; kɐu1	ŋɐu1	ŋɐu1; kɐu1	ŋɐu1; kɐu1	ŋɐu1; kɐu1	ŋɐu1; kɐu1	kau1		
1062	溝	流	開一	平	侯	見	kɐu1; kʰɐu1	kʰɐu1	kɐu1; kʰɐu1	kɐu1	kɐu1	kɐu1			
1063	狗	流	開一	上	侯	見	kɐu3	kɐu3	kɐu3	kɐu3	kɐu3	kɐu3			
1064	夠	流	開一	去	侯	見	kɐu5	kɐu5	kɐu5	kɐu5	kɐu5	kɐu5	kau5		
1065	構	流	開一	去	侯	見	kɐu5; kʰɐu5	kʰɐu5	kɐu5; kʰɐu5	kʰɐu5; kʰɐu5	kɐu5	kɐu5; kʰɐu5			
1066	購	流	開一	去	侯	見	kɐu5; kʰɐu5	kʰɐu5	kɐu5; kʰɐu5	kɐu5; kʰɐu5	kɐu5; kʰɐu5	kɐu5; kʰɐu5			
1067	摳	流	開一	平	侯	溪	kʰɐu1	kʰɐu1		kʰɐu1	kʰɐu1	kʰɐu1			
1068	口	流	開一	上	侯	溪	hɐu3	hɐu3	hɐu3	hɐu3	hɐu3	hɐu3	kau3	kʰɔu3	
1069	叩(叩頭)	流	開一	上	侯	溪	kʰɐu5	kʰɐu5	kʰɐu5	kʰɐu5	kʰɐu5	kʰɐu5			
1070	扣(扣住)	流	開一	去	侯	溪	kʰɐu5	kʰɐu5	kʰɐu5	kʰɐu5	kʰɐu5	kʰɐu5			
1071	藕	流	開一	上	侯	疑	ŋɐu4	ŋɐu4	ŋɐu4	ŋɐu4	ŋɐu4	ŋɐu4	ŋau4		
1072	偶(配偶)	流	開一	上	侯	疑	ŋɐu4	ŋɐu4	ŋɐu4	ŋɐu4	ŋɐu4	ŋɐu4			
1073	侯	流	開一	平	侯	匣	ɦɐu2	ɦɐu2	ɦɐu2	ɦɐu2	ɦɐu2	hɐu2			
1074	喉	流	開一	平	侯	匣	ɦɐu2	ɦɐu2	ɦɐu2	ɦɐu2	ɦɐu2	hɐu2			
1075	猴	流	開一	平	侯	匣	ɦɐu2	ɦɐu2	ɦɐu2	ɦɐu2	ɦɐu2	hɐu2			
1076	後	流	開一	上	侯	匣	ɦɐu4	ɦɐu6	ɦɐu6	ɦɐu4	ɦɐu6	hɐu6	xau6;xau6?		
1077	厚	流	開一	上	侯	匣	ɦɐu4	ɦɐu4	ɦɐu4	ɦɐu4	ɦɐu4	hɐu4	xau6		
1078	后	流	開一	上	侯	匣	ɦɐu4	ɦɐu4	ɦɐu4	ɦɐu4	ɦɐu4	hɐu6			
1079	候	流	開一	去	侯	匣	ɦɐu6	ɦɐu6	ɦɐu6	ɦɐu6	ɦɐu6	hɐu6	xau6		
1080	歐	流	開一	平	侯	影	ʔɐu1	ʔɐu1	ʔɐu1	ʔɐu1	ʔɐu1	ʔɐu1			
1081	嘔(嘔吐)	流	開一	上	侯	影	ʔɐu3	ʔɐu3	ʔɐu3	ʔɐu3	ʔɐu3	ʔɐu3			
1082	毆	流	開一	上	侯	影	ʔɐu3	ʔɐu3	ʔɐu3	ʔɐu1	ʔɐu1	ʔɐu1			
1083	否	流	開三	平	尤	非	fɐu3	fɐu3	fɐu3	fɐu3	fɐu3	fɐu3			
1084	富	流	開三	去	尤	非	fu5	fu5	fu5	fu5	fu5	fu5	fau5;fu5	pʰou5	
1085	副	流	開三	去	尤	敷	fu5	fu5	fu5	fu5?		fu5	fau5		
1086	浮	流	開三	平	尤	奉	bɐu2; vɐu2	fɐu2	bɐu2; fɐu2	bɐu2; fɐu2	fɐu2	fɐu2; pɐu2?	fau2		
1087	婦	流	開三	上	尤	奉	bu4; vu4	fu4	bu4; fu4	bu4; fu4	fu4	fu4	fu5		
1088	負	流	開三	上	尤	奉	vu6; bu6	fu6	fu4; pu6?	bu4; pu6?	bu6; fu6	fu6			
1089	復(復興)	流	開三	去	尤	奉	fuk7; vuk8	fuk8	fuk7; fuk8	fuk7		fɔk7			
1090	謀	流	開三	平	尤	明	mɐu2	mɐu2	mɐu2	mɐu2	mɐu2	mɐu2	mau2		
1091	矛	流	開三	平	尤	明	mau2	mau2	mɐu2; mau2	mau2	mau2	mɐu2			
1092	紐	流	開三	上	尤	泥	niu3; niu4	nɐu3	niu3; niu4	nɐu3; nɐu4		nɐu3			
1093	扭	流	開三	上	尤	泥	niu3; niu4	nɐu3	niu3; niu4	nɐu3; nɐu4		nɐu3			
1094	流	流	開三	平	尤	來	liu2	lɐu2	liu2	lɐu2	lɐu2	lɐu2	lau2	lau1(粤); gieu1	
1095	劉	流	開三	平	尤	來	liu2	lɐu2	liu2	lɐu2	lɐu2	lɐu2	lau2		

各語（字）の再建形　293

番号	語(字)	攝	開合・等	声調	韻目	声母	粤祖語	A	B	C	D	E	『武鳴』	『猺歌』	其他
1096	留	流	開三	平	尤	來	liu2	lɐu2	liu2	lɐu2		lɐu2	lau2;liau2（收留 θau1 liau2）	gieu1	
1097	榴(石榴)	流	開三	平	尤	來	liu2	lɐu2	liu2	lɐu2		lɐu2			
1098	硫(硫磺)	流	開三	平	尤	來	liu2	lɐu2	liu2	lɐu2		lɐu2			
1099	琉(琉璃)	流	開三	平	尤	來	liu2	lɐu2	liu2	lɐu2		lɐu2			
1100	柳	流	開三	上	尤	來	liu4	lɐu4	liu4	lɐu4		lɐu4		gieu1	
1101	廖(姓)	流	開三	去	尤	來	lɪːəu6	liu6	lɪːəu6						
1102	酒	流	開三	上	尤	精	tsiu3	tsɐu3	tsiu3	tɐu3		tʃɐu3			
1103	秋(秋天)	流	開三	平	尤	清	tsʰiu1	tsʰɐu1	tsʰiu1	tʰɐu1	tsʰɐu1	tʃʰɐu1	ɕau1		
1104	就	流	開三	去	尤	從	dziu6	dzɐu6	dziu6	sɐu6		tʃɐu6	ɕau6	to1	
1105	修	流	開三	平	尤	心	siu1	sɐu1	siu1	sɐu1	sɐu1	ɬɐu1		θieu5（「繡」と取り違え?）	
1106	羞	流	開三	平	尤	心	siu1	sɐu1	siu1	sɐu1	sɐu1	ɬɐu1			
1107	秀	流	開三	去	尤	心	siu5	sɐu5	siu5	sɐu5		ɬɐu5	θau5		
1108	繡	流	開三	去	尤	心	siu5	sɐu5	siu5	sɐu5		ɬɐu5		θieu1（「修」と取り違え?）	
1109	銹(鐵銹)	流	開三	去	尤	心	siu5	sɐu5	siu5	sɐu5		ɬɐu5			
1110	囚	流	開三	平	尤	邪	dziu2	dzɐu2	dziu2	dzɐu2	dzɐu2	tʃɐu2			
1111	袖	流	開三	去	尤	邪	dziu6	dzɐu6	dziu6	sɐu6		tʃɐu6		θieu6	
1112	晝	流	開三	去	尤	知	tʂiu5	tʂɐu5	tʂiu5	tʂɐu5		tʃɐu5			
1113	抽	流	開三	平	尤	徹	tʂʰɐu1	tʂʰɐu1	tʂʰɐu1	tʂʰɐu1	tʂʰɐu1	tʃʰɐu1		ɕau1	
1114	綢	流	開三	平	尤	澄	dʐiu2	dʐɐu2	dʐiu2	dʐɐu2	dʐɐu2	tʃɐu2			
1115	稠	流	開三	平	尤	澄	dʐiu2	dʐɐu2	dʐiu2	dʐɐu2	dʐɐu2	tʃɐu2			
1116	籌	流	開三	平	尤	澄	dʐiu2	dʐɐu2	dʐiu2	dʐɐu2	dʐɐu2	tʃɐu2			
1117	宙	流	開三	去	尤	澄	dʐiu6	dʐɐu6	dʐiu6	dʐɐu6		tʃɐu6			
1118	皺	流	開三	去	尤	莊	ŋɐu5;tʂɐu5	tʂɐu5	ŋɐu5;tʂɐu5	ŋɐu5;tʂɐu5	tʂɐu5;nɐu5	ŋɐu			
1119	縐	流	開三	去	尤	莊	ŋɐu5;tʂɐu5	tʂɐu5	ŋɐu5;tʂɐu5	ŋɐu5;tʂɐu5	tʂɐu5				
1120	搊(搊起來)	流	開三	平	尤	初			tʂʰɐu1						
1121	愁	流	開三	平	尤	崇	ʐɐu2	tʂʰɐu2?	ʐɐu2	sɐu2	sɐu2	ʃɐu2	θau2	tɕieu1*	
1122	驟	流	開三	去	尤	崇	dʐɐu6		dʐɐu6	dʐau6;dʐɐu6?		tʃɐu5			
1123	搜	流	開三	平	尤	生	ʂɐu1;sɐu1	sɐu3	ʂɐu1;sɐu1	ʂɐu1;sɐu1		ɬɐu3			
1124	餿(飯餿了)	流	開三	平	尤	生	ʂɐu1;sɐu1	sɐu1	ʂɐu1;sɐu1	sɐu1		ʃɐu	θau1		
1125	蒐(蒐集)	流	開三	平	尤	生		ʂɐu1							
1126	瘦	流	開三	去	尤	生	ʂɐu5	ʂɐu5	ʂɐu5	ʂɐu5		ʃɐu5			
1127	周	流	開三	平	尤	章	tʂiu1	tʂɐu1	tʂiu1	tʂɐu1	tʂɐu1	tʃɐu1			
1128	舟	流	開三	平	尤	章	tʂiu1	tʂɐu1	tʂiu1	tʂɐu1	tʂɐu1	tʃɐu1			
1129	州	流	開三	平	尤	章	tʂiu1	tʂɐu1	tʂiu1	tʂɐu1	tʂɐu1	tʃɐu1	ɕau1	tɕieu1	
1130	洲	流	開三	平	尤	章	tʂiu1	tʂɐu1	tʂiu1	tʂɐu1	tʂɐu1	tʃɐu1		tɕieu1	
1131	咒	流	開三	去	尤	章	tʂiu5	tʂɐu5	tʂiu5	tʂɐu5	tʂɐu5	tʃɐu5			
1132	醜	流	開三	上	尤	昌	tʂʰiu3	tʂʰɐu3	tʂʰiu3	tʂʰɐu3	tʂʰɐu3	tʃʰɐu3	ɕau3	ɕieu3	
1133	臭(香臭)	流	開三	去	尤	昌	tʂʰiu5	tʂʰɐu5	tʂʰiu5	tʂʰɐu5	tʂʰɐu5	tʃʰɐu5	ɕau5		
1134	收	流	開三	平	尤	書	ʂiu1	ʂɐu1	ʂiu1	ʂɐu1	ʂɐu1	ʃɐu1	ɕau1	ɕieu1	
1135	手	流	開三	上	尤	書	ʂiu3	ʂɐu3	ʂiu3	ʂɐu3	ʂɐu3	ʃɐu3		ɕieu3	
1136	首	流	開三	上	尤	書	ʂiu3	ʂɐu3	ʂiu3	ʂɐu3	ʂɐu3	ʃɐu3	θau3		
1137	守	流	開三	上	尤	書	ʂiu3	ʂɐu3	ʂiu3	ʂɐu3	ʂɐu3	ʃɐu3	θau3		
1138	獸	流	開三	去	尤	書	ʂiu5	ʂɐu5		ʂɐu5	ʂɐu5	ʃɐu5			
1139	仇	流	開三	平	尤	禪	ʐiu2	dzɐu2?	ʐiu2	sɐu2	dzɐu2	ʃɐu2			
1140	酬	流	開三	平	尤	禪	dʐiu2	dzɐu2	dʐiu2	sɐu2		tʃɐu2			
1141	受	流	開三	上	尤	禪	ʐiu4	ʂɐu6	ʐiu4?	sɐu4	sɐu6	ʃɐu6	ɕau4;θau5;θau6		
1142	壽	流	開三	去	尤	禪	ʐiu6	ʂɐu6	ʐiu6	ʂɐu6	sɐu6	ʃɐu6	θau6;ɕau5		

番号	語(字)	攝	開合・等	声調	韻目	声母	粤祖語	A	B	C	D	E	『武鳴』	『猺歌』	其他
1143	授	流	開三	去	尤	禪	ʑiu6	ʂɐu6	ziu6	ʂɐu4; ʂɐu6	ʂɐu6	ʃɐu6			
1144	售	流	開三	去	尤	禪	ʑiu6		ziu6	dʐɐu2; ʂɐu6?	ʂɐu6	ʃɐu6			
1145	柔	流	開三	平	尤	日	ɲiu2	ȵɐu2	ɲiu2	ŋɐu2		ȵɐu2			
1146	鳩	流	開三	平	尤	見	kɐu1	kɐu1	kɐu1	kɐu1	kɐu1	kɐu1		ko1	
1147	九	流	開三	上	尤	見	kiu3	kɐu3	kiu3	kiəu3	tʂɐu3	kɐu3	kau3;kju3	tɕo3	PT kɪwC
1148	久	流	開三	上	尤	見	kiu3	kɐu3	kiu3	kiəu3	tʂɐu3	kɐu3			
1149	韭	流	開三	上	尤	見	kiu3	kɐu3	kiu3	kiəu3	tʂɐu3	kɐu3		tɕieu3	
1150	救	流	開三	去	尤	見	kiu5	kɐu5	kiu5	kiəu5	tʂɐu5	kɐu5	kau5		
1151	究	流	開三	去	尤	見	kiu5	kɐu5	kiu5	kiəu5	tʂɐu5	kɐu5	kau5		
1152	丘	流	開三	平	尤	溪	hiu1	jɐu1; hiɐu1?	hiu1	jiɐu1	jɐu1	jɐu1			
1153	求	流	開三	平	尤	群	giu2	gɐu2	giu2	giəu2	dʐɐu2	kɐu2	kau2		
1154	球	流	開三	平	尤	群	giu2	gɐu2	giu2	giəu2	dʐɐu2	kɐu2	kiau2; klau2?		
1155	舅	流	開三	上	尤	群	giu4	gɐu4	giu4	giəu4	dʐɐu4	kɐ4	kau4		
1156	舊	流	開三	去	尤	群	giu6	gɐu6	giu6	giəu6	dʐɐu6	kɐu6	kau6		PT kawB (onset sic)
1157	牛	流	開三	平	尤	疑	ŋɐu2; ɲiu2	ŋɐu2; ȵɐu2	ŋaŋ2	ŋɐu2	ŋɐu2	ŋɐu2			
1158	休	流	開三	平	尤	曉	hiu1	jɐu1; hiɐu1?	hiu1	hiɐu1	iɐu1	jɐu1			
1159	嗅	流	開三	去	尤	曉	ŋɐu5?; ŋuŋ5			ŋuŋ5	ŋɐu5? (ŋɐu5?)	ŋɐu5			
1160	憂	流	開三	平	尤	影	ʔiu1	jɐu1	jiu1	jɐu1	iɐu1	jɐu1	ʔjau1; ʔjiau1		
1161	優	流	開三	平	尤	影	ʔiu1	jɐu1	jiu1	jɐu1	iɐu1	jɐu1			
1162	尤	流	開三	平	尤	云	jiu2	jɐu2	jiu2	jiɐu2	iɐu1	jɐu2			
1163	郵	流	開三	平	尤	云	jiu2	jɐu2	jiu2	jiɐu2	iɐu1	jɐu2			
1164	有	流	開三	上	尤	云	jiu4	jɐu4	jiu4	jiɐu4	iɐu4	jɐu4		ieu1	
1165	友	流	開三	上	尤	云	jiu4	jɐu4	jiu4	jiɐu4	iɐu4	jɐu4	jau4	ieu1	
1166	又	流	開三	去	尤	云	jiu6	jɐu6	jiu6	jiɐu6	jɐu6	jɐu6	jau6	jo6	
1167	右	流	開三	去	尤	云	jiu6	jɐu6	jiu6	jiɐu6	jɐu6	jɐu6	jau5[sic]		
1168	由	流	開三	平	尤	以	jiu2	jɐu2	jiu2	jiɐu2	iɐu2	jɐu2	jau2		
1169	油	流	開三	平	尤	以	jiu2	jɐu2	jiu2	jiɐu2	iɐu2	jɐu2		ieu1	
1170	游	流	開三	平	尤	以	jiu2	jɐu2	jiu2	jiɐu2	iɐu2	jɐu2		ieu1 (「遊」)	
1171	誘	流	開三	上	尤	以	jiu4		jiu4		iɐu5	jɐu5?		ieu1	
1172	柚	流	開三	去	尤	以	jiu6	jɐu6	jiu6	jiɐu6	jɐu6	jɐu6			
1173	彪	流	開三	平	幽	幫	pɪːɐu1	piu1	pɪːɐu1	ɓiu1	piu1	piu1			
1174	謬	流	開三	去	幽	明	mɐu5; mɐu6?	mɐu6		mɐu5; mɐu6; miu6		mɐu5			
1175	丟	流	開三	平	幽	端	tɪːɐu1	tiu1	tɪːɐu1	tiu1		tɐu1			
1176	幽	流	開三	平	幽	影	jiu1	jɐu1	jiu1	jɐu1	jɐu1	jɐu1			
1177	幼	流	開三	去	幽	影	jiu5	jɐu5	jiu5	jɐu5	jɐu5	jɐu5			
1178	耽	咸	開一	平	覃	端	tam1	tam1	tam1	ɗam1	tam1	tam1			
1179	答	咸	開一	入	覃	端	tap7	tap7	tap7	ɗap7	tap7	tap7	tap3;tap5		
1180	搭	咸	開一	入	覃	端	tap7	tap7	tap7	ɗap7	tap7	tap7	tap3	tɛt6	
1181	貪	咸	開一	平	覃	透	tʰam1	tʰam1	tʰam1	tʰam1	tam1	tʰam1			
1182	探(試探)	咸	開一	去	覃	透	tʰam5	tʰam5	tʰam5	tʰam5	tʰam5	tʰam5	tam5		
1183	踏	咸	開一	入	覃	透	dap8	dap8	dap8	dap8		tap8	taːp6		
1184	潭	咸	開一	平	覃	定	dam2	dam2	dam2	dam2	dam2	tam2	taːm1		
1185	譚	咸	開一	平	覃	定	dam2	dam2	dam2	dam2	dam2	tam2			
1186	南	咸	開一	平	覃	泥	nam2	nam2	nam2	nam2	nam2	nam2	nam2		
1187	男	咸	開一	平	覃	泥	nam2	nam2	nam2	nam2	nam2	nam2			
1188	納	咸	開一	入	覃	泥	nap8	nap8	nap8	nap8	nap8	nap8a			
1189	拉	咸	開一	入	覃	來	lai1; lap7	lai1; lap7	lai1	lai1	lai1; lap7	lai1; lap7		lɐt6	
1190	簪	咸	開一	平	覃	精	tsam1	tsam1	tsam1	tʂam1	tʃam1		θaːm1		
1191	參(參加)	咸	開一	平	覃	清	tsʰam1	tsʰam1	tsʰam1	tʰam1	tʂʰam1	tʃʰam1	cam1		
1192	蠶	咸	開一	平	覃	從	dzam2	dzam2	dzam2	sam2	dzam2	tʃan2			

番号	語(字)	攝	開合・等	声調	韻目	声母	粤祖語	A	B	C	D	E	『武鳴』	『猺歌』	其他
1193	雜	咸	開一	入	覃	從	dzap8	dzap8	dzap8	sap8	dzap8	tʃap8b		θɑːp6*	
1194	感	咸	開一	上	覃	見	kɔm3	kɔm3	kɔm3	kɔm3	kɔm3	kam3			
1195	鴿	咸	開一	入	覃	見	kɔp7	kɔp7	kɔp7	kɔp7	kɔp7	kap7			
1196	砍	咸	開一	上	覃	溪	hɔm3	hɔm3		hɔm3	hɔm3; kʰam3?	kʰam3			
1197	勘(勘誤,勘探)	咸	開一	去	覃	溪	hɔm5	hɔm5		hɔm1		kʰam1			
1198	喝(喝酒)	咸	開一	入	覃	曉	hɔt7	hɔt7	hɔt7	hɔt7	hɔt7	hat7			ミエン語 hɔp7
1199	含	咸	開一	平	覃	匣	ɦɔm2	ɦɔm2	ɦɔm2	ɦɔm2	ɦɔm2	ham2	xam2; kam2?		
1200	撼	咸	開一	上	覃	匣	ɦɔm4	ɦɔm6		ɦɔm4					
1201	憾	咸	開一	去	覃	匣	ɦɔm6	ɦɔm6		ɦɔm4?	ɦɔm6	ham5			
1202	合	咸	開一	入	覃	匣	ɦɔp8	ɦɔp8	ɦɔp8				xap2	hɔ6	
1203	盒(煙盒)	咸	開一	入	覃	匣	ɦɔp8	ɦɔp8	ɦɔp8	ɦɔp8	ɦɔp8	hap8b	xap6		
1204	庵	咸	開一	平	覃	影	ʔɔm1	ʔɔm1		ʔɔm1	ʔɔm1	ʔam1			
1205	暗	咸	開一	去	覃	影	ʔɔm5	ʔɔm5	ʔɔm5	ʔɔm5	ʔɔm5	am5		ɔːm5	
1206	擔(擔任)	咸	開一	平	談	端	tam1	tam1	tam1	dam1	tam1	tam1			
1207	膽	咸	開一	上	談	端	tam3	tam3		dam3	tam3		tam3		
1208	擔(挑擔)	咸	開一	去	談	端	tam5	tam5	tam5	dam5	tam5			dɑːm6	
1209	毯	咸	開一	上	透		tʰan3	tʰan3	tʰan3; tʰam3?	tʰan3	tʰan3; tʰam3?	tʰan3	tam3		
1210	塔	咸	開一	入	談	透	tʰap7	tʰap7	tʰap7	tʰap7	tʰap7	tʰap7			
1211	塌	咸	開一	入	談	透	tʰap7	tʰap7	tʰap7		tʰap7	tʰap7			
1212	談	咸	開一	平	談	定	dam2	dam2	dam2	dam2	dam2		tam2		
1213	痰	咸	開一	平	談	定	dam2	dam2	dam2	dam2	dam2				
1214	淡	咸	開一	上	談	定	dam4	dam4	dam4	dam4	dam4	tam4	tam6		
1215	藍	咸	開一	平	談	來	lam2	lam2	lam2	lam2	lam2			gɑːm1	PT g.raːmA; kromC
1216	籃	咸	開一	平	談	來	lam2	lam2	lam2	lam2	lam2				
1217	覽	咸	開一	上	談	來	lam3; lam4	lam3; lam4		lam3; lam4	lam4	lam4; lam3?			
1218	攬	咸	開一	上	談	來	lam3; lam4	lam3; lam4	lam4; lam3	lam3; lam4	lam4	lam4; lam3?			
1219	欖(橄欖)	咸	開一	上	談	來	lam3; lam4	lam3; lam4		lam3; lam4	lam4	lam4; lam3?			
1220	濫	咸	開一	去	談	來	lam6	lam6	lam6	lam6	lam6	lan6			
1221	臘	咸	開一	入	談	來	lap8	lap8	lap8	lap8	lap8	lap8a		lɑːp6*	
1222	蠟	咸	開一	入	談	來	lap8	lap8	lap8	lap8	lap8	lap8a			
1223	暫	咸	開一	去	談	從	dzam6	dzam6		dzam6	dzam6	tʃam6			
1224	三	咸	開一	平	談	心	sam1	sam1	sam1	sam1	sam1	ɬam1	θam1	θɑːm1	PT sɑːmA
1225	甘	咸	開一	平	談	見	kɔm1	kɔm1	kɔm1	kɔm1	kɔm1	kam1			
1226	柑	咸	開一	平	談	見	kɔm1	kɔm1	kɔm1	kɔm1	kɔm1	kam1	kam1		
1227	敢	咸	開一	上	談	見	kɔm3	kɔm3	kɔm3	kɔm3	kɔm3	kam3			
1228	橄(橄欖)	咸	開一	上	談	見	kɔm3	kɔm3		kɔm3	kɔm3	kam3			
1229	喊	咸	開一	上	談	曉	ham5; hɛm5	ham5	ham5; hɛm5	ham3; ham5; hɛm3	ham5	hɛm5			
1230	站(立)	咸	開二	去	咸	知	dzam6	dzam6	dzam6	dzam6	dzam6	tʃam6			
1231	斬	咸	開二	上	咸	莊	tsam3; tsɛm3	tsam3; tsɛm3	tsam3; tsɛm3?	ŋam3; tsam3	tsam3	tʃam3		tɕɑːm3	
1232	蘸(蘸醬油)	咸	開二	去	咸	莊	tsam5	tsam5	tsam5?	tsam5	tsam5	tɛm3 (點?)			
1233	眨(眨眼)	咸	開二	入	咸	莊	tsap7; jap7	tsam3		tsap7	tsap7; jap7	tʃap7; jap7			
1234	插	咸	開二	入	咸	初	tsʰɛp7; tsʰap7	tsʰap7; tsʰɛp7	tsʰap7; tsʰɛp7?	tsʰɛp7; tsʰap7	tsʰap7	tʃʰap7	ɕap3	ɖep1	
1235	饞	咸	開二	平	咸	崇	dzam2	dzam2		dzam2	dzam2	ɬam2			
1236	閘	咸	開二	入	咸	崇	dzap8	dzap8	dzap8	dzap8	dzap8	tʃap8			
1237	炸(用油炸)	咸	開二	入	咸	崇	tsa5	tsa5	tsa5	tsa5; dzap8	tsa5?	ʃap8			
1238	杉	咸	開二	平	咸	生	tsʰam5	tsʰam5	tsʰam5	tsʰam5	tsʰam5	tʃʰam1			

番号	語(字)	攝	開合・等	声調	韻目	声母	粤祖語	A	B	C	D	E	『武鳴』	『猺歌』	其他
1239	尷(尷尬)	咸	開二	平	咸	見	kam1; kam5	kam1		kam1	kam5; kam1?	kam1; kam5			
1240	減	咸	開二	上	咸	見	kɛm3; kam3	kɛm3; kam3	kɛm3; kam3	kam3	kam3	kɛm3; kam3?			
1241	夾	咸	開二	入	咸	見	kɛp7; kap7	kɛp7; kap7		nɛp7; gɛp8; kap7	kap7; kɛp7	kɛp7; kap7			
1242	恰	咸	開二	入	咸	溪	hap7	hɐp7		hap7	hap7	hap7			
1243	掐	咸	開二	入	咸	溪	hap7	hap7		hap7					
1244	鹹	咸	開二	平	咸	匣	ɦɛm2; ɦam2	ɦam2; ɦɛm2	ɦam2; ɦɛm2	ɦam2	ɦam2	ham2			
1245	陷	咸	開二	去	咸	匣	ɦam6	ɦam6	ɦam6	ɦam6	ɦam6	ham6			
1246	餡	咸	開二	去	咸	匣	ɦam6	ɦam6; ɦɛm6	ɦam6	ɦam6	ɦam6	ham6			
1247	狹	咸	開二	入	咸	匣	ɦap8	ɦap8; ɦɛp8	ɦap8	ɦap8	ɦap8	hap8b			
1248	峽	咸	開二	入	咸	匣	ɦap8	ɦap8	ɦap8	ɦap8	ɦap8	hap8b			
1249	攙	咸	開二	平	銜	初	tsʰam1	tsʰam1	tsʰam1						
1250	衫	咸	開二	平	銜	生	ṣam1	ṣam1	ʃam1	ṣam1	ṣam1	ʃam1			ɕa:m1
1251	監(監察)	咸	開二	平	銜	見	kam1	kam1	kam1	kam1	kam1	kam1			
1252	鑑	咸	開二	去	銜	見	kam5	kam5	kam5	kam5	kam5	kam5			
1253	甲	咸	開二	入	銜	見	kap7	kap7	kap72; kɛp72	kap7	kap7	kap7	kap3	tɕa1	
1254	巖	咸	開二	平	銜	疑	ŋam2	ŋam2	ŋam2						
1255	艦	咸	開二	上	銜	匣	lam6	lam6	lam6	lam6; kam3		lam4			
1256	匣(箱匣)	咸	開二	入	銜	匣	ɦap8	ɦap8	ɦap8	hap8		kɛp7?			
1257	鴨	咸	開二	入	銜	影	ʔap7	ʔap7; ʔɛp7	ʔap7	ʔap7	ʔap7				
1258	押	咸	開二	入	銜	影	ʔap7; ʔat7	ap7; at7	at7; ʔat7	ʔat7	ʔap7				
1259	壓	咸	開二	入	銜	影	ʔat7	at7	ʔat7	ʔat7	ʔat7	ʔat7		ʔep3	
1260	貶	咸	開三	上	鹽	幫	pɛn3; pɪːən3	pɪːən3	pɛn3	ɓin3	pɛn3; pɪːən3	pɛn3			
1261	黏(黏米)	咸	開三	平	鹽	泥	tsɪːəm1; nɪːəm1	tsim1; nim1	nim1	nim1; tsim1	tsɪːəm1; nɪːəm1	nim1; niu1; tʃim1			
1262	鑷(鑷子)	咸	開三	入	鹽	泥	nɪːəp8; nɛp7; nɛp8?	nip8; nɛp7? nɛp8?	nɪːəp7; dɐp7	nip7; nip8; nɛp7	nɛp7; nɪːəp8	nɛp8a; nip8a			
1263	廉	咸	開三	平	鹽	來	lɪːəm2	lim2	lɪːəm2	lim2	lɪːəm2	lim2			
1264	鎌	咸	開三	平	鹽	來	lɪːəm2	lim2	lɪːəm2	lim2	lɪːəm2	lim2	lim2		
1265	簾	咸	開三	平	鹽	來	lɪːəm2	lim2	lɪːəm2	lim2	lɪːəm2	lim2			
1266	獵	咸	開三	入	鹽	來	lɪːəp8	lip8	lɪːəp8	lip8	lɪːəp8	lip8a			
1267	尖	咸	開三	平	鹽	精	tsɪːəm1	tsim1	tsɪːəm1	tsim1; tsɛm5	tsɪːəm1	tʃim1		ðiem1	
1268	殲(殲滅)	咸	開三	平	鹽	精	tsʰɪːəm1	tsʰim1	tsʰɪːəm1	tʰim1	tsʰɪːəm1	tʃʰim1			
1269	接	咸	開三	入	鹽	精	tsɪːəp7	tsip7	tsɪːəp7	tsip7	tsɪːəp7	tʃip7	ɕiap3	ðiep1	
1270	籤	咸	開三	平	鹽	清	tsʰɪːəm1	tsʰim1	tsʰɪːəm1	tʰim1	tsʰɪːəm1	tʃʰim1			
1271	簽	咸	開三	平	鹽	清	tsʰɪːəm1	tsʰim1	tsʰɪːəm1	tʰim1	tsʰɪːəm1	tʃʰim1			
1272	潛	咸	開三	平	鹽	從	dzɪːəm2	dzim2	dzɪːəm2	dzim6	dzɪːəm2				
1273	漸	咸	開三	上	鹽	從	dzɪːəm6	dzim6	dzɪːəm6	dzim6	dzɪːəm6	tʃim6	ɕiam4; ɕiam6	θiem6	
1274	捷	咸	開三	入	鹽	從	dzɪːəp8; dzɪːət8	dzɛːt8	dzɪːəp8	dzip8; dzit8	dzɪːəp8	tʃit8			
1275	粘(粘貼)	咸	開三	平	鹽	娘	tsɪːəm1; tsɪ?	tsim1; nim1	tsim1	tsim1; na1?	nɪːəm1	nim1; nɛ1?	nem1		
1276	占(占卜)	咸	開三	平	鹽	章	tsɪːəm1	tsim1	tsɪːəm1	tsim1	tsɪːəm1			ȡim1	
1277	佔	咸	開三	去	鹽	章	tsɪːəm5	tsim5	tsɪːəm5	tsim5	tsɪːəm5	tʃim5			
1278	摺(摺疊)	咸	開三	入	鹽	章	tsɪːəp7	tsip7		tsip7; ȵip7	tsɪːəp7	tʃip7			
1279	褶(皺紋)	咸	開三	入	鹽	章	tsɪːəp7	tsip7		tsip7; ȵip7	tsɪːəp7	tʃip7			
1280	閃	咸	開三	上	鹽	書	ṣɪːəm3	ṣim3	ṣɪːəm3	ṣim3	ṣɪːəm3	ʃim3			
1281	攝	咸	開三	入	鹽	書	ṣɪːəp7	ṣip7	ṣip7	ṣip7	ṣɪːəp7	ʃip7			

番号	語(字)	攝	開合・等	声調	韻目	声母	粤祖語	A	B	C	D	E	『武鳴』	『猺歌』	其他
1282	涉	咸	開三	入	鹽	禪	ʂɪːəp7	ʂip7		ʂip7	ʂɪːəp7?	ʃip7			
1283	染	咸	開三	上	鹽	日	ŋɪːəm4	ɲim4	ŋɪːəm4	ɲim4	ŋɪːəm4	ɲim4	ɲiam4		PT ɲwuːmC
1284	檢	咸	開三	上	鹽	見	kɪːəm3	kim3	kɪːəm3	kɛm3; kim3	kʰɪːəm3	kim3			
1285	臉	咸	開三	上	鹽	見	lɪːəm4	lim4; lim3	lɪːəm4	lim4	lɪːəm4	lim4			
1286	鉗	咸	開三	平	鹽	群	gɛm2; gɪːəm2	gim2	gɪːəm2	gɛm2	gɛm2	kɛm2	kim2		
1287	儉	咸	開三	上	鹽	群	gɪːəm4	gim6		gim4	gɪːəm4	kim6			
1288	驗	咸	開三	去	鹽	疑	ŋɪːəm6	nim6; ŋim6	ŋɛm6?; nɪːəm6?	nim6?	ŋɪːəm6; nɪːəm6	nim6?			
1289	險	咸	開三	上	鹽	曉	hɪːəm3	him3	hɪːəm3	him3	hɪːəm3	him3	jiam3		
1290	淹	咸	開三	平	鹽	影	ʔɪːəm1	jim3	ʔɪːəm1	ʔim1	ʔɪːəm1	ʔim1		jiem1	
1291	閹	咸	開三	平	鹽	影	ʔɪːəm1	jim1	ʔɪːəm1	ʔim1	ʔɪːəm1	ʔim1			
1292	掩	咸	開三	上	鹽	影	ʔɪːəm3	jim3	ʔɪːəm3	ʔim3	ʔɪːəm3	ʔim3			
1293	厭	咸	開三	去	鹽	影	ʔɪːəm5	jim5	ʔɪːəm5	ʔim5	ʔɪːəm5	ʔim5	jiam1		
1294	炎	咸	開三	平	鹽	云	ŋɪːəm2; jɪːəm2	jim2	jɪːəm2	ɲim2; ʔim2	jɪːəm2	jim2; ɲim2			
1295	鹽	咸	開三	平	鹽	以	jɪːəm2	jim2	jɪːəm2	ʔim2	jɪːəm2	jim2			
1296	閻	咸	開三	平	鹽	以	ŋɪːəm2; jɪːəm2	jim2	jɪːəm; ŋɪːəm2?	ɲim2	jɪːəm2	jim2			
1297	葉	咸	開三	入	鹽	以	jɪːəp8	jip8	jɪːəp8	ʔip8	jɪːəp8	jip8a		hip6	
1298	頁	咸	開三	入	鹽	以	jɪːəp8	jip8	jɪːəp8	ʔip8	jɪːəp8	jip8a			
1299	劍	咸	開三	去	嚴	見	kɪːəm5	kim5	kɪːəm5	kim5	kɪːəm5	kim5	kiam5	tɕim5	
1300	劫	咸	開三	入	嚴	見	kɪːəp7			kip7	kɪːəp7	kip7			
1301	欠	咸	開三	去	嚴	溪	kʰɪːəm5	him5	kʰɪːəm5	kʰim5	hɪːəm5	him5	jiam5?	tɕʰiem5	
1302	嚴	咸	開三	平	嚴	疑	ŋɪːəm2	ŋim2	ŋɪːəm2	ɲim2	nɪːəm2; ŋɪːəm2	ŋim2; nim2?			
1303	業	咸	開三	入	嚴	疑	ŋɪːəp8	ɲip8	ŋɪːəp8?; ŋɛp8?	ɲip8	nɪːəp8?; ŋɪːəp8	nip8a?			
1304	脅	咸	開三	入	嚴	曉	hɪːəp7	hip7	hɪːəp7	hip7	hɪːəp7	hip7			
1305	點	咸	開四	上	添	端	tɪːəm3	tim3	tɪːəm3	dim3	tɪːəm3	tɛm3; tim3	tiam3	tiem1	
1306	店	咸	開四	去	添	端	tɪːəm5	tim5	tɪːəm5	dim5	tɪːəm5	tim5			
1307	添	咸	開四	平	添	透	tʰɪːəm1	tʰim1	tʰɪːəm1	tʰim1	tʰɪːəm1	tʰim1	tem1		
1308	帖(碑帖, 請帖)	咸	開四	入	添	透	tʰɪːəp7	tʰip7		tʰip7	tʰɪːəp7	tʰip7			
1309	貼	咸	開四	入	添	透	tʰɪːəp7	tʰip7		tʰip7	tʰɪːəp7	tʰip7	tiap3		
1310	甜	咸	開四	平	添	定	dɪːəm2	dim2	dɪːəm2	dim2	dɪːəm2	tim2	tiam2	tin1	
1311	疊	咸	開四	入	添	定	dɪːəp8	dip8	dɪːəp8	dip8	dɪːəp8	tip8b		tip6*	
1312	碟	咸	開四	入	添	定	dɪːəp8	dip8	dɪːəp8	dip8	dɪːəp8	tip8b			
1313	蝶	咸	開四	入	添	定	dɪːəp8	dip8	dɪːəp8	dip8	dɪːəp8	tip8b			
1314	鮎(鮎魚)	咸	開四	平	添	泥	nɪːəm2	nim2	nɪːəm2	nim2; nim1?	nɪːəm2	nim2			
1315	念	咸	開四	去	添	泥	nɪːəm6	nim6	nɪːəm6	nim6	nɪːəm6	nim6	niam6	nim6	
1316	挾	咸	開四	入	添	見				gɛp8; gap8; nap8	kap7; kɛp7	nɛp8a; kɛp7			
1317	謙	咸	開四	平	添	溪	kʰɪːəm1	him1	kʰɪːəm1	kʰim1	hɪːəm1	kʰim1			
1318	嫌	咸	開四	平	添	匣	ɦɪːəm2	him2	jɪːəm2	ʔim2	ɦɪːəm2	him2	jiam2	jiem1	
1319	協	咸	開四	入	添	匣	hɪːəp7; ɦɪːəp8	hip7	jɪːəp8	hip7	hɪːəp7	hip8b			
1320	法(方法)	咸	合三	入	凡	非	fap7	fat7	fat7	fat7	fap7	fap7	fa2(法子 fa2θɯ3); fap3		
1321	凡	咸	合三	平	凡	奉	vam2	fan2	fan2; ban2?	ban2; fan2	fam2	fam2			
1322	帆	咸	合三	平	凡	奉	vam2	fan2	fan2; ban2?	ban2; fan2	fam2	fam2			
1323	范	咸	合三	上	凡	奉	vam4	fam6	fan4; ban4?	bam6; fam4	fam4	fam5			
1324	範	咸	合三	上	凡	奉	vam4	fam6	fan4; ban4?						

番号	語(字)	攝	開合・等	声調	韻目	声母	粤祖語	A	B	C	D	E	『武鳴』	『猺歌』	其他
1325	犯	咸	合三	上	凡	奉	bam4;vam4	fam6	fan4;ban4	bam4;fam4	fam6	fam6;pam6			
1326	乏	咸	合三	入	凡	奉	bap8?;vap8	fat8	fat8;bat8?	bat8;fat8	fap8?	fat8b			
1327	品	深	開三	上	侵	滂	pʰim3	pʰɐm3?	pin3	pʰɐn3	pʰɐm3	pʰɐn3			
1328	賃(租賃)	深	開三	去	侵	泥	ɳim6	ɳɐm6	ɳim6		ɳəm6	ɳɐm6			
1329	林	深	開三	平	侵	來	lim2	lɐm2	lim2	lɐm2	ləm2	lɐm2	lim2	giem1	
1330	臨	深	開三	平	侵	來	lim2	lɐm2	lim2	lɐm2	ləm2	lɐm2			
1331	立	深	開三	入	侵	來	lip8	lɐp8	lip8	lɐp8	ləp8	lɐp8	lip9;lap9		
1332	笠	深	開三	入	侵	來	lip7	lɐp7	lip7	lɐp8	ləp8;ləp7?	lɐp8a			
1333	粒	深	開三	入	侵	來	nip7	nɐp7	nip7	nɐp7	nəp7	nɐp7			
1334	浸	深	開三	去	侵	精	tsim5	tsɐm5	tsim5	tsɐm5	tsəm5	tʃɐm1	ɕim5		
1335	侵	深	開三	平	侵	清	tsʰim1	tsʰɐm1	tsʰim1	tʰɐm1	tsʰɐm1	tʃʰɐm1			
1336	寢	深	開三	上	侵	清	tsʰim3	tsʰɐm3	tsʰim3		tsʰɐm3	tʃʰɐm3			
1337	集	深	開三	入	侵	從	dzip8	dzɐp8		sɐp8	dzɐp8	tʃɐp8b			
1338	心	深	開三	平	侵	心	sim1	sɐm1	sim1	sɐm1	ɬɐm1	ɬɐm1	θim1	θiem1	
1339	尋	深	開三	平	侵	邪	dzim2	dzɐm2	dzim2	sɐm2	dzɐm2	tʃɐm2	ɕim2		
1340	習	深	開三	入	侵	邪	dzip8	dzɐp8	dzip8	sɐp8	dzɐp8	tʃɐp8b			
1341	沉	深	開三	平	侵	澄	dzim2	dzʰɐm2	dzim2	dzɐm2	dzɐm2	tʃɐm2	ɕam1?		
1342	森	深	開三	平	侵	生	ʂɐm1	ʂɐm1	ʂɐm1	ʂɐm1;sɐm1	ʂəm1?	ʃɐm1			
1343	澀	深	開三	入	侵	生	kɪ:əp7;ʂip7?	kip7;sɐp7?		kip7;ɳɐp7	ʂəp7;kip7	kip7			
1344	針	深	開三	平	侵	章	tʂim1	tʂɐm1	tʂim1	tʂɐm1	tʂəm1	tʃɐm1	ɕim1		PT qemA
1345	枕	深	開三	上	侵	章	tʂim3	tʂɐm3	tʂim3	tʂɐm3	tʂɐm3	tʃɐm3			
1346	執	深	開三	入	侵	章	tʂip7	tʂɐp7	tʂip7	tʂɐp7	tʂəp7	tʃɐp7			
1347	汁	深	開三	入	侵	章	tʂip7	tʂɐp7	tʂip7	tʂɐp7	tʂəp7	tʃɐp7			
1348	深	深	開三	平	侵	書	ʂim1	ʂɐm1	ʂim1	ʂɐm1	ʂəm1	ʃɐm1	θim1	ɕiem1	
1349	沈	深	開三	上	侵	書	ʂim3	ʂɐm3	ʂim3	ʂɐm3	ʂəm3	ʃɐm3			
1350	審	深	開三	上	侵	書	ʂim3	ʂɐm3	ʂim3	ʂɐm3	ʂəm3	ʃɐm3			
1351	嬸	深	開三	上	侵	書	ʂim3	ʂɐm3	ʂim3	ʂɐm3	ʂəm3	ʃɐm3	θim3		
1352	濕	深	開三	入	侵	書	ʂip7	ʂɐp7	ʂip7	ʂɐp7	ʂəp7	ʃɐp7			
1353	十	深	開三	入	侵	禪	zip8	ʂɐp8	zip8	ʂɐp8	ʂəp8	ʃɐp8b	ɕip7	ɕiep6	
1354	任(責任)	深	開三	去	侵	日	ɳim6	ɳɐm6	ɳim6	ɳɐm6	ɳɐm6	ɳɐm6	ɳam6		
1355	入	深	開三	入	侵	日	ɳip8	jɐp8	ɳip8	ɳɐp8		ɳɐp8	ɲiep6		
1356	今	深	開三	平	侵	見	kim1	kɐm1	kim1	kiəm1	kiəm1	kɐm1	kim1	tɕiem1	
1357	金	深	開三	平	侵	見	kim1	kɐm1	kim1	kiəm1	kiəm1	kɐm1	kim1	tɕiem1	
1358	襟	深	開三	平	侵	見	kʰim1	kʰɐm1	kʰim1	kʰiəm1	kiəm1;kʰiəm1	kʰɐm1			
1359	錦	深	開三	上	侵	見	kim3	kɐm3	kim3	kiəm3	kiəm3	kʰɐm3			
1360	禁(禁止)	深	開三	去	侵	見	kim5	kɐm5	kim5	kiəm5		kɐm5	kim5		
1361	急	深	開三	入	侵	見	kip7	kɐp7	kip7	kiəp7	kiəp7	kɐp7			
1362	級	深	開三	入	侵	見	kʰip7	kʰɐp7	kʰip7	kʰiəp7	kʰiəp7	kʰɐp7			
1363	給(供給)	深	開三	入	侵	見	kʰip7	kʰɐp7	kʰip7	kʰiəp7	kʰiəp7	kʰɐp7			
1364	欽	深	開三	平	侵	溪	kʰim1	hiɐm1	kʰim1	kʰiəm1?	hiɐm1	hɐm1			
1365	琴	深	開三	平	侵	群	gim2	gɐm2	gim2	giəm2	giəm2	kɐm2			
1366	禽	深	開三	平	侵	群	gim2	gɐm2	gim2	giəm2	giəm2	kɐm2			
1367	妗(舅母)	深	開三	去	侵	群	gim4	gɐm4	gim4	giəm4	giəm4	kɐm4	kim4		
1368	及	深	開三	入	侵	群	gip8	gɐp8		giəp8	giəp8	kɐp8b	kip8		
1369	吟	深	開三	平	侵	疑	ŋim2	ŋɐm2	ŋim2	ɳiəm2?	ɳiəm2	ŋɐm2?			
1370	吸	深	開三	入	侵	曉	kʰip7	kʰɐp7	kʰip7	kʰiəp7	kʰiəp7	kʰɐp7			
1371	音	深	開三	平	侵	影	ʔim1	jɐm1	ʔim1	jɐm1	ʔiəm1	jɐm1	ʔim1	jɑm1 (粤)	
1372	陰	深	開三	平	侵	影	ʔim1	jɐm1	ʔim1	jɐm1	ʔiəm1	jɐm1	ʔim1		
1373	飲(飲酒)	深	開三	上	侵	影	ɳim3;ɳim3?	jɐm3	ɳim3;ɳɐm3?	ɳɐm3;jɐm3	ɳəm3	ɳɐm3		jiem3	
1374	淫	深	開三	平	侵	以	jim2	jɐm2	jim2	jiəm2	jiəm2	jɐm2			
1375	丹	山	開一	平	寒	端	tan1	tan1	tan1	ɗan1	tan1	tan1			
1376	單(單獨)	山	開一	平	寒	端	tan1	tan1	tan1	ɗan1	tan1	tan1			
1377	旦	山	開一	去	寒	端	tan5	tan5		ɗan5	tan5	tan5			

番号	語(字)	攝	開合・等	声調	韻目	声母	粤祖語	A	B	C	D	E	『武鳴』	『猺歌』	其他
1378	灘	山	開一	平	寒	透	tʰan1	tʰan1	tʰan1	tʰan1	tʰan1	tʰan1			
1379	坦	山	開一	上	寒	透	tʰan3	tʰan3	tʰan3	tʰan3	tʰan3	tʰan3			
1380	炭	山	開一	去	寒	透	tʰan5	tʰan5	tʰan5	tʰan5	tʰan5	tʰan5	tan5	tʰɑ:n5	
1381	歎	山	開一	去	寒	透	tʰan5	tʰan5	tʰan5	tʰan5	tʰan5	tʰan5		tʰɑ:n5	
1382	獺(水獺)	山	開一	入	寒	透	tsʰat7	tsʰat7		tʰat7?; tsʰat7?	tsʰat7	tʃʰat7			
1383	檀	山	開一	平	寒	定	dan2	dan2	dan2	dan2	dan2	tan2			
1384	壇	山	開一	平	寒	定	dan2	dan2	dan2	dan2	dan2	tan2			
1385	彈(彈琴)	山	開一	平	寒	定	dan2	dan2	dan2	dan2	dan2	tan2			
1386	誕	山	開一	上	寒	定	tan5	tan5		dan6	tan5	tan5			
1387	但	山	開一	去	寒	定	dan6	dan6	dan6				tan6	tɑ:n6	
1388	彈(子彈)	山	開一	去	寒	定	dan6	dan6	dan6	dan6	dan6	tan6			
1389	蛋	山	開一	去	寒	定	dan6	dan6	dan6	dan6	dan6	tan6			
1390	達	山	開一	入	寒	定	dat8	dat8	dat8	dat8	dat8	tat8b		tɑ:p6 (踏?)	
1391	難(難易)	山	開一	平	寒	泥	nan2	nan2	nan2	nan2	nan2	nan2	nan2	nɑ:n1	
1392	難(患難)	山	開一	去	寒	泥	nan6	nan6	nan6	nan6	nan6	nan6			
1393	蘭	山	開一	平	寒	來	lan2	lan2	lan2	lan1; lan2	lan2	lan2		lɑ:n1	
1394	攔	山	開一	平	寒	來	lan2	lan2	lan2	lan2	lan2	lan2			
1395	欄	山	開一	平	寒	來	lan2	lan2	lan2	lan1; lan2	lan2	lan2	lan2		
1396	爛	山	開一	去	寒	來	lan6	lan6	lan6	lan6	lan6	lan6		lɑ:n6	
1397	辣	山	開一	入	寒	來	lat8	lat8	lat8	lat8	lat8	lat8a			
1398	賛	山	開一	去	寒	精	tsan5	tsan5	tsan5	tsan5	tsan5	tʃan5			
1399	餐	山	開一	平	寒	清	tsʰan1	tsʰan1	tsʰan1	tʰan1	tsʰan1	tʃʰan1		θɑ:m1	
1400	燦	山	開一	去	寒	清	tsʰan5	tsʰan5	tsʰan5		tsʰan5	tʃʰan5			
1401	擦	山	開一	入	寒	清	tsʰat7	tsʰat7		tʰat7?; tsʰat7?	tsʰat7	tʃʰat7	θat3;ɕat5		
1402	殘	山	開一	平	寒	從	dzan2	dzan2	dzan2	dzan2	dzan2	tʃan2	θan2		
1403	散(鞋帶散了)	山	開一	上	寒	心	san3	san3		san3	san5	ɬan3			
1404	傘	山	開一	上	寒	心	san5	san5	san5	san5	san5	ɬan5			
1405	散(分散)	山	開一	去	寒	心	san5	san5	san5	san5	san5	ɬan5	θan5	ðɑ:n5	
1406	薩	山	開一	入	寒	心	sat7	sat7	sat7	sat7	sat7	ɬat7			
1407	干	山	開一	平	寒	見	kɔn1	kɔn1	kɔn1		kɔn1	kan1	kan1		
1408	肝	山	開一	平	寒	見	kɔn1	kɔn1	kɔn1	kɔn1	kɔn1	kan1			
1409	竿(竹竿)	山	開一	平	寒	見	kɔn1	kɔn1	kɔn1	kɔn1	kɔn1	kan1; kan3?			
1410	乾(乾濕)	山	開一	平	寒	見	kɔn1	kɔn1	kɔn1	kɔn1	kɔn1	kan1	kan1	kɔ:n1	
1411	桿	山	開一	上	寒	見	kɔn3	kɔn3	kɔn3	kɔn3	kɔn3	kan3		muɑ1 (訓)	
1412	趕	山	開一	上	寒	見	kɔn3	kɔn3	kɔn3	kɔn3	kɔn3	kan3	kan3		
1413	幹	山	開一	去	寒	見	kɔn5	kɔn5	kɔn5	kɔn5	kɔn5	kan5			PT ka:nC
1414	割	山	開一	入	寒	見	kɔt7	kɔt7	kɔt7	kɔt7	kɔt7	kat7; kɛt7?	kat3		
1415	葛	山	開一	入	寒	見	kɔt7	kɔt7	kɔt7	kɔt7	kɔt7	kat7			
1416	看(看見)	山	開一	去	寒	溪	hɔn5	hɔn5	hɔn5	hɔn5	hɔn5	han5		kʰɑ:n5	
1417	渴	山	開一	入	寒	溪	hɔt7	hɔt7	hɔt7	hɔt7	hɔt7	hat7		tɕɛi1[sic]	
1418	岸	山	開一	去	寒	疑	ŋɔn6	ŋɔn6	ŋɔn6	ŋɔn6	ŋɔn6	ŋan6		ŋɑ:n6	
1419	罕	山	開一	上	寒	曉	hɔn3	hɔn3	hɔn3	hɔn3	hɔn3	han3			
1420	漢	山	開一	去	寒	曉	hɔn5	hɔn5	hɔn5	hɔn5	hɔn5	han5	han5		
1421	寒	山	開一	平	寒	匣	ɦɔn2	ɦɔn2	ɦɔn2	ɦɔn2	ɦɔn2	han2	xan2		
1422	韓	山	開一	平	寒	匣	ɦɔn2	ɦɔn2	ɦɔn2	ɦɔn2	ɦɔn2	han2			
1423	旱	山	開一	上	寒	匣	ɦɔn4	ɦɔn4	ɦɔn4	ɦɔn4	ɦɔn4	han4			
1424	汗	山	開一	去	寒	匣	ɦɔn6	ɦɔn6	ɦɔn6	ɦɔn6	ɦɔn6	han6	xan6		
1425	翰	山	開一	去	寒	匣	ɦɔn6	ɦɔn6		ɦɔn6	ɦɔn6	han6			
1426	安	山	開一	平	寒	影	ʔɔn1	ʔɔn1	ʔɔn1	ʔɔn1	ʔɔn1	ʔan1	ʔan1	an1	
1427	鞍	山	開一	平	寒	影	ʔɔn1	ʔɔn1	ʔɔn1	ʔɔn1	ʔɔn1	ʔan1			
1428	按	山	開一	去	寒	影	ʔɔn5	ʔɔn5	ʔɔn5	ʔɔn5	ʔɔn5	ʔan5			
1429	案	山	開一	去	寒	影	ʔɔn5	ʔɔn5	ʔɔn5	ʔɔn5	ʔɔn5	ʔan5			

番号	語(字)	攝	開合・等	声調	韻目	声母	粤祖語	A	B	C	D	E	『武鳴』	『猺歌』	其他
1430	八	山	開二	入	山	幫	pɛt7; pat7	pɛt7; pat7	pɛt7; pat7	ɓɛt7; ɓat7	pat7	pat7	pat3;pet5	pet1	PT pe:t7
1431	盼	山	開二	去	山	滂	pʰan5	pʰan5	pʰan5	pʰan5	pʰan5	pʰan5			
1432	辦	山	開二	去	山	竝	ban6	ban6	ban6	ban6	ban6	pan6	pan6		
1433	拔	山	開二	入	山	竝	bat8	bat8	bat8	bat8	bat8	pat8b	pat2		
1434	抹(抹布)	山	開二	入	山	明	mut7; mat7	mat7; mʊ:at7?	mut7; mat7		mat7	mat8a			
1435	札	山	開二	入	山	莊	tsat7	tsat7	tsat7	tsat7	tsat7	tʃat7			
1436	鏟	山	開二	上	山	初	tsʰan3	tsʰan3	tsʰan3	tsʰan3	tsʰan3	tʃʰan3			
1437	察	山	開二	入	山	初	tsʰat7	tsʰat7	tsat7	tsʰat7	tsʰat7	tʃʰat7			
1438	山	山	開二	平	山	生	san1; sɛn1	san1; sɛn1	san1; sɛn1	san1	san1	ʃan1	θan1;ɕan1	ɕe:n1	
1439	產	山	開二	上	山	生	tsʰan3	tsʰan3	tsʰan3	tsʰan3; tsʰɛn3?	tsʰan3	tʃʰan3			
1440	殺	山	開二	入	山	生	sat7	sat7	sat7	sat7	sat7	ʃat7			
1441	艱	山	開二	平	山	見	kan1	kan1	kan1	kan1	kan1	kan1			
1442	間(中間)	山	開二	平	山	見	kan1	kan1; kɛn1	kan1	kan1	kan1	kan1			
1443	簡	山	開二	上	山	見	kan3	kan3	kan3	kan3	kan3	kan3			
1444	揀	山	開二	上	山	見	kɛn3; kan3	kɛn3; kan3	kɛn3; kan3	kan3	kan3	kɛn3	ken3		
1445	眼	山	開二	上	山	疑	ŋan4; ŋɛn4	ŋan4; ŋɛn4	ŋan4; ŋɛn4	ŋan4	ŋan4	ŋan4	ŋan4	ɲin1	
1446	閑	山	開二	平	山	匣	ɦan2	ɦan2	ɦan2; ɦɛn2	ɦan2	ɦan2	han2	han2(閒)		
1447	限	山	開二	上	山	匣	ɦan6	ɦan6	ɦan6; ɦɛn6	ɦan6	ɦan4	han6	xan6; xan5		
1448	莧(莧菜)	山	開二	去	山	匣	ɦan6; ɦɛn6	ɦɪ:ən6; ɦɛn6	ɦan6; ɦɛn6		han6				
1449	班	山	開二	平	刪	幫	pan1	pan1	pan1	ɓan1	pan1	pan1			
1450	斑	山	開二	平	刪	幫	pan1	pan1	pan1	ɓan1	pan1	pan1	pieu1 (借.斑鳩)		
1451	頒	山	開二	平	刪	幫	pan1	pan1	pan1	ɓan1	pan1	pan1			
1452	扳	山	開二	平	刪	幫		pan1	pan1		man1?				
1453	板	山	開二	上	刪	幫	pan3	pan3	pan3	ɓan3	pan3	pan3	pen3		PT pe:nC
1454	版	山	開二	上	刪	幫	pan3	pan3	pan3	ɓan3	pan3	pan3			
1455	攀	山	開二	平	刪	滂	pʰan1	pʰan1	pʰan1	pʰan1	pʰan1	pʰan1			
1456	蠻	山	開二	平	刪	明	man2	man2	man2	man2	man2	man2	man2?		
1457	慢	山	開二	去	刪	明	man6	man6	man6	man6	man6	man6	men6	man1	
1458	棧	山	開二	去	刪	崇	dzan6	dzan6	dzan6	dzan6	dzan6	tʃan6	ɕan5		
1459	刪	山	開二	平	刪	生	san1	san1	san1	san1	san1	ʃan1			
1460	奸	山	開二	平	刪	見	kan1	kan1; kɛn1	kan1	kan1		kan1(奸猾 kan1 xwat2 (3));kian1 (強奸 kjaŋ2 kian1)			
1461	諫	山	開二	去	刪	見	kan5	kan5	kan1		kan5		kan5		
1462	澗	山	開二	去	刪	見	kan5	kan5	kan3		kan5			ke:n5	
1463	顏	山	開二	平	刪	疑	ŋan2	ŋan2	ŋan2	ŋan2	ŋan2	ŋan2			
1464	雁	山	開二	去	刪	疑	ŋan6	ŋan6	ŋan6	ŋan6	ŋan6	ŋan6			
1465	瞎	山	開二	入	刪	曉	ɦat8; hat7	ɦat8	ɦat7; ɦɛt8?	hat7	hat7	jat7			
1466	轄(管轄)	山	開二	入	刪	匣	ɦat8	ɦat8	ɦat8; ɦɛt8?	ɦat8		hat8			
1467	晏	山	開二	去	刪	影	ʔan5	ʔan5	ʔan5	ʔan5	ʔan5	ʔan5			
1468	鞭	山	開三	平	仙	幫	pɪ:ən1	pɪ:ən1	pɪ:ən1	ɓin1	pɪ:ən1	pin1			
1469	編	山	開三	平	仙	幫	pʰɪ:ən1	pʰɪ:ən1	pʰɪ:ən1	pʰin1	pʰɪ:ən1	pʰin1			
1470	變	山	開三	去	仙	幫	pɪ:ən5	pɪ:ən5	pɪ:ən5	ɓin5	pɪ:ən5	pin5	pian5	pin5	
1471	鱉	山	開三	入	仙	幫	pɪ:ət8	pɪ:ət7	pɪ:ət8	ɓit7	pɪ:ət7	pit7			
1472	篇	山	開三	平	仙	滂	pʰɪ:ən1	pʰɪ:ən1	pʰɪ:ən1	pʰin1	pʰɪ:ən1	pʰin1	piɑn1		
1473	偏	山	開三	平	仙	滂	pʰɪ:ən1	pʰɪ:ən1	pʰɪ:ən1	pʰin1	pʰɪ:ən1	pʰin1			
1474	騙(騙馬)	山	開三	去	仙	滂	pʰɪ:ən1	pʰɪ:ən5	pʰɪ:ən5	pʰin5	pʰɪ:ən5	pʰin5			
1475	便(便宜)	山	開三	平	仙	竝	bɪ:ən2	bɪ:ən2	bɪ:ən2	bin2	bɪ:ən2	pin2	piɑn2		

各語(字)の再建形　　301

番号	語(字)	攝	開合・等	声調	韻目	声母	粤祖語	A	B	C	D	E	『武鳴』	『猺歌』	其他
1476	辨	山	開三	上	仙	並	bɪːən6	bɪːən6	bɪːən6	bin4	bɪːən6	pin6			
1477	辯	山	開三	上	仙	並	bɪːən6	bɪːən6	bɪːən6	bin4	bɪːən6	pin6			
1478	便(方便)	山	開三	去	仙	並	bɪːən6	bɪːən6	bɪːən6	bin6	bɪːən6	pin6	pian6	pin6	
1479	別(離別)	山	開三	入	仙	並	bɪːət8	bɪːət8	bɪːət8	bit8	bɪːət8	pit8b			
1480	綿	山	開三	平	仙	明	mɪːən2	mɪːən2	mɪːən2	min2	mɪːən2	min2			
1481	棉	山	開三	平	仙	明	mɪːən2	mɪːən2	mɪːən2	min2	mɪːən2	min2		bui1	
1482	免	山	開三	上	仙	明	mɪːən4	mɪːən4	mɪːən4	min4	mɪːən4	min4	mian4		
1483	勉	山	開三	上	仙	明	mɪːən4	mɪːən4	mɪːən4	min4	mɪːən4	min4			
1484	面	山	開三	去	仙	明	mɪːən6	mɪːən6	mɪːən6	min6	mɪːən6	min6	mian6	mien6	
1485	滅	山	開三	入	仙	明	mɪːət8	mɪːət8	mɪːət8	mit8	mɪːət8	mit8a			
1486	碾	山	開三	上	仙	泥	tsɪːən3	tsɪːən3; nɪːən3?	tsɪːən3	nin3; ŋon3	tsɪːən3; nɪːən3	nɛn3; nɛn4?			
1487	連	山	開三	平	仙	來	lɪːən2	lɪːən2	lɪːən2; lɛm2?	lin2	lɪːən2	lin2	len2;lian2	gin1	
1488	聯	山	開三	平	仙	來	lyːən2; lɪːən2	lyːən2	lyːən2	lyn2; lin2	lɪːən2; lɪːəm2?	lin2			
1489	輦	山	開三	上	仙	來	nɪːən3?	lɪːən4		nin3	nɪːən3? nɪːən4?	nɛn3; nɛn4?			
1490	列	山	開三	入	仙	來	lɪːət8	lɪːət8	lɪːət8	lit8	lɪːət8	lit8a			
1491	烈	山	開三	入	仙	來	lɪːət8	lɪːət8	lɪːət8; lɪːət7?	lit8	lɪːət8	lit8a			
1492	裂	山	開三	入	仙	來	lɪːət8	lɪːət8	lɪːət8; lɪːət7?	lit8	lɪːət8	lit8a			
1493	煎	山	開三	平	仙	精	tsɪːən1	tsɪːən1	tsɪːən1	tsin1	tsɪːən1	tʃin1	ɕian1		
1494	剪	山	開三	上	仙	精	tsɪːən3	tsɪːən3	tsɪːən3	tsin3	tsɪːən3	tʃin3			
1495	箭	山	開三	去	仙	精	tsɪːən5	tsɪːən5	tsɪːən5	tsin5	tsɪːən5	tʃin5		θin5	
1496	遷	山	開三	平	仙	清	tsʰɪːən1	tsʰɪːən1	tsʰɪːən1	tʰim1	tsʰɪːəm1	tʃʰim1			
1497	淺	山	開三	上	仙	清	tsʰɪːən3	tsʰɪːən3	tsʰɪːən3	tʰin3	tsʰɪːən3	tʃʰin3			
1498	錢	山	開三	平	仙	從	dzɪːən2	dzɪːən2	dzɪːən2	sin2	dzɪːən2	tʃin2	ɕian2	θin1	
1499	賤	山	開三	去	仙	從	dzɪːən6	dzɪːən6		sin6	dzɪːən6	tʃin6			
1500	仙	山	開三	平	仙	心	sɪːən1	sɪːən1	sɪːən1	sin1	sɪːən1	ɬin1	θen1;θian1		
1501	鮮(新鮮)	山	開三	平	仙	心	sɪːən3	sɪːən3	sɪːən1	sin1	sɪːən1	ɬin1	θian1		
1502	癬	山	開三	上	仙	心	sɪːən3	sɪːən3	sɪːən3	sin3	sɪːən3; sʏːən3	ɬin3			
1503	綫	山	開三	去	仙	心	sɪːən5	sɪːən5	sɪːən5	sin5	sɪːən5	ɬin5	θian5	θin5	
1504	羨	山	開三	去	仙	邪	zɪːən6	sɪːən6	zɪːən6	sin6	sɪːən5; sɪːən6	ɬin6			
1505	展	山	開三	上	仙	知	tsɪːən3	tsɪːən3	tsɪːən3	tsin3	tsɪːən3	tʃin3			
1506	哲	山	開三	入	仙	知	tsɪːət7	tsɪːət7		tsit7	tsɪːət7	tʃit7			
1507	蜇(蠍子蜇人)	山	開三	入	仙	知	tsɪːət7	tsɪːət7		tsit7	tsɪːət7	tʃit7			
1508	徹	山	開三	入	仙	徹	tsʰɪːət7	tsʰɪːət7		tsʰit7	tsʰɪːət7	tʃʰit7			
1509	撤	山	開三	入	仙	徹	tsʰɪːət7	tsʰɪːət7		tsʰit7	tsʰɪːət7	tʃʰit7			
1510	纏	山	開三	平	仙	澄	dzɪːən2	dzɪːən2	dzɪːən2	dzhin2	dzɪːən2		kin1		
1511	轍	山	開三	入	仙	澄	tsʰɪːət7	tsʰɪːət7		tsʰit7	tsʰɪːət7	tʃʰit7			
1512	氈	山	開三	平	仙	章	tsɪːən1		tsɪːən1	tsin1	tsɪːən1	tʃin1			
1513	戰	山	開三	去	仙	章	tsɪːən5	tsɪːən5	tsɪːən5	tsin5	tsɪːən5	tʃin5			
1514	顫	山	開三	去	仙	章	tsɪːən5	tsɪːən5	tsɪːən5	tsin5	tsɪːən5	tʃin5			
1515	折(折斷)	山	開三	入	仙	章	tsɪːət7	tsɪːət7		tsit7	tsɪːət7	tʃit7		tɕep1; ɖep1	
1516	浙	山	開三	入	仙	章	tsɪːət7	tsɪːət7		tsit7	tsɪːət7	tʃit7			
1517	舌	山	開三	入	仙	船	sɪːt8	ɕit8		ɕit8	sɪːət8	ʃit8			
1518	搧	山	開三	平	仙	書	sɪːən5	sɪːən5	sɪːən5						
1519	扇	山	開三	去	仙	書	sɪːən5	sɪːən5	sɪːən5	sin5	sɪːən5	ʃin5		ɕin5	
1520	設	山	開三	入	仙	書	tsʰɪːət7; sʏːət7; sɪːət7?	tsʰɪːət7		tsʰit7	sɪːət7; sʏːət7	ʃyt7; tʃʰit7?	θe2		
1521	蟬	山	開三	平	仙	禪	zɪːəm2	ɕim2	zɪːəm2	ɕim2	sɪːəm2	ʃim2			
1522	善	山	開三	上	仙	禪	zɪːən4	ɕin6	zɪːən4	ɕin4	sɪːən4	ʃin6	θian6		
1523	然	山	開三	平	仙	日	ŋɪːən2	ŋɪːən2	ŋɪːəm2	ŋin2	ŋɪːən2	ŋin2	jian2		
1524	燃	山	開三	平	仙	日	ŋɪːən2	ŋɪːən2	ŋɪːəm2	ŋin2	ŋɪːən2	ŋin2			
1525	熱	山	開三	入	仙	日	ŋɪːət8	ŋɪːət8	ŋɪːət8	ŋit8	ŋɪːət8	ŋit8a			

番号	語(字)	攝	開合・等	声調	韻目	声母	粤祖語	A	B	C	D	E	『武鳴』	『猺歌』	其他
1526	遣	山	開三	上	仙	溪	hɪːən3	hɪːən3	hɪːən3	hin3	hɪːən1	hin3			
1527	件	山	開三	上	仙	群	gɪːən4	gɪːən4	gɪːən4	gin4	gɪːən4	kin4	kian6		
1528	傑	山	開三	入	仙	群	gɪːət8	gɪːət8	gɪːət8	git8	gɪːət8	kit8b			
1529	諺	山	開三	去	仙	疑	ŋɪːən6?;nɪːən6	jɪːən6	ŋɪːən6?;nɪːən6?	ŋin6	nɪːəm6	ŋin6			
1530	焉(心不在焉)	山	開三	平	仙	影	ʔɪːən1		jɪːən2	ŋin1;ʔin1	jɪːən1	ʔin1			
1531	延	山	開三	平	仙	以	jɪːən2	jɪːən2	jɪːən2	ʔin2	jɪːən2	jin2			
1532	鍵(鍵子)	山	開三	平	元	見					kɪːən5				
1533	建	山	開三	去	元	見	kɪːən5	kɪːən5	kɪːən5;kʏːən5	kin5	kɪːən5	kin5			
1534	揭	山	開三	入	元	見	kʰɪːət7	kʰɪːət7		kʰit7	kʰɪːət7	kʰit7			
1535	鍵	山	開三	上	元	群	gɪːən6	gɪːən6		gin6	gɪːən6	kin6			
1536	健	山	開三	去	元	群	gɪːən6	gɪːən6		gin6	gɪːən6	kin6			
1537	腱	山	開三	去	元	群	gɪːən6	gɪːən6		gin6	gɪːən6	kin6;kin5			
1538	言	山	開三	平	元	疑	ŋɪːən2	ŋɪːən2	ŋɪːən2;ŋʏːən2?	ŋin2	ŋɪːən2	ŋin2	ŋian2	ɲin1	
1539	軒	山	開三	平	元	曉	hɪːən1	hɪːən1	hɪːən1	hin1	hɪːən1	hin1	kian1		
1540	憲	山	開三	去	元	曉	hɪːən5	hɪːən5	hɪːən5	hin5	hɪːən5	hin5			
1541	獻	山	開三	去	元	曉	hɪːən5	hɪːən3	hɪːən5	hin5	hɪːən5	hin5			
1542	邊	山	開四	平	先	幫	pɪːən1	pɪːən1	pɪːən1	ɓin1	pɪːən1	pin1	pian1	pin1	
1543	蝙	山	開四	平	先	幫	pʰɪːən1	pɪːən1	pʰin1;ɓin1	pʰɪːən1	pʰin1				
1544	扁	山	開四	上	先	幫	pɛn3;pɪːən3	pɪːən3	pɛn3;pɪːən3	ɓɛn3;ɓin3	pɛn3	pɛn3			
1545	匾	山	開四	上	先	幫	pɛn3;pɪːən3	pɪːən3	pɛn3;pɪːən3	ɓɛn3;ɓin3	pɛn3	pɛn3			
1546	遍(一遍)	山	開四	去	先	幫	pʰɪːən5	pʰɪːən5	pʰɪːən5	pʰin5	pʰɪːən5	pʰin5			
1547	遍(遍地)	山	開四	去	先	幫	pʰɪːən5	pʰɪːən5	pʰɪːən5						
1548	憋	山	開四	入	先	幫	pɪːət7	pɪːət7		ɓit7	pɪːət7	pit7			
1549	片	山	開四	去	先	滂	pʰɪːən5	pʰɪːən5	pʰɪːən5	pʰin5	pʰɪːən5	pʰin5	pen5		
1550	眠	山	開四	平	先	明	mɪːən2	mɪːən2	mɪːən2	min2	mɪːən2	min2		min1	
1551	麵	山	開四	去	先	明	mɪːən6	mɪːən6	mɪːən6	min6	mɪːən6	min6	mian6		
1552	篾(竹篾)	山	開四	入	先	明	mɪːət8	mɪːət8	mɪːət8	mit8	mɪːət8	mit8a			
1553	顛	山	開四	平	先	端	tɪːən1	tɪːən1	tɪːən1	ɗin1	tɪːən1	tin1			
1554	典	山	開四	上	先	端	tɪːən3	tɪːən3	tɪːən3	ɗim3	tɪːən3	tim3			
1555	天	山	開四	平	先	透	tʰɪːən1	tʰɪːən1	tʰɪːən1	tʰin1	tʰɪːən1	tʰin1	ten1;tian1	tʰin1	
1556	鐵	山	開四	入	先	透	tʰɪːət7	tʰɪːət7		tʰit7	tʰɪːət7	tʰit7	tiat3		PT hlekD, ミエン語 hlje7
1557	田	山	開四	平	先	定	dɪːən2	dɪːən2	dɪːən2	din2	dɪːən2	tin2	ten2	tin1	
1558	塡	山	開四	平	先	定	dɪːən2	dɪːən2	dɪːən2	din2	dɪːən2	tin2			
1559	電	山	開四	去	先	定	dɪːən6	dɪːən6	dɪːən6	din6	dɪːən6	tin6			
1560	殿	山	開四	去	先	定	dɪːən6	dɪːən6	dɪːən6	din6	dɪːən6	tin6			
1561	佃	山	開四	去	先	定	dɪːən6	dɪːən6	dɪːən6	din6	dɪːən6	tin6			
1562	墊(墊錢)	山	開四	去	先	定	dɪːəm6	dɪːən6		dim6;din6	dɪːəm6	tim6	tem5;tem6		
1563	年	山	開四	平	先	泥	nɪːən2	nɪːən2	nɪːən2	nin2;nin1	nɪːən2	nin2	nian2	nin1	
1564	攆	山	開四	上	先	泥	nɛn3;nɪːən3	nɪːən4?;nɪːən3?;nɪːən3?		nin3	nɛn3	nɛn3			
1565	捏	山	開四	入	先	泥	nɪːət7;nɪːəp8;nɪːəp7	nip8	nɪːət7;nɪːəp7?	nip7;nip8;nit7	nɪːət7;nɪːət8	nip8a;nɛt8a?			PT hniːpD
1566	憐	山	開四	平	先	來	lɪːən2	lɪːən2	lɪːən2	lin2		lin2			
1567	蓮	山	開四	平	先	來	lɪːən2	lɪːən2	lɪːən2	lin2	lɪːən2	lin2	lian2		
1568	練	山	開四	去	先	來	lɪːən6	lɪːən6	lɪːən6	lin6	lɪːən6	lin6	lian6		
1569	箋	山	開四	平	先	精	tsɪːən1	tsɪːən1	tsɪːən1	tʰim1	tsɪːən1	tʃʰim1			
1570	薦	山	開四	去	先	精	tsɪːən5	tsɪːən5	tsɪːən5	tsin5	tsɪːən5	tʃin5			
1571	節	山	開四	入	先	精	tsɪːət7	tsɪːət7		tsit7	tsɪːət7	tʃit7	θiat5;ɕiat3	gɛːŋ5 (訓?「梗」?)	

番号	語(字)	攝	開合・等	声調	韻目	声母	粤祖語	A	B	C	D	E	『武鳴』	『猺歌』	其他
1572	千	山	開四	平	先	清	tsʰɪːən1	tsʰɪːən1	tsʰɪːən1	tʰin1	tsʰɪːən1	tʃʰin1	θian1; ɕian1; θian3（先生 θian3seŋ1）	θin1	
1573	切(切開)	山	開四	入	先	清	tsʰɪːət7	tsʰɪːət7		tʰit7	tsʰɪːət7	tʃʰit7			
1574	前	山	開四	平	先	從	dzɪːən2	dzɪːən2	dzɪːən2	sin2	dzɪːən2	tʃin2	θian2		
1575	截	山	開四	入	先	從	dzɪːət8	dzɪːət8	dzɪːət8	sit8	dzɪːət8	tʃit8b			
1576	先	山	開四	平	先	心	sɪːən1	sɪːən1	sɪːən1	sin1	sɪːən1	ɬin1	θen1;θian1		
1577	肩	山	開四	平	先	見	kɪːən1	kɪːən1	kɪːən1	kin1	kɪːən1	kin1			
1578	堅	山	開四	平	先	見	kɪːən1	kɪːən1	kɪːən1	kin1	kɪːən1	kin1			
1579	繭	山	開四	上	先	見	kɛn3; kan3	kɛn3; kan3	kɛn3; kan3	kan3	kɛn3; kan3	kɛn3?			
1580	見	山	開四	去	先	見	kɛn5; kɪːən5	kɛn5; kɪːən5	kɪːən5; kɛn5?	kin5	kɪːən5	kin5	kian5	kin5	
1581	結	山	開四	入	先	見	kɪːət7	kɪːət7	kɪːət7	kit7	kɪːət7	kit7; kɛt7?	kiat3	kit1	
1582	潔	山	開四	入	先	見	kɪːət7	kɪːət7	kɪːət7	kit7	kɪːət7	kit7; kɛt7?			
1583	牽	山	開四	平	先	溪	kʰɪːən1	hɛn1; hɪːən1	kʰɪːən1	kʰin1	hɪːən1	hin1			
1584	研	山	開四	平	先	疑	ŋɛn2; ŋɪːən2	ŋɪːən2	ŋɪːən2	nin1; nin2	ŋɛn1; nɪːən2; ŋɪːən2	nɛn2; ŋin2			
1585	硯	山	開四	去	先	疑	ŋɪːəm6		ŋɪːən6	nin6; ʔin6	ŋɪːəm6	jin6	ŋian6		
1586	顯	山	開四	上	先	曉	hɪːən3	hɪːən3	hɪːən3	hin3	hɪːən3	hin3	jian3		
1587	賢	山	開四	平	先	匣	ɦɪːən2	ɦɪːən2	jɪːən2	ʔin2	jɪːən2	jin2			
1588	弦	山	開四	平	先	匣	ɦɪːən2	ɦɪːən2	jɪːən2	ʔin2	jɪːən2	jin2			
1589	現	山	開四	去	先	匣	ɦɪːən6	ɦɪːən6	jɪːən6; ɦɛn6?	ʔin6	jɪːən6	jin6	jian5; jian6	hin1	
1590	煙	山	開四	平	先	影	ʔɪːən1	ʔɪːən1	ʔɪːən1; ʔen1?	ʔin1	ʔɪːən1	jin2	ʔjian1	ɕiːu5（出煙）; in1	
1591	燕(燕子)	山	開四	去	先	影	ʔɪːən5	ʔɪːən5		ʔin5	ʔɪːən5	ʔɛn5; ʔin5		in5	PT ʔeːnB
1592	宴	山	開四	去	先	影	ʔɪːən5	ʔɪːən5	ʔɪːən5	ʔin5	ʔɪːən5	ʔin5			
1593	般	山	合一	平	桓	幫	pʊːən1	pʊːən1	pʊːən1	ɓun1	pʊːən1	pun1	puan1		
1594	搬	山	合一	平	桓	幫	pʊːən1	pʊːən1	pʊːən1	ɓun1	pʊːən1	pun1	puan1		
1595	半	山	合一	去	桓	幫	pʊːən5	pʊːən5	pʊːən5	ɓun5	pʊːən5	pun5	puan5	puan5	
1596	鉢	山	合一	入	桓	幫	pʊːət7	pʊːət7	pʊːət7	ɓut7	pʊːət7	put7			
1597	撥	山	合一	入	桓	幫	pʊːət7	pʊːət7; pʊːət8	pʊːət7; pʰʊːət7	ɓut7	pʊːət7	put7		buat1	
1598	判	山	合一	去	桓	滂	pʰʊːən5	pʰʊːən5	pʰʊːən5	pʰun5	pʰʊːən5	pʰun5			
1599	潑	山	合一	入	桓	滂	pʰʊːət7	pʰʊːət7		pʰut7	pʰʊːət7	pʰut7			
1600	盤	山	合一	平	桓	並	bʊːən2	bʊːən2	bʊːən2	bun2	bʊːən2	pun2	puan2		
1601	伴	山	合一	上	桓	並	bʊːən4	bʊːən4	bʊːən4	bun4	bʊːən4	pun4	buan6; puan5		
1602	拌	山	合一	上	桓	並	bʊːən4	bʊːən4?		bun4	bʊːən4	pun4	buan6		
1603	瞞	山	合一	平	桓	明	mʊːən2	mʊːən2	mʊːən2	mun2	mʊːən2	mun2	muan2		
1604	饅(饅頭)	山	合一	平	桓	明	man2; man6	man6	man2	man6	man6	man2			
1605	滿	山	合一	上	桓	明	mʊːən4	mʊːən4	mʊːən4	mun4	mʊːən4	mun4	muan4	muan1	
1606	漫	山	合一	去	桓	明	man6	man6	man6	man6	man6	man6			
1607	末	山	合一	入	桓	明	mʊːət8	mʊːət8	mʊːət8	mut8	mʊːət8	mut8a			
1608	沫	山	合一	入	桓	明	mʊːət8	mʊːət8	mʊːət8	mut8	mʊːət8	mut8a			
1609	端	山	合一	平	桓	端	tʊːən1	tYːən1	tʊːən1	ɗun1	tʊːən1	tun1			
1610	短	山	合一	上	桓	端	tʊːən3	tYːən3	tʊːən3	ɗun3	tʊːən3	tun3		tun3	
1611	斷(決斷)	山	合一	去	桓	端	tʊːən5	tYːən5	tʊːən5			tuan5			
1612	脫	山	合一	入	桓	透	tʰʊːət7	tʰYːət7	tʰʊːət7	tʰut7	tʰʊːət7	tʰut7	tuat5		
1613	團	山	合一	平	桓	定	dʊːən2	dYːən2	dʊːən2	dun2	dʊːən2	tun2	tuan2		
1614	糰	山	合一	平	桓	定	dʊːən2	dYːən2	dʊːən2	dun2	dʊːən2	tun2			
1615	斷(斷絕)	山	合一	上	桓	定	dʊːən4	dYːən4	dʊːən4	dun4	dʊːən4	斷絕 tun4; 決斷 tun5	tuan6	to6; tuan6	

番号	語(字)	攝	開合・等	声調	韻目	声母	粤祖語	A	B	C	D	E	『武鳴』	『猺歌』	其他
1616	段	山	合一	去	桓	定	dʊːən6	dʏːən6	dʊːən6	dun6	dʊːən6	tun6			
1617	奪	山	合一	入	桓	定	dʊːət8	dʏːət8	dʊːət8	dut8	dʊːət8	tut7	tuat5		
1618	暖	山	合一	上	桓	泥	nʊːən4	nʏːən4	nʊːən4	nun4	nʊːən4	nun4		nuan6	
1619	鸞	山	合一	平	桓	來	lʊːən2	lʏːən2	lʊːən2?	lun2	lʊːən2	lon2			
1620	卵	山	合一	上	桓	來	lʊːən3; lʊːən4	lʏːən4; lon3	lʊːən3?	lun4	lʊːən4	lun4			
1621	亂	山	合一	去	桓	來	lʊːən6	lʏːən6	lʊːən6	lun6	lʊːən6	lun6	luan6	lun6	
1622	捋(捋袖)	山	合一	入	桓	來	lʊːət7; lʊːət8	lʏːt7	lʊːət8	lut7; lut8	lʊːət7	lut8a			
1623	鑽(動詞)	山	合一	平	桓	精	tsʊːən1	tsʏːən1		tsun1	tsʊːən1	ʧʃɔn1			
1624	酸	山	合一	平	桓	心	sʊːən1	sʏːən1	sʊːən1	sun1	sun1	ɬun1			
1625	算	山	合一	去	桓	心	sʊːən5	sʏːən5	sʊːən5	sun5	sʊːən5	ɬun5	θuan5		
1626	蒜	山	合一	去	桓	心	sʊːən5	sʏːən5	sʊːən5	sun5	sʊːən5	ɬun5	θuan5		
1627	官	山	合一	平	桓	見	kʊːən1	kʊːən1	kʊːən1	kun1	kun1	kun1	kuan1; kʷan1?	kuan1	
1628	棺	山	合一	平	桓	見	kʊːən1	kʊːən1	kʊːən1	kun1	kun1	kun1			
1629	觀(參觀)	山	合一	平	桓	見	kʊːən1	kʊːən1	kʊːən1	kun1	kun1	kun1		kun1	
1630	冠(衣冠)	山	合一	平	桓	見	kʊːən1	kʊːən1	kʊːən1	kun1	kun1	kun1			
1631	管	山	合一	上	桓	見	kʊːən3	kʊːən3	kʊːən3	kun3	kʊːən3	kun3	kuan3; kʷan3(量詞)	kun3	
1632	館	山	合一	上	桓	見	kʊːən3	kʊːən3	kʊːən3	kun3	kʊːən3	kun3			
1633	貫	山	合一	去	桓	見	kʊːən5	kʊːən5	kʊːən5	kun5	kʊːən5	kun5	kuan5		
1634	灌	山	合一	去	桓	見	kʊːən5	kʊːən5	kʊːən5	kun5	kʊːən5	kun5			
1635	罐	山	合一	去	桓	見	kʊːən5	kʊːən5	kʊːən5	kun5	kʊːən5	kun5	kuan5	kun5*	
1636	觀(寺觀)	山	合一	去	桓	見	kʊːən5		kʊːən5	kun5	kʊːən5				
1637	冠(冠軍)	山	合一	去	桓	見	kʊːən5	kʊːən5	kʊːən5	kun5	kʊːən5	kun5			
1638	括(抱括)	山	合一	入	桓	見	kʰʊːət7; kʷat7	kʰʊːət7	kʰʊːət7	kʰut7; kʷat7?	kʷat7	kʷat7			
1639	寬	山	合一	平	桓	溪	kʰʊːən1	hʊːən1	kʰʊːən1	hun1	hun1	hun1		guan1	
1640	款	山	合一	上	桓	溪	kʰʊːən3	hʊːən3 (kʰʊːən3?)	kʰʊːən3	hun3	hʊːən3	hun3			
1641	闊	山	合一	入	桓	溪	hʊːət7	hʊːət7	hʊːət7	hut7	hʊːət7	hut7			
1642	玩(古玩,遊玩)	山	合一	去	桓	疑	wan6; ŋʊːən6?	wʊːən6?; wan3?	ŋʊːən6	wan4?; wan6	?	wan6			
1643	歡	山	合一	平	桓	曉	hʊːən1	hʊːən1	wʊːən2	hun1	hun1	hun1	wuan1		
1644	喚	山	合一	去	桓	曉	hʊːən5; ɦʊːən6	hʊːən5	wʊːən6	hun5	hʊːən5	wun6			
1645	桓	山	合一	平	桓	匣	ɦʊːən2	ɦʊːən2	wʊːən2	ʔun2		wan2			
1646	完	山	合一	平	桓	匣	jyːən2	jʏːən2	jʏːən2	ʔyn2; ʔun2	jʏːən2	win2?	wuan2		
1647	丸(肉丸)	山	合一	平	桓	匣	jyːən2	jʏːən2	jʏːən2	ʔyn2; ʔun2	jʏːən2	win2?	jian2		
1648	換	山	合一	去	桓	匣	ɦʊːən6	ɦʊːən6	wʊːən6	ʔun6	wʊːən6	wun6	wuan6		
1649	活	山	合一	入	桓	匣	ɦʊːət8	ɦʊːət8	wʊːət8	ʔut8	ɦʊːət8	wut8b		vuət6*	
1650	碗	山	合一	上	桓	影	ʔʊːən3	wʊːən3	ʔʊːən3	ʔun3		wuin3			
1651	腕	山	合一	去	桓	影	ʔʊːən3	wʊːən3	ʔʊːən3	ʔun3	ʔʊːən3	wun5			
1652	鰥(鰥寡)	山	合二	平	山	見	kʷan1	kʷan1	kʷan1	kʷan1	kʷan1	kʷan1			
1653	頑(頑皮)	山	合二	平	山	疑	ŋʷan2; man2	wan2	ŋʷan2	ŋan2	ŋʷan2; man2	man2			
1654	幻	山	合二	去	山	匣	ɦʷan6	wan6	wan6	wan6	wan6	wan6			
1655	滑	山	合二	入	山	匣	ɦʷat8; ɦʷɜt8	wat8; wɜt8	wat8; wɜt8	wat8	wat8b				
1656	猾(狡猾)	山	合二	入	山	匣	ɦʷat8; ɦʷɜt8	wat8; wɜt8	wat8; wɜt8	wat8	wat8b	xwat2			
1657	挖	山	合二	入	山	影	ʔʷat7	wat7; wɜt8	wat7; wɜt8	wat7	wɛt7; wat7	ʔʷat3	vet1		
1658	閂	山	合二	平	刪	生	ʂan1	ʂan1		ʂan1; ʂɔn1?	ʂan1	ʃan1			
1659	刷	山	合二	入	刪	生	tʂʰat7	tʂʰat7		tʂʰat7; ʂɔt8?	tʂʰat7; ʂat7	ʧʰat7			
1660	關	山	合二	平	刪	見	kʷan1	kʷan1	kʷan1	kʷan1	kʷan1	kʷan1;kʷen1			

各語（字）の再建形　　305

番号	語(字)	攝	開合・等	声調	韻目	声母	粵祖語	A	B	C	D	E	『武鳴』	『猺歌』	其他
1661	慣	山	合二	去	刪	見	kʷan5; kʷɛn5	kʷan5; kʷɛn5	kʷan5; kʷɛn5	kʷan5	kʷan5	kʷan5	kʷen5	kve:n5	
1662	刮	山	合二	入	刪	見	kʷat7	kʷat7		kʷat7	kʷat7	kʷat7			PT kʷa:tD
1663	還(還原)	山	合二	平	刪	匣	fiʷan2	wan2	wan2; wɛn2	wan2	wan2	wan2		ve:n1	
1664	還(還有)	山	合二	平	刪	匣	fiʷan2	wan2	wan2	wan2	wan2	wan2			
1665	環	山	合二	平	刪	匣	fiʷan2	wan2	wan2	wan2	wan2	wan2		ve:n1	
1666	患	山	合二	去	刪	匣	fiʷan6	wan6	wan6	wan6	wan6	wan6			
1667	彎	山	合二	平	刪	影	ʔʷan1	wan1	wan1	wan1	wan1	wan1			
1668	灣	山	合二	平	刪	影	ʔʷan1	wan1	wan1	wan1	wan1	wan1			
1669	戀	山	合三	去	仙	來	lʏ:ən3; lʏ:ən6	lʏ:n3	lʏ:ən3	lyn5; lyn6	lɪ:ən6	lyn6		lian6	
1670	劣	山	合三	入	仙	來	lʏ:ət7	lʏ:ət7		lyt7	lʏ:ət7	lyt8a			
1671	全	山	合三	平	仙	從	dzʏ:ən2	dzʏ:ən2	dzʏ:ən2		dzʏ:ən2	tɕyn2	ɕian2		
1672	泉	山	合三	平	仙	從	dzʏ:ən2	dzʏ:ən2	dzʏ:ən2		dzʏ:ən2	tɕyn2		θun1	
1673	絕	山	合三	入	仙	從	dzʏ:ət8	dzʏ:ət8	dzʏ:ət8	syt8	dzʏ:ət8	tɕyt8b			
1674	宣	山	合三	平	仙	心	sʏ:ən1	sʏ:ən1	sʏ:ən1		sʏ:ən1	ɬyn1			
1675	選	山	合三	上	仙	心	sʏ:ən3	sʏ:ən3	sʏ:ən3	syn3	sʏ:ən3	ɬyn3		θian3	
1676	雪	山	合三	入	仙	心	sʏ:ət7	sʏ:ət7		syt7	sʏ:ət7	ɬyt7			
1677	旋	山	合三	平	仙	邪	zʏ:ən2	sʏ:ən2	zʏ:ən2		sʏ:ən2	ɬyn2			
1678	轉(轉送)	山	合三	上	仙	知	tsʏ:ən3	tsʏ:ən3	tsʏ:ən3	tsyn3	tsʏ:ən3	tɕyn3	ɕwen3	tɕun3	
1679	轉(轉螺絲)	山	合三	去	仙	知	tsʏ:ən5	tsʏ:ən5		tsyn5	tsʏ:ən5	tɕyn5			
1680	傳(傳達)	山	合三	平	仙	澄	dzʏ:ən2	dzʏ:ən2	dzʏ:ən2	dzyn2	dzʏ:ən2	tɕyn2	ɕwan2; ɕwen2	tɕun1	
1681	傳(傳記)	山	合三	去	仙	知	dzʏ:ən6	dzʏ:ən6	dzʏ:ən6	dzyn6		tɕyn6			
1682	專	山	合三	平	仙	章	tsʏ:ən1	tsʏ:ən1	tsʏ:ən1	tsyn1	tsʏ:ən1	tɕyn1			
1683	磚	山	合三	平	仙	章	tsʏ:ən1	tsʏ:ən1	tsʏ:ən1	tsyn1	tsʏ:ən1	tɕyn1	ɕian1		
1684	川	山	合三	平	仙	昌	tsʰʏ:ən1	tsʰʏ:ən1	tsʰʏ:ən1	tsʰyn1	tsʰʏ:ən1	tɕʰyn1			
1685	穿	山	合三	平	仙	昌	tsʰʏ:ən1	tsʰʏ:ən1	tsʰʏ:ən1	tsʰyn1	tsʰʏ:ən1	tɕʰyn1	ɕøn1		
1686	喘	山	合三	上	仙	昌	tsʰʏ:ən3	tsʰʏ:ən3	tsʰʏ:ən3	tsʰyn3	tsʰʏ:ən3	tɕʰyn3			
1687	串	山	合三	去	仙	昌	tsʰʏ:ən5	tsʰʏ:ən5	tsʰʏ:ən5	tsʰyn5	tsʰʏ:ən5	tɕʰyn5		ɕun5*	
1688	船	山	合三	平	仙	船	zʏ:ən2	sʏ:ən2	zʏ:ən2	dzyn2	sʏ:ən2	ʃyn2		tɕun1	
1689	說(說話)	山	合三	入	仙	書	sʏ:ət7	sʏ:ət7		syt7	sʏ:ət7	ʃyt7			
1690	軟	山	合三	上	仙	日	ŋʏ:ən4	ŋʏ:ən4	ŋʏ:ən4	ŋyn4	ŋʏ:ən4	ŋyn4			
1691	捲(捲起)	山	合三	上	仙	見	kʏ:ən5	kʏ:ən5		kʏ:ən3	kyn3	kyn3			
1692	卷	山	合三	去	仙	見	kʏ:ən5	kʏ:ən5		kyn3	kʏ:ən5	kyn5		tɕun3	
1693	絹	山	合三	去	仙	見	kʏ:ən1; kʏ:ən5	kʏ:ən5; kʏ:ən1?	kʏ:ən5	kyn5	kʏ:ən1; kʏ:ən5?	kyn1; kyn5?			
1694	圈(圓圈)	山	合三	平	仙	溪	kʰʏ:ən1	kʰʏ:ən1		kʰyn1	kʰʏ:ən1	hyn1			
1695	拳	山	合三	平	仙	群	gʏ:ən2	gʏ:ən2	gʏ:ən2	gyn2	gʏ:ən2	kyn2			
1696	權	山	合三	平	仙	群	gʏ:ən2	gʏ:ən2	gʏ:ən2	gyn2	gʏ:ən2	kyn2	kian2		
1697	顴(顴骨)	山	合三	平	仙	群	gʏ:ən2	gʏ:ən2	gʏ:ən2	gyn2	gʏ:ən2	kyn2			
1698	圓	山	合三	平	仙	云	jʏ:ən2	jʏ:ən2	jʏ:ən2	ʔyn2	jʏ:ən2	jyn2	luan2(樊?)		
1699	員	山	合三	平	仙	云	jʏ:ən2	jʏ:ən2	jʏ:ən2	ʔyn2	jʏ:ən2	jyn2		jian2	
1700	院	山	合三	去	仙	云	jʏ:ən6	jʏ:ən6	jʏ:ən6	ʔyn6	jʏ:ən6	jyn6			
1701	緣	山	合三	平	仙	以	jʏ:ən2	jʏ:ən2	jʏ:ən2	ʔyn2	jʏ:ən2	jyn2		jian2	
1702	沿	山	合三	平	仙	以	jʏ:ən2	jʏ:ən2	jʏ:ən2	ʔyn2	jʏ:ən2	jyn2			
1703	鉛	山	合三	平	仙	以	jʏ:ən2	jʏ:ən2	jʏ:ən2	ʔyn2	jʏ:ən2	jyn2			
1704	捐	山	合三	平	仙	以	kʏ:ən1	kʏ:ən1	kʏ:ən1	kyn1	kʏ:ən1	kyn1			
1705	悅	山	合三	入	仙	以	jʏ:ət8	jʏ:ət8	jʏ:ət8	ʔyt8	jʏ:ət8	jyt8a			
1706	閱	山	合三	入	仙	以	jʏ:ət8	jʏ:ət8	jʏ:ət8	ʔyt8	jʏ:ət8	jyt8a			
1707	反	山	合三	上	元	非	fan3	fan3	fan3	fan3	fan3	fan3			
1708	髮	山	合三	入	元	非	fat7	fat7		fat7	fat7	fat7			
1709	發	山	合三	入	元	非	fat7	fat7		fat7	fat7	fat7	fat3	pet1	
1710	翻	山	合三	平	元	敷	fan1	fan1	fan1	fan1	fan1	fan1			
1711	煩	山	合三	平	元	奉	van2	fan2	fan2	ban2; fan2	fan2	fan2	fan2		
1712	礬	山	合三	平	元	奉	van2	fan2	fan2	fan2	fan2	fan			
1713	繁	山	合三	平	元	奉	van2	fan2	fan2	ban2; fan2	fan2	fan2			

番号	語(字)	攝	開合・等	声調	韻目	声母	粤祖語	A	B	C	D	E	『武鳴』	『猺歌』	其他
1714	飯	山	合三	去	元	奉	ban6; van6	fan6	ban6; fan6	ban6; fan6	fan6	fan6		pun6	
1715	伐	山	合三	入	元	奉	vat8	fat8	fat8	bat8; fat8	fat8	fat8b			
1716	筏	山	合三	入	元	奉	vat8	fat8	fat8	bat8; fat8	fat8	fat8b			
1717	罰	山	合三	入	元	奉	vat8	fat8	fat8	bat8; fat8	fat8	fat8b			
1718	晚	山	合三	上	元	微	man4	man4	man4	man3; man4	man4	man4			
1719	挽	山	合三	上	元	微	wan4; wan3	wan4	wan4	wan3; wan4; man3	wan3; wan4	wan3; man3?			
1720	萬	山	合三	去	元	微	man6	man6	man6	man6	man6	man6	fan6	mɑːn6	
1721	蔓(瓜蔓子)	山	合三	去	元	微	man6	man6	man6	man6	man6	man6			
1722	襪	山	合三	入	元	微	mat8	mat8	mat8	mat8	mat8	mat8a	fat2		
1723	勸	山	合三	去	元	溪	kʰʏːən5	hʏːən5	kʰʏːən5	hʏːən5	hʏːən5	hyn5	kian5		
1724	券	山	合三	去	元	溪	kʏːən5	hʏːən5	kʏːən5	kyn5	kʏːən5	kyn5			
1725	掘	山	合三	入	元	群	gʷɐt8	gʷɐt8		gʷɐt8?	gʷɐt8	kʷɐt8b			
1726	元	山	合三	平	元	疑	ŋʏːən2	ŋʏːən2	ŋʏːən2	ŋʏːən2	ŋyn2	jyn2	jian2		
1727	原	山	合三	平	元	疑	ŋʏːən2	ŋʏːən2	ŋʏːən2	ŋʏːən2	ŋʏːən2	jyn2	jian2		
1728	源	山	合三	平	元	疑	ŋʏːən2	ŋʏːən2	ŋʏːən2	ŋyn2	ŋʏːən2	jyn2			
1729	願	山	合三	去	元	疑	ŋʏːən6	ŋʏːən6	ŋʏːən6	ŋyn6	ŋʏːən6	jyn6	ŋian6; ŋuan6		
1730	月	山	合三	入	元	疑	ŋʏːət8	ŋʏːət8	ŋʏːət8	ŋyt8	ŋʏːət8	ŋyt8a	ɲiat6;jiat2	ɲut6	
1731	冤	山	合三	平	元	影	ʔʏːən1	jʏːən1	ʔʏːən1	ʔyn1	ʔʏːən1	ʔyn1			
1732	宛	山	合三	上	元	影	ʔʏːən3; ʔʊːən3	ʔʏːən3		ʔyn3	ʔʊːən3	wun3			
1733	怨	山	合三	去	元	影	ʔʏːən5	jʏːən5	ʔʏːən5	ʔyn5	ʔʏːən5	ʔyn5	ʔjian5; ʔjuan5	vin5	
1734	園	山	合三	平	元	云	jʏːən2	jʏːən2	jʏːən2	ʔyn2	jʏːən2	jyn2		viŋ1	
1735	援(援救)	山	合三	平	元	云	jʏːən2	jʏːən2	jʏːən2	ʔun2	jʏːən2	jyn2			
1736	遠	山	合三	上	元	云	jʏːən4	jʏːən4	jʏːən4	ʔyn4	jʏːən4	jyn4		vin3; vɛːŋ1	
1737	越	山	合三	入	元	云	jʏːət8	jʏːət8	jʏːət8	ʔyt8	jʏːət8	jyt8a	jiat2		
1738	日	山	合三	入	元	云	jʏːət8	jʏːət8	jʏːət8	ʔyt8	jʏːət8	jyt8a			
1739	粤	山	合三	入	元	云	jʏːət8	jʏːət8	jʏːət8	ʔyt8	jʏːət8	jyt8a			
1740	決	山	合四	入	先	見	kʰʏːət7	kʰʏːət7	kʰʏːət7		kʰyt7	kʰyt7			
1741	訣	山	合四	入	先	見	kʰʏːət7	kʰʏːət7	kʰʏːət7	kʰyt7	kʰyt7	kʰyt7			
1742	犬	山	合四	上	先	溪	kʰʏːən3	hʏːən3	kʰʏːən3	hyn3	hʏːən3	hyn3; kʰɛn3			
1743	缺	山	合四	入	先	溪	kʰʏːət7	kʰʏːət7		kʰyt7	kʰʏːət7	kʰyt7			
1744	血	山	合四	入	先	曉	hʏːət7	hʏːət7		hyt7	hʏːət7	hyt7			
1745	玄	山	合四	平	先	匣	ɦʏːən2	ɦʏːən2	jʏːən2	ʔyn2	ɦʏːən2	jyn2			
1746	懸	山	合四	平	先	匣	ɦʏːən2	ɦʏːən2	jʏːən2	ʔyn2	ɦʏːən2	jyn2			
1747	縣	山	合四	去	先	匣	ɦʏːən6	ɦʏːən6	jʏːən6	ʔyn6	ɦʏːən6	jyn6		gvɛːn6	
1748	穴	山	合四	入	先	匣	ɦʏːət8	ɦʏːət8	jʏːət8	ʔyt8	jʏːət8	jyt8b			
1749	淵	山	合四	平	先	影	ʔʏːən1	jʏːən1	ʔʏːən1	ʔyn1	ʔʏːən1	ʔyn1			
1750	吞	臻	開一	平	痕	透	tʰɐn1	tʰɐn1	tʰɐn1	tʰɐn1	tʰɐn1	tʰɐn1			
1751	跟	臻	開一	平	痕	見	kɐn1	kɐn1	kin1; kɐn1	kɐn1	kɐn1	kɐn1	kan1		
1752	根	臻	開一	平	痕	見	kɐn1	kɐn1	kin1; kɐn1	kɐn1	kɐn1	kɐn1	kan1;kon5?	kɔn1	
1753	懇	臻	開一	上	痕	溪	hɐn3	kʰɐn3	kʰɐn3	kʰɐn3	hɐn3	kʰɐn3			
1754	墾	臻	開一	上	痕	溪	hɐn3	kʰɐn3	kʰɐn3	kʰɐn3	hɐn3	hɐn3			
1755	痕	臻	開一	平	痕	匣	ɦɐn2	ɦɐn2	ɦɐn2	ɦɐn2	ɦɐn2	hɐn2	hun5?	han6	
1756	很	臻	開一	上	痕	匣	hɐn3	hɐn3	hɐn3	hɐn3	hɐn3				
1757	恨	臻	開一	去	痕	匣	ɦɐn6	ɦɐn6	ɦɐn6	ɦɐn6	ɦɐn6	ɐn6	han5;xan6		
1758	恩	臻	開一	平	痕	影	ʔin1; ʔɐn1	jɐn1; ʔɐn1	ʔin1; ʔɐn1?	ʔɐn1	ʔɐn1	ʔan1			
1759	賓	臻	開三	平	眞	幫	pin1	pɐn1	pin1	ɓɐn1	pɐn1	pɐn1	pin1		
1760	檳	臻	開三	平	眞	幫	pin1	pɐn1	pin1	ɓɐn1	pɐn1	pɐn1			

番号	語(字)	攝	開合・等	声調	韻目	声母	粤祖語	A	B	C	D	E	『武鳴』	『猺歌』	其他
1761	筆	臻	開三	入	眞	幫	pit7	pɐt7	pit7	bɐt7	pət7	pɐt7	pit8		
1762	畢	臻	開三	入	眞	幫	pit7	pɐt7	pit7	bɐt7	pət7	pɐt7			
1763	必	臻	開三	入	眞	幫	pɪːət7	pɪːət7	pɪːət7	bit7	pit7	pit7	piat3		
1764	匹(一匹布)	臻	開三	入	眞	滂	pʰit7	pʰɐt7	pʰit7	bʰɐt7	pʰət7	pʰɐt7			
1765	貧	臻	開三	平	眞	並	bin2	bɐn2	bin2	bɐn2	bən2	pɐn2	pin2	pien1	
1766	頻(頻繁)	臻	開三	平	眞	並	bin2	bɐn2	bin2	bɐn2	bən2	pɐn2			
1767	民	臻	開三	平	眞	明	min2	mɐn2	min2	mɐn2	mən2	mɐn2			
1768	敏	臻	開三	上	眞	明	min4	mɐn4	min4	mɐn4	mən4	mɐn4			
1769	密	臻	開三	入	眞	明	mit8	mɐt8	mit8	mɐt8	mət8	mɐt8a			
1770	蜜	臻	開三	入	眞	明	mit8	mɐt8	mit8	mɐt8	mət8	mɐt8a			
1771	鄰	臻	開三	平	眞	來	lin2	lʊn2	lin2	lɐn2	lən2	lɐn2			
1772	鱗	臻	開三	平	眞	來	lin2	lʊn2	lin2	lɐn2	lən2	lɐn2			
1773	栗	臻	開三	入	眞	來	lit8	lʊt8	lut8?	lɐt8	lət8	lɐt8a			
1774	津	臻	開三	平	眞	精	tsin1	tsʊn1	tsun1	tsɐn1	tsən1	tʃɐn1			
1775	儘(儘前)	臻	開三	上	眞	精	tsin3?	tsʊn3		dzɐn4	tsən3	tʃɐn6	ɕin6		
1776	進	臻	開三	去	眞	精	tsin5	tsʊn5	tsin5	tsɐn5	tsən5	tʃɐn5	ɕan5		
1777	親	臻	開三	平	眞	清	tsʰin1	tsʰɐn1	tsʰin1	tʰɐn1	tsʰən1	tʃʰɐn1	ɕan1;ɕin1		
1778	七	臻	開三	入	眞	清	tsʰit7	tsʰɐt7	tsʰit7	tʰɐt7	tsʰət7	tʃʰɐt7	ɕat8	θiet1	PT cetD
1779	漆	臻	開三	入	眞	清	tsʰit7	tsʰɐt7	tsʰit7	tʰɐt7	tsʰət7	tʃʰɐt7			
1780	秦	臻	開三	平	眞	從	dzin2?	dzʊn2	dzun2	sɐn2	dzən2	tʃɐn2			
1781	盡	臻	開三	上	眞	從	dzin4	dzʊn4	dzin4	sɐn4	dzən4	tʃɐn6			
1782	疾	臻	開三	入	眞	從	dzit8	dzʊt8	dzit8	sɐt8	dzət8	tʃɐt8b			
1783	辛	臻	開三	平	眞	心	sin1	sɐn1	sin1	sɐn1	sən1	ɬɐn1	θin1	θien1	
1784	新	臻	開三	平	眞	心	sin1	sɐn1	sin1	sɐn1	sən1	ɬɐn1	θan1	θien1	
1785	薪	臻	開三	平	眞	心	sin1	sɐn1	sin1	sɐn1	sən1	ɬɐn1			
1786	信	臻	開三	去	眞	心	sin5	sʊn5	sin5; sun5	sɐn5	sən5	ɬɐn5	θin5;θan5		
1787	膝	臻	開三	入	眞	心	sit7	sɐt7	sit7?; tsʰit7	sɐt7	sət7	ɬɐt7			
1788	珍	臻	開三	平	眞	知	tsin1	tʂɐn1	tsin1	tʂɐn1	tsən1	tʃɐn1			
1789	鎭	臻	開三	去	眞	知	tsin5	tʂɐn5	tsin5	tʂɐn5	tsən5	tʃɐn5			
1790	趁	臻	開三	去	眞	徹	tsʰin5	tʂʰɐn5	tsʰin5	tʂʰɐn5	tsʰən5	tʃʰɐn5			
1791	陳	臻	開三	平	眞	澄	dzin2	dʐɐn2	dzin2	dʐɐn2	dzən2	tʃɐn2	ɕin2		
1792	塵	臻	開三	平	眞	澄	dzin2	dʐɐn2	dzin2; din2?	dʐɐn2	dzən2	tʃɐn2			
1793	陣	臻	開三	去	眞	澄	dzin6	dʐɐn6	dzin6	dʐɐn6	dzən6	tʃɐn2			
1794	姪	臻	開三	入	眞	澄	dzit8	dʐɐt8	dzit8	dʐɐt8	dzət8	tʃɐt8b			
1795	秩	臻	開三	入	眞	澄	dɪːət8; dɪːəp8	dip8; dɪːət8	dɪːət8; dit8	dip8; dit7	tsət7; dip8	tip8b			
1796	襯	臻	開三	去	眞	初	tʂʰɐn5	tʂʰɐn5		tʂʰɐn5	tsʰən5	tʃʰɐn5			
1797	蝨	臻	開三	入	眞	生	ʂit7	ʂɐt7	ʂit7	ʂɐt7	ʂət7	ʃɐt7			
1798	眞	臻	開三	平	眞	章	tʂin1	tʂɐn1	tʂin1	tʂɐn1	tʂən1	tʃɐn1	ɕan1	tɕien1	
1799	診	臻	開三	上	眞	章	tʂʰin3	tʂʰɐn3	tʂʰin3	tʂʰɐn3; tʂɐn3	tʂʰən3	tʃʰɐn3			
1800	疹	臻	開三	上	眞	章	tʂʰin3	tʂʰɐn3	tʂʰin3	tʂʰɐn3; tʂɐn3	tʂʰən3	tʃʰɐn3			
1801	振	臻	開三	去	眞	章	tʂin3	tʂɐn5	tʂin3	tʂɐn5	tʂən5	tʃɐn5			
1802	震	臻	開三	去	眞	章	tʂin3	tʂɐn5	tʂin3	tʂɐn5	tʂən5	tʃɐn5			
1803	質	臻	開三	入	眞	章	tʂit7	tʂɐt7	tʂit7	tʂɐt7	tʂət7	tʃɐt7			
1804	神	臻	開三	平	眞	船	ʑin2	ʂɐn2	ʑin2	ʂɐn2	ʂən2	ʃɐn2	ɕin2		
1805	實	臻	開三	入	眞	船	ʑit8	ʂɐt8	ʑit8	ʂɐt8	ʂət8	ʃɐt8b	θat7;θat9		
1806	身	臻	開三	平	眞	書	ʂin1	ʂɐn1	ʂin1	ʂɐn1	ʂən1	ʃɐn1	θan1	ɕien1	
1807	申	臻	開三	平	眞	書	ʂin1	ʂɐn1	ʂin1	ʂɐn1	ʂən1	ʃɐn1		ɕien1	
1808	伸	臻	開三	平	眞	書	ʂin1	ʂɐn1	ʂin1	ʂɐn1	ʂən1	ʃɐn1			
1809	娠	臻	開三	平	眞	書	ʑin2	ʂɐn2; ʂɐn1?	ʑin2	ʂɐn2	ʂən2	ʃɐn2			
1810	失	臻	開三	入	眞	書	ʂit7	ʂɐt7	ʂit7	ʂɐt7	ʂət7	ʃɐt7	θat8		
1811	室	臻	開三	入	眞	書	ʂit7	ʂɐt7	ʂit7	ʂɐt7	ʂət7	ʃɐt7			
1812	辰	臻	開三	平	眞	禪	ʑin2	ʂɐn2	ʑin2	ʂɐn2	ʂən2	ʃɐn2		tɕuan1	
1813	晨	臻	開三	平	眞	禪	ʑin2	ʂɐn2	ʑin2	ʂɐn2	ʂən2	ʃɐn2			
1814	臣	臻	開三	平	眞	禪	ʑin2	ʂɐn2	ʑin2	ʂɐn2	ʂən2	ʃɐn2	ɕin2		

番号	語(字)	攝	開合・等	声調	韻目	声母	粤祖語	A	B	C	D	E	『武鳴』	『猺歌』	其他
1815	腎	臻	開三	上	眞	禪	ʑin4	ʂɐn4	ʑin4;zun4	ʂɐn4	ʂɵn4	ʃɐn4			
1816	慎	臻	開三	去	眞	禪	ʑin6	ʂɐn6	ʑin6	ʂɐn6	ʂɵn6	ʃɐn6	ɕan5		
1817	人	臻	開三	平	眞	日	ŋin2	ŋɐn2	ŋin2	ŋɐn2	ŋɵn2	ŋɐn2	ŋin2;hin2;θan2	muan1（訓）ɲien1	
1818	仁	臻	開三	平	眞	日	ŋin2	ŋɐn2	ŋin2	ŋɐn2	ŋɵn2	ŋɐn2			
1819	忍	臻	開三	上	眞	日	ŋin4	ŋɐn4	ŋin4	ŋɐn3;ŋɐn4	ŋɵn4	ŋɐn4	θan4		
1820	刃	臻	開三	去	眞	日	ŋin6	ŋɐn6	ŋin6	ŋɐn6	ŋɵn6	ŋɐn6			
1821	認	臻	開三	去	眞	日	ŋin6	ŋɐn6;jin6	ŋin6	ŋɐn6	ŋɵn6	ŋɐn6	ŋin6;jin6		
1822	日	臻	開三	入	眞	日	ŋit8	ŋɐt8	ŋit8	ŋɐt8	ŋɵt8	ŋɐt8a	θat9;ɕat9;hi2(日子)hi2ɵɯ3)	ɲut6;ɲiet6	
1823	巾	臻	開三	平	眞	見	kin1	kɐn1	kin1	kiən1	kɵn1	kɐn1			
1824	緊	臻	開三	上	眞	見	kin3	kɐn3	kin3	kiən3	kɵn3	kɐn3	kan3		
1825	吉	臻	開三	入	眞	見	kit7	kɐt7	kit7	kɐt7;kiət7	kɵt7	kɐt7			
1826	僅	臻	開三	去	眞	群	kin3	kɐn3	kin3		kɵn3	kɐn3			
1827	銀	臻	開三	平	眞	疑	ŋen2;ŋin2	ŋɐn2	ŋan2	ŋɐn2	ŋɵn2;ŋɵn2	ŋɐn2;ŋɐn2	ŋan2		
1828	因	臻	開三	平	眞	影	ʔin1	jɐn1	ʔin1	ʔiən1	jɵn1	ʔɐn1	ʔan1		
1829	姻	臻	開三	平	眞	影	ʔin1	jɐn1	ʔin1	ʔiən1	jɵn1	ʔɐn1	ʔjian;ʔan1		
1830	印	臻	開三	去	眞	影	ʔin5	jɐn5	ʔin5	ʔiən5	jɵn5	ʔɐn5			
1831	乙	臻	開三	入	眞	影	ʔɤ:ət7;ʔɪ:ət7	ʔɤ:ət7;ʔɪ:ət7	ʔɣ:t7	ʔyt7	ʔɪ:ət7	ʔit7	it1		
1832	一	臻	開三	入	眞	影	ʔit7	jɐt7	ʔit7	jɐt7	jɵt7	ʔɐt7	it8	ai1;iet1	
1833	引	臻	開三	上	眞	以	jin4	jɐn4	jin4	jiən4	jɵn4	jɐn4			
1834	逸	臻	開三	入	眞	以	jit8	jɐt8	jit8	jiət8	jɵt8	jɐt8a			
1835	斤	臻	開三	平	殷	見	kin1	kɐn1	kin1	kiən1	kɵn1	kɐn1	kan1		
1836	筋	臻	開三	平	殷	見	kin1	kɐn1	kin1	kiən1	kɵn1	kɐn1			
1837	謹	臻	開三	上	殷	見	kin3	kɐn3	kin3	kiən3	kɵn3	kɐn3	kan3		
1838	勁(有勁)	臻	開三	去	殷	見	kɪ:əŋ5	kiŋ6	kɪ:əŋ5			kiŋ5			
1839	乞	臻	開三	入	殷	溪	kʰɐt7	kʰɐt7	kʰɐt7	hɐt7	hɐt7	hɐt7			
1840	勤	臻	開三	平	殷	群	gin2	gɐn2	gin2	giən2	gɵn2	kɐn2	kan2		
1841	芹	臻	開三	平	殷	群	gin2	gɐn2	gin2	giən2	gɵn2	kɐn2			
1842	近	臻	開三	上	殷	群	gin4	gɐn4	gin4	giən4	gɵn4	kɐn4	kan6		
1843	欣	臻	開三	平	殷	曉	hin1	hɐn1	hin1			hɐn1			
1844	隱	臻	開三	上	殷	影	ʔin3	jɐn3	ʔin3	ʔiən3	jɵn3	ʔɐn3		gɛ:ŋ1（訓）	
1845	奔	臻	合一	平	魂	幫	pen1	pɐn1		ɓɐŋ1	pɐn1	pɐn1			
1846	本	臻	合一	上	魂	幫	pɔn3	pʊ:ən3	pɔn3?	ɓʊn3	pʊ:ən3	pɔn3	pøn3;pløn3?		
1847	不	臻	合一	入	魂	幫	pet7	pɐt7		ɓɐt7	pɐt7	pɐt7			
1848	噴(噴水)	臻	合一	平	魂	滂	pʰun1	pʰɐn5	pʰun1	pʰɐn5	pʰɐn5	pʰɐn5			
1849	噴(噴香)	臻	合一	去	魂	滂		pʰɐn5							
1850	盆	臻	合一	平	魂	並	bɔn2	bʊ:ən2	bɔn2	ɓun2	bʊ:ən2	pun2			
1851	笨	臻	合一	上	魂	並	bɐn6	bɐn6	bɐn6	ɓɐn6	bɐn6	pɐn6			
1852	勃	臻	合一	入	魂	並	bʊ:ət8	bʊ:ət8	bʊ:ət8	but8	bʊ:ət8	put8			
1853	門	臻	合一	平	魂	明	mɔn2	mʊ:ən2	mɔn2	mun2	mʊ:ən2	mun2	møn2	muɔn1	
1854	悶	臻	合一	去	魂	明	mɔn6	mʊ:ən6	mɔn6	mun6	mʊ:ən6	mun6			
1855	沒(沉沒,沒有)	臻	合一	入	魂	明	mɔt8	mʊ:ət8	mɔt8	mut8	mʊ:ət8	mut8a;mɔt8a?			
1856	敦(敦厚)	臻	合一	平	魂	端	ten1	tʊn1	ten1	dun1;dɐn1	tʊn1	ten1			
1857	頓	臻	合一	去	魂	端	ten5	dʊn6		dɐn5	tʊn5	ten5	tøn5		
1858	褪	臻	合一	去	魂	透	tʰen5	tʰʊn5	tʰen5		tʰʊn5	tʰen5			
1859	飩(餛飩)	臻	合一	平	魂	定	tʰen1	tʰʊn1		tʰɐn1	tʰʊn1	tʰen1			
1860	臀	臻	合一	平	魂	定		dʏ:ən2		dun2	dɐn2	ten2			
1861	盾(矛盾)	臻	合一	上	魂	定	dun4?	dʊn4	dɐn6						
1862	鈍	臻	合一	去	魂	定	dun6?	dʊn6	dɐn6	dɐn6	dʊn6	tɐn6			
1863	突	臻	合一	入	魂	定	dɐt8	dɐt8	dɐt8	dɐt8	dɐt8	tɐt8b			
1864	嫩	臻	合一	去	魂	泥	nɔn6	nʏ:ən6	nɔn6	nun6	nʊ:ən6	nɔn6		nun6	

各語（字）の再建形　309

番号	語(字)	攝	開合・等	声調	韻目	声母	粵祖語	A	B	C	D	E	『武鳴』	『猺歌』	其他
1865	論(議論)	臻	合一	去	魂	來	lun6	lun6	lun6	lɐn6	lɐn6	lɐn6	lun6		
1866	尊	臻	合一	平	魂	精	tsɔn1	tsʏ:ən1	tsɔn1	tun1	tsʊ:ən1	tʃɔn1			
1867	村	臻	合一	平	魂	清	tsʰɔn1	tsʰʏ:ən1	tsʰɔn1	tʰun1	tsʰʊ:ən1	tʃʰɔn1	ɕøn1	θun1	
1868	寸	臻	合一	去	魂	清	tsʰɔn5	tsʰʏ:ən5	tsʰɔn5	tʰun5	tsʰʊ:ən5	tʃʰɔn5			
1869	存	臻	合一	平	魂	從	dzɔn2	dzʏ:ən2	dzɔn2	sun2	dzʊ:ən2	tʃɔn2			
1870	蹲	臻	合一	平	魂	從	tʊ:ən1	tʊn1	tʊ:ən1			ten1; mɐu1?			
1871	孫	臻	合一	平	魂	心	sɔn1	sʏ:ən1	sʊ:ən1	sun1	sʊ:ən1	ɬɔn1			
1872	損	臻	合一	上	魂	心	sɔn3	sʏ:ən3	sʊ:ən3	sun3	sʊ:ən3	ɬɔn3			
1873	遜	臻	合一	去	魂	心	sɔn5	sʊn5		sun5	sʊ:ən5	ɬɔn5			
1874	昆	臻	合一	平	魂	見	kʰʷɐn1	kʰʷɐn1	kʰʷɐn1	kʰʷɐn1	kʰʷɐn1	kʰʷɐn1			
1875	崑	臻	合一	平	魂	見	kʰʷɐn1	kʰʷɐn1	kʰʷɐn1	kʰʷɐn1	kʰʷɐn1	kʰʷɐn1	kun1(崑崙 kun1lun2)		
1876	滚	臻	合一	上	魂	見	kʷɐn3	kʷɐn3	kʷɐn3	kʷɐn3	kʷɐn3	kʰʷɐn3			
1877	棍	臻	合一	去	魂	見	kʷɐn5	kʷɐn5	kʷɐn5	kʷɐn5	kʷɐn5	kʷɐn5			
1878	骨	臻	合一	入	魂	見	kʷɐt7	kʷɐt7	kʷɐt7	kʷɐt7	kʷɐt7	kʷɐt7	kot8	ɕɛ1(訓)	
1879	坤	臻	合一	平	魂	溪	kʰʷɐn1	kʰʷɐn1	kʰʷɐn1	kʰʷɐn1	kʰʷɐn1	kʰʷɐn1			
1880	困	臻	合一	去	魂	溪	kʰʷɐn5	kʰʷɐn5	kʰʷɐn5	kʰʷɐn5	kʰʷɐn5	kʰʷɐn5			
1881	窟	臻	合一	入	魂	溪	kʰʷɐt7	kʰʷɐt7	kʰʷɐt7	kʰʷɐt7	wɐt7	wɐt7			
1882	昏	臻	合一	平	魂	曉	hʷɐn1	hʷɐn1	hʷɐn1	hʷɐn1	wɐn1	wɐn1			
1883	婚	臻	合一	平	魂	曉	hʷɐn1	hʷɐn1	hʷɐn1	hʷɐn1	wɐn1	wɐn1	hon1;hun1		
1884	魂	臻	合一	平	魂	匣	ɦʷɐn2	wɐn2	wɐn2	wɐn2	wɐn2	wun2?			PT qwanA
1885	餛(餛飩)	臻	合一	平	魂	匣	ɦʷɐn2	wɐn2	wɐn2	wɐn2	wɐn2				
1886	渾(渾濁)	臻	合一	平	魂	匣				wɐn2	wɐn2				
1887	混(相混)	臻	合一	上	魂	匣	ɦʷɐn6	wɐn6		wɐn6		kʰʷɐn3			
1888	核	臻	合一	入	魂	匣	ɦʷɐt8; ɦɐt8	wɐt8		wɐt8	wɐt8	wɐt8b; hɐt8b			
1889	溫	臻	合一	平	魂	影	ʔʷɐn1?	wɐn1	ʔun1	wɐn1	wɐn1	wun1?	ʔun1?	vuɔn1	PT ʔunB
1890	瘟	臻	合一	平	魂	影	ʔʷɐn1?	wɐn1	ʔun1	wɐn1	wɐn1	wun1			
1891	穩	臻	合一	上	魂	影	ʔʷɐn3	wɐn3	ʔun3	wɐn3	wɐn3	wɐn3		vuɔn3	
1892	倫	臻	合三	平	諄	來	lun2	lʊn2	lun2	lɐn2	lən2	lɐn2			
1893	輪	臻	合三	平	諄	來	lun2	lʊn2	lun2	lɐn2	lən2	lɐn2	lun6		
1894	律	臻	合三	入	諄	來	lut8	lʊt8	lut8	lɐt8	lət8	lɐt8a			
1895	率(速率)	臻	合三	入	諄	來	lut8	lʊt8	lut8	lɐt8	lət8	lɐt8a			
1896	遵	臻	合三	平	諄	精	tsun1	tsʏ:ən1; tsun1	tsun1	tsɐn1	tsʊ:ən1	tʃɔn1	ɕun1		
1897	俊	臻	合三	去	諄	精	tsun5	tsʊn5	tsun5	tsɐn5	tsən5	tʃɐn5			
1898	筍	臻	合三	上	諄	心	sun3	sʊn3	sun3	sɐn3	sən3	ɬɐn3		θuɔn3	
1899	榫(榫頭)	臻	合三	上	諄	心	sun3	sʊn3	sun3	sɐn3	sən3	ɬɐn3			
1900	迅	臻	合三	去	諄	心	sun5	sʊn5	sun5	sɐn5	sən5	ɬɐn5			
1901	恤	臻	合三	入	諄	心	sut7	sʊt7	sut7	sɐt7	sət7	ɬɐt7			
1902	旬	臻	合三	平	諄	邪	dzun2	dzʊn2	dzun2	dzɐn2	dzən2	ɬɐn2			
1903	循	臻	合三	平	諄	邪	dzun2	dzʊn2	dzun2	dzɐn2	dzən2	ɬɐn2			
1904	巡	臻	合三	平	諄	邪	dzun2	dzʊn2	dzun2	dzɐn2	dzən2	ɬɐn2			
1905	椿(椿樹)	臻	合三	平	諄	徹	tʂʰun1	tʂʰʊn1?	tʂʰun1	tʂʰɐn1	tʂʰən1	tʃʰɔn1			
1906	準	臻	合三	上	諄	章	tʂun3	tʂʊn3	tʂun3	tʂɐn3	tʂən3	tʃun3			
1907	准	臻	合三	上	諄	章	tʂun3	tʂʊn3	tʂun3	tʂɐn3	tʂən3	tʃun3			
1908	春	臻	合三	平	諄	昌	tʂʰun1	tʂʰʊn1	tʂʰun1	tʂʰɐn1	tʂʰən1	tʃʰun1	ɕun1	ɕun1	
1909	蠢	臻	合三	上	諄	昌	tʂʰun3	tʂʰʊn3	tʂʰun3	tʂʰɐn3	tʂʰən3	tʃʰɐn3			
1910	出	臻	合三	入	諄	昌	tʂʰut7	tʂʰʊt7	tʂʰut7	tʂʰɐt7	tʂʰət7	tʃʰɐt7	ɕut8	ɕuɐt1	
1911	脣	臻	合三	平	諄	船	ʐun2	ʂʊn2	ʐun2	ʂɐn2	ʂən2	ʃɔn2			
1912	盾(矛盾)	臻	合三	上	諄	船	dun4	dun4	dun4	dɐn4	dɐn6	ten6			
1913	順	臻	合三	去	諄	船	ʐun6	ʂʊn6	ʐun6	ʂɐn6	ʂən6	ʃun5	ɕun3?;θun6		
1914	術	臻	合三	入	諄	船	ʐut8	ʂʊt8	ʐut8	ʂɐt8	ʂət8	ʃut8b	θut9		
1915	述	臻	合三	入	諄	船	ʐut8	ʂʊt8	ʐut8	ʂɐt8	ʂət8	ʃut8b	ɕut9;θut9		
1916	純	臻	合三	平	諄	禪	ʐun2	ʂʊn2	ʐun2	ʂɐn2	ʂən2	ʃɔn2			
1917	潤	臻	合三	去	諄	日	ɲun6	ɲʊn6	ɲun6	wɐn6; ɲɐn6	ɲɐn6	ɲɐn6			
1918	閏	臻	合三	去	諄	日	ɲun6	ɲʊn6	ɲun6	wɐn6; ɲɐn6	ɲɐn6	ɲɐn6			

番号	語(字)	攝	開合・等	声調	韻目	声母	粵祖語	A	B	C	D	E	『武鳴』	『猺歌』	其他
1919	均	臻	合三	平	諄	見	kun1; kʰun1	kʷɐn1	kun1	kʰʷɐn1; kʷɐn1	kʷɐn1	kʰʷɐn1	kun1		
1920	橘	臻	合三	入	諄	見	kut7	kʷɐt7	kut7	kʷɐt7	kʷɐt7	kɐt7			
1921	菌	臻	合三	上	諄	群	gun4	kʰʷɐn3		gʷɐn4	gʷɐn4	kʷɐn4			
1922	勻	臻	合三	平	諄	以	wun2; jun2	wɐn2	wun2	jiɐn2; wɐn2	jɐn2; wɐn2	wɐn2	jun2		
1923	允	臻	合三	上	諄	以	wun4	wɐn4		wɐn4	jɐn4; wɐn4	wɐn4	jun4		
1924	尹	臻	合三	上	諄	以	wun4	wɐn4	wun4	wɐn4	jɐn4; wɐn4	wɐn4			
1925	分(分開)	臻	合三	平	文	非	fen1	fɐn1	fɐn1	pɐn1; fɐn1	fɐn1	fɐn1	fan1	buon1	
1926	粉	臻	合三	上	文	非	pen3; fen3	fɐn3	fɐn3	pɐn3; fɐn3	fɐn3	fɐn3			
1927	糞	臻	合三	去	文	非	fen5; pen5	fɐn5	fɐn5; pɐn5	ɓɐn5; fɐn5	fɐn5	fɐn5			
1928	奮	臻	合三	去	文	非	fen5	fɐn4		fɐn5	fɐn5	fɐn5			
1929	紛	臻	合三	平	文	敷	fen1	fɐn1	fɐn1	fɐn1	fɐn1	fɐn1		buon1	
1930	彿(彷彿)	臻	合三	入	文	敷	fet7	fɐt7			fɐt7				
1931	焚	臻	合三	平	文	奉	ven2	fɐn2	fɐn2	fɐn2	fɐn2	fɐn2	fan2(?)		
1932	墳	臻	合三	平	文	奉	ven2	fɐn2	fɐn2	ɓɐn2; fɐn2	fɐn2	fɐn2	fan2		
1933	憤	臻	合三	上	文	奉	ven4	fɐn4	fɐn4	fɐn4		fɐn4			
1934	忿	臻	合三	上	文	奉	ven4	fɐn4	fɐn4						
1935	份(一份兩份)	臻	合三	去	文	奉	ven6	fɐn6	fɐn6	ɓɐn6; fɐn6	fɐn6	fɐn6	fan6		
1936	佛	臻	合三	入	文	奉	vet8	fɐt8	fɐt8	fɐt8; ɓɐt8	fɐt8	fɐt8b	pat9		
1937	文	臻	合三	平	文	微	ɱen2	mɐn2	mɐn2	mɐn2	ɱɐn2	mɐn2	fan2;wan2; mon2		
1938	紋	臻	合三	平	文	微	ɱen2	mɐn2	mɐn2	mɐn2	ɱɐn2	mɐn2			
1939	蚊	臻	合三	平	文	微	mɐn1; mɐn2	mɐn1; mɐn2	mɐn2	mɐn1	mɐn2	mɐn2			
1940	聞	臻	合三	平	文	微	mɐn2	mɐn2	mɐn2	mɐn2	mɐn2	mɐn2	wan5	muon1	
1941	吻	臻	合三	上	文	微	mɐn4	mɐn4		mɐn4	mɐn4	mɐn4			
1942	刎	臻	合三	上	文	微	mɐn4	mɐn4		mɐn4	mɐn4	mɐn4			
1943	問	臻	合三	去	文	微	mɐn6	mɐn6	mɐn6	mɐn6	mɐn6	mɐn6		muon6*	
1944	物	臻	合三	入	文	微	ɱɐt8	mɐt8	mɐt8	mɐt8	ɱɐt8	ɱɐt8a			
1945	勿	臻	合三	入	文	微	ɱɐt8	mɐt8	mɐt8	mɐt8	ɱɐt8	ɱɐt8a			
1946	君	臻	合三	平	文	見	kun1	kʷɐn1	kun1	kʷɐn1	kʷɐn1	kʷɐn1	kjun1		
1947	軍	臻	合三	平	文	見	kun1	kʷɐn1	kun1	kʷɐn1	kʷɐn1	kʷɐn1	kjun1		
1948	屈	臻	合三	入	文	溪	kʰut7	kʰʷɐt7		wɐt7; kʰʷɐt7?	wɐt7	wɐt7	kjut8		
1949	群	臻	合三	平	文	群	gun2	gʷɐn2	gun2	gʷɐn2	gʷɐn2	gʷɐn2	kjun2		
1950	裙	臻	合三	平	文	群	gun2	gʷɐn2	gun2	gʷɐn2	gʷɐn2	gʷɐn2			
1951	郡	臻	合三	去	文	群	gun6	gʷɐn6	gun6	gʷɐn6	gʷɐn6	gʷɐn6			
1952	掘	臻	合三	入	文	群	gut8	gʷɐt8	gut8						
1953	熏	臻	合三	平	文	曉	hun1	hʷɐn1	hun1	hʷɐn1	wɐn1	wɐn1			
1954	勳	臻	合三	平	文	曉	hun1	hʷɐn1	hun1	hʷɐn1	wɐn1	wɐt1			
1955	薰	臻	合三	平	文	曉	hun1	hʷɐn1	hun1	hʷɐn1	wɐn1	kʷɐn1			
1956	葷	臻	合三	平	文	曉	hun1	hʷɐn1	hun1	hʷɐn1	wɐn1	wɐn1			
1957	訓	臻	合三	去	文	曉	hun5	hʷɐn5	hun5	hʷɐn5	wɐn5	wɐn5			
1958	熨	臻	合三	入	文	影				wɐn4					
1959	云	臻	合三	平	文	云	wun2	wɐn2	wun2					vien1	
1960	雲	臻	合三	平	文	云	wun2	wɐn2	wun2	wɐn2	wɐn2	wɐn2		buon5; vien1	
1961	韻	臻	合三	去	文	云	wun6	wɐn6	wun6	wɐn6	wɐn6	wɐn6			
1962	運	臻	合三	去	文	云	wun6	wɐn6	wun6	wɐn6	wɐn6	wɐn6	hun6	vien6	
1963	暈	臻	合三	去	文	云	wun6	wɐn6	wun6	wɐn2					
1964	幫	宕	開一	平	唐	幫	pɔŋ1	pɔŋ1	pɔŋ1	ɓɔŋ1	pɔŋ1	paŋ1	paŋ1		
1965	榜	宕	開一	上	唐	幫	pʊ:əŋ3	pɔŋ3	pɔŋ3	ɓɔŋ3	pɔŋ3	puŋ3			
1966	博	宕	開一	入	唐	幫	pʊ:ək7	pɔk7	pɔk7	ɓɔk7	pɔk7	puk7	pøk5		
1967	旁	宕	開一	平	唐	竝	bɔŋ2	bɔŋ2	bɔŋ2	bɔŋ2	pɑŋ2	paŋ2	paŋ2	pwoŋ1	

各語（字）の再建形　311

番号	語(字)	攝	開合・等	声調	韻目	声母	粵祖語	A	B	C	D	E	『武鳴』	『猺歌』	其他
1968	傍	宕	開一	去	唐	竝	bɔŋ6	bɔŋ6	bɔŋ6	bɔŋ6		paŋ6		pwoŋ1	
1969	薄(厚薄)	宕	開一	入	唐	竝	pʊːək8	bɔk8	bɔk8	bɔk8	bɔk8	puk8b			
1970	泊	宕	開一	入	唐	竝	bɔk8; pʰac7	bɔk8	bɔk8	bɔk8	pʰac7	pʰɪːək7			
1971	忙	宕	開一	平	唐	明	mɔŋ2	mɔŋ2	mɔŋ2	mɔŋ2	mɔŋ2	maŋ2			
1972	芒	宕	開一	平	唐	明	mɔŋ1; mɔŋ2	mɔŋ2		mɔŋ2	mɔŋ1; mɔŋ2	maŋ2; maŋ1 (芒果)			
1973	莫	宕	開一	入	唐	明	mɔk8	mɔk8	mɔk8	mɔk8	mɔk8	muk8a; mɔk8a		vɛi5(訓)	
1974	膜	宕	開一	入	唐	明	mɔk7; mɔk8	mɔk8	mɔk7; mɔk8?	mɔk7; mɔk8	mɔk8	muk8a; mɔk8a			
1975	幕	宕	開一	入	唐	明	mɔk7; mɔk8	mɔk8	mɔk7; mɔk8?	mɔk7; mɔk8	mɔk8	muk8a; mɔk8a			
1976	摸	宕	開一	入	唐	明	mɔ1		mɔ3	mɔ1	mɔ1	mɔ1			
1977	當(當時)	宕	開一	平	唐	端	tɔŋ1	tɔŋ1	tɔŋ1	dɔŋ1	tɔŋ1	taŋ1	taŋ1	tɔːŋ1	
1978	黨	宕	開一	上	唐	端	tɔŋ3	tɔŋ3	tɔŋ3	dɔŋ3	tɔŋ3	taŋ3			
1979	擋	宕	開一	上	唐	端	tɔŋ3	tɔŋ3	tɔŋ3	dɔŋ3	tɔŋ3	taŋ3		taŋ3	
1980	當(當作)	宕	開一	去	唐	端	tɔŋ5	tɔŋ5	tɔŋ5	dɔŋ5	tɔŋ5	taŋ5			
1981	湯	宕	開一	平	唐	透	tʰɔŋ1	tʰɔŋ1	tʰɔŋ1	tʰɔŋ1	tʰɔŋ1	tʰaŋ1	taŋ1	tʰɔːŋ1	
1982	躺	宕	開一	上	唐	透	tʰɔŋ3	tʰɔŋ3	tʰɔŋ3	tʰɔŋ3	tʰɔŋ3	tʰaŋ3			
1983	燙	宕	開一	去	唐	透	tʰɔŋ5	tʰɔŋ5	tʰɔŋ5	tʰɔŋ5	tʰɔŋ5	tʰaŋ5			
1984	趟(一趟)	宕	開一	去	唐	透	tʰɔŋ5	tʰɔŋ5	tʰɔŋ5	tʰɔŋ5	tʰɔŋ5	tʰaŋ5	taŋ5		
1985	託	宕	開一	入	唐	透	tʰɔk7	tʰɔk7		tʰɔk7	tʰɔk7	tʰak7			
1986	托	宕	開一	入	唐	透	tʰɔk7	tʰɔk7		tʰɔk7	tʰɔk7	tʰak7			
1987	堂	宕	開一	平	唐	定	dɔŋ2	dɔŋ2	dɔŋ2	dɔŋ2	dɔŋ2	taŋ2	taŋ2	tɔːŋ1	
1988	唐	宕	開一	平	唐	定	dɔŋ2	dɔŋ2	dɔŋ2	dɔŋ2	dɔŋ2	taŋ2	taŋ2		
1989	糖	宕	開一	平	唐	定	dɔŋ2	dɔŋ2	dɔŋ2	dɔŋ2	dɔŋ2	taŋ2		tɔːŋ1	
1990	塘	宕	開一	平	唐	定	dɔŋ2	dɔŋ2	dɔŋ2	dɔŋ2	dɔŋ2	taŋ2		tɔːŋ1	
1991	蕩(放蕩)	宕	開一	上	唐	定	dɔŋ6	dɔŋ6	dɔŋ6	dɔŋ6	dɔŋ6	taŋ6			
1992	鐸	宕	開一	入	唐	定	dɔk8	dɔk8	dɔk8	dɔk8	dɔk8	tak8b			
1993	囊	宕	開一	平	唐	泥	nɔŋ2	nɔŋ2	nɔŋ2	nɔŋ2	nɔŋ2	naŋ2			
1994	諾	宕	開一	入	唐	泥	nɔk8	nɔk8	nɔk8	nɔk8	nɔk8				
1995	郎	宕	開一	平	唐	來	lɔŋ2	lɔŋ2	lɔŋ2	lɔŋ2	lɔŋ2	laŋ2	laŋ2	lɑŋ1	
1996	廊	宕	開一	平	唐	來	lɔŋ2	lɔŋ2	lɔŋ2	lɔŋ2	lɔŋ2	laŋ2			
1997	狼	宕	開一	平	唐	來	lɔŋ2	lɔŋ2	lɔŋ2	lɔŋ2	lɔŋ2	laŋ2			
1998	朗	宕	開一	上	唐	來	lɔŋ4	lɔŋ4	lɔŋ4	lɔŋ4	lɔŋ4	laŋ4		giep6(訓)	
1999	浪	宕	開一	去	唐	來	lɔŋ6	lɔŋ6	lɔŋ6	lɔŋ6	lɔŋ6	laŋ6	laŋ6	lɑːŋ6*	
2000	落	宕	開一	入	唐	來	lɔk8	lɔk8	lɔk8	lɔk8	lɔk7	lak8a		lɔ6; iːa6(訓)	
2001	烙	宕	開一	入	唐	來	lɔk7	lɔk7	lɔk7	lɔk7	lɔk7	lak8a			
2002	駱	宕	開一	入	唐	來	lɔk7	lɔk7	lɔk7	lɔk7	lɔk7	lak8a			
2003	酪	宕	開一	入	唐	來	lɔk7	lɔk7	lɔk7	lɔk7	lɔk7	lak8a			
2004	洛	宕	開一	入	唐	來	lɔk7	lɔk7	lɔk7	lɔk7	lɔk7	lak8a			
2005	絡	宕	開一	入	唐	來	lɔk7	lɔk7	lɔk7	lɔk7	lɔk7	lak8a			
2006	樂	宕	開一	入	唐	來	lɔk8	lɔk8	lɔk8	lɔk8	lɔk8	lak8a	løk5;lak5		
2007	髒(不乾淨)	宕	開一	平	唐	精	tsɔŋ1	tsɔŋ1; tsɔŋ5?	tsɔŋ1		tsɔŋ1	tʃaŋ1			
2008	葬	宕	開一	去	唐	精	tsɔŋ5	tsɔŋ5	tsɔŋ5	tsɔŋ5	tsɔŋ5	tʃaŋ5	ɕwaŋ5		
2009	作(工作)	宕	開一	入	唐	精	tsɔk7	tsɔk7		tsɔk7	tsɔk7	tʃak7	ɕak3		
2010	倉	宕	開一	平	唐	清	tsʰɔŋ1	tsʰɔŋ1	tsʰɔŋ1	tʰɔŋ1	tsʰɔŋ1	tʃʰaŋ1	ɕaŋ1	θɔːŋ1	
2011	蒼	宕	開一	平	唐	清	tsʰɔŋ1	tsʰɔŋ1	tsʰɔŋ1	tsʰɔŋ1	tsʰɔŋ1	tʃʰaŋ1			
2012	錯(錯雜)	宕	開一	入	唐	清	tsʰɔk7; tsʰɔ5	tsʰɔk7; tsʰɔ5		tʰɔ5; tʰɔk7		tʃʰak7			
2013	藏(隱藏)	宕	開一	平	唐	從	dzɔŋ2	dzɔŋ2	dzɔŋ2	sɔŋ2	dzɔŋ2	tʃaŋ2	ɕaŋ2	θɔŋ1	
2014	臟	宕	開一	去	唐	從	dzɔŋ6	dzɔŋ6	dzɔŋ6	dzɔŋ6	dzɔŋ6	tʃaŋ6			
2015	鑿	宕	開一	入	唐	從	dzɔk8	dzɔk8	dzɔk8	sɔk8	dzɔk8	tʃak8b			
2016	昨	宕	開一	入	唐	從	dzɔk8	dzɔk8	dzɔk8	sɔk8	dzɔk8				
2017	桑	宕	開一	平	唐	心	sɔŋ1	sɔŋ1	sɔŋ1	sɔŋ1	sɔŋ1	ɬaŋ1		θɔːŋ1	
2018	喪(婚喪)	宕	開一	平	唐	心	sɔŋ1	sɔŋ1	sɔŋ1	sɔŋ1	sɔŋ1	ɬaŋ1			
2019	嗓	宕	開一	上	唐	心	sɔŋ3	sɔŋ3	sɔŋ3	sɔŋ3	sɔŋ3	ɬaŋ3			

番号	語(字)	攝	開合・等	声調	韻目	声母	粤祖語	A	B	C	D	E	『武鳴』	『猺歌』	其他
2020	喪(喪失)	宕	開一	去	唐	心	sɔŋ5	sɔŋ5	sɔŋ5	sɔŋ5	sɔŋ5	ɬaŋ5			
2021	索(繩索)	宕	開一	入	唐	心	sɔk7	sɔk7		sɔk7	sɔk7	ɬak7	ɕak6(繩)		PT ɟɤːkD
2022	岡	宕	開一	平	唐	見	kɔŋ1	kɔŋ1	kɔŋ1	kɔŋ1	kɔŋ1	kaŋ1			
2023	尚	宕	開一	平	唐	見	kɔŋ1	kɔŋ1	kɔŋ1	kɔŋ1	kɔŋ1	kaŋ1			
2024	剛	宕	開一	平	唐	見	kɔŋ1	kɔŋ1	kɔŋ1	kɔŋ1	kɔŋ1	kaŋ1			
2025	綱	宕	開一	平	唐	見	kɔŋ1	kɔŋ1	kɔŋ1	kɔŋ1	kɔŋ1	kaŋ1			
2026	鋼	宕	開一	平	唐	見	kɔŋ1	kɔŋ1	kɔŋ1;kɔŋ5	kɔŋ1	kɔŋ1	kaŋ1	kaŋ1		
2027	缸	宕	開一	平	唐	見	kɔŋ1	kɔŋ1	kɔŋ1	kɔŋ1	kɔŋ1	kaŋ1	kaŋ1		
2028	鋼(鋼刀)	宕	開一	去	唐	見	kɔŋ5	kɔŋ5		kɔŋ5	kɔŋ5	kaŋ5			
2029	杠	宕	開一	去	唐	見	kɔŋ5	kɔŋ5		kɔŋ5	kɔŋ5	kaŋ5			
2030	各	宕	開一	入	唐	見	kɔk7	kɔk7	kɔk72	kɔk7	kɔk7	kak7		ka1	
2031	閣	宕	開一	入	唐	見	kɔk7	kɔk7	kɔk72	kɔk7	kɔk7	kak7			
2032	擱	宕	開一	入	唐	見	kɔk7	kɔk7	kɔk72	kɔk7	kɔk7	kʰak7		kaːp1(借)	
2033	胳	宕	開一	入	唐	見	kɔk7			lɔk7;kɔk7	kɔk7				
2034	康	宕	開一	平	唐	溪	kʰɔŋ1	hɔŋ1	kʰɔŋ1	kʰɔŋ1	hɔŋ1	kʰaŋ1			
2035	糠	宕	開一	平	唐	溪	kʰɔŋ1	hɔŋ1	hɔŋ1	hɔŋ1	hɔŋ1	haŋ1			
2036	抗	宕	開一	去	唐	溪	kʰɔŋ5	kʰɔŋ5	kʰɔŋ5	kʰɔŋ5	kʰɔŋ5	kʰaŋ5			
2037	坑	宕	開一	去	唐	溪	kʰɔŋ5	kʰɔŋ5	kʰɔŋ5	kʰɔŋ5		kʰaŋ5	kaŋ5		
2038	昂	宕	開一	平	唐	疑	ŋɔŋ2	ŋɔŋ2	ŋɔŋ2	ŋɔŋ2	ŋɔŋ2	ŋaŋ2			
2039	鄂	宕	開一	入	唐	疑	ŋɔk8	ŋɔk8	ŋɔk8	ŋɔk8	ŋɔk8	ŋak8a			
2040	行(行列)	宕	開一	平	唐	匣	ɦɔŋ2	ɦɔŋ2	ɦɔŋ2	ɦɔŋ2	ɦɔŋ2	haŋ2			
2041	航	宕	開一	平	唐	匣	ɦɔŋ2	ɦɔŋ2	ɦɔŋ2	ɦɔŋ2	ɦɔŋ2	haŋ2			
2042	杭	宕	開一	平	唐	匣	ɦɔŋ2	ɦɔŋ2	ɦɔŋ2	ɦɔŋ2	ɦɔŋ2	haŋ2			
2043	鶴	宕	開一	入	唐	匣	ɦɔk8	ɦɔk8	ɦɔk8	ɦɔk8	ɦɔk8	hak8b			
2044	惡(善惡)	宕	開一	入	唐	影	ʔɔk7	ʔɔk7	ʔɔk7	ʔɔk7	ʔɔk7	ʔak7	ʔak3	a1	
2045	娘	宕	開三	平	陽	泥	nɪːəŋ1;nɪːəŋ2	nɪːəŋ2	nɪːəŋ2	nɪːəŋ1;nɪːəŋ2	nɪːəŋ2	nɪːəŋ2		ɲwaŋ1	
2046	釀	宕	開三	去	陽	泥	ŋɪːəŋ6	ŋɪːəŋ6	ŋɪːəŋ6	ŋɪːəŋ6		ŋɪːəŋ2			
2047	良	宕	開三	平	陽	來	lɪːəŋ2	lɪːəŋ2	lɪːəŋ2	lɪːəŋ2	lɪːəŋ2	lɪːəŋ2	liaŋ2;luaŋ2		
2048	涼	宕	開三	平	陽	來	lɪːəŋ2	lɪːəŋ2	lɪːəŋ2	lɪːəŋ2	lɪːəŋ2	lɪːəŋ2	liaŋ2		
2049	量(量長短)	宕	開三	平	陽	來	lɪːəŋ2	lɪːəŋ2	lɪːəŋ2	lɪːəŋ2	lɪːəŋ2	lɪːəŋ2		gau1	
2050	糧	宕	開三	平	陽	來	lɪːəŋ2	lɪːəŋ2	lɪːəŋ2	lɪːəŋ2	lɪːəŋ2	lɪːəŋ2	luaŋ2		
2051	梁	宕	開三	平	陽	來	lɪːəŋ2	lɪːəŋ2	lɪːəŋ2	lɪːəŋ2	lɪːəŋ2	lɪːəŋ2	liaŋ2;luaŋ2		
2052	樑	宕	開三	平	陽	來	lɪːəŋ2	lɪːəŋ2	lɪːəŋ2	lɪːəŋ2	lɪːəŋ2	lɪːəŋ2			
2053	兩(兩個)	宕	開三	上	陽	來	lɪːəŋ4	lɪːəŋ4	lɪːəŋ4	lɪːəŋ4	lɪːəŋ4	lɪːəŋ4	liaŋ3		
2054	亮	宕	開三	去	陽	來	lɪːəŋ6	lɪːəŋ6	lɪːəŋ6	lɪːəŋ6	lɪːəŋ6	lɪːəŋ6			
2055	諒	宕	開三	去	陽	來	lɪːəŋ6	lɪːəŋ6	lɪːəŋ6	lɪːəŋ6	lɪːəŋ6	lɪːəŋ6	luaŋ6		
2056	輛	宕	開三	去	陽	來	lɪːəŋ6	lɪːəŋ6		lɪːəŋ6	lɪːəŋ6;lɪːəŋ4	lɪːəŋ4			
2057	量(數量)	宕	開三	去	陽	來	lɪːəŋ6	lɪːəŋ6	lɪːəŋ6	lɪːəŋ6	lɪːəŋ6	lɪːəŋ6	luaŋ6;liaŋ5		
2058	略	宕	開三	入	陽	來	lɪːək8	lɪːək8	lɪːək8	lɪːək8	lɪːək8	lɪːək8a			
2059	掠	宕	開三	入	陽	來	lɪːək8	lɪːək8	lɪːək8	lɪːək8	lɪːək8	lɪːək8a			
2060	將(將來)	宕	開三	平	陽	精	tsɪːəŋ1	tsɪːəŋ1	tsɪːəŋ1	tsɪːəŋ1	tsɪːəŋ1	tʃɪːəŋ1	ɕaŋ1(將何)		
2061	漿	宕	開三	平	陽	精	tsɪːəŋ1	tsɪːəŋ1	tsɪːəŋ1	tsɪːəŋ1	tsɪːəŋ1	tʃɪːəŋ1			
2062	蔣	宕	開三	上	陽	精	tsɪːəŋ3	tsɪːəŋ3	tsɪːəŋ3	tsɪːəŋ3	tsɪːəŋ3	tʃɪːəŋ3			
2063	槳	宕	開三	上	陽	精	tsɪːəŋ3	tsɪːəŋ3	tsɪːəŋ3	tsɪːəŋ3	tsɪːəŋ3	tʃɪːəŋ3			
2064	醬	宕	開三	去	陽	精	tsɪːəŋ5	tsɪːəŋ5	tsɪːəŋ5	tsɪːəŋ5	tsɪːəŋ5	tʃɪːəŋ5			
2065	將(大將)	宕	開三	去	陽	精	tsɪːəŋ5	tsɪːəŋ5	tsɪːəŋ5	tsɪːəŋ5	tsɪːəŋ5	tʃɪːəŋ5	θiaŋ5(參將) ɕaŋ1(將軍)		
2066	爵	宕	開三	入	陽	精	tsɪːək7	tsɪːək7		tsɪːək7	tsɪːək7	tʃɪːək7			
2067	雀	宕	開三	入	陽	精	tsɪːək7	tsɪːək7		tsɪːək7	tsɪːək7	tʃʰɪːək7;tʃɪːək7?			
2068	槍	宕	開三	平	陽	清	tsʰɪːəŋ1	tsʰɪːəŋ1	tsʰɪːəŋ1	tʰɪːəŋ1	tsʰɪːəŋ1	tʃɪːəŋ1			
2069	牆	宕	開三	平	陽	從	dzɪːəŋ2	dzɪːəŋ2	dzɪːəŋ2	sɪːəŋ2	dzɪːəŋ2	tʃɪːəŋ2	ɕɯaŋ2	tɕiŋ1(城)	
2070	匠	宕	開三	去	陽	從	dzɪːəŋ6	dzɪːəŋ6	dzɪːəŋ6	sɪːəŋ6	dzɪːəŋ6	tʃɪːəŋ6	ɕaŋ6;ɕɯaŋ6		

各語（字）の再建形　313

番号	語(字)	攝	開合・等	声調	韻目	声母	粤祖語	A	B	C	D	E	『武鳴』	『猺歌』	其他
2071	相(互相)	宕	開三	平	陽	心	sɪ:əŋ1	sɪ:əŋ1	sɪ:əŋ1	sɪ:əŋ1	sɪ:əŋ1	ɬɪ:əŋ1	θiaŋ1	θwaŋ1	
2072	箱	宕	開三	平	陽	心	sɪ:əŋ1	sɪ:əŋ1	sɪ:əŋ1	sɪ:əŋ1	sɪ:əŋ1	ɬɪ:əŋ1		θɯaŋ1	
2073	湘	宕	開三	平	陽	心	sɪ:əŋ1	sɪ:əŋ1	sɪ:əŋ1	sɪ:əŋ1	sɪ:əŋ1	ɬɪ:əŋ1			
2074	想	宕	開三	上	陽	心	sɪ:əŋ3	sɪ:əŋ3	sɪ:əŋ3	sɪ:əŋ3	sɪ:əŋ3	ɬɪ:əŋ3	θɯaŋ3	θwaŋ3	
2075	相(相貌)	宕	開三	去	陽	心	sɪ:əŋ5	sɪ:əŋ5	sɪ:əŋ5	sɪ:əŋ5	sɪ:əŋ5	ɬɪ:əŋ5			
2076	削	宕	開三	入	陽	心	sɪ:ək7	sɪ:ək7		sɪ:ək7	sɪ:ək7	ɬɪ:ək7			
2077	詳	宕	開三	平	陽	邪	dzɪ:əŋ2	dzɪ:əŋ2	dzɪ:əŋ2	dzɪ:əŋ2	dzɪ:əŋ2	tʃɪ:əŋ2			
2078	祥	宕	開三	平	陽	邪	dzɪ:əŋ2	dzɪ:əŋ2	dzɪ:əŋ2	dzɪ:əŋ2	dzɪ:əŋ2	tʃɪ:əŋ2			
2079	象	宕	開三	上	陽	邪	dzɪ:əŋ4	dzɪ:əŋ6	dzɪ:əŋ4	sɪ:əŋ4	dzɪ:əŋ4	tʃɪ:əŋ6	ɕɯaŋ6		PT ɹa:ŋC
2080	像	宕	開三	上	陽	邪	dzɪ:əŋ4	dzɪ:əŋ6	dzɪ:əŋ4	sɪ:əŋ4	dzɪ:əŋ4	tʃɪ:əŋ6	θiaŋ5		
2081	張	宕	開三	平	陽	知	tʂɪ:əŋ1	tʂɪ:əŋ1	tʂɪ:əŋ1	tʂɪ:əŋ1	tʂɪ:əŋ1	tʃɪ:əŋ1	ɕɯaŋ1		
2082	長(生長)	宕	開三	上	陽	知	tʂɪ:əŋ3	tʂɪ:əŋ3	tʂɪ:əŋ3	tʂɪ:əŋ3	tʂɪ:əŋ3	tʃɪ:əŋ3	ɕaŋ3		
2083	漲	宕	開三	去	陽	知	tʂɪ:əŋ5	tʂɪ:əŋ5	tʂɪ:əŋ5	tʂɪ:əŋ5	tʂɪ:əŋ5	tʃɪ:əŋ5			
2084	帳	宕	開三	去	陽	知	tʂɪ:əŋ5	tʂɪ:əŋ5	tʂɪ:əŋ5	tʂɪ:əŋ5	tʂɪ:əŋ5	tʃɪ:əŋ5			
2085	著(著衣)	宕	開三	入	陽	知	tʂɪ:ək7	tʂɪ:ək7		tʂɪ:ək7	tʂɪ:ək7	tʃɪ:ək7			
2086	暢	宕	開三	去	陽	徹	tʂʰɪ:əŋ1	tʂʰɪ:əŋ5	tʂʰɪ:əŋ1	tʂʰɪ:əŋ5	tʂʰɪ:əŋ5	tʃʰɪ:əŋ5			
2087	長(長短)	宕	開三	平	陽	澄	dʐɪ:əŋ2	dʐɪ:əŋ2	dʐɪ:əŋ2; dɪ:əŋ2	dʐɪ:əŋ2	dʐɪ:əŋ2	tʃɪ:əŋ2	ɕaŋ2	twaŋ1	
2088	腸	宕	開三	平	陽	澄	dʐɪ:əŋ2	dʐɪ:əŋ2	dʐɪ:əŋ2; dɪ:əŋ2	dʐɪ:əŋ2	dʐɪ:əŋ2	tʃɪ:əŋ2			
2089	場	宕	開三	平	陽	澄	dʐɪ:əŋ2	dʐɪ:əŋ2	dʐɪ:əŋ2	dʐɪ:əŋ2	dʐɪ:əŋ2	tʃɪ:əŋ2	ɕɯaŋ2		
2090	丈	宕	開三	上	陽	澄	dʐɪ:əŋ4	dʐɪ:əŋ6	dʐɪ:əŋ4	dʐɪ:əŋ6	dʐɪ:əŋ4	tʃɪ:əŋ6		tɕuŋ6	
2091	著(睡著)	宕	開三	入	陽	澄	dʐɪ:ək8	dʐɪ:ək8		dʐɪ:ək8	dʐɪ:ək8	tʃɪ:ək8b		tɕo6	
2092	莊	宕	開三	平	陽	莊	tʂʊ:əŋ1	tʂɔŋ1	tʂɔŋ1	tʂɔŋ1	tʂʊ:əŋ1	tʃaŋ1			
2093	裝	宕	開三	平	陽	莊	tʂʊ:əŋ1	tʂɔŋ1	tʂɔŋ1	tʂɔŋ1	tʂʊ:əŋ1	tʃaŋ1	ɕwaŋ1	tɕɔ:ŋ1	
2094	壯	宕	開三	去	陽	莊	tʂʊ:əŋ5	tʂɔŋ5	tʂɔŋ5	dʐɔŋ6	tʂɔŋ5	tʃaŋ5			
2095	瘡	宕	開三	平	陽	初	tʂʰʊ:əŋ1	tʂʰɔŋ1	tʂʰɔŋ1	tʂʰɔŋ1		tʃʰaŋ1			
2096	闖	宕	開三	上	陽	初	tʂʰʊ:əŋ3	tʂʰɔŋ3	tʂʰɔŋ3	tʂʰɔŋ3	tʂʰʊ:əŋ3	tʃʰaŋ3			
2097	創	宕	開三	去	陽	初	tʂʰʊ:əŋ5	tʂʰɔŋ5	tʂʰɔŋ5	tʂʰɔŋ5	tʂʰʊ:əŋ5	tʃʰaŋ5			
2098	牀	宕	開三	平	陽	崇	dʐɔŋ2	dʐɔŋ2; ʂɔŋ2	dʐɔŋ2	dʐɔŋ2	ʂɔŋ2	ʃaŋ2	ɕøŋ2;ɕɯaŋ2		
2099	狀	宕	開三	去	陽	崇	dʐʊ:əŋ6	dʐɔŋ6	dʐɔŋ6	dʐɔŋ6	dʐʊ:əŋ6	tʃaŋ6			
2100	霜	宕	開三	平	陽	生	ʂʊ:əŋ1	ʂʊ:əŋ1; ʂɔŋ1	ʂɔŋ1	ʂɔŋ1	ʂʊ:əŋ1	ʃuŋ1		ɕɔ:ŋ1	
2101	爽	宕	開三	上	陽	生	ʂʊ:əŋ3	ʂɔŋ3	ʂɔŋ3	ʂɔŋ3	ʂʊ:əŋ3	ʃaŋ3	θwaŋ3		
2102	章	宕	開三	平	陽	章	tʂɪ:əŋ1	tʂɪ:əŋ1	tʂɪ:əŋ1	tʂɪ:əŋ1	tʂɪ:əŋ1	tʃɪ:əŋ1	ɕaŋ1		
2103	樟	宕	開三	平	陽	章	tʂɪ:əŋ1	tʂɪ:əŋ1	tʂɪ:əŋ1	tʂɪ:əŋ1	tʂɪ:əŋ1	tʃɪ:əŋ1			
2104	掌	宕	開三	上	陽	章	tʂɪ:əŋ3	tʂɪ:əŋ3	tʂɪ:əŋ3	tʂɪ:əŋ3	tʂɪ:əŋ3	tʃɪ:əŋ3			
2105	障(保障)	宕	開三	去	陽	章	tʂɪ:əŋ5	tʂɪ:əŋ5	tʂɪ:əŋ5	tʂɪ:əŋ5	tʂɪ:əŋ5	tʃɪ:əŋ5			
2106	瘴(瘴氣)	宕	開三	去	陽	章	tʂɪ:əŋ5	tʂɪ:əŋ5	tʂɪ:əŋ5	tʂɪ:əŋ5	tʂɪ:əŋ5	tʃɪ:əŋ5			
2107	酌	宕	開三	入	陽	章	tʂɪ:ək7	tʂɪ:ək7		tʂɪ:ək7	tʂɪ:ək7	tʃɪ:ək7			
2108	昌	宕	開三	平	陽	昌	tʂʰɪ:əŋ1	tʂʰɪ:əŋ1	tʂʰɪ:əŋ1	tʂʰɪ:əŋ1	tʂʰɪ:əŋ1	tʃʰɪ:əŋ1	ɕaŋ1		
2109	菖(菖蒲)	宕	開三	平	陽	昌	tʂʰɪ:əŋ1	tʂʰɪ:əŋ1	tʂʰɪ:əŋ1	tʂʰɪ:əŋ1	tʂʰɪ:əŋ1	tʃʰɪ:əŋ1			
2110	廠	宕	開三	上	陽	昌	tʂʰɪ:əŋ3	tʂʰɪ:əŋ3	tʂʰɪ:əŋ3	tʂʰɪ:əŋ3	tʂʰʊ:əŋ3	tʃʰɪ:əŋ3			
2111	唱	宕	開三	去	陽	昌	tʂʰɪ:əŋ5	tʂʰɪ:əŋ5	tʂʰɪ:əŋ5	tʂʰɪ:əŋ5	tʂʰɪ:əŋ5	tʃʰɪ:əŋ5		ɕwaŋ5	
2112	倡(提倡)	宕	開三	去	陽	昌	tʂʰɪ:əŋ5	tʂʰɪ:əŋ5	tʂʰɪ:əŋ5	tʂʰɪ:əŋ5	tʂʰɪ:əŋ5	tʃʰɪ:əŋ5			
2113	商	宕	開三	平	陽	書	sɪ:əŋ1	sɪ:əŋ1	sɪ:əŋ1	sɪ:əŋ1	sɪ:əŋ1	ʃɪ:əŋ1	ɕaŋ1		
2114	傷	宕	開三	平	陽	書	sɪ:əŋ1	sɪ:əŋ1	sɪ:əŋ1	sɪ:əŋ1	sɪ:əŋ1	ʃɪ:əŋ1	θɯaŋ1; ɕaŋ1		
2115	賞	宕	開三	上	陽	書	sɪ:əŋ3	sɪ:əŋ3	sɪ:əŋ3	sɪ:əŋ3	sɪ:əŋ3	ʃɪ:əŋ3			
2116	晌(晌午)	宕	開三	上	陽	書	hɪ:əŋ3	hɪ:əŋ3	hɪ:əŋ3	hɪ:əŋ3	hɪ:əŋ3	hɪ:əŋ3			
2117	常	宕	開三	平	陽	禪	zɪ:əŋ2	sɪ:əŋ2	zɪ:əŋ2	dzɪ:əŋ2	sɪ:əŋ2	ʃɪ:əŋ2	θɯaŋ2; ɕaŋ2; ɕɯaŋ2		
2118	嘗	宕	開三	平	陽	禪	zɪ:əŋ2	sɪ:əŋ2	zɪ:əŋ2	dzɪ:əŋ2	sɪ:əŋ2	ʃɪ:əŋ2			
2119	裳(衣裳)	宕	開三	平	陽	禪	zɪ:əŋ2	sɪ:əŋ2	zɪ:əŋ2	dzɪ:əŋ2	sɪ:əŋ2	ʃɪ:əŋ2			
2120	償	宕	開三	平	陽	禪	zɪ:əŋ2	sɪ:əŋ2	zɪ:əŋ2	dzɪ:əŋ2	sɪ:əŋ2	ʃɪ:əŋ2			
2121	上(上山)	宕	開三	上	陽	禪	zɪ:əŋ4	sɪ:əŋ4	zɪ:əŋ4	sɪ:əŋ4	sɪ:əŋ4	ʃɐŋ4	ɕaŋ5; θɯaŋ6		
2122	尚	宕	開三	去	陽	禪	zɪ:əŋ6	sɪ:əŋ6	zɪ:əŋ6	sɪ:əŋ6		ʃɐŋ6		tɕuŋ6	
2123	上(上面)	宕	開三	去	陽	禪	zɪ:əŋ6	sɪ:əŋ6	zɪ:əŋ6	sɪ:əŋ6	sɪ:əŋ6	ʃɐŋ6		tɕwaŋ6	

番号	語(字)	攝	開合・等	声調	韻目	声母	粤祖語	A	B	C	D	E	『武鳴』	『猺歌』	其他
2124	勺(勺子)	宕	開三	入	陽	禪	ʑɯ:ək8			ʂɯ:ək8	ʂɯ:ək8	ʃɯ:ək8b			
2125	瓤(瓜瓤)	宕	開三	平	陽	日	nɔŋ2	nɔŋ2	nɔŋ2	nɔŋ2	nɔŋ2	naŋ2			
2126	讓	宕	開三	去	陽	日	ȵɯ:əŋ6	ȵɯ:əŋ6	ȵɯ:əŋ6	ȵɯ:əŋ6	ȵɯ:əŋ6	ȵɯ:əŋ6			
2127	若	宕	開三	入	陽	日	ȵɯ:ək8	ȵɯ:ək8	ȵɯ:ək8	ȵɯ:ək8	ȵɯ:ək8	ȵɯ:ək8			
2128	弱	宕	開三	入	陽	日	ȵɯ:ək8	ȵɯ:ək8	ȵɯ:ək8	ȵɯ:ək8	ȵɯ:ək8	ȵɯ:ək8			
2129	疆	宕	開三	平	陽	見	kɯ:əŋ1; kʰɯ:əŋ1	kɯ:əŋ1	kɯ:əŋ1	kʰɯ:əŋ1	kɯ:əŋ1; kʰɯ:əŋ1	kʰɯ:əŋ1			
2130	僵	宕	開三	平	陽	見	kɯ:əŋ1; kʰɯ:əŋ1	kɯ:əŋ1	kɯ:əŋ1	kʰɯ:əŋ1	kɯ:əŋ1; kʰɯ:əŋ1	kʰɯ:əŋ1			
2131	薑	宕	開三	平	陽	見	kɯ:əŋ1	kɯ:əŋ1	kɯ:əŋ1	kɯ:əŋ1	kɯ:əŋ1	kɯ:əŋ1	kiaŋ1		
2132	腳	宕	開三	入	陽	見	kɯ:ək7	kɯ:ək7		kɯ:ək7	kɯ:ək7	kɯ:ək7	kiak3	tɕua1	
2133	卻	宕	開三	入	陽	溪	kʰɯ:ək7	kʰɯ:ək7		kʰɯ:ək7	kʰɯ:ək7	kʰɯ:ək7			
2134	強	宕	開三	平	陽	群	gɯ:əŋ2	gɯ:əŋ2	gɯ:əŋ2	gɯ:əŋ2	gɯ:əŋ2	kɯ:əŋ2	kiaŋ2; kjaŋ2		
2135	強(勉強, 卻倔強)	宕	開三	上	陽	群		gɯ:əŋ2		gɯ:əŋ4	gɯ:əŋ4	kɯ:əŋ6			
2136	仰	宕	開三	上	陽	疑	ȵɯ:əŋ4	ȵɯ:əŋ4	ȵɯ:əŋ4	ȵɯ:əŋ4	ȵɯ:əŋ2	ȵɯ:əŋ4	ŋuaŋ4		
2137	虐	宕	開三	入	陽	疑	ȵɯ:ək8	ȵɯ:ək8	ȵɯ:ək8	ȵɯ:ək8	ȵɯ:ək8	nɐk8; ȵɯ:ək8a			
2138	香	宕	開三	平	陽	曉	hɯ:əŋ1	hɯ:əŋ1	hɯ:əŋ1	hɯ:əŋ1	hɯ:əŋ1	hɯ:əŋ1	jaŋ1; jiaŋ1; raŋ1?	huŋ1; jwaŋ1	
2139	鄉	宕	開三	平	陽	曉	hɯ:əŋ1	hɯ:əŋ1	hɯ:əŋ1	hɯ:əŋ1	hɯ:əŋ1	hɯ:əŋ1	jaŋ1	jwaŋ1	
2140	享	宕	開三	上	陽	曉	hɯ:əŋ3	hɯ:əŋ3	hɯ:əŋ3	hɯ:əŋ3	hɯ:əŋ3	hɯ:əŋ3			
2141	響	宕	開三	上	陽	曉	hɯ:əŋ3	hɯ:əŋ3	hɯ:əŋ3	hɯ:əŋ3	hɯ:əŋ3	hɯ:əŋ3		jwaŋ3	
2142	向	宕	開三	去	陽	曉	hɯ:əŋ5	hɯ:əŋ5	hɯ:əŋ5	hɯ:əŋ5	hɯ:əŋ5	hɯ:əŋ5			
2143	央	宕	開三	平	陽	影	ʔɯ:əŋ1	ʔɯ:əŋ1	ʔɯ:əŋ1	ʔɯ:əŋ1	ʔɯ:əŋ1	ʔɯ:əŋ1			
2144	秧	宕	開三	平	陽	影	ʔɯ:əŋ1	ʔɯ:əŋ1	ʔɯ:əŋ1	ʔɯ:əŋ1	ʔɯ:əŋ1	ʔɯ:əŋ1		jwaŋ1	
2145	約	宕	開三	入	陽	影	ʔɯ:ək7	ʔɯ:ək7		ʔɯ:ək7	ʔɯ:ək7	ʔɯ:ək7	ʔjɯak3		
2146	羊	宕	開三	平	陽	以	jɯ:əŋ2	jɯ:əŋ2	jɯ:əŋ2	ʔɯ:əŋ2	jɯ:əŋ2	jɯ:əŋ2			
2147	洋	宕	開三	平	陽	以	jɯ:əŋ2	jɯ:əŋ2	jɯ:əŋ2	ʔɯ:əŋ2	jɯ:əŋ2	jɯ:əŋ2			
2148	楊	宕	開三	平	陽	以	jɯ:əŋ2	jɯ:əŋ2	jɯ:əŋ2	ʔɯ:əŋ2	jɯ:əŋ2	jɯ:əŋ2	jaŋ2	juŋ1; jwaŋ1	
2149	陽	宕	開三	平	陽	以	jɯ:əŋ2	jɯ:əŋ2	jɯ:əŋ2	ʔɯ:əŋ2	jɯ:əŋ2	jɯ:əŋ2	jaŋ2 (辭陽(死) θɯ2jaŋ2)	jwaŋ1	
2150	揚	宕	開三	平	陽	以	jɯ:əŋ2	jɯ:əŋ2	jɯ:əŋ2	ʔɯ:əŋ2	jɯ:əŋ2	jɯ:əŋ2	jaŋ2		
2151	瘍(潰瘍)	宕	開三	平	陽	以	jɯ:əŋ2	jɯ:əŋ2	jɯ:əŋ2	ʔɯ:əŋ2	jɯ:əŋ2	jɯ:əŋ2			
2152	養	宕	開三	上	陽	以	jɯ:əŋ4	jɯ:əŋ4	jɯ:əŋ4	ʔɯ:əŋ4	jɯ:əŋ4	jɯ:əŋ4	ɕɯaŋ4		
2153	癢	宕	開三	上	陽	以	jɯ:əŋ4	jɯ:əŋ4	jɯ:əŋ4	ʔɯ:əŋ4	jɯ:əŋ4	jɯ:əŋ4			
2154	樣	宕	開三	去	陽	以	jɯ:əŋ6	jɯ:əŋ6	jɯ:əŋ6	ʔɯ:əŋ6	jɯ:əŋ6	jɯ:əŋ6	jwaŋ6	juŋ6*	
2155	藥	宕	開三	入	陽	以	jɯ:ək8	jɯ:ək8	jɯ:ək8	ʔɯ:ək8	jɯ:ək8	jɯ:ək8a	jɯak2		PT ʔɯuA
2156	鑰(鑰匙)	宕	開三	入	陽	以	jɯ:ək8	jɯ:ək8	jɯ:ək8	ʔɯ:ək8	jɯ:ək8a				
2157	躍	宕	開三	入	陽	以	jɯ:ək8	jɯ:ək8; jɯ:ək7	jɯ:ək8	ʔɯ:ək8	ȵɯ:ək8	jɯ:ək8a			
2158	光	宕	合一	平	唐	見	kʊ:əŋ1	kʊ:əŋ1	kʊ:əŋ1	kʊ:əŋ1	kʊ:əŋ1	kuŋ1		kʷaŋ1; kʷaŋ3 (廣?)	
2159	廣	宕	合一	上	唐	見	kʊ:əŋ3	kʊ:əŋ3	kʊ:əŋ3	kʊ:əŋ3	kʊ:əŋ3	kuŋ3	kʷaŋ3; kʷaŋ5	kʷaŋ3*	
2160	郭	宕	合一	入	唐	見	kʰʊ:ək7; kʊ:ək7	kʊ:ək7; kʊ:ək7	kʊ:ək7; kʊ:ək7	kʊ:ək7	kʊ:ək7; kʰɯ:ək7	kuk7; kʰak7			
2161	曠	宕	合一	去	唐	溪	kʰʊ:əŋ5; kʰɔŋ5	kʰɔŋ5	kʰʊ:əŋ5; kʰɔŋ5	kʰɔŋ5	kʰʊ:əŋ5	kʰʷaŋ5			
2162	廓	宕	合一	入	唐	溪	kʰʊ:ək7	kʰʊ:ək7	kʰʊ:ək7	kʰɔk7	kʰʊ:ək7				
2163	擴(擴充)	宕	合一	入	唐	溪	kʰʊ:əŋ5; kʰɔŋ5	kʰɔŋ5; kʰʊ:ək7?	kʰʊ:əŋ5; kʰɔŋ5	kʰɔŋ5; kʰɔk7	kʰʊ:əŋ5	kʰuk7			
2164	荒	宕	合一	平	唐	曉	hʊ:əŋ1	hʊ:əŋ1	hʊ:əŋ1	hʊ:əŋ1	hʊ:əŋ1	huŋ1			
2165	慌	宕	合一	平	唐	曉	hʊ:əŋ1	hʊ:əŋ1	hʊ:əŋ1	hʊ:əŋ1	hʊ:əŋ1	huŋ1			
2166	謊	宕	合一	上	唐	曉	hʊ:əŋ3		hʊ:əŋ3		hʊ:əŋ1	huŋ1	wuaŋ1; huaŋ1?		
2167	霍	宕	合一	入	唐	曉	kʰʊ:ək7; kʰɔk7	hʊ:ək7; kʰɔk7		kʰɔk7	kʰʊ:ək7	kʰak7			
2168	黃	宕	合一	平	唐	匣	ɦʊ:əŋ2	ɦʊ:əŋ2	wʊ:əŋ2	ʔʊ:əŋ2	ɦʊ:əŋ2	huŋ2	waŋ2	waŋ2	

各語（字）の再建形　315

番号	語(字)	攝	開合・等	声調	韻目	声母	粤祖語	A	B	C	D	E	『武鳴』	『猺歌』	其他
2169	皇	宕	合一	平	唐	匣	fʊːəŋ2	fʊːəŋ2	wʊːəŋ2	ʔʊːəŋ2	fʊːəŋ2	huŋ2	waŋ2		
2170	蝗	宕	合一	平	唐	匣	fʊːəŋ2	fʊːəŋ2	wʊːəŋ2	ʔʊːəŋ2	fʊːəŋ2	huŋ2			
2171	方	宕	合三	平	陽	非	fʊːəŋ1	fəŋ1	fʊːəŋ1	fʊːəŋ1	fʊːəŋ1	fuŋ1	fuaŋ1; fwaŋ1		
2172	肪(脂肪)	宕	合三	平	陽	非	fʊːəŋ1	fəŋ1	fʊːəŋ1						
2173	倣(倣效)	宕	合三	上	陽	非	fʊːəŋ3	fəŋ3	fʊːəŋ3						
2174	放	宕	合三	去	陽	非	fʊːəŋ5	fəŋ5	fʊːəŋ5	fʊːəŋ5; huŋ5; puŋ5	fʊːəŋ5	fuŋ5	fuaŋ5	puŋ5	
2175	芳	宕	合三	平	陽	敷	fʊːəŋ1	fəŋ1	fʊːəŋ1	fʊːəŋ1	fʊːəŋ1	fuŋ1			
2176	妨(妨害)	宕	合三	平	陽	敷	vʊːəŋ2	fəŋ2	fʊːəŋ2	fʊːəŋ2	fʊːəŋ2	fuŋ3?			
2177	紡	宕	合三	上	陽	敷	fʊːəŋ3	fəŋ3	fʊːəŋ3	fʊːəŋ3	fʊːəŋ3				
2178	訪	宕	合三	去	陽	敷	fʊːəŋ3	fəŋ3	fʊːəŋ3	fʊːəŋ3	fʊːəŋ3	fuŋ3			
2179	房	宕	合三	平	陽	奉	bʊːəŋ2; vʊːəŋ2	fəŋ2	bʊːəŋ2; fʊːəŋ2	bʊːəŋ2; fʊːəŋ2	fʊːəŋ2	fuŋ2	fuaŋ2	puŋ1	
2180	防	宕	合三	平	陽	奉	bʊːəŋ2; vʊːəŋ2	fəŋ2	bʊːəŋ2; fʊːəŋ2	bʊːəŋ2; fʊːəŋ2	fʊːəŋ2	fuŋ2	fuaŋ2		
2181	縛	宕	合三	入	陽	奉				ɓɔk7?; fɔk8	fʊːək8	fuk8			
2182	亡	宕	合三	平	陽	微	mʊːəŋ2	mɔŋ2	mɔŋ2	mɔŋ2	mʊːəŋ2	muŋ2			
2183	芒(麥芒兒)	宕	合三	平	陽	微		mɔŋ2	mɔŋ2						
2184	網	宕	合三	上	陽	微	mʊːəŋ4	mɔŋ4	mɔŋ4	mɔŋ3; mɔŋ4	mʊːəŋ4	muŋ4	muaŋ4		
2185	忘	宕	合三	去	陽	微	mʊːəŋ2; mʊːəŋ6	mɔŋ2; mɔŋ6	mɔŋ2; mɔŋ6	mɔŋ2; mɔŋ6	mʊːəŋ2; mʊːəŋ6	muŋ6	waŋ2		
2186	妄	宕	合三	去	陽	微	mʊːəŋ6	mɔŋ4; mɔŋ6	mɔŋ6	mɔŋ6	mʊːəŋ6	muŋ6			
2187	望	宕	合三	去	陽	微	mʊːəŋ6	mɔŋ6	mɔŋ6	mɔŋ6	mʊːəŋ6	muŋ6	muaŋ6	mwaŋ6	
2188	钁(钁頭)	宕	合三	入	陽	見									
2189	狂	宕	合三	平	陽	群	gʊːəŋ2	gʊːəŋ2	gʊːəŋ2	gʊːəŋ2	gʊːəŋ2; gɔŋ2?	kʷaŋ2; kuŋ2			
2190	況	宕	合三	去	陽	曉	kʰʊːəŋ5	kʰʊːəŋ5	kʰʊːəŋ5	kʰʊːəŋ5?	kʰʊːəŋ5?	kʰʷaŋ5			
2191	枉	宕	合三	上	陽	影	ʔʊːəŋ3	ʔʊːəŋ3	ʔʊːəŋ3	ʔʊːəŋ3	ʔʊːəŋ3	ʔuŋ3	ʔʷuaŋ3(枉死 ʔʷuaŋ3θɯ3)		
2192	王	宕	合三	平	陽	云	wʊːəŋ2	wʊːəŋ2	wʊːəŋ2	ʔʊːəŋ2	fʊːəŋ2	huŋ2	waŋ2		
2193	往	宕	合三	上	陽	云	wʊːəŋ4	wʊːəŋ4	wʊːəŋ4	ʔʊːəŋ4	fʊːəŋ4	wʊːəŋ4		waŋ1	
2194	旺(火旺)	宕	合三	去	陽	云	wʊːəŋ6	wʊːəŋ6	wʊːəŋ6	ʔʊːəŋ6	fʊːəŋ6	huŋ6			
2195	邦	江	開二	平	江	幫	pɔŋ1	pɔŋ1	pɔŋ1	ɓɔŋ1	pɔŋ1; paŋ1?	paŋ1			
2196	剝	江	開二	入	江	幫	pɔk7?; pʊːək7?	mɔk7; mɔk7?		ɓɔk7	pɔk7? pʊːək7?	pak7; puk7			
2197	駁	江	開二	入	江	幫	pɔk7?; pʊːək7?	pɔk7		ɓɔk7	pɔk7? pʊːək7?	puk7			
2198	胖	江	開二	去	江	滂		bʊːəŋ6				pʰaŋ5			
2199	龐	江	開二	平	江	並	baŋ2	bɔŋ2	bɔŋ2	baŋ2; bɔŋ2	baŋ2	paŋ2			
2200	棒	江	開二	上	江	並	baŋ4	baŋ4	baŋ4	baŋ4	baŋ4?	paŋ4?			
2201	雹	江	開二	入	江	並	bɔk8	bɛk8	bɔk8	bɔk8		pak8b			
2202	桌	江	開二	入	江	知	tʂɪːək7; tʂʊːək7	tʂɪːək7	tʂɪːək7	tʂɔk7	tʂʊːək7	tʃuk7?; tʃɪːək7?			
2203	卓	江	開二	入	江	知	tʂʰɪːək7; tʂʊːək7	tʂʰɪːək7	tʂʰɪːək7	tʂʰɔk7	tʂʊːək7	tʃuk7?; tʃɪːək7?			
2204	琢	江	開二	入	江	知	tɪːək7; tʊːək7; tʂɪːək7; tʂʊːək7	tɪːək7		ɗɔk7	tʊːək7; tʂʊːək7	tʃuk7?; tʃɪːək7?			
2205	啄	江	開二	入	江	知	tɪːək7; tʊːək7; tʂɪːək7; tʂʊːək7	tɪːək7		ɗɔk7	tʊːək7; tʂʊːək7	tʃuk7?; tʃɪːək7?			
2206	戳	江	開二	入	江	徹	tʂʰʊːək7	tʂʰɪːək7	tʂʰɔk7	tʂʰɔk7	tʂʰʊːək7	tʃʰuk7			
2207	撞	江	開二	去	江	澄	dzʊːəŋ6	dzɔŋ6	dzɔŋ6	dzɔŋ6		tʃuŋ6			
2208	濁	江	開二	入	江	澄	dzʊːək8	dzuk8	dzɔk8	dzɔk8	dzʊːək8	tʃuk8			

番号	語(字)	攝	開合・等	声調	韻目	声母	粤祖語	A	B	C	D	E	『武鳴』	『猺歌』	其他
2209	捉	江	開二	入	江	莊	tʃʊ:ɔk7		tʃɔk7	tʃɔk7	tʃʊ:ɔk7	tʃuk7		tɕɔ1	
2210	窗	江	開二	平	江	初	tʂʰʊ:ɔŋ1; tʃʰɪ:əŋ1	tʃ	tɕʰɪ:əŋ1	tʃʰɪ:əŋ1	tʃʰʊ:ɔŋ1	tʃʰaŋ1		ɕuaŋ1	
2211	雙	江	開二	平	江	生	ʂɪ:əŋ1; ʂʊ:ɔŋ1	ʂɪ:əŋ1	ʂɔŋ1; ʂɪ:əŋ1	ʂɔŋ	ʂʊ:ɔŋ1	ʃuŋ1	θuaŋ1; θøŋ(二); ɕwaŋ1	ɕuŋ1	PT so:ŋA
2212	朔	江	開二	入	江	生	ʂʊ:ɔk7	ʂɔk7	ʂɔk7	ʂɔk7	ʂʊ:ɔk7	łak7			
2213	江	江	開二	平	江	見	kaŋ1	kɔŋ1	kɔŋ1	kaŋ1	kaŋ1	kaŋ1	kjaŋ1	tɕɔ:ŋ1	
2214	扛	江	開二	平	江	見	kɔŋ1	kɔŋ1	kɔŋ1		kɔŋ1	kʰaŋ2			
2215	講	江	開二	上	江	見	kaŋ3	kɔŋ3	kɔŋ3	kaŋ3	kaŋ3	kaŋ3	kaŋ3		
2216	港(港口)	江	開二	上	江	見	kaŋ3	kɔŋ3	kɔŋ3	kaŋ3	kaŋ3	kaŋ3			
2217	降(下降)	江	開二	去	江	見	kaŋ5	kɔŋ5	kɔŋ5	kaŋ5	kaŋ5	kaŋ5			
2218	覺(知覺)	江	開二	入	江	見	kak7; kʰɪ:ɔk7	kɔk7		kak7; kʰɪ:ɔk7	kak7; kʰɪ:ɔk7	kʰak7; kʰɪ:ɔk7			
2219	角	江	開二	入	江	見	kak7	kɔk7		kak7	kak7	kak7			
2220	餃(餃子)	江	開二	入	江	見	kau3	kau3	kau3	kau3	kau3	kau3			
2221	腔	江	開二	平	江	溪	kʰɪ:əŋ1; kʰɔŋ1?	hɔŋ1	hɔŋ1	kʰɪ:əŋ1; kʰɔŋ1	kʰɪ:əŋ1	kʰɪ:əŋ1			
2222	確	江	開二	入	江	溪	kʰɔk7	kʰɔk7	kʰɔk7	kʰɔk7	kʰɔk7	kʰak7	hak8		
2223	殼	江	開二	入	江	溪	hɔk7?	hɔk7		hɔk7	hak7?	hak7			
2224	嶽	江	開二	入	江	疑	ŋak8	ŋɔk8	ŋɔk8	ŋɔk8	ŋak8	ŋak8			
2225	岳	江	開二	入	江	疑	ŋak8	ŋɔk8	ŋɔk8	ŋɔk8	ŋak8	ŋak8			
2226	樂(音樂)	江	開二	入	江	疑	ŋak8	ŋɔk8	ŋɔk8	ŋɔk8	ŋak8	ŋak8			
2227	降(投降)	江	開二	平	江	匣		ɦɔŋ2	ɦɔŋ2	ɦɔŋ2	kaŋ5	haŋ2			
2228	項	江	開二	上	江	匣	ɦaŋ4	ɦɔŋ6	ɦɔŋ4	ɦaŋ4	ɦaŋ4	haŋ6			
2229	巷	江	開二	去	江	匣	ɦaŋ6	ɦɔŋ6	ɦɔŋ6	ɦaŋ6	ɦaŋ6	haŋ6	xøŋ6		
2230	學	江	開二	入	江	匣	ɦak8	ɦɔk8	ɦɔk8	ɦak8	ɦak8	hak8b	xak2; jø2	hɔ6*	
2231	握	江	開二	入	江	影	ʔɐk7			ʔɐk7	ʔɐk7	ʔɐk7			
2232	崩	曾	開一	平	登	幫	pɐŋ1	pɐŋ1	pɐŋ1	bɐŋ1	pɐŋ1	pɐŋ1			
2233	北	曾	開一	入	登	幫	pɐk7	pɐk7	pɐk7	bɐk7	pɐk7	pɐk7	pak8		
2234	朋	曾	開一	平	登	並	bɐŋ2	bɐŋ2	bɐŋ2	bɐŋ2	bɐŋ2	pɐŋ2	paŋ2		
2235	墨	曾	開一	入	登	明	mɐk8	mɐk8	mɐk8	mɐk8	mɐk8	mɐk8a	mak9		
2236	默	曾	開一	入	登	明	mɐk8	mɐk8	mɐk8	mɐk8	mɐk8	mɐk8a			
2237	登	曾	開一	平	登	端	tɐŋ1	tɐŋ1	tɐŋ1	ɗɐŋ1	tɐŋ1	tɐŋ1			
2238	燈	曾	開一	平	登	端	tɐŋ1	tɐŋ1	tɐŋ1	ɗɐŋ1	tɐŋ1	tɐŋ1	taŋ1	taŋ1	PT ɗaŋA
2239	等	曾	開一	上	登	端	tɐŋ3	tɐŋ3	tɐŋ3	ɗɐŋ3	tɐŋ3	tɐŋ3	taŋ3	taŋ3	
2240	凳	曾	開一	去	登	端	tɐŋ5	tɐŋ5	tɐŋ5	ɗɐŋ5	tɐŋ5	tɐŋ5	taŋ5		
2241	得	曾	開一	入	登	端	tɐk7	tɐk7	tɐk7	ɗɐk7	tɐk7	tɐk7	tak8; tɯ2	to6	
2242	德	曾	開一	入	登	端	tɐk7	tɐk7	tɐk7	ɗɐk7	tɐk7	tɐk7			
2243	騰	曾	開一	平	登	定	dɐŋ2	dɐŋ2	dɐŋ2	dɐŋ2	dɐŋ2	tɐŋ2			
2244	藤	曾	開一	平	登	定	dɐŋ2	dɐŋ2	dɐŋ2	dɐŋ2	dɐŋ2	tɐŋ2			
2245	疼	曾	開一	平	登	定	dɐŋ2	dɐŋ2	dɐŋ2	dɐŋ2	dɐŋ2	tɐŋ2			
2246	鄧	曾	開一	去	登	定	dɐŋ6	dɐŋ6	dɐŋ6	dɐŋ6	dɐŋ6	tɐŋ6		taŋ6(借)	
2247	特	曾	開一	入	登	定	dɐk8	dɐk8	dɐk8	dɐk8	dɐk8	tɐk8b	tɯ2(特別) tɯ2pe2		
2248	能	曾	開一	平	登	泥	nɐŋ2	nɐŋ2	nɐŋ2	nɐŋ2	nɐŋ2	nɐŋ2	naŋ3(訓.倫(借)似(借))		
2249	肋	曾	開一	入	登	來	lɐk8	lɐk8		lɐk8	lɐk8	lɐk8a			
2250	曾(姓)	曾	開一	平	登	精	tsɐŋ1	tsɐŋ1	tsɐŋ1	tsɐŋ1	tsɐŋ1	tʃɐŋ1	ɕaŋ1		
2251	增	曾	開一	平	登	精	tsɐŋ1	tsɐŋ1	tsɐŋ1	tsɐŋ1	tsɐŋ1	tʃɐŋ1			
2252	憎	曾	開一	平	登	精	tsɐŋ1	tsɐŋ1	tsɐŋ1	tsɐŋ1	tsɐŋ1	tʃɐŋ1	ɕaŋ2	ðaŋ1	
2253	則	曾	開一	入	登	精	tsɐk7	tsɐk7	tsɐk7	tsɐk7	tsɐk7	tʃɐk7			
2254	曾(曾經)	曾	開一	平	登	從	dzɐŋ2	dzɐŋ2	dzɐŋ2	sɐŋ2	dzɐŋ2	tʃɐŋ2	ɕaŋ2	daŋ1	
2255	層	曾	開一	平	登	從	dzɐŋ2	dzɐŋ2	dzɐŋ2	sɐŋ2	dzɐŋ2	tʃɐŋ2			
2256	贈	曾	開一	去	登	從	dzɐŋ6	dzɐŋ6	dzɐŋ6	sɐŋ6	dzɐŋ6	tʃɐŋ6			
2257	賊	曾	開一	入	登	從	dzɐk8	dzɐk8	dzɐk8	sɐk8	dzɐk8	tʃʰɐk8	ɕak9		
2258	僧	曾	開一	平	登	心	sɐŋ1; tsɐŋ1	tsɐŋ1		tsɐŋ1	sɐŋ1; tsɐŋ1	łɐŋ1			

番号	語(字)	攝	開合・等	声調	韻目	声母	粤祖語	A	B	C	D	E	『武鳴』	『猺歌』	其他
2259	塞(阻塞)	曾	開一	入	登	心	sɐk7	sɐk7	sɐk7	sɐk7	sɐk7	ɬɐk7	θa1		
2260	肯	曾	開一	上	登	溪	hɐŋ3	hɐŋ3	hɐŋ3	hɐŋ3	hɐŋ3	hɐŋ3			
2261	刻(時刻)	曾	開一	入	登	溪	kʰɐk7	kʰɐk7	kʰɐk7	kʰɐk7	kʰɐk7	kʰɐk7			
2262	克	曾	開一	入	登	溪	kʰɐk7	kʰɐk7	kʰɐk7	kʰɐk7	kʰɐk7	kʰɐk7			
2263	黑	曾	開一	入	登	曉	hɐk7	hɐk7	kʰɐk7	hɐk7	hɐk7	hɐk7			
2264	恆	曾	開一	平	登	匣	ɦɐŋ2	ɦɐŋ2	ɦɐŋ2	ɦɐŋ2	ɦɐŋ2	hɐŋ2			
2265	冰	曾	開三	平	蒸	幫	piŋ1	piŋ1		ɓiŋ1	piŋ1	piŋ1			
2266	憑	曾	開三	平	蒸	並	bɐŋ2	bɐŋ2		bɐŋ2	bɐŋ2	pɐŋ2			
2267	匿	曾	開三	入	蒸	泥	nic7; nic8	nic7		nic7	nic7; nic8	nic8a			
2268	陵	曾	開三	平	蒸	來	liŋ2	liŋ2	leŋ2	liŋ2	liŋ2	liŋ2			
2269	凌	曾	開三	平	蒸	來	liŋ2	liŋ2	leŋ2	liŋ2	liŋ2	liŋ2			
2270	菱	曾	開三	平	蒸	來	liŋ2	liŋ2	leŋ2	liŋ2	liŋ2	liŋ2			
2271	力	曾	開三	入	蒸	來	lic8	lic8	lec8	lic8	lic8	lic8a			
2272	卽	曾	開三	入	蒸	精	tsic7	tsic7	tsec7	tsic7	tsic7	tʃic7	ɕak8		
2273	息	曾	開三	入	蒸	心	sic7	sic7	sec7	sic7	sic7	ɬic7	θi2		
2274	熄	曾	開三	入	蒸	心	sic7	sic7	sec7	sic7	sic7	ɬic7			
2275	媳	曾	開三	入	蒸	心	sic7	sic7	sec7	sic7	sic7	ɬic7			
2276	澄	曾	開三	平	蒸	澄	dziŋ2	dziŋ2	dzeŋ2						
2277	懲	曾	開三	平	蒸	澄	dziŋ2	dziŋ2	dzeŋ2	dziŋ2		tʃiŋ2			
2278	瞪(瞪眼)	曾	開三	去	蒸	澄	tɐŋ1	tɐŋ1		dɐŋ1	tɐŋ1				
2279	直	曾	開三	入	蒸	澄	dzic8	dzic8	dzec8	dzic8	dzic8	tʃic8b			
2280	値	曾	開三	入	蒸	澄	dzic8	dzic8	dzec8	dzic8	dzic8	tʃic8b			
2281	側	曾	開三	入	蒸	莊	tsɐk7	tsɐk7	tsɐk7	tsec7	tsʰɐk7	tʃɐk7			
2282	測	曾	開三	入	蒸	初	tsʰɐk7	tsʰɐk7	tsʰɐk7	tsʰec7	tsʰɐk7	tʃʰɐk7			
2283	色	曾	開三	入	蒸	生	ʂik7	sic7	ʂek7	ʂic7	sic7	ʃɐk7	θak8		
2284	嗇(吝嗇)	曾	開三	入	蒸	生	ʂik7	sic7			sic7	ʃic7			
2285	蒸	曾	開三	平	蒸	章	tsiŋ1	tsiŋ1	tseŋ1	tsiŋ1	tsiŋ1	tʃiŋ1			
2286	證	曾	開三	去	蒸	章	tsiŋ5	tsiŋ5	tseŋ5	tsiŋ5	tsiŋ5	tʃiŋ5			
2287	症	曾	開三	去	蒸	章	tsiŋ5	tsiŋ5	tseŋ5	tsiŋ5	tsiŋ5	tʃiŋ5			
2288	織	曾	開三	入	蒸	章	tsic7	tsic7	tsec7	tsic7	tsic7	tʃic7			
2289	職	曾	開三	入	蒸	章	tsic7	tsic7	tsec7	tsic7	tsic7	tʃic7			
2290	稱(稱呼)	曾	開三	平	蒸	昌	tsʰiŋ1	tsʰiŋ1	tsʰeŋ1	tsʰiŋ1	tsʰiŋ1	tʃʰiŋ1	ɕiŋ1;ɕɯŋ1		
2291	稱(相稱)	曾	開三	去	蒸	昌	tsʰiŋ5	tsʰiŋ5	tsʰeŋ5	tsʰiŋ5	tsʰiŋ5	tʃʰiŋ5			
2292	秤(一桿秤)	曾	開三	去	蒸	昌	tsʰiŋ5	tsʰiŋ5	tsʰeŋ5	tsʰiŋ5	tsʰiŋ5	tʃʰiŋ5	ɕaŋ6?		
2293	乘	曾	開三	平	蒸	船	ziŋ2	siŋ2	zeŋ2	siŋ2	siŋ2	ʃiŋ2			
2294	繩	曾	開三	平	蒸	船	ziŋ2	siŋ2	zeŋ2	siŋ2	siŋ2	ʃiŋ2			
2295	剩	曾	開三	去	蒸	船	ziŋ6	siŋ6	zeŋ6?; dzeŋ6?	dziŋ6	siŋ6	ʃiŋ6			
2296	食	曾	開三	入	蒸	船	zic8	sic8	zec8	sic8	sic8	ʃic8b			
2297	蝕	曾	開三	入	蒸	船	zic8	sic8	zec8	sic8	sic8	ʃic8b			
2298	昇	曾	開三	平	蒸	書	siŋ1	siŋ1	seŋ1	siŋ1	siŋ1	ʃiŋ1	θɯŋ1		
2299	勝(勝任)	曾	開三	平	蒸	書	siŋ1	siŋ1	seŋ1	siŋ5					
2300	勝(勝敗)	曾	開三	去	蒸	書	siŋ5	siŋ5	seŋ5	siŋ5	siŋ5	ʃiŋ5			
2301	識	曾	開三	入	蒸	書	sic7	sic7	sec7	sic7	sic7	ʃic7	θik8		
2302	式	曾	開三	入	蒸	書	sic7	sic7	sec7	sic7	sic7	ʃic7			
2303	飾	曾	開三	入	蒸	書	sic7	sic7	sec7	sic7	sic7	ʃic7			
2304	承	曾	開三	平	蒸	禪	ziŋ2	siŋ2	zeŋ2	siŋ2	siŋ2	ʃiŋ2			
2305	殖	曾	開三	入	蒸	禪	dzic8	dzic8	dzec8	dzic8	dzic8	tʃic8			
2306	植	曾	開三	入	蒸	禪	dzic8	dzic8	dzec8	dzic8	dzic8	tʃic8			
2307	扔	曾	開三	平	蒸	日		jiŋ2; wiŋ3	ɲeŋ2						
2308	極	曾	開三	入	蒸	群	gic8	gic8	gec8	gic8	gic8	kic8	kik9;kik7		
2309	凝	曾	開三	平	蒸	疑	ŋiŋ2?	ŋiŋ2?; niŋ2?	ŋeŋ2	ŋiŋ2	ŋiŋ2; niŋ2	ŋiŋ2			
2310	興(興旺)	曾	開三	平	蒸	曉	hiŋ1	hiŋ1	heŋ1	hiŋ1	hiŋ1	hiŋ1			
2311	興(高興)	曾	開三	去	蒸	曉	hiŋ5	hiŋ5	heŋ1	hiŋ5	hiŋ5	hiŋ5			
2312	應(應當,應用)	曾	開三	平	蒸	影	ʔiŋ1	ʔiŋ1	ʔieŋ1				ʔɯŋ1		
2313	鷹	曾	開三	平	蒸	影	ʔiŋ1	ʔiŋ1	ʔieŋ1	ʔiŋ1	ʔiŋ1	ʔiŋ1			

番号	語(字)	攝	開合・等	声調	韻目	声母	粤祖語	A	B	C	D	E	『武鳴』	『猺歌』	其他
2314	應(應付)	曾	開三	去	蒸	影	ʔiŋ5	ʔiŋ5	ʔieŋ5	ʔiŋ5	ʔiŋ5	ʔiŋ5			
2315	憶	曾	開三	入	蒸	影	ʔic7	ʔic7	ʔiec7	ʔic7	ʔic7	ʔic7			
2316	億	曾	開三	入	蒸	影	ʔic7	ʔic7	ʔiec7	ʔic7	ʔic7	ʔic7			
2317	抑	曾	開三	入	蒸	影	ʔic7	ʔic7	ʔiec7	ʔic7; nic7?	ʔic7	ʔic7			
2318	蠅	曾	開三	平	蒸	以	jiŋ2	jiŋ2	jeŋ2	ʔiŋ2	jiŋ2	ʔiŋ1	neŋ2?		
2319	孕	曾	開三	去	蒸	以	ŋin6	ŋɐn6	jin6	ŋɐn6	ŋɐn6	ŋɐn6	ŋun6		
2320	翼	曾	開三	入	蒸	以	jic8	jic8	jec8	ʔic8	jic8	jic8a			
2321	國	曾	合一	入	登	見	kʊ:ək7	kʊ:ək7	kʊ:ək7?	kʊ:ək7	kʊ:ək7	kuk7	kɔ:ŋ1 (定國. [sic])		
2322	或	曾	合一	入	登	匣	ɦʷac8?	wak8	wɐk8?	ʔʊ:ək8; wak8?	wac8?	wak8b			
2323	惑	曾	合一	入	登	匣	ɦʷac8?	wak8	wɐk8?	ʔʊ:ək8; wak8?	wac8?	wak8b			
2324	域	曾	合三	入	蒸	云	wic8	wak8; wic8	wec8?	wic8	wic8	wic8a			
2325	百	梗	開二	入	庚	幫	pac7	pak7	pac7	ɓak7	pac7	pɪ:ək7	pak5;pek3	pɛ1	
2326	柏	梗	開二	入	庚	幫	pac7	pak7		ɓak7	pac7	pɪ:ək7		bɛ1	
2327	伯	梗	開二	入	庚	幫	pac7	pak7	pac7	ɓak7	pac7	pɪ:ək7		kɑ1(訓.伯勞)	
2328	烹	梗	開二	平	庚	滂	pʰaŋ1	pʰeŋ1	pʰaŋ1	pʰaŋ1	pʰaŋ1	pʰɪŋ1			
2329	拍	梗	開二	入	庚	滂	pʰac7	pʰak7	pʰac7	pʰac7	pʰac7	pʰɪ:ək7		bɛ6	
2330	魄	梗	開二	入	庚	滂	pʰac7	pʰak7	pʰac7	pʰac7	pʰac7	pʰɪ:ək7			
2331	膨(膨脹)	梗	開二	平	庚	並	baŋ2	baŋ2	baŋ2	baŋ2	baŋ2	pɪ:əŋ2			
2332	白	梗	開二	入	庚	並	bac8	bak8	bac8	bac8	bac8	pɪ:ək8b	pek2; pɯak6	pɛ6	
2333	盲	梗	開二	平	庚	明	maŋ2	maŋ2	maŋ2				faŋ2(?)		
2334	猛	梗	開二	上	庚	明	maŋ4	maŋ4	maŋ4	maŋ5	maŋ4	mɪ:əŋ4			
2335	孟	梗	開二	去	庚	明	maŋ6	maŋ6	maŋ6	maŋ6	maŋ6	mɪ:əŋ6			
2336	打	梗	開二	上	庚	端	ta3	ta3	ta3	ɗa3	ta3	ta3	ta3	tɑ3	
2337	冷	梗	開二	上	庚	來	laŋ4	laŋ4	laŋ4	laŋ4	laŋ4	lɪ:əŋ4	leŋ4	gɛ:ŋ1	
2338	撐	梗	開二	平	庚	徹	tsʰaŋ1	tsʰaŋ1	tsʰaŋ1	tsʰaŋ1	tsʰaŋ1	tʃʰɪ:əŋ1		dɛ:ŋ1	
2339	拆(拆開)	梗	開二	入	庚	徹	tsʰac7	tsʰak7	tsʰac7	tsʰac7	tsʰac7	tʃʰɪ:ək7		tɕep1	
2340	澄	梗	開二	平	庚	澄	dzaŋ2; giŋ2?		dzaŋ2	dzaŋ2?; giŋ2?		kiŋ2			
2341	澤	梗	開二	入	庚	澄	dzac8	dzak7	dzac8	dzac8	dzac8	tʃɪ:ək8b			
2342	擇(擇菜)	梗	開二	入	庚	澄	dzac8	dzak7	dzac8	dzac8	dzac8	tʃɪ:ək8b			
2343	窄	梗	開二	入	庚	莊	tsac7	tsak7	tsac7	tsac7	tsac7	tʃɪ:ək7		tɕep1	
2344	鐺(烙餅用具)	梗	開二	平	庚	初	tsʰaŋ1			tsʰaŋ1	tsʰaŋ1	tʃʰɪ:əŋ1			
2345	生	梗	開二	平	庚	生	ʂaŋ1	ʂaŋ1	ʂaŋ1	ʂaŋ1	ʂaŋ1	ʃɪ:əŋ1	θeŋ1;θaŋ1	ɕɛ:ŋ1	
2346	牲	梗	開二	平	庚	生	ʂaŋ1	ʂaŋ1	ʂaŋ1	ʂaŋ1	ʂaŋ1	ʃɪ:əŋ1			
2347	笙	梗	開二	平	庚	生	ʂaŋ1	ʂaŋ1	ʂaŋ1	ʂaŋ1	ʂaŋ1	ʃɪ:əŋ1			
2348	甥	梗	開二	平	庚	生	ʂaŋ1	ʂaŋ1	ʂaŋ1	ʂaŋ1	ʂaŋ1	ʃɪ:əŋ1			
2349	省(節省)	梗	開二	上	庚	生	ʂaŋ3	ʂaŋ3	ʂaŋ3	ʂaŋ3	ʂaŋ3	ʃɪ:əŋ3			
2350	梗(粳米)	梗	開二	平	庚	見	kaŋ1		kaŋ1	kaŋ1	kaŋ1	kɪ:əŋ1			
2351	羹	梗	開二	平	庚	見	kaŋ1	kaŋ1	kaŋ1	kaŋ1	kaŋ1	kɪ:əŋ1			
2352	梗(莖)	梗	開二	上	庚	見	kʷaŋ3; kaŋ3	kaŋ3	kaŋ3	kʷaŋ3	kaŋ3	kʷaŋ3; kʷɛŋ4?			PT ka:ŋC
2353	更(更加)	梗	開二	去	庚	見	kaŋ5	kaŋ5	kaŋ5	kaŋ5	kaŋ5		keŋ5		
2354	格	梗	開二	入	庚	見	kac7	kak7	kac7	kac7	kac7	kɪ:ək7	kek3		
2355	坑	梗	開二	平	庚	溪	haŋ1	haŋ1	haŋ1	haŋ1	haŋ1				
2356	客	梗	開二	入	庚	溪	kʰac7	hak7	kʰac7	hac7	hac7	hɪ:ək7	hek3; kɯ2(客棧 kɯ2ɕan5)	tɕʰɛ1	
2357	硬	梗	開二	去	庚	疑	ŋaŋ6	ŋaŋ6	ŋaŋ6	ŋaŋ6	ŋaŋ6	ŋɪ:əŋ6			
2358	額	梗	開二	入	庚	疑	ŋac8	ŋak8	ŋac8	ŋac8	ŋac8	ŋɪ:ək8a	ŋek2		
2359	赫	梗	開二	入	庚	曉	hac7	hak7	hac7	hac7	hac7				
2360	嚇(恐嚇)	梗	開二	入	庚	曉	hac7	hak7	hac7	hac7	hac7	hɪ:ək7			
2361	行(行為)	梗	開二	平	庚	匣	ɦaŋ2	ɦaŋ2	ɦaŋ2	ɦaŋ2	ɦaŋ2	hɪ:əŋ2	xeŋ2;xaŋ2	hɛ:ŋ1	
2362	衡	梗	開二	平	庚	匣	ɦaŋ2	ɦɐŋ2	ɦaŋ2	ɦaŋ2	ɦaŋ2	hɪ:əŋ2			

各語（字）の再建形　　319

番号	語(字)	攝	開合・等	声調	韻目	声母	粵祖語	A	B	C	D	E	『武鳴』	『猺歌』	其他
2363	杏	梗	開二	上	庚	匣	ɦaŋ4	ɦɐŋ6	ɦaŋ4	ɦaŋ2	ɦaŋ6				
2364	棚	梗	開二	平	耕	竝	baŋ2	baŋ2	baŋ2	baŋ2	baŋ2	paŋ2; pɪːəŋ2			
2365	麥	梗	開二	入	耕	明	mac8	mak8	mac8	mac8	mac8	mɪːək8	mek2	mɛ6? (米)	
2366	脈	梗	開二	入	耕	明	mac8	mak8	mac8	mac8	mac8	mɪːək8			
2367	摘	梗	開二	入	耕	知	tsac7	tsak7	dzac8	tsac7	tsac7	tʃɪːək8?			
2368	橙(橙子)	梗	開二	平	耕	澄	dzaŋ2	dzaŋ2	dzaŋ2	dzaŋ2	dzaŋ2	tʃʰaŋ3?			
2369	爭	梗	開二	平	耕	莊	tsaŋ1	tsaŋ1	tsaŋ1	tsaŋ1	tsaŋ1	tʃɪːəŋ1	ɕeŋ1		
2370	箏	梗	開二	平	耕	莊	tsaŋ1	tsaŋ1	tsaŋ1	tsaŋ1	tsaŋ1				
2371	責	梗	開二	入	耕	莊	tsac7	tsak7	tsac7	tsac7	tsac7	tʃɪːək7			
2372	策	梗	開二	入	耕	初	tsʰac7	tsʰak7	tsʰac7	tsʰac7	tsʰac7	tʃʰɪːək7			
2373	冊	梗	開二	入	耕	初	tsʰac7	tsʰak7	tsʰac7	tsʰac7	tsʰac7	tʃʰɪːək7	ɕek3		
2374	耕	梗	開二	平	耕	見	kaŋ1	kaŋ1	kaŋ1	kaŋ1	kaŋ1	kɪːəŋ1	keŋ1		
2375	革	梗	開二	入	耕	見	kac7	kak7	kac7	kac7	kac7	kɪːək7			
2376	隔	梗	開二	入	耕	見	kac7	kak7	kac7	kac7	kac7	kɪːək7; kɛt7			
2377	幸	梗	開二	上	耕	匣	ɦaŋ6	ɦaŋ6	ɦaŋ6	ɦaŋ6	ɦaŋ6	hɪːəŋ6			
2378	核(審核)	梗	開二	入	耕	匣	ɦɐt8	ɦɐt8	ɦɐt8	wɐt8	ɦɐt8	hɐt8b; wɐt8b			
2379	核(果核)	梗	開二	入	耕	匣	ɦʷɐt8	wɐt8	ɦɐt8						
2380	鶯	梗	開二	平	耕	影	ʔɪːəŋ1		ʔɪːəŋ1? ʔaŋ1?	ʔɪŋ1	ʔɪŋ1	ʔɪŋ1			
2381	櫻(櫻桃)	梗	開二	平	耕	影	ʔɪːŋ1	ʔɪːŋ1	ʔɪːəŋ1	ʔɪŋ1	ʔɪŋ1	ʔɪŋ1			
2382	軛	梗	開二	入	耕	影	ʔac7	ʔak7	ʔɐk7?	ʔak7	ʔac7	ʔɪːək7			PT ʔeːkD
2383	兵	梗	開三	平	庚	幫	pɪːəŋ1	piŋ1	pɪːəŋ1	ɓiŋ1	piŋ1	piŋ1	piŋ1		
2384	丙	梗	開三	上	庚	幫	pɪːəŋ3	piŋ3	pɪːəŋ3	ɓiŋ3	piŋ3	piŋ3		peŋ3	
2385	柄	梗	開三	去	庚	幫	pɪːəŋ5	pieŋ5	pɪːəŋ5	ɓiŋ5	piŋ5	piŋ5			
2386	碧	梗	開三	入	庚	幫	pɪːəc7	pic7	pɪːəc7	ɓic7	pic7	pic7			
2387	平	梗	開三	平	庚	竝	bɪːəŋ2	bieŋ2	bɪːəŋ2	biŋ2	biŋ2	piŋ2	piŋ2;peŋ2	pɛːŋ1	
2388	評	梗	開三	平	庚	竝	bɪːəŋ2	biŋ2	bɪːəŋ2	biŋ2	biŋ2	piŋ2	piŋ2		
2389	病	梗	開三	去	庚	竝	bɪːəŋ6	bieŋ6	bɪːəŋ6	biŋ6	biŋ6	piŋ6	piŋ6;piŋ5		
2390	鳴	梗	開三	平	庚	明	mɪːəŋ2	miŋ2	mɪːəŋ2	miŋ2	miŋ2	miŋ2			
2391	明	梗	開三	平	庚	明	mɪːəŋ2	miŋ2	mɪːəŋ2	miŋ2	miŋ2	miŋ2			
2392	命	梗	開三	去	庚	明	mɪːəŋ6	mieŋ6	mɪːəŋ6	miŋ6	miŋ6	miŋ6	miŋ6	mɛːŋ6*	
2393	京	梗	開三	平	庚	見	kɪːəŋ1	kiŋ1	kɪːəŋ1	kiŋ1	kiŋ1	kiŋ1	kiŋ1		
2394	驚	梗	開三	平	庚	見	kɪːəŋ1	kieŋ1	kɪːəŋ1	kiŋ1	kiŋ1	kiŋ1		kiŋ1?	
2395	境	梗	開三	上	庚	見	kɪːəŋ3	kiŋ3	kɪːəŋ3	kiŋ3	kiŋ5; kiŋ3?	kiŋ3			
2396	景	梗	開三	上	庚	見	kɪːəŋ3	kiŋ3	kɪːəŋ3	kiŋ3	kiŋ3	kiŋ3		kiŋ1?	
2397	警	梗	開三	上	庚	見	kɪːəŋ3	kiŋ3	kɪːəŋ3	kiŋ3	kiŋ3	kiŋ3			
2398	敬	梗	開三	去	庚	見	kɪːəŋ5	kiŋ5	kɪːəŋ5	kiŋ5	kiŋ5	kiŋ5	kiŋ5		
2399	鏡	梗	開三	去	庚	見	kɪːəŋ5	kieŋ5	kɪːəŋ5	kiŋ5	kiŋ5	kiŋ5	kiŋ5	tɕiŋ5	
2400	慶	梗	開三	去	庚	溪	kʰɪːəŋ5	kʰiŋ5	kʰɪːəŋ5	hiŋ5	hiŋ5	hiŋ5			
2401	劇(劇烈)	梗	開三	入	庚	群	gɪːəc8	giɛk8	gɪːəc8	gic8	gic8	kic7	kic8b		
2402	劇(戲劇)	梗	開三	入	庚	群	gɪːəc8	giɛk8	gɪːəc8						
2403	屐(木屐)	梗	開三	入	庚	群	gɪːəc8	giɛk8	gɪːəc8	gic8	gic8	kic7	kic8b		
2404	迎	梗	開三	平	庚	疑	ŋɪːəŋ2?	ŋiŋ2	ŋɪːəŋ2?	ŋiŋ2	ŋiŋ2	ŋiŋ2			
2405	逆(逆風)	梗	開三	入	庚	疑	ŋɪːəc8?	ŋiɛk8	ŋɪːəc8?	ɲic8	ɲic7	ɲic8a			
2406	英	梗	開三	平	庚	影	ʔɪːəŋ1	ʔiŋ1	ʔɪːəŋ1	ʔiŋ1	ʔiŋ1	ʔiŋ1	ʔiŋ1	ɕan6	
2407	影	梗	開三	上	庚	影	ʔɪːəŋ3	ʔiŋ3	ʔɪːəŋ3	ʔiŋ3	ʔiŋ3	ʔiŋ3		ɛːŋ3	
2408	映	梗	開三	去	庚	影	ʔɪːəŋ3	ʔiŋ3	ʔɪːəŋ3	ʔiŋ5	ʔiŋ3	ʔiŋ5		ɛːŋ5*	
2409	餅	梗	開三	上	清	幫	pɪːəŋ3	pieŋ3	pɪːəŋ3	ɓiŋ3	piŋ3	piŋ3	piŋ3		
2410	併(合併)	梗	開三	去	清	幫		piŋ5			piŋ5	piŋ5			
2411	璧	梗	開三	入	清	幫	pɪːəc7	pic7	pɪːəc7	ɓic7	pic7	pic71			
2412	聘	梗	開三	去	清	滂	pʰɪːəŋ5	pʰiŋ5	pʰɪːəŋ5	pʰiŋ5	pʰiŋ5	pʰiŋ5			
2413	名	梗	開三	平	清	明	mɪːəŋ2	mieŋ2	mɪːəŋ2	miŋ2	miŋ2	miŋ2	miŋ2		
2414	領	梗	開三	上	清	來	lɪːəŋ4	lieŋ4	lɪːəŋ4	liŋ4	liŋ4	liŋ4	liŋ4		
2415	嶺	梗	開三	上	清	來	lɪːəŋ4	lieŋ4	lɪːəŋ4	liŋ4	liŋ4	liŋ4		giŋ1	
2416	令	梗	開三	去	清	來	lɪːəŋ6	liŋ6	lɪːəŋ5	liŋ5	liŋ6	liŋ6	liŋ6		

番号	語(字)	攝	開合・等	声調	韻目	声母	粤祖語	A	B	C	D	E	『武鳴』	『猺歌』	其他
2417	精	梗	開三	平	清	精	tsɪːəŋ1	tsiɛŋ1	tsɪːəŋ1	tsin1	tsin1	tʃin1	ɕiŋ1		
2418	晶	梗	開三	平	清	精	tsɪːəŋ1	tsiŋ1	tsɪːəŋ1	tsin1	tsin1	tʃin1			
2419	睛	梗	開三	平	清	精	tsɪːəŋ1	tsin1	tsɪːəŋ1	tsin1	tsin1	tʃin1			
2420	井	梗	開三	上	清	精	tsɪːəŋ3	tsiɛŋ3	tsɪːəŋ3	tsin3	tsin3	tʃin3			
2421	積	梗	開三	入	清	精	tsɪːəc7	tsic7	tsɪːəc7	tsic7	tsic7	tʃic7			
2422	跡	梗	開三	入	清	精	tsɪːəc7	tsic7	tsɪːəc7	tsic7	tsic7	tʃic7			
2423	脊	梗	開三	入	清	精	tsɪːəc7	tsiek7	tsɪːəc7	tsic7	tsic7	tʃic7			
2424	清	梗	開三	平	清	清	tsʰɪːəŋ1	tsʰin1	tsʰɪːəŋ1	tʰin1	tsʰin1	tʃʰin1	ɕiŋ1	θiŋ1	
2425	請	梗	開三	上	清	清	tsʰɪːəŋ3	tsiɛŋ3	tsʰɪːəŋ3	tʰin3	tsʰin3	tʃʰin3	ɕiŋ3		
2426	情	梗	開三	平	清	從	dzɪːəŋ2	dzin2	dzɪːəŋ2	sin2	dzin2	tʃin2	ɕiŋ2	θiŋ2	
2427	晴	梗	開三	平	清	從	dzɪːəŋ2	dzin2	dzɪːəŋ2	sin2	dzin2	tʃin2			
2428	靜	梗	開三	上	清	從	dzɪːəŋ4	dzin6	dzɪːəŋ4	sin4			ɕiŋ6		
2429	淨	梗	開三	去	清	從	dzɪːəŋ6	dziŋ6	dzɪːəŋ6	sin6	dzin6	tʃin6			
2430	籍	梗	開三	入	清	從	dzɪːəc8	dzic8	dzɪːəc8	sic8	dzic8	tʃic8b			
2431	性	梗	開三	去	清	心	sɪːəŋ5	sin5	sɪːəŋ5	sin5	sin5	ɬin5	ɕiŋ5		
2432	姓	梗	開三	去	清	心	sɪːəŋ5	sin5	sɪːəŋ5	sin5	sin5	ɬin5	θiŋ5; ɕiŋ5	θiŋ5	
2433	惜	梗	開三	入	清	心	sɪːəc7	siɛk7	sɪːəc7	sic7	sic7	ɬic7		θik8	
2434	昔	梗	開三	入	清	心	sɪːəc7	sic7	sɪːəc7	sic7	sic7	ɬic7		θi2	
2435	席	梗	開三	入	清	邪	dzɪːəc8	dziɛk8	dzɪːəc8	sic8	dzic8	tʃic8			
2436	夕	梗	開三	入	清	邪	dzɪːəc8	dzɪk8	dzɪːəc8	sic8	dzic8	tʃic8			
2437	貞	梗	開三	平	清	知		tsin1		tsin1	tsin1	tʃin1			
2438	程	梗	開三	平	清	澄	dzɪːəŋ2	dzin2	dzɪːəŋ2	dzin2	dzin2	tʃin2	ɕiŋ2		
2439	鄭	梗	開三	去	清	澄	dzɪːəŋ6	dzɛiŋ6	dzɪːəŋ6	dzin6	dzin6	tʃin6			
2440	正(正月)	梗	開三	平	清	章	tsɪːəŋ1	tsin1	tsɪːəŋ1	tsin1	tsin1	tʃin1	ɕuaŋ1; ɕiaŋ1	tɕi1 (正月); tɕuŋ5	
2441	整	梗	開三	上	清	章	tsɪːəŋ3	tsin3	tsɪːəŋ3	tsin3	tsin3	tʃin3	ɕiŋ3 (ɕai2ɕiŋ3: 齊整)	tɕɛːŋ5	
2442	正	梗	開三	去	清	章	tsɪːəŋ5	tsiɛŋ5	tsɪːəŋ5	tsin5	tsin5	tʃin5	ɕiŋ5	tɕi1 (正月); tɕuŋ5; tɕiŋ5	
2443	政	梗	開三	去	清	章	tsɪːəŋ5	tsin5	tsɪːəŋ5	tsin5	tsin5	tʃin5			
2444	隻	梗	開三	入	清	章	tsɪːəc7	tsiɛk7	tsɪːəc7	tsic7	tsic7	tʃic7	ɕik8		
2445	赤	梗	開三	入	清	昌	tsʰɪːəc7	tsʰiɛk7	tsʰɪːəc7	tsʰic7	tsʰic7	tʃʰic7	θik8		
2446	尺	梗	開三	入	清	昌	tsʰɪːəc7	tsʰiɛk7	tsʰɪːəc7	tsʰic7	tsʰic7	tʃʰic7	ɕik8	ɕi1	
2447	射	梗	開三	入	清	船	zɪːəc6	siʒ6	zɪːə6; zɪːəc8?						
2448	聲	梗	開三	平	清	書	sɪːəŋ1	siɛŋ1	sɪːəŋ1	sin1	sin1	ʃin1	θiŋ1		
2449	聖	梗	開三	去	清	書	sɪːəŋ5	sin5	sɪːəŋ5	sin5	sin5	ʃin5			
2450	適	梗	開三	入	清	書	sɪːəc7	sic7	sɪːəc7	sic7	sic7	ʃic7			
2451	釋	梗	開三	入	清	書	sɪːəc7	sic7	sɪːəc7	sic7	sic7	ʃic7			
2452	成	梗	開三	平	清	禪	zɪːəŋ2	siɛŋ2	zɪːəŋ2	sin2	sin2	ʃin2	ɕiŋ2	tɕiaŋ1	
2453	城	梗	開三	平	清	禪	zɪːəŋ2	siɛŋ2	zɪːəŋ2	sin2	sin2	ʃin2	ɕiŋ2		
2454	盛(盛滿了)	梗	開三	平	清	禪	zɪːəŋ2	sin2	zɪːəŋ2		sin2	ʃin2			
2455	盛(興盛)	梗	開三	去	清	禪	zɪːəŋ6	sin6	zɪːəŋ6	sin6	sin6	ʃin6			
2456	石	梗	開三	入	清	禪	zɪːəc8	siɛk8	zɪːəc8	sic8	sic8	ʃic8	ɕwak6	tɕi6	
2457	頸	梗	開三	上	清	見	kɪːəŋ3	kiɛŋ3	kɪːəŋ3	kin3	kin3	kin3			
2458	輕(輕重)	梗	開三	平	清	溪	kʰɪːəŋ1	hiɛŋ1	kʰɪːəŋ1	hin1	kʰin1?	hin1	hin1		
2459	嬰	梗	開三	平	清	影	ʔɪːəŋ1	ʔiŋ1	ʔɪːəŋ1	ʔin1	ʔin1	ʔin1			
2460	益	梗	開三	入	清	影	ʔɪːəc7	ʔic7	ʔɪːəc7	ʔic7	ʔic7				
2461	盈	梗	開三	平	清	以	jɪːəŋ2	jiŋ2	jiːəŋ2; ŋɪːəŋ2?	ʔin2	jin2				
2462	贏	梗	開三	平	清	以	jɪːəŋ2	jiɛŋ2	jɪːəŋ2	ʔin2	jin2	hin2	hin2		
2463	譯	梗	開三	入	清	以	jɪːəc8	jic8	jɪːəc8	ʔic8	jic8	jic8			
2464	易(交易)	梗	開三	入	清	以	jɪːəc8	jic8	jɪːəc8	ʔic8	jic8	jic8			
2465	液	梗	開三	入	清	以	jɪːəc8	jic8	jɪːəc8	ʔic8	jic8	jic8			
2466	壁	梗	開四	入	青	幫	pɪːəc7	pic7	pɪːəc7	ɓic7	pic7	pic7			

番号	語(字)	攝	開合・等	声調	韻目	声母	粤祖語	A	B	C	D	E	『武鳴』	『猺歌』	其他
2467	瓶	梗	開四	平	青	竝	bɪːəŋ2	biɛŋ2	bɪːəŋ2	biŋ2	biŋ2	piŋ2	piŋ2		
2468	萍	梗	開四	平	青	竝	bɪːəŋ2	biŋ2	bɪːəŋ2	biŋ2	biŋ2	piŋ2			
2469	竝	梗	開四	上	青	竝	bɪːəŋ4	biŋ6	bɪːəŋ4	biŋ4		piŋ6			
2470	丁	梗	開四	平	青	端	tɪːəŋ1	tiŋ1	tɪːəŋ1	diŋ1	tiŋ1	tiŋ1	tiŋ1	teŋ1	
2471	釘(鐵釘)	梗	開四	平	青	端	tɪːəŋ1	tiɛŋ1	tɪːəŋ1	diŋ1	tiŋ1	tiŋ1	tiŋ1		
2472	頂	梗	開四	上	青	端	tɪːəŋ3	tiɛŋ3	tɪːəŋ3	diŋ3; niŋ3?	tiŋ3	tiŋ3	tiŋ3		
2473	鼎	梗	開四	上	青	端	tɪːəŋ3	tiŋ3	tɪːəŋ3	diŋ3	tiŋ3	tiŋ3			
2474	訂(訂約)	梗	開四	去	青	端	tɪːəŋ5	tiɛŋ5	tɪːəŋ5	diŋ5	tiŋ5	tiŋ5		tun5 (斷?)	
2475	的(目的)	梗	開四	入	青	端	tɪːəc7	tic7	tɪːəc7	dic7	tic7	tic7			
2476	滴	梗	開四	入	青	端	tɪːəc7	diɛk8?	tɪːəc7	dic7	tic7	tic7		tuk6 (借)	
2477	聽(聽見)	梗	開四	平	青	透	tʰɪːəŋ1; tʰɪːəŋ5	tʰiɛŋ1; tʰiɛŋ5	tʰɪːəŋ1; tʰɪːəŋ5	tʰiŋ5	tʰiŋ5	tʰiŋ1; tʰiŋ5	tiŋ5		
2478	廳	梗	開四	平	青	透	tʰɪːəŋ1	tʰiɛŋ1	tʰɪːəŋ1	tʰiŋ1	tʰiŋ1	tʰiŋ1	tiŋ1		
2479	踢	梗	開四	入	青	透	tʰɪːəc7	tʰiɛk7	tʰɪːəc7	tʰic7	tʰic7	tʰic7			
2480	亭	梗	開四	平	青	定	dɪːəŋ2	diŋ2	dɪːəŋ2	diŋ2	diŋ2	tiŋ2	tiŋ2; tiɑŋ2		
2481	停	梗	開四	平	青	定	dɪːəŋ2	diŋ2	dɪːəŋ2	diŋ2	diŋ2	tiŋ2		tin1	
2482	庭	梗	開四	平	青	定	dɪːəŋ2	diŋ2	dɪːəŋ2	diŋ2	diŋ2	tiŋ2			
2483	艇	梗	開四	上	青	定	dɪːəŋ4	diɛŋ4	dɪːəŋ4	diŋ4	diŋ4	tʰiŋ3?			
2484	定	梗	開四	去	青	定	dɪːəŋ6	diɛŋ6	dɪːəŋ6	diŋ6	diŋ6	tiŋ6	tiŋ5; tiŋ6	tiŋ6	
2485	笛	梗	開四	入	青	定	dɪːəc8	dic8	dɪːəc8	dic8	dic8	tic8b			
2486	敵	梗	開四	入	青	定	dɪːəc8	dic8	dɪːəc8	dic8	dic8	tic8b			
2487	寧(安寧)	梗	開四	平	青	泥	nɪːəŋ2	niŋ2	nɪːəŋ2	niŋ2	niŋ2	niŋ2			
2488	靈	梗	開四	平	青	來	lɪːəŋ2	liɛŋ2	lɪːəŋ2	liŋ2	liŋ2	liŋ2			
2489	零	梗	開四	平	青	來	lɪːəŋ2	liɛŋ2	lɪːəŋ2	liŋ2	liŋ2	liŋ2			
2490	鈴	梗	開四	平	青	來	lɪːəŋ2	liŋ2	lɪːəŋ2	liŋ2	liŋ2	liŋ2			
2491	另	梗	開四	去	青	來	lɪːəŋ6	liɛŋ6	lɪːəŋ6	liŋ6	liŋ6	liŋ6	liŋ6		
2492	歷	梗	開四	入	青	來	lɪːəc8	lic8	lɪːəc8	lic8	lic8	lic8a			
2493	曆	梗	開四	入	青	來	lɪːəc8	lic8	lɪːəc8	lic8	lic8	lic8a			
2494	績	梗	開四	入	青	精	tsɪːəc7	tsic7	tsɪːəc7	tsic7	tsic7	tʃic7			
2495	青	梗	開四	平	青	清	tsʰɪːəŋ1	tsʰiŋ1	tsʰɪːəŋ1	tʰiŋ1	tsʰiŋ1	tʃʰiŋ1		θiŋ1	
2496	戚	梗	開四	入	青	清	tsʰɪːəc7	tsʰic7	tsʰɪːəc7	tʰic7	tsʰic7	tʃʰic7		ɕik8	
2497	寂	梗	開四	入	青	從	dzɪːəc8	dzic8	dzɪːəc8	dzic8	dzic8	tʃic8b			
2498	星	梗	開四	平	青	心	sɪːəŋ1	siɛŋ1	sɪːəŋ1	siŋ1	siŋ1	ɬiŋ1		θiŋ1	
2499	腥	梗	開四	平	青	心	sɪːəŋ1	siɛŋ1	sɪːəŋ1	siŋ1	siŋ1	ɬiŋ1			
2500	醒	梗	開四	上	青	心	sɪːəŋ3	siɛŋ3	sɪːəŋ3	siŋ3		ɬiŋ3	θiŋ3		
2501	錫	梗	開四	入	青	心	sɪːəc7	siɛk7	sɪːəc7	sic7	sik7	ɬic7	θik8		
2502	析	梗	開四	入	青	心	sɪːəc7	sic7	sɪːəc7	sic7	sik7	ɬic7	θik8(撕)		
2503	經	梗	開四	平	青	見	kɪːəŋ1	kiŋ1	kɪːəŋ1	kiŋ1	kiŋ1	kiŋ1	kiŋ1		
2504	擊	梗	開四	入	青	見		kic7		kic7	kic7	kic7; kʰic7?			
2505	激	梗	開四	入	青	見		kic7		kic7	kic7	kic7	kik8		
2506	吃	梗	開四	入	青	溪	hɪːəc7	hiɛk7; jak7	hɪːəc7	hic7	hic7; hɐt7?	hic7; hɐt7?		iːɑ6(粤)	
2507	形	梗	開四	平	青	匣	ɦɪːəŋ2	jiŋ2	jɪːəŋ2	ɦiɛŋ2	ɦiŋ2	hiŋ2	hiŋ2		
2508	型	梗	開四	平	青	匣	ɦɪːəŋ2	jiŋ2	jɪːəŋ2	ɦiɛŋ2	ɦiŋ2	hiŋ2			
2509	刑	梗	開四	平	青	匣	ɦɪːəŋ2	jiŋ2	jɪːəŋ2	ɦiɛŋ2	ɦiŋ2	hiŋ2			
2510	礦	梗	合二	上	庚	見	kʰʊːəŋ5; kʰɔŋ5	kʰʊːəŋ5	kʰʊːəŋ5; kʰɔŋ5	kʰʊːəŋ5	kʰwaŋ5				
2511	橫(橫直)	梗	合二	平	庚	匣	ɦʷaŋ2	waŋ2	waŋ2	waŋ2	waŋ2	wɪːəŋ2			
2512	宏	梗	合二	平	耕	匣	ɦʷaŋ2	ɦʷaŋ2?	wɐŋ2?	ɦuŋ2		hoŋ2	xoŋ2		
2513	獲	梗	合二	入	耕	匣	ɦʊːək8; ɦʷac8	wʊːək8; wak8?		wɔk8	wac8	wɪːək8b			
2514	劃	梗	合二	入	耕	匣	ɦʷac8	wak8	wac8	wak8	wac8	wɪːək8b			
2515	兄	梗	合三	平	庚	曉	hʷɪːəŋ1	hiŋ1	hʷɪːəŋ1	hʷiŋ1?	hʷiŋ1?	wiŋ1	juŋ1	viŋ1(訓)(借用か)	
2516	榮	梗	合三	平	庚	云	wɪːəŋ2	wiŋ2	wɪːəŋ2	wiŋ2	wiŋ2	wiŋ2	juŋ2		
2517	永	梗	合三	上	庚	云	wɪːəŋ4	wiŋ4	wɪːəŋ4	wiŋ4	wiŋ4	wiŋ4			

番号	語(字)	攝	開合・等	声調	韻目	声母	粵祖語	A	B	C	D	E	『武鳴』	『猺歌』	其他
2518	泳	梗	合三	去	庚	云	wɪːəŋ6	wiŋ6	wɪːəŋ6	wiŋ4	wiŋ4	wiŋ4			
2519	傾	梗	合三	平	清	溪	kʰwɪːəŋ1	kʰiŋ1	kʰwɪːəŋ1	kʰiŋ1	kʰiŋ1	kʰiŋ1			
2520	瓊	梗	合三	平	清	群	gwɪːəŋ2	giŋ2	gwɪːəŋ2	giŋ2	giŋ2	kiŋ2			
2521	營	梗	合三	平	清	以	wɪːəŋ2	jiŋ2; wiŋ2	wɪːəŋ2	ʔiŋ2	wiŋ2	wiŋ2	jiŋ2		
2522	疫	梗	合三	入	清	以	wɪːɔc8	jic8	wɪːɔc8	wic8	wic8	wic8a			
2523	役	梗	合三	入	清	以	wɪːɔc8	jic8	wɪːɔc8	wic8	wic8	wic8a			
2524	螢	梗	合四	平	青	匣	ɦwɪːəŋ2	wiŋ2?	wɪːəŋ2	wiŋ2?	wiŋ2; jiŋ2?	wiŋ2			
2525	蓬	通	合一	平	東	竝	buŋ2	buŋ2	buŋ2; fuŋ2	buŋ2	buŋ2	pɔŋ2			
2526	蒙	通	合一	平	東	明	muŋ2	muŋ2	muŋ2	muŋ2	muŋ2	mɔŋ2		muŋ1	
2527	木	通	合一	入	東	明	muk8	muk8	muk8	muk8	muk8	mɔk8a	muk9	mo6	
2528	東	通	合一	平	東	端	tuŋ1	tuŋ1	tuŋ1	ɗuŋ1	tuŋ1	tɔŋ1	toŋ1;tuŋ1		
2529	懂	通	合一	上	東	端	tuŋ3	tuŋ3	tuŋ3	ɗuŋ3	tuŋ3	tɔŋ3			
2530	凍	通	合一	去	東	端	tuŋ5	tuŋ5	tuŋ5	ɗuŋ5	tuŋ5	tɔŋ5			
2531	棟	通	合一	去	東	端	tuŋ5	tuŋ5	tuŋ5	ɗuŋ5	duŋ6	tɔŋ5			
2532	通	通	合一	平	東	透	tʰuŋ1	tʰuŋ1	tʰuŋ1	tʰuŋ1	tʰuŋ1	tʰɔŋ1	toŋ1;tuŋ1	tuŋ1	
2533	桶	通	合一	上	東	透	tʰuŋ3	tʰuŋ3	tʰuŋ3	tʰuŋ3	tʰuŋ3	tʰɔŋ3			
2534	痛	通	合一	去	東	透	tʰuŋ5	tʰuŋ5	tʰuŋ5	tʰuŋ5	tʰuŋ5	tʰɔŋ5			
2535	禿	通	合一	入	東	透	tʰuk7	tʰuk7	tʰuk7	tʰuk7	tʰuk7	tʰɔk7			
2536	同	通	合一	平	東	定	duŋ2	duŋ2	duŋ2	duŋ2	duŋ2	tɔŋ2	toŋ2	tuŋ1	
2537	銅	通	合一	平	東	定	duŋ2	duŋ2	duŋ2	duŋ2	duŋ2	tɔŋ2	toŋ2	tuŋ1	
2538	桐	通	合一	平	東	定	duŋ2	duŋ2	duŋ2	duŋ2	duŋ2	tɔŋ2			
2539	筒	通	合一	平	東	定	duŋ2	duŋ2	duŋ2	duŋ2	duŋ2	tɔŋ2	toŋ2;toŋ3		
2540	童	通	合一	平	東	定	duŋ2	duŋ2	duŋ2	duŋ2	duŋ2	tɔŋ2			
2541	瞳	通	合一	平	東	定	duŋ2	duŋ2	duŋ2	duŋ2	duŋ2	tɔŋ2			
2542	動	通	合一	上	東	定	duŋ4	duŋ6	duŋ4	duŋ4	duŋ4	tɔŋ4			
2543	洞	通	合一	去	東	定	duŋ6	duŋ6	duŋ6	duŋ6	duŋ6	tɔŋ6			
2544	獨	通	合一	入	東	定	duk8	duk8	duk8	duk8	duk8	tɔk8b	tøk6;tuk8?		
2545	讀	通	合一	入	東	定	duk8	duk8	duk8	duk8	duk8	tɔk8b	tok9	to6	
2546	籠	通	合一	平	東	來	luŋ2	luŋ2	luŋ2	luŋ2	luŋ2	lɔŋ2		ruŋ2	
2547	聾	通	合一	平	東	來	luŋ2	luŋ2	luŋ2	luŋ2	luŋ2	lɔŋ2			
2548	弄	通	合一	去	東	來	luŋ6	luŋ6	luŋ6	luŋ6	luŋ6	lɔŋ6		loŋ6	
2549	鹿	通	合一	入	東	來	luk8	luk8	luk8	luk8	luk8	lɔk8a	lok9		
2550	祿	通	合一	入	東	來	luk8	luk8	luk8	luk8	luk8	lɔk8a			
2551	總	通	合一	上	東	精	tsuŋ3	tsuŋ3	tsuŋ3	tsuŋ3	tʃɔŋ3	ɕuŋ1			
2552	聰	通	合一	平	東	清	tsʰuŋ1	tsʰuŋ1	tsʰuŋ1	tʰuŋ1	tsʰuŋ1	tʃʰɔŋ1	ɕoŋ1		
2553	蔥	通	合一	平	東	清	tsʰuŋ1	tsʰuŋ1	tsʰuŋ1	tsʰuŋ1	tsʰuŋ1	tʃʰɔŋ1			
2554	囪(煙囪)	通	合一	平	東	清	tsʰuŋ1	tsʰuŋ1	tsʰuŋ1	tʰuŋ1	tsʰuŋ1	tʃʰɔŋ1			
2555	叢	通	合一	平	東	從	dzuŋ2	dzuŋ2	dzuŋ2	suŋ2	dzuŋ2	tʃɔŋ2			
2556	族	通	合一	入	東	從	dzuk8	dzuk8	dzuk8	suk8	dzuk8	tʃɔk8b			
2557	送	通	合一	去	東	心	suŋ5	suŋ5	suŋ5	suŋ5	suŋ5	ɬɔŋ5	θoŋ5	θoŋ5	
2558	速	通	合一	入	東	心	tsʰuk7; suk7	tsʰuk7	tsʰuk7	tʃʰuk7; suk7	suk7	ɬɔk7; tʃʰɔk7			
2559	公	通	合一	平	東	見	kuŋ1	kuŋ1	kuŋ1	kuŋ1	kuŋ1	kɔŋ1	koŋ1; kuŋ1	koŋ1	
2560	工	通	合一	平	東	見	kuŋ1	kuŋ1	kuŋ1	kuŋ1	kuŋ1	kɔŋ1			
2561	功	通	合一	平	東	見	kuŋ1	kuŋ1	kuŋ1	kuŋ1	kuŋ1	kɔŋ1			
2562	攻	通	合一	平	東	見	kuŋ1	kuŋ1	kuŋ1	kuŋ1	kuŋ1	kɔŋ1			
2563	貢	通	合一	去	東	見	kuŋ5	kuŋ5	kuŋ5	kuŋ5	kuŋ5	kɔŋ5			
2564	穀	通	合一	入	東	見	kuk7	kuk7	kuk7	kuk7	kuk7	kɔk7			
2565	谷	通	合一	入	東	見	kuk7	kuk7	kuk7	kuk7	kuk7	kɔk7			
2566	空(空虛)	通	合一	平	東	溪	kʰuŋ1	kʰuŋ1?	kʰuŋ1	huŋ1	huŋ1	hɔŋ1	kʰuŋ1; kʰuŋ5		
2567	孔	通	合一	上	東	溪	kʰuŋ3	kʰuŋ3?	kʰuŋ3	huŋ3	huŋ3	kʰɔŋ3	kuŋ3(孔子 kuŋ3θɯ3)		
2568	控	通	合一	去	東	溪	kʰuŋ5	kʰuŋ5?	kʰuŋ5		kʰuŋ5	kʰɔŋ5			
2569	空(空缺)	通	合一	去	東	溪	kʰuŋ5	kʰuŋ5?		huŋ5	huŋ5	hɔŋ5	hoŋ5		
2570	哭	通	合一	入	東	溪	huk7	huk7	huk7	huk7	huk7	hɔk7			
2571	哄(哄騙)	通	合一	上	東	曉	ɦuŋ2	huŋ2	huŋ5	huŋ3	huŋ3	hɔŋ3			

番号	語(字)	攝	開合・等	声調	韻目	声母	粤祖語	A	B	C	D	E	『武鳴』	『猺歌』	其他
2572	紅	通	合一	平	東	匣	ɦuŋ2	ɦuŋ2	ɦuŋ2	ɦuŋ2	ɦuŋ2	hɔŋ2	xoŋ2	hoŋ1	
2573	洪	通	合一	平	東	匣	ɦuŋ2	ɦuŋ2	ɦuŋ2	ɦuŋ2	ɦuŋ2	hɔŋ2			
2574	鴻	通	合一	平	東	匣	ɦuŋ2	ɦuŋ2	ɦuŋ2	ɦuŋ2	ɦuŋ2	hɔŋ2			
2575	翁	通	合一	平	東	影	ʔuŋ1	juŋ1	ʔuŋ1	ʔuŋ1	ʔuŋ1	ʔɔŋ1	ʔuŋ1		
2576	甕	通	合一	去	東	影	ʔuŋ5	ʔuŋ5		ʔuŋ5	ʔuŋ5	ʔɔŋ5			
2577	屋	通	合一	入	東	影	ʔuk7	ʔuk7	ʔuk7	ʔuk7	ʔuk7	ʔɔk7		o1	
2578	冬	通	合一	平	冬	端	tuŋ1	tuŋ1	tuŋ1	ɗuŋ1	tuŋ1	tɔŋ1	toŋ1		
2579	篤	通	合一	入	冬	端	tuk7	tuk7	tuk7	ɗuk7	tuk7	tɔk7			
2580	督	通	合一	入	冬	端	tuk7	tuk7	tuk7	ɗuk7	tuk7	tɔk7			
2581	統	通	合一	去	冬	透	tʰuŋ3	tʰuŋ3	tʰuŋ3	tʰuŋ3	tʰuŋ3	tʰɔŋ3			
2582	毒	通	合一	入	冬	定	duk8	duk8	duk8	duk8	duk8	tɔk8b	tok9		
2583	農	通	合一	平	冬	泥	nuŋ2	nuŋ2	nuŋ2	nuŋ2	nuŋ2	nɔŋ2			
2584	膿	通	合一	平	冬	泥	nuŋ2	nuŋ2		nuŋ2	nuŋ2	nɔŋ2			
2585	宗	通	合一	平	冬	精	tsuŋ1	tsuŋ1	tsuŋ1	tsuŋ1	tsuŋ1	tʃɔŋ1	ɕoŋ1		
2586	鬆	通	合一	平	冬	心	suŋ1	suŋ1	suŋ1	suŋ1	suŋ1	ɬɔŋ1	θoŋ1		
2587	酷	通	合一	入	冬	溪	kʰuk7	kʰuk7?				kʰɔk7			
2588	風	通	合三	平	東	非	fuŋ1	fuŋ1	fuŋ1	fuŋ1	fuŋ1	fɔŋ1	fuŋ1	pwoŋ1	
2589	瘋	通	合三	平	東	非	fuŋ1	fuŋ1	fuŋ1	fuŋ1	fuŋ1	fɔŋ1			
2590	諷	通	合三	去	東	非	fuŋ5	fuŋ5	fuŋ5	fuŋ3	fuŋ3				
2591	福	通	合三	入	東	非	fuk7	fuk7	fuk7	fuk7	fuk7	fɔk7	fuk8		
2592	蝠(蝙蝠)	通	合三	入	東	非	fuk7	fuk7	fuk7	fuk7	fuk7	fɔk7			
2593	複	通	合三	入	東	非	fuk7	fuk7	fuk7	fuk7	fuk7	fɔk7			
2594	豐	通	合三	平	東	敷	fuŋ1	fuŋ1	fuŋ1	fuŋ1	fuŋ1	fɔŋ1	fuŋ1		
2595	覆(反覆)	通	合三	入	東	敷	fuk7	fuk7	fuk7	fuk7	fuk7	fɔk7	fuk8		
2596	鳳	通	合三	去	東	奉	vuŋ6	fuŋ6	fuŋ6	buŋ6; fuŋ6	fuŋ6	fɔŋ6	fuŋ5		
2597	服	通	合三	入	東	奉	vuk8	fuk8	fuk8	buk8; fuk8	fuk8	fɔk8b	fuk9		
2598	復(復原)	通	合三	入	東	奉		fuk8				fuk8			
2599	夢	通	合三	去	東	明	muŋ6	muŋ6	muŋ6	muŋ6	muŋ6	mɔŋ6	muŋ6	man1	
2600	目	通	合三	入	東	明	muk8	muk8	muk8	muk8	muk8	mɔk8a			
2601	牧	通	合三	入	東	明	muk8	muk8	muk8	muk8	muk8	mɔk8a			
2602	隆	通	合三	平	東	來	luŋ2	luŋ2	luŋ2	luŋ2	luŋ2	lɔŋ2			
2603	六	通	合三	入	東	來	luk8	luk8	luk8	luk8	luk8	lɔk8a	lok9;luk9; rok8	go6	PT*krokD
2604	陸	通	合三	入	東	來	luk8	luk8	luk8	luk8	luk8	lɔk8a	lok9		
2605	宿	通	合三	入	東	心	suk7	suk7	suk7						
2606	中(當中)	通	合三	平	東	知	tʂuŋ1	tsuŋ1	tsuŋ1	tsuŋ1	tsuŋ1	tʃɔŋ1	ɕuŋ1	duŋ1; dwoŋ1	
2607	忠	通	合三	平	東	知	tʂuŋ1	tsuŋ1	suŋ1	tsuŋ1	tsuŋ1	tʃɔŋ1			
2608	中(射中)	通	合三	去	東	知	tʂuŋ5		tsuŋ5	tsuŋ5	tsuŋ5	tʃɔŋ5	ɕuŋ5		
2609	竹	通	合三	入	東	知	tʂuk7	tsuk7	tsuk7; tuk7	tsuk7	tsuk7	tʃɔk7		tɕo1	
2610	築	通	合三	入	東	知		tsuk7		tsʰuk7	tsʰuk7	tʃʰɔk7			
2611	畜(畜牲)	通	合三	入	東	徹	tsʰuk7	tsʰuk7	tsʰuk7	tsʰuk7	tsʰuk7	tʃʰɔk7	ɕuk8		
2612	蟲	通	合三	平	東	澄	dzuŋ2	dzuŋ2	dzuŋ2; duŋ2	dzuŋ2	dzuŋ2	tʃɔŋ2		kɛːŋ1	
2613	軸	通	合三	入	東	澄	dzuk8	dzuk8	dzuk8	dzuk8	dzuk8	tʃɔk8b			
2614	崇	通	合三	平	東	崇	zuŋ2	ʂuŋ2	zuŋ2	dzuŋ2	ʂuŋ2	tʃɔŋ2; ɬɔŋ2			
2615	縮	通	合三	入	東	生	ʂuk7	ʂuk7	ʂuk7	ʂuk7	ʂuk7	ʃɔk7			
2616	終	通	合三	平	東	章	tsuŋ1	tsuŋ1	tsuŋ1	tsuŋ1	tsuŋ1	tʃɔŋ1			
2617	眾	通	合三	去	東	章	tsuŋ5	tsuŋ5	tsuŋ5	tsuŋ5	tsuŋ5	tʃɔŋ5	ɕuŋ5		
2618	祝	通	合三	入	東	章	tsuk7	tsuk7	tsuk7	tsuk7	tsuk7	tʃɔk7	ɕuk8	tɕo1	
2619	粥	通	合三	入	東	章	tsuk7	tsuk7	tsuk7	tsuk7	tsuk7	tʃɔk7	ɕuk8		
2620	充	通	合三	平	東	昌	tsʰuŋ1	tsʰuŋ1	tsʰuŋ1	tsʰuŋ1	tsʰuŋ1	tʃʰɔŋ1			
2621	叔	通	合三	入	東	書	ʂuk7	ʂuk7	ʂuk7	ʂuk7	ʂuk7	ʃɔk7			
2622	熟(煮熟)	通	合三	入	東	禪	zuk8	ʂuk8	zuk8	ʂuk8	ʂuk8	ʃɔk8	ɕuk9; θuk9		
2623	肉	通	合三	入	東	日	ŋuk8	ŋuk8	ŋuk8	ŋuk8	ŋuk8	ŋɔk8a	ŋuk9		
2624	弓	通	合三	平	東	見	kuŋ1	kuŋ1	kuŋ1	kuŋ1	kuŋ1	kɔŋ1	kuŋ1		

番号	語(字)	攝	開合・等	声調	韻目	声母	粤祖語	A	B	C	D	E	『武鳴』	『猺歌』	其他
2625	宮	通	合三	平	東	見	kuŋ1	kuŋ1	kuŋ1	kuŋ1	kuŋ1	kɔŋ1			
2626	菊	通	合三	入	東	見	kuk7	kuk7	kuk7	kuk7	kuk7	kɔk7			
2627	麴(酒麴)	通	合三	入	東	溪	kʰuk7	kʰuk7	kʰuk7	kʰuk7	kʰuk7	kʰɔk7			
2628	窮	通	合三	平	東	群	gyŋ2	guŋ2	guŋ2	gyŋ2	guŋ2	kɔŋ2		kuŋ2	
2629	嗅(用鼻子聞)	通	合三	去	東	曉	ŋuŋ5?; huŋ5?		ŋuŋ5 huŋ5?	huŋ5	ŋuŋ5				
2630	郁	通	合三	入	東	影	ʔyk7	juk7	juk7	ʔyk7	juk7	jɔk8a		it1(鬱)	
2631	熊	通	合三	平	東	云	jyŋ2	ɦuŋ2	hiuŋ2	ʔyŋ2	juŋ2	jɔŋ2		juŋ2	
2632	雄	通	合三	平	東	云	ɦuŋ2; jyŋ2	ɦuŋ2	hiuŋ2	ɦuŋ2; ʔyŋ2	huŋ2	hɔŋ2; jɔŋ2			
2633	融	通	合三	平	東	以	ɦuŋ2; jyŋ2	juŋ2	juŋ2	ɦuŋ2; ʔyŋ2	juŋ2	jɔŋ2			
2634	育	通	合三	入	東	以	jyk8	juk8	juk8	ʔyk8	juk7	jɔk8a; ŋɔk8a?			
2635	封	通	合三	平	鍾	非	fuŋ1	fuŋ1	fuŋ1	fuŋ1	fɔŋ1	fuŋ1			
2636	峰	通	合三	平	鍾	敷	fuŋ1	fuŋ1	fuŋ1	fuŋ1	fɔŋ1	fuŋ1			
2637	蜂	通	合三	平	鍾	敷	fuŋ1	fuŋ1	fuŋ1	fuŋ1	fɔŋ1		pʰuŋ1		
2638	逢	通	合三	平	鍾	奉	vuŋ2	fuŋ2	fuŋ2	buŋ2; fuŋ2	fuŋ2	fɔŋ2	fuŋ2	pwoŋ1	
2639	縫(縫衣服)	通	合三	平	鍾	奉	vuŋ2	fuŋ2	fuŋ2	buŋ2; fuŋ2	fuŋ2	fɔŋ2			
2640	奉	通	合三	上	鍾	奉	vuŋ4	fuŋ6	fuŋ4	buŋ6; fuŋ6	fuŋ6	fɔŋ6			
2641	濃	通	合三	平	鍾	泥	nuŋ2; ŋuŋ2	ŋuŋ2	ŋuŋ2	ŋuŋ2; nuŋ2	nuŋ2	nɔŋ2			
2642	龍	通	合三	平	鍾	來	luŋ2	luŋ2	luŋ2	luŋ2	luŋ2	lɔŋ2	luŋ2	goŋ1; luŋ6(借)	
2643	綠	通	合三	入	鍾	來	luk8	luk8	luk8	luk8	luk8	lɔk8a			
2644	錄	通	合三	入	鍾	來	luk8	luk8	luk8	luk8	luk8	lɔk8a			
2645	足	通	合三	入	鍾	精	tsuk7	tsuk7	tsuk7	tsuk7	tsuk7	tʃɔk7		ɕuk8	
2646	促	通	合三	入	鍾	清	tsʰuk7	tsʰuk7	tsʰuk7	tʰuk7	tsʰuk7	tʃɔk7			
2647	從(從來)	通	合三	平	鍾	從	dzuŋ2	dzuŋ2	dzuŋ2	suŋ2	dzuŋ2	tʃɔŋ2	ɕoŋ2; ɕuŋ2		
2648	粟	通	合三	入	鍾	心	suk7	suk7	suk7	suk7	suk7	ɬɔk7			
2649	松	通	合三	平	鍾	邪	suŋ2	dzuŋ2	suŋ2	suŋ2	dzuŋ2	tʃɔŋ2		θoŋ1	
2650	俗	通	合三	入	鍾	邪	dzuk8	dzuk8	dzuk8	suk8	dzuk8	ɬɔk8b	θuk9		
2651	續	通	合三	入	鍾	邪	dzuk8	dzuk8	dzuk8	suk8	dzuk8	tʃɔk8b			
2652	寵	通	合三	上	鍾	徹	tsʰuŋ3	tsʰuŋ3	tsʰuŋ3	tsʰuŋ3	tsʰuŋ3	tʃʰɔŋ3			
2653	重(重複)	通	合三	平	鍾	澄	dzuŋ2	dzuŋ2	dzuŋ2	dzuŋ2	dzuŋ2	tʃɔŋ2		ɕuŋ2	ðaŋ1(層?)
2654	重(輕重)	通	合三	上	鍾	澄	dzuŋ4	dzuŋ4; dzuŋ6?	dzuŋ4	dzuŋ4	dzuŋ4	tʃɔŋ4		ɕuŋ6	
2655	鍾	通	合三	平	鍾	章	tsuŋ1	tsuŋ1	tsuŋ1	tsuŋ1	tsuŋ1	tʃɔŋ1			
2656	鐘	通	合三	平	鍾	章	tsuŋ1	tsuŋ1	tsuŋ1	tsuŋ1	tsuŋ1	tʃɔŋ1		ɕuŋ1	
2657	種(種類)	通	合三	上	鍾	章	tsuŋ3	tsuŋ3	tsuŋ3	tsuŋ3	tsuŋ3	tʃɔŋ3			
2658	腫	通	合三	上	鍾	章	tsuŋ3	tsuŋ3	tsuŋ3	tsuŋ3	tsuŋ3	tʃɔŋ3			
2659	種(種樹)	通	合三	去	鍾	章	tsuŋ5	tsuŋ5	tsuŋ5	tsuŋ5	tsuŋ5	tʃɔŋ5		tɕwoŋ5	
2660	燭	通	合三	入	鍾	章	tsuk7	tsuk7	tsuk7	tsuk7	tsuk7	tʃɔk7			
2661	衝	通	合三	平	鍾	昌	tsʰuŋ1	tsʰuŋ1	tsʰuŋ1	tsʰuŋ1	tsʰuŋ1	tʃʰɔŋ1			
2662	觸	通	合三	入	鍾	昌	tsʰuk7; tsuk7	tsʰuk7; tsuk7	tsuk7	tsʰuk7	tsʰuk7	tʃʰɔk7			
2663	舂(舂米)	通	合三	平	鍾	書	tsuŋ1; tsʰuŋ1	tsuŋ1	tsuŋ1	tsuŋ1; tsʰuŋ1	tsʰuŋ1	tʃʰɔŋ1			
2664	束	通	合三	入	鍾	書	tsʰuk7	tsʰuk7	tsʰuk7	tsʰuk7	tsʰuk7	tʃʰɔk7	ɕuk9		
2665	屬	通	合三	入	鍾	禪	zuk8	suk8	zuk8	suk8	suk8	ʃɔk8			
2666	辱	通	合三	入	鍾	日	ŋuk8	juk8		ŋuk8	ŋuk8	ŋɔk8a			
2667	褥	通	合三	入	鍾	日	ŋuk8	juk8	ŋuk8	ŋuk8	ŋuk8	ŋɔk8a			
2668	恭	通	合三	平	鍾	見	kuŋ1	kuŋ1	kuŋ1	kuŋ1	kuŋ1	kɔŋ1			
2669	供(供養)	通	合三	去	鍾	見	kuŋ5	kuŋ5	kuŋ5	kuŋ5	kuŋ5	kɔŋ5			
2670	恐	通	合三	上	鍾	溪	kʰuŋ3	huŋ3	kʰuŋ3	kʰuŋ3	hɔŋ3		hoŋ3;kuŋ3		
2671	曲(曲折, 歌曲)	通	合三	入	鍾	溪	kʰyk7	kʰuk7	kʰuk7	kʰyk7	kʰuk7	kʰɔk7			
2672	共	通	合三	去	鍾	群	guŋ6	guŋ6	guŋ6	guŋ6	guŋ6	kɔŋ6		tɕwoŋ6	
2673	局	通	合三	入	鍾	群	guk8	guk8	guk8	guk8	guk8	kɔk8b			

番号	語(字)	攝	開合・等	声調	韻目	声母	粵祖語	A	B	C	D	E	『武鳴』	『猺歌』	其他
2674	玉	通	合三	入	鍾	疑	ŋuk8	juk8	ŋuk8	ŋuk8	ŋuk8	ŋɔk8a	hi5;ŋɑɯ6		
2675	獄	通	合三	入	鍾	疑	ŋuk8	juk8	ŋuk8	ŋuk8		ŋɔk8a			
2676	胸	通	合三	平	鍾	曉	hyŋ1	huŋ1	huŋ1	hyŋ1	huŋ1	hɔŋ1			
2677	凶(吉凶)	通	合三	平	鍾	曉	hyŋ1	huŋ1	huŋ1	hyŋ1	huŋ1	hɔŋ1			
2678	兇(兇惡)	通	合三	平	鍾	曉	hyŋ1	huŋ1	huŋ1	hyŋ1	huŋ1	hɔŋ1	juŋ1		
2679	雍	通	合三	平	鍾	影	ʔuŋ1; ʔyŋ1	juŋ1			ʔuŋ1; juŋ1	jɔŋ1			
2680	擁	通	合三	上	鍾	影	ʔyŋ3	juŋ3		ʔyŋ3		ʔɔŋ3			
2681	容	通	合三	平	鍾	以	jyŋ2	juŋ2	juŋ2	jyŋ2	iuŋ2	jɔŋ2	juŋ2		
2682	蓉(芙蓉)	通	合三	平	鍾	以	jyŋ2	juŋ2	juŋ2	jyŋ2	iuŋ2	jɔŋ2		jwoŋ1	
2683	勇	通	合三	上	鍾	以	ʔyŋ3	juŋ4	juŋ4	jyŋ3	iuŋ4	jɔŋ4			
2684	用	通	合三	去	鍾	以	jyŋ6	juŋ6	juŋ6	jyŋ6	juŋ6	jɔŋ6	juŋ6		
2685	慾	通	合三	入	鍾	以	jyk8	juk8		jyk8	juk8	jɔk8a			
2686	浴	通	合三	入	鍾	以	jyk8	juk8	juk8	jyk8	juk8	jɔk8a			

附論2

数学的概念の定義一覧

○演算子
- A を集合とするとき，$a \in A$ は，a が A の元であることを表す．
- 集合 A, B について，$A \cup B$ は，A と B の和集合を表す．すなわち，

$$a \in A \cup B \leftrightarrow a \in A \text{ または } a \in B$$

- 集合 A, B について，$A \cap B$ は，A と B の積集合を表す．すなわち，

$$a \in A \cap B \leftrightarrow a \in A \text{ かつ } a \in B$$

- 集合 A, B について，$A \setminus B$ は，A に含まれ B に含まれないすべての元の集合を表す．すなわち，

$$a \in A \setminus B \leftrightarrow a \in A \text{ かつ } a \notin B$$

- 集合 A, B について，$A \oplus B$ は，A と B の対象差を表す．すなわち，A か B のどちらか一方に含まれるが，A と B の両方には含まれないすべての元の集合を表す（下図の灰色部分に相当）．

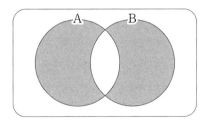

- 集合 A, B について，A と B の直積集合 $A \times B$ は，$A \times B = \{(a, b) | a \in A, b \in B\}$ で定義される集合である．
- 数 $a, b, \ldots$ について，$\max(a, b, \ldots)$ は $a, b, \ldots$ の中から最大のものを選択する演算である．
- 数 $a, b, \ldots$ について，$\min(a, b, \ldots)$ は $a, b, \ldots$ の中から最小のものを選択する演算である．
- 数 $a, b, \ldots$ について，$\mathrm{median}(a, b, \ldots)$ は，$a, b, \ldots$ の中から中央値（対象となる数を大きさ

順で並べたとき，ちょうど真ん中に並ぶもの）を選択する演算である．例えば，$a \leq b \leq c$ のとき，median$(a, b, c) = b$ である．

○グラフ (graph)

・グラフ G は，節 (vertices. 点，節点とも) の有限集合である $V = \{v_1, v_2, \ldots, v_n\}$ と，点の対である辺 (edges. 枝とも) の有限集合 $E = \{e_1, e_2, \ldots, e_m\}$ によって定義される，集合 V と集合 E の順序対のことである．すなわち，

$$G = (V, E)$$

(順序対とは，順不同でない対を指し，非順序対とは，順不同である対を指す)

・E の元である辺は，順序対 (v_i, v_j) または非順序対 $\{v_i, v_j\}$ で定義される ($v_i, v_j \in V$)．順序対で定義された辺からなる集合 E を持つグラフを有向グラフ (directed graph) といい，非順序対で定義された辺からなる集合 E を持つグラフを無向グラフ (undirected graph) という．

○道 (path)

・節 j と k の間の道とは，節と辺とが，

$$v_0, \{v_0, v_1\}, v_1, \{v_1, v_2\}, v_2, \ldots, v_i, \{v_i, v_{i+1}\}, v_{i+1}, \ldots, v_{m-1}, \{v_{m-1}, v_m\}, v_m \ (0 \leq i < m)$$

のように交互に連続したものである．ただし，

$$v_0 = j, v_m = k$$

○閉路 (cycle, closed path)

・閉路とは，始点と終点が同一の道である．

○木 (tree)

・木 T とは，集合 $V (V \neq \emptyset)$ と集合 E の順序対 (V, E) で表される，閉路を持たない無向グラフである．すなわち，

$$T = (V, E)$$

ただし，E の元である辺は，非順序対 $\{v_i, v_j\} (v_i, v_j \in V)$ で定義される．
・V_0 は，端点 (terminal node) の集合である．すなわち，V_0 は分岐学でいうところの OTU の集合である．
・V_H は，分岐点 (interior node) の集合である．すなわち，V_H は分岐学でいうところの HTU の集合である．
・根 (root) は OTU の1つであり，記号 ρ で表す．
・二分岐のみをして多分岐をしない (completely bifurcating) 木において，OTU が n 個存在するとき，HTU は常に $n-2$ 個である．

○関係（relation）
- 関係 R とは，2つの集合 S_1 と S_2 の直積 $S_1 \times S_2$ の部分集合である．
- $S_1 = S_2$ のとき，R は S_1 上の関係であるという．

○半順序関係（partial order）
- 集合 S 上の関係 R が以下の3つの条件を満たすとき，R は半順序関係である．

　①任意の $x \in S$ に対して，xRx である．
　②$xRy \wedge yRx$ ならば，$x = y$ である．
　③$xRy \wedge yRz$ ならば，xRz である．

○半順序集合（partial set）
- 集合 S 上の関係 R が半順序関係であるとき，(S, R) を半順序集合という．
- 直感的にいうならば，半順序集合とは，順序が部分的に定義されている集合である．例えば，数直線上の任意の自然数の対には順序が定義されているが，半順序集合の元の対の中には，順番が定義されないものもあり得る．

○束（lattice），半束（semilatice）
- (S, R) を半順序集合とする．S の部分集合 $X(X \neq \emptyset)$ について，X の上限 $\sup X$ と下限 $\inf X$ を以下のように定義するとき，任意の X が上限も下限も持つならば，S は束であり，上限または下限を持つならば，S は半束である．

$$\sup X = \min\{s \in S : 任意の\ x \in X\ に対して\ xRs\}$$
$$\inf X = \max\{s \in S : 任意の\ x \in X\ に対して\ sRx\}$$

束をより直観的に説明するならば，S の元を節点，S の元同士の関係を辺で表現したグラフを考えたとき，グラフのどの節点を出発点としても，下へ下へと行けば必ずある唯一の終着点につき，上へ上へと行けば必ずある唯一の終着点につくならば，S は束である．

○木における集合 V 上の関係「$\leqslant$」
- 木における集合 V 上の関係 $\leqslant$ は，以下のように定義される半順序関係である．

$$v_i \leqslant v_j \leftrightarrow v_i = v_j, または，v_j が v_i から \rho への道上にある．$$

なお，$v_i < v_j$ の場合は，$v_i \neq v_j$ である．

○祖先関数（ancestor function），子孫関数（descendant function）
- 祖先関数 f とは，根以外の節 k（OTU も HTU も含む）に，k から ρ への道の上にある，直近の節を対応させる関数である．定義域は $V \setminus \{\rho\}$，値域は $V_H \cup \{\rho\}$ である．

- 子孫関数 g および h とは，節 $k \in V_H$ に，直近の子孫（二分岐した枝の先にある節）を対応させる関数である．定義域は $V_H \cup \{\rho\}$，値域は $V \setminus \{\rho\}$ である．
ただし，$g(k) \neq h(k)$ であり，$g(k)$ と $h(k)$ は常に互いに入れ替えが可能である．なお，以下の式は常に成り立つ．

$$f(g(k)) = f(h(k)) = k \quad (k \in V_H \cup \{\rho\})$$

○部分木（subtree, partial tree）
- 木 $T = (V, E)$ の部分木 $T_k = (V_k, E_k)$ は，以下のように V_k と E_k が定義される木である．

$$V_k = \{v_i \in V \mid v_i \leq k\}$$
$$E_k = \{\{v_i, f(v_i)\} \in E \mid v_i < k\}$$

すなわち，木 T の部分木 T_k とは，木 T が持つ節 k および節 k から末端側にあるすべての節と枝からなる木である．

○再建（reconstruction）
- 木 T に関する形質 j の再建 $R_{(j)}$ は，$R_{(j)} = (T, x_{(j)})$ で定義される．木 T が n 個の OTU を有しているとき，$x_{(j)}$ は，節それぞれが形質 j について示す，$2n-2$ 個の形質状態

$$x_{1,j}, x_{2,j}, \ldots, x_{n,j}, x_{n+1,j}, x_{n+2,j}, \ldots, x_{2n-2,j}$$

からなるベクトルである．
ただし，$x_{1,j}$ から $x_{n,j}$ までが OTU の，$x_{n+1,j}$ から $x_{2n-2,j}$ までが HTU の形質状態である．
- 木 T の部分木 T_k に関する再建は，$R_{(j)k}$ で表す．

○ Manhattan distance
- ある再建が与えられたとき，Manhattan distance $D(k, l)$ は，以下のように定義される二節間距離である（$k, l \in V$）．ただし，c は形質の総数を表す．

$$D(k, l) = \sum_{j=1}^{c} |x_{k,j} - x_{l,j}|$$

すなわち $D(k, l)$ とは，k と l の形質状態の差をすべての形質について求めて，それを合計したものである．

○樹長（total length）
- 再建 R における樹長 $L(R)$ とは，すべての枝について Manhattan distance を求め，それを合計したものである．

$$L(R) = \sum_{i \in V \setminus \rho} D[i, f(i)]$$
$$= \sum_{i \in V \setminus \rho} \sum_{j=1}^{c} |x_{i,j} - x_{f(i),j}|$$

$$=\sum_{j=1}^{c}\sum_{i\in V\setminus\rho}|x_{i,j}-x_{f(i),j}|$$

○ MPR (most parsimonious reconstruction)
・木 T について考えられるすべての再建のうち，最短となる樹長を $L^*(T)$ と表す．このとき，木 T の再建 R が，$L(R)=L^*(T)$ となるならば，R は木 T の MPR である．MPR は各木に1つ以上存在する．そして，木 T のすべての MPR の集合を木 T の MPR 集合（MPR set）という．

○ 数直線上の閉区間同士，および数直線上の閉区間と実数の距離
・閉区間 S_i, S_j を

$$S_i=\{y\,|\,a_i\leq y\leq b_i\}=[a_i,b_i],\ \ S_j=\{y\,|\,a_j\leq y\leq b_j\}=[a_j,b_j]$$

で定義し，S_i と S_j の間の距離を $d(S_i,S_j)$ で表すとき，$d(S_i,S_j)$ は以下のように与えられる．

$$d(S_i,S_j)=\max(a_j-b_i,a_i-b_j,0)$$

すなわち，$d(S_i,S_j)$ は，S_i と S_j が重なりあうときは0，重なりあわないときは S_i と S_j の直近の端同士の差である．

・実数 z と閉区間 S_i の間の距離を $d(z,S_i)$ で表すとき，$d(z,S_i)$ は以下のように与えられる．

$$d(z,S_i)=\max(z-b_i,a_i-z,0)$$

すなわち，$d(z,S_i)$ は，z が S_i の中に含まれるときは0，含まれないときは z と S_i の z に近い方の端との差である．従って，上の式は以下のように書き換えることができる．

$$d(z,S_i)=|z-\mathrm{median}(z,a_i,b_i)|$$

○ $S_i\circ S_j$（中央値（median）計算の演算）

$$S_i=\{y\,|\,a_i\leq y\leq b_i\}=[a_i,b_i],\ \ S_j=\{y\,|\,a_j\leq y\leq b_j\}=[a_j,b_j]$$

で閉区間 S_i, S_j を定義するとき，演算 $S_i\circ S_j$ は，以下のように定義される．

$$S_i\circ S_j=[\min(p,q),\max(p,q)]$$

ただし，

$$p=\mathrm{median}(a_i,b_i,a_j)\quad q=\mathrm{median}(b_i,a_j,b_j)$$

演算 $S_i\circ S_j$ は，直感的には「集合 S_i と集合 S_j の『間』を求める演算である」と説明できる．

S_iとS_jが重なりあう場合にはその重なりあう部分が，S_iとS_jが重なりあわない場合には両者を隔てる間隙の部分が，「S_iとS_jの間」としてそれぞれ定義されているのである．

上の式は，以下のように表すこともできる．

$$S_i \circ S_j = U \setminus (S_i \oplus S_j)$$

ただし，

$$U = \{x \mid x \in [\min(a_i, b_i), \max(a_j, b_j)]\}$$

○ $S_i \cdot S_j$（最頻値（mode）計算の演算）

集合S_i，S_jに対する演算$S_i \cdot S_j$は，以下のように定義される．

$$S_i \cdot S_j = \begin{cases} S_i \cap S_j & (S_i \cap S_j \neq \emptyset) \\ S_i \cup S_j & (S_i \cap S_j = \emptyset) \end{cases}$$

附論3

分類と系統の概念的差異について
コケ植物を例として

　附論3では，分類と系統の差異にまつわる問題が，言語学に限らない強い一般性を有していることについて例証すべく，系統や分類について時代とともに大きく変遷した「コケ植物（Bryophyta）」の系統論や分類体系の変遷過程，および，変遷が起こったその原因について論ずる[1]．

　コケ植物とは，現生の陸上植物（有胚植物 Embryophyta）のうち，維管束を持たない分類群に対する総称である（嶋村 2012）．コケ植物は世界に約2万種が知られており，苔類（ゼニゴケ植物門（タイ植物門）Marchantiophyta）が約6,000種，蘚類（マゴケ植物門（セン植物門）Bryophyta）が約13,000種，ツノゴケ類（ツノゴケ植物門 Anthocerotophyta）が約150種，それぞれ知られている[2]（嶋村 2012）．このように，コケ植物は3つの門（phylum）からなる巨大な生物群である．この分類が成立するまでに，今日われわれが「コケ植物」と呼ぶ生物群の分類体系上の地位は，さまざまに変化してきた．

1　リンネの分類

　生物学における近代的分類はカール・フォン・リンネ（Carl von Linné, Carolus Linnaeus）をその嚆矢とする．リンネは，生殖に関与する組織である花の雄蕊，雌蕊を基準として，植物を全24綱に分類する．第1綱から第23綱には，顕花植物（Phanerogam）が属しているが，コケ植物をはじめとする隠花植物（Cryptogam）はすべて第24綱 Cryptogamia（隠花植物綱）に属している．

　リンネが生物分類の基礎を提示した著作である *Systema Naturae* の初版[3]（1735）では，

---

[1] 以下，「植物」の語は，各時代において「植物」として定義されていた生物全体の集合を表す名称として用いる．例えば，今日では植物として扱わない菌類の類も，ある分類体系では「植物」の語の指示対象である場合があり得る．「植物」の定義の変遷そのものは，コケ植物の議論と直接の関連を持たないので，本論では扱わない．

[2] Marchantiophyta に「苔」を，Bryophyta に「蘚」をそれぞれあてる，管見の限りにおける最古の用字例は，伊藤（1829）に収められる「二十四綱解」に見られる．伊藤（1829）の附録下巻二十九葉に「［蘚部］此目，次目（濱田註：苔部のこと．*Systema Naturae* の Algae に相当）トモニ苔蘚ヲ云．今權ニ苔蘚ノ字ヲ假リ用ヒテ是ヲ分ツ．」とある（東京大学農学生命科学図書館本．句点は濱田が補った．トモは合字「モ」）．

[3] テキストは大場（2008）に基づく．用語の和訳は基本的に同論文に倣ったが，本田 et al.（1930）も

第24綱 Cryptogamia の下位に Arbores（木本），Filices（シダ類），Musci（コケ類），Algae（藻類），Fungi（菌類），Lithophyta（サンゴ）の6類が立てられている．そして Musci には，Lycopodium（ヒカゲノカズラ），Fontinalis（カワゴケ），Sphagnum（ミズゴケ），Mnium（チョウチンゴケ），Hypnum（ハイゴケ），Bryum（ハリガネゴケ），Polytrichum（スギゴケ），Jungermannia（ツボミゴケ）[4]，Marchantia（ゼニゴケ），Marsilea（デンジソウ），Lichen（地衣）が属している．このうち，Lycopodium と Marsilea の2つはコケ植物ではなくシダ植物と今日では呼ばれ，Lichen は菌類の一種とされているが，そのほかは現在でもコケ植物と呼ばれている．

このように，*Systema Naturae* 初版本では，今日コケ植物と呼称される植物はすべて Musci として分類されている[5]．しかし，第2版（1740）では，第24綱 Cryptogamia が6類に下位分類されることは変わらないものの（ただし Arbores は Plantae に代替），Jungermannia, Marchantia, Marsilea, Lichen が Algae へと帰属を変更させられている．また，第2版で新たに記載された Anthoceros（ツノゴケ．ツノゴケ類），Riccia（ウキゴケ．苔類）は，今日の分類ではコケ植物とされているが，Algae へと帰属させられている．

初版から第2版にかけて帰属が変化したコケ植物である Marchantia と Jungermannia，そして第2版で Algae として新たに記載された Anthoceros と Riccia は，19世紀以降の植物分類で Hepaticae（苔類）に帰属させられてきたコケ植物である．また，初版と第2版の両者において Musci に属しているコケ植物は，以後も Musci（蘚類）の名で分類されている．初版から第2版にかけて起こったコケ植物の分類の変化は，後のコケ植物を Hepaticae と Musci に二分する分類の先駆けとして位置づけることができよう[6]．

内容の変更を伴った *Systema Naturae* の改版は，第2版（1740），第6版（1748），第10版（1758-1759），第12版（1766-1767）である（宮田 2008）．第6版（1748: 143-144）でも，コケ植物のうち，今日の（蘚類）が Musci に，今日の苔類が Algae にそれぞれ分類されている状況は変わらない．第6版では Musci に新たに Porella（クラマゴケモドキ．苔類）が，Algae には Blasia（ウスバゼニゴケ．苔類）と Tremella（キクラゲ．菌類）が，それぞれ加わっている．

第10版では Musci に Phascum（タマウケゴケ．蘚類），Splachnum（オオツボゴケ．蘚類），Buxbaumia（キセルゴケ．蘚類）が，Algae に Targionia（ハマグリゼニゴケ．苔類），Byssus（和名不詳），Spongia（海綿．動物）が，それぞれ加わっており，Lemna（アオウキクサ．被

参照した．

[4] 海老原 et al.（2012），片桐 et al.（2018）に倣い，Jungermannia を「ウロコゴケ」ではなく「ツボミゴケ」と訳す．

[5] リンネより早い時代に植物分類を試みた Joseph Pitton de Tournefort の *Élémens de botanique, ou méthode pour connoitre les plantes*（1694．ラテン語訳 *Institutiones rei herbariae* は1700年初版）は，植物を草本と木本に分類した上で，草本を更に有花弁と無花弁に分類し，無花弁を雄心花と有果花，無果花に三分している（木村 2008）．1700年出版のラテン語訳初版本（リヨン市立図書館所蔵）を見ると，第17綱（草本の無花弁無果花に属する）に Sectio I, Genus I が Muscus（コケ）とされているのが確認される（pp. 550-556）．

[6] 同様に，リンネの著作である *Genera Plantarum* 第2版（1742）の分類でも，Marchantia, Jungermannia, Marsilea, Lichen, Anthoceros, Riccia が Algae に帰属している（p. 38）．

子植物．第 21 綱 Monoecia 雌雄同株綱へ移動）と Marsilea（隠花植物綱内の Filices へ移動）が Algae から削除されている．第 10 版は Musci と Algae の両方に新たに下位分類が試みられている点が特徴的であり，Musci は Acalyptrati（無帽類），Calyptrati diclini（有帽単性類），Calyptrati monoclini（有帽両性類）に三分されており，Algae は Terrestres（陸棲類）と Aquaticae（水棲類）に二分されている．Acalyptrati には Lycopodium, Porella, Sphagnum, Phascum が，Calyptrati diclini には Splachnum, Polytrichum, Mnium が，Calyptrati monoclini には Bryum, Hypnum, Fontinalis, Buxbaunia が，それぞれ属している．Terrestres には Marchantia, Jungermannia, Targionia, Anthoceros, Blasia, Riccia, Lichen, Byssus が，Aquaticae には Tremella, Ulva, Fucus, Conferva, Spongia, Chara が，それぞれ属している．Algae に陸棲と水棲の別が設けられたことで，苔類（Lichen を除く）は Terrestres として，ほかから区別されている．

そして最後の改訂が行われた第 12 版では，Algae から Chara（第 21 綱 Monoecia 雌雄同株綱へ移動）と Spongia が削除されるほかは，属名に出入りはない．

リンネおよびリンネ以降の分類には，現生の全生物種を原始的なものから進歩的なものへと連なる一続きの連続体として捉えるような分類観は，もはや見られなくなった．この中でコケ植物は，Musci の名で，現在の蘚類にあたるものが 1 つの分類群を与えられている．その一方で苔類は，非陸上植物である藻類とともに，Algae という 1 つの分類群に収められている．蘚類と苔類の差異は，リンネにおいてすでに分類体系に反映されていた．しかし，蘚類と苔類を排他的に 1 つの分類群に属する存在として扱う分類は，18 世紀末のヘドヴィッヒの労作を待たねばならない．

2　リンネ以後

近代的な蘚苔類学（bryology）の基礎は，ヨハン・ヘドヴィッヒ（Johann Hedwig）によって創始される（ヘドヴィッヒについては Frahm 2000 を参照）．ヘドヴィッヒの *Fundamentum Historiae Naturalis Muscorum Frondosorum*（Pars Ⅰ）(1782: 3-9) では，コケ植物の定義に関する議論も行われている．その中でコケ植物は，カリプトラ（calyptra. 胞子を作る器官である「蒴」を覆っている．蘚類のカリプトラは，蒴帽ともいう）を持つ実（＝胞子体）を持つ植物として定義されている．リンネが Acalyptari（無帽類．すなわち，蒴帽を持たない muscus）として分類している Sphagnum（ミズゴケ．蘚類）について，蒴が薄い膜状の蒴帽を持つ構造を見出し，Sphagnum をコケ植物の定義に合致する植物と見なす (Hedwig 1782: 7-8)．そしてヘドヴィッヒは，この定義に基づいて Lycopodium（ヒカゲノカズラ．シダ植物）はコケ植物から除外する一方で (Hedwig 1782: 6-7)，Jungermannia（ツボミゴケ．苔類）と Marchantia（ゼニゴケ．苔類）についてはコケ植物に含めている (Hedwig 1782: 8. ただし，同書中では議論の便宜上，muscus を今日の蘚類に相当する植物に限って指す用語としている)．このように，Hedwig (1782) には，今日でいう蘚類・苔類を，互いに類似した分類群同士として捉える分類観の起源を見てとれる．

ジュシュー（Antoine Laurent de Jussieu）の *Genera Plantarum Secundum Ordines*

Naturales Disposita（1789: lxxi-lxxii）は，植物界を Acotylegones（無子葉植物類），Monocotylegones（単子葉植物類），Dicotylegones（双子葉植物類）に三分し，Acotylegones に属する第 3 目 Hepaticae と第 4 目 Musci にコケ植物が Musci の第三の下位分類 Musci Spurii が Lycopodium を含むのを除いて（p. 12），ほぼ排他的に分類されている[7]．しかし，Hepatica と Musci を包含する上位分類群 Acotyledones は，Hepatica と Musci を排他的に含む分類群ではない．

ジュシュー以外にも，リンネ以後に数多の植物分類の試みがなされている．カンドール（Auguste Pyramus de Candolle）の *Théorie élémentaire de la botanique, ou exposition des principes de la classification naturelle*（1813: 220）においてコケ植物全体（Mousses（蘚類）と Hépatiques（苔類））を排他的に含む分類群である Foliacés（有葉類）が立てられた．エンドリヒャー（Stephan Endlicher）の *Genera plantarum secundum ordines naturales disposita*（1840: iii-iv）では Anophyta（訳語なし）という分類群が Hepaticae（苔類）と Musci（蘚類）の 2 つの下位分類のみから構成されている[8]．ブラウン（Alexander Braun）の "Übersicht des natürlichen Systems nach der Anordnung desselben"（1864. In Ascherson, Paul Friedrich August. *Flora der Provinz Brandenburg*.）では Muscinae という分類群が Hepaticae（苔類）と Bryaceae（蘚類）を排他的に下位分類として包含する[9]（pp. 22-23）．三者とも分類の原理は互いに異なれども，コケ植物全体を排他的に含む 1 つの分類群を設けているという点で一致している．

そして，アイヒラー（A. W. Eichler）の *Syllabus der Vorlesungen über specielle und medicinisch-pharmaceutische Botanik*（1880）に至って，コケ植物全体を排他的に含む分類群の名称として現在においても一般的な Bryophyta の語が用いられるようになった．最も大きな影響力を有した分類体系であるエングラー（Adolf Engler）の *Syllabus der Pflanzenfamilien*[10]（1892 初版）やヴェットシュタイン（R. Wettstein）の *Handbuch der Systematischen Botanik*（1924 第 3 版）など，これより後の分類にも，Bryophyta の語の使用と，コケ植物を 2 つに大別する方式が受け継がれている．

エングラーの分類体系は，植物界を phanerogamae（顕花植物）と cryptogamae（隠花植物）の 2 つに大別するという，旧来の分類方式をはじめて放棄している点で特徴的である

---

[7] 以下，分類体系の訳語は本田 et al.（1933）および木村（2008）を参考にした．

[8] Anophyta は Protophyta（訳語なし）および Hysterophyta（訳語なし）とともに Acrobrya（頂端生長類）に包含され，Acrobrya は Amphibrya（周縁生長類）および Acramphibrya（頂縁生長類）とともに Cormophyta（茎葉植物類）に包含される．Cormophyta は Thallophyta（葉状植物類）とともに，植物界を二分する分類群である．

[9] そして Muscinae は，Charinae（?）とともに Thallophyllodea（有葉植物）に内包されており，Thallophyllodea は Thollodea（葉状植物．藻類や地衣類，菌類を含む）とともに Bryophyta（無茎植物）に内包される（本田 et al. 1930: 5 が Braun の体系における Bryophyta を無茎植物と訳しているように，Bryophyta という語の用法は今日とは異なる）．管見の限りでは，Bryophyta という語の植物分類における初出は Braun（1864）である．

[10] Engler の没後も版を重ね，Hans Melchior と Erich Werdermann が手を加えて *Syllabus der Pflanzenfamilien* 第 12 版（2 巻本）として著した *A. Engler's Syllabus der Pflanzenfamilien: mit besonderer Berücksichtigung der Nutzpflanzen nebst einer Übersicht über die Florenreiche und Florengebiete der Erde*（1954-1964）が，分子系統学以前のものとしては最新である．第 13 版として出版された第 3 巻

（早田 1933）．かつては，隠花植物は有性生殖を行わないという見方が支配的であったが（Farley 1982: 47-52），Hofmeister（1851）によって，コケ植物やシダ植物をも含めた陸上植物が，胞子体と配偶体の世代交代（Generationswechsel）を伴う有性生殖を行っているという見解が示された（早田 1933，荒木 2012）．エングラーはこの知見を反映して，植物界をMycetozoa（粘液葉状植物），Euthallophyta（真正葉状植物），Embryophyta zoidiogama（有精植物．Archegoniatae 造卵器植物とも），Embryophyta siphonogama（有管植物．今日の種子植物．Siphonogamae, Phanerogamae とも）の4つに大別しており，そしてEmbryophyta zoidiogama を Bryophyta と Pteridophyta（シダ植物）の両者から構成される分類群とした．なお，ヴェットシュタインは植物界の7分類の1つとして Cormophyta（有茎植物）を立てたうえで，Archegoniatae（有卵器植物．コケ植物・シダ植物）と Anthophyta（有花植物．裸子植物・被子植物）をその下位に置いている．

　さて，Hofmeister（1851）以降，コケ植物とシダ植物を互いに近縁の分類群と見なすという見解が定着した（池野 1932: 37; 39 などを参照）．しかし，コケ植物内部については，その分類の大綱は大きな変化を被ることなく，苔類と蘚類とに分類する二分法は18世紀末より保たれ続けた．

3　エングラー以降，分子系統学以前の分類

　生殖器官である花への注目から始まった近代的植物分類は，生殖の機構の解明によって1つの変革を迎えた．しかし，コケ植物の植物界全体での位置づけは，エングラーやヴェットシュタインによって定位された後は，しばらくは大きな変更を加えられなかった[11]．

　エングラー以後も陸上植物についてさまざまな分類体系が提唱されるが，クロンキスト（Arthur Cronquist）による分類体系が特に影響力を持った（Cronquist 1968; 1981; 1988）．エングラーの分類が立脚する理論として，Pseudanthial theory（偽花説）という，花の起源を複数の枝の集合に求める仮説がある（伊藤 2013: 72-73）．ところがクロンキストは，「花の器官はすべて葉が変形したものである」とする Euanthial theory（真花説．Strobiloid theory とも）をとっている[12]．エングラーとクロンキストという，2つの大きな影響力を持った分類体系が，花に関する根本的な見解の相違を有していたのであって（伊藤 2013: 71-74），これが両者の分類の論理を異ならしめた．クロンキストの分類体系の登場により顕花植物の分類は変革しつつあったが，しかしクロンキストは種子植物の分類を行うのみ

Syllabus of Plant Families – A. Engler's Syllabus der Pflanzenfamilien Part 3: Bryophytes and seedless Vascular Plants（2009）では，分子系統学の知見をコケ植物の分類に反映させている．

11)　Flowering plants に特化した分類として，APG（Angiosperm Phylogeny Group）という国際プロジェクトによって作成が進められた，APG 分類体系という DNA 塩基配列を用いた分子系統学的手法に基づく分類（APG1998; 2003; 2009; 2016）は，名称の通り被子植物をその対象とするものである（伊藤 et al. 2012）．

12)　Euanthial theory それ自体は，Bentham et al.（1862-1883）など，Engler 以前の分類が採用する例がある（同書は種子植物のみを分類の対象としている）．

で，隠花植物であるシダ植物やコケ植物の分類の改変は遂に行われなかった[13]．

その一方で，さまざまな知見の積み重ねにより，コケ植物内部の分類体系に変化が生じはじめた．ツノゴケ類（Anthoceros）を苔類から独立した分類群として見なす分類が行われるようになったのである．ツノゴケ類はピレノイド（葉緑体中の小器官）を持つというほかの陸上植物に見られない特徴を有していたり，胞子体が介在分裂組織を有していたりと，コケ植物の中でも独特の性質を備える．

ツノゴケ類それ自体はリンネの時代からすでに分類体系上に記載が行われていた．エンドリヒャーの Genera Plantarum (1836-1840) は Heptaticae（苔類）を8つの目に分けており，ツノゴケ類はその1つ Anthocerotae に帰属させられている．しかし，Anthocerotae には今日の苔類をも含んでおり，ツノゴケ類独自の分類群は存在していない．ツノゴケ類が専属する分類群が設けられるのはゴッチェ（K. M. Gottsche）らの *Synopsis Hepaticarum* (1844) が最初であり，これがリンドバーグ（S. O. Lindberg）の *Hepaticae in Hibernia mense Julii lectae*（1868 初版，1875 改版）などに受け継がれている．また，Hy (1884: 190-193) がコケ植物全体を Muscinées imparfaites（不完全コケ類）と Vraies Muscinées（真正コケ類）に分類し，前者にツノゴケ類を，後者にそれ以外のコケ植物を帰属せしめている．

ツノゴケ類を，苔類全体と並立する分類群として見なす分類体系を示したのは，Verdoorn (1932: 413-432) がはじめてであり，Schuster (1953: 283) では今日の分類体系と同様に，コケ植物全体が Anthocerotae, Hepaticae, Musci の3つに分けられている．Bold (1957: 234-318) はコケ植物を Hepatophyta と Bryophyta に二分する方式をとっているが，Schuster (1966: 138) はこれをツノゴケ類の独立性を考慮しないものとして明確に否定する（本段落および前段落に述べたコケ植物分類の変遷の記述は Schuster 1966: 360-381 に依拠する）．

ツノゴケがコケ植物を三分する門の1つ「Anthocerotophyta」として正式に植物分類体系中に位置づけられるのは，Schuster (1977) および Stotler et al. (1977) が，それぞれ独立に命名を行うまで待たねばならない．分子系統学に基づく研究の結果，蘚類，苔類，ツノゴケ類がそれぞれ単系統群をなしていることが今日では明らかになっているが（Frey et al. 2005a; 2005b, Stech et al. 2008），分子系統学の本格的導入以前に行われた，こうしたツノゴケ類と苔類とを分離する分類の営みは，結果的に系統を反映しているものであった．

コケ植物の分類群の基本的枠組みは，ツノゴケ類が蘚類や苔類と並んで綱の地位を得たところで，今日につながる分類体系の基礎ができ上がる．しかし，「ナンジャモンジャゴケ（*Takakia lepidozioides*）」の発見という，コケ植物を分類する行為の意味を考えるにあたって重要なできごとが起こっている（本節のナンジャモンジャゴケに関する記述は，樋口 2012 に依拠する）．

---

[13] Cronquist et al. (1966) は，陸上植物を8つの門に分け，そのうちの1つに Bryophyta（コケ植物門）を立てている．同論文で Bryophyta は，Anthoceratae（ツノゴケ綱），Marchantiatae（ゼニゴケ綱），Bryatae（マゴケ綱）の3つを下位分類に含むものとされている．この分類の典拠は明示されていないが，Schuster (1953) などの先行研究の見解が，1966 年当時において広く受容されていたものと推測される．

ナンジャモンジャゴケとは，1950年に北アルプスで発見された新種のコケ植物であり（服部 et al. 1958 が新属新種として発表），葉が棒状であり，染色体数が $n=4$ または 5 と少なく，造卵器が保護されていない，という原始的な形態的性質を有している（岩月 1994）．ナンジャモンジャゴケは，苔類的に見える特徴も蘚類的に見える特徴もともに有しており（樋口 2001），しかも分類に重要な手がかりを提供する胞子体が見つかっていなかった[14]．そのため，服部 et al.（1958）は，最終的判断は保留のままに，ナンジャモンジャゴケを苔類の一種として報告している．

　その後，ナンジャモンジャゴケの帰属，およびコケ植物の分類を巡ってさまざまな学説が唱えられた．多くの先行研究がナンジャモンジャゴケを苔類に分類していたが，水谷（1972）（未見）がいち早く，葉序，分枝型，造卵器と粘液細胞の構造等を根拠として，ナンジャモンジャゴケを苔類ではなく蘚類のマゴケ類に近いものと考えた．そして同論文は，有胚植物門をコケ亜門とツノゴケ亜門に分けたうえで，コケ亜門をナンジャモンジャゴケ綱，クロゴケ綱，ミズゴケ綱，セン綱，タイ綱に五分する分類体系を提唱している．コケ植物の大分類に関与する研究としては，水谷（1972）のほかにも，Crandall-Stotler（1986）はコケ植物を苔類，蘚類，ツノゴケ類，ナンジャモンジャゴケ類に四分する分類を提唱している．Murray（1988）は，クロマゴケやナンジャモンジャゴケがコケ植物の中で最も原始的なものであり，蘚類と苔類とを結びつけるものであるとする．また，Schuster（1997）は，胞子体が蘚類的で配偶体が苔類的であるナンジャモンジャゴケは，蘚類や苔類から独立した綱であると考える．そしてナンジャモンジャゴケは，コケ植物全体の「基部」（系統樹の中でも根に近い部分）でほかから分岐した，コケ植物が自然な系統群としてまとまることを支持し蘚類・苔類を結びつけるものであるとする．このように，ナンジャモンジャゴケの発見は，コケ植物の大分類の研究にも影響を与えた．ナンジャモンジャゴケの帰属は最終的に，1990年のスミス（David K. Smith）によるヒマラヤナンジャモンジャゴケ（*Takakia ceratophylla*）の胞子体発見によって，「蘚類」として議論が決着する[15]（岩月 1994，樋口 2001）．

　このように，蘚類と苔類という大きな分類群の間で帰属が揺れた理由は，ナンジャモンジャゴケが原始的な特徴を有しており，既知のコケ植物に比べて特異であったためである．蘚類と苔類の判別に用いられる基準とは，コケ植物に関する個々別々の研究の集積のうえに帰納的に得られたものである．長年蓄積された経験の埒外にあるナンジャモンジャゴケのごとき存在に対して，その基準が必ずしも有効に働かず，コケ植物の大分類そのものが

---

[14] 蘚類と苔類の区別には，主に胞子体の形質が用いられる（樋口 2012）．また，苔類には配偶体が葉状体（ゼニゴケなどのように，扁平で茎や葉が分化していない配偶体（岩月 2001: 32））のものと茎葉体（茎と葉がはっきり分化した配偶体（岩月 2001: 30））があり，配偶体の体制の違いだけでは蘚類と苔類を区別できるとは限らない．

[15] ナンジャモンジャゴケ属（ヒマラヤナンジャモンジャゴケとナンジャモンジャゴケ）の胞子体の発見報告は，Smith et al.（1993）と Zhang et al.（2016）を参照．なお，ナンジャモンジャゴケの蘚類内部での系統や分類にまつわる論争は未だ完全決着を見ていないが，分子系統学による分析結果は，ナンジャモンジャゴケやミズゴケ（Sphagnum）が蘚類の基部で早くにほかの蘚類から分岐したものであることを示している（Shaw et al. 2011）．

再考の対象となるのは，ある種の必然性を帯びている．樋口（2012: 19）の「ナンジャモンジャゴケやイシヅチゴケの研究からわかることは，分類体系とはその時代の対象に対する理解の程度を体系としてあらわしたもの，つまり便宜的なものであるということである．また，分類の実際では，対象とする分類群の現在までの経緯をぬきにして，言い換えれば，過去の研究者の理解をたどることなく論ずることはできないということである」という言葉は，分類という行為の本質を突くものとして，学問の領域を超えて傾注せねばならない．

4　今日の分類──分子系統学，分岐分類学

　生物の分類や系統の研究における近年の重要な変革の1つには，分子系統学（molecular phylogenetics）の誕生を挙げられる．塩基配列やアミノ酸配列などの分子データの差異を手掛かりとして系統を推定する方法が可能となったのである．以降，従来の形質の差異を手掛かりとする比較方法よりも，更に膨大な量の情報をもって系統を推定することで，比べるべき形質を持たないほどに隔たった生物種間の系統をも，明らかにできるようになった（村上 2009）．

　そして，Hennig（1950）に始まる分岐分類学もまた，方法論そのものが従来のものと異なる，新たな分類学として，生物学に大きな影響を与えた．この分岐分類学が，生物の分類一般に用いられるようになり，コケ植物もその分類体系が大きく変化することになる．分岐分類学は，分類群として単系統群のみを認め，側系統群や多系統群を認めない．分岐学が導き出す系統仮説を分類体系上に体現させようとするのが，分岐分類学である[16]．

　分子データを用いる分子系統学と，単系統群以外を認めない分岐分類学は，他の生物の場合と同様に，コケ植物の分類体系と人間の直観的との間に不一致をもたらした．分子データは観察によってうかがい知れるものではない．そして，知識と経験から帰納される分類群が，果たして単系統群なのか，それとも側系統群・多系統群なのかという問題は，その知識と経験から答えを導き出せる保証は無い．例えば「魚類」や「爬虫類」，「恒温動物」，「海藻」が単系統群を成さないという推定結果と，これらの名称で呼ばれる生物群が学問的・日常的に意味があるということとは，互いに関係がないのである．

　Qiu et al.（2006; 2007）は，陸上植物の系統について，陸上植物が単系統群をなすこと，陸上植物の中で苔類がはじめに分岐し，その次に蘚類が分岐し，最後にツノゴケ類と維管束植物とに分岐したことを示している（図附 3-1 上）．Chang et al.（2011）もまた，Qiu et al.（2006; 2007）と同様に，苔類，蘚類，ツノゴケ類の順に分岐したとする仮説を支持している．しかし，同じく分子系統学的な分析を行っている Cox et al.（2014）や Wickett et al.（2014）はかえって，コケ植物の単系統性を主張しており，コケ植物の単系統群に対して，ツノゴケ類と苔類・蘚類とが最初に分岐する樹形を推定している[17]（図附 3-1 下）．

---

[16]　コケ植物の分類について分岐分類学的手法を用いる研究は，Koponen（1968）がチョウチンゴケ科（蘚類）について行ったものが最古とされる（Mishler et al. 1984；出口 2001）．
[17]　分子系統学の知見はコケ植物の系統推定に大きな影響を及ぼすに至ったが，ただし，分子系統学に基づく系統推定にあたっては，①異なる遺伝子を材料とすると異なる推定結果が出ることがあり，また，

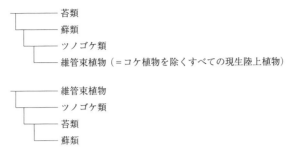

図附 3-1　コケ植物の系統仮説
(上図 Qiu et al. 2007 をもとに作成．下図 Cox et al. 2014, Wickett et al. 2014 をもとに作成)

　図附 3-1 のどちらの系統樹でも，ツノゴケ類は，かつて同一の分類群に収められていた苔類とは大きく異なる系統的位置が推定された．そして上の系統樹では，長らく排他的に1つの分類群を与えられてきた「コケ植物」が，実は系統的に互いに隔たった分類群の集合，すなわち，側系統群とされている[18]．この場合，分岐分類学の分類思想は，側系統群である「コケ植物」が分類群として相応しくないという判断をする．ただ，「コケ植物」という用語そのものが学術的価値をまったく喪失したわけでは決してない．例えば「維管束植物以外の陸上植物」を指す語としての機能は有用であるし，また，生態学的な研究において，植生の似ているコケ植物を1つのまとまりとして考えることの意義は変わらないであろう．

　Crum (2001) は，コケ植物を三分する従来の分類よりもさらに多く，コケ植物を五分，すなわち，マゴケ植物門 (Bryophyta)，ナンジャモンジャゴケ植物門 (Takakiophyta)，ミズゴケ植物門 (Sphagnophyta)，ゼニゴケ植物門 (Hepatophyta．苔類)，ツノゴケ植物門 (Anthocerotophyta．ツノゴケ類) に分類することを提唱する (蘚類から，ナンジャモンジャゴケ植物門とミズゴケ植物門を独立させている)．Crum (2001: 3-7) は，ツノゴケ類が苔類とさまざまな点で異なっているのと同様に，蘚類とされるミズゴケ (Sphagnum) も一般的な蘚類とは隔たりがあると述べ，ナンジャモンジャゴケとともに門 (phylum) としてそれぞれ位置づけている．しかし，この Crum (2001) の分類案は，あまり受容されている形跡がうかがわれない (Goffinet et al. 2009b など)．

　分岐分類学の立場に立って Crum (2001) の分類体系を見るならば，ミズゴケやナンジャモンジャゴケに，ツノゴケ類や苔類と同等の地位を与えるには，すでに「蘚類」として

---

②遺伝子の分岐と種の分岐が必ずしも一致するとは限らない (種系統樹 (species tree) と遺伝子系統樹 (gene tree) とが互いに異なる分岐パターンをとることがあり得る)，という2点について留意する必要がある (根井 et al. 2006: 85-88)．事実，コケ植物の系統の分子系統学的推定では，さまざまな先行研究が互いに相反する結論を下している (秋山 1996；出口 2001；坪井 2008；有川 2010)．従来の定説や専門家の常識に反する主張を展開するさまざまな研究に対する，秋山 (1996: 229) の「とても受け入れがたい，なにかのまちがいじゃないのか，というのが私の素直な本音だ」という感想は，コケ植物の系統論の急速な変化を，率直かつ端的に物語っている．

[18] 形態的特徴を用いた研究でも，Mishler et al. (1984) や Kenrick et al. (1997) が分岐学の手法を分類に導入して，コケ植物が側系統群であるという結論——ただし，蘚類が維管束植物と姉妹群をなしている——を示している．

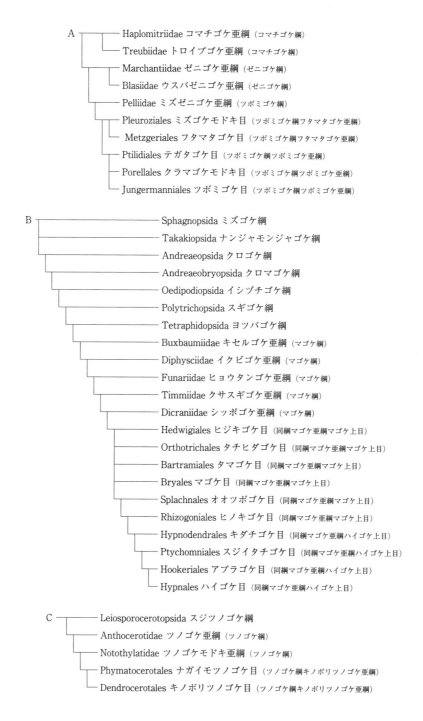

図附 3-2　苔類（A），蘚類（B），ツノゴケ類（C）の系統
（Shaw et al. 2011（苔類，蘚類），Duff et al. 2007（ツノゴケ類）をもとにし，系統樹や訳語は岩月 2010-2012；海老原 et al. 2012；片桐 et al. 2018 を参考にした．ただし，目未満の分岐は省略）

単系統性が推定されている集団を，マゴケ植物門とミズゴケ植物門，ナンジャモンジャゴケ植物門の三者に解体して，わざわざツノゴケ植物門やゼニゴケ植物門と同じレベルの分類群と見なす根拠を，明確に提示する必要があるのではないかと考えられる（図附3-2）．蘚類は今後，たとえ門以下の分類が複雑化することはあっても，かつて苔類からツノゴケを分離独立させたような，新たな分裂を認める方向には向かわないのではないかと予想される．

Long（2009），Goffinet et al.（2009a），Renzaglia（2009）による苔類，蘚類，ツノゴケ類の内部の分類は表附3-1の通りである（訳語は岩月 2010-2012，海老原 et al. 2012，片桐 et al. 2018にもとづく）．

コケ植物の分類体系では，3つの大系統それぞれに門（phylum）の地位が与えられている．その門の下には，綱（class）の地位が与えられているが（ただし蘚類は上綱（super-class）が設けられる），しかしすべての綱が系統上，対等の地位にあるわけではない．例えばコマチゴケ綱（Haplomitriopsida）とゼニゴケ綱（Marchantiopsida）とツボミゴケ綱（Jungermanniopsida）の三者は，分類上等しくゼニゴケ植物門の直接の下位分類として位置づけられている．しかし系統樹を見ると，コマチゴケ綱が最初に分岐し，次にゼニゴケ綱とツボミゴケ綱が分岐している．この分岐順序の情報は，分類体系の中で失われている．また，綱，亜綱（subclass），目（order）をそれぞれどの節点より下位の分岐に対応させるかについても，明確な基準は見受けられない．そもそも，ゼニゴケ植物門が門の地位を与えられているにもかかわらず，Qiu et al.（2006; 2007）が示す系統上，より遅い時代に分岐したマゴケ植物門とツノゴケ植物門が，「亜門（subphylum）」などの門未満の地位ではなく「門」があてがわれていることも，系統とは異なる論理によって決定されている．

このように，たとえ系統を反映することを基本原理とする分類体系であっても，系統樹の持つ情報をある程度損わざるを得ず，同時に，体系全体の整合性を目的として分類者が主観的に分類群の地位を操作することも免れ難い．分岐分類学的に作成された分類体系は，系統樹を部分的に模倣することはできても，系統樹の情報を分類体系内に完全に保存することはできない．系統と分類の不一致は，不可避的である．

ただ，「系統と分類の不一致は理論上避けられない」という事実と，「分類が系統を反映しようとすることそれ自体が望ましくない」という価値判断とは，互いに別々に論ぜられねばならない．系統と分類を一致させられないという事実は，どちらか一方がもう一方よりも「劣っている」ということを意味するのではない．系統と分類は，互いに異なる原理によって立つ，互いに異なる概念である．分類には当然，系統を反映することを目的としたものもあれば，系統とはまったく無関係なものもある．

従って，分類の論理が，系統を反映しない集団に対して名称を与えることがあり得る．極端な例として，隠花植物（cryptogam）でさえ，生物学の世界からまったく駆逐されてしまったわけではない．「肉食動物／草食動物」などの語に至っては，その語が生まれた当初から，生物の系統を反映しようという意図すら有していなかったであろう．

このように，分類は系統と異なる概念であるがゆえに，分類にはさまざまなものが存在し得る．系統と分類が概念上混同されさえしないのであれば，さまざまな分類が併存した

表附 3-1 コケ植物の分類 (門から目まで)

門	綱	亜綱	目
Marchantiophyta ゼニゴケ植物門	Haplomitriopsida コマチゴケ綱	Treubiidae トロイブゴケ亜綱	Treubiales トロイブゴケ目
		Haplomitriidae コマチゴケ亜綱	Calobryales コマチゴケ目
	Marchantiopsida ゼニゴケ綱	Blasiidae ウスバゼニゴケ亜綱	Blasiales ウスバゼニゴケ目
		Marchantiidae ゼニゴケ亜綱	Sphaerocarpales ダンゴゴケ目
			Neohodgsoniales ホジソンゴケ目
			Lunulariales ミカヅキゼニゴケ目
			Marchantiales ゼニゴケ目
	Jungermanniopsida ツボミゴケ綱	Pelliidae ミズゼニゴケ亜綱	Pelliales ミズゼニゴケ目
			Fossombroniales ウロコゼニゴケ目
			Pallaviciniales クモノスゴケ目
		Metzgeriidae フタマタゴケ亜綱	Pleuroziales ミズゴケモドキ目
			Metzgeriales フタマタゴケ目
		Jungermanniidae ツボミゴケ亜綱	Porellales クラマゴケモドキ目
			Ptilidiales テガタゴケ目
			Jungermanniales ツボミゴケ目
Bryophyta コケ植物門	Superclass I	Takakiopsida ナンジャモンジャゴケ綱	Takakiales ナンジャモンジャゴケ目
	Superclass II	Sphagnospida ミズゴケ綱	Sphagnales ミズゴケ目
			Ambuchananiales ムカシミズゴケ目
	Superclass III	Andreaeopsida クロゴケ綱	Andreaeales クロゴケ目
	Superclass IV	Andreaeobryopsida クロマゴケ綱	Andreaeobryales クロマゴケ目
	Superclass V	Oedipodiopsida イシヅチゴケ綱	Oedipodiales イシヅチゴケ目
		Polytrichopsida スギゴケ綱	Polytrichales スギゴケ目
		Tetraphidopsida ヨツバゴケ綱	Tetraphidales ヨツバゴケ目
		Bryopsida マゴケ綱 / Buxbaumiidae キセルゴケ亜綱	Buxbaumiales キセルゴケ目
		Diphysciidae イクビゴケ亜綱	Diphysciales イクビゴケ目
		Timmiidae クサスギゴケ亜綱	Timmiales クサスギゴケ目
		Funariidae ヒョウタンゴケ亜綱	Gigaspermales ハイツボゴケ目
			Encalyptales ヤリカツギ目
			Funariales ヒョウタンゴケ目
		Dicranidae シッポゴケ亜綱	Scouleriales クロカワナガレゴケ目
			Bryoxiphiales エビゴケ目
			Grimmiales ギボウシゴケ目
			Archidiales ツチゴケ目
			Dicranales シッポゴケ目
			Pottiales センボンゴケ目
		Bryidae マゴケ亜綱	Bryanae マゴケ上目: Splachnales オオツボゴケ目
			Bryales マゴケ目
			Bartramiales タマゴケ目

						Orthotrichales タチヒダゴケ目
						Hedwigiales ヒジキゴケ目
						Rhizogoniales ヒノキゴケ目
					Hypnanae ハイゴケ上目	Hypnodendrales キダチゴケ目
						Ptychomniales スジイタチゴケ目
						Hookeriales アブラゴケ目
						Hypnales ハイゴケ目
Anthocerotophyta ツノゴケ植物門	Leiosporocerotopsida　スジツノゴケ綱			Leiosporocerotales　スジツノゴケ目		
	Anthocerotopsida ツノゴケ綱	Anthocerotidae ツノゴケ亜綱		Anthocerotales　ツノゴケ目		
		Notothylatidae ツノゴケモドキ亜綱		Notothyladales　ツノゴケモドキ目		
		Dendrocerotidae キノボリツノゴケ亜綱		Phymatocerotales　ナガイモツノゴケ目		
				Dendrocerotales　キノボリツノゴケ目		

としても，それは学問的に不適当では決してない．系統は推定精度の高低をもって評価され，分類はある目的に対する有用性の高低をもって評価されるのである．

附論4

本書の通読に必要な中国音韻学の概念・用語

　本書は，議論に中国音韻学，特に「中古音」の知識を使用しており，中古音の体系的な理解が議論の前提となっている．そこで，中国語学を専門としない読者に対して，中古音の概略的な説明を本書に附することとした．

　中国音韻学は，言語音の学問という意味で言語学と深く関連する．それと同時に，漢語系諸語の通時的研究という意味で中国語学の一分野である．中国音韻学は前近代においては「小学」の一種として，幾世紀にもわたって研究を蓄積してきた．

　中古音については，平山（1967）（2011年に新装版が出版される）や唐作藩（1979），藤堂（1980），佐藤（2002），大島（2009），太田（2013）など，購入したり図書館で閲覧したりしやすい，和文による概説書がすでに数多く存在しており，また，入門者の学習用に作成された中村（2005）はウェブ上で閲覧することもできる．中古音について，斯界の内外はいまさらに本書の贅言を要しない．しかし，「方法」を主題とする本書自身がとる方法を，中国語学を専門としない読者に明らかならしめることもまた，本書の負うべき責任の1つと考えた．この附論は，上記の文献に加えて王力（1956）なども参照しつつ，蒙昧を冒して中古音のごく簡単な概説を試みたものである．用語集の形で諸概念を解説することも考えたが，しかし中国語学の立脚する基礎それ自体が，他分野にとってなじみあるものとは到底言えず，知識を細断してしまいかえって不親切となることを案じた．そこで，中国音韻学の基礎知識を，本書の議論を追跡するのに必要と思われるものに限って，一篇に圧縮して提示した．本文は，学部前期課程の文系学生程度の知識を持った，中国語学を専門としない読み手を想定している．

1　漢語系諸語の音節構造について

　中古音について説明する前に，まず漢語系諸語の音節構造について説明する．漢語系諸語は基本的に，図附4-1に示されるような音節構造をとる．音節先頭の子音を「声母」（onset．韻頭とも），音韻的に意味を持った音調の差異のことを「声調」（tone），その他の部分を「韻母」（rhyme）と呼ぶ．例えば「関」（"关／關"）を「拼音」（ピンイン．中国語の標準語である「普通話」の言語音をローマ字で表記したもの）で表記するならば，guānとなる．声母はg，韻母はuan，声調は1声である．韻母はこれよりもさらに小さな要素に分

解することができ，音節の中心を担う母音を「韻腹」(nucleus. 主母音とも．本書は本文中で，「主母音」を主に使っている)，韻腹に先立つ半母音的要素を「介音」(medial)，音節末に立つ要素（母音または子音）を「韻尾」(coda) と呼ぶ．なお，英語では声母を initial と呼んだり，韻尾を final や ending と呼んだり，韻母全体を final と呼ぶこともあったりと，文献間で術語が異なることもしばしばある．ここでは言語学でより頻用されるものを挙げておいた．

あわせて，さまざまな言語音を表記するために創出された記号体系である「IPA (International phonetic alphabet. 国際音声記号，または，国際音声字母)」にも含まれない，しかし中国語学では頻用される記号についても触れておく．韻腹には「舌尖母音」(apical vowel) が立つことがあり，中国語学でこれらを表記する際には，[ɿ（普通話の zi, ci, si の母音），ʅ（普通話の zhi, chi, shi, ri の母音），ʮ（[ɿ]に円唇性が加わった母音），ʯ（[ʅ]に円唇性が加わった母音）] という IPA 未収録の記号を用いる習慣がある．舌尖母音はさまざまな表し方があり得るが，例えば Duanmu (2011: 2759) は [ɿ, ʅ] をそれぞれ [z̩, ʐ̩] と表記している．声母は，歯茎硬口蓋音の [tɕ, dʑ, ɲ] などが，中国語学特有の記号として用いられている．

音節を構成する要素は，生起する時間の順に，声母，介音，主母音（韻腹），韻尾と並び，超分節音素としての声調がこれに覆いかぶさっている．漢語系諸語の音節構造は，しばしば「IMVF/T」または「IMVE/T」(I: initial, M: medial, V: vowel, F: final, E: ending, T: tone) のように示される．漢語系諸語も他の世界の諸言語と同様に，主母音に「聞こえ度」(sonority) の頂点が置かれるのが一般的であり，音長や開口度は，主母音で最大となる．ただし変種によっては，介音の音長が長く実現する場合もあり，本書の示す粤祖語の長介音韻母もまたこの一例といえる．また，変種によっては，主母音と子音韻尾の間に母音要素が——少なくとも音声学的レベルにおいて——介在することもある．

中国語学では，韻尾にとる要素の種類によって，韻母を三種類に大別する．鼻音をとる韻母は「陽声韻」，母音・半母音をとる韻母は「陰声韻」（ゼロ韻尾の場合は，主母音が末尾になるので陰声韻に含む），閉鎖音をとる韻母は「入声韻」と，それぞれ呼称される．

韻母の先頭の音価によって，韻母を分類することもある．先頭が円唇母音であるならば「合口」，それ以外であるならば「開口」と呼ぶ．さらに，開口度の大小での分類も行われることがあり，狭母音で始まる韻母は「細音」，それ以外は「洪音」と，それぞれ呼ばれ

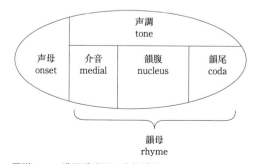

図附 4-1　漢語系諸語の音節構造

る．このほかにも，現代語では「四呼」という分類がよく用いられる．四呼では，先頭がuであるならば「合口呼」，iであるならば「斉歯呼」，yであるならば「撮口呼」，それ以外であるならば「開口呼」と呼ぶ．ただしこれは清代になった新しい分類であり，「中古音」（以下を参照）の議論では普通，開口と合口とで韻母を二分する．

2 中古音とは

漢語系諸語は，殷（商）代の甲骨文字など，きわめて古くから文字記録を有してきた．しかし漢語系諸語の表記に用いられてきた文字は，概して表音性が低い．チベット文字による対音資料や，サンスクリットの漢字音写，元代のパスパ文字文献，『西儒耳目資』以降の欧文資料，近世から近代にかけての語学書など，例外も少なくないが，各時代・各地の漢語系諸語の言語音を直接的に表記する資料は，漢語系諸語の文字資料全体から見れば，少数派である．今日のわれわれが過去の漢語系諸語の音韻体系を推定する際，多くの場合は，字音を記した字引き——いわば，発音辞典——である「韻書」（rhyme book）や，日本語の五十音図のように字音を縦横に排列して体系化した一覧図である「韻図」（rhyme table）が，主要な資料となる．このような資料を音韻資料と総称することもある．

さて，漢語系諸語も他の言語と同様に，言語音に対する一種の規範意識が歴史的に存在してきた．科挙制度が成立して，官吏に対して詩，すなわち韻文を作成する能力が要求されるようになると，科挙は，人々に対しては言語音の国家的な規範を強く意識せしめ，国に対しては標準音の制定を促すことになった．かかる背景のもとで，国定の韻書が編まれるようになった（韻書自体は，科挙の成立以前にもあった）．今でも内容を相当程度うかがい知ることができる，最古の韻書は，陸法言らが編纂した『切韻』と呼ばれる韻書（601年序）である．『切韻』の完本は伝わらず，増補を経た残巻が発掘されているにすぎない．それにもかかわらず『切韻』の体系をわれわれが知ることができるのは，『切韻』を更新する形で，『切韻』の体系を継承した韻書が現存するためである．このような韻書を，「切韻系韻書」と呼ぶ．完本が現存する「切韻系韻書」のうち，最新かつ最大のものが，陳彭年が1008年に刊行した『大宋重修広韻』——略して『広韻』——である．中古音は，この『切韻』および切韻系韻書から復元される音韻体系のことであり，一般に，『広韻』が直接の復元根拠とされる．

『広韻』の成立にはある種の規範意識が強く関わっているため，中古音が自然言語の完全な反映物と考えることは難しい．中古音の実在性にまつわる議論はここでは省略するが，本書の議論を追跡する限りにおいては，おおよそ，「切韻系韻書は恐らく何らかの権威的変種を参照して編纂されたと考えられるが，ある程度の人工性を持つ可能性がある」，そして，「切韻系韻書は多くの字を掲載しているものの，科挙を受験するような文人が意に介さないような口語性の強い語彙には，そもそも字がない可能性がある（いわゆる「有音無字」．6.1.3を参照）．従って切韻系韻書は1つの言語体系の語彙を網羅しているとは限らない」という認識を持っていれば十分であろう．

2.1 韻書の表音方法

漢字は表音性の低い文字である．そこで，未知の字音を説明する方法には，さまざまな方法がとられてきた．1つは，既知の同音字，または音価の類似した字を使う方法である．例えば『説文解字』第一篇上で，「瓔」という難読字の音を「讀若柔」と指示している．これは，「瓔は柔のように読む」という意味であり，未知の字音を，既知の字音で近似しているのである．この方法は「読若法」，「読若」と呼ばれる．しかし当然，読若は字音の精密な表記に向かない．また，『広韻』（後に詳述）巻一の東韻に属する「公」という字の字釈の中に，「厶音私」とある．これは，「厶は私と同音である」という意味である．これは「直音法」，「直音」と呼ばれる方法である．しかし，これもまた当然ながら，適当な同音字がなければ直音法を使うことはできない[1]．

そこで，字音を複数の要素に分析する方法が現れた．具体的には，まず字音を声母と韻母・声調とに分けたうえで，前者の音価をある1字で，後者の音価をまた別のある1字でそれぞれ指示するのである．この方法を「反切法」，「反切」と呼ぶ．ある字Aの音をBとCという別の字で表現するとき，一般にAは「BC反」または「BC切」のように表し，Aを反切帰字，Bを反切上字，Cを反切下字と呼び，BとCをあわせて反切用字と総称する．

例えば，『広韻』の先頭に挙げられている字「東」の音価が $tŏuŋ$ であったとする．声母は t- であるので，同じく声母に t- を持つ別字——例えば「德」——を以て，声母 t- を表現する．声母以外の部分が $ŏuŋ$ である字には，例えば「紅」などがある．そこで，「東」を「德・紅」という2字の組み合わせで表現するのである．韻書の中では，「東，德紅反」あるいは「東，德紅切」などと表記される．ここでは，「東」が反切帰字，「德」が反切上字，「紅」が反切下字である．

反切を共有する字同士は，その韻書の中で完全に同音と見なされる．再び『広韻』の「東」を例に説明すると，「東」の註釈の末尾に「德紅切十七」とある．「字音が德紅切である字は，（先頭の「東」を含めて）17字ある」という意味である．従って，『広韻』で「東」の後に続く字「菄鶇揀倲……鶇」は，すべて「東」とまったく同じ発音とされている．このように，反切を同じくする字の集合を「小韻」という．

反切は，読若などに比べて，はるかに表音能力が高い方法である．しかし反切にも限界はある．『広韻』巻三の拯韻で，「拯」は反切を持たず，「蒸上声」（平声字である「蒸」を上声に読む）とのみ記されている．拯韻は所属小韻がわずか3つと極めて少なく，「拯」の反切下字に用いるべき，適当な字が存在しないのである．このような少数の例外を除けば，反切を使って字音を表記することは，基本的に可能である．

なお，1つの字が複数の反切を持つ場合もある．この現象は，現代語で1つの字が複数の発音を持つのと同様の現象（例えば，「好」は上声と去声の2通りの読音を持つ）であって，表音方法の問題とは直接関係しない．

---

1) このほかに，「譬況」という方法もあるが，本書では触れない．

2.2 『広韻』について

『広韻』は五巻からなる．巻一が「上平声」，巻二が「下平声」，巻三が「上声」，巻四が「去声」，巻五が「入声」である．平声・上声・去声・入声とは，中古音の声調の名称である．この4つの声調をあわせて四声と呼んでいる．巻一と巻二には平声の字が属し，巻三には上声の字が，巻四には去声の字が，巻五は入声の字が，それぞれ収録されている．平声・上声・去声——この3つを「舒声」と総称する——は韻尾が閉鎖音でない音節，すなわち陽声韻と陰声韻とのみ共起し，入声は韻尾が閉鎖音である音節，すなわち入声韻とのみ共起する．

各巻はいくつかの「韻目」に分かれている．韻目とは，韻母の音価に従って，小韻をまとめたものである．例えば巻一は，東韻，冬韻，鍾韻，江韻，支韻，……，山韻の全28韻を含んでいる．『広韻』全体では，206の韻目がある．韻目の名称は，所属する字のうち最初に記されている字からとっている．

同じ韻目に属する字すべてが，同じ韻母を持つとは限らない．例えば巻二の登韻を見てみると，「恒」（胡登切）と「弘」（胡肱切）とは，反切上字を共有しており，声母を同じくしていることがわかる．実は「恒」と「弘」との間に，開口呼と合口呼の違い，すなわち，開合の対立があるのである．ただし，登韻のような例がある一方で，巻一の眞韻と諄韻のように，開合でそれぞれ別の韻目が立てられている場合もある．

より難解な例としては，小韻としては別々に分かれているものの，しかし反切を見ると互いに同音のようにも解釈できそうな小韻の対が存在する現象を挙げられる．例えば巻一の支韻では，「皮」（符羈切）と「陴」（符支切）とは，互いに別の小韻に属してこそいるものの，しかし反切上字を共有し，韻母の違いも開合の対立などで説明することができない．このような同音に見える漢字のグループ（紐）が重なっている現象を「重紐」と呼ぶ．重紐に関しては膨大な議論が蓄積されており，本書では詳細を論じない．重紐の対立が，介音要素の音価の違い——口蓋成分の強弱の違い——で対立しているという説が有力であることを，ここでは述べるに留めておく．

本来ならば独立しているべき韻目が，「所属字や所属小韻の数が少ない」という理由で，別の韻目と合併させられてしまっている場合も，少数ながらある．例えば巻第三の「腫韻」は，巻第一の「鍾韻」や巻第四の「用韻」と声調だけを異にしており，介音も韻腹も韻尾も互いにまったく相同のはずの韻目である．ところが腫韻には，鍾韻や用韻には出現し得ないはずの小韻が，2つ紛れ込んでいる．この2小韻は本来，巻第一の冬韻や巻第三の宋韻と対応すべきものであった．このような事態は，詩作という現実的な要求ゆえに，たった2つの小韻（合計わずか3字）のためだけに，独立した韻目を立てることを避ける，という措置の結果として生じたものと考えられる．

3 中古音の復元

3.1 反切繫聯法

　反切はあくまでも間接的な表音方法である．未知の反切帰字の音価を知るには，反切用字の音価が既知でなくてはならない．しかし反切用字の字音もまた，その字を反切帰字とした反切によってしか知ることができない．

　『広韻』から中古音の体系を推定（復元）する基礎的手続きには，古くは陳澧の『切韻考』（道光22年（1842）序）が示す「反切繫聯法」と呼ばれる方法がある．反切繫聯法とは，反切でつながっている字同士を芋づる式に結びつけて，その「芋づる」に連なる字がすべて1つの声母または韻母を共有していると考える方法である．この方法を用いることで，一冊の韻書の中に，声母や韻母の数——声類・韻類——を導き出すことができる．

　例えば先述の登韻では，「恒」の胡登切と「弘」の胡肱切とが並存している．反切下字を比べるならば，「恒」と「弘」とは韻母を互いに異にすることがわかる．登韻に見られる他の反切を見ると，例えば「能」は奴登切とされている．「恒」と「登」とは，反切下字を共有するが，反切上字が相違する．従って，「胡」と「奴」は互いに異なる声母であることがわかる．

　登韻のすべての反切を列挙してみると，都滕切，魯登切，蘇増切，北滕切，作滕切，武登切，昨棱切，步崩切，胡肱切，古弘切，呼肱切，奴登切，徒登切，胡登切，古恒切，他登切，普朋切の，全17小韻の反切が確認できる．反切下字が共通している反切をつなぎあわせると，以下のように9つのグループが得られる．

・都滕切，北滕切，作滕切
・魯登切，武登切，奴登切，徒登切，胡登切，他登切
・胡肱切，呼肱切
・昨棱切
・古弘切
・古恒切
・普朋切
・蘇増切
・步崩切

　しかし，登韻が9つの韻母を持っているというわけではない．例えば，「弘」も「肱」も，互いに同一の小韻に属している，同音字である（字の使い分けに音韻的な理由はない）．従って，3つ目のグループと5つ目のグループは韻母を同じくすると結論づけられる．

　また，1つ目のグループの反切下字「滕」自身の反切は，徒登切である．従って，「滕」と2つ目のグループの反切下字「登」とは，韻母を互いに共有しているとわかる．

　この作業を繰り返すと，9つのグループは3つにまで整理できる．

・都滕切，北滕切，作滕切，魯登切，武登切，奴登切，徒登切，胡登切，他登切，昨棱切，古恒切，蘇増切

・胡肱切，呼肱切，古弘切
・普朋切，步崩切

しかし，本来は声類や韻類が共通しているにもかかわらず，反切がうまくつながらない場合もある．上の例で新たに3つに再グループ化されたもののうち，3つ目の「普朋切，步崩切」は，反切下字がうまくつながらないために，他の2つから独立してしまっている．ちなみに，後述する『韻鏡』では1つ目と3つ目のグループ所属字が開口，2つ目の所属字が合口として扱われている．

反切をつなぎあわせるだけではうまくいかないこともある．反切用字にどの字を選択するかは，必ずしも一定しない．ましてや，『広韻』は恐らく，自らが示すすべての反切を挙げてつなぎあわせようとする読者が数百年後に現れることを想定して編纂されたものではなかろうから，選択の偶然によって，本来繫聯すべき字同士が繫聯しないことも十分にあり得る．

陳澧はこれを解決するために，たとえば，「又音」や「又切」に注目する方法をとった．「又音・又切」とは，ある字の別の読音であり，直音で示されたものが又音，反切で示されたものが又切である．『切韻考』自身が巻一「條例」に挙げる例を見ると，「多（得何切）・得（多則切）」と「都（都郎切）・當（都郎切）」とは互いに繫聯しないが，『広韻』巻一の東韻を見ると「涷」は德紅切（多・得と繫聯）であり，「又都貢切」とある．「涷」は平声の発音（德紅切）と去声の発音（都貢切）を有しているのである．そこで『広韻』巻四の送韻を見ると，果たして「涷」は「多貢切．又音東」（「東」は「涷」の平声の発音と同一小韻）とある．都貢切と多貢切は同一の字音を指しているわけであり，従って，「都」と「多」の声母は同一であると考えねばならない．ただ，こうした方法もまた万能ではない．

より複雑な問題として類隔切の問題があるが，これには触れない．ここでは，反切帰字と反切上字とで互いに異なる通時的音変化を経た結果，両字の声母の音価が食い違う現象があるということ，『広韻』以外の手掛かりも参照して中古音の復元はより十全になるということの2点を述べるにとどめる．

3.2 韻 図

過去の音韻体系を知る資料には，韻書の他にも韻図がある．先述の通り，韻図とは字音を縦横に排列したものであり，声母や韻母，声調に従って字が並んでいる．漢語系諸語の音韻体系は日本語に比して遥かに複雑であるため，五十音図のように紙一枚には音韻体系のすべてを収めることは到底できない．

中古音研究で最も重要な韻図は，『韻鏡』と呼ばれる，現存する最古の韻図（五代十国～宋代成書．編者未詳）の1つである．『韻鏡』は『広韻』よりも時代が新しく，『韻鏡』の体系には中古音の体系にない改新的な特徴が見られるが，中古音の音価を復元するのに重要な役割を果たす．

『韻鏡』は図附4-2のような図を，合計43枚収録している（馬淵 1954: 60-61 などをもとに作成）．

	舌音齒		喉音				齒音					牙音				舌音				脣音			
	清濁	清濁	清濁	濁	清	清	濁	清	次清	清	濁	清濁	次清	清	濁	清濁	次清	清	濁	清濁	次清	清	
寒	○	蘭	○	寒	頇	安	○	珊	殘	餐	○	犴	○	看	干	難	壇	灘	單	○	○	○	○	外轉第二十三開
刪	○	○	○	○	○	○	○	刪	潺	○	○	顏	○	馯	姦	○	○	○	○	○	○	○	○
仙	然	連	漣	○	嗎	焉	鋋	羶	○	煘	鰱	妍	乾	愆	甄	○	纏	挻	邅	○	○	○	○
先	○	蓮	○	賢	袄	煙	先	前	千	箋	研	○	牽	堅	年	田	天	顛	眠	蹁	邊		
旱	○	爛	○	旱	㫃	○	黵	儧	○	○	○	○	侃	笴	攤	但	坦	亶	○	○	○	○	
潸	○	○	○	○	○	○	○	潸	酸	狻	齴	○	○	○	○	赧	○	○	○	○	○	○	
獮	○	輦	蠆	○	○	○	歚	燹	○	囅	膳	齴	件	○	寋	辴	趁	邅	展	免	辡	鴘	辧
銑	○	○	○	峴	顯	繭	銑	○	○	戩	齞	○	巠	繭	撚	淟	腆	典	丏	辮	○	編	
翰	○	爛	○	翰	漢	按	散	撰	粲	贊	岸	○	侃	旰	難	憚	炭	旦	○	○	○	○	
諫	○	○	○	○	○	○	訕	○	鏟	○	鴈	○	○	○	諫	○	晏	○	○	○	○	○	
線	輾	攣	羨	○	○	○	繕	扇	猭	戰	彥	○	○	輾	遣	○	○	○	○	○	○	○	
霰	○	練	○	見	䌑	宴	薦	荐	蒨	蔫	硯	○	倪	見	晛	電	瑱	殿	麵	辮	片	徧	
曷	○	剌	○	曷	顥	遏	○	櫱	蔡	攃	㔾	○	渴	葛	遌	達	闥	怛	薩	○	○	○	
黠	○	○	○	黠	磍	軋	殺	○	○	察	札	○	戛	黠	○	○	○	○	○	○	○	八	
薛	熱	烈	○	○	焆	折	設	舌	掣	折	孼	傑	揭	○	轍	徹	哲	○	別	○	○	鼈	
屑	○	○	纈	○	噎	屑	截	切	節	蠞	䬾	結	涅	涅	鐵	窒	蔑	蠚	虉	鶊			

図附 4-2 『韻鏡』第二十三図

　同じ行に属する字は声母を同じくし，同じ段に属する字は韻母を同じくする．○印は，該当する音を持つ字が存在しないことを意味する．声調の異同は 4 段ごとに罫線で区切って示されており，例えば上から 1 段目，右から 5 行目の「單」（平声）は，上から 5 段目の「亶」（上声）や，上から 9 段目の「旦」（去声），上から 13 段目の「怛」（入声）と対応関係にある．ただし「單・亶・旦」は舒声字なので韻尾が鼻音音であり，「怛」は入声字なので韻尾が閉鎖音であり，従って「單・亶・旦」と「怛」とは韻母が同一とは言えないはずである．実は「單・亶・旦」の韻尾は -n であり，「怛」の韻尾は -t であって，韻尾の調音点を同じくしているのである．舒声字と入声字とは韻尾が厳密には一致しないが，このように音韻的に整然とした対応関係を想定できるので，『韻鏡』では「單・亶・旦」と「怛」とを並列させている．このような四声それぞれの字の対応関係のことを「四声相配」と呼ぶ．

　次に，各行の最上部を見てみよう．右から唇音，舌音，牙音，歯音，喉音，舌音歯とある．これは子音を調音点・調音方法ごとにまとめた分類群の名前である．唇音はその名の通り唇音，舌音は coronal（舌頂音）の破裂音・鼻音（すなわち [−strident]），牙音は軟口蓋音，歯音は coronal の破擦音・摩擦音（すなわち [+strident]），喉音は声門音などを，それぞれ指していると考えられている．そして舌音歯は，右側は coronal の側面接近音である l を指していると考えられ，左側の音価はさまざまな説があるが，平山 (1967) は ɲ- を推定している．唇音，舌音，牙音，歯音，喉音を「五音」と呼び，五音に舌音歯を 2 つに分けたものを加えて，「七音」と呼ぶこともある．

　七音の下に，「清」，「次清」，「濁」，「清濁」などとある．これは声母の有声性や気息性

を表現している．清は無声無気阻害音，次清は無声有気阻害音，濁は有声阻害音，清濁は有声共鳴音を，それぞれ指している．なお，方言学においては清，次清，濁，清濁をそれぞれ「全清」，「次清」，「全濁」，「次濁」と呼ぶことが多く，本書もこの用語法をとる．

各列の左端を見てみると，平声の部分は「寒・刪・仙・先」となっている．これは音価がある程度類似した韻母を4つ集めて，介音や主母音の音価に従って並べたものである．各段はそれぞれ上から順に，「一等」，「二等」，「三等」，「四等」と呼ばれる．そして，この四者を「等位」という．等位の音声学的な意味については古くからさまざまな議論があるが，本書を読む限りにおいては，主母音開口度の違い――大まかに，一等から四等へと母音の広い順・後ろ寄りの順に並んでいる――や介音の有無――一・二・四等には介音がなく，三等には介音がある（ただし，四等は後に拗音化して，介音を生じた）――と把握しておけば差支えなかろう．

声母には1つ1つ名前がついている．「三十六字母」と呼ばれる声母の体系――実は，中古音よりも新しい段階の音韻体系を反映している――について説明する．まず唇音を見ると，右端が清，すなわち無声無気の唇音であり，これには「幫母」という声母と，「非母」という声母の2つが対応する．韻目の名称が所属字からつけられているのと同様に，声類1つ1つにも，その声類に属する字からとった名称がつけられているのである．平山(1967; 2011. 以下，特に断らない限り中古音の音価は平山1967; 2011による)は幫母にp-を，非母にf-を，それぞれ推定している．同様に，次清には「滂母」(pʰ-)と敷母(fʰ-)，濁には「並母」(b-)と奉母(v-)，清濁には「明母」(m-)と「微母」(ɱ-)が，それぞれ対応する（中国語学では，有気音をC'（Cは子音）と表記するが，本書ではCʰをとる．C'とCʰとで気息量に差異を設ける記号法もあるが，記号上の混乱を避けるため，本書では有気音を一律にCʰで表記する）．幫母，滂母，並母，明母は両唇音であり，これを「重唇音」と総称する．方言学では重唇音の4声類の組を，全清の声類から名前をとって「幫組」と呼ぶことがある．非母，敷母，奉母，微母は唇歯音であり，これを「軽唇音」，「非組」と総称する．

このように，唇音では1つの行に重唇音と軽唇音とが排せられる．これは，中古音よりも後の時代に，唇音の一部の字で両唇音から軽唇音への音変化が発生したためである．軽唇音は，東韻，鍾韻，微韻，虞韻，文韻，元韻，陽韻，尤韻，凡韻に属する，三等韻の字が該当する．それ以外のものは重唇音である．

舌音は，清には「端母」(t-)と「知母」(ʈ-)，次清には「透母」(tʰ-)と「徹母」(ʈʰ-)，濁には「定母」(d-)と「澄母」(ɖ-)，清濁には「泥母」(n-)と「娘母」(ɳ-)が，それぞれ対応する．端母，透母，定母，泥母は「舌頭音」（「端組」），知母，徹母，澄母，娘母は「舌上音」（「知組」）と総称される．舌頭音は一等と四等にのみ，舌上音は二等と三等にのみ，それぞれ分布する．

牙音は，清には「見母」(k-)，次清には「溪母」(kʰ-)，濁には「群母」(g-)，清濁には「疑母」(ŋ-)が，それぞれ対応する．牙音の系列は「見組」のみである．

歯音は，右端の清には「精母」(ts-)と「照母」（平山1967は音価を示していないが，反り舌音tʂ-と推定しておく．以下，禪母まで同様），次清には「清母」(tsʰ-)と「穿母」(tʂʰ-)，濁には「從母」(dz-)と「牀母」(dʐ-)，右から4行目の清には「心母」(s-)と「審母」(ʂ-)，

左端の濁には「邪母」(z-) と「禪母」(ʑ-) が，それぞれ対応する．精母，清母，從母，心母，邪母は「歯頭音」(「精組」)，照母，穿母，牀母，審母，禪母は「正歯音」(「照組」)と呼ばれる．歯頭音は一等と四等にのみ，正歯音は二等と三等にのみ，それぞれ分布する．

また，三十六字母では区別がないが，実は正歯音は中古音の段階では2つに分かれている．二等に現れるもの（正歯音二等．反り舌音）と，三等に現れるもの（正歯音三等．歯茎硬口蓋音）である．正歯音二等，三等については声類の名称が文献間で一定しないが，本書では，正歯音二等を莊母（tʂ-．照母に合流），初母（tʂʰ-．穿母に合流），牀母（dʐ-．牀母に合流），生母（ʂ-．審母に合流）と呼び（「莊組」），正歯音三等を章母（tɕ-．照母に合流），昌母（tɕʰ-．穿母に合流），船母（dʑ-．牀母に合流），書母（ɕ-．審母に合流），禪母（ʑ-）と呼ぶ（「章組」）．正歯音二等の有声摩擦音「俟母」の有無については議論があるが，本書は俟母を立てていない．

喉音は，清には「影母」(ʔ-) と「曉母」(h-)，濁には「匣母」(ɦ-)，清濁には「喩母」(j-) が，それぞれ対応する．匣母は一・二・四等にのみ，喩母は三・四等にのみ，それぞれ分布する．喩母もまた中古音の段階では2つに分かれ，本書では三等のものを云母（匣母から独立して喩母に合流），四等のものを以母 (j-) と，それぞれ呼ぶこととする．

舌音歯は，2行とも清濁である．右側は「來母」(l-)，左側は「日母」(ɲ-) が，それぞれ対応する．日母は三等にのみ分布する．

図の右端には「外転」「第二十三」「開」という言葉が見える．「外転」とは，韻目の上位分類の名称であり，詳細は後述する．「第二十三」は図の枚数を指している．「開」と，その対義語「合」——あわせて「開合」——は，韻母の先頭要素の音価の特徴を述べたものである．「開」は韻母の先頭要素が円唇後舌狭母音のuでないことを意味し，「合」は韻母の先頭要素がuであることを意味する．ただし図によっては「開」でも「合」でもなく「開合」とされることがあり，その正確な意図は未詳である．

また，「攝」と呼ばれる，主母音の類似性や韻尾の共通性を根拠として韻目をまとめた概念もある．攝は果攝，假攝，遇攝，蟹攝，止攝，效攝，流攝，咸攝，深攝，山攝，臻攝，宕攝，江攝，曾攝，梗攝，通攝があり，十六攝と総称される．図附4-2に出現する韻目は，すべて「山攝」に内包されている．

この十六攝のさらに上位の概念として「転」が存在する．転には「外転」と「内転」の2つがあり，外転には果攝，假攝，蟹攝，效攝，咸攝，山攝，宕攝，江攝，梗攝が含まれ，内転には遇攝，止攝，流攝，深攝，臻攝，曾攝，通攝が含まれる．ただし，どの攝が外転または内転に属するかという問題は，実はいささか複雑である．本書で採用する十六攝と転との対応は，羅常培 (1933) に準拠している．

各攝の韻尾は表附4-1の通りである．外転・内転の意味は，おおよそ主母音が広いものは外転であり，狭いものは内転である，と考えておく．

さて，『韻鏡』を中古音の復元に利用するにあたって注意すべきは，『韻鏡』の体系が，『広韻』のものよりもいささか新しいという点である．三十六字母が『広韻』の体系よりも新しいことについては，軽唇音化の発生や，正歯音二等・三等の合流，云母・以母の合

表附 4-1　十六攝と転

外転	果・假	蟹	效	咸	山	宕・梗	江
内転	遇	止	流	深	臻	曾	通
韻尾	-∅	-i	-u	-m/p	-n/t	-ŋ/k	-wŋ/k

流などからも確かめられる．

　韻母が示す『韻鏡』の改新的な性質には，四等の拗音化や，正歯音二等の直音化を挙げられよう．まず四等の拗音化について略述する．そもそも，『広韻』で重紐をなしていた小韻とは，本質的には三等に属するべきものである．しかし，『韻鏡』では重紐をなす小韻のうち，一方が三等に，一方が四等に，それぞれ排列せられている（前者を三等 B，後者を三等 A と呼称する）．そして，四等自身も三等のように拗音に変化した結果として，『韻鏡』では三等 A に属するはずの字が，四等の欄に記されている．さしあたっては，三等も四等も『韻鏡』の時代で拗音化していたことを把握すれば，本書の議論を読むのに支障ないであろう．正歯音二等もまた，本来的には三等に属する字であった．しかし，介音が失われて直音化した結果として，直音を表す二等の欄に字が記されることとなった．

　ついでに述べるならば，粤祖語では，三等と四等との間に対立を積極的に見出すことが難しく，また，遇・止・流・宕・深・臻・曾攝の荘組字で韻母が前舌性を欠く現象が観察される．これらの現象は，粤祖語が中古音よりも新しい時代に成立したことを示唆している．

3.3　現代語，非漢語の漢字音

　切韻系韻書にせよ，韻書にせよ，それらが明らかにするのは，類という「枠組み」である．その枠組みの中に入れるべき「音価」は，比較言語学など，別の方法で導き出さねばならない．そこで第一に参照されるのは，現代の漢語系諸語自身である．

　例えば，『韻鏡』の濁（全濁）が有声阻害音を指すことは，上海語を含む「呉語」などから明らかとなる．幫組字の「波・頗・婆・摩」を例にとる（いずれも，果攝合口一等戈韻）．声母はそれぞれ，幫母，滂母，並母，明母である．声母にのみ注目すると，北京語では p-・pʰ-・pʰ-・m- となり，上海語では p-・pʰ-・b-・m- となる（上海語の「b-」は正確には，語頭で [pɦ] に，語中で [b] に，近い音で実現している）．北京語と上海語の両変種を比較すれば，「波・頗・婆・摩」の声母の古形が *p-・*pʰ-・*b-・*m- またはそれに近い音であることが，容易に推定される．

　韻母の例を挙げるならば，広東語では，「談・減・林」などの -m を韻尾にとる字と，「単・簡・鄰」などの -n を韻尾にとる字とが，明確に区別されている．ところが，北京語ではこれらの字は一律に，-n を韻尾に取っている．また，基本的に，広東語で -m をとる字は咸攝や深攝に属し，-n をとる字は山攝や臻攝に属している．これらの事実から，中古音の段階では韻尾 -m（咸攝・深攝）と -n（山攝・臻攝）とが明確に区別されていたことがわかる．

漢語系諸語だけでなく，漢字文化圏（河野1963など）に属する諸言語の漢字音——「域外漢字音」，「外国借音」，「域外方言」（Sinoxenic pronunciation）とも——もまた，中古音の推定にとってきわめて重要である．日本漢字音（＝日本語の漢字音）を見ると，「知・豬・鄭」などはタ行で，「枝・諸・政」などはサ行で始まる．しかしこれらの字を北京語で発音すると，声母は一貫して反り舌破擦音となっている．実は，「知・豬・帳」は知母，「枝・朱・政」は章母であって，日本漢字音は，北京語で失われた両者の区別を保存しているのである．このような証拠に基づいて，知母は章母と違って，歯茎のあたりを調音点とした破裂音であったと推定される．より具体的な音価については，また別の根拠——サンスクリットの漢字による表音など——をどのように解釈するかなど，より専門的な議論を必要とする．

3.4　音韻地位——中古音と方言学

　かくして中古音は，伝統的な音韻学と，比較言語学との合作によって，1つの音韻体系として復元されるに至った．復元された過去の体系は，現代の変種の方言学的研究を行う際にも，重要な役割を果たす．これはあたかも日本語アクセント研究で，「金田一語類」という形でまとめられた，古い段階におけるアクセントに基づいた語彙の類別が，現代方言の経てきた通時的変化を分析する際に，重要な参照点となるのと同様である．

　例えば，中古音で-m/pを韻尾にとっていた字が，研究対象の変種でどのような音となっているかを調べるならば，咸攝字と深攝字にあたればよい．中古音で韻母が拗音であり，なおかつ主母音が狭かった字全体を分析するならば，内転の諸攝の三等字を挙げればよい．

　あたかも緯度や経度で地球上のある一点を指し示したり，都道府県や丁目，番地などで住所を特定したりするように，攝，開合，等位，韻目，声調，声類などの情報を，各字についてまとめたものを，「音韻地位」と呼ぶ．例えば「粤」（王伐切）という字は，『広韻』の第五巻，すなわち入声の月韻に属している．月韻は山攝であり，月韻の字は三等に現れる．「粤」と同一小韻に属する字「越」が『韻鏡』の外転第二十二合の頁に属し，多くの現代語でも韻母が円唇性を持っていることから，合口字であると考えられる．声母は，『韻鏡』で喉音の清濁なので喩母であり，以母と云母を区別するならば，云母である．従って「粤」の音韻地位は，「山攝合口三等月韻入声云母」と表すことができる．ただし，本来三等に現れることが期せられる字の中には，上述の理由から二等や四等に現れるものもある．これらの字にもまた「三等」という地位が与えられる．一等，二等，三等，四等の地位が与えられる字が属する韻目または韻母は，一等韻，二等韻，三等韻，四等韻とそれぞれ呼ばれる．

　本書でも音韻地位を議論の中で多用している．ただ，音韻地位は小韻を最小の単位とする概念であって，従って同一小韻に属する字は，自動的にまったくの同等物として扱われる．漢字は，1つの音節を表現する文字であると同時に，漢語系諸語の語彙を表記する文字でもある．従って，本来ならば同一の小韻に属する字が，どの時点や地点においてもまったくの同音である保証はないはずである．中古音を参照点とする通時的研究は，この点

に常に留意せねばならない．語と字とが互いに異なる概念であることを受け入れつつも，語の音の歴史を論ずるには，しかしどうしても字の音の歴史的変化を参照せねばならないことがある．このような事情があるために，本書中では「語（字）」や「字（語）」という，いささか持って回ったような表現を随所で用いている．

4　中古音以後の音変化

　ここまででもいくつか言及してきたように，中古音と『韻鏡』との間にも，一定の差異がある．本節では，中古音より新しい時代に発生した音変化について，本書の議論と関連する現象のみに限って簡単にまとめておく．

　まず，荘組と章組の合流については，『韻鏡』の段で言及した通りである．粤祖語では，荘組も章組も反り舌破擦・摩擦音が再建できる．

　軽唇音化による非組の発生も先述の通りである．粤語は微母が両唇音で実現する現象が広く知られているが，これが真に古形を保存したものか否かについては，本文中で論じた．

　中古音の多くの韻目で，合流が発生している．「一等重韻」（摂と開合を同じくする一等韻の組）や「二等重韻」（摂と開合を同じくする二等韻の組）が，対立を失って合流したほか，止摂の支・脂・之韻（およびこれらと相配する各声調の韻目）もまた合流した．粤祖語は，泰韻などの例外はあるが，韻母の再建形は摂と開合，等位でおおよそ決定することができる．また，先に述べたように四等韻の拗音化が中古音以後に発生しており，この音変化もまた粤祖語がすでに経験している．

　最後に，中古音の四声が分裂した現象に触れる．無声声母（全清・次清）と有声声母（全濁・次濁）との間で声調の調値に食い違いが生じた結果，四声それぞれが2つに分裂して，8つになった（四声八調）．この分裂は，音節先頭の有声性が音高を下げるという，普遍的な現象を引き金として発生したと考えられる．無声声母の声調を「陰調」，有声声母の声調を「陽調」と呼ぶ．そして，この分裂現象を「陰陽分裂」と呼ぶ．本文でも述べた通り，粤祖語の段階ですでに陰陽分裂は発生している．

参考文献

欧文文献

Angiosperm Phylogeny Group [APG] (1998) An ordinal classification of the families of flowering plants. *Annals of the Missouri Botanical Garden*. 85: 531-553.

Angiosperm Phylogeny Group [APG] (2003) An update of the Angiosperm Phylogeny Group classification for the orders and families of flowering plants: APG II. *Botanical Journal of Linnean Society*. 141: 399-436.

Angiosperm Phylogeny Group [APG] (2009) An update of the Angiosperm Phylogeny Group classification for the orders and families of flowering plants: APG III. *Botanical Journal of Linnean Society*. 161: 105-121.

Angiosperm Phylogeny Group [APG] (2016) An update of the Angiosperm Phylogeny Group classification for the orders and families of flowering plants: APG IV. *Botanical Journal of Linnean Society*. 181: 1-20.

Asher, R. E.; Moseley, Christopher and Darkes, Giles (2007) *Atlas of the World's Languages*. (2nd ed.) London: Routledge.

Ball, James Dyer (1888) *Cantonese Made Easy*. (2nd ed.) Hong Kong: China Mail Office.

Ball, James Dyer (1889) The San-Wúi dialect. *China Review*. 18 (3): 178-195.

Ball, James Dyer (1890) The Tung-Kwún dialect. *China Review*. 18 (5): 284-299.

Ball, James Dyer (1894) *Readings in Cantonese Colloquial: Being Selections from Books in the Cantonese Vernacular with Free and Literal Translations of the Chinese Character and Romanized Spelling*. Hong Kong: Kelly & Walsh.

Ball, James Dyer (1896) The Hōng Shán or Macao dialect. *China Review*. 22 (2): 501-531.

Ball, James Dyer (1900) The Shun Tak dialect. *China Review*. 25 (2): 57-68; 25 (3): 121-140.

Ball, James Dyer (1902) *How to Speak Cantonese*. (2nd ed.) Hong Kong: Kelly & Walsh.

Ballard, William Lewis (1969) Phonological History of Wu. Thesis, University of California, Berkeley.

Ballard, William Lewis (1971) Scenarios of change in Chinese dialectology. *Acta Linguistica Hafniensia: International Journal of Linguistics*. 13 (2): 125-157.

Bao, Zhiming (1999) *The Structure of Tone*. New York; Tokyo: Oxford University Press.

Bao, Zhiming (2003) Tone, Accent, and Stress in Chinese. *Journal of Linguistics*. 39: 147-166.

Bauer, Robert S. (1985) The expanding syllabary of Hong Kong Cantonese. *Cahier de Linguistique Asie Orientale*. 14 (1): 99-111.

Bauer, Robert S. (1988) Written Cantonese of Hong Kong. *Cahiers de Linguistique Asie Orientale*. 17 (2): 245-293.

Bauer, Robert S. and Benedict, Paul K. (1997) *Modern Cantonese Phonology* 摩登廣州話語音學. Berlin; New York: Mouton de Gruyter.

Baxter, William H. (1999) Reconstructing Proto-'Mandarin' retroflex initials. In Simmons, Richard VanNess ed. *Issues in Chinese dialectdescription and classification*, 1-35. Berkeley: Project on Linguistic Analysis,

University of California.

Baxter, William H. (2000) Did Proto-Mandarin Exist? *Journal of Chinese Linguistics.* 28 (1): 100-115.

Baxter, William H. (2006) Mandarin dialect phylogeny. *Cahiers de Linguistique Asie Orientale.* 35: 71-114.

Benedict, Paul K. (1975) *Austro-Thai Language and Culture, with a Glossary of Roots.* New Haven: HRAF Press.

Ben Hamed, Mahé (2005) Neighbour-nets portray the Chinese dialect continuum and the linguistic legacy of China's demic history. *Proceedings of the Royal Society B: Biological Sciences.* 272: 1015-1022.

Ben Hamed, Mahé and Wang, Feng (2006) Stuck in the forest: Trees, networks and Chinese dialects. *Diachronica.* 23 (1): 29-60.

Bentham, George and Hooker, Joseph Dalton (1862-1883) *Genera plantarum ad exemplaria imprimis in herbariis kewensibus servata definita.* Londini: Reeve.

Benton, Michael J. and Donoghue, Philip C. J. (2007) Paleontological Evidence to Date the Tree of Life. *Molecular Biology and Evolution.* 24 (1): 26-53.

Bold, Harold C. (1957) *Morphology of Plants.* New York: Harper & Brothers.

Bonney, Samuel W. (1853) *Phrases in the Canton Colloquial Dialect, Arranged According to the Number of Chinese Characters in a Phrase, with an English Translation.* Canton: Office of the Chinese Repository.

Bonney, Samuel W. (1854) *A Vocabulary with Colloquial Phrases of the Canton Dialect.* Canton: Office of the Chinese Repository.

Branner, David Parker (2000) *Problems in Comparative Chinese Dialectology: The Classification of Miin and Hakka.* Berlin; New York: Mouton de Gruyter.

Bridgman, Elijah Coleman (1839) *A Chinese Chrestomathy in the Canton Dialect.* Canton: Society for the Diffusion of Useful Knowledge in China.

Bridgman, Elijah Coleman (1841) *A Chinese Chrestomathy in the Canton Dialect.* Macao: S. W. Williams.

Bridgman, Elijah Coleman (1847) *The Notitia Linguae Sinicae of Prémare.* Canton: the Office of the Chinese Repository.

Budd, Graham E. and Jensen, Sören (2000) A critical reappraisal of the fossil record of the bilaterian phyla. *Biological Reviews.* 75: 253-295.

Camin, Joseph H. and Sokal, Robert R. (1965) A method for deducing branching sequences in phylogeny. *Evolution.* 19: 311-326.

Cavalli-Sforza, L. L. and Edwards, A. W. F. (1967) Phylogenetic analysis: models and estimation procedures. *The American Journal of Human Genetics.* 19: 233-257.

Chalmers, John (1859) *An English and Cantonese Pocket-dictionary, for the Use of Those Who Wish to Learn the Spoken Language of Canton Province* (英粵字典). Hong Kong: the London Missionary Society's Press.

Campbell, Lyle and Poser, William (2008) *Language Classification: History and Method.* Cambridge; New York; Melbourne; Madrid; Cape Town; Singapore; São Paulo; Delhi: Cambridge Press.

Chang, Kuang-yu (張光宇) (1987) Comparative Min Phonology. dissertation. University of California, Berkeley.

Chang, Will; Cathcart, Chundra; Hall, David and Garrett, Andrew (2015) Ancestory-constrained phylogenetic analysis supports the Indo-European Steppe hypothesis. *Language.* 91 (1): 194-244.

Chang, Y. and Graham, S. W. (2011) Inferring the higher-order phylogeny of mosses (Bryophyta) and relatives using a large, multigene plastid data set. *American Journal of Botany.* 98 (5): 839-849.

Chao, Yuen Ren (趙元任) (1947) *Cantonese Primer.* Cambridge, Massachusetts: Harvard University Press.

Chao, Yuen Ren (1948) *Mandarin Primer: An Intensive Course in Spoken Chinese.* Cambridge: Harvard University Press.

Chappell, Hilary (1992) Towards a typology of aspect in Sinitic languages. In *Chinese Languages and Linguistics: Chinese dialects.* (《中國境內語言暨語言學：漢語方言》), 67-106. Taipei: Institute of History and Linguistics, Academia Sinica (中央研究院歷史語言研究所).

Chen, Matthew Y. amd Newman, John (1984-1985) From Middle Chinese to Modern Cantonese. *Journal of Chinese Linguistics*. 12 (1): 148-198; 12 (2): 334-388; 13 (1): 122-170.

Chen, Matthew Y. and Wang, William S.-Y. (1975) Sound change: Actuation and implementation. *Language* 51: 255-281.

Cheng, Chin-Chuan（郑锦全）(1982) A quantitative study of Chinese tone. *Studies in the Linguistic Sciences*. 12: 29-47.

Cheng, Chin-Chuan (1991) Quantifying affinity among Chinese dialects. In Wang, William S. -Y. ed. *Languages and Dialects of China*. 78-112, Berkeley; California: Project on Linguistic Analysis, University of California.

Cheng, Chin-Chuan (1992) Syllable-based dialect classification and mutual intelligibility. In *Chinese Languages and Linguistics*（《中國境內語言暨語言學：漢語方言》）, 145-177. Taipei: Institute of History and Linguistics, Academia Sinica（中央研究院歷史語言研究所）.

Cheung, Kwan-hin and Bauer, Robert S. (2002) *The Representation of Cantonese with Chinese Characters*: 以漢字寫粵語. *Journal of Chinese Linguistics, monograph Series No. 18*. Berkeley: University of California Press.

Cheng, Teresa M. (1973) The phonology of Taishan. *Journal of Chinese Linguistics*. 1 (2): 256-322.

Chiappe, Luis M. (1997) aves. In Currie, Philip J. and Padian, Kevin eds. *Encyclopedia of Dinosaurs*, 32-38. San Diego: Academic Press.

Clackson, James (1994) *The Linguistic Relationship between Armenian and Greek*. Oxford; Cambridge, Mass.: Blackwell.

Coblin, W. South (1997) Notes on the Sound System of Late Ming Guanhua. *Monumenta Serica*. 45: 261-307.

Coblin, W. South (1999) Thoughts on the identity of the Chinese 'Phags-pa dialects. In Simmons, Richard VanNess ed. *Issues in Chinese Dilaect Description and Classification*, 84-144. Berkeley: Project on Linguistic Analysis, University of California.

Coblin, W. South (2000) The Phonology of Proto-Central Jiang-Huai: an Exercise in Comparative Reconstruction. In Ding, Bangxin（丁邦新）and Yue-Hashimoto, Anne O.（余靄芹）eds. *In Memory of Professor Li Fang-Kuei: Essays of Linguistics Change and the Chinese Dialects*（語言變化與漢語方言——李方桂先生紀念論文集）, 73-140. Taipei; Seattle: Academia Sinica; the University of Washington.

Coblin, W. South (2004) Towards a Common Jiāng-Huái sound system. In *Studies on Sino-Tibetan Languages: papers in Honor of Professor Hwang-Cherng Gong on his Seventieth Birthday*, 745-767. Taipei: Institute of Linguistics, Academia Sinica（中央研究院語言學研究所）.

Coblin, W. South (2005) *Comparative Phonology of the Huáng-Xiào Dialects*. Taipei: Institute of Linguistics, Academia Sinica（中央研究院語言學研究所）.

Coblin, W. South (2006a) Convergence testing in common sound systems of the Yangtze Watershed. *Bulletin of Chinese Linguistics*. 1 (1): 145-169.

Coblin, W. South (2006b) *Francisco Varo's Glossary of the Mandarin Language*. Sankt Augustin: Institut Monumenta Serica.; Nettetal: Steyler Verlag.

Coblin, W. South (2007) Comparative phonology of the Huīzhōu dialects. *Bulletin of Chinese Linguistics*. 2 (1): 47-134.

Coblin, W. South (2008a) On the classification of the Yánzhōu dialects. *Bulletin of Chinese Linguistics*. 2 (2): 85-91.

Coblin, W. South (2008b) Comparative phonology of the Yánzhōu dialects. *Bulletin of Chinese Linguistics*. 3 (1): 79-144.

Coblin, W. South (2010) The phonology of Common Yangtze Watershed Mandarin. 余靄芹、柯蔚南主編《羅杰瑞先生七秩晋三壽慶論文集》157-183. 香港：香港中文大學中國文化研究所吳多泰中國語文研究中心.

Coblin, W. South (2011) *Comparative Phonology of the Central Xiāng Dialects*. Taipei: Institute of Linguistics, Academia Sinica（中央研究院語言學研究所）.

Coblin, W. South (2015) *A study of comparative Gàn*. Taipei: Institute of Linguistics, Academia Sinica（中央

研究院語言學研究所).

Coblin, W. South and Levi, Joseph A. (2000) *Francisco Varo's grammar of the Mandarin language (1703): an English translation of "Arte de la lengua Mandarina."* Amsterdam: J. Benjamins.

Cox, Cymon J.; Li, Blaise; Foster, Peter G.; Embley, T. Martin and Civáň, Peter (2014) Conflicting phylogenies for early land plants are caused by composition biases among synonymous substitutions. *Systematic Biology.* 63 (2): 272-279.

Crum, Howard Alvin (2001) *Structural diversity of bryophytes.* Ann Arbor: The University of Michigan Herbarium.

Cronquist, Arthur (1968) *The Evolution and Classification of Flowering Plants.* (1st ed) New York: The New York Botanical Garden.

Cronquist, Arthur (1981) *An Integrated System of Classification of Flowering Plants.* New York: Columbia University Press.

Cronquist, Arthur (1988) *The Evolution and Classification of Flowering Plants.* (2nd ed.) New York: The New York Botanical Garden.

Cronquist, Arthur; Takhtajan, Armen and Zimmermann, Walter (1966) On the higher taxa of Embryobionta. *Taxon* 15: 129-134.

Deanys, Nicholas Belfield (1874) *A Handbook of the Canton Vernacular of the Chinese Languages: being a series of introductory lessons, for domestic and business purposes.* London: Trübner.

DeFrancis, John (1984) *The Chinese Language: Fact and Fantasy.* Honolulu: University of Hawaii Press.

Devan Thomas T. (1847) *The Beginner's First Book in the Chinese Language, (Canton Vernacular).* Hong Kong: China Mail Office.

Don, Alexander (1883-1884) The Llin-nen variation of Cantonese. *China Review.* 11 (4): 236-247; 12 (6): 474-481.

Dragunov, Alexander A. (1932) hPhags-pa Script and Ancient Mandarin. *T'oung Pao.* 24: 627-647; 775-797; 166-168. rpt. 1941. *hPhags-pa Script and Ancient Mandarin.* (發思巴字與中州音韻) 北京：勤有堂.

Duanmu, San (1995) Metrical and Tonal Phonology of Compounds in two Chinese Dialects. *Language.* 71 (2): 225-259.

Duanmu, San (2011) Chinese syllable structure. In Oostendorp, Marc van; Ewen, Colin J.; Hume Elizabeth and Rice, Keren eds. *Phonology across languages (The Blackwell companion to phonology. vol. 5),* 2754-2777. Chichester: Wiley-Blackwell.

Dyen, Isidore (1956) The Ngaju-Dayak 'old speech stratum'. *Language.* 32 (1): 83-87.

Eberhard, Wolfram (1971) South China Folk Ballads and Their Moral Values. In Eberhard, Wolfram ed. *Moral and Social Values of Chinese,* 191-234. Taipei: Chinese Material and Research Aids Service Center.

Eberhard, Wolfram (1972) *Cantonese Ballads: Munich State Library Collection* (廣東唱本提要). Taipei: The Orient Cultural Service.

Edkins, Joseph (1853) *A Grammar of Colloquial Chinese: As Exhibited in the Shanghai Dialect.* (1st ed.) Shanghai: n. p.

Eitel, Ernest John (1877) *A Chinese Dictionary in the Canton Dialect.* London: Trübner and Co., 57 & 59, Ludgate Hill; Hong Kong: Lane, Crawford & Co.

Farley, John (1982) *Gametes & Spores Ideas about Sexual Reproduction, 1750-1914.* Baltimore: Johns Hopkins University Press.

Farris, J. S. (1970) Methods for computing Wagner trees. *Systematic Zoology.* 19: 83-92.

Felsenstein, Joseph (1978) Cases in which parsimony of compatibility methods will be positively misleading. *Systematic Zoology.* 27: 401-410.

Fitch, W. M. (1971) Toward defining the course of evolution: minimum change for a specific tree topology. *Systematic Zoology.* 20: 406-416.

Forrest, Robert Andrew Dermod (1948) *The Chinese Language.* London: Faber and Fabet Ltd.

Fortson, Benjamin W. IV. (2010) *Indo-European Language and Culture: An Introduction.* (2nd ed.) Chichester: Wiley-Blackwell.

Frahm, Jan-Peter (2000) The life and work of Johannes Hedwig. *Nova Hedwigia.* 70 (1, 2): 1-13.

Frey, Wolfgang and Stech, Michael. (2005a) A morpho-molecular classification of the Anthocerotophyta (hornworts). *Nova Hedwigia.* 80: 541-545.

Frey, Wolfgang and Stech, Michael. (2005b) A morpho-molecular classification of the liverworts (Hepaticophytina, Bryophyta). *Nova Hedwigia.* 81: 55-78.

Frey, Wolfgang, ed. (2009) *Syllabus of plant Families Adolf Engler's Syllabus der Pflanzenfamilien.* 13th ed. Part 3. Bryophytes and seedless Vascular Plants. Berlin: Borntraeger.

Gedney, William J. (1972). A puzzle in Comparative Tai Phonology. In Harris, J. G. and Noss, R. B. Eds. *Tai phonetics and phonology,* 52-57. Bangkok: Central Institute of English Language, Office of State Universities.

Goffinet, Bernard; Buck, William R. and Shaw, A. Jonatham (2009a) Morphology, anatomy, and classification of the Bryophyta. In Goffinet, Bernard and Shaw, A. Jonatham eds. *Bryophyte Biology* (2nd ed.), 55-138. Cambridge: Cambridge University Press.

Goffinet, Bernard; Buck, William R. and Shaw, A. Jonatham (2009b) Addenda to the classification of mosses. I. Andreaeophytina stat. nov. and Andreaeobryophytina stat. nov. *Bryologist.* 112: 856-857.

Gray, Russell D. and Atkinson, Quentin D. (2003) Language-tree divergence times support the Anatolian theory of Indo-European origin. *Nature.* 426: 435-439.

Hanan, Patrick (2000) The missionary novels of nineteenth-century China. *Harvard Journal of Asiatic Studies.* 60 (2): 413-443.

Hanazawa, Masazumi; Narushima, Hiroshi and Minaka, Nobuhiro (1995) Generating most parsimonious reconstructions on a tree: a generalization of the Farris-Swofford-Maddison method. *Discrete Applied Mathmatics.* 56: 245-265.

Handel, Zev (2003) Northern Min tone values and the reconstruction of "softened initials." *Language and Linguistics.* 4 (1): 47-84.

Handel, Zev (2010) Old Chinese and Min. 『中國語學』252: 34-68.

Hartigan, J. A. (1973) Minimum mutation fits to a given tree. *Biometrics.* 29: 53-65.

Hashimoto, Mantaro J. (1973) *The Hakka Dialect: a Linguistic Study of its Phonology, Syntax and Lexicon.* New York: Cambridge University Press.

Hedwig, Johann (1782) *Fundamentum Historiae Naturalis Muscorum Frondosorum.* Lipsia: Apud Siegfries Lebreght Crusium.

Hennig, Willi (1950) *Grundzüge einer Theorie der phylogenetischen Systematik.* Berlin: Deutscher Zentralverlag. Davis, D. Dwight and Zangerl, Rainer transl. (1966) *Phylogenetic Systematics.* Urbana: University of Illinoi Press.

Hoenigswald, Henry M. (1987) Language family trees: topological and metrical. In Hoenigswald, Henry M. and Wiener, Linda F. eds. *Biological Metaphor and Cladistic Classification: An Interdisciplinary Perspective,* 257-267. Philadelphia: University of Pennsylvania Press.

Hofmeister, Wilhelm (1851) *Vergleichende Untersuchungen der Keimung, Entfaltung und Fruchtbildung Höherer Kryptogemen (Moose, Farrn, Equisetaceen, Rhizocarpeen und Lycopodiaceen) und der Samenbildung der Coniferen.* Leipzig: Hofmeister. Currey, Frederick transl. (1862) *On the Germination, Development, and Fructification of the Higher Cryptogamia and on the Fructification of the Coniferae.* London: The Ray Society

Hsieh, Hsin-I (謝信一) (1973) A new method of dialect subgrouping. *Journal of Chinese Linguistics.* 1 (1): 64-89.

Huang, Karen (2009) A reconstruction of Proto-Yue vowels. *Working Papers in Linguistics.* (University of Hawai'i) 40 (2): 3-20.

Hübschmann, Heinrich. (1877) Ueber die stellung des armenischen im kreise der indogermanischen sprachen. *Zeitschrift für vergleichende Sprachforschung.* 23: 5-49.

Hy, Félix Charles. (1844) Recherches sur l'archégone et le développement du fruit des muscinées. Thèse. Paris.

Jefferies, R. P. S. (1979). The origin of chordates - a methodological essay. In House, M. R. ed. *The Origin of the Major Invertebrate Groups,* 443-477. London: Academic Press.

Jones, Daniel and Woo, Kwing-Tong (1912) *A Cantonese Phonetic Reader.* London: University of London Press.

Juntune, Thomas W. (1973) The informational value of Germanic loanwords into Finnish. *Amsterdamer Beiträge zur älteren Germanistik.* 4: 1-48.

Karlgren, Bernhard (1915-1926) *Études sur la Phonologie Chinoise.* Stockholm: Norstedt & Söner. 趙元任、羅常培、李方桂譯 (1940)《中國音韻學研究》北京：商务印书馆。

Karlgren, Bernhard (1954) Compendium of phonetics in ancient and archaic Chinese. *Bulletin of the Museum of Far Eastern Antiquities.* 26: 211-367.

Kenrick, Paul & Crane, Peter R. (1997) *The Origin and Early Diversification of Land Plants: A Cladistic Study.* Washington, D. C.: Smithsonian Institution Press.

Kitazawa, Taro; Takechi, Masaki; Hirasawa, Tatsuya; Adachi, Noritaka; Narboux-Nême, Nicolas; Kume, Hideaki; Maeda, Kazuhiro; Hirai, Tamami; Miyagawa-Tomita, Sachiko; Kurihara, Yukiko; Hitomi, Jiro; Levi, Giovanni; Kuratani, Shigeru and Kurihara, Hiroki. (2015) Developmental genetic bases behind the independent origin of the tympanic membrane in mammals and diapsids. *Nature Communications.* 6, 6853. doi: 10. 1038/ncomms 7853.

Kratochvil, Paul (1968) *The Chinese Language Today.* London: Hutchinson University Library.

Lobscheid Wilhelm (1864) *Select Phrases and Reading Lessons in the Canton Dialect.* Hong Kong: Printed at Noronha's Office.

Lobscheid Wilhelm (1866-1869) *English and Chinese Dictionary* (英華字典): *with the Punti and Mandarin Pronunciation.* Hong Kong: Daily Press.

Lobscheid Wilhelm (1871) *A Chinese and English Dictionary* (漢英字典). Hong Kong: Noronha and sons.

Lockhart, J. H. Stewart (1882) Canton Syllabary. *China Review.* 10 (5): 312-326.

Li, Fang Kuei (1937) Languages and Dialects. *The Chinese Year Book.* 2: 121-128.

Li, Fang Kuei (1977) *Handbook of Comparative Tai.* Honolulu: University of Hawai'i Press.

List, Johann-Mattis (2015) Network Perspectives on Chinese dialect history. *Bulletin of Chinese Linguistics.* 8 (1): 27-47.

List, Johann-Mattis; Nelson-Sathi, Shijulal; Martin, William and Geisler, Hans (2014) Using phylogenetic networks to mocdel Chinese dialect history. *Language Dynamics and Change.* 4 (2): 222-252.

Long, David G. (2009) Morphology and classification of the Marchantiophyta. In Goffinet, Bernard and Shaw, A. Jonatham eds. *Bryophyte Biology* (2nd ed.), 1-54. Cambridge: Cambridge University Press.

Lu, Zhiji and Cheng, Chin-Chuan (1985) Chinese dialect affinity based on syllable initials. *Studies in the Linguistic Sciences.* 15 (2): 127-148.

Maddison, W. P.; Donoghue, M. J. and Maddison, D. R. (1984) Outgroup analysis and parsimony. *Systematic Zoology.* 33: 83-103.

Martin, Samuel Elmo (1953) *The phonemes of ancient Chinese.* Baltimore, Maryland: American Oriental Society.

Mayr, E. (1942) *Systematics and the Origin of Species.* New York: Columbia University Press.

McCoy, John (1966) *Szeyap Data for a First Approximation of Proto-Cantonese.* Cornell University dissertation, Ithaca.

McCoy, John (1980) The reconstruction of upper register nasals and laterals in Proto-Cantonese. In Coetsem, Frans van and Waugh, Linda R. ed. *Contributions to Historical Linguistics: Issues and Materials,* 200-213. Leiden: E. J. Brill.

McCoy, John (1986) Modern suprasegmental evidence for consonant clusters in Proto-Yue. In McCoy, John and Light, Timothy eds. *Contributions to Sino-Tibetan Studies*, 367-374. Leiden: E. J. Brill.

Meillet, Antoine (1908) *Les Dialectes indo-européens*. Paris: Champion.

Meillet, Antoine (1925) *Méthode Comparative en Linguistique Historique*. Oslo: H. Aschehoug; Leipzig: Otto Harrassowitz; Paris: Honoré Champion. Ford, Gordon B. transl. (1967) *The Comparative Method in Historical Linguistics*. Paris: Librairie Honoré Champion.

Meillet, Antoine (1936) *Esquisse d'une grammaire compare de l'armenien classique*. (2nd ed.) Vienna: Mekhitharistes.

Meyers, L. F. and Wang, William S-Y. (1963) *Tree representations in linguistics*. Project on Linguistic Analysis Reports 3. Ohio State University.

Minaka, Nobuhiro (1990) Cladograms and reticulated structures: a proposal for graphic representationof claditic structures. *Bulletin of the Biogeographical Society of Japan*. 45: 1-10.

Mishler, Brent. D. and Churchill, Steven. P. (1983) On the application of Hennigian cladistics to the phylogeny of the Bryophytes. (Abstract) *American Journal of Botany*. 70 (5, 2): 6.

Mishler, Brent. D. and Churchill, Steven. P. (1984) A cladistics approach to the phylogeny of the "bryophytes." *Brittonia*, 36. 406-424.

Morrison, Robert (1828) *Vocabulary of the Canton Dialect* (廣東省土話字彙). Macao: the Honorable East India Company's Press.

Morrison, Robert (1865) *A Dictionary of the Chiense Language* (reprinted) (《五車韻府》). Shanghae: London Mission Press.; London: Trübner & Co.

Murray, B. M. (1988) Systematics of the Andreaeopsida (Bryophyta): Two orders with links to *Takakia*. *Beihefte zur Nova Hedwigia*. 90: 289-336.

Norman, Jerry (1973) Tonal development in Min. *Journal of Chinese Linguistics*. (《中國語言學報》) 1 (2): 222-238.

Norman, Jerry (1974) The initial of proto-Min. *Journal of Chinese Linguistics*. 2 (1): 27-36.

Norman, Jerry (1979) Chronological strata in the Min dialects. 《方言》4: 268-274.

Norman, Jerry (1981) The Proto-Min Finals. In *Proceedings of the International Conference on Sinology: Section on Linguistics and Paleography* (《國際漢學會議論文集・語言文字組》), 35-73. 臺北：中央研究院.

Norman, Jerry (1988) *Chinese*. Cambridge: Cambridge University Press.

Norman, Jerry (1989) What is a Kèjiā dialect. In *Proceedings of 2nd International Conference on Sinology* (《中央研究院第二屆國際漢學會議論文集 語言與文字組》), 1: 323-344. Taipei: Academia Sinica (中央研究院).

Norman, Jerry (2003) The Chinese dialects: phonology. In Thurgood, Graham and LaPolla, Randy J. eds. *The Sino-Tibetan Languages*, 72-83. London; New York: Routledge.

Norman, Jerry (2006) Common dialectal Chinese. In Branner, David Prager ed. *The Chinese Rime Tables: Linguistic Philosophy and historical-comparative phonology*, 233-254. Amsterdam; Philadelphia: John Benjamins Publishing Company.

Norman, Jerry (2014) A model for Chinese dialect evolution. In Simmons, Richard VanNess and Van Auken, Newell Ann eds. *Studies in Chinese and Sino-Tibetan Linguistics: Dialect, Phonology, Transcription and Text*, 1-26. Taipei: Institute of Linguistics, Academia Sinica. (中央研究院語言學研究所)

O'Connor, Kevin A. (1976) Proto-Hakka. *Journal of Asian and African studies*. 11: 1-64.

O'Leary, Maureen A.; Bloch, Jonathan I.; Flynn, John J.; Gaudin Timothy J.; Giallombardo, Andres; Giannini, Norberto P.; Goldberg, Suzann L.; Kraatz, Brian P.; Luo, Zhe-Xi Meng, Jin; Ni, Xijun; Novacek, Michael J.; Perini, Fernando A.; Randall, Zachary S.; Rougier, Guillermo W.; Sargis, Eric J.; Silcox, Mary T.; Simmons, Nancy B.; Spaulding, Michelle; Velazco, Paúl M.; Weksler, Marcelo; Wible, John R. and Cirranello, Andrea L. (2013) The Placental Mammal Ancestor and the Post-K-Pg Radiation of Placentals. *Science*. 339 (6120): 662-667.

Okano, Yosuke et al. (2009) A polycomb repressive complex 2 gene regulates apogamy and gives evolutionary insights into early land plant evolution. *Proceedings of the National Academy of Sciences of United States of America*. 106: 16321-16326.

Padian, Kevin and Chiappe, Luis M. (1998) The origin and early evolution of birds. *Biological Reviews*. 73: 1-42.

Parenti, Lynne. R. (1980) A phylogenetic analysis of the land plants. *Biological Journal of the Linnean Society*. 13: 225-242.

Parenti, Lynne R. (1981) Cladistics and conventions. *Taxon*. 31: 96-101.

Parker, Edward Harper (1880) Canton Syllabary. *China Review*. 8 (6): 363-382.

Pereltsvaig, Asya and Lewis, Martin W. (2015) *The Indo-European Controversy: Facts and Fallacies in Historical Linguistics*. Cambridge University Press.

Pittayaporn, Pittayawat (2009) The Phonology of Proto-Tai. dissertation. Department of Linguistics, Cornell University.

Pulleyblank, E. G. (1986) Dentilabialization in Middle Chinese. In McCoy, John and Light, Timothy eds. *Contributions to Sino-Tibetan Studies*, 345-364. Leiden: E. J. Brill.

Qiu, Yin-Long; Li. Libo; Li, Wang, Bin; Chen, Zhiduan; Knoop, Volker; Groth-Malonek, Milena; Dombrovska, Olena; Lee, Jungho; Kent, Livija; Rest, Joshua; Estabrook, George F.; Hendry, Tory A.; Taylor, David W.; Testa, Christopher M.; Ambros, Mathew; Crandall-Stotler, Barbara; Duff, R. Joel; Stech, Michael; Frey, Wolgang; Quandt, Dietmar and Davis, Charles C. (2006) The deepest divergences in land plants inferred from phylogenomic evidence. *Proceedings of the National Academy of Sciences of United States of America*. 103: 15511-15516.

Qiu, Yin-Long; Li, Libo; Wang, Bin; Chen, Zhiduan; Dombrovska, Olena; Lee, Jungho; Kent, Livija; Li, Ruiqi; Jobson, Richard W.; Hendry, Tory A.; Taylor, David W.; Testa Christopher M. and Ambrost, Matthew (2007) A nonflowering land plant phylogeny inferred from nucleotide sequences of seven chloroplast, mitochondrial, and nuclear genes. *International Journal of Plant Sciences*. 168: 691-708.

Quentin D. Atkinson and Russell D. Gray (2003) Curious Parallels and curious connections: phylogenetic thinking in biology and historical linguistics. *Systematic Biology*. 54: 513-526

Renzaglia, Karen S.; Villarreal, Juan C. and Duff R. Joel (2009) New insights into morphology, anatomy, and systematics of hornworts. In Goffinet, Bernard and Shaw, A. Jonatham eds. *Bryophyte Biology* (2nd ed.), 139-171. Cambridge: Cambridge University Press.

Rexová, Kateřina; Fryntaa, Daniel; Zrzavý, Jan (2003) Cladistic analysis of languages: Indo-European classification based on lexicostatistical data. *Cladistics*. 19 (2): 120-127.

Ringe, Don; Warnow, Tandy and Taylor, Ann (2002) Indo-European and Computational Cladistics. *Transactions of the Philological Society*. 100 (1): 59-129.

Ruvolo, Michael J. (1987) Reconstructing Genetic and Linguistic Trees: Phenetic and Cladistic Approaches. Hoenigswald, Henry M. and Wiener, Linda F. eds. *Biological Metaphor and Cladistic Classification: An Interdisciplinary Perspective*, 193-216. Philadelphia: University of Pennsylvania Press.

Sagart, Laurent (1984) How did the aspirated stops become voiced? *Computational Analyses of Asian & African Languages*. 22: 87-93.

Sagart, Laurent (1998) On distinguishing Hakka and non-Hakka dialects. *Journal of Chinese Linguistics*. 26 (2): 281-302.

Sagart, Laurent (2002) Gan, Hakka and the formation of Chinese dialects. 何大安主編《南北是非：漢語方言的差異與變化》(*Dialect Variationsin Chinese*), 129-153. Taipei: Institute of Linguistics, Academia Sinica（中央研究院語言學研究所）.

Saunders, C. J. (1896) The Tungkwun dialect of Cantonese. *China Review*. 22 (1): 465-476.

Schiffner, V. (1893-1895). Hepaticae. In Engler, H. G. A. and Prantl, K. A. E. *Die Natürlichen Pflanzenfamilien nebst ihren Gattungen und wichtigeren Arten, insbesondere den Nutzflanzen, unter Mitwirkung zahlreicher hervorragender Fachgelehrten begründet*. i (3): 3-141. Leipzig: W. Engelmann. [pp. 1-96, Oct. 10, 1893; pp. 97-143, Jan. 13, 1895].

Schleicher, August (1860) *Die deutsche Sprache.* Stuttgart: J. G. Cotta.

Schmidt, von Johannes (1872) *Die Verwantschaftsverhältnisse der indogermanischen Sprachen.* Weimar: Hermann Böhlau.

Schuster, Rudolf M. (1953) Boreal hepaticae, a manual of the liverworts of Minnesota and adjacent regions. *The American Midland Naturalist.* 49 (2): i-v, 257-684.

Schuster, Rudolf M. (1966) *The Hepaticae and Anthocerotae of North America.* vol. 1. New York; London: Columbia University Press.

Schuster, Rudolf. M. (1977) The evolution and early diversification of the Hepaticae and Anthocerotae. In Frey, W.; Hurka, H. and Oberwinkler, F. eds. *Beiträge zur Biologie der Niederen Pflanzen,* 107-115. Stuttgart; New York: Fischer.

Schuster, Rudolf M. (1997) On Takakia and the phylogenetic relationships of the Takakiales. *Nova Hedwigia* 64 (3-4): 281-310.

Sepkoski, J. John Jr. (1990) The taxonomic structure of periodic extinction. *Geological Society of America Special Paper.* 247: 33-44.

Shafer, Robert (1966) *Introduction to Sino-Tibetan.* (Part 1) Wiesbaden: Otto Harrassowitz.

Shaw, A. Jonathan, Szövényi, Péter. and Shaw, Blanka. (2011) Bryophyte diversity and evolution: Windows into the early evolution of land plants. *American Journal of Botany.* 98: 352-369.

Simmons, Richard VanNess (1999) *Chinese Dialect Classification: a Comparative Approach to Harngjou, Old Jintarn, and Common Northern Wu.* Amsterdam; Philadelphia: John Benjamins Publishing Company.

Skinner, G. William (1977) Regional urbanization in nineteenth-century China. In Skinner, G. William ed. *The City in Late Imperial China,* 211-273. Stanford, California: Stanford University Press.

Smith, David and Davidson, Paul G. (1993) Antheridia and sporophytes in *Takakia ceratophylla* (Mitt.) Groll: Evidence for reclassification among the mosses. *Journal of Hattori Botanical Laboratory.* 73: 263-271.

Smoot, Edith L.; Jansen, Robert K. and Taylor, Thomas N. (1981) A phylogenetic analysis of the land plants: a botanical commentary. *Taxon.* 30: 65-67.

Snow, Don (2004) *Cantones as Written Language: The Growth of a Written Chinese Vernacular.* Hong Kong: Hong Kong University Press.

Snyder, Wil C. and Lu, Tianqiao (1997) Wuming Zhuang Tone Sandhi: A Phonological, Syntactic, and Lexical Investigation. In Edmondson, Jerold A. and Solnit, David B. eds. *Comparative Kadai: The Tai Branch,* 107-137. Arlington: The University of Texas at Arlington.

Sober, Elliott (1988) *Reconstructing the Past: Parsimony, Evolution, and Inference.* Cambridge, Massachusetts: MIT Press. (三中信宏訳. 1996.『過去を復元する——最節約原理，進化論，推論』東京：蒼樹書房. 2010 再刊. 東京：勁草書房)

Stimson, Hugh M. (1962) Ancient Chinese - p, -t, -k endings in the Peking dialect. *Language.* 39 (4): 376-384.

Stotler, Raymond and Crandall-Stotler, Barbara (1977) A checklist of the liverworts and hornworts of North America. *The Bryologist.* 80: 405-428.

Swofford, David L. and Maddison, Wayne P. (1987) Reconstructing Ancestral Character States under Wagner Parsimony. *Mathematical Biosciences.* 87: 199-229.

Szeto, Pui Yiu (2015) Classification of Yue and Pinghua: A Lexicostatistical Approach.《第十八届国际粤方言研讨会论文集》278-297. 广州：暨南大学出版社.

Tang, Chaoju and van Heuven, Vincent J. (2009) Mutual intelligibility of Chinese dialects experimentally tested. *Lingua.* 119: 709-732.

Tsen, Kitchin (岑麒祥) (1936) Étude expérimentale sur les articulations des sons du dialecte Cantonais.《國立中山大學研究院文科研究所中國語言文學部編》1 (2): 11-41.

Tsuji, Nobuhisa (1980) *Comparative Phonology of Guangxi Yue Dialects.* Tokyo: Kazama Shobo.

Verdoorn, Franz (1932) *Manual of Bryology.* The Hague: Martinus Nijhoff.

Wang, Feng and Wang, William S.-Y. (2004) Basic words and language evolution. *Language and Linguistics*. 5 (3): 643-662.

Wang, Jun (王均) (1991) Language interaction in China. In Wang, William S. -Y. ed. *Languages and Dialects of China (Journal of Chinese Linguistics Monograph Series* No. 3), 161-186. Berkeley: Project on Linguistic Analysis, University of California.

Wang, Li (1932) *Une prononciation chinoise de Po-Pei (province de Kouang-si): étudiée à l'aide de la phonétique expérimentale*. Paris: Librairie ernest leroux.

Wang, William S. -Y. (1969) Competing changes as a cause of residue. *Language*. 45: 9-25.

Wang, William S. -Y. (1977) *The lexicon in phonological change*. The Hague: Mouton.

Wang, William S.-Y. and Cheng, Chin-Chuan (1977). Implementation of phonological change: the Shaungfeng Chinese case. In Wang, William. S-Y. eds. *The lexicon in phonological change*, 148-158. The Hague: Mouton.

Wang, William S. -Y. (1987) Representing language relationships. In Hoenigswald, Henry M. and Wiener, Linda F. eds. *Biological Metaphor and Cladistic Classification: An Interdisciplinary Perspective*, 181-192. Philadelphia: University of Pennsylvania Press.

Weekley, Ernest. (1912) *The Romance of Words*. New York: E. P. Dutton.

Wickett, Norman J.; Mirarab, Siavash; Nguyen, Nam; Warnow, Tandy; Carpenter, Eric; Matasci, Naim; Ayyampalayam, Saravanaraj; Barker, Mchael S.; Burleigh, J. Gordon; Gitzendanner, Matthew. A.; Ruhfel, Brad R.; Wafula, Eric; Der, Joshua P.; Graham, Sean W.; Mathews, Sarah; Melkonian, Michael; Soltis, Douglas E.; Soltis, Pamela S.; Miles, Nicholas W.; Rothfels, Carl J.; Pokorny, Lisa; Shaw, A. Jonathan; DeGironimo, Lisa; Stevenson, Dennis W.; Surek, Barbara; Villarreal, Juan Carlos; Roure, Béatrice; Philippe, Hervé; dePamphilis, Claude W.; Chen, Tao; Deyholos, Michael K.; Baucom, Regina S.; Kutchan, Toni M.; Augustin, Megan M.; Wang, Jun; Zhang, Yong; Tian, Zhijian; Yan, Zhixiang; Wu, Xiaolei; Sun, Xiao; Wong, Gane Ka-Shu and Leebens-Mack, James. (2014) Phylotranscriptomic analysis of the origin and early diversification of land plants. *Proceedings of the Natural Academy of Science*. 111: E4859-4868.

Wiener, Linda F. (1987) Of phonetics and genetics: a comparison of classification in linguistic and organic systems. In Hoenigswald, Henry M. and Wiener, Linda F. eds. *Biological Metaphor and Cladistic Classification: An Interdisciplinary Perspective*, 217-256. Philadelphia: University of Pennsylvania Press.

Wiley, E. O. and Lieberman, Bruce S. (2011) *Phylogenetics: Theory and Practice of Phylogenetic Systematics*. (2nd ed.) Hoboken, N. J.: Wiley-Blackwell.

Williams, Samuel Wells (1842) *Easy Lessons in Chinese: or Progressive Exercises to Facilitate the Study of the Language, Especially Adapted to the Canton Dialect*. Macao: the Office of the Chinese Repository.

Williams, Samuel Wells (1856) *A Tonic Dictionary of the Chinese Language in the Canton Dialect*. (英華分韻撮要) Canton: the Office of the Chinese Repository.

Yiu, Tung (1946) The T'ai Shan dialect. Thesis, Princeton University. Ann Arbor, Michigan: University Microfilms International.

Yue-Hashimoto, Anne-O. (1971) *A Guide to the Tai-Shan Dialect*. Washington, D. C.: Educational Resources Information Center.

Yue-Hashimoto, Anne-O. (1972) *Phonology of Cantonese*. Cambridge: Cambridge University Press.

Yue-Hashimoto, Anne-O. (1979) The Teng-xian Dialect of Chinese——Its Phonology, Lexicon and Texts with Grammatical notes. *Computational Analyses of Asian & African Languages*. 12.

Yue-Hashimoto, Anne-O. (1987) Tone Sandhi Across Chinese Dilects. In The Chinese Language Society of Hong Kong ed. *Wang Li memoral volumes*. 445-474. Hong Kong: Joint Publishing Co.

Yue-Hashimoto, Anne-O. (1988) A preliminary investigation into the subclassification problem of the Yue dialects. *Computational Analyses of Asian & African Languages*. 30: 7-41.

Yue-Hashimoto, Anne O. (1991) The Yue dialect. In Wang, William S-Y. ed. *Languages and Dialects of China*

(*Journal of Chinese Linguistics Monograph Series* No. 3), 294-324. Berkeley: Project on Linguistic Analysis, University of California.

Yue-Hashimoto, Anne O. (2002) Development of the stop ending in the Yue dialects. 何大安主編《南北是非：漢語方言的差異與變化》(*Dialect variations in Chinese-Papers from the Third International Conference on Sinology, Linguistics Section*) 217-245. Taipei: Institute of Linguistics, Academia Sinica. (中央研究院語言學研究所).

Yue-Hashimoto, Anne-O. (2005) *The Dancun Dialect of Taishan*. (Monograph Series Computational and Linguistic Analysis of Asian Languages) Hong Kong: Language Information Sciences Research Centre, City University of Hong Kong (香港城市大學語言資訊科學研究中心).

Zee, Eric (1997) Change and Variation in the Syllable-Initial and Syllable-Final Consonants in Hong Kong Cantonese. *Journal of Chinese Linguistics*. 27 (1): 120-167.

Zhang, Run-Jie; Peng, Wen-Jie; Liu, Xue-Dong and He, Yi-Kun (2016) From spore germination to gametophyte development: The culture, propagation and anatomical protonemal structure of *Takakia lepidozioides* (Bryophyta) in Tibet Plateau. *Cryptogamie, Bryologie*. 37 (4): 383-397.

Старостин, Сергей Анатольевич（1991）*Алтайская Проблема и Происхождение Японского Языка*. Москва: Наука.

中国語文献

秋谷裕幸（2003）《吴语处衢方言（西北片）古音构拟》东京：好文出版.

秋谷裕幸（2010a）论闽东区方言的分区．余霭芹、柯蔚南主编《羅杰瑞先生七秩晋三壽慶論文集》47-76. 香港：香港中文大學中國文化研究所吳多泰中國語文研究中心.

秋谷裕幸（2010b）原始寧德方言古音構擬——二合、三合元音韻母部分．第八屆臺灣語言及其教學國際學術研討會.

秋谷裕幸（2010c）原始宁德方言古音构拟——-m/-p 韵尾部分．日本中国语学会第 60 回全国大会.

秋谷裕幸（2010d）福建南平王台方言的归属.《方言》4: 338-345.

秋谷裕幸（2013）原始宁德方言音系的构拟及其历史涵义．日本中国语学会第 62 回全国大会.

秋谷裕幸（2018）《閩東區寧德方言音韻史研究》臺北：中央研究院語言學研究所.

秋谷裕幸、韩哲夫（Handel, Zev）（2012）历史比较法和层次分析法.《语言学论丛》45: 277-335.

白涤洲、喻世長（1954）《關中方音調查報告》北京：中國科學院.

包睿舜（Bauer, Robert S.）、莫庆麟（2003）香港成人漫画的书面粤语惯例.《第八届国际粤方言研讨会论文集》622-631.

蔡培康（1987）武鸣壮话的连读变调.《民族语文》1: 20-26.

曹志耘（2008）《汉语方言地图集 语音卷》北京：商务印书馆.

曹志耘、王莉宁（2009）汉语方言中的韵母分调现象.《语言科学》8 (5): 449-457.

岑麒祥（1946）廣州音系概述.《廣東建設》1-2: 1-9. 周康燮編（1971）《廣州音說及字義舉例》香港：崇文書店，29-51.

陈才佳（2007）富川县梧州话同音字汇.《桂林师范高等专科学校学报》21 (1): 14-21.

陈海伦、林亦（2009a）《粤语平话土话方音字汇第一编 广西粤语、桂南平话部分》上海：上海教育出版社.

陈海伦、林亦（2009b）《粤语平话土话方音字汇第二编 桂北、桂东及周边平话土话部分》上海：上海教育出版社.

陈澧（1892 [光緒 18 年]）廣州音說.《東塾集》卷一，27-29.

陈锡梧（1966）台山方言特殊变调初探.《中国语文》1: 34-36.

陈晓锦（1993）《东莞方言说略》广州：广东人民出版社.

陳曉錦（2000）廣西玉林白話語音特點.《第七屆國際粤方言研討會論文集》223-225．北京：商務印書館.

陈小燕（2009）广西贺州八步（桂岭）本地话音系.《方言》1: 53-71.

陳忠敏（1993）邵武方言入聲化字的實質.《歷史語言研究所集刊》63 (4): 815-830.

陳忠敏（2007）跨级比较与漢藏语研究.《語言暨語言學》8 (2): 403-416.

陳忠敏（2013a）《漢語方言語音史研究與歷史層次分析法》北京：中華書局.

陈忠敏（2013b）也谈历史比较法与历史层次分析法——回应秋谷裕幸、韩哲夫《历史比较法和层次分析法》.《语言学论丛》47: 33-69.

陳柱（1928）粵西北鬱容方言.《國立中山大學語言歷史學研究所週刊》2 (19): 195-196.

陳柱（1943）北容鬱三邑方言.《同聲月刊》3 (5): 13-16.

戴仲傑（1929）粵音與國音的比較.《國立中山大學語言歷史學研究所週刊》8 (85-87): 40-46.

邓玉荣（2005）《桂北平话与推广普通话研究——钟山方言研究》南宁：广西民族出版社.

丁邦新（1982）漢語方言區分的條件.《清華學報》14 (1-2): 257-273.

丁邦新（2002）漢語方言中的「特字」——一致的例外.《中國語言學報》（Journal of Chinese Linguistics）30 (1): 1-15.

丁文江、翁文灝、曾世英編（1934）《中華民國新地圖》上海：申報館.

董同龢（1948）華陽涼水井客家話記音.《國立中央研究院歷史語言研究所集刊》19: 81-210. rpt. (1956)《華陽涼水井客家話記音》北京：科學出版社.

董同龢（1953）中國語言.《中國文化論集》1: 33-41.

董同龢（1959）四個閩南方言.《中央研究院歷史語言研究所集刊》30: 729-1042.

方祖高（1959）全国汉语方言初步普查基本完成.《中國語文》10: 507.

冯蒸（1992）《尔雅音图》音注所反映的宋初四项韵母音变. 程湘清主编《宋元明汉语研究》510-578. 济南：山东教育出版社.

甘于恩（2003）四邑方言的形态变调.《第八届国际粤方言研讨会论文集》227-250. 北京：中国社会科学出版社.

甘于恩、吴芳（2005）平话系属争论中的逻辑问题.《广西民族研究》2: 157-160.

顾黔、史皓元（Simmons, Richard VanNess）（2014）《汉语方言共同音系研究》南京：南京大学出版社.

廣東省人民政府教育廳（1953）《廣州音常用詞表》廣州：華南人民出版社.

广西师范学院中文系《广西汉语方言概要》编辑组（1960）《广西汉语方言概要（初稿）》南宁：广西教育厅汉语方言调查工作组.

广西壮族自治区地方志编纂委员会（1998）《广西通志·汉语方言志》南宁：广西人民出版社.

郭必之（2004）從虞支兩韻「特字」看粵方言跟古江東方言的聯繫.《語言暨語言學》5 (3): 583-614.

郭必之（2006）一段微觀的粵語史：珠江三角洲八種粵語方言的分群. 何大安、張洪年、潘悟雲、吳福祥編《山高水長：丁邦新先生七秩壽慶論文集》701-739. 臺北：中央研究院語言學研究所.

郭书林（2006）《西儒耳目资》异读研究. 北京语言大学硕士论文.

濱田武志（2013b）在粵語、桂南平話方言史中存在的兩種介音. 第十八屆國際粵方言研討會.

韩哲夫（2015）回应陈忠敏对于《历史比较发和层次分析法》的回应.《语言学论丛》51: 329-339.

何大安（2000）語言研究中的層次問題.《漢學研究》18 卷特刊：261-271.

何九盈（2004）汉语和亲属语言比较研究的基本原则.《语言学论丛》29: 12-66.

何科根（1997）吴化片粤语的语音特点.《语文研究》3: 47-54.

何思源（2012）《壮族麽经布洛陀语言研究》北京：中国社会科学出版社.

平田昌司（1988）閩北方言"第九调"的性质.《方言》1: 12-24.

平田昌司、溝口正人、赵日新、刘丹青、冯爱珍、木津祐子（1998）《徽州方言研究》东京：好文出版.

平山久雄（2000）聲調調值系統在官話方言中演變的不同類型及其分布. In Ding, Bangxin（丁邦新）and Yue-Hashimoto, Anne O.（余靄芹）eds. In Memory of Professor Li Fang-Kuei: Essays of Linguistics Change and the Chinese Dialects（語言變化與漢語方言——李方桂先生紀念論文集）, 141-166. Taipei; Seattle: Academia Sinica; the University of Washington.

平山久雄（2006）關於輕唇音產生的幾個問題.《中國語言學集刊》1 (1): 13-23.

侯兴泉（2011）勾漏片粤语的两字连读变调.《方言》2: 132-141.

侯兴泉（2015）原始西部粤语的声调构拟. 甘于恩编《南方语言学 2014》18-26. 广州：暨南大学出版社.

侯兴泉（2016）《粤语勾漏片封开开建话语音研究——兼与勾漏粤语及桂南平话的比较》上海：中西书局.

胡景福（1931）《客音彙编》（出版地不详）：前夜書店.

黃伯荣（1957）《广州人怎样学习普通话》广州：广东人民出版社.

黃典誠（1954）廣府話.《語文知識》5: 10-13; 6: 10-13.

黄海瑶（2008）广西横县百合平话音系．《桂林师范高等专科学校学报》22（2）：15-24．

黄家教（1964）广州话无介音说．《学术研究》2：92-101．

黄剑云（1990）《台山方言：广州话普通话对照》广州：中山大学出版社．

黄群（2006）广西昭平方言音系．《方言》2：149-167．

黄錫凌（1940）《粵音韻彙：廣州標準音之研究》廣州：中華書局．

黄献（2007）黎塘镇平话语音系统．《广西师范学院学报（哲学社会科学版）》28（4）：58-71．

黄小娅（2000）粤方言用字一百多年来的演变．《第七届國際粵方言研讨會论文集》237-260．

黄小娅（2001）廣州方言訓讀字的百年演變．《中國語言通訊》60：40-49．

黄玉雄（2015）粤语喻母字中的喉擦音声母．《語言科学》14（6）：628-639．

池田巧（1998）廣西客家陸川方言的合口介音——關於高本漢所構擬的兩種合口介音．《開篇》17：7-16．

金尼閣（1957）《西儒耳目資》北京：文字改革出版社．

孔仲南（1933）《廣東俗語考》（出版地未詳）：南方扶輪社．

李冬香、庄初升（2009）《韶关土话调查研究》广州：暨南大学出版社．

李范文（1994）《宋代西北方音——《番汉合时掌中珠》对音研究》北京：中国社会科学出版社．

李方桂（Li, Fang Kuei）（1956）《武鳴土語》臺北：中央研究院歷史語言研究所．

李健（2014）《吴化粤语研究》北京：中国社会科学出版社．

李立林（2015）《东莞粤语语音研究》广州：暨南大学出版社．

李连进（2000a）《平话音韵研究》南宁：广西人民出版社．

李连进（2000b）广西玉林话的归属．《方言》2：169-173．

李连进（2003）平话是独立方言还是属于粤方言．《第八届国际粤方言研讨会论文集》70-94．

李连进（2005）勾漏片的方言归属．《民族语文》1：34-41．

李连进（2007）平话的分布、内部分区及系属问题．《方言》1：71-78．

李连进、朱艳娥（2009）《广西崇左江州蔗园话比较研究》桂林：广西师范大学出版社．

李荣（1989）汉语方言的分区．《方言》4：241-259．

李榮 編（1997a）《東莞方言詞典》南京：江蘇教育出版社．

李榮 編（1997b）《南寧平話詞典》南京：江蘇教育出版社．

李榮 編（1998）《廣州方言詞典》南京：江蘇教育出版社．

李如龙（1985）中古全浊声母闽方言今读的分析．《语言研究》1：139-149．

李如龍（2006）關於方言語音歷史層次的研究．《中國語言學集刊》1（1）：45-57．

李思敬（1985）《音韵》北京：商务印书馆．慶谷壽信・佐藤進訳(1987)『音韻のはなし——中国音韻学の基本知識』東京：光生館．

李新魁（1990）数百年来粤方言韵母的发展．《学术研究》4：70-76．

李心释（2012）壮语对平话的音系干扰与平话的音变规律．《语言科学》1：71-80．

李婉薇（2011）《清末民初的粵語書寫》（初版）香港：三聯書店．2017.（修訂版）香港：三聯書店．

李文澤（2001）《宋代語言研究》北京：綫裝書局．

李无未、李红（2008）《宋元吉安方言研究》北京：中华书局．

李小凡（2005）汉语方言分区方法再认识．《方言》4：356-363．

李小凡（2012）平话的归属和汉语方言分类．《语言科学》60：509-517．

李新魁（1994）《廣東的方言》廣州：廣東人民出版社．

李新魁、黄家教、施其生、麦耘、陈定方（1995）《广州方言研究》广州：广东人民出版社．

李行德（1985）广州话元音的音值及长短对立．《方言》1：28-38．

李一民（1933）《粵語》上海：圖書局．

李玉（1986）原始客家话的声母系统．《语言研究》1：114-128．

利瑪竇（1957）《明末罗马字注音文章》北京：文字改革出版社．

梁伟华（2007）崇左新和蔗园话同音字汇．《南宁师范高等专科学校学报》21（1）：28-36．

梁福根（2005）《桂北平话与推广普通话研究——阳朔葡萄平声话研究》南宁：广西民族出版社．

梁慧敏（2011）十九世纪《圣经》粤语译本的研究价值．《暨南学报（哲学社会科学版）》6：125-129．

梁金榮（2000）從語音特徵看桂北平話與粵方言的關係．《第七屆國際粵方言研討會論文集》37-46．

梁敏、张均如（1999）广西平话概论.《方言》1: 24-32.

梁培熾（1978）《香港大學所藏木魚書敘錄與研究》香港：香港大學亞洲研究中心.

梁忠东（2010）《玉林话研究》成都：西南交通大学出版社.

林钦娟（2008）钦州话同音字汇.《桂林师范高等专科学校学报》22 (1): 1-7.

林亦（2009）南宁石埠话语音研究. 郑作广编《广西汉语珍稀方言语音研究》174-217. 南宁：广西民族出版社.

林亦、余谨（2009）广西邕宁四塘平话同音字汇.《方言》3: 257-270.

林語堂（1925）關於中國方言的洋文論著目錄.《歌謠週刊》89: 6-8.

林語堂（1929）閩粵方言之來源.《國立中山大學語言歷史學研究所週刊方言專號》8 (85-87): 3-10.

劉策奇（1925）廣西語言概論.《歌謠週刊》81.

刘进（1955-1956）廣東話方言詞彙.《語文知識》44: 21-24; 45: 35-36; 46: 45-48.

刘叔新（2007）《东江中上游土语群研究——粤语惠河系探考》北京：中国社会出版社.

刘晓南（2012）《宋代四川语音研究》北京：北京大学出版社.

刘镇发（2000）现代粤语源于宋末移民说. 單周堯、陸鏡光主編《第七屆國際粵方言研討會論文集》76-83. 北京：商務印書館.

刘镇发（2001）《香港客粤方言比较研究》188-200. 广州：暨南大学出版社.

罗杰瑞（Norman, Jerry），蔡宝瑞译（1998）汉语历史语言学的新方法.《济宁师专学报》19 (2): 42-48.

羅常培（1930a）《廈門音系》北平：國立中央研究院歷史語言研究所.

羅常培（1930b）耶穌會士在音韻學上的貢獻.《國立中央研究院歷史語言研究所集刊》1 (3): 267-338.

羅常培（1933）釋內外轉.《國立中央研究院歷史語言研究所集刊》4 (2): 209-226.

羅常培（1940）《臨川音系》上海：商務印書館.

罗康宁（1987）《信宜方言志》广州：中山大学出版社.

马希文（1989）比较方言学中的计量研究.《中国语文》5: 348-360.

麦耘（2008）广西八步鹅塘"八都话"音系.《方言》1: 18-33.

麦耘（2009）从粤语的产生和发展看汉语方言形成的模式.《方言》3: 219-232.

麦耘（2010）粤语的形成、发展与粤语和平话的关系. 潘悟云、沈钟伟主编《研究之乐——庆祝王士元先生七十五寿辰学术论文集》227-243. 上海：上海教育出版社.

麦耘（2017）对用统一标准划分方言的反思——以"浊音标准"为切入点.《中国语文》3: 321-331.

将邑剑平、平山久雄（1999）《宾退录》射字诗的音韵分析.《中国语文》4: 295-303.

松本光太郎（1997）汉族平话（蔗园）人考.《广西民族学院学报（哲学社会科学版）》19 (1): 47-60.

梅祖麟（1995）方言本字研究的两种方法.《吴语和闽语的比较研究》（中国东南方言比较研究丛书第一辑）1-12. 上海：上海教育出版社.

梅祖麟（2003）比较方法在中国，1926～1998.《语言研究》23 (1): 16-26.

莫海文（2014）广西宾阳王灵镇平话同音字汇.《方言》1: 73-89.

宁忌浮（1997）《古今韵会举要及相关韵书》北京：中华书局.

牛文青（1947）中国方言的分类.《華北日報》民國36年十一月二十日（《國語週刊》）.

帕维尔·玛突来维切（Pawel, Matulewicz）（2005）粤语特殊方言用字研究.《中国语文研究》2: 25-38.

钱乃荣（1990）古吴语的构拟（一）.《開篇》7: 1-9.

钱乃荣（1991）古吴语的构拟（二）.《開篇》8: 74-83.

钱乃荣（1992a）古吴语的构拟（三）.《開篇》9: 56-65.

钱乃荣（1992b）《当代吴语研究》上海：上海教育出版社.

覃才亮（2009）蒙山话语音系统.《桂林师范高等专科学校学报》23 (2): 1-10.

覃远雄（2008）平话和粤语古庄母的特殊读音.《方言》4: 340-349.

邵慧君（2010）论粤方言 i、u 介音韵母——由粤西方言说起.《暨南学报（哲学社会科学版）》6: 116-122.

邵慧君、甘于恩（1999）广东四邑方言语音特点.《方言》2: 128-135.

邵慧君、张健雅（2014）廉江安铺白话音系及同音字汇. 甘于恩编《南方语言学》6: 6-25. 广州：暨南大学出版社.

史皓元（Simmons, Richard Vanness）、石汝杰、顾黔（2006）《江淮官话与吴语边界的方言地理学研究》上

海：上海教育出版社.

侍建国（2002）从广东境内 i 介音分布看近代粤语演变.《语言研究》3: 79-84.

四川大学生物系植物遗传组（1979）《米丘林遗传学基本原理》北京：人民教育出版社.

宋莉华（2012）西洋传教士汉语方言学著作书目考述.《文学遗产》4: 136-143.

谭正璧、谭寻（1982）《木鱼歌潮州歌叙录》北京：书目文献出版社.

陶燠民（1956）《闽音研究》北京：科學出版社.

王福堂（1999）《汉语方言语音的演变和层次》北京：语文出版社.

王福堂（2001）平话、湘南土话和粤北土话的归属.《方言》2: 107-118.

王福堂（2003）汉语方言语音中的层次.《语言学论丛》27: 1-10.

王福堂（2009）文白异读和层次区分.《语言研究》29（1）: 1-5.

王辅世，毛宗武（1995）《苗瑶语古音构拟》北京：中国社会科学出版社.

王力（1928）兩粵音說.《清華學報》5（1）: 1519-1565.

王力（1936-1937）《中國音韻學》上海：商務印書館.

王力（1950）《中國語文講話》北京：開明書店．1954．第 6 版．北京：中國青年出版社.

王力（1955）《廣東人怎樣学習普通話》北京：文化教育出版社.

王力（1956）《漢語音韵學》北京：中華書局.

王力（1957-1958）《漢語史稿》北京：科學出版社.

王力、錢淞生（1949）東莞方音.《嶺南學報》10（1）: 119-150.

王力、錢淞生（1950a）珠江三角洲方音總論.《嶺南學報》10（2）: 57-66.

王力、錢淞生（1950b）台山方音.《嶺南學報》10（2）: 67-104.

王莉宁（2011）粤语中的元音分调现象.《中国语文》1: 71-79.

王士元、沈钟伟（1992）方言关系的计量表述.《中国语文》2: 81-92.

韦树关（1996）试论平话在汉语方言中的地位.《语言研究》2: 95-101.

韦树关（1999）桂北平话质疑.《广西民族学院学报》4: 117-122.

魏曾山（1953）《廣州話同音字表》香港：文放出版社.

伍魏（2001）论桂南平话的粤语系属.《方言》2: 133-141.

梧州市地方志编纂委员会（2000）《梧州市志文化卷》南宁：广西人民出版社.

谢建猷（2001）广西平话研究．博士论文．中国社会科学院.

谢建猷（2007）《广西汉语方言研究》桂林：广西人民出版社.

谢留文（2002）客家方言表示"乳汁"义的读音.《中国语文研究》13: 62-68.

熊正辉（1987）广东方言的分区.《方言》3: 161-165.

徐通锵（1991）《历史语言学》北京：商务印书馆.

許雪航（刊年未詳）《新編廣東省城白話》[出版地不明]：[出版者不明].

严修鸿（2002）一种罕见的鼻音韵尾增生现象.《中国语文研究》14: 85-89.

严学宭（1986）客家话的原始形式论述.《广西民族大学学报（哲学社会科学版）》2: 34-39.

杨壁菀（2006）《粤西十县市粤方言调查报告》怀集话语料补正.《开篇》25: 307-322.

杨焕典、梁振仕、李谱英、刘村汉（1985）广西的汉语方言（稿）.《方言》3: 181-190.

楊時逢（1957）《臺灣桃園客家方言》臺北：中央研究院歷史語言研究所.

杨世文（2012）藤县和平客家话语音.《桂林师范高等专科学校学报》26（2）: 6-13.

楊秀芳（2000）方言本字研究的觀念與方法.《漢學研究》18 卷特刊: 111-146.

叶春生（1996）《岭南俗文学简史》广州：广东高等教育出版社.

吉川雅之（2009b）兩份早於馬禮遜的粵語資料.《粵語跨學科研究：第十三屆國際粵方言研討會論文集第十三屆國際粵方言研討會論文集》287-304.

吉川雅之（2014）马士曼所记录之粤语音——十八世纪末的澳门方言. *Journal of Chinese Linguistics.* 40（2）: 431-460.

游如杰（1992）《汉语方言学导论》上海：上海教育出版社.

游汝杰（2002）《西洋传教士汉语方言学著作书目考述》哈尔滨：黑龙江教育出版社.

余霭芹（Yue-Hashimoto, Anne O.）（1991）粤语方言分区问题初探.《方言》3: 164-181.

余靄芹（1995）粵語研究的當前課題.《中國語言學報》（Journal of Chinese Linguistics）23 (1): 1-41.

余靄芹（2000a）粵語構擬之一：聲調.《中文學刊》2: 227-241.

余靄芹（2000b）粤语方言的历史研究——读《麦仕治广州俗语〈书经〉解义》.《中国语文》6: 497-507.

余靄芹（2006）粵語構擬之二：聲母. 何大安、張洪年、潘悟雲、吳福祥編《山高水長：丁邦新先生七秩壽慶論文集》75-170. 臺北：中央研究院語言學研究所.

余瑾（2016）《广西平话研究》北京：中国社会科学出版社.

袁家驊（1960）《汉语方言概要》（初版）北京：文字改革出版社. 1983.（第二版）北京：文字改革出版社.

詹伯慧（1981）《现代汉语方言》武汉：湖北人民出版社.

詹伯慧（2001）广西"平话"问题刍议.《语言研究》2: 92-99.

詹伯慧（2002）《广东粤方言概要》广州：暨南大学出版社.

詹伯慧、張日昇（1987）《珠江三角洲方言字音對照》香港：新世紀出版社.

詹伯慧、張日昇（1990）《珠江三角洲方言綜述》香港：新世紀出版社.

詹伯慧、張日昇（1994）《粵北十縣市粵方言調查報告》廣州：暨南大學出版社.

詹伯慧、張日昇（1998）《粵西十縣市粵方言調查報告》廣州：暨南大學出版社.

詹伯慧、崔淑慧、刘新中、杨蔚（2003）关于广西"平话"的归属问题.《语文研究》3: 47-52.

詹憲慈（1924）《廣州語本字》. rpt. 1995. 香港：中文大學出版社.

詹憲慈（1931）廣州語音本字.《番禺縣續志》卷二，47-59. 周康燮編（1971）《廣州音說及字義舉例》7-28. 香港：崇文書店.

趙元任、丁聲樹、楊時逢、吳宗濟、董同龢（1948）《湖北方言調查報告》（國立中央研究院歷史語言研究所專刊之十八）上海：商務印書館.

张均如（1982）广西中南部地区壮语中的老借词源于汉语古"平话"考.《语言研究》1: 197-219.

张均如（1987）记南宁心圩平话.《方言》4: 241-250.

张均如（1988）广西平话对当地壮侗语族语言的影响.《民族语文》3: 51-56.

张均如、梁敏（1996）广西平话.《广西民族研究》2: 96-101; 3: 117-122; 4: 111-120.

张均如、梁敏、欧阳觉亚、郑贻青、李旭练、谢建猷（1999）《壮语方言研究》成都：四川民族出版社.

張琨（1984）論比較閩方言.《中央研究院歷史語言研究所集刊》55 (3): 415-558.

張琨（1991）再論比較閩方言.《中央研究院歷史語言研究所集刊》60 (4): 829-875.

張琨（1992）漢語方言的分類. 中央研究院歷史語言研究所出版品編輯委員會編《中國境內語言暨語言學：漢語方言》1-21. 臺北：中央研究院歷史語言研究所.

張世祿（1963）《中國音韻學史》香港：泰興書局.

张双庆（2000）《乐昌土话研究》厦门：厦门大学出版社.

张晓山（1994）连县四会话的声韵调及其特点.《韶关大学学报（社会科学版）》15 (3): 60-69.

张元生（1984）壮语连读变调规律及其语法的关系. 中央民族学院少数民族语言研究所编《民族语文研究》93-113. 成都：四川人民出版社.

趙元任（1928）《現代吳語的研究》北京：清華學校研究院.

趙元任（1930）《廣西猺歌記音》北平：國立中央研究院歷史語言研究所.

趙元任（1939）《鍾祥方言記》上海：商務印書館.

趙元任（1948）中山方言.《國立中央研究院歷史語言研究所集刊》20: 49-73.

趙元任（1951a）台山語料序論.《傅所長紀念特刊》61-66. 臺北：國立中央研究院歷史語言研究所.

趙元任（1951b）台山語料.《中央研究院歷史語言研究所集刊》23: 25-76.

郑锦全（1988）汉语方言亲疏关系的计量研究.《中国语文》2: 87-102.

鄭張尚芳（2002）漢語方言異常音讀的分層及滯古層次分析. 何大安主編《南北是非：漢語方言的差異與變化》97-128. 臺北：中央研究院語言學研究所.

郑作广（1994）百色蔗园话的语音特点.《右江民族师专学报》7, 1-2: 31-35.

中国社会科学院、澳大利亚人文科学院（1987-1988）《中国语言地图集》香港：朗文出版.

中國文字改革研究委員會秘書處拼音方案工作組編（1954）《全國主要方言區方音對照表》北京：中華書局.

周柏胜（2003）论香港粤语用字的使用问题.《第八届国际粤方言研讨会论文集》637-645.

周无忌（2003）谈谈《广州话正音字典》中粤方言字的用字原则.《第八届国际粤方言研讨会论文集》632-

636.

周祖謨（1954）根據馬克思主義語言學說論漢語標準與和方言問題．《中國語文》6: 20-22.
周祖謨（1966a）宋代汴京音考．周祖謨《問學集》下：581-655. 北京：中華書局.
周祖謨（1966b）宋代方音．周祖謨《問學集》下：656-662. 北京：中華書局.
周祖謨（1966c）射字法與音韻．周祖謨《問學集》下：663-669. 北京：中華書局.
竺家寧（1979）九經直音的濁音清化．《木鐸》8: 289-302.
竺家寧（1980a）九經直音的聲母問題．《木鐸》9: 345-356.
竺家寧（1980b）九經直音的聲調研究．《淡江學報》17: 1-19.
竺家寧（1980c）《九經直音韻母研究》臺北：文史哲出版社.
竺家寧（1983）論皇極經世聲音唱和圖之韻母研究．《淡江學報》20: 297-307.
竺家寧（1985）宋代語音的類化作用．《淡江學報》22: 57-65.
竺家寧（1991）宋代入聲的喉塞音韻尾．《淡江學報》30: 35-50.
庄初升、张凌（2010）贺州铺门方言的浊塞音声母．《暨南学报（哲学社会科学版）》1: 105-110.

日本語文献

秋山弘之（1996）「分子系統学が明らかにしたコケ植物の系統」『日本蘚苔類学会会報』6 (11): 225-230.
荒木崇（2012）「植物固有の転写因子 LEAFY とゼニゴケの有性生殖」『植物科学最前線』3: 134-158.
有川智己（2010）「コケ植物の系統分類学の現状」『分類』10 (1): 1-7.
飯田利行（1955）『日本に残存せる中國近世音の研究』東京：飯田博士著書刊行會.
池野成一郎（1932）『岩波講座生物學［植物學］植物の分類と系統』東京：岩波書店.
石井龍一・岩月邦男・竹中明夫・土橋豊・長谷部光泰・矢原徹一・和田正三（2009）『植物の百科事典』東京：朝倉書店.
磯崎行雄（2002）「大量絶滅と生命進化」熊澤峰夫・伊藤孝士・吉田茂生編『全地球史解読』449-482. 東京：東京大学出版会.
伊藤舜民（伊藤圭介）編次（Thunberg, Carl Peter 著）（1829［文政12年］）『泰西本草名疏』名古屋：花繞書屋.
伊藤元己（2013）『植物分類学』東京：東京大学出版会.
伊藤元己・田村実・戸部博・永益英敏・藤井伸二・米倉浩司（2012）「APG III 分類体系」『新しい植物分類学 I』230-238. 東京：講談社.
巖佐庸・倉谷滋・斎藤成也・塚谷裕一（2013）『岩波生物学辞典』（第5版）東京：岩波書店.
岩月善之助（1994）「コケ（蘚苔）植物の分類——ナンジャモンジャゴケを中心に」『プランタ』32: 4-12.
岩月善之助（2001）『日本の野生植物 コケ』東京：平凡社.
岩月善之助（2010-2012）「日本産蘚類の和名リスト」*Hattoria*. 1: 71-125; 2: 27-115; 3: 67-133.
海老原淳・嶋村正樹・田村実（2012）「陸上植物の新しい分類体系」戸部博・田村実編『新しい植物分類学 II』305-319. 東京：講談社.
遠藤雅裕（2010）「台湾海陸客家語のアスペクト体系」中央大学人文科学研究所編『現代中国文化の光芒』25-63. 東京：中央大学出版部.
遠藤雅裕（2011）「台湾海陸客家語の補語」中央大学人文科学研究所編『文法記述の諸相』131-174. 東京：中央大学出版部.
遠藤雅裕（2014）「南方漢語のモダリティ標識「有」について——臺灣海陸客家語を中心に」『中國文學研究』40: 89-113.
遠藤雅裕（2016）「処置文と動補構造の関係性について——台湾海陸客家語を中心に」中央大学人文科学研究所編『文法記述の諸相II』143-179. 東京：中央大学出版部.
遠藤光暁（1998）「失われた漢字音を復元する——声調調値復元を例として」『しにか』9 (5): 34-41.
王育德（1969）「閩音系研究」博士論文．東京大学．rpt.（1987）『台湾語音の歴史的研究』東京：第一書房.
大岩本幸次（1998）「音韻史研究資料としての『五音集韻』」『集刊東洋學』80: 40-59.
大岩本幸次（2007）『金代字書の研究』仙台：東北大学出版会.

大島正二（2009）『唐代の人は漢詩をどう詠んだか——中国音韻学への誘い』東京：岩波書店.
太田斎（2013）「韻書と等韻図 1」『神戸市外国語大学研究叢書』52: 1-258.
大場達之（2008）「自然の体系（初版）」千葉県立中央博物館編『リンネと博物学——自然誌科学の源流［増補改訂］』3-38. 東京：文一総合出版.
長田夏樹（1984）「『皇極経世書』声音図の音価と『韻略易通』の音韻体系について——『鶏林類事』の朝鮮語を表す漢字音の体系と関連して」『神戸外大論叢』30 (3): 27-45.
小田格（2013）「中華人民共和国の言語法「広東省国家通用言語文字規定」について——漢語方言の使用規制に関する規定を中心に」『人文研紀要』77: 77-132.
何群雄（2002）『初期中国語文法学史研究資料——J. プレマールの『中国語ノート』』東京：三元社.
片岡新（1999）「書面広東語を共有する共同体——香港の中国語書面語の扱いにおける一国二制度」『比較文化研究』44: 11-21.
片桐知之・古木達郎（2018）「日本産タイ類・ツノゴケ類チェックリスト 2018」*Hattoria*. 9: 53-102.
加藤雅啓（1997）「シダ植物にみる多様性と系統」加藤雅啓編『植物の多様性と系統』75-104. 東京：裳華房.
亀井孝・河野六郎・千野栄一（1996）『言語学大辞典 第 6 巻 術語編』東京：三省堂.
木村陽二郎（2008）「最高のナチュラリスト，リンネ——その最大の寄与，植物分類体系と学名の確立」千葉県立中央博物館編『リンネと博物学——自然誌科学の源流［増補改訂］』247-256. 東京：文一総合出版.
金田一春彦（1964）『日本の方言区画』東京：東京堂出版.
金文京・稲葉明子・渡辺浩司（1995）『木魚書目録』東京：好文出版.
河野六郎（1963）「ひろがりゆく漢字文化圏」亀井孝・大藤時彦・山田俊雄編『日本語の歴史 2 文字とのめぐりあい』105-183. 東京：平凡社.
後藤朝太郎（1908）『現代支那語學』東京：博文館.
佐藤昭（2002）『中国語語音史——中古音から現代語まで』東京：白帝社.
嶋村正樹（2012）「コケ植物——新しい分類体系の捉え方」戸部博・田村実編『新しい植物分類学 II』1-12. 東京：講談社.
瀬川昌久（1998）「少数民族はどこから来たか——華南の祖先移住伝承」可児弘明・国分良成・鈴木正崇・関根政美編『民族で読む中国』17-43. 東京：朝日出版社.
高田時雄（1997）「清代官話の資料について」『東方學論集：東方學會創立五十周年記念』771-784. 東京：東方学会.
高田時雄（2000）「近代粵語の母音推移と表記」『東方學報』72: 754-740.
高松政雄（1986）「中世的唐音」『日本漢字音概論』239-268. 東京：風間書房.
田口善久（1998）「苗瑶語再建の問題〜『苗瑶語古音構擬』の書評をかねて」『言語文化論叢』（千葉大学）4: 5-13.
坪田博美（2008）「コケ植物の分子系統学的研究の現状と現在の研究に至るまで」『分類』8 (1): 15-27.
出口博則（2001）「コケ学の現状——分類と形態の研究」『プランタ：植物の自然誌』78: 9-16.
唐作藩著，本橋春光訳（1979）『漢語音韻学入門』東京：明治書院.（原書：唐作藩 1972《漢語音韻學常識》香港：中華書局）
東条操（1953）『日本方言学』東京：吉川弘文館.
藤堂明保（1952）「官話の成立過程から見た西儒耳目資」『東洋學』5: 99-122.
藤堂明保（1980）『中国語音韻論——その歴史的研究』光生館.
中村雅之（2005）『音韻学入門——中古音篇』（KOTONOHA 単刊 2）長久手町（愛知）：古代文字資料館.
西田龍雄（2001）「東アジアの諸文字」河野六郎・千野栄一・西田龍雄編『言語学大字典 別巻 世界文字辞典』782-799. 東京：三省堂.
沼本克明（1997）『日本漢字音の歴史的研究——體系と表記をめぐって』東京：汲古書院.
根井正利・S. クマー（2006）『分子進化と分子系統学』東京：培風社. 根井正利監訳改訂，大田竜也・竹崎直子訳.（原書：Nei, Masatoshi and Kumar, Suchir. 2000. *Molecular evolution and phylogeneics*. New York: Oxford University Press）

橋本萬太郎（1978）『言語類型地理論』東京：弘文堂．

橋本萬太郎（1981）『現代博言学——言語研究の最前線』東京：大修館書店．

橋本萬太郎（1983）「漢字文化圏の形成」橋本萬太郎編『民族の世界史5 漢民族と中国社会』2-46. 東京：山川出版社．

波多野太郎（1963）『中国方志所録方言滙編 第一篇』横浜：横浜市立大学．（『横濱市立大學紀要 Series A』33）

波多野太郎（1970-1971）「道情弾詞木魚書——中国文学史研究」『横浜市立大学叢書人文科学系列』21 (2-3): 23-67（上）; 22 (1): 50-113（中）; 22 (2-3): 54-75（下）．

波多野太郎（1974）『中國文學史研究』東京：桜楓社．

波多野太郎（1977a）「木魚と南音——中国民間音楽文学研究」『横浜市立大学叢書 人文科学系列』28 (2-3): 207-265.

波多野太郎（1977b）「華南民間音樂文學研究——坿載［粤謳］」『横濱市立大學紀要 人文科學 中國文學』8: 1-162.

服部新佐・井上浩（1958）「*Takakia lepidozoides* 予報」『服部植物研究所報告』19: 133-137.

花登正宏（1997）『古今韻會舉要研究——中國近世音韻史の一側面』東京：汲古書院．

濱田武志（2011）「湖南省江華県梧州話の連読変調に見られる非漢語性」日本中国語学会第61回全国大会．

濱田武志（2012a）「湖南省江華瑤族自治県の梧州話の粤語に於ける系統論的位置付け」修士論文，東京大学．

濱田武志（2012b）「湘・粤・桂の省境地域の粤語「梧州話型粤語方言」について」『開篇』31: 158-174.

濱田武志（2012c）「珠江流域の両粤省境地域の介音-i-を有する粤語方言」日本中国語学会第62回全国大会．

濱田武志（2013a）「粤語・桂南平話の共通祖語の韻母」『東京大学言語学論集』34: 1-23.

濱田武志（2013c）「桂南平話の系統的単一性に関する試論」第63回日本中国語学会全国大会．

濱田武志（2014a）「粤語・桂南平話の共通祖語の声母」『東京大学言語学論集』35: 63-104.

濱田武志（2014b）「南寧市以西の桂南平話の共通祖語と系統関係」『開篇』33: 159-206.

濱田武志（2014c）「広西東南部の粤語方言に見られる幾つかの改新的特徴」第64回日本中国語学会全国大会．

濱田武志（2015）「祖語の声調の調値復元アルゴリズム——桂南平話を例として」日本言語学会第150回全国大会．

濱田武志（2017）「手段としての系統樹：「粤語」から漢語系諸語の言語史を考える」日本生物地理学会2017年度大会シンポジウム「言語進化学と言語地理学の研究最前線——人類集団の言語・文化・遺伝子の時空変遷——」．

早田文藏（1933）「生物學史傳——エングラー式分類系の創始者アドルフ・エングラー」『岩波講座生物學別項』97-120. 東京：岩波書店．

樋口正信（2001）「ナンジャモンジャゴケとはどういうコケか」『プランタ——植物の自然誌』78: 22-28.

樋口正信（2012）「コケ植物の分類」戸部博・田村実編『新しい植物分類学II』13-21. 東京：講談社．

平田昌司（1979）「「審音」と象数」『均社論叢』9: 34-60.

平田昌司（2001）「制度化される清代官話——科擧制度と中國語史第八」高田時雄編『明清時代の音韻學』31-59. 京都：京都大學人文科學研究所．

平田昌司（2010）「"水"の字音から」日本中国語学会第60回全国大会．

平田昌司（2014）「「仁義礼智」を捨てよう——中央研究院歴史語言研究所の出現」小南一郎編『学問のかたち——もう一つの中国思想史』307-338. 東京：汲古書院．

平山久雄（1967）「中古漢語の音韻」牛島徳次・香坂順一・藤堂明保編『中国文化叢書1 言語』112-166. 東京：大修館書店．

平山久雄（1984）「官話方言声調調値の系統分類——河北省方言を例として」『言語研究』86: 33-53.

平山久雄（1993）「邵雍『皇極経世声音唱和図』の音韻体系」『東洋文化研究所紀要』120: 49-107.

廣江倫子・吉川雅之（2009）「1974年の公用語条例改正と中文の使用」吉川雅之編『「読み・書き」から見た香港の転換期——1960～70年代のメディアと社会』223-252. 東京：明石書店．

藤塚将一（1987）「中国方言雑感：粤字探源」『天理大学学報』38 (2): 195-199.

本田正次・向坂道治（1930）『大綱日本植物分類學』東京：綜合科學出版協會.

将邑剣平（1995）「『賓退録』射字詩の音韻的研究」『東方学』89: 63-78.

松本光太郎（1993）「"蔗園人"――広西・雲南における民族識別の一断面」『東京経済大学人文自然科学論集』93: 3-33.

馬淵和夫（1954）『韻鏡校本と広韻索引』東京：日本学術振興会.

馬渡俊輔（1975）「分類学はこれまで何をしてきたか」岩槻邦男・馬渡俊輔編『生物の種多様性』12-52. 東京：裳華房.

水谷正美（1972）「コケの創世記」『しだとこけ』7 (1-2): 1-9.

三中信宏（1993）「穏やかにかつ執拗に――分岐分類学の草の根布教のバイブルを読む重層的快楽［書評：Wiley, E. O., Siegel-Causey, D. R., Brooks, D. R. and Funk, V. A.（1991），宮正樹訳（1992）『系統分類学入門――分岐分類の基礎と応用』東京：文一総合出版.］*Shinka*. 3: 125-138.

三中信宏（1997）『生物系統学』東京：東京大学出版会.

三中信宏（2009）『分類思考の世界――なぜヒトは万物を「種」に分けるのか』東京：講談社.

三根谷徹（1972）『越南漢字音の研究』東京：東洋文庫.

三根谷徹（1978）「宋代等韻図の構成」『東洋学報』60 (1, 2): 238-223.

宮田昌彦（2008）「リンネと藻類学――17～18世紀における藻類 Algae の認識」千葉県立中央博物館編『リンネと博物学――自然誌科学の源流［増補改訂］』247-256. 東京：文一総合出版.

村上哲明（2009）「分子系統樹」石井龍一・岩月邦男・竹中明夫・土橋豊・長谷部光泰・矢原徹一・和田正三『植物の百科事典』252-253. 東京：朝倉書店.

湯沢質幸（1987）『唐音の研究』東京：勉学社.

余靄芹（1976）「古代中国語頭子音の音韻対立」『中国語学』223: 2-5.

吉川雅之（2002a）「香港の若者が母語を書くとき――非規範の形成」『アジア遊学』36: 110-123.

吉川雅之（2002b）「音韻変化と粤語研究・広東語教育――周辺韻母の承認を例に」上田博人編『シリーズ言語科学5 日本語学と言語教育』193-221. 東京：東京大学出版会.

吉川雅之（2007）「香港の社会言語学的研究」『アジア遊学』100: 94-98.

吉川雅之（2009a）『「読み・書き」から見た香港の転換期――1960～70年代のメディアと社会』東京：明石書店.

吉川雅之（2011a）「レッグ編 Lexilogus に記される粤語音の表記と体系」『東洋文化研究所紀要』160: 258-226 (379-411).

吉川雅之（2011b）「ヴァチカン図書館蔵『新遺詔書』に記される粤語の方言音」『日本中国語学会第61回全国大会予稿集』67-71.

吉川雅之（2013）「ウェブサイトにおける音声言語の書記――香港粤語と台湾閩南語の比較」『ことばと社会』15: 12-40.

吉川雅之（2016a）「地名――類型と改変から見る香港史の多層性」吉川雅之・倉田徹編『香港を知るための60章』40-44. 東京：明石書店.

吉川雅之（2016b）「書記言語と文字表記――母語で書くことを可能にしたもの」吉川雅之・倉田徹編『香港を知るための60章』261-265. 東京：明石書店.

吉川雅之（2017）「アジアのなかの漢字――中国・台湾・香港・シンガポール」沖本卓也・笹原宏之『日本語ライブラリー：漢字』143-154. 東京：朝倉書店.

頼惟勤（1956）「清朝以前の協韻説について」『お茶の水女子大学人文科学紀要』8 (3): 55-80.

あとがき

「えっと……これは結局，何の役に立つのですか？」

とある先生が，本書のもととなった学位論文の読了後，筆者にこのように仰った．本当に重たい言葉であった．なぜなら，これは研究者同士の会話の中で発せられた言葉だからである．

駆け出しの学生や院生が，指導教員や先輩から「この発表（または論文，研究）の目的は何ですか」などといった質問を受けることがある．発表者の根本的な不備を指摘する場合に，しばしば発せられる問いである．もう少し言葉を補うならば，「あなたの研究発表は，議論が始まる前からとっくに，到底お話にならないことが決まりきった，ひどい代物です．あなたは，自分が何をしているのか，自分自身でもわかっていないのではありませんか」となり，縮めていうならば「おとといきやがれ」となる．

そういうわけで，学位取得を目前にして神経質になっていた筆者は，ひどく落ち込み，不安で堪らなくなってしまった．しかし追想するに，この言葉は筆者を咎めたてようとしたものではなく，むしろ純粋に，いささか奇異な論文に対して抱いた，率直な感想として受け止めるべきものだったのかもしれないと思うようにもなった．このように考えが変わったのは，さまざまな背景をもった方々に，学位論文の内容を紹介したり説明したりする（時に苦しい）経験をしたためである．

もう少し，筆者の身の上話を続けることをお許し願いたい．

研究者としての筆者は，東京大学言語学研究室で育った．漢語系諸語を専攻しながら中文に進学しなかったというのも，世間的にみれば奇異なことであるし，その一方で言語学の世界でも，漢語系諸語の音韻史を研究しようと，いつもゼミで中古音の話をする学生は，やはり異質だったに違いない．筆者はあらゆる人にとって他分野の人間であった．「伝わった」という納得感や喜びを味わう経験もろくにないまま——言うまでもないことだが，これは表現者である筆者にすべての責めが帰せられる——，筆者は学生の身分を終えてしまった．

そんな研究者人生であったにもかかわらず，本当に光栄なことに，東京大学南原繁記念出版賞を受賞する栄誉と恩恵に浴して，学位論文を改稿し出版することが叶った．そして，それに伴って，「自分が表現したものの受取手のことを考える」という，学生時代に消化し切れなかった課題に改めて向きあう責任を負い，冒頭の言葉を昼夜に反芻し続けること

となった．その結果として，その言葉の真意は，「あなたは自分の主張を，誰に聞かせたいのですか」と問うことにあったのではないか，と解釈するに至った．

先に述べたような背景を持つ筆者にとっては，この簡潔な難題の答えを見つけることがなかなかできず，本書を書きあげるまで，多くの時間を費やしてしまった．それでも，いまなお読者の「顔」がよく見えるようになったか，心許ない．

一つ，本書と向き合う中で去来する思いがあった．それは，「この本は，『役に立つ』どころか，かえって，害をもたらすのではないか」という懸念，あるいは恐れである．それは，新しい事物への恐れではない．結果に対する，計算者（≠分析者）の無機質な態度への恐れである．筆者一個人の心中には，この分岐学的分析手法が学問的意義のあるものだという確信がある．その一方で，系統樹という見た目それ自体にも説得力が宿る成果物を，より容易に生み出すことを可能ならしめるこの方法が，もし野放図に独り歩きすることがあったら，短期的な論文数の増加と，長期的な没落とを，方言学にもたらしてしまうのではないか，という不安が，学位取得から時間が経つほど強まっていった．

ただの自意識過剰，といわれてしまうかもしれない．だが，研究者としての人格がすでに完成されている人々ならばともかく，「本を読む」とか「データに向き合う」といった行為そのものの意味をよく理解していない人間の目には，系統樹をボコボコ生み出せる，入手の容易な方法が，一体どのように映るだろうか．「中国音韻学を学ぶ時間があるならば，計算機により長く触れていたほうが，中国語研究を前進させるうえで有益だ」と考えて憚らないような人間が，数多く出現する時代が到来するかもしれないという懸念が，筆者には杞憂と思えないのである．『純粋理性批判』序論の，空気抵抗を嫌って真空中を飛びたがる鳩の比喩を持ち出すまでもなく，透明化されていることが，常に良い結果を招くとは限らない．第8章で述べたように，本書の方法は「切り札」であり，さらに踏みこんで言うならば「取扱注意の劇薬」である．

しかし，すでにある技術と向きあわざるを得ないのも人の世である．そこで，読者の顔が思い浮かばないのならば，いっそのこと，未来の研究者，すなわち，まだこの世に生まれていない人間，もしくは，研究者としての自我が未だ芽生えていない人間——まだ「顔」がない人間——を相手に本を書くということが，1つの解決になるのではないか，という考えに至った．自分自身の行為から守られている必要がある時期・状況におかれている人間に対して，劇薬の劇薬たる所以を，手加減なく突きつけることは，社会的な意義があるはずだと考えたのである．

分岐学は，もし分析者にその意思があれば，漢語系諸語について論文を大量生産——あるいは，濫造——する力を持っている．数理科学を応用した言語研究は，数理科学側と言語科学側の双方の正気の上に，学問として成り立っている．しかしいまは，計算機もソフトウェアも安価かつ容易に入手したり操作したりできる時代である．分岐学的な方法が正しく使用されるうえで，最も大切なものは，成果主義が猖獗をきわめる現代において研究者として生きる人間の正気なのではないかとすら，筆者は考えてしまう．

もっとも，研究者コミュニティの健全さが保たれている限りにおいて，本書がわざわざこのような心配をするのは，差し出がましいことである．プロフェッショナルとしての研

究者が，となり近所——学術領域上の意味であれ，物質的な意味であれ——で声をかけあって，不審物に対する知識と警戒心とを共有できること，そして，共同研究や共著という形で連携しあう以前から縦や横，斜めの関係の中で学ぶことの尊さを，筆者は強く実感している．もっとも，少なくとも人文学の場合，「学び」の内容を言語化することが常に容易とは限らないのだが，ともかく，そのようなことを学ばないとどうにもならなくなってしまうことがあり得るということを，本書は「方法の厳密化・抽象化・透明化」という方法で，逆説的に示したつもりである．

　本書は第7回東京大学南原繁記念出版賞の受賞作として出版された．筆者の遅筆のために，筆者を応援し支えてくださった多くの方々に，多大なご迷惑をおかけしてしまったことを，ここに深くお詫びを申し上げるとともに，多くの方々から御指導，御支援を賜ったことに，心から感謝を申し上げたい．

　本書のもととなった学位論文は，東京大学言語学研究室の先生方の御指導のもとで執筆された．上野善道先生，熊本裕先生，林徹先生，西村義樹先生，そして，博士課程3年目以降の指導教員である小林正人先生の御指導を仰いできた．特に小林先生からの，絶えることのない温かいお励ましなくしては，学位論文や本書を書き果せることはできなかった．小林先生は，真っ当な研究者であるために，真っ当な人間であることがいかに大切かを，筆者に教えてくださった．

　母校ではさらに，中国語中国文学研究室の前指導教員の木村英樹先生（現追手門学院大学教授），大西克也先生，韓国朝鮮文化研究室の福井玲先生，日本語教育センターの菊地康人先生，総合文化研究科の吉川雅之先生に御指導いただいた．学外では，神奈川大学・ヤオ族文化研究所の廣田律子先生の御教導を仰いだ．また，日本学術振興会特別研究員（PD）として，京都大学中国語学中国文学研究室の平田昌司先生の御指導のもと，本書の執筆を含む研究活動に従事させていただいた．京大中文では，平田先生と木津祐子先生，緑川英樹先生，当時研究員として在籍していた黄河先生（現上海大学講師），そして中文研究室の学生のみなさんに，学位論文について発表させていただく機を頂戴し，多くの御指正をいただいた．京都ではさらに，京都大学人文科学研究所の池田巧先生，京都大学名誉教授の松田清先生からも，学位論文を改稿するうえで貴重な御助言を賜った．独立行政法人農業環境技術研究所・東京大学大学院農学生命科学研究科の三中信宏先生には，日本生物地理学会の第72回大会シンポジウムへのお招きをいただき，生物学・生物地理学を背景とする先生方の前で，理論面に重点を置きつつ講演させていただく，貴重な経験の場をいただいた．筆者をお導きくださった先生方の御尊名は，挙げつくすことができない．この場を借りて，多大な学恩に衷心より御礼申し上げる．

　そして，東京大学出版会編集部の神部政文さんは，編集者として，読者がいることの意味や責任を筆者に教えてくださった．神部さんが常に筆者を激励してくださったからこそ，筆者は自分自身の直視しがたい力不足さに向き合う勇気をもち，そして，読者の顔を思うことに集中することができた．神部さんをはじめとする東京大学出版会の皆様方に，筆者の改稿が進まぬために，大変な御辛抱を強いて御迷惑をおかけしてしまったことを，深く

お詫び申し上げる．受賞から刊行に至るまで，多大な御配慮と御尽力を賜ったことに，感謝の念が尽きない．

　本書の成果は，日本学術振興会の特別研究員（DC1）および特別研究員（PD）として助成を受けた研究課題「梧州話系言語及びその周辺言語の通時的研究」（研究課題番号12J08065）および「華南の諸言語の系統関係を中心とする通時的研究」（研究課題番号16J07154）の成果を含んでいる．三重大学に奉職してからは，人文学部の湯浅陽子先生をはじめとする先生方に，学究活動を含む職務の御指導と御支援とをいただいた．ここに厚く御礼申し上げる．

　最後に，息子，夫，父としての筆者を励まし支えてくれた父母，義父母，妻，そして娘に心からの謝意を表する．

　　令和元年6月　津市明教庵にて

　　　　　　　　　　　　　　　　　　　　　　　　　　　　　　　濱田　武志

索 引

あ 行

アブダクション（abduction） 25, 28, 66, 141
アルメニア語 21, 22, 29, 34, 60, 68
異化（口蓋化の抑制） 80, 81
陰陽分裂 211, 359
越南漢字音 80, 86, 179, 255
粤北土話 5-7, 125, 126
演繹（deduction） 28
オイラー図 35-37
音韻学 7, 12, 20

か 行

外群（outgroup） 44, 62, 67, 146, 147, 263
基層言語 246
帰納（induction） 28
共有原始形質（symplesiomorphy） 29, 114, 254
共有派生形質（synapomorphy） 15, 17, 29-31, 35, 105, 114
極性（polarity） 30, 62
距離法（distance method） 17, 45, 48, 54
組み合わせ爆発 49
形質行列（character matrix） 15, 16, 31, 48, 53, 69, 71, 103, 108, 114, 116, 141, 258, 259, 263
形質樹（character tree） 106, 108
桂北平話 4-7, 17, 249
軽唇音化（唇歯音化） 86-96, 137, 139, 142, 150, 151, 253
ゲルマン語 25, 26, 34, 68, 85, 245
　　──諸語／──語派　→ゲルマン語
言語層 63-65, 67, 68, 103, 138, 143, 144, 157, 258-260, 263
合意樹（consensus tree） 116, 122, 128, 130
梧州話型粤語方言 6, 61, 69, 75, 119-123, 135, 136, 155, 159, 182
古平話説 249, 250
古典アルメニア語　→アルメニア語
固有派生形質（autapomorphy） 15, 29, 114

さ 行

最節約性（maximum parsimony） 17, 22, 28, 30, 31, 35, 39, 45, 47-49, 69, 101, 104, 140, 225, 228, 231, 234, 265
　　──原理（principle of parsimony）　→最節約性

　　──的　→**最節約性**
最尤法（maximum likelihood method／ML法） 16, 45-49, 263
四声八調　→**陰陽分裂**
姉妹群（sister group） 32, 119, 134, 136
種（生物学の） 39, 42
十大方言 2, 42
周辺韻母 183
珠江三角洲 3, 13, 121, 122, 125, 135, 136, 154, 225
　　──祖語　→**珠江三角洲**
荘組（非前舌化） 81-84, 180, 195, 196, 198, 199, 206
湘南土話 5-7
舌尖母音（apical vowel） 4, 82-84, 201, 239, 348
前鼻音化（prenasalization） 150, 154, 160
側系統群（paraphyly／paraphyletic group） 32, 33, 54, 100

た 行

タイ祖語（Proto-Tai） 60, 66, 94, 98, 246
多系統群（polyphyly／polyphyletic group） 33, 100
単系統群（monophyly／monophyletic group） 17, 32, 33, 45, 100, 115, 116, 118
中古音 7, 20, 21, 23, 25, 26, 40, 41, 43, 44, 64, 67, 68, 71-98, 103, 137, 139, 140, 142-145, 150, 156, 157, 161, 166-168, 170, 176, 180, 183, 185, 188, 189, 195, 196, 198, 199, 204, 206, 207, 209-211, 214, 216, 236, 243, 246, 249, 259, 263
長介音韻母 74-78, 81, 112, 119, 174, 190, 235, 246
チワン語 5, 76, 77, 94, 95, 149, 246, 248
特字 140, 251, 252

な 行

内群（ingroup） 44, 62, 63
二重語（doublet） 55, 63, 64, 68, 138

は 行

客家語 2, 6, 13, 29, 41, 85, 124-127, 146, 157
発見的探索（heuristic search） 49, 51, 52, 114, 116

索 引　385

――法 →発見的探索
半順序（partial order）　69, 329
部分木（partial tree）　32, 68, 69, 117, 122, 128
分岐点の絶対年代　256
分子系統学　45, 100, 101
分子生物学　54
文読・白読　64, 81, 177, 193, 258-260
文白異読　→文読・白読
ベイズ法　16, 27, 47
方言字　3, 145, 186
ホモプラシー（homoplasy）　47, 48, 53, 54, 69
ホモロジー（homology）　53, 54
本字　145

ま 行

マクロ官話祖語（Proto-Macro-Mandarin）　14, 157, 246
網状図（reticular graph）　15, 35, 128, 130, 132-135, 219, 266
網状進化　27
網羅的探索（exhaustive research）　15, 49, 114

や 行

有音無字　145-147

有根系統樹（rooted tree）　49, 62
陽声韻化　210

ら 行

連読変調　113, 119, 120

A to Z

body plan　245, 246, 254, 255, 264
crown group　252, 253
Farris interval　55-59, 219, 221, 225, 228-230, 232
GIGO（garbage in, garbage out）　101
HTU（hypothetical taxonomic unit）　32, 35-37, 49, 54-59, 61, 63, 69, 115, 217, 219, 220, 222, 225, 227-230, 232, 233, 256
Lenition　148-150, 152, 153
MPR（most parsimonious reconstruction）　49, 55-59, 219, 220, 222, 230, 232, 331
――問題　→MPR
OTU（operational taxonomic unit）　14, 15, 29, 31, 32, 35, 44-47, 49-54, 56, 58, 61, 62, 69, 99, 103, 114, 116, 121, 122, 125, 225, 229, 260, 261
stem group　252, 253, 255
upper bound　8, 137, 247, 256

著者略歴

1987（昭和62）年生まれ．
2010（平成22）年東京大学文学部言語文化学科卒業．
2012（平成24）年東京大学大学院人文社会系研究科修士課程修了．
2016（平成28）年東京大学大学院人文社会系研究科博士課程修了．
　博士（文学）．
現在，三重大学人文学部講師．

専門分野

言語学・中国語学．
主に音韻論や漢語系諸語の言語史について研究している．

主要業績

「南寧市以西の桂南平話の共通祖語と系統関係」『開篇』（2014年）
「論《蒙古字韻》所反映的漢語方言音系」『中國語言學集刊』（待刊）
「祖語の声調の調値復元アルゴリズム——桂南平話を例として」日本言語学会第150回全国大会．（学会発表，2015年）

中国方言系統論
漢語系諸語の分岐と粤語の成立

2019年7月5日　初　版

［検印廃止］

著　者　濱田　武志
　　　　（はまだ　たけし）

発行所　一般財団法人　東京大学出版会

代表者　吉見　俊哉

153-0041 東京都目黒区駒場 4-5-29
http://www.utp.or.jp/
電話 03-6407-1069　Fax 03-6407-1991
振替 00160-6-59964

印刷所　株式会社三陽社
製本所　牧製本印刷株式会社

Ⓒ 2019 Takeshi Hamada
ISBN 978-4-13-086055-0　Printed in Japan

JCOPY〈出版者著作権管理機構　委託出版物〉
本書の無断複写は著作権法上での例外を除き禁じられています．複写される場合は，そのつど事前に，出版者著作権管理機構（電話 03-5244-5088，FAX 03-5244-5089，e-mail: info@jcopy.or.jp）の許諾を得てください．

東京大学南原繁記念出版賞受賞作

江本　弘
歴史の建設　　　　　　　　　　　　A5 判／472 頁／6,000 円
アメリカ近代建築論壇とラスキン受容

石川　学
ジョルジュ・バタイユ　　　　　　　A5 判／368 頁／5,800 円
行動の論理と文学

多田蔵人
永井荷風　　　　　　　　　　　　　A5 判／240 頁／4,200 円

高山大毅
近世日本の「礼楽」と「修辞」　　　A5 判／416 頁／6,400 円
荻生徂徠以後の「接人」の制度構想

小林延人
明治維新期の貨幣経済　　　　　　　A5 判／360 頁／5,600 円

藤岡俊博
レヴィナスと「場所」の倫理　　　　A5 判／504 頁／6,500 円

本田晃子
天体建築論　　　　　　　　　　　　A5 判／360 頁／5,800 円
レオニドフとソ連邦の紙上建築時代

福岡万里子
プロイセン東アジア遠征と幕末外交　A5 判／448 頁／5,800 円

鶴見太郎
ロシア・シオニズムの想像力　　　　A5 判／524 頁／5,200 円
ユダヤ人・帝国・パレスチナ

ここに表示された価格は本体価格です．ご購入の
際には消費税が加算されますのでご了承ください．